中国能源开发利用的
升级创新机制研究

杨 俊 等著

国家社会科学基金重点项目

科学出版社
北 京

内 容 简 介

本书以我国能源开发利用与能源供应安全为主线，在综合采用有限理性建模、经济学仿真、计量实证、数据包络分析等多种研究方法的基础上，详细介绍了我国能源行业现状、现行能源政策及消费结构特征，重点阐述了我国能源开发利用升级创新机制的机理及内在逻辑。针对能源需求侧及供给侧两个层面，提出了通过实施能源结构调整、能源利用方式转变、能源科技技术创新、能源体制改革和国际能源合作等关键性措施以达到能源转型升级的目的，并基于此构建了能源技术价值评估体系。本书在能源技术经济与管理领域具有鲜明的独创性，研究结论也为进一步优化我国能源结构，推进节能减排工作，促进能源开发与利用的升级创新提供了理论依据和现实指导。

本书可供从事和关心我国能源开发利用领域研究的科研人员、管理人员及高等院校相关专业师生进行参考。

图书在版编目（CIP）数据

中国能源开发利用的升级创新机制研究/杨俊等著. —北京：科学出版社，2020.5

ISBN 978-7-03-060234-3

Ⅰ. ①中… Ⅱ. ①杨… Ⅲ. ①能源开发－研究－中国 ②能源利用－研究－中国 Ⅳ. ①F426.2

中国版本图书馆 CIP 数据核字（2018）第 292118 号

责任编辑：王丹妮 郝 静／责任校对：贾娜娜
责任印制：霍 兵／封面设计：润一文化

科学出版社 出版
北京东黄城根北街 16 号
邮政编码：100717
http://www.sciencep.com
三河市春园印刷有限公司 印刷
科学出版社发行 各地新华书店经销

*

2020 年 5 月第 一 版 开本：720×1000 1/16
2020 年 5 月第一次印刷 印张：28 1/2
字数：575 000
定价：286.00 元
（如有印装质量问题，我社负责调换）

撰写人员名单

杨 俊	张 伟	黄守军	盛鹏飞
张腾飞	程继鑫	程 琦	董航航
李小明	王 佳	黄 潇	谢 伟
黄凌云	康继军	张 荣	汪 锋
罗林溪	刘 阳		

前　言

能源是经济社会发展的重要物质基础，能源利用开发问题事关经济社会发展全局。党的十九大报告明确提出："推进绿色发展。加快建立绿色生产和消费的法律制度和政策导向，建立健全绿色低碳循环发展的经济体系。构建市场导向的绿色技术创新体系，发展绿色金融，壮大节能环保产业、清洁生产产业、清洁能源产业。推进能源生产和消费革命，构建清洁低碳、安全高效的能源体系。"除此以外，我国能源安全问题也面临十分严峻的形势。我国能源对外依存度较高，地缘政治因素所引发的能源价格波动和供应安全对中国经济的发展有着较大的影响。面对复杂的国际形势，如何在能源供给制约较多和国内能源需求压力不断增大的情况下，促进我国能源开发利用，以保障我国能源供应安全，保持我国能源价格稳定，也是我国当前发展阶段所面临的新挑战。

本书立足于国内能源供需格局新变化和国际能源发展的新趋势，根据可竞争市场理论、激励规制理论、机制设计理论及政府监管理论，综合采用有限理性建模方法、经济学仿真方法、计量实证和跨学科的系统研究方法，从开采侧、利用侧和能源协调监管等方面着重就能源开发与利用、能源结构调整、能源体制改革、价格形成及消费规制、能源协调监管、深化国际能源合作、能源技术价值评估等关键性的技术经济与管理问题进行深入研究，以致力于推进我国能源生产和消费革命，构建清洁低碳、安全高效的能源体系，打造中国能源开发利用的升级版，为实现社会经济可持续发展提供理论依据和现实指导。

本书共十章，主要分为四部分。第一章为第一部分，主要对全球及我国能源供需现状、我国现行能源政策进行整理及归纳，并对未来我国能源发展的新形势做出阐述。第二章～第四章为第二部分，主要以环境约束为基础，按照"能源效率—CO_2排放—环境污染—劳动供给及经济发展"的思路及分析框架，着重对能源利用效率、CO_2排放影响因素及经济增长之间协调机制进行研究。从能源利用效率、CO_2排放差异、环境污染、劳动供给与经济增长多个层次及角度阐述我国能源开发利用升级创新机制的机理及内在逻辑，为后续研究内容科学、合理地开展提供了相应的理论依据。第五章～第九章为第三部分，针对我国能源需求侧及供给侧，根据不同的能源领域，依次对我国电力行业低碳化发展、分布式风电开发利用、新能源汽车接入电网、天然气产业开发利用升级创新、国际能源技术合作与技术价值评估等方面进行研究分析，以实现我国能源开发利用的升级创新。第十章为第四部分，主要对上述研究结论及成果进行整理与归纳，并结合研究结果，给出能源开发利用升级创新的相关政策建议。

目　　录

前言
第一章　能源供需现状与展望 ·· 1
　　第一节　全球能源现状概述 ··· 1
　　第二节　中国能源现状概述 ·· 11
　　第三节　中国现行能源政策 ·· 22
　　第四节　中国能源经济发展新形势 ·· 27
　　第五节　本章小结 ··· 32
第二章　我国能源利用效率研究分析 ·· 33
　　第一节　我国能源消费量的测算 ··· 33
　　第二节　我国能源消费结构特征及消费量变化 ························· 35
　　第三节　我国全要素能源效率的研究 ····································· 36
　　第四节　我国的能源影子价格与能源利用效率研究 ···················· 46
　　第五节　本章小结 ··· 56
第三章　我国 CO_2 排放的影响因素研究分析 ····························· 58
　　第一节　我国 CO_2 排放影响要素分析 ··································· 58
　　第二节　我国省际 CO_2 排放差异与 CO_2 减排目标实现 ············ 73
　　第三节　我国地区 CO_2 排放强度差异成因研究 ······················· 84
　　第四节　我国区域经济增长效率与 CO_2 减排技术效率的测度 ····· 97
　　第五节　本章小结 ·· 107
第四章　我国环境效率对劳动供给及经济增长协调机制研究 ········ 109
　　第一节　环境污染对劳动生产率的影响研究 ··························· 109
　　第二节　环境污染对我国劳动供给的影响 ······························ 127
　　第三节　我国环境污染与人类发展的实证研究 ························ 139
　　第四节　本章小结 ·· 155
第五章　我国电力行业发电侧低碳化创新升级机制研究 ·············· 157
　　第一节　我国电力行业节能减排现状及发展目标 ····················· 157
　　第二节　我国电力市场减排锦标博弈机制研究 ························ 160
　　第三节　我国电力行业碳排放权交易差价合约机制研究 ············ 195

第六章　我国分布式风电开发利用创新升级机制研究 209
第一节　我国分布式风电产业现状及特征 209
第二节　基于实物期权的分布式风电站投资策略研究 211
第三节　本章小结 226

第七章　我国新能源汽车接入电网升级创新机制研究 228
第一节　电动汽车接入电网概念及其实现方法 228
第二节　V2G 接入电网研究综述 230
第三节　基于 B-S 期权定价模型的 V2G 备用合约协调机制研究 231
第四节　基于条件风险价值风险度量的 V2G 备用合约优化与协调决策 247
第五节　考虑随机需求与收入共享的风险规避型 V2G 备用决策模型 262

第八章　我国天然气产业开发利用升级创新机制研究 278
第一节　我国天然气产业发展概况 278
第二节　我国天然气消费量及其消费区域差异 280
第三节　基于 CGE 模型的我国天然气价格效应分析 299
第四节　我国天然气企业竞争机制研究 310
第五节　我国单边开放天然气市场及考虑补贴的天然气市场研究 326
第六节　本章小结 351

第九章　国际能源技术合作与技术价值评估 353
第一节　"一带一路"倡议下深化国际能源合作 353
第二节　中美两国可再生能源潜在合作研究 356
第三节　技术价值评估体系研究 364

第十章　研究结论与政策建议 405
第一节　主要研究结论 405
第二节　政策建议 414

参考文献 425
附录 444

第一章 能源供需现状与展望

能源是经济社会发展的重要物质基础,攸关国计民生和国家战略竞争力。当前,世界能源格局得到深刻调整,供求关系总体缓和,进入了应对气候变化的新阶段,新一轮能源革命蓬勃兴起。21世纪以来,我国经济持续高速增长,能源生产和消费也随之不断增加,目前我国已经成为世界上最大的能源生产国和消费国。但在此过程中,传统化石能源的大量开发使用导致资源紧张、环境污染、气候变化等问题日益突出,严重威胁经济社会可持续发展。特别是在能源供给制约较多和能源需求压力增大的情况下,我国能源对外依存度不断提高,能源安全问题也面临十分严峻的挑战。抓住全球新一轮能源变革的历史性机遇,积极推动能源生产和消费革命,打造中国能源开发利用的升级版,已经变得十分迫切。本书立足国内能源供需格局新变化和国际能源发展新趋势,着重就能源开发利用中的能源结构调整、能源利用方式转变、能源科技创新和能源体制改革等关键性的技术经济与管理问题进行研究,具有重大的现实意义和理论意义。

本章首先从供需及能源消费结构的角度分析目前全球化石能源与清洁能源的现状;然后通过对我国化石能源和清洁能源的供需现状及能源结构现状进行分析,剖析当前我国能源结构存在的问题,从能源供给侧改革角度阐述问题的解决方法,并对中国现行能源政策进行概述和分析;最后,通过对我国能源新常态及《能源发展"十三五"规划》进行分析,对未来我国能源经济形势进行展望。

第一节 全球能源现状概述

目前,全球能源市场正处于转型期。以亚洲为代表的发展中经济体取代了经济合作与发展组织(简称经合组织)中的传统能源消费市场,促进了能源需求的快速增长和能源市场的加速繁荣。与此同时,在科技进步和环境需求的共同驱动下,能源效率正在不断提高,能源结构也在向更清洁、更低碳的燃料转型。

根据《BP世界能源统计年鉴》(2017),本章所提到的一次能源包含化石能源和清洁能源。化石能源包含石油、天然气、煤炭;清洁能源包含核能、水能、可再生能源,其中可再生能源包含太阳能、风能、生物质能、地热能、潮汐能。在产量与消费量的统计中,石油产量包括原油、页岩油、油砂与天然气液(从天然气中单独开采的液体产品),不包括其他来源的液体产品,如生物质油和其他煤质或天然气制油;可再生能源消费量以可再生资源发电总量为基准,跨国电力供应不计算在内。

一、全球能源供给现状

2016年,全球能源市场除了受到长期因素,如能源结构向更清洁、更低碳的燃料转型的持续作用力外,还面临着一系列的短期影响因素,如石油市场供应过剩、天然气产量增长较低、煤炭生产水平显著降低等。

(一)化石能源供给现状

1. 石油供给现状

2016年,全球探明石油储量为1.707万亿桶,较2015年增长0.9%。全球石油总产量为43.824亿t,较2015年增长0.3%,相比于2005~2015年年均1.0%的增速明显下降。图1-1为全球石油生产来源的变化量。在减产中,美国致密油首当其冲,产量下降了30万桶/日,与2015年的增长相比,变动幅度达到100万桶/日,二者结合总体上导致了石油供应疲软。

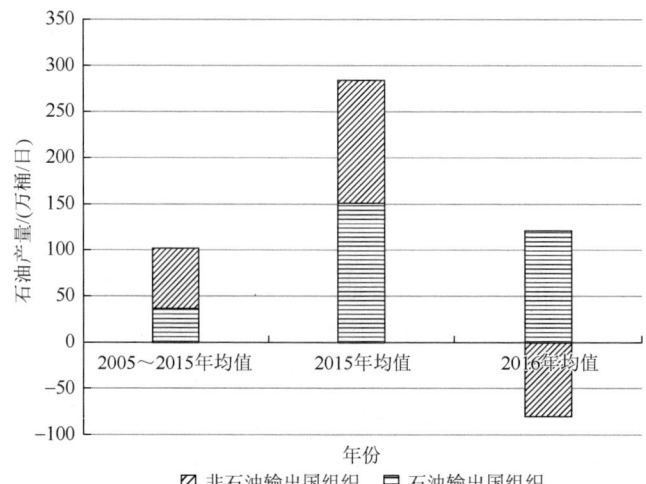

图1-1 全球石油市场生产情况

资料来源:《BP世界能源统计年鉴》(2017)

与全球石油产量趋势相对应,全球炼油加工量增速由 2015 年的 180 万桶/日下降至 60 万桶/日,与 2005~2015 年平均 100 万桶/日的炼油产能增量相比,2016 年炼油产能仅增加 44 万桶/日。同时,对于石油价格来说,2016 年布伦特原油均价为 43.73 美元/桶,名义价格是 2004~2016 年最低的年均价。

2. 天然气供给现状

自 2008 年经济危机以来,全球天然气产量逐年上升,2016 年天然气总产量为 3.613 万亿 m^3,与 2015 年相比增加 0.8%,成为经济危机以来增幅最小的一年。

新增的天然气产量中,79.4%的增量来自天然气市场的新兴生产国,大量的浮式液化天然气储存和再气化装置提高了液化天然气供应的灵活性,为这些市场新进入者提供了保障和支持。在经合组织的天然气生产国中,产量增长最大的是澳大利亚,增量为 210 亿 m^3,填补了美国和经合组织欧洲国家天然气产量的降幅。欧亚大陆的非经合组织国家中,俄罗斯产量增长了 5.9 亿 m^3,乌兹别克斯坦增长 11 亿 m^3,抵消了土库曼斯坦、罗马尼亚和哈萨克斯坦的跌幅,总体而言该地区天然气供应量占全球供应量份额的比例下降 0.2%。天然气出口国论坛(Gas Exporting Countries Forum,GECF)成员国产量较 2015 年增长了 1.5%,其中大部分增量来自阿尔及利亚、俄罗斯和伊朗。如图 1-2 所示,1990~2017 年,全球天然气产量逐步增长,但近年来增速有所放缓,同时经合组织产量被 GECF 反超。

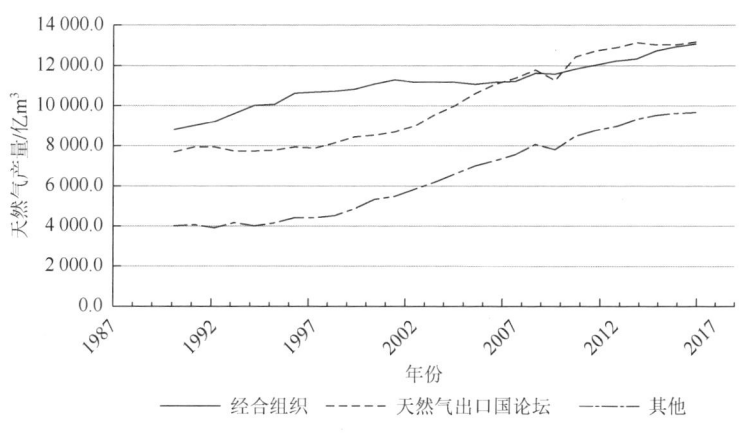

图 1-2 各组织天然气产量变化

资料来源:International Energy Agency Natural Gas Information: Overview(2017)

3. 煤炭供给现状

2016 年,全球煤炭产量下降了 4.58 亿 t,为 1971~2016 年的最大降幅,导致这一降幅的最大原因在于我国《国务院关于煤炭行业化解过剩产能实现脱困发展的意见》(国发[2016]7号)文件的发布为我国矿山运营时间设定了限制。按照国发[2016]7号文件，从2016年开始，全国所有煤矿按照276个工作日重新确定生产能力。中国自1985年以来一直是世界主要的煤炭生产国，然而2016年，中国煤炭产量为3.27亿t，比2015年下降9.0%。另外，中国、美国和英国煤炭发电的需求疲软，煤气化水平逐步上升，煤炭产量持续下滑。表1-1为世界煤炭总产量，可以看出，无论动力煤、焦煤还是褐煤，产量都在下降，且动力煤的降幅最大。

表1-1 世界煤炭总产量（万t油当量）

煤炭种类	2014年	2015年	2016年
动力煤	60 101	58 346	54 070
焦煤	11 087	10 811	10 743
褐煤	8 154	8 111	7 833
总计	79 342	77 268	72 646

资料来源：International Energy Agency Coal Information: Overview（2017）

在当前全球煤炭减产趋势下，2016年煤炭十大生产国中仅印度、俄罗斯和印度尼西亚产量上升。尽管2013年以来中国煤炭产量下降了13.5%，但2000年以来，中国的煤炭产量仍然增加了139.3%。相比之下，经合组织的煤炭产量同期下降了14.7%，且在2016年出现了最大年降幅。经合组织的煤炭产量占全球产量的比例由1971年的56.6%降至2016年的23.7%。

（二）清洁能源供给现状

2016年，全球核能发电总量为5.921亿t油当量，较上年增长1.3%；水力发电总量为9.103亿t油当量，较上年增长2.8%；可再生能源发电（不包括水电）增长了14.1%，其中超过一半的增长来源于风能。太阳能虽然在可再生能源总量上的占比仅为18%，但是贡献了约占1/3的增长率。图1-3为2015年各能源在一次能源总供应中的占比情况。虽然清洁能源供应增长较快，但传统化石能源的供应仍占很大比例。

分地区而言，亚太地区成为最大的可再生能源产区，中国则继续引领可再生能源增长。而在欧洲，可再生能源的增长缓慢，其原因在于电网对来自可再生能源的电力负载率从2015年异常高的水平回落，此外，气候条件也是影响可再生能源产量的重要因素，2016年丹麦风电产量的下降量就占其总发电量的大约5%。

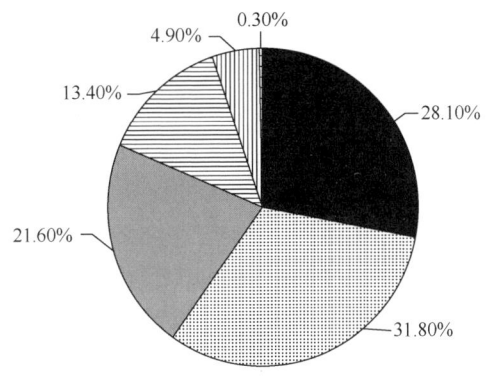

图 1-3 2015 年全球一次能源总供应中的构成

资料来源：International Energy Agency Renewables Information（2017）

图 1-4 表示了不同发电技术在 67 个国家中的总占比，这 67 个国家是指在《BP 世界能源统计年鉴》（2017）中列出来的，其某一种可再生能源的发电量超过 50GW·h 的国家。由图 1-4 可以看出，在历经了 20 年后，大规模的风能生产国比例从 15%上升至 75%，而太阳能完成同等程度扩张仅用了其一半的时间；核能的发展与风能和太阳能产生了鲜明的对比，核能生产国比例尚未达到 50%就已经停滞不前。可再生能源扩张速度的差异反映了其背后科技的不同特点：光伏组件的模块化特性和其陡峭的学习曲线促使太阳能快速发展。此外，风能和太阳能的技术转让不受复杂的安全限制，这也是它们比核能发展更快的一个原因。

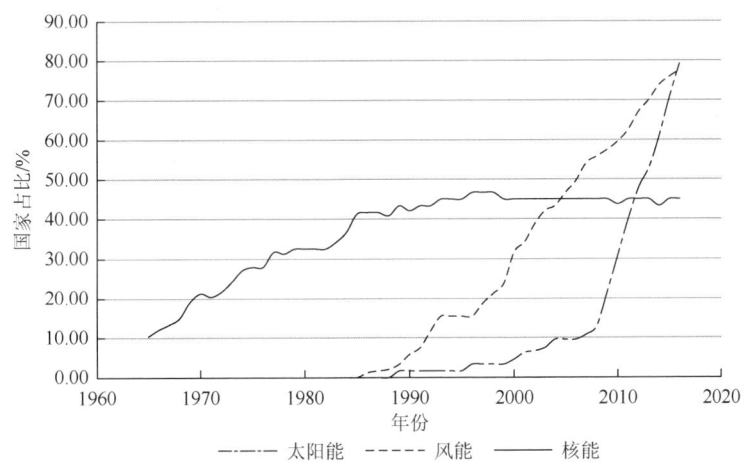

图 1-4 不同发电技术的分布

资料来源：《BP 世界能源统计年鉴》（2017）

二、全球能源消费现状

2016年，全球一次能源共消费132.763亿t油当量，较2015年增加1%，增速几乎只有2005~2015年平均增速的一半。一次能源消费中，石油、天然气和可再生能源消费量分别增长1.6%、1.5%、14.1%，而煤炭消费量减少了1.7%。

分地区而言，除欧亚地区外，其他地区能源消费增速均低于十年平均值；对能源种类而言，除石油与核能外，其他燃料增速均低于平均水平，能源消费向更为低碳的趋势发展。消费市场的低迷反映出一些短期影响因素：2015年全球生产总值仅增长3%，是2002年以来除金融危机时期外的最低增速，这种疲软部分是由于工业作为经济结构中能源最密集型的行业增长缓慢。不仅如此，低迷的市场也反映出未来长期趋势，那就是能效的提升将使能源增长放缓。

全球正面临的新能源变革来自气候和环境压力，具有被动化变革的特点和显著的外部性特征。目前，新能源应用在一次能源使用结构中所占比例仍然较低，而且提高和扩大这一比例将面临巨大的转轨成本。2016年，一次能源增长中贡献最多的是石油，原因在于低油价刺激了石油需求；天然气增速与石油相当，但对天然气而言，该增速远远低于其十年平均水平；煤炭消费量连续两年下滑，其在一次能源中的占比也降至2004年以来的最低值；可再生能源（包括生物燃料）再一次成为增速最快的能源。

（一）化石能源消费现状

1. 石油消费现状

2016年，全球石油总消费量为44.182亿t，较2015年增加了1.5%。石油市场调整相对有效，需求再次强势上涨。此外，石油仍是全球最重要的燃料，占全球能源消费的1/3。得益于低价的刺激，2015年以来石油需求的增长主要体现在零售客户端燃料上，如汽油。反之，与工业紧密相关的柴油需求因为美国和中国的工业需求不景气而出现自2009年以来的首次下滑。

图1-5为石油市场的消费情况，反映了石油市场强需求和弱供给的现状。该状况本应足以使得石油市场在2016年中期基本恢复到平衡状态，然而由于本已过高的石油库存愈发过剩，市场的平衡并未如期而至。至2016年底，经合组织成员国的库存已经比其五年平均值高出了约3亿桶。自2014年油价暴跌以来，美国石油输出国组织成为石油市场中的主角，使石油市场变得错综复杂。

2016年，全球石油进出口总量为6545.4万桶/日，较上一年增加了3.9%。石油主要进出口国占全球贸易的比例如图1-6、图1-7所示。美国、欧洲、中国仍是

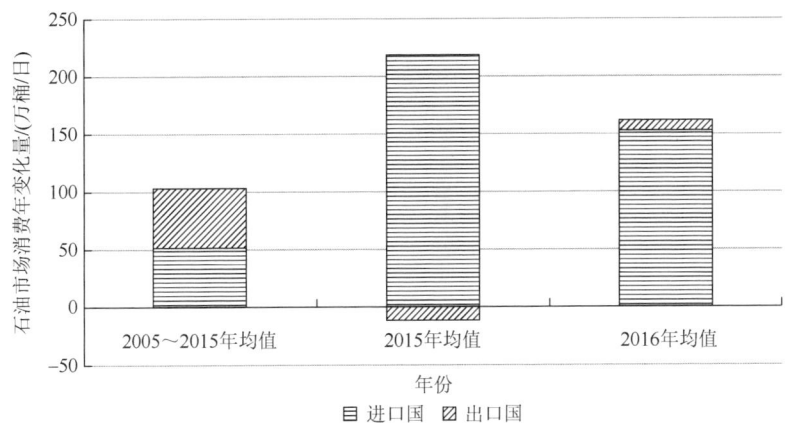

图 1-5 石油市场消费情况

资料来源:《BP 世界能源统计年鉴》(2017)

世界石油进口量最大的三个国家(地区),中东(除沙特阿拉伯)、俄罗斯、亚太地区(除日本)是目前石油出口量最大的国家(地区)。

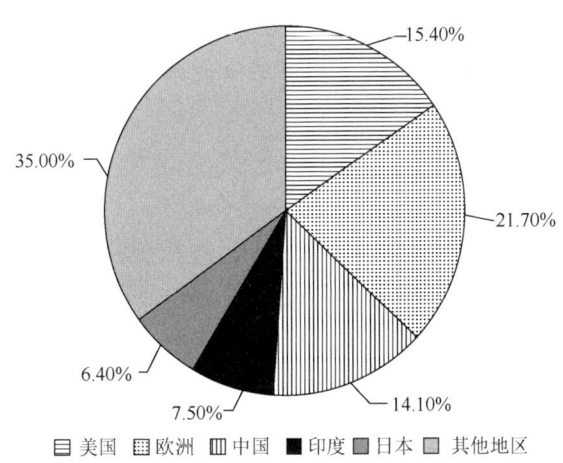

图 1-6 2016 年各国(地区)石油进口占比

2. 天然气消费现状

2016 年,全球天然气消费总量为 32.041 亿 t 油当量,相比 2015 年增加了 1.5%,大大低于 2.3% 的十年平均值。各国液化天然气需求情况变化如图 1-8 所示。新兴市场的天然气需求量相比于其他国家和地区迅速增长。中国和中东地区在基础建设方面的改进和天然气资源可获得性上的提升使得天然气消费量大幅增加。与此同时,欧洲天然气消费量也表现出了强劲增长势头,其原因在于天然气相对于煤

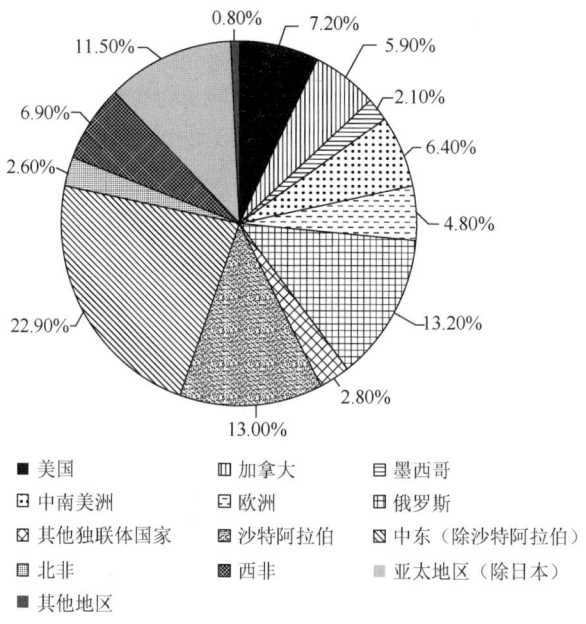

图 1-7 2016 年各国（地区）石油出口占比

炭的竞争力上升，并且当前欧洲核能及可再生能源供应疲软。而俄罗斯和巴西水电强劲增长，导致天然气消费大幅下滑。

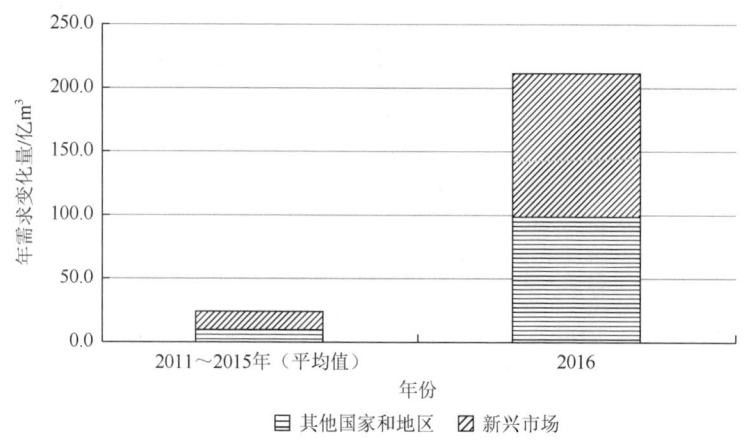

图 1-8 液化天然气需求量

新兴市场包括埃及、巴基斯坦、波兰、约旦、牙买加、哥伦比亚和立陶宛
资料来源：《BP 世界能源统计年鉴》（2017）

化工和石油化工行业的天然气消费量总体呈下降趋势，但作为能源燃烧的使

用量和非能源燃烧的使用量大不相同。美国是化工和石油化工行业中最大的天然气消费国，作为能源燃烧的天然气消费量减少了 2.5 亿 m³，而作为这一行业原料的天然气消费量增加了 0.8 亿 m³。俄罗斯和印度在化工和石油化工行业表现出了相同的趋势，而中国则相反。

3. 煤炭消费现状

2016 年，全球煤炭消费总量为 37.320 亿 t 油当量，较 2015 年下降 1.7%，消费量连续两年下滑。煤炭消费下滑最大的是美国和中国，降幅分别达 3300 万 t 油当量、2600 万 t 油当量。与此同时，英国煤炭消费下降超过五成，降幅为 1200 万 t 油当量。

煤炭在全球一次能源消费中的占比降至 28.1%，达到 2004 年以来的最低水平。煤炭行业正在经历深刻的变革，这一变革主要反映了结构性因素的调整：天然气和可再生能源的资源可获得性与竞争力日益增加，同时来自政府和社会的压力也在促使能源结构向更清洁和更低碳的方向转变。2016 年，中国通过采取一系列措施化解煤炭行业过剩产能和限制煤炭企业生产天数来限制煤炭产量，导致中国煤炭市场价格大幅上升。鉴于中国煤炭价格对世界煤价的重要影响，中国煤炭市场的变动也波及了全球煤炭市场。而煤炭价格的上涨进一步降低了全球煤炭需求，特别是电力行业的需求，从而使天然气和可再生能源成为最大受益者。

在去煤化这项长期运动中最具代表性的国家是英国。2015 年，英国最低碳价的上调增大了国际煤炭价格的涨幅，随着英国最后三个煤矿的关闭，英国煤炭消费回落至约 200 年前的水平，并于 2017 年 4 月 21 日迎来了首个无煤发电日。

（二）清洁能源消费现状

2016 年，可再生能源作为能源转型中的领头羊，继续保持高速增长。可再生能源中增长最快的是风能和太阳能，增速分别为 15.6%、29.6%。虽然可再生能源在一次能源中占比仅为 3.2%，但是其增长势头迅猛，增量占一次能源增长量的 30% 以上。表 1-2 为 2009~2015 年不同种类的可再生能源消费量占比情况。化石燃料占比有所下降，但仍是主要能源消费来源；可再生能源的消费占比明显上升，其中现代可再生能源消费呈上升趋势，传统生物质能消费呈下降趋势。

表 1-2　2009~2015 年不同种类的可再生能源消费量占比情况（%）

能源类型	2009 年	2010 年	2011 年	2012 年	2013 年	2014 年	2015 年
化石燃料	81.0	80.6	78.2	78.4	78.3	78.3	78.4
核能	2.8	2.7	2.8	2.6	2.6	2.5	2.3
可再生能源	16.2	16.7	19	19.0	19.1	19.2	19.3

续表

能源类型	2009年	2010年	2011年	2012年	2013年	2014年	2015年
现代可再生能源	6.2	8.2	9.7	10.0	10.1	10.3	10.2
生物质供热、地热、太阳能热	1.5	3.3	4.1	4.2	4.1	4.2	4.2
水力发电	3.4	3.3	3.7	3.8	3.9	3.9	3.6
风能、光伏、生物质和地热发电	0.7	0.9	1.1	1.2	1.3	1.4	1.6
生物燃料	0.6	0.7	0.8	0.8	0.8	0.8	0.8
传统生物质能	10.0	8.5	9.3	9.0	9.0	8.9	9.1

资料来源：《BP世界能源统计年鉴》（2017）

注：传统生物质能是指太阳能以化学能形式储存在生物质中的能量形式，即以生物质为载体的能量；现代可再生能源是指水力发电、生物质发电和热利用、风力发电、光伏、地热发电和热利用、生物燃料等

与1990年相比，可再生能源部门最明显的消费变化是用于运输的生物燃料急剧增长。2015年，用于运输的液体生物燃料和生物酶的可再生能源消费占可再生能源总消费量的9.8%。

三、全球能源结构

图1-9显示，2016年石油仍是全球主导燃料，占所有能源消费量的近1/3，在1999~2014年连续15年下滑之后，石油的全球市场份额连续两年增加；煤炭的市场份额降至28.1%，为2004年来最低水平；可再生能源发电在全球一次能源消费中占比达到了3.2%。

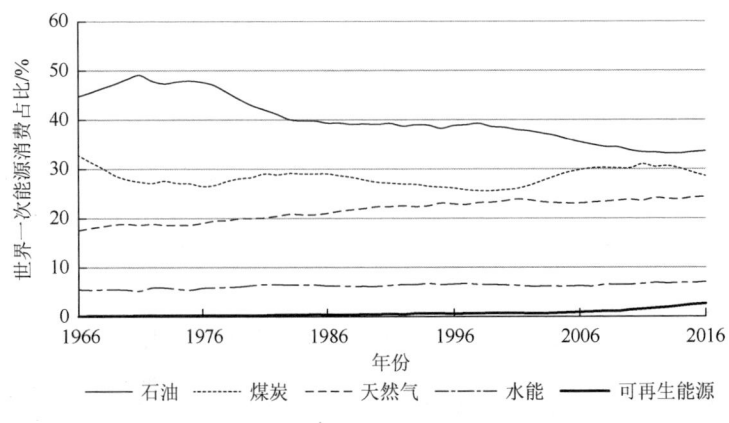

图1-9 世界一次能源消费占比

资料来源：《BP世界能源统计年鉴》（2017）

2016年，周期性调整的本质因素日益受到长期转型的影响，而长期转型正在重塑全球能源市场。从能源需求来看，需求重心转向以中国和印度为代表的高增长发展中国家，同时，能效的提升也减缓了整体能源需求的增长。能源消费已连续三年没有超过1%，同时，能源强度也在以前所未有的速度下降。在科技进步和环境需求的驱动下，能源供应在可再生能源的引导下向着更清洁、更低碳的方向进行长期的转变。

第二节 中国能源现状概述

改革开放以来，中国的能源事业取得了长足发展。目前，中国已成为世界上最大的能源生产国，形成了煤炭、电力、石油、天然气及新能源和可再生能源全面发展的能源供应体系。在保障能源供应的情况下，我国能源服务水平大幅提升，居民生活用能条件得到极大改善。能源的发展为消除贫困、改善民生、保持经济长期平稳快速发展提供了有力保障。

中国能源资源总量相对丰富，但人均能源资源拥有量较低，优质资源少，能源资源赋存分布不均衡，开发难度较大。中国煤炭资源较为丰富，石油、天然气等常规化石能源资源量有限，页岩气、煤层气等非常规化石能源储量潜力较大。《能源发展"十三五"规划》指出，"十二五"时期我国能源较快发展，供给保障能力不断增强，发展质量逐步提高，创新能力迈上新台阶，新技术、新产业、新业态和新模式开始涌现，能源发展站到转型变革的新起点。

近年来，我国能源生产总量、电力装机规模和发电量稳居世界第一，长期以来的保供压力基本缓解。大型煤炭基地建设取得积极成效，建成了一批大型、安全、高效的现代化煤矿；油气储采比稳中有升，能源储运能力显著增强；能源结构调整步伐加快；节能减排成效显著，单位国内生产总值（gross domestic product，GDP）能耗下降18.4%。与此同时，能源国际合作不断深化，"一带一路"能源合作全面展开，中巴经济走廊能源合作深入推进。电力、油气、可再生能源和煤炭等领域技术、装备和服务合作成效显著，核电国际合作迈开新步伐。双多边能源交流广泛开展，我国对国际能源事务的影响力逐步增强。

2016年，中国能源消费仅增长1.3%，2015年与2016年是中国自1997年来能源消费增速最为缓慢的两年。尽管如此，中国仍旧连续第16年成为全球范围内增速最快的能源市场。为应对新阶段的气候变化，全球能源结构正在向清洁能源调整。2015年，习近平主席在《联合国气候变化框架公约》第21次缔约方大会暨《京都议定书》第11次缔约方大会（简称巴黎气候大会）上发表《携手构建合作共赢、公平合理的气候变化治理机制》的重要讲话，讲话中重申了中国将于2030年使非化石能源占一次能源消费比重达到20%左右的承诺。我国经济发展步入新常态，能源消费增速趋缓，发展质量和效率问题突出，供给侧结构性改革刻不容缓，能源转型变革任重道远。

一、中国化石能源供需现状

（一）石油供需现状

2016年，中国石油产量为1.997亿t，较2015年减少了7.2%；石油消费量为5.787亿t，较2015年增加了2.7%。2005~2015年中国石油供需现状如图1-10所示。在这十年中，石油产量略有上升，但消费量的增长速度远大于产量，且消费量与产量的差值逐年增大，意味着我国石油进口依存度快速攀升。

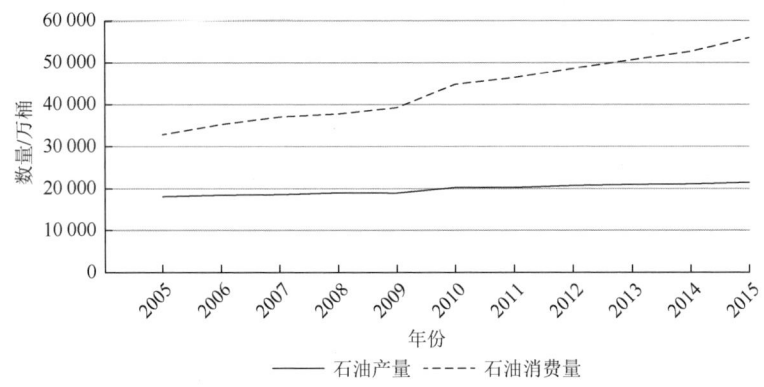

图1-10　2005~2015年中国石油供需现状

统计数据中的石油包括原油、页岩油、油砂与天然气液（从天然气中单独开采的液体产品），不包括其他来源的液体产品，如生物质油和其他煤制或天然气制油

资料来源：《BP世界能源统计年鉴》（2017）

尽管2017年5月以来，中国的日均原油产量反弹了3%，但仍然呈现出下降趋势。2017年上半年中国原油产量同比下降5.1%，6月原油产量同比下降2.2%。石油进口量已超过总量的50%，且我国对于进口石油的依赖性逐步加大。

根据2015年中国海关数据，我国石油进口构成如图1-11所示，我国石油进口量中近一半来自沙特、俄罗斯、安哥拉和伊拉克。目前，我国石油生产量增长缓慢，随着经济发展，我国石油进口规模不断扩大，依存度增长较快且表现出进口依存度与国际油价同时上升、石油进口区域高度集中的特点，而后者又表现为石油进口来源地的集中和石油运输通道的集中。石油战略储备具有平抑油价波动、保障国家经济安全、应对突发事件的功能（张祺，2013），对于实现社会主义现代化具有重要作用。

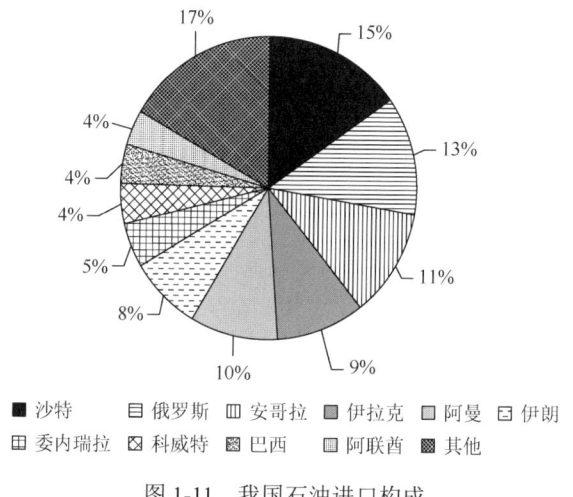

图 1-11 我国石油进口构成

《能源发展"十三五"规划》提出，我国需加强能源资源勘探开发，增强能源储备应急能力，构建多轮驱动的能源供应体系，保持能源充足稳定供应。同时，需积极实施"一带一路"倡议，深化能源国际产能和装备制造合作，推进能源基础设施互联互通，提升能源贸易质量，积极参与全球能源治理。石油作为国家经济发展的支柱性能源，对国家经济结构和走向起着举足轻重的作用。经济全球化的不断深入和世界各国对石油行业的大规模整合深刻地影响着我国石油安全。在我国石油资源本身非常匮乏的情形下，国民经济的快速发展导致我国石油需求缺口持续扩大，石油进口依存度不断提高。目前，我国已成为仅次于美国的第二大石油进口国。为降低我国石油进口依存度及其带来的风险，我国应建立多元化的石油供给体系；建立合理的石油贸易机制；完善战略石油储备体系；开发替代能源，建设节约型社会；构筑健全的石油法律保障体系（张祺，2013）。

（二）天然气供需现状

2016 年，我国天然气产量为 1.246 亿 t 油当量，较 2015 年增长 1.4%；消费量为 1.893 亿 t 油当量，比 2015 年增加 7.7%。图 1-12 为 2005~2015 年中国天然气供需现状。2005 年以来我国天然气产量与消费量呈逐步上升趋势，其中，消费量在 2010 年以后增速加快，产量增速逐渐减缓，且消费量与产量之差呈现逐步加大的趋势。

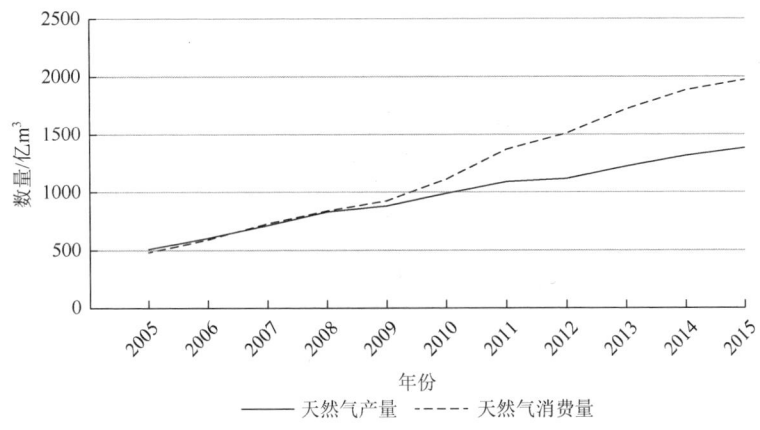

图 1-12　2005～2015 年中国天然气供需现状

产量不包括放空燃烧或回收的天然气，但包括用于气制油的天然气；消费量不包括转化成油的天然气，但包括煤制气和气制油过程中所损耗的天然气
资料来源：《BP 世界能源统计年鉴》（2017）

近 20 年来，随着经济的增长和能源消费结构的调整，我国天然气消费量和供应量都呈现出逐年快速增长的态势，但是产量的增速跟不上消费量的增速，出现了供应缺口。Wang 和 Lin（2014a）通过面板单位根和面板协整方法对我国 30 个省份的天然气消费量和影响因素进行研究。研究发现，就长期而言，中国的人均天然气消费量和库兹涅茨曲线相吻合，也就是说，目前天然气的高增长率长期来看是不可持续的。具体的消费峰值水平和峰值出现的年份取决于经济增长和管网铺设速度。李秀慧和于汶加（2012）认为未来 20 年中国天然气缺口将继续扩大，为保障我国的天然气供需平衡，我国应采取的对策包括：深化天然气价格机制改革；遏制不合理需求，调整天然气消费结构；大力加强基础设施建设；通过"两个市场，两种资源"扩大供应量。

（三）煤炭供需现状

中国煤炭资源丰富，在 2016 年底探明的储量中，中国的无烟煤、生煤、次烟煤和褐煤占全球已探明储量的 21.4%，仅次于占比为 22.1% 的美国。我国的煤炭储产比为 72，相比于储产比为 381 的美国，储量占年产量之比处于较高水平。

如图 1-13 所示，2005～2015 年我国煤炭消费量略大于产量，2011 年以后煤炭产量与消费量均出现下降趋势。下降的主要原因在于2011年以来我国出台了一系列煤炭开采方面的政策及煤炭需求低迷。2011年4月25日，国家发展和改革委员会（简称国家发改委）发布的《产业结构调整指导目录（2011年本）》限制了部分地区采矿产量并且淘汰了国有煤矿矿区范围内的各类小煤矿，2011年底全国范围内全部淘汰单井井型低于3万t/年的煤矿矿井。图1-14显示了1982～2016年我国煤炭产量增量变化率，2014～2016年煤炭产量增速为负。

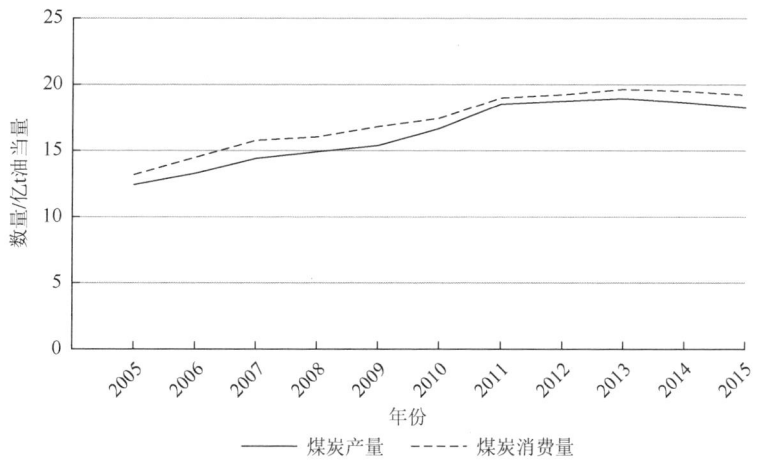

图1-13　2005～2015年中国煤炭供需现状

资料来源：《BP世界能源统计年鉴》（2017）

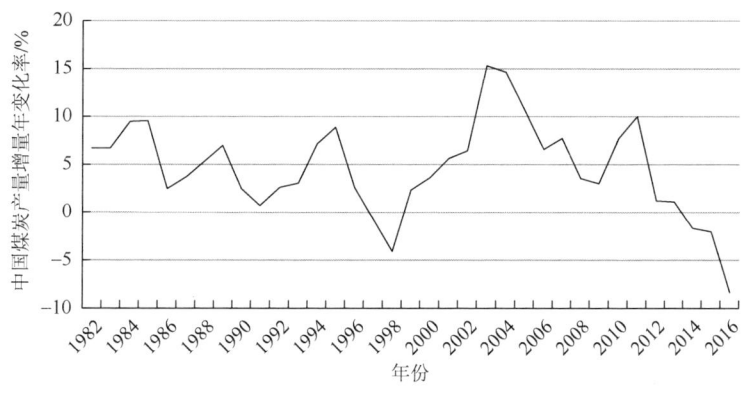

图1-14　1982～2016年中国煤炭产量变化

资料来源：《BP世界能源统计年鉴》（2017）

2016年初，中国出台了一系列改革措施用于化解国内煤炭行业过剩产能，同时提高生产力和营利能力。该项改革重点在于淘汰规模小、生产效率低的煤矿，同时鼓励更具规模性的兼并重组。此外，中国通过限制煤炭生产企业天数，由每年330个工作日降至276个工作日，进一步控制煤炭产量。这些改革措施带来了显著的变化：国内煤炭产量大幅下降，煤炭价格快速上涨。2016年煤炭产量下降7.9%，约1.4亿t油当量，为有记录以来的最大跌幅，产量的大幅下降导致全年动力煤价格上涨超60%。煤炭消费量连续第三年下降，2016年下降1.6%，约2600万t油当量。与此同时，由于消费量的下滑小于生产量，中国正在恢复全球最大煤炭进口国的地位。

此外，当前我国煤炭生产还存在一些问题。产业的低机械化带来的采煤效率低下、煤炭企业占用劳动力过多、煤炭开采安全等问题突出；煤炭行业的低进入壁垒及高退出壁垒使得我国煤炭行业竞争无序，较低的产业集中度也造成了国际竞争力的下降。因此，加快调整产业结构，促进我国煤炭行业的健康、可持续发展，成为我国煤炭行业工作的重点。近年来，煤炭行业在国家一系列政策措施的支持下，坚持以发展为中心，以结构调整为主线，使煤炭供需总量基本平衡。

二、中国清洁能源供需现状

近几年来，中国经济已进入新常态，经济增速放缓的同时，中国经济结构正在发生深刻变化，服务业逐步取代工业成为经济增长的主要动力。尽管能源需求仍将随着经济增长保持增速态势，但能源供应与消费必须严守可持续发展的生态红线。2016年，可再生能源占总终端能源消费量的6%，未来几十年依照中国的可再生能源政策和能源体系去碳化需求，可再生能源份额将大幅增长。

2017年3月27日，国家能源局发布了《关于深化能源行业投融资体制改革的实施意见》，明确指出要充分激发社会资本参与能源投资的动力和活力，并畅通能源投资项目融资渠道。《能源发展"十三五"规划》中也提出，将完善能源投资政策，制定能源市场准入"负面清单"，鼓励和引导各类市场主体依法进入"负面清单"以外的领域。图1-15为2005～2015年中国可再生能源电力和燃料新增投资额的变化情况。从图1-15中可以看出，投资额呈逐年上升趋势，且增速加快。

我国清洁能源投资额近年来始终为世界最高，各类清洁能源的装机量和产出量均居世界首位。与传统能源行业相比，清洁能源行业对研发和投入的要求更高，具有更高的进入壁垒。我国的清洁能源行业受政策和补贴的影响较大，国有资本的参与程度更高。但随着近年来清洁能源行业的发展，政策也在逐渐鼓励和强化清洁能源市场的自主调节，十九大报告中提出要"构建市场导向的绿色技术创新体系，发展绿色金融，壮大节能环保产业、清洁生产产业、清洁能源产业。推进能源生产和消费革命，构建清洁低碳、安全高效的能源体系"。

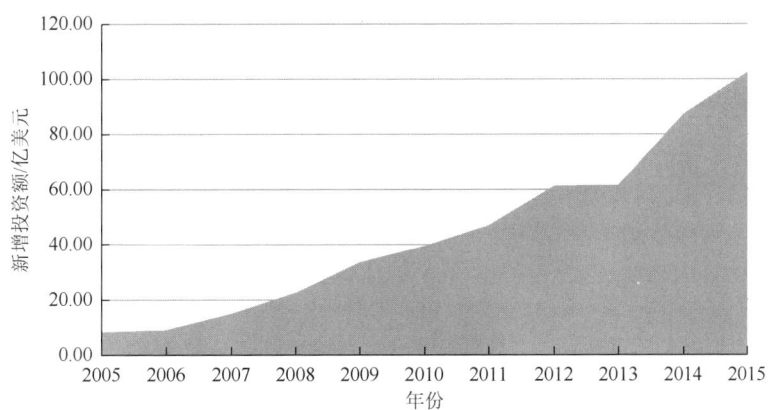

图 1-15　2005～2015 年中国可再生能源电力和燃料新增投资额
资料来源：Bloomberg New Energy Finance，REN21

图 1-16 展示了 2005～2015 年中国核能、水电和可再生能源的消费情况。水电消费量占我国清洁能源消费比重最大，并且正在高速增长。上述三种能源中，核能消费增速较为缓慢。上述统计中，核电以发电量为基准，水电以一次水力发电总量为基准，跨国电力供应不计算在内；可再生能源以可再生资源发电总量为基准，包括风能、太阳能、生物质能、地热、垃圾发电等，跨国电力供应不计算在内。因此，中国清洁能源供给现状可用消费现状进行统计描述。

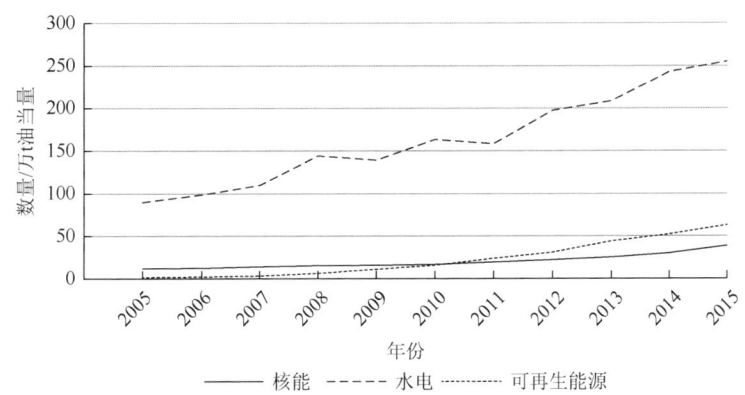

图 1-16　2005～2015 年中国核能、水电和可再生能源消费情况
本图中的可再生能源统计数据包含风能、太阳能、生物质能、地热、垃圾发电
资料来源：《BP 世界能源统计年鉴》（2017）

由图 1-17 可知，我国可再生能源的发电量已经超过美国、德国、日本等发达

国家,是同为发展中国家和人口大国的印度可再生能源发电量的5倍多。然而在清洁能源消费结构上,我国还面临着多元化发展、系统优化等问题。根据《2017清洁能源行业报告》,其他国家风能与太阳能光伏在可再生能源中的占比更大,而我国水力发电量接近可再生能源发电量的60%,风能和太阳能规模较小。在水力发电可能会对当地水域的生态环境产生一定影响的情况下,我国未来需着重发展太阳能光伏和风能发电这两大类清洁能源。除此之外,生物质能的发展也受到了国家大力支持。《能源发展"十三五"规划》着重提出了要积极发展生物质液体燃料、气体燃料、固体成型燃料,推动沼气发电、生物质气化发电,合理布局垃圾发电,有序发展生物质直燃发电、生物质耦合发电,因地制宜发展生物质热电联产,加快地热能、海洋能综合开发利用。鼓励能源行业的多元化发展,是为了因地制宜地发展合适的清洁能源,以提高清洁能源的利用效率。

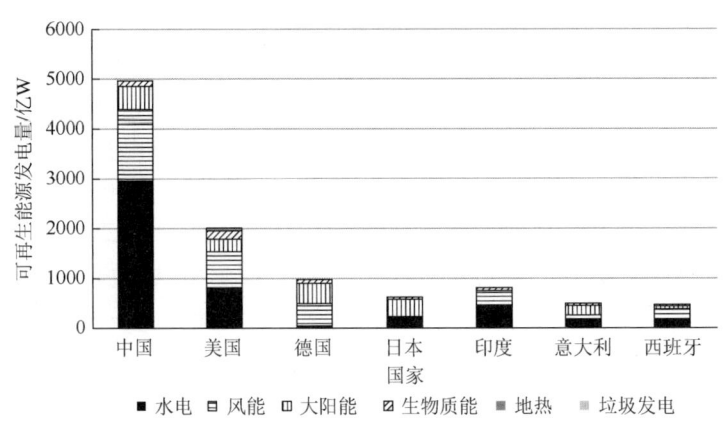

图1-17 2016年全球可再生能源发电量排名

本图中的可再生能源统计数据包含风能、太阳能、生物质能、地热、垃圾发电

资料来源:REN21-Renewables 2016 Global Status Report

下面将详细阐述我国太阳能和风能的发展现状。

(一)太阳能

2015年与2016年我国光伏产业飞速发展。2015年,我国光伏装机容量为15.13GW,累计装机容量和年度新增装机容量均居全球首位,成为全球装机容量最大的国家。2017年3月,全国光伏发电累计装机容量为84.63GW,增幅几乎达2010年的100倍。

然而太阳能高速发展和扩张带来的影响便是我国弃光限电的问题迟迟没有得到解决。过去几年间,我国光伏发电应用市场的投资始终"重开发、轻消纳",大力投资和发展集中式光伏电站,而分布式光伏项目发展却十分缓慢。2015年以来,尽管分布式光伏项目有所增加,但占比依然较低。截至2017年一季度,我国集中式光伏电站装机占比85%,而分布式占比只有15%。集中式光伏电站主要建设在地广人稀、土地资源和太阳能资源都十分丰富的西部地区。但这些地区的电力需求较弱,太阳能发电的大量电力需要向外输出,而由于光伏发电的波动性较强,电网配套建设不够完善,直接输入电网会给电网的稳定性带来冲击,导致这些地区不得不采取弃光限电的措施,限制多余的电量向电网输送。2016年6月,国家能源局规定,对不具备新建光伏电站市场条件的部分省份停止或暂缓下达2016年新增光伏电站建设规模(光伏扶贫除外);而在利用固定建筑物屋顶、墙面及附属场所建设的分布式光伏发电项目及全部自发自用的地面光伏电站项目不限制建设规模。

与此同时,国务院在《"十三五"脱贫攻坚规划》中指出,鼓励分布式光伏发电与设施农业发展相结合,指标向贫困地区倾斜,并推广应用太阳能热水器等农村小型能源设施。通过实现分布式光伏发电与当地产业的协同发展,实现地区的产业模式升级,同时保障了电力的正常供给,提高了当地居民的收入和生活水平。目前,中国南方电网有限责任公司与国家电网有限公司分别开展了个人分布式电站的并网工作,制定了一系列优惠措施。另外,国家还在积极推广光伏发电与建筑屋顶、滩涂、湖泊、鱼塘、农业大棚及相关产业有机结合的新模式,鼓励利用采煤沉陷区废弃土地建设光伏发电项目,优先使用贫困户劳动力,发挥项目综合扶贫效益,并扩大中东部和南方地区分布式光伏发电利用规模。光伏式发电应用于农业大棚、畜牧业和渔业养殖产业,实现了优势互补,以及经济、社会、环境等效益的共赢。

(二)风能

2016年,我国新增风电装机容量19.3GW,同比下降41.46%;累计并网装机容量达到148.64GW,同比增长14.92%,占全球风电装机容量的34.7%,居世界第一。尽管目前中国的风电还面临着弃风严重的问题,但从长期来看,风电在我国电源结构中的地位将会越来越重要,仍具有较大的发展空间。2016年全国风电发电量2410亿kW·h,占总发电量的4.1%,同比上升了0.8个百分点,份额进一步提升。同年平均弃风率为17%,同比上升2个百分点。

从政策方面来看,国家一方面鼓励中东部和南方地区风电的开发,另一方面,则是有序建设"三北"(我国的东北、华北和西北地区)大型风电基地,解决弃风问题。国家能源局的风电投资监测预警机制与风电装机核准政策都将鼓励风电开发往东部、南部等非限电地区转移,非限电地区的发电量占比将进一步提升。2016年5月27日,国家发改委、国家能源局发布的《关于做好风电、光伏发电全额保障性收购管理工作的通知》明确了重点地区风电、光伏发电保障性收购年利用小时数，也确保了风电企业部分的保障性收益。从交易方面看，当前风电的市场化交易主要包括直供电、风火置换、跨区域输送折价等几种方案。这些方案保障了未来风电或能够在无补贴的情况下具备与火电直接竞争的能力，行业随着成本的不断降低将获得永续的生命力。

综上所述，未来我国能源的发展将更注重系统优化，创新发展模式，积极构建智慧能源系统。为提高消纳可再生能源的能力，智慧能源系统应把提升系统调峰能力作为补齐电力发展短板的重大举措并加快突破电网平衡和自适应等运用控制技术的能力。同时，对电力和天然气需求侧进行管理，不仅能够显著提升用户响应能力，还能够把节能贯穿于经济社会发展全过程。智慧能源系统应以智能高效为目标，加强能源系统统筹协调和集成优化，推动各类能源协同协调发展，大幅提升系统效率。

三、中国能源结构

从能源消费品种来看，由于"富煤贫油少气"的资源禀赋，我国能源消费长期以煤炭为主，煤炭约占一次能源消费的61.8%，石油、天然气和其他一次能源分别约占20%、3%、7%。其他一次能源包括水电、核电、风电等能源，所占比例较小，能源消费结构亟须完善。

从各产业能源消费情况来看，中国第三产业及其他终端能源消费增长较快，但是就能源消费总量而言，工业终端仍占据总终端能源消费较高比例（2015年为70%）。据2013年世界经济论坛与埃森哲咨询管理公司共同推出的《2013全球能源工业效率研究》，中国在工业节能方面的潜力依然巨大。

2016年煤炭消费占总终端能源消费比重达39%。从三十多年来的能源消费结构变化趋势来看，煤炭比重由1978年的71%上升至1992年的76%，随后虽有升有降，但都在70%左右。近年来，在低碳发展的要求下，煤炭消费占比有所下降；石油消费在2000年以前因国内煤炭供给的限制和对外扩大的石油贸易规模而呈增长趋势，2000年以后受国际油价和国际石油紧张的供给局面的影响开始下降；天然气和其他一次能源在2010年前变化不明显，之后有缓慢增加趋势。

煤炭是中国终端能源消费的主要品种，图1-18为2015年我国能源消费结构。2015年煤炭仍是主要消费能源，在所有一次能源消费中的占比为63.70%；原油紧随其后，占一次能源总消费量的18.30%；水电、核电、风电等一次能源电力占12.10%；天然气为5.90%。图1-19、图1-20分别为2015年我国能源生产结构和电力生产结构。我国一次能源消费、供给仍以煤炭为主，水电、核电、风电等一次能源电力的消费和供给有所提高，但占比依然不大。

第一章 能源供需现状与展望

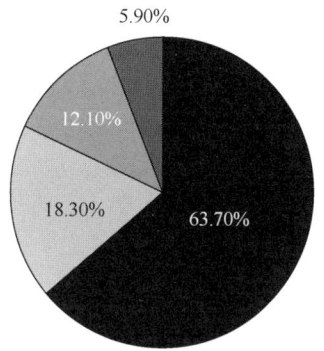

■ 煤炭　■ 原油　■ 水电、核电、风电等一次能源电力　■ 天然气

图 1-18　2015 年中国能源消费结构

资料来源：国家统计局

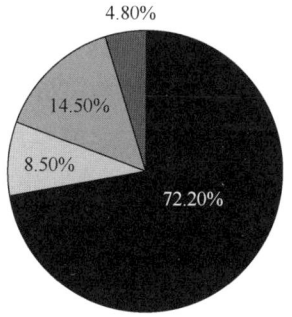

■ 煤炭　■ 原油　■ 水电、核电、风电等一次能源电力　■ 天然气

图 1-19　2015 年中国能源生产结构

资料来源：国家统计局

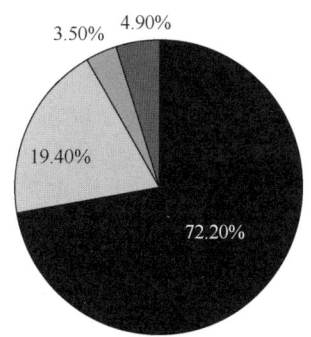

■ 火电　■ 水电　■ 核电　■ 其他

图 1-20　2015 年中国电力生产结构

资料来源：国家统计局

虽然核能及可再生能源消费增长潜力巨大，并且新能源的开发和使用是实现低碳发展的有效措施，但是限于新能源的许多核心技术仍需研发完善，新能源供给在短时期内很难形成规模。由此可见，化石能源仍将在较长时间内占据主体地位。

尽管2006~2016年中国可再生能源实现了巨大的增长，但当前的中国能源体系离清洁、高效、安全的目标仍有较大距离。主要面临的问题有：空气污染仍然严重、化石能源消费比重过大、可再生能源浪费、电力系统缺乏灵活性、可再生能源经济激励制度面临改革（刘强和王恰，2017）。解决中国的能源问题只能从供给侧开始，调整能源的供给结构、技术型生产结构（郝宇等，2017）。

中国的能源体系正在由以煤炭为基础的高环境成本向低碳、可持续方向转型。当前，中国政府为全面推进能源系统向可持续和低碳方向转变已经制定了一揽子政策及措施。但能源转型能否成功取决于政策是否得到强有力的执行，电力市场应该促进电力系统灵活性及可再生能源电力并网，充分的碳价机制应该对减少CO_2排放有直接影响，并且可再生能源支持机制也应为提高项目成本有效性起到积极的作用。依据国家可再生能源中心《中国可再生能源展望2017》的研究结论，为实现转型目标，中国需加大削减煤炭力度，努力实现2030年煤炭消费量占全部能源消费量的比例从现在的64%降至33%左右；加快电力行业改革，开展批发市场试点和区域协调市场试点；实施碳排放权交易制度，加强中国碳市场活力；深化经济激励机制改革，提高可再生能源附加水平，实施可再生能源配额制度。

第三节　中国现行能源政策

能源行业是国民经济的战略性产业，很多环节具有自然垄断的特点，因此，能源行业的改革过程更具复杂性。"十三五"期间，我国能源面临着新的形势，虽然能源消费增速呈现回落趋势，但是能源需求仍然很大。能源结构上，煤炭消费比重将进一步降低，但还是以煤炭为主，非化石能源和天然气消费比重有待进一步提高。与此同时，我国的能源效率仍处于较低水平，能源部门市场化改革相对于其他部门已经落后。但近年来，国内外经济、政治环境及能源行业本身发生了变化，中国能源行业必须朝着提升行业运行效率、支持国民经济健康发展、提高环境友好程度方向加速改革。其中，能源政策的改革需求主要体现在能源价格形成机制改革继续攻坚及深化能源供给侧结构性改革上。

一、现行能源政策概述

中国现行能源政策的基本内容是：坚持"节约优先、立足国内、多元发展、保护环境、科技创新、深化改革、国际合作、改善民生"的能源发展方针，推进能源生产和利用方式变革，构建安全、稳定、经济、清洁的现代能源产业体系，努力以能源的可持续发展支撑经济社会的可持续发展。

《能源发展"十三五"规划》中提出，我国能源发展政策取向应更加注重发展质量，调整存量、做优增量，积极化解过剩产能；更加注重结构调整，加快双重更替，推进能源绿色低碳发展；更加注重系统优化，创新发展模式，积极构建智慧能源系统；更加注重市场规律，强化市场自主调节，积极变革能源供需模式；更加注重经济效益，遵循产业发展规律，增强能源及相关产业竞争力；更加注重机制创新，充分发挥价格调节作用，促进市场公平竞争。以高效智能、节约低碳、多元发展、创新驱动、公平效能、互利共赢及惠民利民为能源发展目标。

郭海涛和赵玉婷（2017）指出，2017年中国能源政策的内容主要体现在以下两个方面。

（一）深化能源价格形成机制改革

中国能源领域市场化意味着能源的价格形成机制将逐步由政府主导向市场形成转变。

石油价格形成机制进一步完善。这主要体现在完善了成品油的 S 形定价机制，以实现一个价格周期内的总体利益平衡为目标，当国际原油价格在低位时更多考虑生产者的利益，在高位时则更多考虑消费者的利益。另外，实现了原油价格市场化。原油价格实行市场调节，取消了对中国石油天然气集团有限公司和中国石油化工集团有限公司之间原油互供及两大公司向地方炼厂供应原油定价的管理。

天然气价格形成机制改革频频攻坚。2016 年 10 月 15 日，国家发改委发布《国家发展改革委关于明确储气设施相关价格政策的通知》，要求储气环节价格逐步市场化，调峰气价可以在原有供气价格的基础上上浮，以调动社会资本在上中下游建设储气调峰设施的积极性。11 月 5 日，国家发改委发布《国家发展改革委关于推进化肥用气价格市场化改革的通知》，中国天然气直供用户价格全面放开。在具有自然垄断性质的管输环节，适应管道网络化和向第三方公平准入的发展方向，政府改革了过去"一线一价"的管输定价方法，改为"一企一率"（同一个企业同一个管道运价率）。在管输价格方面，2016 年 10 月 9 日，国家发改委相继出台《天然气管道运输价格管理办法（试行）》和《天然气管道运输定价成本监审办法（试行）》，规定中国跨省管道运输价格按照"准许成本加合理收益"、税后全投资收益率 8%的原则确定，同时要求管道运输企业应将管道业务和其他业务进行分离，促进下游用户自由选择上游资源供应商，形成市场竞争。

市场化电价覆盖范围扩大，执行方式进一步完善。中国单独核定输配电价改革取得重大进展，目前已经确定19个省级电网的准许收入和输配电价水平，核减与输配电业务不相关资产、不合理成本的比例，降低了终端用户的用电成本。2016年，国家发改委发布了《省级电网输配电价定价办法（试行）》，在解决历史成本的基础上，按照"准许成本加合理收益"原则，明确了未来监管周期内预期新增准许成本、合理收益部分和分解定价的计算方法，以及特殊情况下的价格调整机制。《省级电网输配电价定价办法（试行）》和2019年的《输配电定价成本监审办法》共同构成了完整的输配电定价政策体系，为合理核定电网企业输配电价提供了原则明确、操作规范的方案。2016年6月底，国家发改委出台《关于完善两部制电价用户基本电价执行方式的通知》，将基本电价计费方式变更周期由按年调整改为按季调整，电力用户选择按最大需量方式计收基本电费，最大需量核定值变更周期从现行按半年调整为按月变更，电力用户也可以根据企业实际需要选择对其最有利的计费方式。据测算，完善基本电价执行方式，每年可以降低用电企业基本电费支出约150亿元。

（二）能源供给侧结构性改革继续推进

在能源领域，化解与防范产能过剩，开放进入，是深化供给侧改革、提高有效供给的重要措施。

煤炭行业去产能力度空前。近几年，中国煤炭需求大幅下降，供求失衡难以扭转，行业整体陷入发展困境。为扭转行业困局，多个政府部门推出配套政策措施去产能。《国务院关于煤炭行业化解过剩产能实现脱困发展的意见》提出，从2016年开始，用3至5年的时间，再退出产能5亿t左右、减量重组5亿t左右。配合该政策，《关于金融支持工业稳增长调结构增效益的若干意见》提出，对煤炭等产能过剩产业实行差别化工业信贷政策。在这些政策的综合作用下，煤炭行业去产能结果超出预期，2016年2.5亿t煤炭去产能任务全面完成。但是，供给在短时间内大幅减少，带来了煤炭价格的快速上升，这一超出预判的结果给去产能政策部署造成了巨大障碍。如何将行政力量与市场机制较好地结合起来实现去产能的目标，将会对政府有关部门形成考验。

石油化工产业化解过剩产能任务艰巨。中国石油化工产业规模巨大，产品众多，同样面临着产能过剩问题。2016年8月，《国务院办公厅关于石化产业调结构促转型增效益的指导意见》要求严格控制尿素、磷铵、电石、烧碱等过剩行业新增产能，未纳入《石化产业规划布局方案》的新建炼化项目一律不得建设。同月，国土资源部出台了《关于落实国家产业政策做好建设项目用地审查有关问题的通知》，通过项目用地管控来配合石油化工产业化解过剩产能。

电力行业有序开展去产能。近年来，中国电力行业优化结构、清洁生产的要求日益提升。2016年3月17日，国家发改委和国家能源局发布的《关于促进我国煤电有序发展的通知》提出，严控煤电总量规模，逐步淘汰服役年限长，不符合能效、环保、安全、质量等要求的火电机组。随后，国家能源局下发《关于取消一批不具备核准建设条件煤电项目的通知》，取消1240万kW不具备核准条件的煤电项目。

提升能源结构和使用过程的清洁性。面对日益严重的雾霾，2014年，国家发改委、国家能源局、环境保护部发布的《关于印发能源行业加强大气污染防治工作方案的通知》要求，在供热供气管网不能覆盖的地区，改用电、新能源或洁净煤。随后，全国北部和中东部的很多省份都推出了煤改气、煤改电的政策鼓励措施，包括峰谷电价、城乡同等补贴、淘汰燃煤小锅炉。

市场准入范围进一步扩大。在能源领域扩大市场准入，是建设有效的竞争性市场、发挥市场形成价格作用的关键。一是鼓励社会资本投资能源领域。2016年3月，《国家能源局关于在能源领域积极推广政府和社会资本合作模式的通知》明确在电力及新能源类项目、石油和天然气类项目、煤炭类项目积极推广政府和社会资本合作（public-private partnership，PPP）模式。该方式有利于打破社会资本进入能源基础设施和公共服务领域的不合理限制，引入社会资本创新机制，提高供给效率。二是继续放开原油进口权和进口原油使用权。2016年，有9家企业获得了进口原油使用权资质，共计获得进口原油配额2668万t/年；5家企业获得原油非国营贸易进口资质。

二、现行能源政策评价及问题

为适应中国经济高速增长及能源供求关系变化的客观需要，中国能源政策不断进行着调整与优化。总体来看，过去三十余年能源政策调整与完善为中国经济持续三十余年的高速增长提供了强有力的支撑，但也存在着困难与挑战。

（1）解决供给短缺问题始终是能源政策的重点。虽然能源供求紧张关系自"十二五"后期开始有所缓解，但总体来看，解决能源供给短缺局面尚缺乏长效机制。能源政策中增加能源投资和供给能力仍是长期任务。

（2）市场准入限制在许多领域和环节仍然广泛存在。政府对于能源建设项目的投资规模、区位选择、装备水平、贸易方式、产品采购等诸多环节，存在较多较强的准入门槛；中小企业相对于大企业、外资企业相对于内资企业而言，面临的准入限制更多。

（3）重要能源产品定价机制仍然是以调为主的政府干预方式。政府对能源产品的价格形成存在较多较深的干预；不同能源产品、不同价值链环节，价格决定机制不同；能源价格与国际市场价格之间既有脱轨也有接轨问题；天然气价格长期倒挂；成品油定价机制还存在时间滞后问题；能源价格形成机制受到市场竞争程度、利益刚性、能源市场体系、宏观经济运行、社会承受力等多种因素的影响。

（4）能源供给政策与需求管理政策的协调性不够。能源供求关系长期紧张导致促进能源领域投资与建设的相关政策占据主导地位，存在强供给政策、弱需求政策的现象。

从中国能源政策的现状及中长期面临的突出矛盾出发，作为全球规模最大的能源系统，为适应安全、清洁和高效发展的需要，中国能源政策应加快从单一化供给政策体系向多元化供需结合政策体系转型；从以二次产业为主的政策体系向三次产业并重的政策体系转型；从以国有资本占主导地位的投资激励政策向各类社会投资并存的投资激励政策转型；从以经济性管制和事前审批为主的政策体系，向以社会性管制和全过程监管为主的监管政策体系转型；从以国有部门为主的单一化、分散化创新政策体系，向多元化、协同化为特征的新型创新政策体系转型。

三、中国能源政策展望

"十三五"时期，我国能源消费增长换挡减速，保供压力明显缓解，供需相对宽松，能源发展进入新阶段。在供求关系缓和的同时，结构性、体制机制性等深层次矛盾进一步凸显，成为制约能源可持续发展的重要因素。而今后一段时期，中国仍将处于工业化、城镇化加速发展阶段，能源需求会继续增长，能源供应保障任务更加艰巨。

展望 2020 年、2030 年，中国总体上步入工业化后期阶段，产业结构调整与升级及城镇化向纵深发展都将促使国内能源消费结构发生显著变化。安全、绿色、经济等都将成为中国制定能源政策的基本出发点和主要约束条件。对于庞大的中国能源系统而言，如何为持续快速的经济增长和城镇化提供稳定高效、安全和清洁的能源供应，是现代能源系统面临的严峻挑战。

能源供给侧政策与需求侧政策的协调性明显增强，节能减排政策取得突出成效，可再生能源政策对于推动可再生能源发展起到积极作用，市场化改革取得一定进展。然而，能源政策的有效性受制于迟缓的体制机制改革，部分领域市场垄断问题依然突出；能源价格的市场化定价机制成为能源政策优化调整的最大难点；节能减排约束目标的实现过度依赖于行政手段；能源安全政策尚未形成完整体系，政策目标不明确；新能源政策面临调控过度投资还是继续鼓励投资的两难问题；能源资源税费改革进展不大。

第四节　中国能源经济发展新形势

在中国经济新常态及"十三五"规划的背景下,供给侧结构性改革已成为中国当前经济工作的重点,同时也是践行"十三五"规划中"创新、协调、绿色、开放、共享"五大发展理念的重要着力点,随着供给侧改革进入深化和攻坚阶段,其对国民经济的一些重要行业和能源领域产生的影响也越来越重要。

一、能源新常态

能源新常态的主要含义是,在中国经济进入新常态的发展阶段后,能源消费、能源强度和碳排放等方面将表现出区别于改革开放以来的新特征,主要包括能源需求总量增速持续放缓、能源需求结构加速转型等。能源新常态的特征体现在以下 6 个方面。

(一)能源需求总量增速持续放缓

中国是世界最大的能源消费国,且是过去 20 年世界能源增长的最重要的来源。但是随着中国转向更加可持续的增长路径,其能源需求正在改变。中国能源需求预计在未来 20 年内将以年均不到 2%的速度增长,而过去 20 年为年均 6%以上。需求增速的放缓,一方面反映了经济增长放缓;另一方面反映了能源强度持续显著下降,也益于中国经济活动逐渐从能源密集型工业转向更加节能的消费和服务活动,以及政策驱动能效进一步提高。

(二)能源需求结构加速转型

从总体结构上看,非化石能源占比明显提升,能源消费结构逐渐向低碳化和清洁化转型,未来将打破对化石能源绝对依赖的局面。新能源占一次能源消费的比重将上升,特别是可再生能源份额将提高,其中增长最强劲的是可再生能源电力。化石能源结构将从煤炭"一家独大"向着煤炭、石油、天然气结构逐渐合理的方向演进,具体如图 1-21 所示。

图 1-22 为一次能源消费中各种燃料需求的占比情况。变化的经济结构和向低碳清洁能源转型的政策决心不断地推动中国能源结构的发展。虽然煤炭在过去 40 年提供了近 2/3 的中国新增能源需求,但中国的煤炭消费量预计将在未来 20 年中

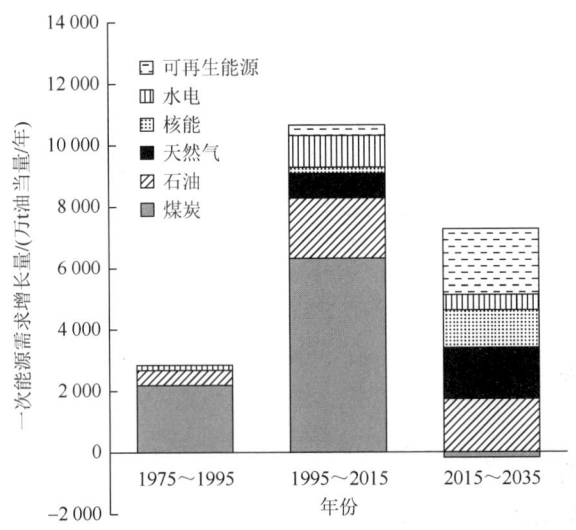

图 1-21　中国一次能源需求增长情况

可再生能源包括生物燃料

资料来源：《BP 世界能源展望》（2017）

保持平稳。大部分减少的煤炭份额将被可再生能源、核能和水电替代，可再生能源、核能和水电将在未来 20 年里满足中国一半以上的新增能源需求。

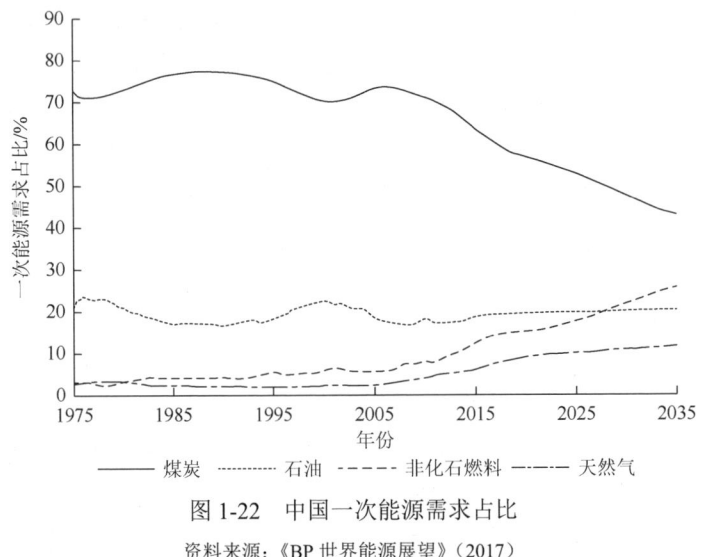

图 1-22　中国一次能源需求占比

资料来源：《BP 世界能源展望》（2017）

（三）能源效率明显提升，能源强度大幅降低

能源强度是国内一次能源使用总量或最终能源使用量与国内生产总值之比，

反映了能源使用的经济效率。能源强度的高低直接影响能源消费量，对影响能源强度高低的因素研究分析显得尤为重要。图 1-23 反映了 1965~2035 年中国、美国和世界能源强度变化。1965~1978 年，中国能源强度一直远高于美国及世界平均能源强度，并且持续增加，其主要原因在于我国当时还未进行改革开放，国内生产水平较低，生产技术落后，致使能源利用效率低下；1978~2017 年，随着我国经济不断快速增长、生产技术不断推进，能源强度大幅下降，我国与美国之间的差距逐渐缩小了；2017~2035 年，我国进入新常态的发展阶段，随着技术持续进步、产业结构不断调整、节能环保意识逐渐加强等，我国能源强度预计将会继续下降，并最终赶上美国，并达到世界平均水平。

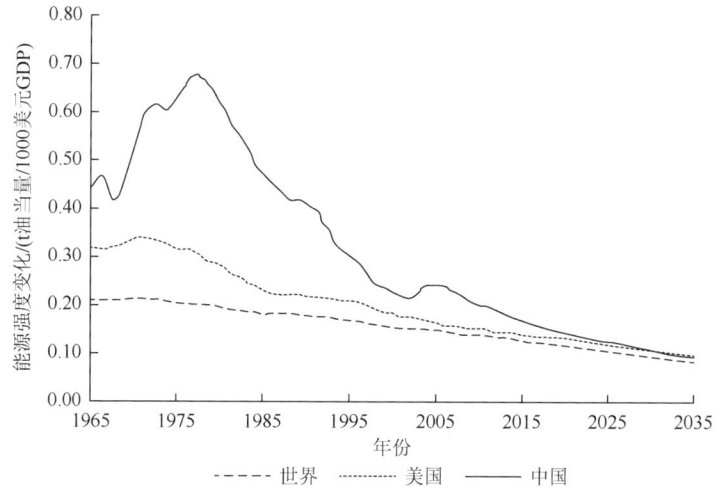

图 1-23　1965~2035 年中国、美国和世界能源强度变化

资料来源：《BP 世界能源展望》（2017）

通过对能源强度变化的驱动因素进行分析发现，技术进步是中国能源强度下降的主要推动力；能源替代劳动、产业结构变化和技术效率恶化阻碍了中国能源强度的下降；以节能环保产业、新能源产业、新能源汽车产业等为代表的战略性新兴产业和高科技产业，具有技术先进、清洁生产等特征，大力推进这些产业的发展将为经济的持续增长与能源强度的降低提供强劲动力。

（四）能源消费的区域化特征较为明显且空间相关性较强

中国各地区经济发展不平衡，一些区域、板块的能源和经济发展表现出高度同质化的特点。例如，华北地区重化工业发展较快，能源消费结构以煤炭为主，与能源消费相关的大气污染较为严重。在经济结构调整转型过程中，西部地区承接了东部发达地区转移的高污染、高耗能企业和行业，在能源消费和污染排放上呈现出"追赶"现象。

（五）能源消费快速增长的经济社会环境逐步改变

中国进入经济发展新常态后，经济增速有所放缓，经济结构和产业向低能耗、清洁化、高附加值转型，对能源消费需求量增速放缓。此外，人口年龄结构变化使得向传统高耗能行业人口输送量减少，全社会对节能减排、保护环境的共识不断提高，有助于能源消费增速降低、结构优化。

（六）能源价格将长时间低位运行，客观上不利于对能源消费的控制

由于全球经济放缓导致能源需求较低、美国页岩油气产量增加能源供给等，国际能源价格预计在较长时间内稳定在较低水平。低能源价格虽然有利于降低企业运营成本，但客观上可能会刺激能源消费，不利于节能减排和环保目标的实现。

二、"十三五"期间能源发展趋势

（一）化石能源消费走势

在能源新常态的背景下，中国煤炭消费量有可能在"十三五"内达到峰值，成为中国能源转型的重要一步。根据国家能源局的统计，中国煤炭的能源需求占比在 2015 年已降到 63.7%，2020 年有望继续下降到 58%～60%。

石油需求占比下降，对外依存度基本保持稳定。2015 年石油需求增长 1.8%，达到 5.2 亿 t。预计在"十三五"时期，中国石油需求量温和增长，年均增长率为 1.7% 左右，到 2020 年石油需求量将达到 5.65 亿 t。

天然气需求高速增长，且非常规天然气生产的重要性将不断提高。2015 年中国天然气需求达到 2000 亿 m^3 左右，预期到 2030 年，中国天然气占比需求有望进一步提升至 11%～13%。由于中俄天然气采购协议等外购天然气合同保障了相对稳定的天然气进口量，天然气对外依存度有望稳定在 35%～38%。

（二）清洁能源需求走势

2014 年，中国可再生能源需求以大约 16%的增速增长，达 3.8 亿 t 标准煤，2015 年，可再生能源增速有所放缓，达 4 亿 t 标准煤左右。受到国际能源结构长期向可再生能源调整及中国可再生能源投资额逐年上升的影响，预计中国可再生能源需求将持续高速增长，到 2020 年，需求量将提升至 5.5 亿～6.0 亿 t 标准煤，占总能源需求量的 12%～13%。

随着非化石能源需求的增加，非化石能源需求总量占一次能源需求总量的比例逐渐接近石油需求总量占一次能源需求总量的比例。2015 年，中国非化石能源的需求总量占一次能源消费总量的 12%，2020 年，预计这一比重将达 13%～15%。

三、2020～2030 年中国能源发展展望

（一）化石能源消费走势

中国煤炭消费量在达到峰值之后逐年下降，石油需求增长缓慢，天然气占比稳定提高。预计 2030 年中国煤炭的需求占比有望下降到 50%左右。2020～2030 年中国石油供需增长将进一步放缓，年均增长率降低到 0～1%，能源结构中，石油需求占比稳中有降。同期中国天然气供需增长率也有所下降，年均增长率降低到 2%～3%。总体而言，天然气占比上升，油气比趋于合理，是未来中国油气能源结构变化的大趋势。

（二）清洁能源需求发展

中国可再生能源将持续显著增长。在可再生能源中，非水电类可再生能源需求将大幅增长。2025 年和 2030 年，中国可再生能源需求将分别提高到 6 亿 t 标准煤和 8 亿 t 标准煤左右。

非化石能源的发展促进能源结构优化。用发电煤耗法计算得到 2015 年和 2030 年中国能源需求结构变化，如表 1-3 所示。预计到 2030 年，非化石能源占比将上升到 21.0%。其中，核能占 5.0%，水电占 10.0%，其他非化石能源占 6.0%，且水电在非化石能源需求中的占比将降至 50%以下。

表 1-3 2015 年和 2030 年中国能源需求结构变化（%）

年份	煤炭	天然气	石油	水电	核能	其他非化石能源
2015	63.7	5.9	18.3	8.0	1.2	2.9
2030	50.3	11.9	16.8	10.0	5.0	6.0

资料来源：《中国能源统计年鉴 2016》及郝宇等（2016）

能源高效清洁利用程度显著提升。预计到 2030 年，以热电联产、太阳能纳米储能、光热发电等为代表的一系列节能减排技术的推广，有望使中国能源高效清洁程度大幅提升。

第五节 本章小结

当前，全球能源市场将长期受到能源结构向更清洁、更低碳的燃料转型的持续作用力，短期面临着石油市场继续针对供应过剩进行调整的影响。全球所推进的新能源变革主要来自气候和环境的压力，具有被动化变革的特点和显著的外部性特征，因此新能源应用在一次能源使用结构中所占比例仍然较低。尽管如此，全球煤炭消费量持续两年剧烈下滑，可再生能源成为增速最快的能源，预示着全球能源结构的变革方向。与此同时，中国面临着传统化石能源资源紧张、能源结构转型等问题。十九大报告指出，要推进能源生产和消费革命，构建清洁低碳、安全高效的能源体系。经济发展需要能源做支撑，为保障全面建成小康社会的目标，我国能源在保障供给能力的情况下，仍须提高发展质量，提升创新能力。目前，中国的能源消费仍然以煤炭为主，同时，清洁能源也迎来了高速发展，其投资额已居世界首位，然而由于相关制度不健全、开发技术不成熟，也出现了可再生能源浪费，如弃风、弃光等现象。综上，我国能源在经济新常态及新时代的背景下想要取得长足的发展，需要采用相关先进开采技术及淘汰落后产能相结合的方式以降低能源强度，并制定合理的经济及能源发展规划，推进能源生产和消费革命，最终构建清洁低碳、安全高效的能源体系。

第二章　我国能源利用效率研究分析

第一章主要介绍了中国能源供需现状及能源结构，本章将从能源利用效率的角度对我国能源开发利用的情况进行分析。在经济社会发展过程中，能源被视为生产过程中除资本与劳动力要素以外必需的第三要素，能源利用效率的大小对经济社会绿色持续发展起到了至关重要的作用。本章根据我国能源的消费情况，对我国全要素能源利用效率及能源影子价格所对应的能源利用效率进行分析，探讨我国能源利用效率的结构性特征与区域性差异，揭示当前我国能源使用过程中存在的不足，同时构建相应的能源利用效率评价体系。以上相关研究对我国实现绿色可持续增长起到了十分重要的作用。

第一节　我国能源消费量的测算

全球气候变暖是当前人类社会面临的一个重要问题，会对人类经济社会的发展带来灾难性的影响，如气候反常、土地荒漠化加速、海平面上升和病虫害增加等。全球气候变暖的主要原因在于温室气体尤其是CO_2排放量的增加，因此节能减排成为各国经济发展的重要方向。作为全球第二大能源消费国和第二大经济体，中国负责任地提出可持续发展道路，建立了积极推进产业结构转型、提高能源利用效率、增加森林碳汇等低碳发展思路。

已有较多研究将地区一次能源消费量作为本地区的能源消费量。然而，一次能源消费量仅仅表示地区对一次能源的消耗，并不能反映二次能源在不同地区的调配活动，从而导致地区的能源消费量被高估或低估。鉴于此，本章在能源消费量的计算过程中主要考虑二次能源产品在地区间的调配，从而降低能源消费量的估计误差。借鉴现有的能源分类标准，基于盛鹏飞和杨俊（2014）对能源消费量的测算方法，本章将地区能源消费量分为煤炭消费量、石油消费量和清洁能源消费量。

一、煤炭消费量的计算

在计算煤炭消费量时，主要考虑直接消耗的原煤、炼焦消耗的煤炭和发电煤的消费量。发电煤是指在火力发电过程中消耗的煤炭,这些被消耗的煤炭中一部分作为发电过程中的损失,一部分转化为电力。电力在区域间的调配很普遍,并且电力在生成后就转化成清洁能源,因此在计算煤炭消费量时对该部分仅考虑火力发电过程中的煤炭损耗量,而将火电作为清洁能源来处理。以标准煤折算的煤炭消费量的计算公式如下:

$$C_{it} = TC_{it} \times rc - \frac{JC_{it}}{1 - rpc_{it}} \times rc - EC_{it} \times (1 - rec_{it}) \times rc \qquad (2\text{-}1)$$

式中,C_{it} 表示第 t 年第 i 个省份的煤炭消费量;TC_{it} 表示第 t 年第 i 个省份的原煤消费量;JC_{it} 表示第 t 年第 i 个省份的焦炭转出量(等于生产量减去消费量);EC_{it} 表示第 t 年第 i 个省份的火力发电耗煤量;rc 表示原煤折标准煤系数;rpc_{it} 表示第 t 年第 i 个省份的原煤炼焦转化率;rec_{it} 表示第 t 年第 i 个省份的火力发电转化率。

二、石油消费量的计算

在计算石油消费量时,本章主要考虑直接消耗的原油、汽油、煤油、柴油和燃料油等的消费量。以标准煤折算的石油消费量的计算公式如下:

$$O_{it} = TO_{it} \times ro - \sum_{j=1}^{5} \frac{PO_{j,it}}{reco_j} \times ro + \sum_{j=1}^{5} CO_{j,it} \times rco_j \qquad (2\text{-}2)$$

式中,O_{it} 表示第 t 年第 i 个省份的石油消费量;TO_{it} 表示第 t 年第 i 个省份的原油消费量;$PO_{j,it}$ 表示第 t 年第 i 个省份的第 j 种石油类二次能源的生产量;$CO_{j,it}$ 表示第 t 年第 i 个省份的第 j 种石油类二次能源的消费量;ro 表示原油折标准煤系数;$reco_j$ 表示第 j 种石油类二次能源的炼油转化率;rco_j 表示第 j 种二次能源的折标准煤系数。

三、清洁能源消费量的计算

本章采用电力消费量(包括火力发电、水力发电、核电和风电等)和天然气消费量之和测算清洁能源消费量。以标准煤折算的清洁能源消费量的计算公式如下:

$$Q_{it} = N_{it} \times rn + E_{it} \times re \qquad (2\text{-}3)$$

式中，Q_{it} 表示第 t 年第 i 个省份的清洁能源消费量；N_{it} 表示第 t 年第 i 个省份的天然气消费量；E_{it} 表示第 t 年第 i 个省份的电力消费量；rn 表示天然气折标准煤系数；re 表示电力折标准煤系数。

第二节 我国能源消费结构特征及消费量变化

2016 年 9 月，在杭州召开的二十国集团（G20）峰会上中国释放了应对气候变化、推动全球可持续发展的诸多积极信号。要实现全球排放尽早达峰并努力实现全球温升低于 2℃ 的目标，中国面临较大的节能减排压力：从能源消费总量来看，中国的能源消费总量逐年增加，而且能源投入的粗放性特点明显；从能源消费结构来看，中国的能源消费仍以煤炭为主；从能源消费的空间结构来看，中国东部地区[1]的能源消费量占全国能源消费总量的比重最大，其次是中部地区和西部地区，中国能源消费的区域差异比较大；从能源利用效率[2]来看，能源利用效率最低的 5 个省份的能源消费量占全国能源消费总量的 12.43%，而其生产总值合计仅占国内生产总值的 6.69%，能源利用效率最高的 5 个省份的能源消费量占全国能源消费总量的 10.77%，而其生产总值合计占国内生产总值的 21.22%[3]，可见中国的能源消费效率存在显著的地区差异。在提高能源利用效率的同时，正确认识能源利用效率的结构特征和区域差异，对有效推进中国的节能减排工作具有重要的现实意义。

中国及三大地区的能源消费量明显增加，但能源消费强度呈下降趋势。通过对已有的数据分析发现，东部地区的能源消费强度显著低于中、西部地区，说明东部地区相比中、西部地区拥有较为先进的生产技术和较高的人力资本存量，其经济发展更趋于集约化。另外，中、西部地区是化石能源相对较为丰富的地区，其能源资源在生产要素中的比较优势较高，这也导致其经济增长更多依赖能源要素的投入，造成其能源消费强度较高。

随着中国经济进入新常态，在各地加强节能减排、环境保护和应对气候变化的大环境下，我国能源具备了进行结构调整和"去煤化"的基本条件。"十三五"时期，我国能源发展面临着新的形势，虽然能源消费增速呈现回落趋势，但是能源需求仍然很大。煤炭消费比重将进一步降低，非化石能源和天然气消费比重有

---

[1] 按照三大经济带的划分方法，将全国分为东、中、西三大经济带。其中，东部地区包括北京、天津、河北、辽宁、上海、江苏、浙江、福建、山东、广东和海南 11 个省市；中部地区包括山西、内蒙古、吉林、黑龙江、安徽、江西、河南、湖北、湖南和广西 10 个省区；西部地区包括四川、贵州、云南、西藏、陕西、甘肃、青海、重庆、宁夏和新疆 10 个省区市。

[2] 能源利用效率 = 地区生产总值/一次能源消费量。

[3] 数据来源于《中国能源统计年鉴》（2011 年）。

待进一步提高,但未来一段时期能源消耗还是以煤炭为主导。从能源消费结构来看:全国及三大地区的煤炭消费占比均超过50%;中部地区的煤炭消费占比高于东、西部地区;东部地区的石油消费占比远高于中、西部地区;西部地区的清洁能源消费占比高于东、中部地区。这说明地区的能源消费结构主要依赖于地区的能源资源禀赋。从时间趋势来看:样本期内全国范围内的煤炭消费占比和石油消费占比呈微弱下降态势;清洁能源占比呈明显上升态势,其中东部地区的增长速度最快,而中部地区的增长速度最慢。尽管全国范围内清洁能源和可再生能源消费占比明显增加,但是中国以排放强度相对较高的煤炭为主体的能源消费结构并没有得到彻底改变,可再生能源的发展面临着很多制约,很多保障性收购政策还需要进一步落实。鉴于此,目前中国的节能减排工作仍应将重点放在煤炭等常规能源的利用与太阳能等非常规能源的研发上。

第三节 我国全要素能源效率的研究

一、我国全要素能源效率的分析框架

现有研究大多利用单要素能源效率指标反映能源使用状况。然而,单要素能源效率指标(如能源强度等)并不能区分劳动、资本、科研等其他要素对生产的影响,而且单要素能源效率很容易受到能源价格、产业结构和能源结构等因素的影响,单要素能源效率指标并不能完全反映能源利用效率的真实情况。

基于对单要素能源效率指标缺陷的考察,Hu 和 Wang(2006)提出了全要素能源效率(total factor energy efficiency,TFEE)来描述地区的能源利用状况。全要素能源效率是能源的实际投入量与最佳投入量的比率。能源的最佳投入量表示在产出和其他投入不变的条件下能源的最小投入量,因此 TFEE 的值介于 0~1。TFEE 为 1,表明该单位处于能源生产前沿;0<TFEE<1,表明能源要素投入在生产过程中并没有达到帕累托最优,存在改进空间。

本节将中国的 30 个省级行政单位[①]作为生产决策单元(DMU)。假设各 DMU 的投入为煤炭、石油和清洁能源等能源及资本和劳动力等其他资源;产出为地区生产总值。用 T 表示生产技术,则

$$T = \{(K_{it}, L_{it}, C_{it}, O_{it}, Q_{it}, G_{it}) \in R^I\} (i = 1, 2, \cdots, 30) \qquad (2\text{-}4)$$

---

① 由于数据缺失,本节分析中不包括西藏、香港、澳门、台湾。

式中，C 表示煤炭消费量；O 表示石油消费量；Q 表示清洁能源消费量；K 表示资本存量；L 表示劳动力；G 表示地区生产总值；i 表示第 i 个省份；t 表示年份。

T 表示 K、L、C、O 和 Q 可以生产 G。基于已有研究，T 满足如下要求。

（1）有界性（boundness），即在一定条件下期望产出 G 的生产是有限的。

（2）强可处理性（strong disposable），即经济体可以获得生产前沿以下任何生产点的投入-产出组合。

（3）凸性（convexity），即生产技术符合边际要素产量递减规律。

在 T 的基础上，建立非径向（non-radical）非意愿（non-discretionary）投入距离函数来进一步描述生产过程中的能源使用情况。其中，非径向是指在煤炭、石油和清洁能源是可替代的条件下利用投入距离函数测算总的能源利用效率；非意愿是指在其他投入（如资本和劳动力）不变的假设下利用投入距离函数分析能源使用效率；投入角度是指在产出固定的条件下寻找最优的能源投入，从而实现产出不变条件下的能源投入最小化（盛鹏飞和杨俊，2014）。据此，全要素能源效率分析框架可改写为

$$T = \begin{cases} \max(w_1\alpha_{it} + w_2\beta_{it} + w_3\gamma_{it}) \\ (K_{it}, L_{it}, C_{it}, -\alpha_{it}C_{it}, O_{it} \\ -\beta_{it}O_{it}, Q_{it} - \gamma_{it}Q_{it}, G_{it}) \in R^I \\ w_1 + w_2 + w_3 = 1 \end{cases} \quad (i=1,2,\cdots,30) \quad (2\text{-}5)$$

式中，w_1、w_2 和 w_3 分别表示煤炭、石油和清洁能源的优化权重，根据不同能源消费量占能源消费总量的比重确定；α、β 和 γ 分别表示在现有技术约束下能源可以减少的总量。据此，可将全要素能源效率定义为

$$\begin{aligned}\text{TFEE} &= \frac{C_{it} - \alpha_{it}C_{it} + O_{it} - \beta_{it}O_{it} + Q_{it} - \gamma_{it}Q_{it}}{C_{it} + O_{it} + Q_{it}} \\ &= w_1(1-\alpha_{it}) + w_2(1-\beta_{it}) + w_3(1-\gamma_{it})\end{aligned} \quad (2\text{-}6)$$

从式（2-6）可以看出，全要素能源效率包括以下几个部分：$w_1(1-\alpha)$ 表示煤炭利用效率对全要素能源效率的贡献；$w_2(1-\beta)$ 表示石油利用效率对全要素能源效率的贡献；$w_3(1-\gamma)$ 表示清洁能源利用效率对全要素能源效率的贡献。可通过如下线性规划来求解式（2-6）：

$$\max(w_1\alpha_{it} + w_2\beta_{it} + w_3\gamma_{it}) \quad (2\text{-}7)$$

$$\begin{cases} \sum_{i=1}^{K} z_{it} G_{it} \geqslant G_{it} \\ \sum_{i=1}^{K} z_{it} K_{it} \leqslant K_{it} \\ \sum_{i=1}^{K} z_{it} L_{it} \leqslant L_{it} \\ \sum_{i=1}^{K} z_{it} C_{it} \leqslant (1-\alpha_{it})C_{it} \\ \sum_{i=1}^{K} z_{it} O_{it} \leqslant (1-\beta_{it})O_{it} \\ \sum_{i=1}^{K} z_{it} Q_{it} \leqslant (1-\gamma_{it})Q_{it} \\ z_{it} \geqslant 0 \end{cases} \quad (2\text{-}8)$$

对全要素能源非效率的分解：在式（2-6）的基础上，可构建全要素能源非效率（total factor energy inefficiency，TFEI）：

$$\text{TFEI} = \frac{a_{it}C_{it} + b_{it}O_{it} + g_{it}Q_{it}}{C_{it} + O_{it} + Q_{it}} = w_1\alpha_{it} + w_2\beta_{it} + w_3\gamma_{it} \quad (2\text{-}9)$$

由此，可进一步将全要素能源非效率分为煤炭非效率的贡献、石油非效率的贡献和清洁能源非效率的贡献[①]：

$$\frac{\text{TFEI}}{\text{TFEI}} = \frac{w_1\alpha_{it}}{\text{TFEI}} + \frac{w_2\beta_{it}}{\text{TFEI}} + \frac{w_3\gamma_{it}}{\text{TFEI}} \quad (2\text{-}10)$$

对全要素能源效率区域差异性的分解：在节能减排工作中，全要素能源效率的区域差异也是值得关注的一个议题。该部分采用泰尔系数表征全要素能源效率的区域差异，并借鉴 Hall 和 Jones（1999）的方法对式（2-10）进行分解，将全要素能源效率的区域差异分解为 3 个部分：煤炭部分、石油部分和清洁能源部分，如式（2-11）所示：

$$\text{Var(TFEE)} = \underbrace{\text{Cov(TFEE}, w_1(1-\alpha_{it}))}_{\text{煤炭部分}} + \underbrace{\text{Cov(TFEE}, w_2(1-\beta_{it}))}_{\text{石油部分}} \\ + \underbrace{\text{Cov(TFEE}, w_3(1-\gamma_{it}))}_{\text{清洁能源部分}} \quad (2\text{-}11)$$

[①] 煤炭非效率、石油非效率和清洁能源非效率是根据全要素能源非效率来定义的。其中，煤炭非效率是指实际煤炭消费量与最优煤炭消费量之差与实际煤炭消费量的比率；石油非效率是指实际石油消费量与最优石油消费量之差与实际石油消费量的比率；清洁能源非效率是指实际清洁能源消费量与最优清洁能源消费量之差与实际清洁能源消费量的比率。

为了便于分析，对式（2-11）进行标准化处理，将中国省际全要素能源效率的区域差异分解为煤炭贡献、石油贡献和清洁能源贡献，如式（2-12）所示：

$$\frac{\text{Var(TFEE)}}{\text{Var(TFEE)}} = \underbrace{\frac{\text{Cov(TFEE}, w_1(1-\alpha_{it}))}{\text{Var(TFEE)}}}_{\text{煤炭部分}} + \underbrace{\frac{\text{Cov(TFEE}, w_2(1-\beta_{it}))}{\text{Var(TFEE)}}}_{\text{石油部分}} + \underbrace{\frac{\text{Cov(TFEE}, w_3(1-\gamma_{it}))}{\text{Var(TFEE)}}}_{\text{清洁能源部分}} \quad (2-12)$$

二、我国全要素能源效率的测度与分析

本节主要研究 1998～2013 年中国 30 个省区市的全要素能源效率的结构特征和动态变化特征，因此在研究过程中并不考虑期间的技术进步和效率提高。

（一）中国全要素能源效率的地区结构

关于三大地区的全要素能源效率，采用地区内所有省份的最优能源消费量的总和与实际能源消费量的总和的比值，而非该地区各省份全要素能源效率的均值来表示，这样可以避免不同省份能源消费规模的差异对地区全要素能源效率评价结果的影响。

图 2-1 显示了 1998～2013 年全国层面及三大地区的全要素能源效率走势。以 1998～2013 年的年均值来看，全国层面的全要素能源效率为 0.57，东、中、西部地区的全要素能源效率分别是 0.66、0.53 和 0.41。从整体看，中国的全要素能源效率处于较低水平，在其他投入不变和产出固定的条件下，全国层面及东、中、西部地区在现有的能源消费水平下可分别降低 43%、34%、47%和 59%。分地区看，样本期内东部地区的全要素能源效率明显高于中、西部地区，且区域间差距在不断加大，其中东、中部地区间和东、西部地区间的差距分别从 1998 年的 0.013 和 0.156 增加到 2013 年的 0.105 和 0.311。从时间趋势来看，1998～2013 年全国层面及三大地区的全要素能源效率的变化都明显提高，虽然 2002～2006 年出现显著降低，但 2006 年后开始微弱增长，直至 2013 年。从整个样本期来看，除了东部地区外，全国层面和中、西部地区的全要素能源效率均没有明显改善。2002～2006 年中国及三大地区的全要素能源效率普遍下降，与此阶段中国工业的快速发展密切相关：1998 年以后，金融危机的到来给中国经济发展带来了巨大压力，2002 年后随着国际经济形势的改善和国家宏观经济政策的解冻，中国的工业化进入新一轮的重新重工业化时期，其中重工业产值占工业总产值的比重从 2002 年的

60.9%增加到 2006 年的 69.55%[①]，重工业的快速发展推动了能源消费总量的增加，从而导致此阶段全国及三大地区的全要素能源效率下降。

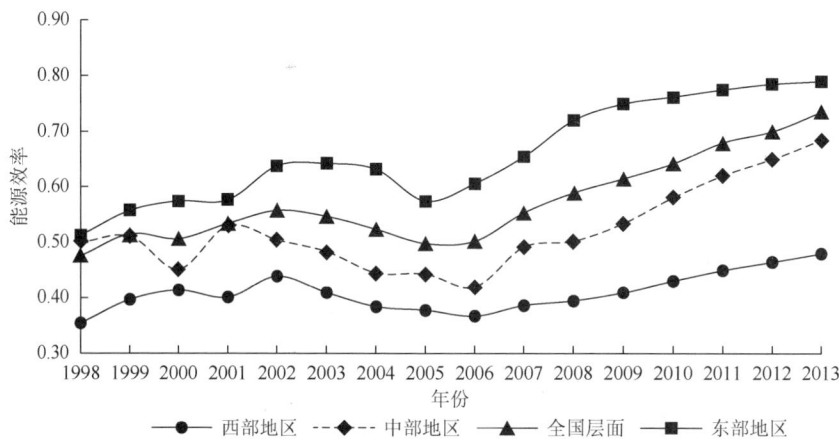

图 2-1　1998～2013 年全国层面及三大地区的全要素能源效率走势

（二）全要素能源效率的省际排名

首先计算 1998～2013 年历年中国各省份的全要素能源效率，然后将 1998～2013 年分为 4 个时段（1998～2001 年、2002～2005 年、2006～2009 年、2010～2013 年），计算各时段各省份全要素能源效率的年均值，并据此对各省份全要素能源效率进行排名（表 2-1），同时计算其流动性。

表 2-1　全要素能源效率的省际排名

排名	1998～2001 年	2002～2005 年	2006～2009 年	2010～2013 年	1998～2013 年
1	福建（1.00）	福建（0.99）	福建（0.97）	广东（1.00）	福建（0.99）
2	海南（0.97）	广东（0.89）	广东（0.85）	福建（0.98）	广东（0.87）
3	江西（0.95）	河南（0.88）	海南（0.85）	黑龙江（0.96）	海南（0.86）
4	广西（0.86）	江西（0.81）	上海（0.79）	上海（0.95）	江西（0.77）
5	湖南（0.74）	重庆（0.77）	江苏（0.72）	江苏（0.94）	上海（0.76）
6	广东（0.73）	海南（0.73）	浙江（0.70）	海南（0.88）	江苏（0.74）
7	云南（0.73）	湖南（0.72）	北京（0.69）	北京（0.86）	浙江（0.71）

---

① 数据来源于《中国统计年鉴》（2003 年、2007 年）。

续表

排名	1998~2001年	2002~2005年	2006~2009年	2010~2013年	1998~2013年
8	河南（0.72）	江苏（0.71）	河南（0.63）	浙江（0.79）	广西（0.69）
9	浙江（0.66）	上海（0.70）	湖南（0.62）	安徽（0.76）	河南（0.69）
10	重庆（0.64）	浙江（0.68）	天津（0.59）	江西（0.75）	湖南（0.68）
11	上海（0.61）	云南（0.64）	江西（0.58）	天津（0.73）	北京（0.65）
12	江苏（0.60）	广西（0.63）	广西（0.57）	广西（0.69）	重庆（0.62）
13	山东（0.56）	山东（0.61）	云南（0.56）	湖北（0.67）	云南（0.60）
14	河北（0.50）	北京（0.60）	安徽（0.56）	湖南（0.65）	安徽（0.56）
15	北京（0.46）	安徽（0.52）	湖北（0.53）	重庆（0.58）	山东（0.55）
16	吉林（0.44）	湖北（0.50）	重庆（0.51）	四川（0.57）	天津（0.54）
17	四川（0.44）	河北（0.49）	四川（0.49）	山东（0.55）	黑龙江（0.53）
18	湖北（0.43）	四川（0.48）	黑龙江（0.48）	河南（0.51）	湖北（0.53）
19	安徽（0.41）	天津（0.47）	山东（0.47）	辽宁（0.50）	四川（0.50）
20	内蒙古（0.38）	黑龙江（0.39）	河北（0.43）	云南（0.48）	河北（0.46）
21	天津（0.38）	吉林（0.39）	辽宁（0.40）	吉林（0.43）	吉林（0.41）
22	陕西（0.35）	陕西（0.37）	吉林（0.38）	河北（0.42）	辽宁（0.38）
23	黑龙江（0.30）	内蒙古（0.35）	贵州（0.34）	贵州（0.40）	陕西（0.35）
24	宁夏（0.29）	辽宁（0.32）	陕西（0.33）	陕西（0.35）	贵州（0.33）
25	辽宁（0.27）	贵州（0.31）	青海（0.27）	甘肃（0.33）	内蒙古（0.29）
26	山西（0.27）	新疆（0.27）	甘肃（0.26）	新疆（0.29）	甘肃（0.27）
27	贵州（0.26）	甘肃（0.25）	新疆（0.26）	青海（0.27）	新疆（0.26）
28	青海（0.24）	青海（0.24）	山西（0.20）	内蒙古（0.25）	青海（0.26）
29	新疆（0.23）	山西（0.22）	内蒙古（0.19）	山西（0.22）	山西（0.23）
30	甘肃（0.22）	宁夏（0.20）	宁夏（0.16）	宁夏（0.13）	宁夏（0.19）
流动性	2.5774	3.4367	2.9867	1.5667	6.8667

本节从相对主义的角度出发构建可测量中国省际全要素能源效率流动性的指标，即将流动性看作一种全要素能源效率水平的排列现象，各省份排名位置的变化就是流动性。因此，流动性指标与全要素能源效率的具体数值无关，仅是一个相对的概念。该部分基于位置变动的含义构建如下流动性指标：

$$M(i,j) = \frac{1}{n}\sum_{m=1}^{n}\left|R_m^j - R_m^i\right| \quad (2\text{-}13)$$

式中，$M(i, j)$ 表示从第 i 期到第 j 期中国 30 个省份的全要素能源效率的流动性；R_m^j 表示第 m 个省份在第 j 期的全要素能源效率排名；R_m^i 表示第 m 个省份在第 i 期的全要素能源效率排名。

从 1998～2013 年时段的年均值来看：福建、广东、海南、江西和上海排在前五位，其中除江西外其他 4 个省份均位于东部经济发达地区；甘肃、新疆、青海、山西和宁夏排在末五位，均位于经济欠发达、能源禀赋较丰富的中、西部地区。这表明省际全要素能源效率与地区的经济发展水平和能源禀赋是紧密相关的。从各省份排名的变化来看：广西、湖南和云南等中、西部地区省份逐渐远离排名前列，而江苏、浙江等东部地区逐渐跻身排名前列，说明地区的全要素能源效率与地区的经济水平不是简单的线性关系，前者会受到地区在经济发展过程中的产业结构演化、技术水平革新等因素的影响。为了进一步揭示省际全要素能源效率排名变化的真实特征，借鉴收入分配研究中的流动性工具，从位置变动意义上表征全要素能源效率的流动性，发现 1998～2013 年时段的流动性指标值为 6.8667，即该时段内各省份排名平均变化了 6.8667 个位次；1998～2001 年、2002～2005 年、2006～2009 年和 2010～2013 年 4 个时段内各省份排名分别变化了 2.5774 个、3.4367 个、2.9867 个和 1.5667 个位次。这说明中国各省份全要素能源效率的排名具有较大的流动性，这有利于中国全要素能源效率的省际差距的缩小。

（三）全要素能源效率与能源消费结构

根据各省份的全要素能源效率的排名，将中国 30 个省份进行五等分。数据分析表明：全要素能源效率最低等级的省份大约消耗了全国 23% 的能源，但是 1998～2013 年其能源消费占比明显下降；1998 年全要素能源效率最高等级的省份的能源消费占比仅为 10%，但是在样本期内增长较快，2013 年已趋近 23%；全要素能源效率中等等级的省份的能源消费占比最大，且在样本期内没有发生显著变化；全要素能源效率中低等级的省份的能源消费占比在样本期内有显著增长，且 2013 年已达 24.37%；全要素能源效率中高等级的省份的能源消费占比在样本期内显著下降，2013 年降至 15.24%。本书认为，具有不同全要素能源效率的省份的能源消费量呈微弱的递进变化趋势，全要素能源效率较低的省份的能源消费量正在逐渐降低，而全要素能源效率高的省份的能源消费量正在增加。这说明，一方面中国的能源配置逐渐趋于合理；另一方面中国正在逐步提高能源利用效率，这也从侧面证明了节能减排政策在中国初显成效。

本小节从能源消费结构的角度分析不同品种能源利用非效率对全要素能源非效率的贡献。从全国层面来看：煤炭利用非效率对全要素能源非效率的贡献最大，石油利用非效率的贡献次之，清洁能源非效率的贡献最小；煤炭利用非效率的贡献在样本期内逐渐降低，而清洁能源利用非效率的贡献则显著增加。煤炭消费占比最大、清洁能源消费占比较低，加之煤炭利用效率明显低于石油利用效率和清洁能源利用效率，从而导致煤炭利用非效率对全要素能源非效率的贡献最大；随着国家节能减排工作的不断推进及煤炭利用技术的不断革新，煤炭消费占比明显降低，而清洁能源消费占比显著提高，并且煤炭利用效率在样本期内有较大改善，而清洁能源的使用则缺乏有效的监督管理，导致煤炭非效率的贡献增加和清洁能源非效率的贡献降低。

分区域来看，中部地区的煤炭利用非效率对全要素能源非效率的贡献远大于东、西部地区，这与中部地区的产业结构过于重型化、能源消费结构偏重于煤炭等密切相关。西部地区的清洁能源利用非效率对全要素能源利用非效率的贡献明显大于东、中部地区，这是因为西部地区的清洁能源的资源禀赋优于东、中部地区。东部地区的石油利用非效率对全要素能源非效率的贡献较大，且与煤炭利用非效率的份额几乎持平，远高于中、西部地区，原因在于东部地区的能源消费结构中，石油（尤其是汽油）的消费占比较大。这一方面是因为中国的石油化工行业主要集中于辽宁、北京、山东、江苏、上海和广东等省份，另一方面是因为东部地区的经济比较发达，从而导致交通工具尤其是民用交通工具对汽油、柴油等能源产品的需求量远高于中、西部地区。

三、我国全要素能源效率的区域差异分析

（一）中国全要素能源效率的区域差异

中国全要素能源效率的地区特征和省际排名的分析结果表明，中国全要素能源效率存在较大的区域差异。该部分采用以省份能源消费占比为权重的泰尔系数计算全要素能源利用效率在全国层面和三大地区内部的差异性（图2-2）。中国省际全要素能源效率差距的变化可分为三个阶段：第一阶段，1998~2003年，全国及三大地区的全要素能源效率差距都有明显缩小，这与史丹等（2008）的研究结果一致；第二阶段，2004~2007年，全国层面、东部地区和中部地区的全要素能源效率差距明显扩大，但是西部地区的全要素能源效率差距持续缩小；第三阶段，2008~2013年，全国层面及三大地区的全要素能源效率差距都趋于稳定。根据σ收敛的定义，西部地区全要素能源效率的内部省际差距在样本期内持续缩小，存在"俱乐部收敛"；而全国层面、东部地区和中部地区的全要素能源效率差距在样本期内处于波动变化状态，并没有呈现明显的缩小趋势，从而不存在收敛。

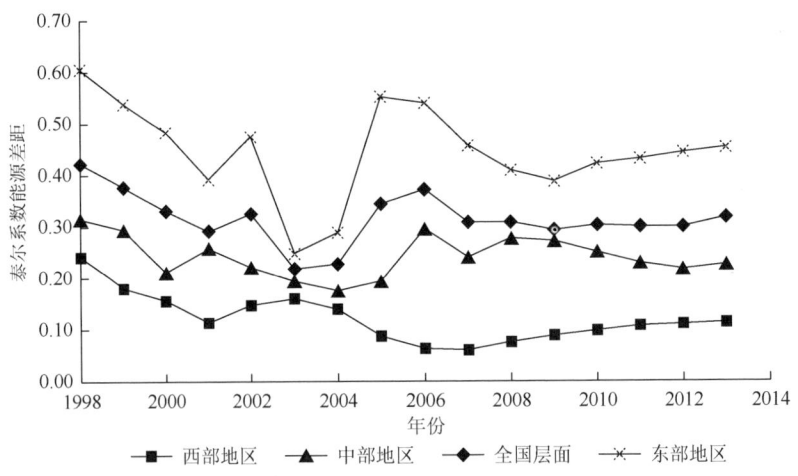

图 2-2 1998~2013 年全国及三个地区全要素能源效率的差距

(二) 中国全要素能源效率区域差异的分解

不同品类能源的利用效率是不同的,并且不同省份的不同品类能源的消费占比也有较大差异,因此有必要对全要素能源效率的区域差异进行分解。借鉴 Hall 和 Jones (1999) 的方法,将全要素能源效率的区域差异分解为煤炭贡献、石油贡献和清洁能源贡献,见表 2-2。

表 2-2 1998~2013 年全国及三大地区全要素能源效率差异分解结果

年份	全国 煤炭贡献	全国 石油贡献	全国 清洁能源贡献	东部地区 煤炭贡献	东部地区 石油贡献	东部地区 清洁能源贡献	中部地区 煤炭贡献	中部地区 石油贡献	中部地区 清洁能源贡献	西部地区 煤炭贡献	西部地区 石油贡献	西部地区 清洁能源贡献
1998	56	24	20	28	42	30	77	12	11	85	−3	18
1999	55	26	20	27	45	28	75	13	12	85	−3	18
2000	46	32	22	31	43	27	54	31	14	85	−3	18
2001	60	23	17	43	34	23	73	15	11	80	3	18
2002	60	20	19	55	26	19	67	17	16	85	−3	18
2003	53	26	21	31	46	24	78	4	19	82	0	17
2004	50	29	22	41	37	23	68	13	19	82	1	17
2005	36	32	32	16	39	44	70	11	19	83	1	17
2006	36	34	29	20	43	37	67	14	19	78	5	17
2007	39	37	24	26	45	29	62	26	12	73	9	18

续表

年份	全国 煤炭贡献	全国 石油贡献	全国 清洁能源贡献	东部地区 煤炭贡献	东部地区 石油贡献	东部地区 清洁能源贡献	中部地区 煤炭贡献	中部地区 石油贡献	中部地区 清洁能源贡献	西部地区 煤炭贡献	西部地区 石油贡献	西部地区 清洁能源贡献
2008	43	33	24	34	39	28	67	19	13	70	12	18
2009	41	36	23	30	43	27	65	22	13	66	15	19
2010	40	35	25	18	47	35	71	17	11	64	16	20
2011	39	34	27	17	46	36	69	18	13	62	17	21
2012	38	32	30	14	48	38	65	16	19	60	15	25
2013	35	30	35	15	46	39	61	17	22	58	16	26
平均值	45	30	24	28	42	30	68	17	15	75	6	19

1. 全国层面的分析

煤炭对全要素能源效率区域差异的贡献最大，但是在样本期内有明显的波动下降趋势。煤炭的贡献率远小于煤炭消费占全国能源消费的比重，说明煤炭利用效率的区域差异相对于石油和清洁能源较小。因此，在节能减排工作中应着重从石油和清洁能源等的利用方面制定各地区的节能减排责任。

2. 东部地区的分析

在东部地区，石油对全要素能源效率区域差异的贡献最大且在样本期有一定上升，煤炭的贡献较低且波动较大，清洁能源的贡献先下降后上升。这说明，随着节能减排政策的实施，天然气等一次清洁能源和电力等二次清洁能源已成为东部地区能源消费中的重要组成部分，但是地区资源禀赋的差异使得东部地区内不同省份的清洁能源利用效率和清洁能源利用量均存在较大差异。

3. 中、西部地区的分析

中部地区和西部地区的全要素能源效率区域差异主要来源于煤炭的贡献，但是两个地区煤炭的贡献在样本期都波动下降。石油对中部地区的全要素能源效率区域差异的贡献远大于西部地区。西部地区石油的贡献在1998～2003年不为正。这是因为西部地区的石油消费占比较小，区域内省份间并不存在较大的差距。中部地区清洁能源对全要素能源效率区域差异的贡献要小于西部地区。结合中、西部地区的能源消费结构，西部地区的清洁能源尤其是天然气资源的消费占比较大，导致清洁能源对西部地区的全要素能源效率区域差异的贡献较大。

四、我国全要素能源效率研究结论

通过对中国全要素能源效率的地区结构、省际排名、区域差异进行分析，研究发现以下三点内容。

（1）从全要素能源水平来看：整体上中国的全要素能源效率水平较低，存在较大的改善空间；东部地区的全要素能源效率明显大于中、西部地区，且只有东部地区的全要素能源效率在样本期内有明显改善；东部地区各省份的全要素能源效率排名在样本期间逐渐跻身前列，而中、西部地区各省份的排名则不断落后，但是省际全要素能源效率的排名存在较大的波动性，从而在长期内能缩小省域差距。

（2）从全要素能源非效率的构成来看：全国层面的全要素能源非效率主要来自煤炭非效率，但是煤炭非效率的贡献在样本期内逐渐降低，而清洁能源非效率的贡献不断增加；分地区看，中部地区的煤炭非效率对全要素能源非效率的贡献远大于东、西部地区，而东部地区的全要素能源非效率更多来源于石油非效率，清洁能源非效率对西部地区全要素能源非效率的影响明显大于东、中部地区，该结果与地区的能源禀赋和经济发展水平密切相关。

（3）从中国全要素能源效率的区域差异来看：全国层面、东部地区和中部地区的区域差异在样本期内呈波动变化，而西部地区的区域差异在样本期内有明显下降；从均值来看，全国层面、中部地区和西部地区的区域差异主要来源于煤炭的贡献，而东部地区的省际差距主要来源于石油的贡献；从时间趋势来看，煤炭对全要素能源效率的区域差异的贡献在样本期内波动下降，而清洁能源的影响则明显增加。

第四节 我国的能源影子价格与能源利用效率研究

能源经济学文献主要从经济增长、政府行为、环境政策、市场分割、要素配置等多方面来探讨中国能源效率偏低的原因，但是较少从能源稀缺性的角度对能源利用效率进行分析。能源稀缺性是能源要素的影子价格相对于市场价格的差距，其不仅是制定合理的能源价格的基础，同时也是调节能源市场稀缺性和激励企业提高能源利用效率的重要机制。而影子价格则是从边际产出的角度来反映要素的稀缺性，并对企业的决策行为产生重要影响。本节根据能源稀缺性的特点，提出一个利用能源影子价格来刻画能源利用效率的新方法，并基于中国省级面板数据对我国能源利用效率进行深入研究。

一、我国能源影子价格分析框架

已有研究主要采用参数化方法和非参数化方法等两种方法来估计要素投入、产出、非期望产出（如二氧化硫、二氧化碳）等的影子价格。对于参数化方法，非期望产出的影子价格通过传统的生产距离函数估计，生产函数的不同构成将显著影响估计结果。对于非参数分析方法，主要是采用数据包络分析（DEA）方法来求解要素投入、产出和非期望产出等的影子价格。与此同时，连续的数据处理只能产生一个平均的影子价格，而不是反映单个 DMU 的相同贡献。因此基于 Sheng 等（2015）对中国能源影子价格的研究，采用一种借鉴 Shepard 的输入距离函数的非参数分析方法来估计能源的影子价格。

假设有 N 个 DMU，每个 DMU 采用能源投入 E 和其他 M 种投入（$X=(x_1,x_2,x_3,\cdots,x_M)$）来生产 P 种产出（$Y=[y_1,y_2,y_3,\cdots,y_P]$）。那么生产技术可以定义如下：

$$T=\{(Y),(E,X)\}\in R^N \tag{2-14}$$

式中，T 表示生产技术，即 E 和 X 可以用来生产 Y。根据生产理论，T 应该满足如下条件。

（1）有界性，即在一定条件下期望产出 G 的生产是有限的。

（2）强可处理性，即经济体可以获得生产前沿以下任何生产点的投入-产出组合。

（3）凸性，即生产技术符合边际要素产量递减规律。

在 T 约束下，投入导向的生产距离函数可以定义如下：

$$\max(w_1\beta_1+w_2\beta_2),\{(Y),(E(1-\beta_1),X(1-\beta_2))\}\in R^N \tag{2-15}$$

式（2-15）表示在 T 约束下，DMU 可以通过减少能源投入和其他投入来达到生产前沿，其中 w_1 和 w_2 分别表示 E 和 X 的权重。在式（2-15）的基础上，在利润最大化目标下，DMU 的决策如下：

$$\begin{aligned}&\max(P_YY-P_XX-P_EE)\\&\text{s.t. } D((1-\beta_1)E,(1-\beta_2)X,Y)=1\end{aligned} \tag{2-16}$$

式中，P_Y 表示产出的价格向量；P_E 表示能源投入的价格向量；P_X 表示投入的价格向量。

为了求解式（2-16），建立拉格朗日方程：

$$-P_X+\lambda\times\frac{\partial D(E(1-\beta_2),X(1-\beta_1),Y)}{\partial X}(1-\beta_1)=0 \tag{2-17}$$

式中，λ 表示拉格朗日乘子。

式（2-17）的一阶条件如下：

$$P_Y + \lambda \times \frac{\partial D(E(1-\beta_2), X(1-\beta_1), Y)}{\partial Y} = 0 \quad (2\text{-}18)$$

$$-P_X + \lambda \times \frac{\partial D(E(1-\beta_2), X(1-\beta_1), Y)}{\partial X}(1-\beta_1) = 0 \quad (2\text{-}19)$$

$$-P_E + \lambda \times \frac{\partial D(E(1-\beta_2), X(1-\beta_1), Y)}{\partial E}(1-\beta_2) = 0 \quad (2\text{-}20)$$

$$D(E(1-\beta_2), X(1-\beta_1), Y) - 1 = 0 \quad (2\text{-}21)$$

式（2-18）、式（2-19）和式（2-20）分别为拉格朗日乘子对应于产出向量、其他投入向量和能源向量的一阶条件，式（2-21）表明 DMU 的决策行为处于生产前沿。

通过对公式的求解，可以得到能源投入的相对影子价格：

$$\frac{P_E}{P_Y} = -\frac{\frac{\partial D(E(1-\beta_2), X(1-\beta_1), Y)}{\partial E}}{\frac{\partial D(E(1-\beta_2), X(1-\beta_1), Y)}{\partial Y}}(1-\beta_2) \quad (2\text{-}22)$$

令 $P_Y = 1$，能源投入的绝对影子价格为

$$\begin{aligned}P_E &= -\frac{\frac{\partial D(E(1-\beta_2), X(1-\beta_1), Y)}{\partial E}}{\frac{\partial D(E(1-\beta_2), X(1-\beta_1), Y)}{\partial Y}}(1-\beta_2) \\ &= F(E, X, Y)(1-\beta_2) \\ &= F(E, X, Y) - F(E, X, Y)\beta_2\end{aligned} \quad (2\text{-}23)$$

从式（2-23）中可以看出，P_E 由两部分组成，其中 $F(E, X, Y)$ 为在最优路径上能源的影子价格，$F(E, X, Y)\beta_2$ 为非效率因素对能源影子价格的影响。同时按照 Hu 和 Wang（2006）的观点，$(1-\beta_2)$ 即为该 DMU 的全要素能源效率。

式（2-15）可以根据以下的线性规划模型进行求解：

$$\max(w_1\beta_1 + w_2\beta_2)$$

$$\sum_{i=1}^{N}\lambda_i Y_i \geqslant Y_j; \quad \sum_{i=1}^{N}\lambda_i X_i \leqslant (1-\beta_1)X_j; \quad (2\text{-}24)$$

$$\sum_{i=1}^{N}\lambda_i E_i \leqslant (1-\beta_2)E_j; \quad \sum_{i=1}^{N}\lambda_i = 1, \quad \lambda_i \geqslant 0$$

二、我国的能源消费与经济增长

在经典的生产理论的基础上，每一个 DMU 在利用能源投入外，通过使用物质资本存量和劳动等来进行生产。该部分利用中国 1998~2011 年 30 个省份的数据进行分析，同时物质资本存量和国内生产总值都按照 1998 年的价格进行调整。

对于能源投入量，单纯采用地区一次能源终端消费量会忽略二次能源在不同地区之间的调配，从而会低估或者高估地区的能源消费量，因此该部分用地区二次能源净调入量折合成标准煤的量与地区一次能源终端消费量之和作为地区能源的实际消费量。对于物质资本存量，采用 Zhang 等（2004）的方法进行计算，并且所有的数据均按照 1998 年的价格进行平减。对于劳动，利用地区年底全社会从业劳动数和上一年底全社会从业劳动数的平均值来衡量。

变量的描述性统计如表 2-3 所示。

表 2-3 变量的描述性统计

变量	统计值					皮尔逊相关系数			
	均值	中位数	最大值	最小值	标准差	L	K	E	Y
L	2 393.15	2 046.50	6 547.75	254.84	1 601.767	1.00	—	—	—
K	6 880.71	4 469.63	46 916.31	230.03	7 340.121	0.62	1.00	—	—
E	8 495.40	6 619.40	35 978.00	409.30	6 467.278	0.69	0.89	1.00	—
Y	3 338.61	2 259.18	22 118.75	117.60	3 422.192	0.69	0.96	0.87	1.00

1998 年以来中国经济快速增长，同时中国的能源消耗也显著增加，即从 1998 年的 13.6 亿 t 标准煤到 2011 年的 42.2 亿 t 标准煤。能源消费的年均增长率为 7.49%，仅比同期的国内生产总值增长率略低一点。在区域基础上，中国东部地区的能源消耗增长率最高，占中国总能源消耗的 46%。图 2-3 说明了中国各地区能源消耗的区域增长情况。

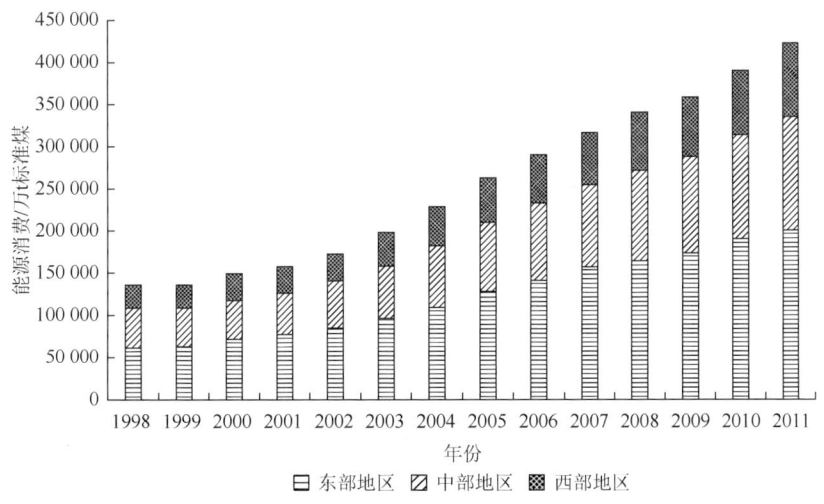

图 2-3 中国的能源消费情况

资料来源：《中国能源统计年鉴》（2012 年）

虽然中国能源消费的增长与 GDP 的增长密切相关，但能源强度在同一时期呈现下降趋势。能源强度是能源消耗与 GDP 的比值，这是描述能源利用率的常用指标。图 2-4 说明了中国能源强度的全国和地区水平趋势。我国能源强度已从 1998 年的 1.61 降至 2011 年的 1.19，这意味着我国每产生 1 万元 GDP 所消耗的能源标准煤减少了 0.42t。然而，这一下降趋势在 2002~2005 年曾出现短暂中断现象，在此期间，能源强度没有显著下降。这是因为中国工业发展在这一时期进入了新一轮的重工业发展阶段，重工业总产值占工业总产值的比重从 2002 年的 60.9% 上升到 2006 年的 69.5%。尽管中国东部是能源消耗最多的地区，但它的能源强度也大幅度降低。这表明，与中国中部和西部地区相比，中国东部地区在产生相同 GDP 的情况下消耗的能源最少。中国东、中、西部地区的能源强度都有所下降，但这三个地区之间的差距仍然是恒定的。

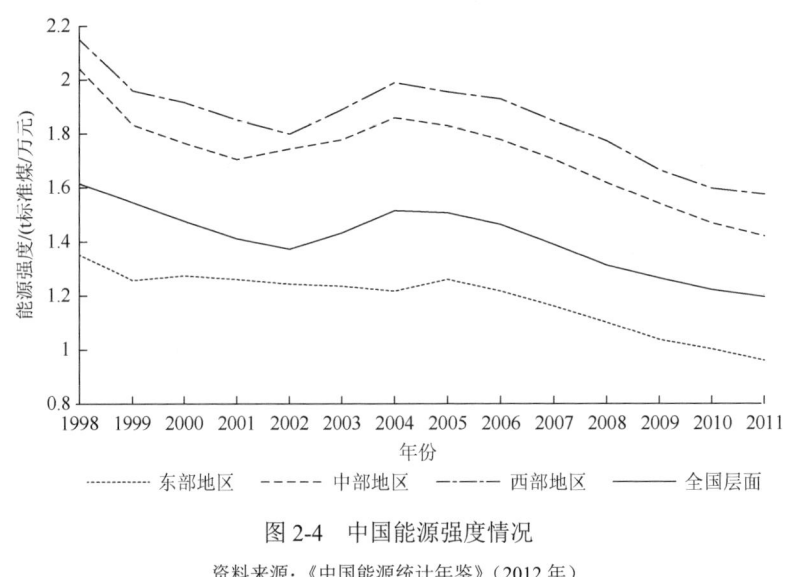

图 2-4 中国能源强度情况

资料来源：《中国能源统计年鉴》（2012 年）

三、能源影子价格与效率实证分析

（一）中国能源效率分析

在对中国能源效率的分析中使用了 Hu 和 Wang（2006）的定义，他们把能源效率定义为最理想能量输入与实际能量输入的比值。图 2-5 展示了中国三个地区的能源效率。2011 年，中国的总体能源效率为 0.64。相比之下，中国东部地区的能源效率最高，为 0.84，中部与西部地区分别为 0.65 和 0.40。这表明，在产出没有减少的情况下，中国的实际能源投入可能会减少36%，东部、中部和西部地区的实际能源投入分别减少了16%、35%和60%。1998~2003年，国家和地区的能源效率都没有明显提高，这可能是1998年金融危机之后的经济发展疲软造成的。

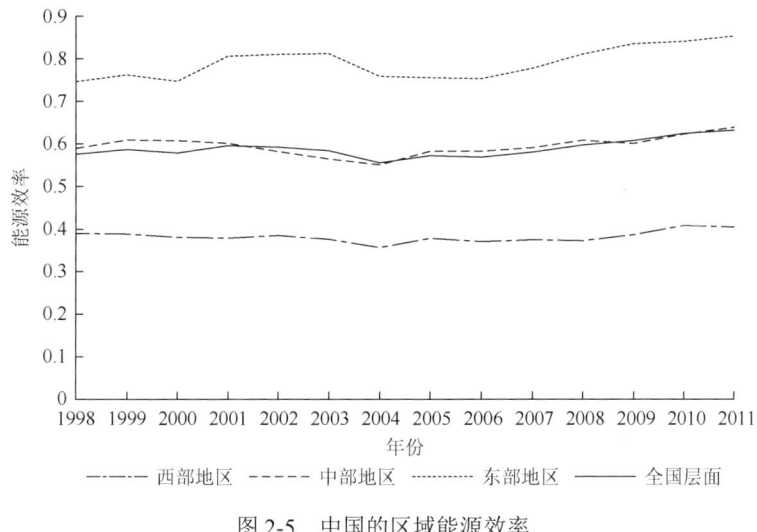

图 2-5　中国的区域能源效率

2003年以后，中国的能源效率呈现出明显的上升趋势。这可从以下几个方面解释。首先，中国经济又开始快速增长。其次，政府制定了更严格的环境法规。最后，相对于其他行业而言，服务业的发展略有起色。考虑到服务业的特殊性（较低的能源投入及较高的能源使用效率），这可能会在一定程度上解释能源效率的增长。服务业附加值占GDP的比重如图2-6所示。

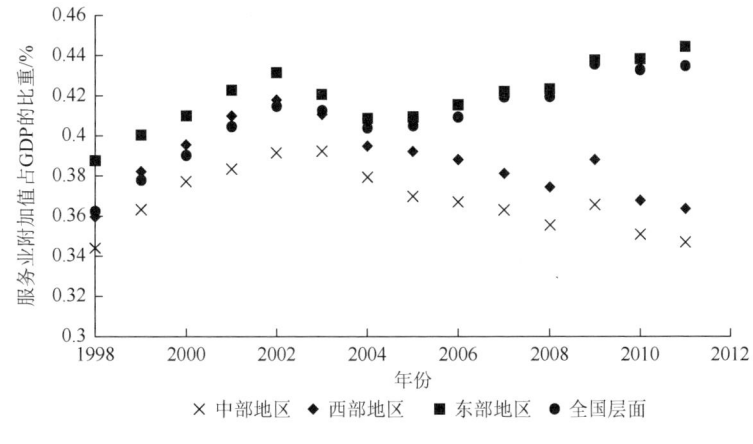

图 2-6　服务业附加值占GDP的比重

关于区域差异，1998～2011 年，中部与西部的能源效率提高后在 2003 年以后出现下降。中国东部地区的能源效率出现了极大的改善，远远超过了全国的趋势。在此期间，中国东部地区的服务业增长最快，同时中国西部和中部地区的服务业也在增长。

（二）中国能源的影子价格

由非参数方法得到了中国区域的能源影子价格趋势，如图 2-7 所示。在样本初期，1998 年全国层面及东部、中部、西部的能源影子价格分别为 0.1595 万元、0.1931 万元、0.1631 万元和 0.1167 万元。这些数据表明，每增加一项能源投入（每吨标准煤），上述主体分别可产生 1595 元、1931 元、1631 元、1167 元的价值。然而，根据 2011 年的能源影子价格，每吨标准煤的投入在全国层面及东部、中部、西部可分别生产 2019 元、2305 元、1934 元和 1765 元的价值。1998～2000 年，中国西部的影子价格呈现快速增长趋势，但东部和中部地区并没有明显增长。2001～2005 年，全国与东部、中部、西部地区的能源影子价格没有明显的上升趋势，这与同期内的 GDP 快速增长恰恰相反。

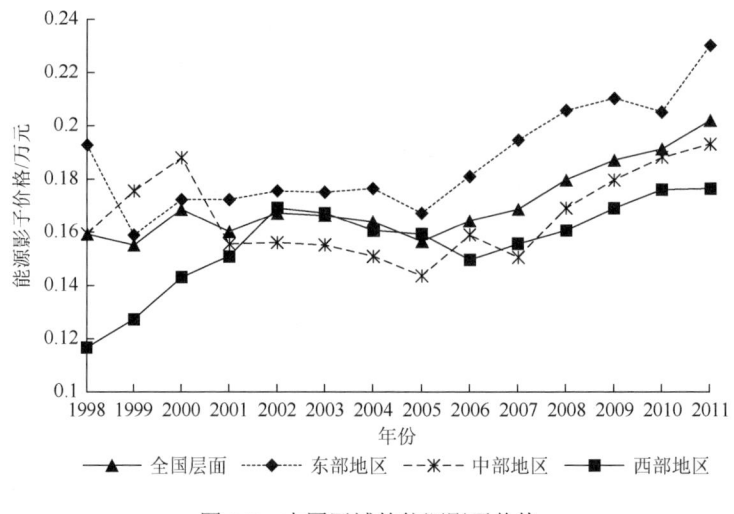

图 2-7　中国区域的能源影子价格

从 2006 年中国实施更严格的环境法规之后，东部、中部、西部的影子价格开始上涨。环境监管对能源影子价格的影响的另一种解释是技术和新制造设备起了一定的作用。对新的生产技术进行投资至少会在短期内降低全要素的生产力，如果目标是在实现最少的非期望产出（如能源使用所产生的 CO_2）的同时提高生产率，那么新的生产技术是非常有效的。在一定程度上，环境法规有可能促进人们对新生产技术的投资。

在图 2-7 所示的模式中，中国东部地区的能源影子价格投入比中部和西部地区更大。这表明，中国西部和中部地区的能源利用情况不及东部地区。但是，1998～2002 年，中国西部的能源影子价格大幅上涨。其增长比例与同时期中国西部服务业增长相类似（图 2-6）。同样，在 2006 年之后中国东部影子价格实现最大增长，其服务业在 2006 年之后也是同样的增速。

通过计算可以得到 2011 年中国省级能源投入的影子价格。研究发现，江苏、海南、江西、福建、河南等省份的能源影子价格表现最好，而影子价格表现最差的省区则是四川、广西、浙江、宁夏和安徽。江苏、海南、福建是东部地区经济发展水平较高的省份，但江西和河南经济发展水平较低，位于中部地区。在表现最差的省份中，浙江位于中国东部，而其他表现较差的省份位于中国西部和中部。因此，经济发展水平的高低并不是决定能源影子价格的唯一因素，其他影响因素包括产业结构、技术变化和资源禀赋。

（三）中国能源影子价格与市场价格

对于能源投入的影子价格与能源效率的比较而言，能源的影子价格表示给定的技术条件下能源投入的边际生产率。用 Hu 和 Wang（2006）定义的能源效率表示所有省份在相同的技术与资源配置条件下实际产出与最优的理论产出的相对差距。然而，每个省份的产业结构、经济发展水平和要素禀赋都有差异，因此不同省份拥有相同技术这个假设是不可能实现的。但影子价格是边际生产率，它是在没有假设各省份之间具有相同技术的前提下计算出来的，它反映了省份之间的产业结构和技术变革特征。采用 Khademvatani 和 Gordon（2013）的方法，利用影子价格和市场价格之间的差距，作为衡量能源利用的首选方法。

笔者不能从中国的官方统计部门收集到能源市场价格数据，所以使用燃料零售价格指数（REF）作为能源市场价格变化的替代变量。为了捕捉影子价格的名义变化，用 GDP 平减指数来调整恒定影子价格为当前影子价格。影子价格是衡量额外的能源投入产生的额外的 GDP，可以用影子价格的年增长率与 REF 的比率来描述影子价格与能源的市场价格之间的关系。然后使用 t 值检验来分析能源的影子价格是否比市场价格更大或更小。

表 2-4 给出了中国 30 个省区市的能源影子价格与市场价格的比值。t 值检验显示，有 18 个省份的影子价格低于市场价格，说明这些省份可以通过重新分配能源投入和其他资源投入来提高边际生产率和提高能源效率。对于剩下的 12 个省份

则不能拒绝"零假设",即影子价格等于能源的市场价格。因此这些省份的投入可能处于帕累托最优的能源投入水平。在表 2-4 中,一些影子价格等于市场价格的省区具有较高的能源效率,如江苏、天津和浙江。但也有一些影子价格与市场价格相等的省区,如重庆、四川等,其能源利用效率较低。尽管这些省份的能源影子价格与市场价格相等,但它们的经济快速发展严重依赖于第二产业的快速增长。而第二产业相对于其他产业,往往需要消耗较多的能源。

表 2-4 中国能源影子价格与市场价格比值

省区市	1999	2001	2003	2005	2007	2009	2011	t (R<1)	t (R≠1)	t (R>1)
北京	0.93	0.92	0.92	0.83	1.00	0.77	1.25	0.08	0.15	0.92
天津	1.09	0.92	0.95	0.84	1.50	0.95	0.97	**0.45**	0.90	0.55
河北	1.06	0.93	0.93	0.81	1.04	1.02	0.97	0.01	0.01	0.99
辽宁	0.28	0.06	1.10	0.95	0.99	0.94	1.53	**0.88**	0.24	0.12
上海	1.03	0.89	1.00	0.88	1.03	1.02	1.00	0.02	0.04	0.98
江苏	1.05	1.03	0.92	0.82	1.11	1.26	1.05	**0.49**	0.98	0.51
浙江	0.95	1.03	0.93	0.86	1.02	1.10	1.42	**0.21**	0.42	0.79
福建	0.85	1.00	0.91	0.73	1.05	1.17	0.94	0.03	0.07	0.97
山东	1.06	0.89	0.95	0.81	0.99	1.02	0.99	0.01	0.02	0.99
广东	1.01	1.03	0.90	0.84	1.00	1.08	0.81	0.00	0.01	0.99
海南	1.00	1.06	0.89	0.85	1.00	1.08	0.98	0.10	0.22	0.89
山西	1.09	0.39	0.89	0.81	0.34	0.99	0.94	0.02	0.05	0.98
内蒙古	1.28	1.00	1.01	0.81	1.05	1.00	1.00	**0.19**	0.39	0.81
吉林	1.00	0.87	0.88	0.85	1.07	1.10	0.93	0.02	0.04	0.98
黑龙江	1.01	0.97	1.02	0.96	1.04	0.95	0.94	**0.15**	0.29	0.85
安徽	1.09	1.03	0.99	0.31	1.09	0.94	0.80	**0.65**	0.70	0.35
江西	1.22	1.07	0.98	0.84	0.98	1.10	1.03	**0.56**	0.88	0.44
河南	1.03	0.95	0.95	0.83	1.06	0.95	0.89	0.00	0.00	1.00
湖北	1.06	1.04	0.92	0.87	1.08	1.12	0.96	**0.15**	0.30	0.85
湖南	1.06	1.03	0.92	0.78	1.04	1.11	0.93	0.05	0.11	0.95
广西	1.24	1.10	0.86	0.76	0.97	1.03	0.95	**0.73**	0.54	0.27

续表

省区市	年份							t（R<1）	t（R≠1）	t（R>1）
	1999	2001	2003	2005	2007	2009	2011			
重庆	1.15	1.15	1.00	0.91	0.97	1.01	0.87	**0.76**	0.47	0.24
四川	1.26	1.08	0.91	0.83	0.96	1.01	0.95	**0.64**	0.72	0.36
贵州	1.15	1.06	0.90	0.96	0.99	0.97	0.92	0.10	0.21	0.90
云南	1.04	1.04	0.96	0.82	1.05	0.92	0.97	0.05	0.09	0.95
陕西	1.18	0.98	0.93	0.84	0.99	0.96	0.95	0.07	0.15	0.93
甘肃	1.01	0.98	0.96	0.82	1.02	0.95	0.92	0.05	0.11	0.95
青海	0.90	1.05	0.97	0.79	1.00	0.93	0.86	0.03	0.05	0.97
宁夏	1.09	1.00	0.80	0.82	1.09	0.96	0.85	0.02	0.04	0.98
新疆	1.07	0.89	1.00	0.87	0.96	0.93	0.83	0.08	0.16	0.92

注：$t(R<1)$ 是尾随 t 检验备择假设的影子价格低于市场价格，$t(R≠1)$ 是正反测验的备择假设影子价格不等于市场价格，$t(R>1)$ 是尾随 t 检验的备择假设的影子价格高于市场价格。每个 t 检验下的值是 p 值。18 个省份的影子价格明显低于市场价格。黑体显示的是 12 个省份的 p 值，它们的影子价格和市场价格之间没有显著差异

四、基于能源影子价格的研究结论与政策建议

通过对中国能源影子价格和能源效率的分析得到以下三点结论。

（1）基于 Hu 和 Wang（2006）提出的能效标准，中国的能源效率处于低水平，可以通过能源投入和其他投入的重新分配来提高。1998~2003 年，能源效率在全国和东部、中部、西部都没有出现实质性的变化，但在 2006 年之后，政府实施更严格的环境政策，能源效率确实有了显著提高。在东、中、西三个区域之间，东部在能源效率上优于中部和西部地区，各省份之间的差距在此期间没有明显下降。

（2）无论是从全国考虑，或者从东部、中部、西部来说，2006 年之后能源的影子价格经历了快速增长的一段时期。其间，能源效率也有相似的增长趋势。对于省级能源的影子价格排名，江苏、海南、江西、福建等地的影子价格接近市场价格，这与它们所在区域的能源效率密切相关。然而，其他省份如河南和山东，影子价格接近市场价格，但按照能源的年度增长与 REF 的比值测量出来的能源效率比较低。18 个省份能源影子价格低于市场价格，这表明它们可以增加能源的边际生产率或者通过投入的再分配提高能源效率。

（3）对能源稀缺性的分析是制定国家能源政策的重要依据。超过一半的省份的

影子价格低于市场价格,这表明中国能源市场存在一定程度的市场失灵。税收政策的改变可以帮助提高能源的影子价格,使影子价格与市场价格更接近。除了税收政策,出台环境法规也可以提高能源效率。研究结果显示,2006年之后,政府颁布了更严格的环境法规,在此期间,影子价格大幅提高,而能源效率只是略有增长。这表明环境法规可能比以前认为的更有效。此外,研究发现,中国东部地区的影子价格和能源效率都有强劲的增长,这可能与中国东部地区服务行业的增长有关。这表明,政策制定者未来致力于摆脱中国经济依赖重工业,实现中国经济比重从重工业向消费和服务业的转型可能也会提高能源效率,并使影子价格与能源市场价格更加接近。

未来研究具有前景的方向是从研究行业层面的影子价格,进一步研究服务行业与其他行业影子价格之间的关系。此外,对影子价格和新兴制造技术的微观分析将有助于进一步研究2006年之后的环境法规如何导致中国各地的影子价格上涨。另外,还需要对快速发展中的经济体(如印度)和高度发达经济体(如西欧或日本)的能源影子价格进行额外的研究,这些经济体拥有很强的环境保护的法律氛围。

第五节 本 章 小 结

在经济社会发展过程中,能源被视为生产过程中除资本与劳动力要素以外必需的第三要素,能源利用效率的大小对经济社会绿色持续发展起到了至关重要的作用。本章首先采用非径向非意愿投入距离函数建立全要素能源效率分析框架,对中国能源消费量进行了测算,构建了涵盖煤炭、石油和清洁能源等内在关系的全要素能源效率指标,并利用1998~2013年中国30个省份的数据进行实证分析。结果表明,节能减排工作的推进不能仅依赖于能源利用效率的整体提高,也应立足于全要素能源效率的地区差距,合理、科学地安排不同地区的节能减排任务,从而促进节能减排工作健康有序进行。同时,煤炭利用非效率对全要素能源非效率的贡献要小于煤炭消费量占能源消费总量的比重,而石油利用非效率和清洁能源利用非效率对全要素能源利用非效率的贡献逐渐增加,在开展节能减排工作时应着重于石油能源和清洁能源的利用。

本章基于非参数非意愿投入距离函数构建能源的影子价格来反映能源要素的稀缺性,构建了中国能源影子价格的分析框架,阐述了中国能源消费与经济增长的关系,利用中国1998~2011年的省级面板数据对能源影子价格与效率进行实证分析。研究发现,能源效率在中国处于低水平,通过能源投入和其他投入的重新分配能有效提高能源利用效率。1998~2003年,能源效率在全国和东部、中部、西部地区都没有出现实质性的变化,但在 2006 年之后,政府实施更严格的环境政策,能源效率确实有了显著提高。在东、中、西三个区域之间,东部地区在能源效率上优于中部和西部地区,各省份之间的差距在此期间没有明显下降。另外,能源影子价格是生产单元决定能源投入的重要信息,当能源影子价格低于市场价格时,DMU 就会选择投入较多的能源,从而导致能源利用效率降低。构建能够反映能源影子价格的能源市场价格是解决中国当前能源供求紧张和节能减排压力较大等问题的重要路径。

第三章 我国 CO_2 排放的影响因素研究分析

第二章分析了我国能源利用的效率问题,在能源消耗过程中,能源的利用效率远低于世界平均水平,造成了社会发展不经济。除此之外,能源利用低效率带来了非期望产出,如碳氮氧化物。其中, CO_2 的排放量最高,对人们生活的环境、社会经济的发展也产生了不良影响。本章分析我国 CO_2 排放对经济、社会的影响,基于 CO_2 减排目标研究我国省级 CO_2 排放差异,进一步探究 CO_2 排放强度差异的成因,最后分析 CO_2 减排技术效率与经济增长效率之间的协调性,从能源消耗排放的 CO_2 对我国经济发展影响的角度来探讨能源升级创新的必要性。

第一节 我国 CO_2 排放影响要素分析

一、我国 CO_2 排放的研究概述

目前,中国已成为世界 CO_2 排放量最大的国家,其 GDP 占全球生产总值的比重由 2000 年的 3.6%提升到 2013 年的 12.3%。中国的 CO_2 排放量在全球 CO_2 总排放量中所占比重从 2000 年的 13.7%增加到 2013 年的 26%。在 2009 年《联合国气候变化框架公约》第 15 次缔约方会议暨《京都议定书》第 5 次缔约方会议(简称哥本哈根世界气候大会)前夕,中国政府宣布计划到 2020 年全国单位 GDP 的 CO_2 排放量比 2005 年减少 40%～45%。为了实现 CO_2 减排目标,中国政府实施了一系列环保方案,如淘汰落后生产设施、鼓励节约能源技术。同时,高污染产业逐渐从东部发达省份转移到较不发达的中西部省份,这种模式可能在区域间经济融合中发挥作用(Yang et al., 2016)。

Barro(1992)模型中的标准 β 收敛只考虑了人均产出,忽略了不寻常的经济活动产物,如 CO_2 排放量。虽然有大量的文献已经证明了中国省际经济趋同的存在,但近年来中国的污染物排放量持续增长,这种发展并不利于人类福祉和可持续的经济增长。此外,如果仅考虑期望产出的变化,则标准 β 收敛模型将是有偏的。为了评估收敛性能,有必要考虑以 CO_2 排放量为指标的非期望产出。

CO_2 排放与经济发展之间的固有联系使得有必要将 CO_2 排放纳入收敛模型,这有助于评估经济趋同的效率。如果人均 CO_2 排放量呈现"赶超"收敛的趋势(即西部和中部地区的人均 CO_2 排放量增长率高于东部地区),中国的区域间经济收

敛效率将会降低。相比之下，如果人均 CO_2 排放量呈现出"放缓"趋同趋势（即中国的人均 CO_2 排放量减少，东部地区的人均 CO_2 排放量减少率比西部和中部地区低），中国的经济收敛将更加可持续（Huang and Meng，2013）。

二、基于环境全要素生产率的收敛模型

本节通过使用环境全要素生产率（ETFP）框架评估中国省级经济体的收敛假设。随着人们逐渐意识到全球环境保护的重要性，只有在较少投入的情况下，采用的生产技术能够产生更多理想的产出和更少的不良产出，经济发展才被认为是有效的。因此，需要联合生产模型来测量 ETFP，用以说明期望产出与非期望产出。

考虑以下生产过程，劳动力（L）和资本存量（K）投入作为产生 GDP（Y）和 CO_2 排放（C）的单一期望产出和非期望产出。环境生产技术可以定义如下：

$$P(L,K) = \{(Y,C):(L,K) \Rightarrow (Y,C)\} \quad (3\text{-}1)$$

式（3-1）表示输入（L，K）可以产生（Y，C）。在生产理论中，产出集 $P(L,K)$ 通常被假设为有界和闭合。这些假设意味着有限投入只能产生有限产出。另外，投入和单个期望产出被假定为可自由支配；也就是说，如果可以达到一定的条件，即有 $(Y,C) \in P(L,K)$ 和 $(K',L') \geqslant (K,L)(Y' \leqslant Y)$，则有 $(Y,C) \in P(L',K')$，$(Y',C) \in P(L,K)$。

为了合理地模拟联合生产期望产出和非期望产出，Färe 等（1989）提出了以下两个假设。

（1）产出弱可支配性，即如果 $(Y,C) \in P(L,K)$ 和 $0 \leqslant \theta \leqslant 1$，则

$$(\theta Y, \theta C) \in P(L,K)$$

（2）期望产出和非期望产出是无关联的，即如果 $(Y,C) \in P(L,K)$ 和 $C = 0$，则 $Y = 0$。

假设（1）意味着 GDP 和 CO_2 排放量的比例下降是可行的。

假设（2）意味着消除所有 CO_2 排放的唯一办法是停止生产活动。

根据 Färe 等（1997）和 Chung 等（1995）的研究，方向距离函数（directional distance function，DDF）可以定义如下：

$$D_0(K,L;Y,C) = \sup((S_Y, S_C):(Y + S_Y, C - S_C)) \quad (3\text{-}2)$$

式中，D_0 表示可以增加期望产出的比例，并且可以减少非期望产出。这里，D_0 与 Chambers 等（1996）开发的常规 DDF 和 Chung 等（1995）拓展的 DDF 略有不同。因为传统的 DDF 趋向于最大化期望产出，同时以相同的比例减少非期望产出，这可能会在松弛退出时高估效率（Fukuyama and Weber，2009）。因此利用 Tone（2001）提出的松弛模型（SBM），发展了一种修改的 DDF 模型，D_0 被用来描述可以扩展

期望产出的比例及非期望产出可以收缩的比例。使用这种方法，DMU 的性能可以描述如下：

$$\text{ETE}_{it} = \frac{1}{1 + D_0(K_{it}, L_{it}; Y_{it}, C_{it})} \qquad (3\text{-}3)$$

环境技术效率（ETE_i）表示在 t 期的 DMU_i 的表现，其由实际生产点和生产前沿之间的相对距离来衡量，也称环保技术效率。显然，ETE 位于 0 和 1 之间，ETE 越高，DMU 表现越好。如果 ETE 趋向于 1，DMU 的最好性能就位于边界。

基于 DDF 模型的 D_0，ETFP 通过 Chung 等（1995）提出的曼奎斯特-卢恩伯格生产率指数（MLPI）定义，MLPI 定义如下：

$$\text{MLPI}_t^{t+1} = \left[\frac{1 + D_0^t(K^t, L^t; Y^t, C^t)}{1 + D_0^t(K^{t+1}, L^{t+1}; Y^{t+1}, C^{t+1})} \times \frac{1 + D_0^{t+1}(K^t, L^t; Y^t, C^t)}{1 + D_0^{t+1}(K^{t+1}, L^{t+1}; Y^{t+1}, C^{t+1})} \right]^{\frac{1}{2}}$$

$$(3\text{-}4)$$

式中，t 表示时间段；MLPI 表示 ETFP，用于测量从 t 到 $t+1$ 期间环境技术效率的变化。MLPI＞1（或 MLPI＜1）表明生产率提高（或恶化）。$D_0^t(K^t, L^t; Y^t, C^t)$ 和 $D_0^{t+1}(K^t, L^t; Y^t, C^t)$ 分别反映 t 期和 $t+1$ 期间生产边界的效率值。$D_0^t(K^{t+1}, L^{t+1}; Y^{t+1}, C^{t+1})$ 和 $D_0^{t+1}(K^{t+1}, L^{t+1}; Y^{t+1}, C^{t+1})$ 则分别反映在 t 期和 $t+1$ 期的生产边界效率值。

Barro（1992）提出了基于新古典增长理论的标准 β 收敛模型，其被广泛应用于研究中。本节使用以下回归方法估计 β 收敛：

$$\lg(y_t^{t+T}) = \alpha + \beta \lg\left(\frac{Y_t}{L_t}\right) + \varepsilon_{it} \qquad (3\text{-}5)$$

式中，y 表示 t 和 $t + T$ 之间的人均 GDP 变化；$\lg\left(\dfrac{Y_t}{L_t}\right)$ 表示 t 期初始人均 GDP 的对数；α 表示该地区人均 GDP 稳定状态值和技术进步速度，是常数。β 反映了人均 GDP 能否收敛到稳定状态或存在差异。统计中显著的负 β 值意味着数据集表现出 β 收敛。

新古典增长理论将全要素生产率的增长视为人均产出增长的重要因素。在 Miller 和 Upadhyay（2002）之后，全要素生产率中 β 收敛的回归方法可以写为

$$\text{gtfp}_t^{t+T} = \alpha + \beta \ln(\text{TFP}_t) + \varepsilon_{\text{tfp}_t} \qquad (3\text{-}6)$$

式中，全要素生产率取代了式（3-5）中的人均 GDP，gtfp_t^{t+T} 表示从 t 到 $t + T$ 的总要素生产率的变化；$\ln(\text{TFP}_t)$ 表示 t 期初始总生产率的对数。$\beta<0$，意味着数据集表现出 β 收敛。

根据柯布-道格拉斯生产函数，全要素生产率可写为

$$\ln(\text{TFP}_t) = \ln(Y_t) - a\ln(K_t) - b\ln(L_t) \tag{3-7}$$

式中，a 和 b 分别表示资本存量（K）和劳动力（L）的产出弹性系数。

将式（3-7）插入式（3-6）中，总要素生产率的收敛可以写为

$$\begin{aligned}\text{gtfp}_t^{t+T} &= \alpha + \beta\ln(Y_t) - \beta a\ln(K_t) - \beta b\ln(L_t) + \varepsilon_{\text{tfp}_t}\\ &= \alpha + \lambda_1\ln(Y_t) - \lambda_2\ln(K_t) - \lambda_3\ln(L_t) + \varepsilon_{\text{tfp}_t}\end{aligned} \tag{3-8}$$

综上所述，目前经济发展不仅强调人均产量增长，而且强调全要素生产率提高，环境污染也成为近年来受到众多关注的重要因素。然而，标准 β 收敛模型的结果并不反映人类福利的帕累托改善，因为模型忽略了环境因素对经济收敛的影响。因此，在 β 收敛模型中应考虑 ETFP，修正的 β 收敛模型定义如下：

$$\lg(\text{MLPI}_t^{t+1}) = \alpha + \beta\lg(\text{ETE}_t) + \varepsilon_{it} \tag{3-9}$$

基于全要素生产率的定义和 ETFP 的内涵（Farrell，1957；Caves et al.，1982；Chung et al.，1995），ETE 可以描述为输出集与输入集的比值。根据 Cobb 和 Douglas（1928）的研究，其关系可以表示如下：

$$\text{ETE}_t = \frac{O(Y_t, C_t)}{I(K_t, L_t)} = \frac{Y_t^{\varphi_1} C_t^{\varphi_2}}{K_t^{\psi_1} L_t^{\psi_2}} \tag{3-10}$$

根据生产理论和福利经济学，式（3-10）必须满足以下假设：$\varphi_1 > 0$、$\varphi_2 < 0$、$\psi_1 > 0$ 和 $\psi_2 > 0$。换言之，由于 GDP（Y）是期望产出，而 CO_2 排放（C）是非期望产出，所以应该是 $\varphi_1 > 0$，$\varphi_2 < 0$。因为资本存量（K）和劳动力（L）都是生产性投入，它们也应该满足 $\psi_1 > 0$，$\psi_2 > 0$。

将式（3-10）代入式（3-9），修正的 β 收敛模型可以写为

$$\begin{aligned}\lg(\text{MLPI}_t^{t+1}) &= \alpha + \beta\varphi_1\lg(Y_t) + \beta\varphi_2\lg(C_t) - \beta\psi_1\lg(K_t) - \beta\psi_2\lg(L_t) + \varepsilon_{it}\\ &= \alpha + \beta_1\lg(Y_t) + \beta_2\lg(C_t) + \beta_3\lg(K_t) + \beta_4\lg(L_t) + \varepsilon_{it}\end{aligned} \tag{3-11}$$

模型（3-11）中，如果 $\beta_1 < 0$，$\beta_2 > 0$，$\beta_3 > 0$ 和 $\beta_4 > 0$，那么期望产出、非期望产出、资本投入和劳动投入的所有变化都支持收敛假设。这在不同 DMU 的经济发展过程中体现。

三、全要素生产率模型构建与方法

（一）bootstrap-DEA 分析

Tone（2001）提出的 SBM 是用于解决模型（3-2）和模型（3-3）中的以产出为导向的 DEA。然而，基于真实生产前沿估计的标准 SBM 模型，受到采样变化不确定性的影响，估计结果只是真实值的上限。因此通过引导指标来评估 ETFP

的敏感性是有意义的。bootstrap-DEA 模型的基本思想是创建样本数据的数值模拟，然后通过 DEA 计算模拟样本的效率（Simar and Wilson，1998）。但是由于缺乏统计测试，许多利用 DEA 效率和生产能力的研究都受到了有偏差的效率评价（Odeck，2009），而自助法可以纠正这种偏差并提供效率的置信区间（Essid et al.，2010）。因此本节采用这种方法在考虑 CO_2 排放的基础上引导 ETFP。Kneip 等（2008）的方法可以应用于计算效率的置信区间，复制次数设置为 2000。

（二）动态面板估计

通过对模型（3-11）的分析，序列相关性和内生性是待解决的两个最棘手的问题。Wooldridge（2000）提出的序列相关性检验可以用于确定在本节的估计中是否需要动态面板模型，然后使用动态面板广义矩估计（generalized method of moments，GMM）技术来估计模型（3-11）。这种方法相对于普通最小二乘估计和固定效应估计具有以下优点（Arellano and Bond，1991；Arellano and Bover，1995）。首先，它能使我们控制反向因果关系和同步性及未观察到的省份特定效应（Boubakri et al.，2013）。其次，这种方法可以利用独立变量的适当滞后产生的工具变量来捕获某些解释变量的潜在内生性（Lee and Parasnis，2014；Nguyen et al.，2014）。正如 Arellano 和 Bond（1991）所述，两步估计更有效率，但是对于某些样本，标准误差可能会下降，因此建议使用 Arellano 和 Bond（1991）提出的一步估计。然而，Windmeijer（2005）的研究结果表明，当标准误差稳健时，首选两步 GMM。因此可以使用两步 GMM 来选择 Windmeijer（2005）提出的最佳模型和稳健方法进行统计推断。另外，如 Blundell 和 Bond（1998）所述，如果动态面板自回归系数接近于一致，则 GMM 效果较差。因此，可以应用 Han 和 Phillips（2010）提出的动态面板数据模型的一阶差分最小二乘（first difference least squares，FDLS）法估计来避免这个问题。

（三）数据

根据模型（3-2）和基本生产理论，将 GDP（Y）作为期望产出进行测量，并用 CO_2 排放量（C）作为非期望产出进行测量，使用劳动力（L）和资本存量（K）作为两个最重要的投入。Y 代表 1998 年 GDP，将其恒定为 1 亿元。劳动力是由年初和年末员工的平均数量来衡量的。依据 Zhang 等（2004）的理论研究，资本存量代表固定资产的初始价值，不考虑累计折旧。由于没有关于中国 CO_2 排放量的官方统计数据，本节估计使用政府间气候变化专门委员会（IPCC）制定的框架内的排放量。关于中国 CO_2 排放量测量的进一步技术细节，可以参照 Zhou 等（2013）

的研究。本节考察了 1998~2012 年中国 30 个省份（不包括西藏、香港、澳门和台湾）的平衡面板数据，使用的数据来自《中国能源统计年鉴》、《中国统计年鉴》和《中国固定资产投资统计年鉴》。表 3-1 列出了输入和输出变量的描述性统计。

表 3-1 输入和输出变量的描述性统计

变量	GDP（Y）/亿元	CO_2 排放量（C）/万 t	劳动力（L）/万人	资本存量（K）/亿元
算数平均数	6 669.252	20 266.080	2 441.238	15 026.160
中位数	4 648.315	15 588.360	2 014.165	9 538.711
最大值	41 800.160	92 372.370	6 554.300	95 388.630
最小值	220.920	838.012	254.840	540.746
标准差	6 679.050	16 177.160	1 691.952	15 678.060
观察数	450	450	450	450

四、我国 CO_2 排放和 ETFP 增长

（一）我国 GDP 和 CO_2 排放量的动态变化

首先考察中国人均 GDP 和人均 CO_2 排放量的动态变化。图 3-1 显示 1999~2012 年三个地区按 1998 年不变价格计算的人均地区生产总值及其增长率的动态变化。可以看出，中国经济持续快速增长，其中东部地区人均地区生产总值高于其他地区。但是，东部地区人均地区生产总值的增长率已经开始落后于中、西部地区，这表明中国的区域经济可能出现经济收敛。图 3-2 描绘了 1999~2012 年三个地区人均 CO_2 排放量及其增长率的动态变化。2001~2005 年，三个地区人均 CO_2

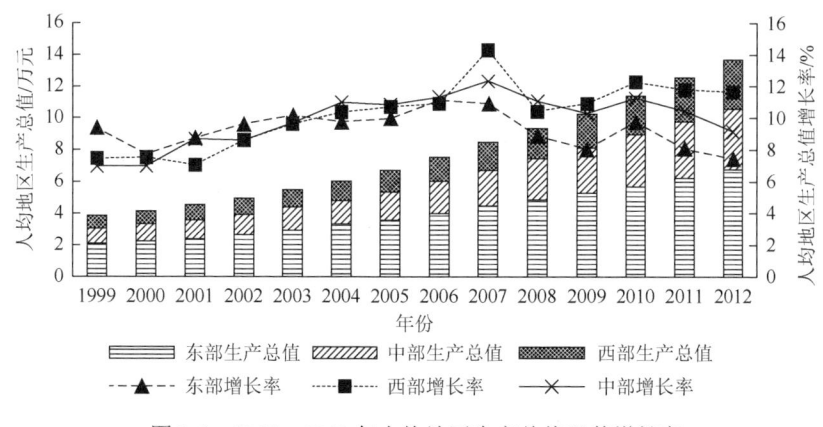

图 3-1 1999~2012 年人均地区生产总值及其增长率

排放量呈上升趋势,这可归因于重工业的发展。自 2006 年开始,由于执行了严格的环境监管措施,这三个地区 CO_2 排放的增长速度逐渐放缓。但是,西部地区人均 CO_2 排放量的增长率高于东部地区,这意味着中国地区间 CO_2 排放收敛。

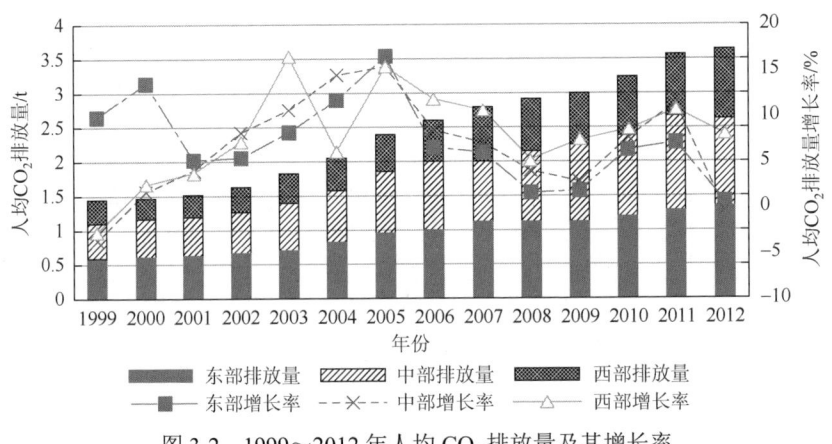

图 3-2　1999~2012 年人均 CO_2 排放量及其增长率

(二)我国 CO_2 排放强度的变化及检验

空间上,中国西部和中部地区的 CO_2 排放强度高于东部,表明在经济发展上,中国西部和中部比东部地区更加依赖化石燃料。尽管如此,从图 3-2 的直方图看,东部地区人均 CO_2 排放量明显高于西部地区。图 3-3 显示了 1999~2012 年世界不

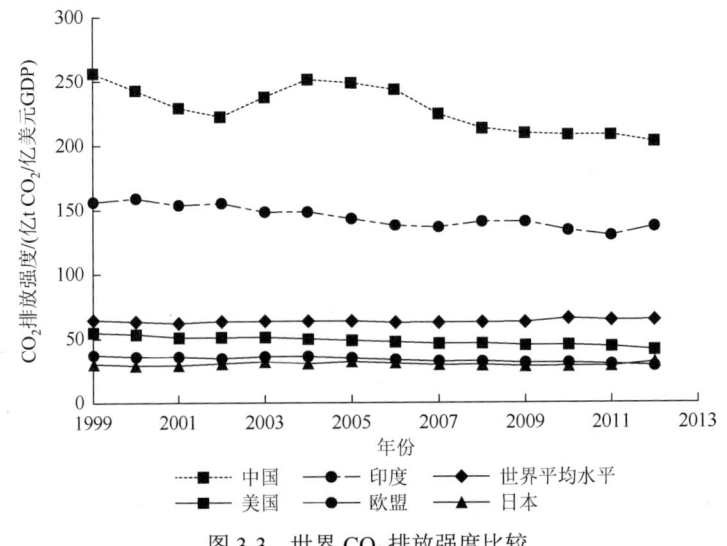

图 3-3　世界 CO_2 排放强度比较

原始数据来自世界银行在线数据库和 2014 年《世界能源统计评估》

同地区 CO_2 排放强度的对比，1999～2012 年中国 CO_2 排放强度普遍呈下降趋势，但 CO_2 排放强度总体依旧高于世界平均水平。由于经济发展水平和技术进步水平较快，发达国家或地区的 CO_2 排放量均低于世界平均水平。

1. 我国 ETFP 的增长情况

按照 Chung 等（1995）的研究，本小节试图将 MLPI 与曼奎斯特生产力指数（MPI）进行比较，以评估在测量生产率时考虑 CO_2 排放的必要性。MPI 中的距离函数不会减少非期望产出，而 MLPI 中的定向距离函数可以减少非期望产出。表 3-2 提供了 1999～2012 年中国 MPI 和 MLPI 的比较。与 MPI 相比，MLPI 表明生产力和技术变革方面进步比较大。MLPI 的价值通常大于 MPI 在个别年份的价值。因此，有必要考虑在生产率测量中非期望产出的减少。

表 3-2　1999～2012 年中国 MPI 与 MLPI 的比较

年份	MPI_0（$MLPI_0$）	MEFFCH（MLEFFCH）	MTECH（MLTECH）
1998/1999	0.936（1.018）	1.055（1.008）	0.887（1.010）
1999/2000	0.960（1.013）	0.962（1.007）	0.998（1.006）
2000/2001	0.978（1.008）	0.982（0.997）	0.996（1.011）
2001/2002	0.974（1.000）	0.900（0.976）	1.082（1.024）
2002/2003	1.000（1.000）	0.944（0.967）	1.059（1.034）
2003/2004	1.029（0.998）	0.998（1.001）	1.031（0.997）
2004/2005	1.035（0.989）	1.005（0.995）	1.030（0.994）
2005/2006	0.993（1.004）	1.005（0.985）	0.988（1.020）
2006/2007	0.985（1.003）	1.010（0.986）	0.976（1.017）
2007/2008	0.949（0.998）	1.016（0.982）	0.934（1.016）
2008/2009	0.906（0.995）	1.053（0.989）	0.861（1.007）
2009/2010	0.937（0.995）	0.999（0.986）	0.939（1.010）

续表

年份	MPI₀（MLPI₀）	MEFFCH（MLEFFCH）	MTECH（MLTECH）
2010/2011	0.977（0.994）	0.986（0.987）	0.991（1.007）
2011/2012	0.911（1.006）	0.995（0.983）	0.916（1.023）
总计	0.969（1.002）	0.993（0.989）	0.976（1.013）

注：所有得分均使用几何平均值获得。MEFFCH 和 MTECH 分别表示根据 MPI 得到的效率变化和技术变化。MLEFFCH 和 MLTECH 分别表示根据 MLPI 得到的效率变化和技术变化

图 3-4 显示了 1999～2012 年中国及各地区 ETFP 的变化趋势。1999～2005 年，ETFP 呈现下降趋势，主要是由于重工业发展造成的 CO_2 排放减少。然而 2005 年后，由于实行更加严格的环境监管措施，ETFP 呈现上涨趋势。这种上涨趋势在 2008 年停止。2008 年金融危机爆发，中国政府实施了称为"四万亿计划"的经济刺激计划，其中包括一系列基础设施建设项目，从而刺激了水泥和化工行业等高污染行业的发展，这解释了 ETFP 在金融危机期间呈现下降趋势的原因。此外，东部和其他两个地区之间的 ETFP 差距在研究期间每年都有所缩小，这意味着在这些区域 ETFP 逐渐趋于一致。

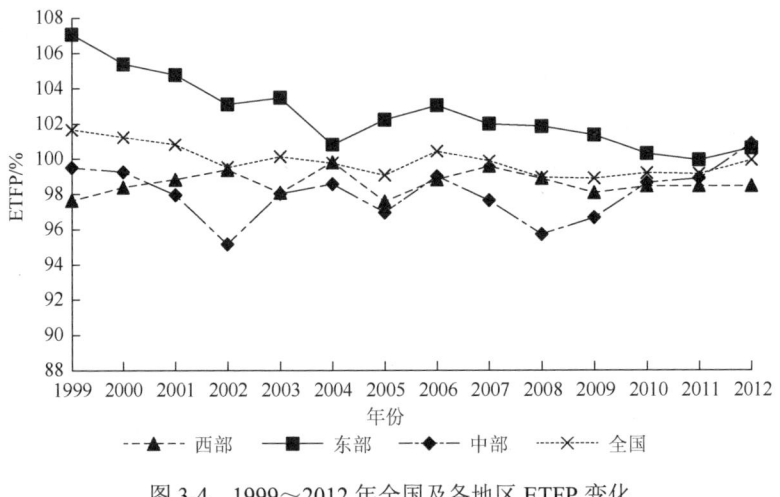

图 3-4　1999～2012 年全国及各地区 ETFP 变化

2. 序列相关性检验

序列相关性存在标准误差，因此首先在面板数据模型中识别序列相关性。本

小节使用 Wooldridge（2010）派生的 Wald 测试，它所需的假设相对较少（Drukker，2003）。表 3-3 给出了模型（3-5）和模型（3-11）的序列相关性检验的结果。可以看到，所有的模型都拒绝了零假设，即面板数据中没有一阶自相关。这表明在本小节的面板数据模型中存在序列相关性，从而导致标准误差出现偏差，并导致在标准集合普通最小二乘法（ordinary least square，OLS）和固定效应 OLS（FE）下的效果较差（Drukker，2003）。因此，应该在回归模型中考虑动态变量。系统 GMM（一步法和两步法）是解决回归中可能存在内生性问题的首选方法。此外，滞后因变量可以帮助纠正计量经济学模型中误差项的自相关，因此在 OLS 和 FE 回归中使用因变量的一阶滞后项作为独立变量。

表 3-3 面板数据模型中的序列相关性检验

变量	$D.\ln(y)$	$D.\ln(MLPI)$ (Median)	$D.\ln(MLPI)$ (Mean)
$D.\ln(Y/L)$	0.022*** (0.003)		
$D.\ln(Y)$		0.251*** (0.080)	0.253*** (0.077)
$D.\ln(C)$		−0.275*** (0.054)	−0.272*** (0.052)
$D.\ln(K)$		−0.012 (0.052)	−0.016 (0.051)
$D.\ln(L)$		−0.206* (0.102)	−0.199* (0.103)
Wald 检验	70.991*** [0.000]	12.784*** [0.001]	13.734*** [0.000]

***、**和*分别表示1%、5%和10%水平上的统计显著性；

注：D 表示变量的差异；Median 表示 bootstrap 值的中值；Mean 表示 bootstrap 值的平均值；（）中的值表示系数的标准误差；[ ]中的值代表 p 值

3. Barro（1992）模型的收敛性检验

表 3-4 显示了 Barro（1992）模型的 β 收敛结果。尽管 Sargan 检验接受过度识别限制有效的零假设，但 AR（2）检验拒绝了零假设，即在 5%水平的第一差分误差中没有二阶自相关。然而，滞后人均 GDP 的固定效应 OLS（FE）估计中 10%为负。此外，随着动态面板自回归系数接近一致，表 3-4 中报告了 FDLS 的估计结果。当使用 FDLS 时，滞后人均 GDP 的系数为负，在 1%水平下统计显著。β 收敛结果表明，中国经济呈现出明显的跨省收敛趋势。这与 Raiser（1998）和 Villaverde 等（2010）的研究一致。Raiser（1998）引入了产业改革和投资率，并且在控制结构特征差异的基础上，提出了有力的证据表明中国有条件达到收敛。

Villaverde 等（2010）发现 1978~2007 年，中国的人均收入趋于分歧，但在 1978~1990 年和 2004~2007 年呈现出强劲的趋同趋势。

表 3-4　Barro（1992）模型中标准 β 收敛检验

变量	年平均 GDP 增长率				FDLS
	OLS	FE	系统 GMM 一步法	系统 GMM 两步法	
滞后因变量	0.749*** (0.350)	0.706*** (0.045)	0.658*** (0.041)	0.682*** (0.071)	1.396*** (0.132)
滞后人均 GDP	0.003* (0.001)	−0.005* (0.002)	−0.006*** (0.002)	−0.006*** (0.002)	−0.066*** (0.011)
Cons	1.185*** (0.163)	1.388*** (0.211)	1.619*** (0.192)	1.507*** (0.331)	0.687*** (0.002)
Sargan				29.234 [0.173]	
AR（2）				−2.228 [0.026]	

***、**和*分别表示 1%、5%和 10%水平上的统计显著性；

注：所有变量都是日志值，在系统 GMM 两步法下，（ ）中的值类似 Windmeijer（2005）的研究，代表稳健的标准误差，而 Sargan 和 AR（2）统计是按照 Arellano 和 Bover（1995）及 Blundell 和 Bond（1998）的方法获得的。[ ]中的值代表 p 值

4. ETFP 模型下收敛性检验

如上所述，标准 β 模型的估计表明，中国各省份区域经济增长具有显著的收敛。然而，若未考虑污染排放，则该结果是有偏的。因此，将 ETFP 的平均 bootstrap 值作为模型（3-9）中的解释变量来进行收敛测试。表 3-5 给出的估计结果表明，应当首选系统 GMM 两步法。此外，Sargan 检验接受过度识别限制有效的零假设，并且 AR（2）检验接受零假设，即在常规级别的第一差分中不存在二阶序列相关。滞后 GDP 变量的估计系数为负值，在 5%水平上统计显著。滞后 CO_2 排放量的估计系数为正值，在 5%水平上统计显著。然而，滞后资本存量的估计系数和滞后劳动力变量的估计系数在常规水平下统计不显著。类似地，应用 ETFP 的 bootstrap 值的中值对模型（3-11）进行敏感性分析，表 3-6 给出了敏感性分析的结果，发现系数具有相同的符号和统计学意义，而 Sargan 和 AR（2）统计也表明估计有效。这些结果巩固了本小节的发现，即模型（3-11）的结果是可靠的。与标准 β 收敛模型的结论不同，表 3-5 的结果并不支持中国区域 ETFP 最佳收敛的假设。根据模型（3-11），持续收敛过程表明 ETFP 的收敛性，即对 GDP 来说显著为负，但对于 CO_2 排放、资本存量和劳动力变量为正。

第三章 我国 CO_2 排放的影响因素研究分析

表 3-5 模型（3-9）分析结果

变量	ETFP 平均值			
	OLS	FE	系统 GMM 一步法	系统 GMM 两步法
滞后因变量	0.449*** (0.042)	0.315*** (0.048)	0.254*** (0.036)	0.207 (0.128)
滞后 GDP 变量	0.015* (0.006)	−0.108*** (0.040)	−0.208*** (0.028)	−0.235** (0.097)
滞后 CO_2 排放量	−0.003 (0.005)	0.111*** (0.021)	0.205*** (0.024)	0.232** (0.093)
滞后资本存量	−0.001 (0.002)	0.010 (0.029)	0.028** (0.010)	0.031 (0.033)
滞后劳动力变量	−0.013*** (0.005)	0.007 (0.045)	0.022 (0.018)	0.023 (0.052)
Cons	0.009 (0.029)	−0.281 (0.287)	−0.565*** (0.112)	−0.635 (0.520)
Sargan				28.168 [0.210]
AR（2）				−0.001 [0.998]

***、**和*分别表示 1%、5%和 10%水平上的统计显著性；

注：所有变量都取对数值，在系统 GMM 两步法下，（ ）中的值类似 Windmeijer（2005）的研究，代表稳健的标准误差，而 Sargan 和 AR（2）统计是按照 Arellano 和 Bover（1995）及 Blundell 和 Bond（1998）的方法获得的。[ ]中的值代表 p 值

表 3-6 模型（3-9）稳健性检验

变量	ETFP 平均值			
	OLS	FE	系统 GMM 一步法	系统 GMM 两步法
滞后因变量	0.471*** (0.042)	0.336*** (0.047)	0.277*** (0.036)	0.228* (0.129)
滞后 GDP 变量	0.013** (0.006)	−0.117*** (0.041)	−0.219*** (0.029)	−0.250** (0.106)
滞后 CO_2 排放量	−0.002 (0.005)	0.115*** (0.021)	0.215*** (0.024)	0.244** (0.097)
滞后资本存量	−0.001 (0.002)	0.014 (0.029)	0.027*** (0.010)	0.034 (0.037)
滞后劳动力变量	−0.013** (0.005)	0.010 (0.046)	0.027 (0.018)	0.027 (0.056)
Cons	0.008 (0.030)	−0.292 (0.294)	−0.608*** (0.114)	−0.673 (0.552)
Sargan				28.531 [0.196]
AR（2）				0.034 [0.973]

***、**和*分别表示 1%、5%和 10%水平上的统计显著性；

注：所有变量都是日志值，在系统 GMM 两步法下，（ ）中的值类似 Windmeijer（2005）的研究，代表稳健的标准误差，而 Sargan 和 AR（2）统计是按照 Arellano 和 Bover（1995）及 Blundell 和 Bond（1998）的方法获得的。[ ]中的值代表 p 值

由于首选系统 GMM 两步估计，本小节主要讨论表 3-5 中的估计结果。值得注意的是，滞后 GDP 变量估计系数显著为负，这意味着中国各省份的 ETFP 趋同。首先，该结果缘于分析期间一系列宏观经济政策的实施，加快了西部和中部地区的发展速度。从 2000 年开始，中国政府实施西部大开发战略，提高了西部地区经济增长的质量和水平。同样，中国政府提出的"一带一路"倡议也将加强中西经济联系，缩小各地区经济发展差距。以重庆为例：近年来，重庆商品出口的增长依赖于途经中亚、俄罗斯的连接中国西部和西欧的欧亚国际铁路。这种运输方式对依靠海运的传统出口产生了重大影响，最终将加速西部经济发展。其次，受到 2008 年全球金融危机和劳动力成本上升等外部因素影响，出口导向型工业化进程重组引起东部地区经济增长。此外，由于执行严格的环境法规，中国东部地区污染和能源消耗水平较高的行业转移到中西部地区。上述分析也表明，如果按人均产出来衡量收敛性，会产生有偏结果，劳动力、资本和污染的变化也应在中国区域经济增长收敛的考验中发挥重要作用。

滞后 CO_2 排放量系数为正值，也支持中国区域 ETFP 的趋同趋势。合理的解释可能是中国区域经济的追赶效应，即在人均 CO_2 排放量较低的中国中部地区，其排放量的增长速度更快，并最终赶上东部地区的人均排放量。中国已宣布，相对于 2005 年的水平，到 2020 年，单位 GDP CO_2 排放量将减少 40%~45%。按照这个减排目标，政府将实行严格的环境法规，迫使高污染、高能耗的产业从东部地区迁至中国西部和中部地区。虽然地方政府正式限制高污染行业发展，但由于地方政府偏好短期经济快速增长，上述转移现象确实已经出现。以石油加工和炼焦行业的发展为例，如图 3-5 所示，西部地区石油加工和炼焦行业的产值相对于工业总产值的比率从 2000 年的 0.42%上升至 2012 年的 0.77%，而东部地区的相

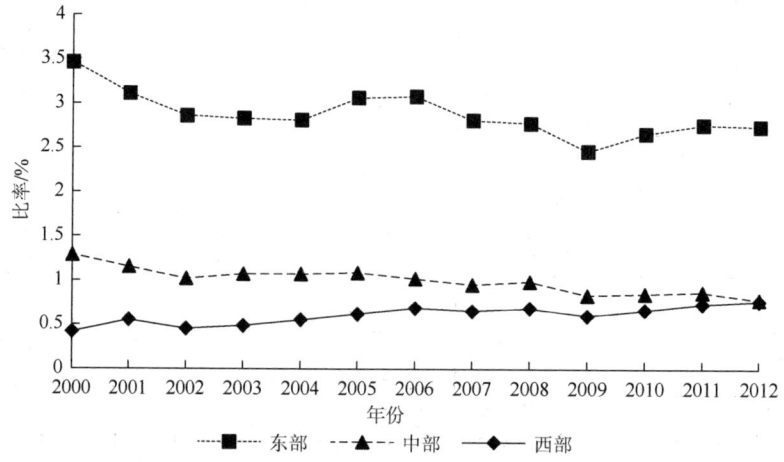

图 3-5　2000~2012 年中国各地区石油加工和炼焦行业产值与工业总产值的比率

应比率由 2000 年的 3.45%降至 2012 年的 2.74%。这一转变的重要原因可能是中国东部至西部地区高污染工业的梯度转移，这也意味着 CO_2 排放在中国各省份之间趋同的趋势。

与 GDP 和 CO_2 排放量的变化相反，滞后资本存量系数在统计上是不显著的，从而导致本小节拒绝中国区域 ETFP 收敛假设。随着时间推移，不断变化的内部资本流动性制约能够合理地解释滞后资本存量的不显著性。新古典增长模型中的收敛假设强调了资本边际收益递减的假设，这意味着资本流动寻求更高的回报。然而，由于中国资本流动性较低和政府干预的存在，资本倾向于流向资本生产率低下的地区从而导致资本利用率较低（Boyreau-Debray and Wei, 2005）。政府对西部/中部省份的资本配置导致各地区趋同，但是外国投资者和国内企业的自有资金将持续向东部地区转移，直到其边际生产率等于西部/中部地区的生产率，从而引起中国各地区生产率的差异。图 3-6 显示了 2003~2012 年中国各地区资本建设融资来源的份额。由图 3-6 可知，西部生产力最低，其政府预算收入占比相对较大，相比之下，东部地区生产力较高，外资相对较多，因此东部省份资本回报率较高，然而资本存量系数无统计学意义。

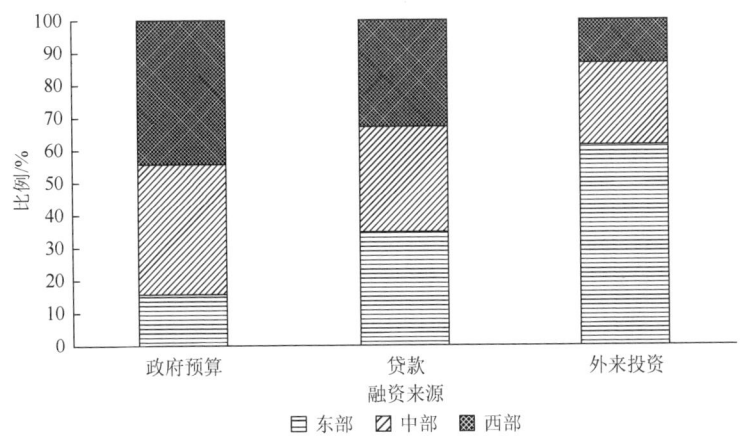

图 3-6　中国各地区资本建设融资来源（2003~2012 年平均值）

估计显示，滞后劳动力变量系数在统计学上是不显著的，从而不支持中国区域 ETFP 的收敛假设。这个结果可归因于两个主要原因。首先，中国的户籍制度（户口制）将人口划分为能够获得农业用地的农业人口，以及能够获得城镇就业和其他更好的服务如教育和医疗服务的非农业人口。该制度使劳动力从欠发达地区转移到发达地区是困难的。虽然允许农民工在城市工作，但这些农村移民可能面临着就业机会和工资水平方面的歧视。因此，户籍制度使得农民工的收入和城镇职工的收入之间产生了矛盾。第二个潜在的原因来自经济激励。东部省份的工资比西部和中部省份的工资更高，使得拥有熟练技术和受过高等教育的劳动者愿意迁移到发达省份，造成西部和中部省份在经济增长方面难以赶上东部省份。图3-7显示了2000~2012年部分省份平均实际工资与ETFP的比较。像黑龙江、江西这样 ETFP 较低的省份，平均实际工资也较低。相比之下，拥有高生产率的省份，如北京、上海和天津，平均实际工资水平更高。因此，实际工资水平较高的省份将吸引更多拥有熟练技术和受过良好教育的劳动力，从而导致中国各省份的经济分化。

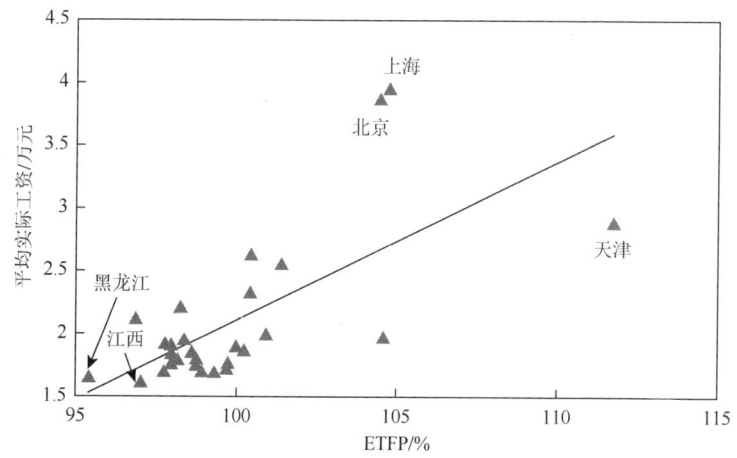

图 3-7　ETFP 与平均实际工资比较（2000~2012 年）

综上所述，对观察期内的数据估计表明，中国的区域 ETFP 并不能在各省份之间实现最优化的收敛。GDP 和 CO_2 排放量是区域间经济收敛的主要决定因素，但资本存量和劳动力变量则不支持收敛假设。标准 β 模型的结果表明，中国经济明显趋同，然而这仅仅意味着未来各省份人均生产总值的差距将会下降。考虑 ETFP 在内的收敛性检验表明，中国的区域 ETFP 收敛是将高污染和能源密集型产业转移到欠发达省份，资本存量和劳动力在中国经济收敛过程中作用不大。

五、小结

本节利用 ETFP 框架提出了一种改进的收敛模型，在此基础上研究中国区域经济收敛的决定因素。并且应用 bootstrap-DEA 方法来校正通过标准 SBM 计算出的 ETFP 偏差值。由于 GMM 估计可以获得某些解释变量的潜在内生性，利用其测试收敛性，研究结果如下。

（1）标准 β 收敛意味着中国经济在各省份人均生产总值之间呈现明显趋同。然而，当使用 ETFP 而不是人均生产总值时，发现中国的经济并没有达到最优化。一方面，资本存量和劳动力变量不支持收敛假设。另一方面，尽管 CO_2 排放量表明中国的区域经济收敛，但中国人均 CO_2 排放量呈"赶超"收敛趋势，汇聚过程是不可持续的。因此，落后省份的地区生产总值收敛不是高效的资本利用和人力资本积累的结果，而是发达省份转移高污染和能源密集型产业的结果。

（2）在 GDP 和 CO_2 排放的支持下，各省份之间存在不完全的收敛过程，而在欠发达省份，资本利用效率低下和劳动力外流等因素对收敛过程产生相反的作用。目前，收敛过程并未达到造福人类的最佳效果，因为可持续的收敛过程应同时追求 CO_2 减排和产业转型。

（3）所采用的收敛模型解释了非期望产出（CO_2 排放），可以测量 ETFP 的收敛趋势，还可以识别输入变量或输出变量是否有助于收敛过程。这种方法对以往中国区域的 ETFP 收敛性研究中产生的矛盾结果进行了解释，如 GDP 和 CO_2 排放量对收敛产生积极作用，而资本和劳动力对此产生消极作用。通过增加资本和劳动力流动可以加强 GDP 的收敛；加强环境监管和控制污染密集型产业向不发达地区转移，可以改善整体福利。

第二节 我国省际 CO_2 排放差异与 CO_2 减排目标实现

能源消耗过程中会产生对生态环境有一定影响的非期望产出，如煤炭、石油的消耗产生 CO_2、SO_2、NO_x 等。本节通过分析中国各省份的能源消耗实物量来估算其 CO_2 排放量，运用洛伦兹曲线、序列和基尼系数等度量工具来分析中国省际 CO_2 排放差异，进而探讨省际 CO_2 排放均等化及中国减排目标的实现问题。

一、我国 CO_2 排放差异的研究概述

气候变化已成为全球关注的焦点，而温室气体排放及其产生的温室效应是全球变暖和气候变化的主要原因（Stern，2006）。根据美国能源部二氧化碳信息分析中心（CDIAC）的数据，2005 年中国成为全球 CO_2 排放第一大国，2008 年的 CO_2 排放量更是占到全球排放量的 23.55%，中国减排压力骤升，减排形势异常严峻。2009 年，中国政府主动承诺：到 2020 年，单位 GDP CO_2 排放量比 2005 年下降 40%～45%。因此，如何实现这个减排目标，值得人们深入研究。

《斯特恩报告》（Stern，2006）将全球气候变化看作迄今最大的"市场失灵"，存在最大的外部性。不管在何地排放了 CO_2，CO_2 都会很快地扩散到大气层。因此，CO_2 排放符合公共产品的两个关键条件：非竞争性和非排他性。中国幅员辽

阔，地区发展不平衡，由于 CO_2 排放的公共品性质，需要一个使得 CO_2 排放问题透明的分析工具。

在现有文献中，有些学者试图将收入分配分析工具用于测度跨国 CO_2 排放的不平等及其变化趋势。Hedenus 和 Azar（2005）运用著名的 Atkinson 指数和"最大五分之一"和"最小五分之一"的相对和绝对差距来测度 1961~1999 年世界各国人均 CO_2 排放的不平等。Heil 和 Wodon（1997；2000）利用基尼系数度量了跨国 CO_2 排放不平等。Heil 和 Wodon（1997）从历史视角测度了 1960~1990 年不同国家组人均排放不平等的变化，并对其指数进行了分解，结果表明：不同国家组间的人均排放不平等比同组内更能解释总体基尼系数；Heil 和 Wodon（2000）则是展望未来，在维持现状情景下，以 1992 年为基期，到 2100 年全球 CO_2 排放总量将戏剧性地增加 4 倍，而全球人均 CO_2 排放量将增加近 1 倍，由基尼系数测度的总体排放不平等比收入不平等减少得更快。Padilla 和 Serrano（2006）利用 Theil 系数揭示一定时期内的排放不平等的变化，并将这个变化分解为不同国家组间和组内两者因素，还用"伪基尼系数"（pseudo-Gini index）比较世界排放不平等的变化，发现两个系数随时间变化趋势基本一致。在此基础上，Kahrl 和 Roland-Holst（2007）以人均收入排序，画出了 CO_2 排放的洛伦兹曲线（集中度曲线）。

国内相关研究多集中于中国 CO_2 排放的计算及影响因素的分析（周伟和米红，2010；曲建升等，2010；蒋金荷，2011；潘家华和张丽峰，2011），但引入收入不平等分析工具进行中国 CO_2 排放研究的尚不多见。例如，周伟和米红（2010）通过预测中国能源消费需求，设定 3 种情景对全国 CO_2 排放量进行测算；蒋金荷（2011）分别估算了国家、地区、行业不同层次的 CO_2 排放量，并利用 CO_2 排放的完全指数分解方法分析其影响因素。从影响因素角度研究中国 CO_2 排放的文献较为丰富（李国志和李宗植，2010；林伯强和刘希颖，2010；李陶等，2010；蒋金荷，2011；王金南等，2011），其中林伯强和刘希颖（2010）的论文具有较强的代表性，他们主要引入城市化因素对影响因素进行研究。同时，在搜集的文献中，只有李陶等（2010）的研究涉及中国省份 CO_2 强度减排的配额问题。

二、我国 CO_2 排放差异测度方法

以往研究运用收入不平等工具研究跨国 CO_2 排放问题，由于各个国家间的经济、社会和文化差异极大，结果难免会受到影响。而以中国为研究对象就可避免这方面的问题，但这方面文献尚不多见。鉴于此，本小节将收入不平等研究中应用最广泛的分析工具——洛伦兹曲线引入中国 CO_2 排放的省际分布情况研究，首先推导出中国 CO_2 排放省际分布函数形式，然后绘制出中国 CO_2 排放的普通洛伦

兹曲线、序列和广义洛伦兹曲线等，归纳出中国 CO_2 排放差异情况和趋势，分析中国政府减排目标的实现问题（杨俊等，2012）。

中国官方部门或权威机构并未公布 CO_2 排放量的计算标准和中国地方 CO_2 排放数据。根据国际惯例，CO_2 排放主要分为 4 个环节：化石能源燃烧排放、水泥生产排放、土地使用（砍伐森林）及二次能源净出口燃烧排放。美国能源部二氧化碳信息分析中心于 2011 年 7 月公布的数据显示，2008 年中国化石能源燃烧排放的 CO_2 占比超过 90%，水泥生产排放的不到 10%，二次能源净出口燃烧排放的可以忽略不计，而土地使用（砍伐森林）带来的 CO_2 排放缺乏相关数据。因此，本小节主要关注由于化石能源燃耗带来的 CO_2 排放，其中，化石能源主要包括煤炭、石油和天然气。

计算方法借鉴了林伯强和刘希颖（2010）研究中的公式：

$$C_i = \sum_{h=1}^{m} \alpha_h \beta_h E_{ih}$$

式中，i 代表省份；h 代表能源种类；C_i 代表 i 省份的化石能源排放的 CO_2 数量（10^4t）；α_h 为该类能源的转换率；β_h 为 CO_2 排放系数；E_{ih} 为该省份的能源消耗实物量（10^4t）。煤炭排放系数来自英国石油公司（BP），取值为 1.86t/t，石油和液化天然气排放系数来自美国能源部二氧化碳信息分析中心，取值分别为 3.12t/t 和 0.002 09t/m³。能源的转化率系数来源于《中国能源统计年鉴 2010》附表 4（其中，各类能源的转化率系数分别为：1kg 原煤折算为 0.7143kg 标准煤，1kg 原油折算为 1.4286kg 标准煤，1m³ 天然气折算为 1.33kg 标准煤），中国地区能源消耗量来自 2006~2010 年《中国能源统计年鉴》中的"地区能源平衡表（实物量）"，考虑数据的可得性，共得到除西藏、台湾、香港及澳门之外的 30 个省份的对应数据，各省份消耗的煤炭包括原煤、洗精煤、焦炭等，根据发热量转换为标准煤来计算煤炭的 CO_2 排放量，石油、天然气则直接通过排放系数计算。同时，各省份的地区生产总值和常住人口数据来源于历年各省份统计年鉴（其中全国总人口包括现役军人和难以确定常住地人口，分地区常住人口数据并未包括这两项，因此，全国人口总量与常住人口总量并不相等）。

传统的洛伦兹曲线首先需要按照收入水平对数据进行排序，进而观察家庭收入占比与人口占比的差异的程度来度量收入不平等。该部分用省份来类比家庭［类似地，可绘制地理区域（如西部）或经济区域（如长江三角洲）CO_2 排放的洛伦兹曲线］，CO_2 排放量类比于收入水平，因而产生了两个排序标准：人均 CO_2 排放量 c_i 和单位 GDP 的 CO_2 排放强度 b_i。这两类洛伦兹曲线的对角线（绝对平等线）恰好和两种最常用的减排规则——平等上限和追溯原则相对应。

下面对 CO_2 排放不平等的各个变量进行说明：C_i 代表 i 省份的化石能源排放

的 CO_2 数量（10^4 t）；Y_i 代表地区生产总值（亿元）；P_i 代表常住人口数量；$b_i = \dfrac{C_i}{Y_i}$，代表单位 GDP 的 CO_2 排放量（t/万元）；$y_i = \dfrac{Y_i}{P_i}$，代表人均 GDP（元）；$c_i = \dfrac{C_i}{P_i}$，代表人均 CO_2 排放量（t/人）；$p_w = \dfrac{P_i}{P_c}$，代表人口数量占比，其中 P_c 为全国总人口；$y_w = \dfrac{Y_i}{Y_c}$，代表 GDP 占比，其中 Y_c 为 GDP；$c_w = \dfrac{C_i}{C_c}$，代表 CO_2 排放量占比，其中 C_c 为全国 CO_2 总排放量。

假设 $f(c_i)$ 代表密度函数，$F(c_i)$ 代表累积密度函数，$F'(c_i)$ 代表累积占比的分布函数。对于离散形式，有

$$F(c_i) = \sum_{j=1}^{i} p_w \tag{3-12}$$

$$F'(c_i) = \dfrac{P_c}{C_c} \sum_{j=1}^{i} p_w c_j \tag{3-13}$$

式中，每个省份以人口占比作为权重，为了得到 $j = 1, 2, \cdots, i$ 个省份的累积占比，需要除以全国人均 CO_2 排放量 $\dfrac{C_c}{P_c}$ 的倒数，得到

$$F'(c_i) = \dfrac{P_c}{C_c} \sum_{j=1}^{i} \dfrac{P_j}{P_c} \dfrac{C_j}{P_j} = \sum_{j=1}^{i} c_w \tag{3-14}$$

研究发现，全国累积占比的分布函数 $F'(c_i)$ 可以简化为不大于 c_i 的 i 个省份 CO_2 排放占比总和。对于连续形式，则

$$F(c_i) = \int_0^{c_i} f(c)\,\mathrm{d}c = \int_0^{c_i} \mathrm{d}F(c) \tag{3-15}$$

$$F'(c_i) = \dfrac{P_c}{C_c} \int_0^{c_i} c\,\mathrm{d}F(c) \tag{3-16}$$

将 $\dfrac{C_c}{P_c} = \int_0^{\infty} c_i \mathrm{d}F(c_i)$ 代入式（3-15）、式（3-16），得到

$$F'(c_i) = \dfrac{P_c}{C_c} \int_0^{c_i} c\,\mathrm{d}F(c) = \int_0^{c_i} c\,\mathrm{d}c \tag{3-17}$$

式（3-14）和式（3-17）相似，分布函数 $F'(c_i)$ 以 i 省份人均 CO_2 排放量为自变量，但相当于人均 CO_2 排放量不大于 i 省份的省份的 CO_2 排放量占比累积。

三、我国 CO_2 排放省际差异实证研究

类似于收入不平等研究中的洛伦兹曲线，如果将 CO_2 排放累积占比改为水平值，可得到著名的"高矮序列"（Pen，1971），以期更清楚省份排放的分散程度。为了更直观展示各省份排放均等化程度，纵坐标轴为各省份 CO_2 排放量占比与人均排放或排放强度乘积的累积，可将传统洛伦兹曲线转换成广义洛伦兹曲线。

（一）传统洛伦兹曲线与序列结果

表 3-7 是中国 2005 年 30 个省份关于上述 CO_2 排放诸多变量的值。若以常住人口累积占比为横坐标，CO_2 排放量累积占比为纵坐标〔曲线的函数形式为 $F'(c_i)$〕，则可绘制出中国的 CO_2 洛伦兹曲线〔图 3-8（a）〕。类似于收入基尼系数，可以计算出中国省份 CO_2 排放的基尼系数：2005 年为 0.272，2009 年为 0.256。显然，这表示各省份间人均 CO_2 排放差异处于比较合理的区间，而且 2005～2009 年变化并不大。如果以 CO_2 排放强度（b_i）作为排序标准，地区生产总值累积占比为横坐标，CO_2 排放量累积占比为纵坐标，可以得到图 3-8（b）。如图 3-8 所示，两种排序基准绘制的洛伦兹曲线十分类似，基尼系数从 2005 年的 0.262 降低到 2009 年的 0.254，即无论采用哪种标准来绘制洛伦兹曲线均可得到类似的结果。

表 3-7 2005 年 30 个省份 CO_2 排放情况

省份	排放量/($\times 10^4$t)	占比/%	人均排放量/t	地区生产总值/亿元	占比/%	人均地区生产总值/元	排放强度/(t·万元)	常住人口/万人	占比/%
北京	8 215.44	1.77	5.34	6 969.52	3.50	45 315.47	1.18	1 538.00	1.19
天津	7 627.15	1.64	7.31	3 905.64	1.96	37 446.21	1.95	1 043.00	0.81
河北	30 702.76	6.62	4.48	10 012.11	5.03	14 614.09	3.07	6 851.00	5.32
山西	35 336.66	7.62	10.53	4 230.53	2.13	12 608.84	8.35	3 355.21	2.61
内蒙古	20 615.18	4.45	8.64	3 905.03	1.96	16 363.69	5.28	2 386.40	1.85
辽宁	24 566.45	5.30	5.82	8 047.26	4.04	19 064.82	5.28	2 386.40	1.85
吉林	11 889.50	2.56	4.45	3 620.27	1.82	13 562.11	3.28	2 669.40	2.07
黑龙江	16 547.65	3.57	4.33	5 513.70	2.77	14 433.77	3.00	3 820.00	2.97
上海	14 330.55	3.09	8.06	9 247.66	4.65	51 999.30	1.55	1 778.42	1.38
江苏	29 498.38	6.36	3.95	18 598.69	9.35	24 882.86	1.59	7 474.50	5.81

续表

省份	排放量/(×10⁴t)	占比/%	人均排放量/t	地区生产总值/亿元	占比/%	人均地区生产总值/元	排放强度/(t·万元)	常住人口/万人	占比/%
浙江	18 936.51	4.08	3.87	13 417.68	6.74	27 394.20	1.41	4 898.00	3.80
安徽	12 584.01	2.71	2.06	5 350.17	2.69	8 742.11	2.35	6 120.00	4.75
福建	9 379.44	2.02	2.65	6 554.69	3.29	18 542.26	1.43	3 535.00	2.75
江西	7 234.63	1.56	1.68	4 056.76	2.04	9 409.72	1.78	4 311.24	3.35
山东	44 150.73	9.52	4.77	18 366.87	9.23	19 860.37	2.40	9 248.00	7.18
河南	27 846.56	6.00	2.97	10 587.42	5.32	11 287.23	2.63	9 380.00	7.29
湖北	16 861.38	3.64	2.80	6 590.19	3.31	10 927.19	2.56	6 031.00	4.69
湖南	14 308.99	3.09	2.13	6 596.10	3.32	9 797.98	2.17	6 732.10	5.23
广东	28 761.99	6.20	3.13	22 557.37	11.34	24 534.88	1.28	9 194.00	7.14
广西	6 923.77	1.49	1.49	3 984.10	2.00	8 549.57	1.74	4 660.00	3.62
海南	1 407.73	0.30	1.70	897.99	0.45	10 845.29	1.57	828.00	0.64
重庆	6 060.36	1.31	2.17	3 467.72	1.74	12 393.57	1.75	2 798.00	2.17
四川	14 329.47	3.09	1.74	7 385.10	3.71	8 993.06	1.94	8 212.00	6.38
贵州	12 348.73	2.66	3.31	2 005.42	1.01	5 376.46	6.16	3 730.00	2.90
云南	10 433.25	2.25	2.34	3 461.73	1.74	7 778.47	3.01	4 450.40	3.46
陕西	10 243.59	2.21	2.75	3 933.72	1.98	10 574.52	2.60	3 720.00	2.89
甘肃	6 659.30	1.44	2.57	1 933.98	0.97	7 454.56	3.44	2 594.36	2.02
青海	1 613.05	0.35	2.97	543.32	0.27	10 002.21	2.97	543.20	0.42
宁夏	4 909.02	1.06	8.23	612.61	0.31	10 275.19	8.01	596.20	0.46
新疆	9 458.21	2.04	4.70	2 604.19	1.31	12 953.91	3.63	2 010.35	1.56
全国	463 780.81	100	3.60	198 957.54	100	15 455.56	2.33	128 728.79	100

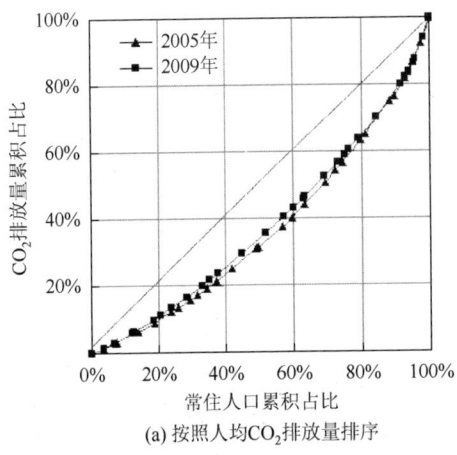

(a) 按照人均CO_2排放量排序

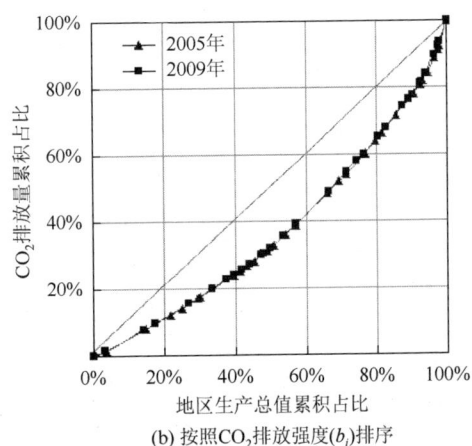

(b) 按照CO_2排放强度(b_i)排序

图3-8 2005年、2009年中国CO_2排放洛伦兹曲线

根据洛伦兹曲线的定义，图 3-8（a）中对角线具有如下性质：

$$\frac{c_w}{y_w} = \frac{\dfrac{C_i}{C_c}}{\dfrac{Y_i}{Y_c}} = 1 \Rightarrow \frac{C_i}{Y_i} = \frac{C_c}{Y_c} \Rightarrow b_i = b_w \Rightarrow c_i = b_c y_i \qquad (3\text{-}18)$$

根据式（3-18），对角线上的省份需要排放占比须与其地区生产总值占比相一致；各个省份 CO_2 排放强度与全国强度相同。同时，给定全国的 CO_2 排放强度（b_c），各省份的人均 CO_2 排放量与各省份的人均生产总值成正比。这很容易和中国政府的政策目标评价相适应，即到 2020 年，中国各省份 CO_2 排放强度收敛于特定值（在 2005 年基础上减少 40%~45%）。因此，本小节以下部分采用 CO_2 排放强度基准。

对于连续形式，由式（3-15）、式（3-16）得出洛伦兹曲线上任意一点的斜率为

$$\frac{\mathrm{d}F'(c_i)}{\mathrm{d}F(c_i)} = \frac{\mathrm{d}\left(\dfrac{P_c}{C_c}\displaystyle\int_0^{c_i} c\,\mathrm{d}F(c)\right)}{\mathrm{d}\left(\displaystyle\int_0^{c_i} \mathrm{d}F(c)\right)} = \frac{c_i C_c}{P_c} \qquad (3\text{-}19)$$

如果按照 CO_2 排放强度（b_i）排序，则图 3-8（b）所示洛伦兹曲线的斜率为

$$\frac{\mathrm{d}F'(b_i)}{\mathrm{d}F(b_i)} = \frac{b_i C_c}{Y_c} \qquad (3\text{-}20)$$

鉴于 $\dfrac{C_c}{Y_c}$ 为常数，这个斜率大小取决于 CO_2 排放强度（b_i），显然，这符合洛伦兹曲线斜率递增的原则。

若以式（3-19）除以常数 C_c/Y_c 所得结果（b_i）作为纵坐标，地区生产总值累积占比为横坐标，就绘制出图 3-9 中的"序列"（parade）。对表 3-7 进行计算，图 3-9 中实线表示中国 CO_2 排放强度的均值（2.33t/万元），虚线表示中国减排承诺的估算值（1.40t/万元）。这样，各省份的 CO_2 排放强度与全国均值就易于比较，各省份 CO_2 排放强度值在实线（中国均值）周围的分布情况也一目了然。为了对 2005 年和 2009 年的"序列"进行比较，分析 CO_2 减排轨迹及其履行承诺的可行性，该部分以 2009 年为基期，绘制出图 3-10 中的"序列"，图中虚线值为 1.17t/万元。

下面将利用洛伦兹曲线这一工具，分析中国 CO_2 排放地区差异，进而探讨中国履行 CO_2 排放承诺的可行性。

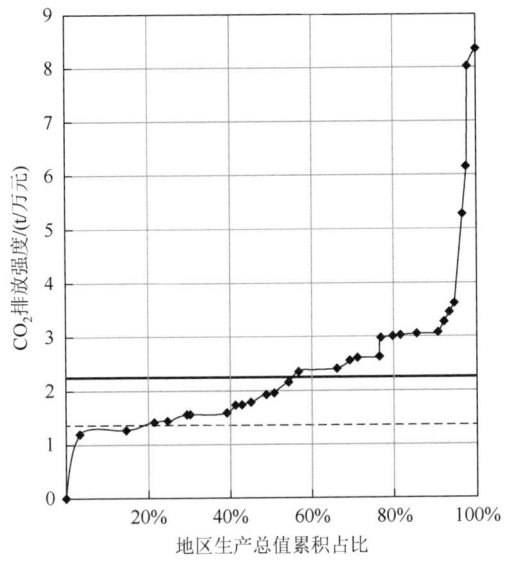

图 3-9 2005 年中国各省份 CO_2 排放强度"序列"

按 CO_2 排放强度排序,依照 2005 年价格计算

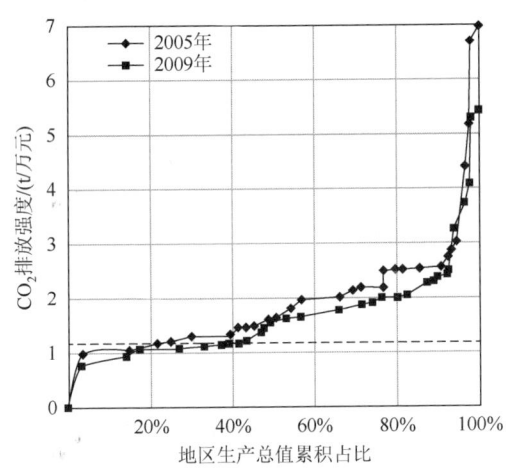

图 3-10 2005 年、2009 年中国各省份 CO_2 排放强度"序列"

按 CO_2 排放强度排序,依照 2009 年价格计算

(二)地区 CO_2 排放差异分析

如图 3-8 所示,从洛伦兹曲线形状和基尼系数看,两种排序基准结果极为接近。不管采取哪种排序基准,根据洛伦兹曲线计算的基尼系数均未超过 0.30,也就

是说，据此度量的中国地区 CO_2 排放差异并不显著，且有均等化的趋势。这个结果并不趋同于中国地区经济发展水平不均等程度，而与中国工业化进程密切相关。

在收入分配研究中，平均收入具有一定欺骗性，收入中位数被认为是更为恰当的指标。借助这一指标，根据表 3-7 及相关数据进行计算，2005 年的人均 CO_2 排放量中位数为 3.18t/人，全国均值为 3.60t/人；2009 年，对应数据分别为 4.32t/人、4.54t/人。对表 3-7 进行计算，结果显示，2005 年 CO_2 排放强度中位数为 2.45t/万元，全国均值为 2.33t/万元；2009 年 CO_2 排放强度中位数为 1.81t/万元，全国均值为 1.69t/万元（按人均排放量排序，2005 年处于中位的省份为广东、贵州；2009 年为贵州、陕西。按照排放强度排序，2005 年处于中位的省份为山东、湖北；2009 年为山东、河南）。显然，两种排序基准的中位数和平均数差距不明显，且差距呈减少趋势。综合两种结果来看，中国地区 CO_2 排放差异较小，且逐渐收敛。这个结论有较强的稳健性。

尽管两种基准的结果基本相同，但有些省份在序列中的位置有较大变化（表 3-8）。其中，北京、广东、江西、江苏、吉林、天津、海南等变动最为剧烈。

表 3-8 两种排序基准下各省份的座次变化情况

省份	2005 年 c_i	2005 年 b_i	2009 年 c_i	2009 年 b_i	省份	2005 年 c_i	2005 年 b_i	2009 年 c_i	2009 年 b_i
广西	1	8	1	9	贵州	16	28	15	28
江西	2	10	2	7	浙江	17	3	19	5
海南	3	6	4	11	江苏	18	7	18	4
四川	4	11	5	13	黑龙江	19	20	22	24
安徽	5	14	8	17	吉林	20	14	20	18
湖南	6	13	3	10	河北	21	23	23	21
重庆	7	9	10	12	新疆	22	26	25	26
云南	8	21	7	22	山东	23	15	24	15
甘肃	9	25	6	23	北京	24	1	21	1
福建	10	4	11	3	辽宁	25	22	14	19
陕西	11	17	16	20	天津	26	12	26	8
湖北	12	16	9	14	上海	27	5	27	6
河南	13	18	13	16	宁夏	28	29	28	29
青海	14	19	17	25	内蒙古	29	27	30	27
广东	15	2	12	2	山西	30	30	29	30

注：表中数据未包括西藏、台湾、香港及澳门。

如果按照人均地区生产总值来衡量地区经济发展水平，在该部分样本中，北京、广东、江苏、天津属于最发达地区。同时，北京、广东、江苏、天津的 CO_2 排放强度位列前茅。这说明经济发展水平决定了地区 CO_2 排放的质量，经济发展水平越高，其质量越高。表 3-8 中还有一个有趣的现象，两种排序基准下，位置最前的几个省份并不固定，而宁夏、内蒙古、山西、新疆、贵州排序几乎没有变化，一直占据最后几位。这几个省份中有 4 个是能源大省（自治区），能源消耗结构可能存在有待解决的问题，需要密切关注。大部分省份的排位变动不大，与图 3-9、图 3-10 中"序列"的图形相吻合：头脚较小，腹部较大。

（三）追溯原则与广义洛伦兹曲线

中国政府承诺到 2020 年 CO_2 排放强度比 2005 年下降 40%~45%，遵循的就是追溯原则（fathering rule）。它以历史排放作为基点，以某个年份作为基期（如 2005 年），设定排放上限或进行配额管理。按照国际惯例，GDP 常常作为历史排放的度量。据此对减排目标进行测算，按 2005 年价格计算，单位 GDP CO_2 排放量减少 40%~45%，目标值为 1.28~1.40t/万元；按照 2009 年价格计算，目标值则为 1.07~1.17t/万元。

如何将这个目标与上面的洛伦兹曲线联系起来呢？图 3-8 中对角线及均等线是个相对尺度，如式（3-18）所示，线上省份排放量占比与其地区生产总值占比相等。以 2009 年为例，广东省应该获得 10.82% 的排放量占比，仍可排放 4.81%；内蒙古应该获得 2.67%，需要消减全国排放量的 3.23%。广义洛伦兹曲线（generalized Lorenz curve）使得这个情形更加直观。

图 3-11 中的广义洛伦兹曲线显示的是各省份 CO_2 排放强度占中国平均值的份额累计（图 3-11 中按 CO_2 排放强度排序，虚线值为 1.17t/万元）。横坐标轴为地区生产总值累积占比，纵坐标轴为各省份 CO_2 排放量占比与排放强度乘积的累积，即 $\sum_{j=1}^{i} b_j y_j$（离散形式）或 $\int_0^{b_i} b_i y_i db$（连续形式），其斜率倒数为对应省份的平均 CO_2 排放强度。例如，坐标（49.5%，0.538）表示中国 49.5% 总产出只对应 0.538 的 CO_2 排放强度，所有这些省份（排放强度不大于重庆的省份）的排放强度为 0.538/0.495 = 1.087t/万元；坐标（100%，1.685）表示中国平均排放强度为 1.685t/万元。

根据追溯原则，各省份的地区生产总值占比要等于其 CO_2 排放量占比。在图 3-11 的序列中，虚线为减排 40% 的目标值，各省份的排放强度须逐渐收敛于该值。如图 3-11 所示，有 8 个省份（北京、广东、福建、江苏、浙江、上海、江西、天津）

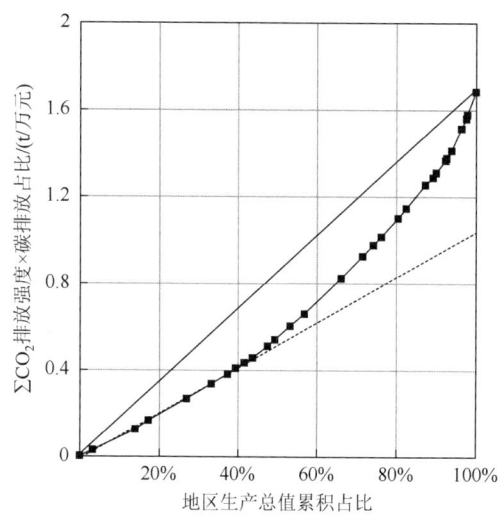

图 3-11 2009 年中国各省份 CO_2 排放广义洛伦兹曲线

并未达到 1.17t/万元的目标上限,它们占 41.5%的 GDP 和 26.2%的人口,却只排放了 25.5%的 CO_2。大部分省份都需要采取措施,降低 CO_2 排放强度。同时,这 8 个省份中有 7 个属于发达地区。这也再次印证了由表 3-8 得出的结论:从 CO_2 排放强度看,经济发达地区表现相对较好,在人均排放量方面表现较差。反映到图 3-11 的广义洛伦兹曲线上,CO_2 排放强度较低的北京、广东、福建、江苏、浙江位于曲线左侧,与曲线右侧的新疆、内蒙古、贵州、山西形成鲜明对比。图 3-11 中的虚线为减排目标值,结合表 3-9 可知:北京、广东、福建、江苏、浙江并未达到排放强度的上限;新疆、内蒙古、贵州、山西则明显超过上限。

表 3-9 1997~2009 年中国各省份 CO_2 排放差异趋势

年份	基尼系数	CO_2 排放强度/(t/万元)	年份	基尼系数	CO_2 排放强度/(t/万元)
1997	0.273	2.112	2004	0.269	1.817
1998	0.268	1.967	2005	0.262	1.948
1999	0.258	1.813	2006	0.264	1.906
2000	0.265	1.891	2007	0.260	1.861
2001	0.273	1.954	2008	0.253	1.763
2002	0.262	1.885	2009	0.254	1.685
2003	0.271	1.842			

注:表中基尼系数计算以 CO_2 排放强度(b_i)排序,并依照 2009 年价格计算

从宏观背景看，中国处于工业化的中后期，CO_2排放仍未达到峰值，显得这个目标异常艰巨。2005年中国CO_2排放强度为1.948t/万元（2009年价格），2009年为1.685t/万元，降幅达13.50%（表3-9）。从基尼系数看，1997～2009年虽然有些波动，但基本呈下降趋势，说明中国各省份的差异在逐渐缩小。这也印证了前面的结果：地区CO_2排放差异的趋同性。

从表3-9中还可以看出，1997～2009年，按照2009年价格计算的CO_2排放强度下降趋势比较明显。若这两种趋势持续下去，2020年CO_2排放强度将为1.127t/万元，达到了40%的减排目标上限，2022年为1.048t/万元，达到了45%的减排下限。显而易见，尽管中国CO_2排放总量会持续上升，但以CO_2排放强度衡量，即使维持现有的减排政策，中国政府的承诺也基本可以实现。

四、小结

本节以1997～2009年中国各省份的能源消耗实物量来估算其CO_2排放量，运用收入不平等的度量工具——洛伦兹曲线、序列和基尼系数等来分析中国省际CO_2排放差异，进而探讨跨省份CO_2排放均等化及中国减排目标的实现问题，为CO_2减排政策的实施提供了理论支撑，研究发现以下几点内容。

（1）中国各省份CO_2排放存在较强的趋同性。不管是人均CO_2排放量基准还是CO_2排放强度基准，运用洛伦兹曲线计算出的基尼系数都未超过0.3，而且从时间维度上看，差距仍在缩小。

（2）中国政府的减排承诺基本可以兑现。依照追溯原则，结合序列和广义洛伦兹曲线，尽管达到减排强度目标值的省份偏少，但由于多数省份差距较小，按照现在的趋势，到2020年，减排目标基本可以实现。

第三节　我国地区CO_2排放强度差异成因研究

中国地区间CO_2排放差距不容忽视，且随着经济社会的发展，减排难度会越来越大，成本也会越来越高。因此，为了实现减少CO_2排放的目标，需要寻找中国地区间CO_2排放强度差异形成的原因，只有这样，才能对CO_2减排任务进行合理的区域分配，才能公平有效地以较低的社会经济成本实现减排的目标。

一、CO_2排放强度差异成因研究综述

近年来，国外一些学者将收入不平等的分析工具引入跨国CO_2排放差异的研究。Duro和Padilla（2006）使用可分解的排放不平等Theil系数，发现各国人均排放不平等很大程度上可归因于人均收入的不平等。Padilla和Serrano（2006）利

用 Theil 系数揭示一定时期内的排放不平等的变化,并将这个变化分解为不同国家组间和组内两个因素。在此基础上,Kahrl 和 Roland-Holst(2007)以人均收入排序,绘制出了 CO_2 排放的洛伦兹曲线(集中度曲线)。Groot 的研究更为深入,从理论上推导了离散和连续两种情形下的 CO_2 洛伦兹曲线及其性质,并进一步绘制出了广义洛伦兹曲线。

然而,针对中国地区 CO_2 排放差异的研究文献相对较少。Clarke-Sather 等(2011)运用变异系数、基尼系数和 Theil 系数来度量 1997~2007 年中国省际及地区(东部、西部和中部)CO_2 排放不平等情况,并将地区 CO_2 排放不平等按照地区间和地区内因素进行分解,发现中国人均 CO_2 排放不平等低于地区收入水平不平等程度,中国省际 CO_2 排放不平等主要表现为地区内部的排放不平等。杨俊等(2012)则运用洛伦兹曲线、"高矮序列"(parade of dwarfs & giants)和基尼系数等分析中国省际 CO_2 排放强度差异。国内学者也在关注中国地区 CO_2 排放差异方面的研究,杨骞和刘华军(2012)认为中国 CO_2 排放强度的区域差异大于人均 CO_2 排放的区域差异;刘华军和赵浩(2012)认为中国 CO_2 排放强度在地区分布上呈现明显的非均衡特征;张友国(2010)基于投入产出结构分解方法分析了 1987~2007 年经济发展方式变化对中国单位 GDP CO_2 排放强度的影响。

综上可见,国内外学者关于中国 CO_2 排放问题的研究成果较为丰富,也有学者对 CO_2 排放指标进行分解,如林伯强和刘希颖(2010)、陈诗一(2011),但这类指标因素分解主要是针对 CO_2 排放指标本身,而不是 CO_2 排放差异;对 CO_2 排放差异指标的分解,主要集中于组群分解,虽然可以分析不同属性群体的影响程度,但是不能分析各影响因素对差异的影响。

所以本节在既有研究成果的基础上,构建中国地区 CO_2 排放方程并进行估算,利用基于夏普里(Shapley)值的回归方程分解方法,从省际视角、东中西部视角和八大经济区域视角对 1997~2010 年中国地区 CO_2 排放强度差异形成原因进行实证分析,探究各因素对差异程度的影响程度,为制定有针对性的 CO_2 减排政策提供理论支撑。

二、区域 CO_2 排放差异的模型构建

根据既有文献,中国地区 CO_2 排放受经济发展水平(人均地区生产总值)、人口、能源强度等因素影响,也与产业结构、能源结构、能源效率等有较为紧密的联系。除此之外,还有诸如国际贸易、城市化等影响因素。

大量研究已经分析了这些因素的影响机理,本节着重讨论城市化方面的影响。城市化进程中的能源消耗多且处于增长趋势,是影响中国能源需求的重要因素。住宅等建筑及公路道路等大量的基本建设投资,带动了巨大的水泥需求量。显然,

能源需求和水泥生产过程都会带来大量的CO_2排放。因此，城市化变量有助于准确描述现阶段中国能源需求和CO_2排放影响因素。虽然不同化石能源的CO_2排放因子不一样，但基本是常数，而且在各种化石能源中，煤炭及其衍生品具有最大的CO_2排放量（王佳和杨俊，2014）。所以在该部分中，用煤炭及其制品的消耗占比来度量能源结构。根据已有的研究，在模型构建时考虑了国际贸易开放程度的影响，就有了基本的计量模型：

$$CI_{it} = \gamma_{it} + \delta_{it} + \beta_1 \gamma_{it} + \beta_2 U + \beta_3 ES + \beta_3 IS + \beta_3 OP + \mu_{it} \quad (3-21)$$

式中，i 表示地区；t 表示年份；CI 表示 CO_2 排放强度；γ 表示经济发展水平；U 表示城市化率；ES 表示能源结构；IS 表示产业结构；OP 表示地区开放水平；μ_{it} 表示随机扰动项；右边前两项分别表示对应的个体效应和时间效应。

在测算方法上，选取应用最为广泛的《2006 年 IPCC 国家温室气体清单指南》提供的 3 种方法中的方法 1。CO_2 排放量具体测算中，一般将化石能源分为 3 类：煤炭、石油和天然气，也有根据中国能源统计口径分为 7 类或 8 类。为避免以往简单的一次能源划分方法导致的误差偏大，将《中国能源统计年鉴》中的所有能源都包含在内，有原煤、洗精煤、其他洗煤、型煤、焦炭、焦炉煤气、其他煤气、其他焦化产品、原油、汽油、煤油、柴油、燃料油、液化石油气、炼厂干气、其他石油制品和天然气，共 17 种[①]。

"地区能源平衡表（实物量）"中，"终端能源消费量"并没有包括火力发电、供热等环节的能源消费，而"可供本地区消费的能源量"则会重复计算一次能源生产加工的产品，因此，该部分采取了"终端能源消费量"、"火力发电"、"供热"及"平衡差额"等的加总，期望更为准确、更为全面地计算化石能源消费带来的CO_2排放量。当然，其他环节的加工转化过程产生的CO_2并未计算在内。对于CO_2排放，结合《中国统计年鉴》的划分，将所有的能源种类包括在内，其中有原煤、洗精煤、其他洗煤、型煤、焦炭、焦炉煤气、其他煤气、其他焦化产品、原油、汽油、煤油、柴油、燃料油、液化石油气、炼厂干气、其他石油制品和天然气，共 17 种，采用 IPCC（2006）公布的数据计算 CO_2 排放量：

$$CE = \sum_{j=1}^{17} A_j \times N_j \times CC_j \times O_j \times B \quad (3-22)$$

式中，CE 表示 CO_2 排放量；j 表示化石能源种类；A_j 表示第 j 种化石能源的实际消耗量；N_j 表示第 j 种化石能源的低位发热量；CC_j 表示第 j 种化石能源的含碳量；O_j 表示第 j 种化石能源的氧化因子；B 表示 CO_2 分子与碳元素的质量比（44/12）。

由于中国能源统计采用低位发热量，所以该部分 N_j 为低位发热量，其数据来

---

① 由于 2010 年"地区能源平衡表（实物量）"的统计口径发生了变化，将"其他焦化产品"和"其他石油制品"进一步细分，为了口径统一，本小节将其合并。

源于《中国能源统计年鉴2010》，CC_j 和 O_j 的数据来自 IPCC（2006）排放数据库中的缺省值，以此来计算碳排放系数和 CO_2 排放系数，详见表 3-10。

表 3-10　各种能源的 CO_2 排放系数[①]

能源种类	低位发热量/(kJ/kg)	含碳量/(kg C/GJ)	氧化因子	碳排放系数/(t/t 或 t/m³)	CO_2 排放系数/(t/t 或 t/m³)
原煤	20 908	24.74	0.90	0.517 3	1.896 7
洗精煤	26 344	24.74	0.90	0.651 8	2.389 8
其他洗煤	9 757	24.74	0.90	0.232 8	0.853 5
型煤	26 344	24.74	0.90	0.258 6	0.948 3
焦炭	28 435	29.50	0.97	0.838 8	3.075 8
焦炉煤气	17 354	26.00	0.80	0.210 0	0.769 9
其他煤气	16 970	26.00	0.80	0.203 6	0.746 7
其他焦化产品	33 453	22.00	0.75	0.736 0	2.698 5
原油	41 816	20.00	0.98	0.836 3	3.066 5
汽油	43 070	18.90	0.98	0.814 0	2.984 8
煤油	43 070	19.55	0.98	0.842 0	3.087 4
柴油	42 652	20.20	0.98	0.861 6	3.159 1
燃料油	41 816	21.10	0.98	0.882 3	3.235 2
液化石油气	50 179	17.20	0.98	0.863 1	3.164 6
炼厂干气	46 055	18.00	0.98	0.723 1	2.651 2
其他石油制品	41 816	20.00	0.98	0.844 0	3.094 6
天然气	38 931	15.30	0.99	0.000 596	0.002 184
水泥	—	—	—	—	0.527

水泥生产过程也会带来一定程度的 CO_2 排放。本节主要考虑水泥生产熟料煅烧过程中产生的 CO_2，估算公式如下：

$$CC = Q \times r \times a \quad (3-23)$$

式中，CC 表示水泥生产过程中的 CO_2 排放总量；Q 表示水泥生产量；r 表示水泥产品中熟料的比重；a 表示水泥生产的 CO_2 排放系数。

各地区的水泥产量来源于历年中国统计年鉴及各省份统计年鉴，r 根据中国水泥协会的年度统计资料，在 2006 年之前取值 0.70，之后取值为 0.60[②]。同时，各省份的地区生产总值和常住人口数据均来源于历年各省份统计年鉴[③]。需要说明

[①] 由于 IPCC（2006）中的化石能源分类与中国能源统计口径并不一致，氧化因子、含碳量等的取值与国家气候变化对策协调小组办公室（2007）的研究结果进行了对照。
[②] 本小节所估算的水泥熟料产量主要限于国内，由于省际数据的可得性，并未涉及熟料进出口。
[③] 全国总人口包括现役军人和难以确定常住地人口，分地区常住人口数据并未包括这两项，因此，全国人口总量与常住人口总量并不相等。

的是，上述所有化石能源消耗量也可以选用标准量（如标准煤当量）的数据，理论上同其实物量所计算的结果应该一致。为了计算更为准确，更容易与国际能源统计口径接轨，本节并未采用标准煤当量为单位。

本节的人均指标均以常住人口计算，以货币为单位的指标都以2010年为基期进行了价格调整。除了特别说明外，所构建指标的基础数据均来源于历年各省份统计年鉴。另外，本节对东部、中部、西部的划分参照2003年国家统计局发布的标准，八大经济区域是根据2005年国务院发展研究中心发布的《地区协调发展的战略和政策》报告进行划分的。

三、基于区域CO_2排放差异成因的实证研究

（一）各地区CO_2排放强度差异情况

为了直观观察各地区CO_2排放强度的变化情况，选取1997年、2010年各地区CO_2排放强度，以1997年、2010年为参照，对省际、东中西部、八大经济区域的维度的排放强度进行比较。需要说明的是，该部分进行了可比价格处理，以2010年价格对1997年的数据进行了调整。

省际视角的情况见图3-12，不难看出绝大部分省份CO_2排放强度在逐渐减小。各省份之间的差距依然较大，按照2010年的价格，各省份的CO_2排放强度相对较高，1997年宁夏的CO_2排放强度竟然达到了8.99t/万元，2010年北京最低，其值为0.71t/万元。同年度相比，1997年最大值为最小值的8.33倍，2010年则为8.37倍。虽然CO_2排放强度在减小，但各省份之间的差距仍比较明显。

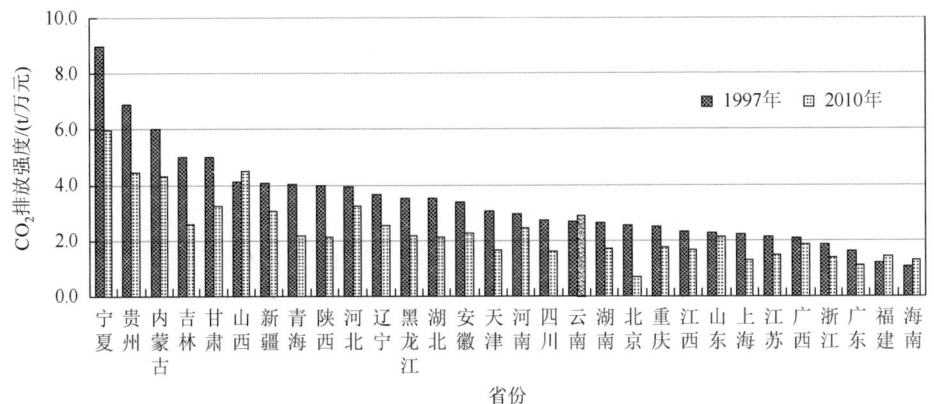

图3-12 1997年和2010年各省份CO_2排放强度

图3-13显示的是东、中、西部的CO_2排放强度，东部CO_2排放强度最小，中

部、西部则相互竞争。从1998年开始，一直到2007年，中部的CO_2排放强度大于西部；之后，西部后来居上，超过了中部。同时，东、中、西部的CO_2排放强度绝对值基本都在波动中降低，而三个地区的相对值变动较大，西部由于降低的速度较慢，在2008年之后，成为CO_2排放强度最大的地区。

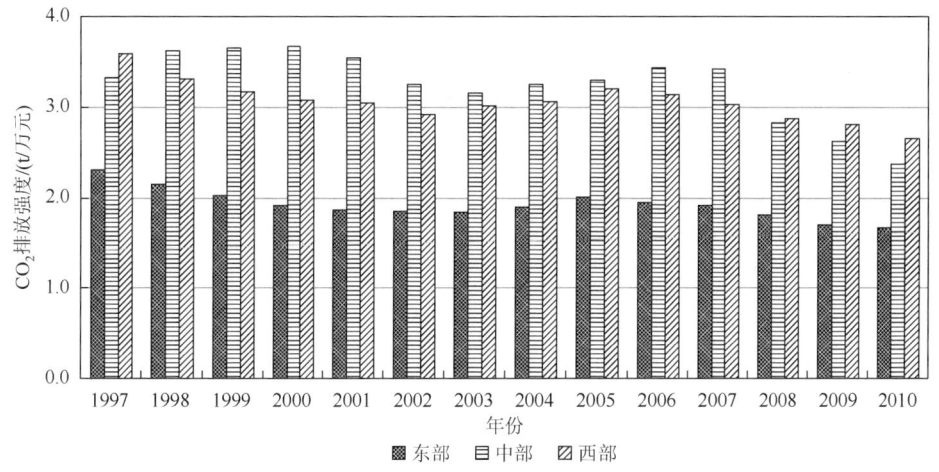

图3-13　1997~2010年三大区域CO_2排放强度

八大经济区域的CO_2排放强度情况见图3-14。需要说明的是，图3-14有两个纵轴，左边为CO_2排放强度，右边为1997~2010年的复合平均增长率。显而易见，八大经济区域的CO_2排放强度均在降低，只是降低程度不同。与1997年相比，2010年各地区之间的差距稍小。

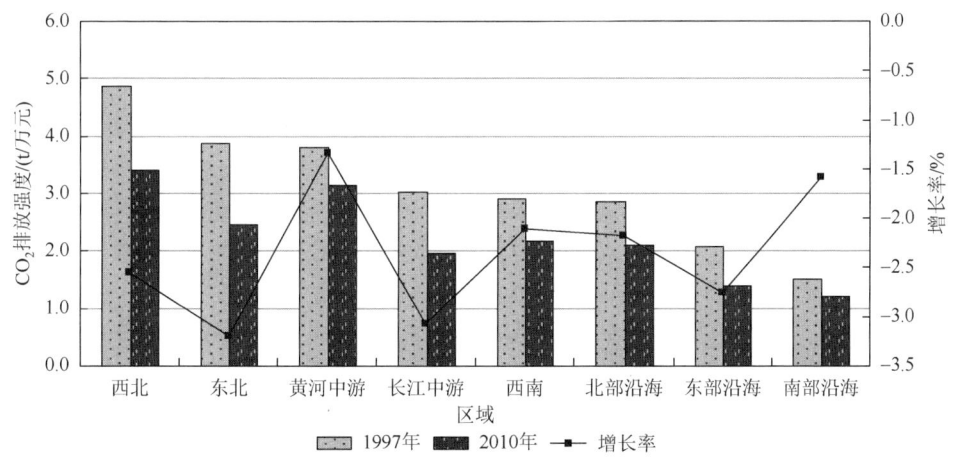

图3-14　1997年和2010年八大经济区域CO_2排放强度

与 CO_2 排放强度相对应，1997～2010 年的平均增长率都为负数。各地区中 CO_2 排放强度降低速度最快的为东北地区（−3.20%）和长江中游地区（−3.07%）。这说明，一方面各地区的经济增长比较迅速，即地区生产总值增长较快；另一方面各地区在能源技术等方面有所进展，具体表现为单位能源排放的 CO_2 在不断降低。

本小节选用基尼系数、对数离差均值（GE_0）和 Theil 系数（GE_1）这三个不平等指标来度量中国地区 CO_2 排放强度差异。表 3-11 表示的是 30 个省份 1997～2010 年 CO_2 排放强度差异的各个指标值。

表 3-11　1997～2010 年省际 CO_2 排放不平等的度量

年份	基尼系数	基尼系数增长率/%	GE_0	GE_0 增长率/%	GE_1	GE_1 增长率/%
1997	0.209	—	0.071	—	0.070	—
1998	0.235	2.96	0.106	48.88	0.092	32.31
1999	0.259	10.26	0.141	33.34	0.113	22.76
2000	0.283	9.48	0.175	23.70	0.135	19.29
2001	0.278	−1.95	0.168	−3.75	0.130	−3.16
2002	0.272	−2.08	0.161	−4.33	0.124	−4.64
2003	0.263	−3.10	0.138	−14.38	0.114	−8.64
2004	0.257	−2.57	0.125	−9.24	0.106	−6.76
2005	0.261	1.68	0.130	3.66	0.112	5.33
2006	0.266	1.79	0.131	0.72	0.114	2.47
2007	0.271	2.01	0.135	3.28	0.118	3.47
2008	0.239	−11.76	0.092	−31.84	0.090	−23.99
2009	0.239	−0.05	0.093	0.99	0.091	1.31
2010	0.229	−7.04	0.086	−7.02	0.084	−7.45

结果表明，不同的差异指标大体上都显示出相似的变动趋势，但在一些年份，不同指标的变动幅度有很大不同。1997～2000 年，GE_0 和 GE_1 增长幅度较大，而基尼系数则增长幅度不大。以 1998 年为例，前两个指标分别增长了 48.88%和 32.31%，而基尼系数仅增长了 2.96%。这说明在这几年，CO_2 排放强度中等位置的省份变动不大，而 CO_2 排放强度水平高和低的省份变动剧烈。2006 年，基尼系数和 GE_1 在 2005 年的基础上分别增大了 1.79%和 2.47%，而 GE_0 增大了 0.72%。说明在该年份 CO_2 排放强度中高水平的省份变动较大，而 CO_2 排放强度水平较低的省份变动较小。2009 年，基尼系数在 2008 年基础上减少了 0.05%，而 GE_0 和 GE_1 分别增长了 0.99%和 1.31%，说明相对于 CO_2 排放强度水平较高和较低的省

份，CO_2 排放强度水平中等的省份变动相对较大。1997~2010 年省际 CO_2 排放不平等程度如图 3-15 所示。

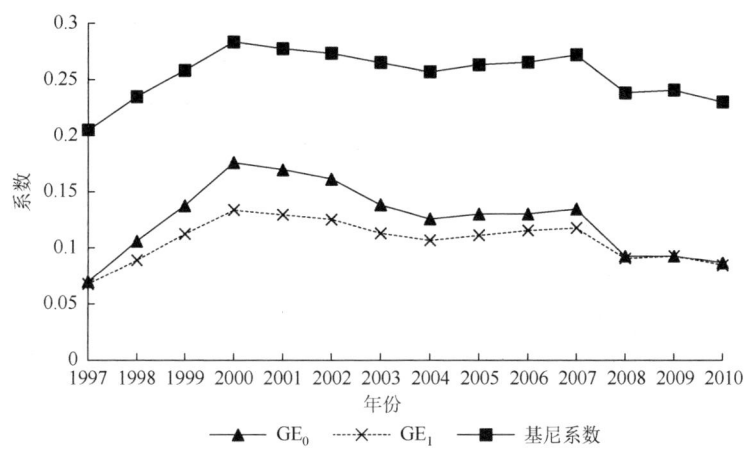

图 3-15　1997~2010 年省际 CO_2 排放不平等程度

从三个指标的统计特征看，1997~2010 年，基尼系数的平均值为 0.254，最大值为 0.283，最小值为 0.209。GE_0 的均值为 0.125，最小值为 0.071，最大值为 0.175。GE_1 的均值为 0.107，最小值为 0.070，最大值为 0.135。从三个指标的变动情况来看，省际 CO_2 排放不平等的变动呈现明显的阶段性。1997 年，三个指标均表明，CO_2 排放强度水平的差异最小，基尼系数也在 0.2 以上，CO_2 排放不平等程度是相当大的，其可能的原因是各省份之间历史条件不同。但 1997~2000 年，各省份之间 CO_2 排放强度差异在逐步扩大，2000 年 CO_2 排放的省际基尼系数、GE_0 和 GE_1 同时达到最大值。其可能的原因是，在此期间各地区经济发展程度呈现了较大差距，能源消费的地区差距也随之上升，加剧了省际 CO_2 排放强度的差异。而在 2000 年后，省际 CO_2 排放强度差异逐渐缩小。其主要的原因是，经济欠发达地区发展迅速，能源消耗增加；同时发达地区产业结构逐渐改变，能源消耗增加的速度低于经济增长的速度。特别是 2000~2008 年，国家相继出台了欠发达地区的经济发展规划，直接促进了这些地区的经济发展，发达地区也转移了部分产业，单位 GDP 能耗在逐渐下降，使得各地区差距缓慢减小。2008 年之后，国家对节能减排高度重视，使得各地区 CO_2 排放强度差距也进一步缩小。2010 年，CO_2 排放强度的省际基尼系数、GE_0 和 GE_1 分别为 0.229、0.086、0.084，成为这 14 年间的第二低点。

（二）CO_2 排放方程估计结果

针对式（3-21）的静态面板模型，可选用三种建模方法及不同的估计方法：固定效应模型（FE）、随机效应模型（RE）和可行广义最小二乘（FGLS）法。从理论上讲，如果同时存在组间异方差、组内自相关及截面自相关的问题，FGLS 是比较合适的估计方法。基于此，使用 FGLS 方法估计了不同地区视角的 CO_2 排放决定方程，见表 3-12。检验结果显示，修正 Wald 检验、Woolridge 检验、Frideman 检验、Frees 检验及 Pesaran 检验均在 5%水平以下统计上显著，即都拒绝了原假设。也就是说，面板数据同时存在上述三个问题。同时，各变量在 5%水平上显著，符号也符合预期。这说明 FGLS 是比较合适的估计方法，AIC（赤池信息量准则，Akaike information criterion）、BIC（贝叶斯信息准则，Bayesian information criterion）两个指标的值也佐证了这一结论。

表 3-12 省际面板数据模型估计结果

解释变量	γ	U	ES	IS	OP
	−0.0608*** (−25.38)	0.0019*** (5.65)	0.0040*** (14.33)	0.0016*** (3.61)	−0.0046** (−3.13)
调整 R^2	0.8206	修正 Wald 检验	99.05***	Woolridge 检验	18.93***
Frideman 检验	5.49***	Frees 检验	44.53**	Pesaran 检验	3.86***
联合显著检验	189.26***	AIC	−70.75	BIC	−39.17
样本容量	420	截面个数	30	估计方法	FGLS

***、**和*分别表示在 1%、5%和 10%水平上显著；
注：所有解释变量的联合显著性检验在 FGLS 时为 Wald 检验；括号中为 Z 统计值

在 5 个核心解释变量中，从系数值看，经济发展水平 γ 的影响最大，能源结构 ES 次之，随后是地区开放水平 OP、城市化率 U 和产业结构 IS，这基本符合该部分的预期。

根据前述的计量方法，估计另外两个地区维度的 CO_2 排放方程。这样，省际、东中西部、八大经济区域的回归方程如下。

省际：

$$CI = 0.1451 - 0.0608y + 0.0019U + 0.0040ES + 0.0016IS - 0.0046OP \quad (3-24)$$

东中西部：

$$CI = 0.1827 - 0.0462y + 0.0034U + 0.0029ES + 0.0018IS - 0.0026OP \quad (3-25)$$

八大经济区域：

$$CI = 0.0067 - 0.0381y + 0.0033U + 0.0037ES + 0.0015IS - 0.0014OP \quad (3-26)$$

（三）夏普里值分解结果

本部分通过前面计算的基尼系数、GE_0 和 GE_1，分别对省际、东中西部、八大经济区域的分解结果进行分析。以省际为例，根据式（3-24），可以分解出1997~2010年各因素对省际 CO_2 排放强度差异的贡献率。表 3-13 是 30 个省份 CO_2 排放强度差异的各影响因素贡献率与排名。分解结果显示，不同的差异指标基本上都显示出相似的变动趋势，但不同的指标下变量贡献的排序略有不同。1998 年，能源结构在用基尼系数和 GE_1 时排名第四，而用 GE_0 系数则排名第一，说明 CO_2 排放强度低的省份变化较大。2001 年，省际经济发展水平的贡献在基尼系数指标下排名第二，而用 GE_0 和 GE_1 时排名第一，说明 2001 年中等 CO_2 排放强度的省份变动较大。2005 年，产业结构的贡献用基尼系数和 GE_0 时排名是第四，而用 GE_1 时排名第二，说明 CO_2 排放强度高的省份变动大。但大多数情况下，使用三种指标情形下各变量的贡献排序基本相同。

表 3-13 1997~2010 年省际 CO_2 排放强度差异的各影响因素贡献率与排名

年份	经济发展水平 贡献排序	平均贡献率	城市化率 贡献排序	平均贡献率	能源结构 贡献排序	平均贡献率	产业结构 贡献排序	平均贡献率	地区开放水平 贡献排序	平均贡献率
1997	1, 1, 2	35.09	2, 2, 1	26.92	3, 4, 3	14.81	4, 3, 4	14.75	5, 5, 5	8.43
1998	1, 2, 1	30.94	2, 4, 3	21.22	4, 1, 4	19.62	3, 3, 2	18.00	5, 5, 5	10.23
1999	1, 2, 1	29.51	3, 1, 2	23.75	2, 3, 3	20.06	4, 4, 4	17.80	5, 5, 5	8.88
2000	1, 1, 1	35.15	2, 4.3	19.50	3, 3, 2	20.15	5, 2, 4	14.36	4, 5, 5	10.83
2001	2, 1, 1	33.31	1, 4, 2	21.96	3, 2, 3	19.28	4, 3, 4	14.90	5, 5, 5	10.55
2002	1, 2, 1	28.55	2, 3, 2	22.90	3, 1, 3	21.16	4, 4, 4	16.56	5, 5, 5	10.83
2003	1, 1, 1	32.71	2, 3, 2	22.03	3, 2, 3	21.16	4, 4, 5	12.56	5, 5, 4	11.54
2004	1, 1, 1	32.08	3, 2, 3	20.21	2, 3, 2	22.03	4, 4, 4	14.83	5, 5, 5	10.85
2005	1, 1, 1	30.15	2, 3, 3	20.38	3, 2, 4	20.82	4, 4, 2	17.87	5, 5, 5	10.78
2006	1, 1, 1	30.31	2, 4, 3	19.97	3, 3, 2	23.48	4, 2, 4	15.78	5, 5, 5	10.46
2007	1, 1, 1	28.60	3, 4, 3	20.05	2, 2, 2	23.73	4, 3, 5	14.82	5, 5, 4	12.80
2008	2, 1, 1	30.05	3, 2, 3	19.55	1, 4, 4	21.44	4, 3, 4	17.08	5, 5, 5	11.88
2009	1, 1, 1	28.29	3, 3, 3	21.14	4, 2, 4	20.24	2, 4, 2	21.16	5, 5, 5	9.16
2010	2, 1, 1	26.17	3, 4, 3	20.07	1, 2, 2	25.00	4, 3, 4	18.56	5, 5, 4	10.19
1997~2010 年均值	1	30.78	2	21.40	3	20.93	4	16.36	5	10.53
2005~2010 年均值	1	28.93	3	20.19	2	22.45	4	17.54	5	10.88

注：贡献排序一栏中依次是采用基尼系数、GE_0 和 GE_1 指标的情形

无论从 5 个因素的贡献排序还是从平均贡献率来看，省际经济发展水平的差异是造成省份之间 CO_2 排放强度差异的最主要因素，1997~2010 年，有 7 年 3 种指标情形下其贡献排名都为第一位，其余年份具有 2 个指标下为第一，1 个指标为第二，平均贡献率为 30.78%。省际经济发展水平对 CO_2 排放强度差异的贡献率最低为 26.17%，最高为 35.15%，对差异的贡献率比较稳定，解释了差异的近 1/3。经济发展水平度量各省份的经济发达程度，同时蕴含着各省份之间经济发展环境的差异，如各省份特殊的经济地理条件、国家长期的政策倾斜等，同时还有工业技术水平、减排技术水平及政府和民众对环境的关注程度等。但在 2005 年之后，国家节能减排政策逐步推行，对 CO_2 排放的规制也不仅限于经济发达地区，经济发展水平对 CO_2 排放差异的贡献也有所减少，2005~2010 年，其平均贡献率为 28.93%，其中 2010 年贡献率为 26.17%，这个趋势值得关注。省际区域 CO_2 排放强度差异的第二大贡献因素并不明朗，因为各省份的城市化率和能源结构两者贡献率非常接近。1997~2010 年，城市化率的平均贡献率为 21.40%，能源结构平均贡献率为 20.93%。同时，2005~2010 年，城市化率平均贡献率为 20.19%，能源结构平均贡献率为 22.45%，后者上升趋势明显，超过了前者，2010 年其平均贡献率达到了 25.00%。因此，各省份的城市化率和能源结构都可称为省际区域 CO_2 排放强度差异的第二大贡献因素。这与之前的 CO_2 排放方程的估计结果是一致的，前期粗放式的城市化进程带来了更多的 CO_2 排放，经济增长的速度低于 CO_2 排放的增速，所以 CO_2 排放强度增加较快；随着新型城市化道路得到初步认可，城市化对 CO_2 排放强度的影响逐渐弱化。对于能源结构而言，煤炭及其制品的排放系数是固定的，它们在一次性能源消费中的比例越高，排放的 CO_2 则越多；同时减排技术的大范围推广和应用需要成本和时间的考验，相对而言，更新速度赶不上能源消耗尤其是煤炭的增加速度，所以能源结构的地位愈加重要。需要注意的是，产业结构虽然在贡献率排序中相对固定，位于第四，但是这 14 年变动较大，平均贡献率为 16.36%，最小值为 12.56%，最大值为 21.16%，说明产业结构的贡献也不容忽视。处于第五位的是地区开放水平，1997~2010 年，其平均贡献率为 10.53%，2005~2010 年平均贡献率为 10.88%，波动较小。

东中西部区域间 CO_2 排放强度差异的分解结果类似于省际的情况，五个影响因素的平均贡献率排名并没有发生逆转。经济发展水平仍然是东中西部区域间 CO_2 排放强度差异的主要贡献者，其平均贡献率为 28.54%。贡献排名第二的是城市化率，其平均贡献率为 24.92%。排名第三位的是能源结构，其平均贡献率为 21.07%。产业结构与地区开放水平分别排名第四位和第五位。需要注意的是，2005 年后，东中西部区域间 CO_2 排放强度差异的各因素贡献率与排名发生了变化。2005~2010 年，经济发展水平的贡献率依然排名第一，其平均贡献率为 31.92%，影响力有所上升，排名第二的变为能源结构，其平均贡献率为21.86%，贡献排名第三位的则是城市化率，其平均贡献率为20.93%。产业结构与地区开放水平依然排名第四位和第五位。

八大经济区域间的分解结果中五个因素的名次也类似，1997~2010年，经济发展水平的平均贡献率为26.23%，城市化率的平均贡献率为22.43%，能源结构的平均贡献率为21.08%。产业结构与地区开放水平的平均贡献率分别排名第四和第五。2005年前后，八大经济区域间CO_2排放强度差异的贡献因素及其排名并未发生变化，但是经济发展水平的影响力越来越弱，且前三位因素的贡献率越来越接近。对外开放水平的影响在逐渐上升，平均贡献率基本与产业结构持平。显然，外商直接投资的溢出效应正逐渐凸显。八大经济区域划分是在2005年正式提出的，这种按照经济因素划分的方法比地理位置更为合理，能反映更多的情况，会为减排政策的制定提供更好的参考。

综合看来，尽管经济发展水平是CO_2排放强度差异形成的首要原因，但是三种地区视角下诸影响因素对该差异的作用程度基本相当，这意味着在探求地区CO_2排放强度差异的成因时，需要综合考虑每个因素，至少考虑前三个因素，因为它们的平均贡献率达到70%左右。

四、小结

本节利用夏普里值分解法对中国省际CO_2排放强度差异、东中西部区域间CO_2排放强度差异和八大经济区域间CO_2排放强度差异进行了分解，定量分析了1997~2010年中国地区CO_2排放强度差异形成的原因。研究发现，在三种地区视角下各因素对CO_2排放强度差异的影响程度和趋势基本一致。

（一）各区域之间经济发展水平的差异是形成区域间CO_2排放强度差异的首要原因

从省际视角看，无论是贡献排序还是平均贡献率，均表明省际经济发展水平是造成省份之间CO_2排放强度差异的最重要因素。1997~2010年，经济发展水平贡献率排名年均居第一位，平均贡献率为30.78%。1999~2004年，其平均贡献率达到31.89%，1997年平均贡献率更是超过了35%。从东中西部视角看，1997~2010年，经济发展水平在差异贡献排名中依然居第一位，其平均贡献率为28.54%。2005年后该因素对东中西部区域间CO_2排放强度差异的形成贡献更大，其解释度超过了30%。从八大经济区域视角看，经济发展水平对八大经济区域间CO_2排放强度差异形成的作用略有下降，14年的平均贡献率为26.23%。综合来看，从省际到东中西部到八大经济区域，该因素对地区 CO_2 排放强度差异的影响不断减弱，这就需要考虑更多因素的影响。

（二）各区域之间城市化率和能源结构上的差异是形成区域间 CO_2 排放强度差异的重要原因

从省际视角看，各省份的城市化率是省际区域 CO_2 排放强度差异的第二大贡献因素，但是在不同的时间段，情况不同。1997~2010 年，城市化率贡献率排名第二，其均值为 21.40%；而 2005~2010 年，平均贡献率降为 20.19%，排名变为第三。第三位的是能源结构，其贡献率在 1997~2010 年为 20.93%，虽然位居第三，但与城市化率的 21.40%相差无几。东中西部视角的情况类似：1997~2010 年，排名第二的贡献因素城市化率的平均贡献率为 24.92%；2005~2010 年，城市化率的差异贡献率有所下降，排名变成第三位，平均贡献率为 20.93%；而能源结构的位置变化正好相反，两种情况下的贡献率分别为 21.07%和 21.86%。从八大经济区域视角看，1997~2010 年，城市化率是第二重要因素，其平均贡献率为 22.43%。能源结构的平均贡献排名居第三位，其平均贡献率为 21.08%。综合来看，城市化率和能源结构对地区 CO_2 排放强度差异的贡献程度相当，应该说二者都是影响地区 CO_2 排放强度差异的重要因素。

（三）各区域之间产业结构、地区开放水平的差异对区域间 CO_2 排放强度差异有显著影响

在三种地区视角下，虽然这两个因素的平均贡献率及排名并无差异，均为第四位和第五位，但其贡献率的值有所不同。从省际视角看，产业结构和地区开放水平在 1997~2010 年对应的平均贡献率分别为 16.36%、10.53%；2005~2010 年略有提高，其平均贡献率分别为 17.54%、10.88%。从东中西部视角看，1997~2010 年，两个影响因素的平均贡献率分别为 12.95%和 12.52%；2005~2010 年其平均贡献率分别变成 13.92%、11.37%。从八大经济区域视角看，1997~2010 年，产业结构和地区开放水平的平均贡献率为 15.93%和 14.33%；另外一个时段的二者平均贡献率略有提高，变为 16.87%和 14.51%。同时，省际视角中这两个影响因素平均贡献率之和为 28.42%，另外两个视角则为 25.47%和 30.26%，也就是说，二者解释了将近 30%的地区 CO_2 排放强度差异。这也说明这两个因素的作用不容忽视。

为缩小中国地区 CO_2 排放强度差异，首先，要高度重视中国经济地区失衡的治理，这对中国经济再平衡具有积极意义；其次，优化能源结构，逐渐降低煤炭

占一次性能源的比例，是中国 CO_2 排放目标实现的重要途径。同时，城市化进程对 CO_2 排放的影响已不容忽视，需要在经济发展过程中，适当控制城市化进程的节奏，结合生态文明建设，走新型城镇化道路；另外，节能减排政策的制定和实施不一定以省级行政单位作为唯一主体，可以适当考虑区域（如八大经济区域）的作用。

第四节 我国区域经济增长效率与 CO_2 减排技术效率的测度

中国经济增长技术效率在总体上处于下降趋势，而 CO_2 减排技术效率相对于经济增长效率还存在较大差距，中国普遍存在 CO_2 减排滞后于经济增长的现象，但中国部分省份已经开始逐渐从 CO_2 减排严重滞后于经济增长转向 CO_2 减排与经济增长协调发展。中国正逐渐步入绿色、低碳发展的道路。正确认识 CO_2 减排与经济增长的关系是中国经济由粗放型增长到集约型增长、由忽略环境增长到环境友好型增长转变的关键。

一、经济增长与环境污染的测度研究

认识经济增长与环境污染之间的关系，需要构建有效的生产分析框架。现有包括非期望产出的生产分析框架主要有两种形式：一种是将非期望产出直接引入生产函数之中；另一种是将非期望产出通过一定的变形，将其倒数形式或者负数形式引入生产函数之中。第一种方法是基于非期望产出的弱可处理性原则，即非期望产出的减少是有成本的，这种观点符合物质平衡规律和基本的生产理论。第二种方法认为非期望产出可以通过一定的变形转换成正向的变量，从而能够以强处理性原则来满足期望产出和变形后的非期望产出都增加的情况。

在非期望产出被先验地认为弱可处理的情况下，环境技术效率指标的构建可以分为两种情况：一种是在保证投入固定，期望产出增加和非期望产出降低的情况下来构建环境技术效率指标。另一种是在保证投入和非期望产出不变，期望产出增加的情况下来构建环境技术效率指标。在非期望产出被先验地认为是强可处理的情况下，环境技术效率指标的构建也可以分为两种情况：一种是在保证投入和非期望产出的变形（如倒数或者负数）不变，而期望产出增加的情况下计算环境技术效率；另一种是在保证投入固定，非期望产出的变换形式和期望产出都增加的情况下测度环境技术效率。

在模型构建方面，基于 Luenberger（1992）提出的短缺函数（short function），Chung 等（1995）构造了 DDF，并在投入固定、期望产出增加和非期望产出降低条件下建立环境技术效率。Tone（2001）基于 SBM 提出了一种采用投入松弛和产

出松弛来测度环境技术效率的方法。Thanassoulis 和 Simpson（2004）提出了一个考虑非期望产出的 RDM（range directional model，范围定向模型）来测度环境技术效率，这种方法保证了测度结果不随样本单元和变量转换的变化而变化，从而能够更好地适应非期望产出的负数形式的引入，然而由于 RDM 主要依靠距离生产前沿最远的样本点来测度样本的效率，并不能在样本比较中产生一个有效的效率值和排名。Sharp 等（2007）在 RDM 基础上提出了修正的 SBM（MSBM），MSBM 继承了 RDM 的优点，同时将投入松弛和产出松弛考虑在效率测算中，从而获得了更为有效的测度结果。Kerstens 和 Woestyne（2011）提出了更为一般的 Farrell 距离生产函数模型（generalized proportional distance function model，GPDFM），从而能够将负的投入或者产出引入效率测度过程中。Sahoo 等（2011）基于 GPDFM 生产框架，结合 SBM，在假设非期望产出强可处理的条件下提出了一种新的效率测度方法，并采用 1995~2004 年 22 个经合组织成员国的数据进行实证研究，发现 GPDFM 的结果在 MSBM 和 RDM 之间，但是基于所有模型的效率排名并没有变化，因此可以采用任何一种 DEA 模型进行环境技术效率的分析。

二、经济增长效率与 CO_2 减排技术效率分析框架

基于已有的理论与方法，大量的文献考察了环境约束下中国整体、中国工业和鄱阳湖地区经济发展的实际情况，并讨论环境污染对全要素生产率的影响，然而既有研究是将期望产出与非期望产出综合起来计算环境全要素生产率，并不能区分期望产出增加与非期望产出降低的效率。基于盛鹏飞等（2014）关于经济增长与 CO_2 减排关系的研究，本节从以下几个方面展开分析：①在 DDF 的基础上构建非径向方向距离函数（non-radial DDF，NDDF），从而能够使生产技术满足期望产出尽可能增加和非期望产出尽可能降低，并尝试建立经济增长效率指标和 CO_2 减排技术效率指标；②经济持续增长和 CO_2 排放持续降低是实现可持续发展的重要条件，因此本节利用逼近理想解法（TOPSIS）建立了经济增长与 CO_2 减排的协调度指标；③采用中国 29 个省份 1998~2010 年的数据进行实证研究，分析中国经济增长与 CO_2 减排的实际情况，并提出对应的政策建议。

本节基于 DDF 构建包括 CO_2 排放在内的生产前沿，然后采用非径向 DEA 模型分别测算经济增长效率和 CO_2 减排技术效率，并且基于 TOPSIS 建立经济增长与 CO_2 减排的协调度指标。

（一）非径向方向距离函数

假设生产单位采用 N 种投入 $x = (x_1, x_2, \cdots, x_N) \in R^N$，生产出 M 种期望产出

$y^h = (y_1^h, y_2^h, \cdots, y_M^h) \in R^M$ 和 I 种非期望产出 $y^b = (y_1^b, y_2^b, \cdots, y_I^b) \in R^I$，因此生产技术可以定义如下：

$$T = \{(x, y^h, y^b) \in R^{N+M+I}\} \quad (3-27)$$

式中，T 表示生产技术，即投入 x 可以生产期望产出 y^h 和非期望产出 y^b，并且满足如下要求：

（1）零结合性（no free lunch），即在非期望产出生产为零的条件下，期望产出也不会生产。

（2）有界性（boundness），即在一定条件下，期望产出和非期望产出是有限的。

（3）强可处理性（strong disposable），即投入、期望产出可以获得生产前沿以下的任何生产点。

（4）弱可处理性（weak disposable），即非期望产出的降低是有成本的。

（5）凸性（convexity），即生产技术符合边际产量递减规律。

Shephard（1970）创造性地提出了产出距离函数（output distance function），将非期望产出如 CO_2 排放引入模型中：

$$D_S(x, y^h, y^b) = \max\{\beta : (y^h + \beta y^h; y^b + \beta y^b) \in T\} \quad (3-28)$$

式中，$D_S(x, y^h, y^b)$ 表示在当前技术水平下，期望产出和非期望产出可以按照同等比例来增加或者降低。

Shephard 产出距离函数并不能满足经济发展尤其是经济与环境协调发展的目标，因此 Chung 等（1995）提出了 DDF：

$$D_F(x, y^h, y^b) = \max\{\theta : (y^h + \beta y^h; y^b - \theta y^b) \in T\} \quad (3-29)$$

式中，$D_F(x, y^h, y^b)$ 表示在当前技术水平下，生产方式可以转向增加期望产出、降低非期望产出的形式，从而满足经济与环境协调发展的状况。

尽管 DDF 解决了期望产出增加和非期望产出降低的情况，但是其并不能反映实际经济活动中期望产出和非期望产出的真实变化，因此构建了 NDDF：

$$D_G(x, y^h, y^b) = \max\{\omega_1 \alpha + \omega_2 \gamma : (y^h + \alpha y^h; y^b - \gamma y^b) \in T\} \quad (3-30)$$

式中，$D_G(x, y^h, y^b)$ 表示扩展的 DDF；ω_1 表示期望产出增加的权重；ω_2 表示非期望产出降低的权重。NDDF 可以反映在现有技术约束下非期望产出尽可能降低而期望产出尽可能增加的情况，同时权重的确定又可以在经济活动过程中引入人们的预期，从而使得生产效率的测度更加符合人类自身的意愿。

图 3-16 表述了 Shepard 距离函数（DS）、方向距离函数（DF）和非径向方向距离函数（DG）的具体情况，从中可以发现，当将期望产出从 y^{h2} 提高到 y^{h1} 时，Shepard 距离函数需要将非期望产出从 G_3 增加到 S，而方向距离函数则可以将非期望产出降低到 F，使其符合人们的预期和生产技术的发展，而 NDDF 则更富有

弹性，它根据经济体的实际情况可以保持非期望产出不变，也可将非期望产出降低到 G_3 或者更低的 G_1 点，从而使其包容性更强，更能满足生产技术发展的要求。

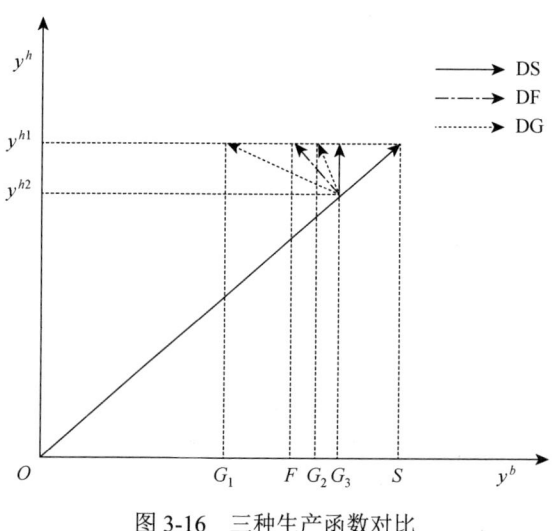

图 3-16 三种生产函数对比

（二）经济增长效率与 CO_2 减排技术效率

以中国 29 个省份[①]为 DMU，每个 DMU 采用劳动（L）、资本（K）作为投入变量，采用地区生产总值（Y）和 CO_2 排放量（C）作为产出变量，然后基于 NDDF 建立如下模型：

$$Z_j = \max（\omega_1 \alpha_j + \omega_2 \gamma_j）;$$
$$\sum_{i=1}^{29} \lambda_i Y_i \geqslant Y_j + \alpha_j Y_j;$$
$$\sum_{i=1}^{29} \lambda_i C_i = C_j + \gamma_j C_j; \quad (3-31)$$
$$\sum_{i=1}^{29} \lambda_i C_i \leqslant K_j \sum_{i=1}^{29} \lambda_i L_i \leqslant L_j;$$
$$\sum_{i=1}^{29} \lambda_i = 1; \quad \lambda_i \geqslant 0$$

通过式（3-31），可以得到第 j 个 DMU 的最佳地区生产总值和最佳 CO_2 排放量，因此经济增长效率和 CO_2 减排技术效率可以定义如下：

---

① 限于数据的可得性，香港、澳门、台湾、西藏和宁夏等五个地区并未在本节的研究范围之内。

$$DNDEE_j = \frac{y_j}{Y_j + \alpha_j y_j} + \frac{1}{1+\alpha_j} \qquad (3-32)$$

$$UDNEE_j = \frac{C_j + \gamma_j C_j}{C_j} = 1 - \gamma_j \qquad (3-33)$$

式中，$DNDEE_j$ 和 $UDNEE_j$ 分别表示经济增长效率和 CO_2 减排技术效率，并且都是介于 0 和 1 的一个数值。$DNDEE_j$ 表示在当前技术条件下地区生产总值与最佳地区生产总值之间的相对距离，$DNDEE_j$ 趋于 1 表明地区经济增长效率较高，而趋于 0 则表明地区经济增长效率较低。$UDNEE_j$ 表明最佳的 CO_2 排放与地区实际 CO_2 排放之间的距离，$1-UDNEE_j$ 则表明了地区的 CO_2 减排空间，$UDNEE_j$ 趋于 1 表明地区 CO_2 减排技术效率较高，CO_2 排放量趋于最佳 CO_2 排放量，$UDNEE_j$ 趋于 0 表明地区 CO_2 减排技术效率较低，CO_2 排放在经济发展过程中并没有得到有效的重视和治理。

（三）经济增长与 CO_2 减排协调度指标的构建

Färe 等（2007）用"没有不冒烟的火"形象地描述了在没有非期望产出（如 CO_2 排放）产生的同时，期望产出也将不会被生产，但是经济发展也没有像 Shephard 产出距离函数描述的那样悲观，NDDF 提出了一种新的生产技术来满足在期望产出尽可能增加的同时非期望产出尽可能降低，从而能够允许经济发展在"生更大的火"的同时"冒更少的烟"的分析框架。但是在实际经济发展过程中，地区经济发展水平、产业技术、产业结构等方面存在较大的差异，从而使不同地区或者同一地区的不同发展阶段在处理经济增长与 CO_2 减排的关系上并未达成一致。然而从可持续发展的角度来看，对于一个地区来说经济增长和 CO_2 减排都是至关重要的，因此关注经济增长效率与 CO_2 减排技术效率之间的协调性是一个至关重要的问题。经济增长效率与 CO_2 减排技术效率均是在现有技术水平约束下实际的资源配置与最优的资源配置之间的差距，因此经济增长效率与 CO_2 减排技术效率之间的协调性并没有违背"没有不冒烟的火"的原则，而是指在现有的技术水平下实际经济增长水平与最高经济增长水平的距离和实际 CO_2 排放水平与最低 CO_2 排放水平之间的距离的协调。经济增长效率与 CO_2 减排技术效率之间的协调性是技术约束下的协调，而不是绝对意义上的协调。

在 Hwang 和 Yoon（1981）提出的 TOPSIS 的基础上，构建方向性协调度指标来衡量经济增长和 CO_2 减排的协调性，即利用经济增长效率对否定理想解的相对接近度、CO_2 减排技术效率对否定理想解的相对接近度来构造协调度指标：

$$H_i = \frac{\dfrac{UDDEE_i}{\sqrt{UDEE_i^2 + DDEE_i^2}}}{\dfrac{UDUDEE_i}{\sqrt{UDUDEE_i^2 + DUDEE_i^2}} + \dfrac{UDDEE_i}{\sqrt{UDEE_i^2 + DDEE_i^2}}} \quad (3\text{-}34)$$

式中，DDEE 表示经济增长效率到理想解的距离；DUDEE 表示 CO_2 减排技术效率到理想解的距离；UDEE 表示经济增长效率到否定理想解的距离；UDUDEE 表示 CO_2 减排技术效率到否定理想解的距离。H 为经济增长与 CO_2 减排的相对协调度，介于 0 和 1。$H=0.5$，表示经济增长与 CO_2 减排协调发展；$0.5<H<1$，表示第 i 个省份处于 CO_2 减排滞后于经济增长的不协调状态；$0<H<0.5$，表示第 i 个省份处于经济增长滞后于 CO_2 减排的不协调状态。

三、中国省级 CO_2 排放与经济增长协调机制研究

（一）CO_2 排放与经济增长的数据选取

1. 数据来源与变量说明

本小节采用中国 1998~2010 年 29 个省级面板数据，包括 13 年的序列、30 个截面和 390 个样本点。

对于物质资本存量，基于永续盘存法，采用张军等（2004）的研究结果，以固定资本形成总额为计算对象，以隐含固定资产投资价格指数为价格缩减指数，以固定资产经济折旧率为 9.6%来计算中国 1998~2010 年的物质资本存量：

$$K_{ij} = \sum_{m=1952}^{j} I_{im}(1-\delta)^m \quad (3\text{-}35)$$

式中，i 表示第 i 个省份；j 表示第 j 年；K 表示物质资本存量；I 表示全社会固定资产投资；δ 表示经济折旧率。

对于劳动力，采用年底全社会就业劳动数进行测度；对于地区生产总值，采用以 1998 年为基期的地区生产总值来进行刻画。

2. 中国区域 CO_2 排放与经济增长现状

由于 CO_2 排放强度可以在一定程度上反映 CO_2 排放与经济增长之间的关系，从相关数据中可以发现：全国和分地区的 CO_2 排放强度在 1998~2002 年显著下降，但是 2002~2006 年有一定的抬头，可认为在这期间由于经济的高速增长并且低碳经济没有得到应有的重视，各省份均迎来了新一轮的工业化尤其是重工业化的热潮，如全国层面的第二产业占比增加了 3.16 个百分点，各省份的平均值则增长了 5.85 个百分点，从而导致了这期间的 CO_2 排放强度不降反升的状况，然而随

着国家节能减排政策的实施，各个地区的 CO_2 排放强度在 2006 年之后明显改善；从分地区的差异来看，东部地区的 CO_2 排放强度最低，而中部地区和西部地区的 CO_2 排放强度在 1998~2008 年并没有太大差距，但是中部地区在 2008 年之后的下降幅度最大，因而西部地区成为 CO_2 排放强度最高的区域。

（二）经济增长效率与 CO_2 减排技术效率的变化

1. 中国省际经济增长效率的空间变化

1998~2010 年中国各省份的经济增长效率的空间变化如下。

（1）从全国层面来看，中国总体的经济增长效率在不断下降，说明中国尚未实现从粗放型增长到集约型增长的转变，经济增长更多地依赖于资源的投入，而技术则出现了不进反退的境地；另外，标准差的持续提高也反映了区域内各个省份的经济增长效率的差异性在不断拉大，说明中国的经济增长存在显著的日益拉大的区域不平衡现象。

（2）从区域划分来看，东部地区的经济增长效率最高，并且在样本期内没有明显变化，中部和西部地区的经济增长效率较低，并且有明显的下降趋势。

（3）从东部省份的变化来看，除天津、海南、河北和山东之外，其余所有省份的经济增长效率均有所增长，说明东部地区的大多数省份都正处于从粗放型经济发展模式向集约型经济发展模式转变的阶段，技术已经逐渐成为其经济发展的新动力。

（4）从中部地区的变化来看，所有省份的排名均有明显的下降，说明相对于全国平均水平，中部省份的经济增长正在进一步粗放化，技术有明显的不进反退现象。

（5）从西部地区的变化来看，其经济增长效率均处于较低的水平，但是并没有出现明显的下降，并且在 2007 年之后其经济增长效率有微弱的增长，说明西部地区由于经济发展的长期落后，其经济增长也主要源于资源的大规模投入，技术并没有成为地区经济发展的动力。

结合中国正在发生的大规模的产业转移现象，随着东部地区的经济发展达到一定阶段，劳动力成本的不断增加、资本的快速流动和技术的快速发展促进了东部地区产业向中西部地区转移，但是产业转移主要依托于中西部地区的劳动力成本优势和资源优势，转移产业也主要集中于劳动密集型、能源矿产开发和农产品加工等对技术要求不高的产业，其一方面对东部地区的产业结构优化起到了一定的作用；另一方面产业转移并没有为中西部地区带来有效的技术溢出，不能促进其地区经济由粗放型向集约型转变，反而冲击了中西部地区劳动力成本、资本投资和技术发展的相对比较优势，加速了中西部地区的粗放化经济增长模式的发展。

2. 中国省际 CO_2 减排技术效率的空间变化

1998~2010 年中国各省份 CO_2 减排技术效率变化如下。

（1）全国平均水平从 1998 年到 2010 年有一定的上升趋势，但是其仍处于较低水平，以 2010 年来看，全国平均的 CO_2 减排效率为 0.82，说明在现有的技术水平下，中国仍有 18% 的 CO_2 减排空间。

（2）东、中、西部地区的 CO_2 减排技术效率均有所增加，其中东部最高、中部次之、西部最低，并且东部地区和中部地区的 CO_2 减排效率的标准差均有一定的下降，而西部地区则有所上升，说明东部地区和中部地区的 CO_2 排放效率差异在不断降低，而西部地区的差距则有扩大的趋势。

（3）就东部各省份而言，除上海和广东持续保持领先之外，其他省份均有较大程度的好转，其中值得一提的是北京在 2010 年成为 CO_2 减排的最佳实践者，这主要得益于北京长期推动的产业结构转型和污染型企业的转移政策。

（4）中西部地区除湖南和江西之外，其他省份的 CO_2 减排技术效率也有微弱的好转现象，而湖南和江西在样本期内 CO_2 减排技术效率则持续恶化。

（三）CO_2 减排技术效率与经济增长效率的分析

1. 中国省际 CO_2 减排技术效率与经济增长效率的对比分析

图 3-17 表示了中国区域经济增长效率与 CO_2 减排技术效率的变化状况，从中可以发现以下几点。

（1）整体上经济增长效率与 CO_2 减排技术效率的差异在不断减小，说明我国经济在快速发展的同时也在一定程度上兼顾了 CO_2 减排的责任，使得中国的经济发展正在趋向"又好又快发展"。

（2）西部地区的经济增长效率与 CO_2 减排技术效率的差距最小，并且到 2010 年 CO_2 减排技术效率已经超过经济增长效率，说明在产业转移的过程中，西部地区的产业结构得到了一定程度的优化，CO_2 排放正在趋于减少，然而西部地区的经济增长效率和 CO_2 减排技术效率仍然处于较低的水平，表明西部地区的经济增长和 CO_2 减排还有较大的空间。

（3）中部地区的经济增长效率与 CO_2 减排技术效率的差异最大，这是因为中部地区作为中国资源储备相对丰富和资源开采技术较为成熟的地区，其资源密集型产业在产业结构中占据较大的优势，从而导致了 CO_2 减排技术效率相对低下。

（4）东部地区经济增长效率与 CO_2 减排技术效率的差异较低，并且差距降低的幅度最大。东部地区具有较好的经济基础，并且产业结构正处于不断优化的阶段，环境污染尤其是 CO_2 排放成为经济社会发展日益关注的一个重要议题，因此其经济发展模式正从粗放型模式向集约型模式转变,并将成为中国经济增长与CO_2排放协调发展的地区。

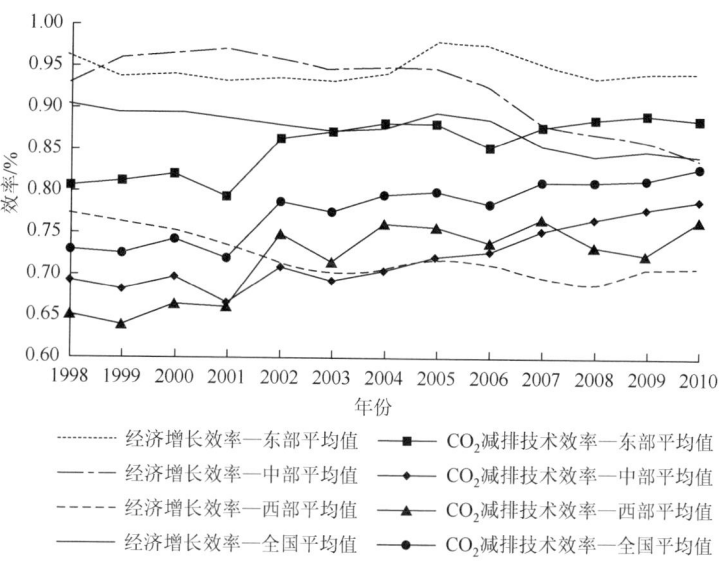

图 3-17　中国区域经济增长效率与CO_2减排技术效率对比

2. 中国省际经济增长效率与CO_2减排技术效率的协调性分析

根据方向性协调度指标测度中国区域经济增长效率与CO_2减排技术效率的协调度,图 3-18 描述了该协调度的变化,从中可以发现以下几点。

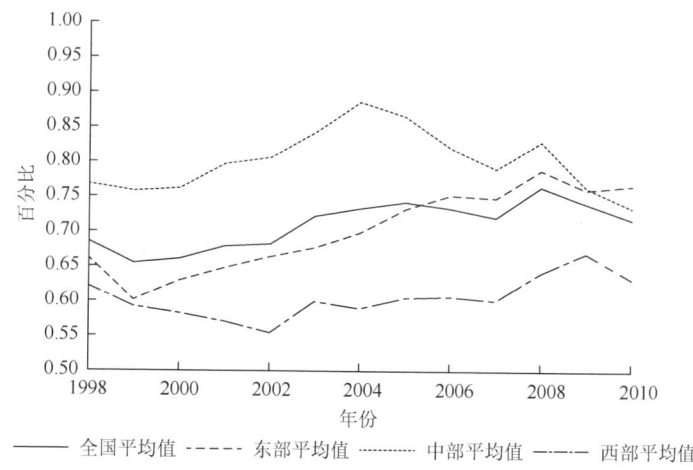

图 3-18　中国区域经济增长效率与CO_2减排技术效率协调性分析

（1）从全国平均水平而言，1998～2010 年协调度指标均在 0.6 以上，说明在中国存在显著的 CO_2 减排滞后于经济增长的现象，并且协调度在样本期内有一定的增长，说明 CO_2 减排滞后于经济增长的现象在经济发展过程中并没有获得改变。

（2）中部地区的协调度指标最高，东部次之，西部最低，并且中西部地区在 2002～2006 年的变化呈现出显著的倒 U 形关系，西部大开发和中部崛起战略等大规模的国家政策支持促进了中西部地区经济的快速发展，但是并没有对 CO_2 减排政策进行有效执行，从而导致了中西部地区在经济发展的同时并没有有效地控制地区的 CO_2 减排，另外，东部地区的产业转移现象也促进了中西部地区工业化水平的提高，从而导致其 CO_2 减排不增反降。然而，2006 年以来中国实行了强有力的"区域限批"、"流域限批"和"行业限批"等政策，从而为地区 CO_2 减排工作提供了坚实的法律保障，促进地区经济增长和 CO_2 减排趋于协调。

表3-14 显示了中国省际经济增长效率与 CO_2 减排技术效率协调性的动态变化情况。1998 年上海、广东、福建、江西、新疆和青海等处于协调状态，其他省份则均处于经济增长领先于 CO_2 减排的状态。对于新疆和青海，其在样本期内均处于协调状态，这主要是新疆和青海的经济发展水平较低及工业化程度较低造成的。对于陕西、江西、福建、上海和广东等五个在样本期初处于协调状态的省份，其在样本期内均存在显著的从协调发展到 CO_2 减排技术效率滞后于经济增长效率的趋势，说明在经济发展过程中这些省份忽视了对 CO_2 减排的关注，而过分地注重经济增长的效果。这从另一侧面也反映了不同地区的经济增长效率与 CO_2 减排技术效率的协调性程度有趋同的趋势。在产业转移的大背景下尽管资本密集型企业、劳动密集型企业和污染密集型企业等从东部向中西部转移，但是客观上也促进了落后地区的经济增长和产业结构升级及产业技术的提高，从而导致不同地区的经济增长效率与 CO_2 减排技术效率的协调度呈现出趋同的趋势。

表3-14 中国省际经济增长效率与 CO_2 减排技术效率协调性的动态变化[①]

协调趋势	CO_2 减排技术效率同步于经济增长效率（1998 年）	CO_2 减排技术效率滞后于经济增长效率（1998 年）
趋于不协调（1998～2010 年）	陕西、江西、福建、上海、广东	辽宁、湖北、河北、山东、安徽、四川、贵州、云南、浙江、江苏、湖南
趋于协调（1998～2010 年）	新疆、青海	内蒙古、甘肃、河南、天津、吉林、重庆、黑龙江、广西、山西、北京、海南

① 本节将协调度值位于[0.45 0.65]的省份认定为经济增长效率与 CO_2 减排技术效率协调发展的地区。

四、小结

本节通过已有文献中的 DDF 来构建 NDDF,并提出了经济增长效率和 CO_2 减排技术效率,然后利用 TOPSIS 建立了经济增长与 CO_2 减排协调度指标,采用中国 29 个省份 1998~2010 年的省级面板数据进行实证研究,结论如下。

(1)从经济增长效率来看,总体上中国的经济增长效率有一定的下降,说明在当前的经济发展过程中并没有实现从粗放型增长到集约型增长的转变,经济增长还主要依赖于资源的投入。东部地区正在从粗放型经济增长模式向集约型经济增长模式转变,但是中西部地区仍然处于粗放型经济增长阶段,并且在产业转移大背景下,中西部地区的经济增长模式有进一步粗放化的趋势。

(2)从 CO_2 减排技术效率来看,在逐步融入低碳发展的大背景下,中国总体的 CO_2 减排技术效率较低,CO_2 减排依然有较大的空间;东部地区的 CO_2 减排技术效率最高,中部次之,西部最低;CO_2 减排技术效率相对于经济增长效率有较大的差距,表明我国在经济发展过程中有过于注重经济增长的迹象,但是 CO_2 减排技术效率与经济增长效率的差距正在不断减小,从而预示着 CO_2 减排与经济增长协调发展的美好前景。

(3)从经济增长与 CO_2 减排发展的协调性来看,总体上中国经济发展与 CO_2 减排协调度从 1998 年到 2010 年有一定的上升趋势,说明在经济增长过程中 CO_2 减排并没有受到应有的重视;中部地区的协调度指标最高,东部次之,西部最低,这主要是由于中部地区较为丰富的自然资源和较为成熟的自然资源开采技术而导致其工业化程度尤其是重工业化程度相对于东西部较高,而西部地区由于其经济发展水平较低,CO_2 减排的压力较小,但是西部地区的 CO_2 减排技术效率最低,从而使其 CO_2 减排空间最大。

(4)中国存在显著的 CO_2 减排滞后于经济增长的现象,并且经济发展模式并没有从粗放型增长转向集约型增长,从而为经济-环境协调发展带来了较大的压力。因此,中国应该加大人力资本投资,促使经济发展由粗放型增长向集约型增长转变;提高能源利用效率;加大对产业转移的管理,避免东部地区高污染高耗能产业转向中西部地区,从而实现东中西部地区共同的产业技术升级和产业结构优化。

第五节 本章小结

作为世界上最大的发展中国家,我国的能源需求增长强劲,煤炭、石油、天然气在能源消耗中占有较大比重。能源利用低效率带来了非期望产出,如碳氮氧化物。其中，CO_2 的排放量最高，对人们生活的环境、社会经济的发展也产生了不良影响。

本章从我国区域之间、省份之间等不同角度分析 CO_2 对我国经济的影响，并探讨了 CO_2 减排技术效率与经济增长效率的协调性。结果表明，GDP 和 CO_2 排放量均能够支持中国不完善的区域经济收敛。然而，中国人均 CO_2 排放"赶超"收敛趋势，导致收敛过程效率低下。从中国省际 CO_2 排放差异的角度分析，尽管中国 CO_2 排放总量会持续上升，但以 CO_2 排放强度衡量，即使维持现有的减排政策，中国政府的承诺也基本可以实现。

结合中国地区 CO_2 排放强度差异成因的研究，可以寻找中国地区间 CO_2 排放强度差异形成的原因，对 CO_2 减排任务进行合理的区域分配，能够公平有效地以较低的社会经济成本实现减排的目标；要高度重视中国经济地区失衡的治理，这对中国经济再平衡具有重要意义，也有助于减少中国地区之间 CO_2 排放强度差异；另外，优化能源结构，逐渐降低煤炭占一次性能源的比例，是中国 CO_2 排放目标实现的重要途径。同时，城市化进程对 CO_2 排放的影响已不容忽视，需要在经济发展过程中，适当控制城市化进程的节奏，结合生态文明建设，走新型城镇化道路。节能减排政策的制定和实施不一定以省级行政单位作为唯一主体，可以适当考虑区域的作用。

通过对中国区域经济增长效率与 CO_2 减排技术效率的测度研究发现，就经济增长效率而言，总体上中国的经济增长效率有一定的下降，说明在当前的经济发展过程中并没有实现从粗放型增长到集约型增长的转变，经济增长还主要依赖于资源的投入。就 CO_2 减排技术效率而言，在倡导绿色低碳发展的大环境下，中国总体的 CO_2 减排技术效率较低，CO_2 减排依然有较大的空间；东部地区的 CO_2 减排技术效率最高，中部次之，西部最低；CO_2 减排技术效率相对于经济增长效率有较大的差距，表明我国在经济发展过程中有过于注重经济增长的迹象，但是 CO_2 减排技术效率与经济增长效率的差距正在不断减小，从而预示着 CO_2 减排与经济增长协调发展的美好前景。

为解决中国存在的显著的 CO_2 减排滞后于经济增长的问题，政府应该加大人力资本投资，促使经济发展由粗放型增长向集约型增长转变；提高能源利用效率；加大对产业转移的管理，避免东部地区高污染高耗能产业转向中西部地区，从而实现东中西部地区共同的产业技术升级和产业结构优化。

第四章　我国环境效率对劳动供给及经济增长协调机制研究

低效率的能源利用导致过量碳排放，从而引发了一系列环境问题。随着我国大力推进生态文明建设，实行可持续发展战略，在探究经济发展过程中产生的问题时必须将环境纳入经济增长的分析框架。本章从环境污染对劳动供给、劳动生产率及人类发展的影响等几个方面进行研究，在经济增长的基础上，构建了包括环境污染、健康人力资本和劳动生产率等生产分析框架，进一步阐释了环境污染影响劳动生产率的内在机制，并基于中国的省级面板数据进行实证研究以提供现实依据。

第一节　环境污染对劳动生产率的影响研究

一、主要概念界定

（一）环境污染的界定

环境污染是指由于人类活动在消耗自然资源的过程中向自然环境中排放的污染物超过其自净能力时而对自然环境造成的破坏，一方面其是经济发展过程中的"非期望产出"（Chung et al., 1995），另一方面则是经济发展的重要承载体，是经济发展过程中的重要投入品。因此，已有研究将环境污染纳入经济增长的分析框架之内，并认为环境污染具有以下属性。

（1）环境污染是弱可处理的，即环境污染的降低是需要一定成本的。

（2）环境污染与经济发展之间的关系具有零结合性，即在没有环境污染产生的情况下，人类也得不到足够的经济产出，Färe 等（2007）将其形象地描述为"没有不冒烟的火"。

（3）环境污染与经济发展之间的关系具有方向性（directional），Chung 等（1995）构建了联合生产函数将非期望产出（环境污染）与期望产出同时包括在内，并认为在一定技术水平下，经济活动可以实现期望产出的增加和非期望产出（环境污染）的降低[①]，从而促使经济活动实现可持续发展。

---

① 基于此，Chung 等（1995）提出了方向距离函数。

环境污染是一个复杂的系统：按环境要素来分，其包括大气污染、水污染、土壤污染等；按环境污染物来源分，其包括物理污染、化学污染、生物污染、固体废物污染、能源污染等；按人类活动来分，则包括工业环境污染、农业环境污染、城市环境污染等。因此采用合理的指标来反映环境污染程度是关系研究结果准确性的关键，而在当前研究中主要采用两类污染指标来反映污染程度：一是单一污染指标，如工业二氧化硫排放量、工业废水排放量等。单一污染指标选取的合理性主要依赖于所选取指标与做研究经济活动之间的关联性是否紧密，如Hanna 和 Oliva（2011）在分析环境污染对劳动供给的研究中采用二氧化硫[①]排放量作为环境污染指数，Zivin 和 Neidell（2012）在研究环境污染对劳动生产率的过程中则采用臭氧浓度作为环境污染指数，而杨俊和盛鹏飞（2012）在分析环境污染对中国劳动生产率的影响的研究中也采用二氧化硫排放量作为环境污染指数。二是综合性环境污染指数。由于不满意采用单一环境污染指数对研究结果造成的不良影响，一些研究者开始尝试构造综合性环境污染指数，如通过估算维持人类活动的自然资源的消耗量与净化人类活动所产生的环境污染物所需要的生态生产性空间面积，并与给定的人口区域的生态承载力进行比较来构建生态足迹（ecological footprint）指标，并以其来反映人类活动对自然环境破坏的程度，然而综合性环境污染指数的构造方式并不能完全符合环境污染的经济意义和社会意义，因而综合性环境污染指数在已有研究中的应用并不多见，本小节采用多种单一性的环境污染指数来构建环境污染评价体系，以研究环境污染对劳动生产率的影响。

（二）劳动生产率的界定

劳动生产率是指单位时间内劳动所生产的产品和服务的价值总和，即单位时间内劳动将自然资本转化为人造资本（商品）的数量。劳动生产率是衡量一个国家或者一个产业的增长潜力和竞争力的重要指标，并能够反映地区内居民的经济福利水平。而劳动生产率的增长则是指反映生产单元在单位时间内利用劳动所能生产的最大产出的能力的增长，或者在产出约束下最小化劳动投入能力的提高，其能够进一步反映地区经济发展过程中技术水平的变化。

劳动生产率按照其指标构造的不同可以分为实物型劳动生产率、价值型劳动生产率和比较劳动生产率。其中实物型劳动生产率是指单位时间内劳动所生产的产品或者服务的数量；价值型劳动生产率则是单位时间内劳动所生产的产品和服务的价值总和与劳动投入成本的比值；比较劳动生产率则是指一个部门或者产业

[①] 根据世界卫生组织发布的《空气质量准则》（2005版），二氧化硫、臭氧、可吸入颗粒物和二氧化氮是影响人们健康的重要污染物。

的产值占总产值的比重与该部门或者产业内就业劳动力占总劳动力的比重。三种劳动生产率指标分别从不同角度衡量单位劳动的生产结果,但是由于不同地区的价格水平、产业结构、经济发展水平不同,不同劳动生产率的评价结果也是不同的,如在张金昌(2002)的研究中,采用实物型劳动生产率分析发现中国制造业劳动生产率远远低于美国、日本等发达国家,而采用价值型劳动生产率的结果则表明中国制造业的劳动生产率将高于日本、美国等,当然这主要是受中国较低的劳动力成本的影响;而比较劳动生产率则反映一个部门劳动生产率水平的高低,当地区经济发展水平处于起飞阶段时,其农业部门的比较劳动生产率会明显小于1,劳动力会从农业部门向非农业部门流动,而随着地区经济水平的提高,农业部门的比较劳动生产率则又会趋近于1,从而存在较强的时间变化。

按照指标的经济属性,劳动生产率可以分为平均劳动生产率和边际劳动生产率。其中平均劳动生产率是指针对一个经营周期的经营成果,每一单位内劳动投入所生产的产品和服务的价值之和,而边际劳动生产率则是指每增加或者减少一单位劳动投入所生产的产品或者服务的价值总和。平均劳动生产率反映了劳动的平均生产能力,而边际劳动生产率则从资源配置角度反映了劳动资源的配置是否合适,当一个部门的边际劳动生产率低于其他部门的边际劳动生产率时,说明该部门内存在劳动投入冗余,降低劳动投入能够获得更高的经济效益。

当前研究中的劳动生产率主要是用地区生产总值与地区劳动就业数进行比较来表示[①],一种计算方法是用地区生产总值与地区劳动就业数量的比值来表示劳动生产率,另一种计算方法则是利用距离函数法,将固定劳动投入条件下地区生产总值的实际值与潜在值的距离之比或者固定产出条件下实际劳动投入量与最低劳动投入量的距离之比来表示(涂正革和肖耿,2006;杨文举和张亚云,2010)。然而,正如Zivin和Neidell(2012)所说的这种劳动生产率指标并不能将劳动要素与其他投入要素如资本和技术等区分开,从而不能得到一个净劳动生产率。当然这种劳动生产率的度量涉及一个价值创造的问题,在马克思主义政治经济学中,价值只能由劳动来创造,而资本只是将其价值转移到所生产的产品或劳务中,并不能产生增值,因此这种劳动生产率的测度是合适的;但是在新古典经济学中,劳动并不是价值的唯一源泉,劳动只有在和资本、土地等相结合的条件下才能创造价值,因此价值是"三位一体"的,劳动生产率的测算需要将资本、土地等其他投入要素的影响剥离之后才能获得净的劳动生产率,也才能更为准确地表述劳动的生产能力。

综合以上分析,结合本小节的研究目的和研究特点,得到一个净的劳动生产率的指标来研究环境污染对劳动生产率的影响,即在劳动生产率指标测算过程中剔除掉资本、技术等因素对产出的贡献。

---

① 同理,企业的劳动生产率可以用企业的销售额、利润等与企业内职工人数之比来表示。

（三）环境污染、劳动生产率与中国经济发展转型

改革开放带来的制度变迁极大地促进了中国的经济发展：国内生产总值从 1978 年的 3645.2 亿元增长到 2011 年的 47 2881.6 亿元[①]，成为世界第二大经济体，实际国内生产总值年均增长率高达 9.8%。然而，中国经济的高速增长并非来自技术提高，世界银行的经济学家 Kuijs（2009）估算，全要素生产率对中国劳动生产率的贡献从 1978 年到 1994 年间的 46.9% 降低到 2005 年到 2009 年间的 31.8%，而资本劳动比的贡献在对应时期分别为 45.3%、64.7%。然而单纯依赖物质资本投入的增加并不能保持中国经济的长期可持续发展（蔡昉，2013），健康、教育、职业培训等人力资本积累的增加才是中国经济增长的源泉，也是中国经济转型的关键。

在经济高速发展的同时，中国的资源压力和环境压力也逐年增加：来自《中国能源统计年鉴》的数据显示中国的能源自给率[②]在 1992 年首次降低到 100% 以下，成为能源净进口国，并且能源自给率从 1992 年到 2010 年逐年下降，到 2010 年中国的能源自给率仅为 91.4%，并且作为国家战略资源的石油的对外依存度在 2010 年已经超过 52.6%；来自英国丁铎尔气候变化研究中心的"全球碳计划"2012 年度报告[③]的成果显示中国 2011 年的碳排放量为 99.68 亿 t，占全球碳排放量的 28%，是全球最大的碳排放国；来自《迈向环境可持续的未来——中华人民共和国国家环境分析》的结果显示中国最大的 500 个城市中只有不到 1% 的城市达到了世界卫生组织的空气质量标准，并且世界上污染最严重的 10 个城市中有 7 个在中国[④]。资源压力和环境压力的日益严峻也对中国经济社会产生了重要的影响：如《中国环境经济核算研究报告 2009》的数据显示 2009 年中国的环境退化成本和生态破坏成本合计为 13 916.2 亿元，占当年 GDP 的 3.8%；《OECD 中国环境绩效评估报告》指出到 2020 年在中国城市地区约有 60 万人会因为环境污染而过早死亡，平均每年有 2000 万人患上呼吸道疾病和 550 万人患上慢性支气管炎，环境污染对中国居民的健康造成的损失将会占其 GDP 的 13%。

在资源压力、环境压力和经济增长压力等面前，中国必须走一条"资源节约

[①] 数据来自《中国统计年鉴》，其中国内生产总值为当年价格计算，后文中若无特殊说明数据均来自《中国统计年鉴》。

[②] 能源自给率=能源生产总量/能源消费总量。

[③] "全球碳计划"2012 年度报告是由世界最具权威的学术机构——英国丁铎尔气候变化研究中心发布并在 Nature 的《自然·气候变化》专刊上发表的研究报告。

[④] 报告显示世界上污染最严重的十个城市分别是太原、米兰（意大利）、北京、乌鲁木齐、墨西哥城（墨西哥）、兰州、重庆、济南、石家庄、德黑兰（伊朗）。

型、环境友好型"发展道路,充分发挥人力资本优势,使经济增长由粗放式发展转向全要素生产率驱动型的增长模式(蔡昉,2013)。在经济转型过程中,正确处理好环境污染与劳动生产率的关系是一个重要的问题,同时也是制定有效的环境规制政策的重要环节。

(四)当前环境污染与经济增长分析

日益严峻的环境污染问题迫使人们重新审视经济增长与环境污染之间的关系。尽管经典的环境库兹涅茨假说认为当经济增长达到一定阶段时,环境污染物排放将会随着经济增长而逐渐降低,但是倒 U 形曲线的转折点并不会自动发生,而是基于规模报酬递增的环境治理行为,因此有效的环境规制政策是推动环境污染与经济增长之间的关系快速转折的重要途径。基于经典的庇古税法则,环境规制政策的有效制定的主要依据是环境污染造成的社会成本与私人成本之间的差距,虽然已有文献考察了环境污染对劳动供给的影响,但是它们忽略了环境污染对劳动生产率的影响,正如 Zivin 和 Neidell(2012)所言,环境污染可以在不影响劳动供给的前提下对劳动生产率产生显著的影响。因此,本小节在内生经济增长理论和环境库兹涅茨假说的基础上建立环境污染影响劳动生产率的理论分析模型,并由中国的经济和环境发展现状来考察环境污染对劳动生产率的具体影响。

不同于传统的经济增长模型将环境污染作为经济发展副产品的观点,本部分利用环境库兹涅茨假说将环境污染内生引入到经济增长模型,并且通过环境污染影响厂商生产成本和环境污染损害居民健康人力资本两个渠道来考察环境污染对劳动生产率的影响。从环境污染对厂商生产成本的影响来看,环境污染对劳动生产率的影响是直接的,包括收入效应和替代效应两个部分;在经济欠发达地区,收入效应和替代效应均表示环境污染有利于劳动生产率的提高;而在经济发达地区,尽管替代效应依然为正,但是收入效应则表示环境污染将不利于劳动生产率的提高。从环境污染损害居民健康人力资本的角度出发,环境污染对劳动生产率的影响是间接的,包括健康成本效应和健康配置效应,其中健康成本效应在经济发达地区和经济欠发达地区都明显为正,而健康配置效应在经济欠发达地区为负,在经济发达地区则为正。环境污染对劳动生产率的影响是多方面的,并且会因环境规制强度、环境污染强度和经济发展水平的不同而变化。

在理论模型的基础上,可以构建环境污染影响劳动生产率的实证模型,并利用中国的省级面板数据进行实证研究。然而,在计量分析过程中面临的一个重要问题是传统的劳动生产率指标如劳均国内生产总值是一个粗劳动生产率指标,其并不能区分资本、技术等其他投入对产出的贡献,所以本节从边际劳动生产率的角度出发，利用距离函数来建立生产分析框架，然后在完全竞争市场假设下求解劳动生产率，并将效率损失考虑到劳动生产率的计算过程中，从而得到净的劳动生产率的测度。研究表明：第一，环境污染对当期劳动生产率有显著的负效应，并且基于三种环境污染物的计量结果是稳健的。第二，环境污染对劳动生产率的短期影响并不显著，但是长期影响则显著为负。第三，为了进一步考察环境污染对劳动生产率的区间效应，运用 Hansen（1999）发展而来的门槛面板模型的结果显示，环境污染对劳动生产率的负效应随着环境污染规模的增加而增加；当经济发展水平较低时，环境污染对劳动生产率的负效应较弱，然而随着经济水平的提高，环境污染对劳动生产率的负效应将会增加；环境污染对劳动生产率的负效应随着环境规制程度的增强呈现出典型的倒 U 形关系。

本小节分析了环境污染作为外部因素对劳动生产率收敛性的影响。结合 Barro（1992）的观点及已有的研究构建环境污染影响劳动生产率收敛性的模型，利用门槛面板模型的实证结果表明：中国省际劳动生产率存在显著的 β 绝对收敛，但是在 2000 年之前收敛特征更多地表现为东部地区领先背景下的有限收敛，而在 2000 年之后收敛特征才得以稳定；环境污染对劳动生产率收敛性的影响主要体现在当地区环境污染水平明显高于或者低于平均水平时，劳动生产率的收敛速度是较低的；当地区放松环境管制时，劳动生产率的收敛速度将会降低，并且严格的环境规制措施也将降低劳动生产率的收敛速度，即环境规制强度与劳动生产率的收敛速度之间存在显著的倒 U 形关系（盛鹏飞，2014）。

二、环境污染对劳动生产率的直接影响

在不考虑健康人力资本的前提下，该部分在传统的生产理论和成本理论的基础上建立环境污染直接影响劳动生产率的分析模型。

（一）理论分析

1. 模型设定

基于传统的生产理论，假设厂商采用资本（K）、劳动（L）来生产期望产出（Y），那么生产函数可以定义如下：

$$Y_i = F(K_i, L_i) \tag{4-1}$$

式中，$F(K_i, L_i)$ 表示生产技术，并且满足稻田条件，即 $F_K \geq 0$、$F_{KK} < 0$、$\lim_{K \to +\infty} F_K = 0$、$F_L \geq 0$、$F_{LL} < 0$、$\lim_{L \to +\infty} F_L = 0$。同时，为了削弱其他要素（$K$）

对劳动生产率的影响，利用边际劳动产量来表示劳动生产率（y_i），即 $y_i = \dfrac{\mathrm{d}F_i}{\mathrm{d}L_i} = F_{L_i}$。

经典的环境库兹涅茨曲线（environmental Kuznets curve，EKC）理论认为环境污染物的排放与地区经济发展水平呈现出显著的倒 U 形关系（Grossman and Krueger，1992；Panayotou，1993），即随着经济发展水平的提高，环境污染物的排放会呈现出先增加后降低的变化，并且得到大量实证研究的证明（包群和彭水军，2006；苏伟和刘景双，2007）[①]。因此，可认为环境污染物的排放（EP）是产出规模的函数：

$$EP_i = \alpha Y_i \tag{4-2}$$

式中，α 表示产出对污染物排放的影响系数，当经济发展水平处于 EKC 的左半段时，有 $\alpha > 0$，而当经济发展水平处于 EKC 的右半段时，则有 $\alpha < 0$。

影响居民健康的不仅是当期环境污染物排放量，还包括前期排放尚未被自然或者人工处理掉的留存的环境污染物，因此构建如下的环境污染强度指标：

$$E_{i,t} = \upsilon E_{i,t-1} + EP_{i,t} = \upsilon E_{i,t-1} + \alpha Y_{i,t} \tag{4-3}$$

式中，$E_{i,t-1}$ 表示上一期的环境污染。$1-\upsilon$ 表示自然和人工对污染物的年处理率。

在基本的生产理论的基础上，厂商在给定的生产技术 $F(K_i, L_i)$ 的条件下，其生产成本为资本、劳动和环境污染的函数：

$$C_i = C(K_i, L_i, E_i) \tag{4-4}$$

式中，$C_{K_i} = \dfrac{\mathrm{d}C_i}{\mathrm{d}K_i} > 0$；$C_{L_i} = \dfrac{\mathrm{d}C_i}{\mathrm{d}L_i} > 0$。但是厂商边际要素成本的变化并不是一定的：如果厂商在生产过程中所投入的资本和劳动的增加是由于厂商需求增加，那么资本和劳动的价格将会上涨，从而导致厂商的边际要素成本增加，即 $C_{K_i K_i} = \dfrac{\mathrm{d}^2 C_i}{\mathrm{d}K_i^2} > 0$ 和 $C_{L_i L_i} = \dfrac{\mathrm{d}^2 C_i}{\mathrm{d}L_i^2} > 0$；但是如果在生产过程中劳动和资本的增加是由市场供给增加导致的，那么资本和劳动的价格将会下降，从而导致厂商的边际要素成本下降，即 $C_{K_i K_i} < 0$ 和 $C_{L_i L_i} < 0$。

环境污染物排放的成本在不同的条件下是不同的：当不存在环境规制时，环境污染的负外部性会导致厂商的私人成本下降，即 $C_{E_i} = \dfrac{\mathrm{d}C_i}{\mathrm{d}E_i} < 0$，并且假设随着环境污染物排放量的增加，其对厂商私人成本的影响将会减弱（即厂商私人成本与

[①] 当然，关于 EKC 形成机制的研究众说纷纭（Grossman and Krueger，1992； Copeland and Taylor，2003），并且 EKC 的实证研究也并不一致（庄宇等，2007；许士春和何正霞，2007；Song et al.，2008），但是环境污染与经济增长之间存在显著的相关关系已经是人们的共识。

社会成本之间的差距），即 $C_{E_iE_i} = \dfrac{d^2C_i}{dE_i^2} > 0$；当存在有效的环境规制措施时，环境污染物排放的负外部性会受到惩罚，会导致厂商的私人成本增加，即 $C_{E_i} = \dfrac{dC_i}{dE_i} > 0$，同时本小节认为环境规制措施是累进的，即随着污染物排放量的增加，对厂商的惩罚将逐渐加重，因此有 $C_{E_iE_i} = \dfrac{d^2C_i}{dE_i^2} > 0$；环境污染物对劳动者的健康水平是不利的，因此环境污染物对厂商支付给劳动者的成本的影响显著为正，即 $C_{L_iE_i} = \dfrac{d\left(\dfrac{dC_i}{dL_i}\right)}{dE_i} > 0$。

2. 模型分析

在利润最大化的目标约束下，厂商的决策行为模型如下：

$$\max_{L_i} T_i = Y_i - C_i = F(K_i, L_i) - C(K_i, L_i, E_i) \tag{4-5}$$

在式（4-5）的基础上，厂商对劳动的最优选择行为如下：

$$\frac{\partial T_i}{\partial L_i} = \frac{dF_i}{dL_i} - \frac{dC_i}{dL_i} = 0 \tag{4-6}$$

$$F_{L_i} = C_{L_i} - C_{E_i} \times \alpha F_{L_i} \tag{4-7}$$

式（4-6）表明，当劳动给厂商带来的边际产出与劳动的边际成本相等时，厂商选择的劳动投入量处于最优状态，并且式（4-7）表明劳动的边际成本包括两个部分，其中 C_{L_i} 表示厂商支付给边际劳动的直接成本，而 $-C_{E_i} \times \alpha F_{L_i}$ 则表示每增加一单位劳动带来的产出的增加所增加（或者减少）的污染对厂商所支付的成本的影响。

在式（4-7）的基础上，可以进一步得到

$$F_{L_i} = \frac{C_{L_i}}{\left|1 - \alpha C_{E_i}\right|} \tag{4-8}$$

F_{L_i} 和 C_{L_i} 均大于零，因此式（4-8）只有在 $(1 - \alpha C_{E_i})$ 大于零的情况下才有意义，也就是说产出对污染物的影响因子与污染物的边际成本的乘积必须小于 1。当研究对象为经济欠发达地区，有 $C_{E_i} < \dfrac{1}{\alpha}$，即当环境规制措施对边际环境污染物排放的惩罚成本高于 $\dfrac{1}{\alpha}$ 时，厂商会停止排放环境污染物；当研究对象为经济发达地区，有 $C_{E_i} > \dfrac{1}{\alpha}$，即当环境污染物的排放降低生产成本的边际贡献低于 $\dfrac{1}{\alpha}$ 时，厂商也会选择停止排放环境污染物。

式（4-8）可以写为

$$F_{L_i} = \frac{C_{L_i}}{1-\alpha C_{E_i}} \quad (4-9)$$

可以看出，尽管环境污染对产出函数并没有影响，但是厂商的成本函数会受到环境污染的影响，从而对劳动生产率产生直接的影响。令式（4-9）对 E 取导数，可以得到环境污染对劳动生产率的具体影响：

$$\frac{\partial F_{L_i}}{\partial E_i} = \frac{C_{L_iE_i}(1-\alpha C_{E_i}) - C_{L_i}(-\alpha C_{E_iE_i})}{(1-\alpha C_{E_i})^2} = \frac{C_{L_iE_i}}{1-\alpha C_{E_i}} + \frac{\alpha C_{E_iE_i} C_{L_i}}{(1-\alpha C_{E_i})^2} \quad (4-10)$$

式（4-10）表明环境污染对劳动生产率的影响可以分为两个部分，其中 $\dfrac{C_{L_iE_i}}{1-\alpha C_{E_i}}$ 表示环境污染影响边际劳动成本而导致厂商的生产要素组合发生改变对劳动生产率的影响，因此可以称为替代效应（substitution effect），而 $\dfrac{\alpha C_{E_iE_i} C_{L_i}}{(1-\alpha C_{E_i})^2}$ 则表示环境污染物的排放规模对环境污染物的边际成本导致的劳动生产率的变化，因此可以称为收入效应（income effect）。收入效应和替代效应会明显受到地区经济发展水平和环境规制措施的影响，因此分别从发达国家（EKC的右半段）和发展中国家（EKC的左半段）两个角度来分析环境污染对劳动生产率的影响。

（二）环境污染对经济发达地区劳动生产率的影响

经济发达地区的经济发展水平相对较高，环境污染物排放与经济增长之间的关系处于EKC的右半段，因此有 $\alpha<0$。然而，由于不同的环境规制措施会明显改变环境污染对劳动生产率的影响，所以，本节分别在有环境规制和无环境规制两种条件下分析环境污染对经济发达地区劳动生产率的影响。

在无环境规制条件下，环境污染影响劳动生产率的替代效应显著为正，环境污染会导致厂商面临的劳动成本增加，所以在其他条件不发生改变的前提下，劳动成本相对于其他要素的成本上升，厂商会选择降低劳动投入，增加其他要素投入，从而会导致劳动的边际生产率提高；收入效应对环境污染影响劳动生产率的贡献显著为负，替代效应尽管提高了劳动生产率，但是替代效应也降低了厂商在生产过程中劳动的投入量，从而使得劳动占产出的份额下降，并不利于劳动生产率的提高。

在环境规制条件下，环境污染影响劳动生产率的替代效应和收入效应的方向并没有发生明显变化，然而污染对厂商的成本信息的影响发生了新的变化，从而对劳动生产率的影响也将发生变化。对于替代效应，与无环境规制情形相似，环境污染对劳动成本的负效应会导致厂商在生产过程中投入较少的劳动,从而对劳动生产率有一定的促进效应。对于收入效应,在环境规制条件下,环境污染对于厂商来说不仅不能降低成本反而会导致成本提高,从而降低了厂商在均衡时的劳动投入量,对产出产生不利的影响,并抑制了劳动生产率的提高。对于在不同环境污染物排放水平下,环境污染影响劳动生产率的区别,图4-1描述了在有环境规制和无环境规制条件下,考虑:随着环境污染物的排放水平的变化,环境污染对劳动生产率的影响所发生的变化,该变化受污染物排放水平的变化的影响:在无环境规制条件下,环境污染物排放水平的提高会降低污染,也会降低其对厂商成本的边际贡献,因此替代效应对劳动生产率的正效应最终收敛于 $C_{L_iE_i}$,而收入效应也将收敛于 $\alpha C_{E_iE_i}C_{L_i}$;然而在环境规制条件下,环境规制会导致厂商排放污染物的成本越来越高,因此收入效应会逐渐增加而替代效应则会逐渐降低,并且都将趋近于零。

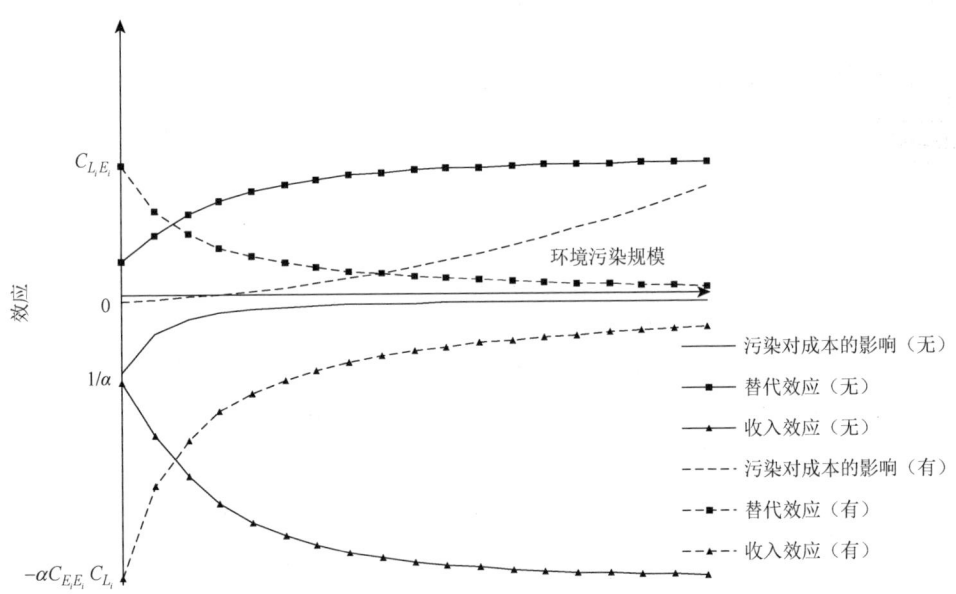

图4-1 有环境规制、无环境规制条件下环境污染对经济发达地区劳动生产率的影响

在有环境规制和无环境规制两种情形下,环境污染对经济发达地区劳动生产率的影响都将取决于替代效应与收入效应的总和,当收入效应小于替代效应时,环境污染对劳动生产率的总效应将会为正,而当收入效应大于替代效应时,环境污染会明显降低经济发达地区的劳动生产率。然而,单纯从劳动生产率的角度来看,替代效应是指厂商对生产要素进行再配置以寻找最优的生产组合,其属于长期影响,而收入效应则是指环境污染物的排放对厂商成本信息的即期影响,其属

于短期影响，因此经济发达地区是否应该采取有效的环境规制措施来应对环境污染可以分为两种情形。短期看来，当环境污染物排放水平较低时，有环境规制时环境污染对劳动生产率的收入效应要低于无环境规制条件下的收入效应，而当环境污染物排放水平较高时，环境规制条件下的收入效应则明显增加，所以在环境污染规模较低时，经济发达地区应该采取放松的环境规制，而当环境污染规模较高时，经济发达地区应该采取严格的环境规制。但是这种环境规制选择行为未必是合理的，这是因为一方面环境污染对劳动生产率影响仅仅考虑了环境污染对厂商成本的影响，而没有考虑其他因素，另一方面经典的 EKC 理论表明在经济发达地区，环境污染物的排放会随着经济发展水平的提高而降低，然而正如 Grossman 和 Krueger（1992）所说，EKC 的转折点并不会自动到来，而是经济发展方式转变、居民消费模式变化、政府政策改变等多方面因素的结果，因此这种环境规制选择行为也是建立在地区经济发展、居民消费模式变化和政府政策改变等基础之上的。长期来看，环境污染对劳动生产率的收入效应会逐渐被替代效应所抵消，劳动生产率将不会对经济发达地区的环境规制选择行为产生影响。

（三）环境污染对经济欠发达地区劳动生产率的影响

不同于经济发达地区，经济欠发达地区的经济水平较低，环境污染物排放与经济增长之间的关系尚处于 EKC 的左半段，即 $\alpha > 0$，因而环境污染对经济欠发达地区劳动生产率的影响将会与经济发达地区迥异。

在无环境规制条件下，环境污染对劳动生产率的替代效应为正，这与经济发达地区是一样的；但是收入效应也使环境污染提高了经济欠发达地区的劳动生产率，这与经济发达地区不一样，这是因为经济欠发达地区不同于经济发达地区，经济欠发达地区产出水平的增加会导致环境污染物排放的增加，而环境污染物排放的增加会进一步降低经济欠发达地区厂商的生产成本，并提高均衡产出水平，因此环境污染物影响劳动生产率的收入效应也将促进经济欠发达地区劳动生产率的提高。

在有环境规制条件下，环境污染对劳动生产率的替代效应和收入效应均没有发生方向性的变化；而且替代效应的影响路径与无环境规制条件下是一致的；但是收入效应的影响路径则会发生变化，尽管环境规制条件下环境污染会明显提高厂商的生产成本，但是由于经济发展水平阶段、产业结构和产业技术等的限制，产出的提高在一定程度上依赖于污染物排放的增加[Färe 等（2007）将其称为"没有不冒烟的火"]，所以污染物排放对经济欠发达地区厂商均衡产出有着较强的促进效应，从而有利于劳动生产率的提高。

除了环境污染影响经济欠发达地区劳动生产率的路径有所差异之外，在不同的环境污染物排放水平下，有（无）环境规制对环境污染影响经济欠发达地区劳动生产率的替代效应和收入效应也有所区别。图 4-2 描述了在不同环境污染物排放规模下,有环境规制和无环境规制条件下替代效应和收入效应的变化情况:当不存在环境规制时,随着环境污染物排放水平的提高,环境污染对厂商生产成本的降低效应增加,但是由于环境污染物排放对厂商生产成本的边际贡献越来越弱,环境污染的替代效应和收入效应会逐渐增加并趋近于 $C_{L_i E_i}$ 和 $\alpha C_{E_i E_i} C_{L_i}$;当存在环境规制时,环境规制对厂商的惩罚会导致厂商生产成本随着环境污染物排放的增加而递增,因此环境污染影响劳动生产率的替代效应和收入效应将会从 $-C_{L_i E_i}$ 和 $-\alpha C_{E_i E_i} C_{L_i}$ 逐渐增加,并且当环境污染对厂商的边际成本等于 $1/\alpha$ 时达到最大。无论在何种环境污染规模上,环境规制下环境污染对劳动生产率的影响均大于无环境规制下的情形,因此采取有效的环境规制是经济欠发达地区的均衡选择。

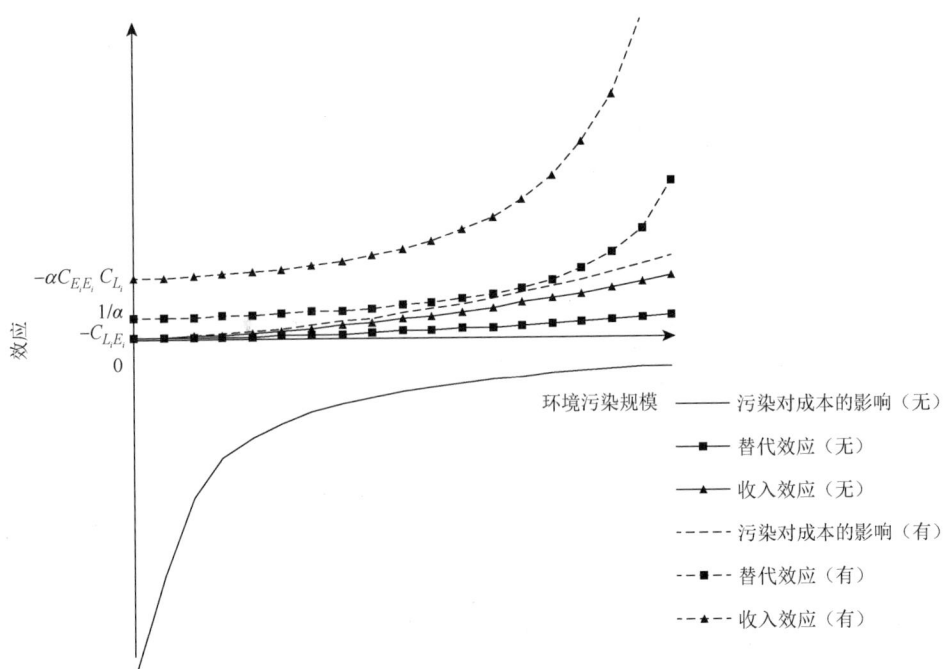

图 4-2 有环境规制、无环境规制条件下环境污染对经济欠发达地区劳动生产率的影响

三、环境污染对劳动生产率的间接影响

(一)理论分析

1. 模型设定迷惑

健康并不会直接对生产产生直接影响,而是作为投资品影响劳动者在市场活

动和非市场活动中时间投入量（Grossman and Krueger，1991），因此本节仍然保持与式（4-1）一致的生产函数，并且环境生产函数也沿用式（4-2）的设定。由于健康人力资本的引入，劳动投入可以被定义为健康人力资本（H）、劳动收入（W）等因素的函数。

$$L_i = L(H_i, W_i) \tag{4-11}$$

在劳动投入决定函数中，不失一般性，假设 $L_{H_i} = \dfrac{dL_i}{dH_i} > 0$ 和 $L_{H_i H_i} = \dfrac{d^2 L_i}{dH_i^2} < 0$，即健康人力资本水平的增加可以提高劳动者的劳动投入，但是随着健康人力资本规模的增加，其对劳动投入量的影响逐渐减弱。

对于健康人力资本，本小节在已有文献的基础上结合关于健康与环境污染的研究来构建健康生产函数，即健康人力资本是健康人力资本投资（如医疗服务的购买等）、健康投入时间、教育人力资本[①]和环境污染的函数：

$$H_i = H(\text{IH}_i, \text{TH}_i, \text{ED}_i, E_i) \tag{4-12}$$

式中，IH 表示健康人力资本投资；TH 表示健康投入时间；ED 表示教育人力资本；E 表示环境污染。环境污染对劳动者的健康水平会产生重要的负效应，因此可以设定 $H_{E_i} = \dfrac{dH_i}{dE_i} < 0$。

对于健康人力资本投资，其投资目的与物质资本投资（IK）是一样的，因此可以将健康人力资本投资与物质资本投资设定为产出的函数：

$$\text{IH}_i + \text{IK}_i = s_i Y_i \tag{4-13}$$

式中，s 表示投资率。

结合式（4-4）和式（4-13），厂商的总生产成本为

$$\begin{aligned} \text{TC}_i &= C(K_i, L_i, E_i) + \text{IH}_i + \text{IK}_i \\ &= C(K_i, L_i, E_i) + s_i Y_i \end{aligned} \tag{4-14}$$

2. 模型分析

在利润最大化的目标驱使下，厂商的生产决策模型为

$$\begin{aligned} \max_{L_i} Z_i &= Y_i - \text{TC}_i = Y_i - C(K_i, L_i, E_i) - s_i Y_i \\ &= (1 - s_i) Y_i - C(K_i, L_i, E_i) \end{aligned} \tag{4-15}$$

式（4-15）的一阶条件为

$$(1 - s_i) F_{L_i} - C_{L_i} - C_{E_i} \times \alpha \times F_{L_i} = 0 \tag{4-16}$$

[①] 教育人力资本是指劳动者通过接受正式的教育而获得人力资本积累，Grossman 和 Krueger（1992）认为健康水平与受教育水平是呈正相关的。

即

$$F_{L_i} = \frac{C_{L_i}}{1 - s_i - \alpha C_{E_i}} \quad (4\text{-}17)$$

式中，$F_{L_i} > 0$，$C_{L_i} > 0$。因此，$1 - s_i - \alpha C_{E_i} > 0$，即 $C_{E_i} < \frac{1 - s_i}{\alpha}$。

令式（4-17）对 E 求导数，可得环境污染对劳动生产率的影响：

$$\begin{aligned}\frac{\partial F_{L_i}}{\partial E_i} &= \frac{C_{L_i E_i}}{1 - s_i - \alpha C_{E_i}} + \frac{\alpha C_{E_i E_i} C_{L_i}}{(1 - s_i - \alpha C_{E_i})^2} \\ &+ \frac{C_{L_i L_i} L_{H_i} H_{E_i}}{1 - s_i - \alpha C_{E_i}} + \frac{\alpha C_{E_i L_i} L_{H_i} H_{E_i} C_{L_i}}{(1 - s_i - \alpha C_{E_i})^2}\end{aligned} \quad (4\text{-}18)$$

式（4-18）描述了在考虑健康人力资本情形下环境污染对劳动生产率的影响：其中前两项 $\frac{C_{L_i E_i}}{1 - s_i - \alpha C_{E_i}}$ 和 $\frac{\alpha C_{E_i E_i} C_{L_i}}{(1 - s_i - \alpha C_{E_i})^2}$ 是与健康人力资本不相关的，分别是环境污染影响劳动生产率的替代效应和收入效应，而后两项则是与健康人力资本紧密相关的，$\frac{C_{L_i L_i} L_{H_i} H_{E_i}}{1 - s_i - \alpha C_{E_i}}$ 反映了由于环境污染对健康人力资本造成的损害降低了劳动供给水平，而劳动供给水平的降低则会导致厂商的劳动成本发生变化，并影响劳动生产率，因此可以称为健康成本效应（health cost effect）；而 $\frac{\alpha C_{E_i L_i} L_{H_i} H_{E_i} C_{L_i}}{(1 - s_i - \alpha C_{E_i})^2}$ 则说明在环境污染产生健康人力资本损害的基础上，环境污染对边际劳动成本的影响会导致生产要素的再配置，并使得劳动生产率发生新的变化，因此可以称为健康配置效应（health allocative effect）。

（二）健康成本效应

环境污染损害劳动者的健康人力资本（$H_{E_i} < 0$），而健康人力资本水平的下降会导致劳动者将更多的时间和财富投入到健康生产过程中，从而导致劳动供给水平下降（$L_{H_i} > 0$）。在厂商劳动需求强度不变的条件下，劳动供给水平的下降会推动劳动力成本的上升（$C_{L_i L_i} > 0$），从而导致均衡产出水平下降，并降低了劳动生产率 $\left(\frac{C_{L_i L_i} L_{H_i} H_{E_i}}{1 - s_i - \alpha C_{E_i}} < 0\right)$。然而尽管健康成本效应在经济发达地区或者经济欠发达地

区、存在环境规制或者不存在环境规制等条件下均降低了劳动生产率,但是在不同情形下健康成本效应的变化有所不同。

在经济发达地区情形下,产出的增加会导致环境污染物排放量的下降,因此 $\alpha<0$,而在资源有限的条件下必须满足 $C_{E_i}>\dfrac{1-s_i}{\alpha}$。如图4-3所示,在有环境规制条件下,环境污染对厂商的边际成本显著为正 $(C_{E_i}>0)$,并且随着环境污染规模的增加而增加 $(C_{E_iE_i}>0)$,因此环境污染影响经济发达地区劳动生产率的健康成本效应最高为 $\dfrac{C_{L_iL_i}L_{H_i}H_{E_i}}{1-s_i}$,并且随着环境污染规模的增加而逐渐趋近于零[①];在无环境规制条件下,环境污染对厂商的边际成本显著为负 $(C_{E_i}<0)$,但是其随着环境污染规模的增加而降低 $(C_{E_iE_i}>0)$,因此环境污染在环境污染程度较低时影响劳动生产率的健康成本效应较高,但是随着环境污染规模的增加而降低,并最终收敛于 $\dfrac{C_{L_iL_i}L_{H_i}H_{E_i}}{1-s_i}$。无论是在高环境污染物排放水平还是在低环境污染物排放水平,有环境规制条件下环境污染影响劳动生产率的健康成本效应均小于无环境规制情形下的结果,因此考虑健康成本效应的经济发达地区应该选择有效的环境规制措施来规避环境污染对劳动生产率的健康成本效应。

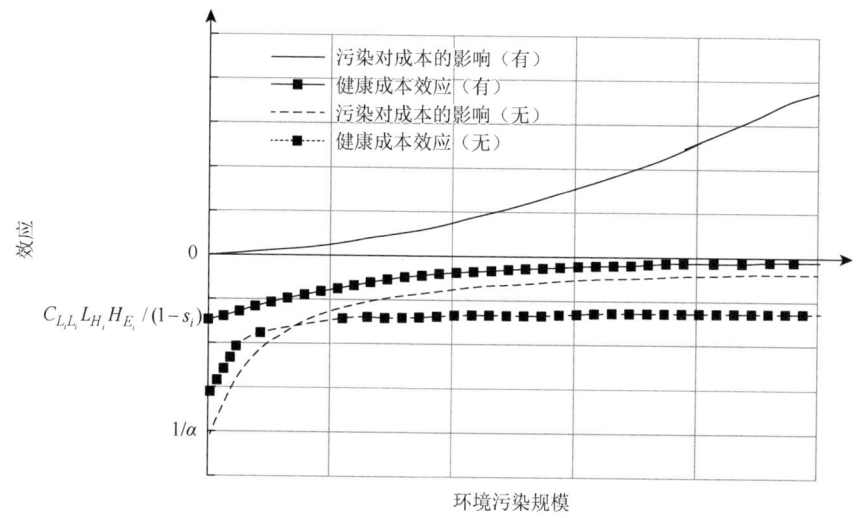

图4-3　有环境规制、无环境规制条件下经济发达地区情形下的健康成本效应

---

① 由于本节分析边际环境污染物排放对边际劳动生产率的影响,尽管边际影响在降低,但是其对劳动生产率的总影响在增加。

与经济发达地区类似，环境污染对经济欠发达地区劳动生产率的健康成本效应也显著为负，但是经济欠发达地区的经济发展水平相对较低，环境污染与经济增长之间的关系尚处于 EKC 的左半段，因此有 $\alpha > 0$，所以在有限资源约束下有 $C_{E_i} < \dfrac{1-s_i}{\alpha}$，并且健康成本负效应随着环境污染规模的变化也将呈现出不同的特征。图 4-4 描述了在经济欠发达地区情形下有环境规制、无环境规制条件下的健康成本效应，从中可以发现：有环境规制条件下，环境污染影响经济欠发达地区劳动生产率的健康成本效应从 $\dfrac{C_{L_iL_i}L_{H_i}H_{E_i}}{1-s_i}$ 开始逐渐增加，并且在 $C_{E_i} = \dfrac{1-s_i}{\alpha}$ 达到最大；无环境规制条件下，环境污染影响劳动生产率的健康成本效应在环境污染程度较低时并不明显，但是其随着环境污染物排放规模的增加而增加，并且逐渐趋近于 $\dfrac{C_{L_iL_i}L_{H_i}H_{E_i}}{1-s_i}$。无论是在环境污染物排放规模较低的水平还是较高的水平，环境规制情形下健康成本效应均明显低于无环境规制情形下的结果，从而说明经济欠发达地区的最优选择是放松环境规制，这与当前各个国家的经济发展形势和环境规制措施是相符合的，然而其并不符合一个地区长远的经济发展。

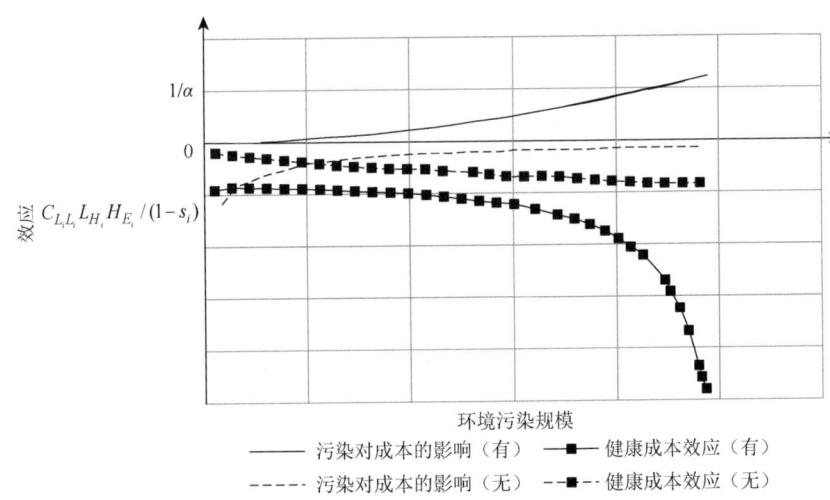

图 4-4 有环境规制、无环境规制条件下经济欠发达地区情形下的健康成本效应

（三）健康配置效应

对于健康配置效应，环境污染损害劳动者健康人力资本 ($H_{E_i} < 0$) 会降低劳动供给水平 ($L_{H_i} > 0$)，而劳动供给水平下降会导致劳动的边际成本上升 ($C_{L_iL_i} > 0$)，在资本等其他要素的价格未发生变化时，劳动相对于资本等要素的优势就会下降，

从而导致厂商在生产过程选择投入较少的劳动和更多的资本等其他要素，最后要素的再配置会对生产率的影响产生重要的影响。然而，由于在不同经济发展水平下，环境污染物排放与经济增长之间的关系是不同的，所以健康配置效应对劳动生产率的影响也是不同的。

在经济发达地区情形下，产出的增加会导致环境污染物排放量下降（$\alpha < 0$），因此在资源有限的条件下必须满足 $C_{E_i} > \frac{1-s_i}{\alpha}$。由于环境污染物排放量的降低产生的健康配置效应会导致均衡时劳动投入量增加，从而使劳动生产率产生较大的促进效应，并且均衡劳动投入的增加也会导致产出水平的增加，并进一步降低环境污染物的排放水平，从而起到一个负反馈效应（图4-5）。在无环境规制条件下，随着环境污染物排放量的增加，边际环境污染对厂商成本的影响逐渐减弱（$C_{E_i} < 0, C_{E_i E_i} > 0$），因此环境污染的健康配置效应逐渐降低，并收敛于 $\frac{\alpha C_{E_i L_i} L_{H_i} H_{E_i} C_{L_i}}{(1-s_i - \alpha C_{E_i})^2}$。在环境规制条件下，随着环境污染物排放量的增加，边际环境污染物对厂商成本的影响逐渐增强，从而导致环境污染的健康配置效应从 $\frac{\alpha C_{E_i L_i} L_{H_i} H_{E_i} C_{L_i}}{(1-s_i - \alpha C_{E_i})^2}$ 开始逐渐降低，并且趋近于零。从环境污染的健康配置效应来看，无论是在低环境污染物排放水平还是高环境污染物排放水平，经济发达地区均应该放松环境管制，而健康成本效应则表明经济发达地区在不同环境污染物排放情境下均应该采取严格的环境规制措施；然而由于健康成本效应是环境污染通过健康渠道对劳动生产率产生短期影响，而健康配置效应则属于长期影响，所以经济发达地区的环境规制选择行为可以进一步定义为在短期内采取严格的环境规制措施，而在长期则应该适当放松环境规制措施。

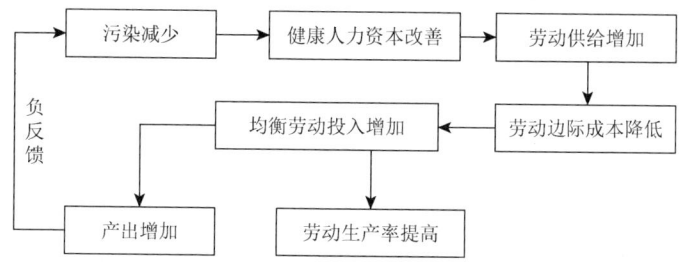

图4-5 经济发达地区情形下环境污染影响劳动生产率的健康配置效应

在经济欠发达地区情形下，经济增长与环境污染之间存在显著的正相关关系，即 $\alpha > 0$，因此在资源有限的约束下有 $C_{E_i} < \frac{1-s_i}{\alpha}$。尽管环境污染物排放的降低可

以通过改善健康人力资本来增加劳动供给水平，并最终对产出有一定的正影响，但是产出的增加会增加环境污染物的排放，并抵消了环境污染物排放降低带来的劳动供给效应，并对劳动生产率产生正影响。当存在有效的环境管制时，环境污染影响劳动生产率的健康配置效应从 $\dfrac{\alpha C_{E_i L_i} L_{H_i} H_{E_i} C_{L_i}}{(1-s_i-\alpha C_{E_i})^2}$ 开始随着环境污染物排放程度的增加而逐渐增加，并在 C_{E_i} 趋近于 $\dfrac{1-s_i}{\alpha}$ 时达到最大。当不存在环境规制时，环境污染物的无成本排放可以降低厂商的生产成本，并且其影响随着环境污染物排放的增加而减弱，因此环境污染影响劳动生产率的健康配置效应从 0 开始，随着环境污染物的排放的增加而增加，并最终收敛于 $\dfrac{\alpha C_{E_i L_i} L_{H_i} H_{E_i} C_{L_i}}{(1-s_i-\alpha C_{E_i})^2}$。从健康配置效应来看，无论是在环境污染物排放规模较大时，还是在环境污染物排放规模较小时，经济欠发达地区都应该采取严格的环境规制措施；然而结合健康成本效应的结论，本节认为经济欠发达地区应该在短期内采取相对较为宽松的环境规制措施，而在长期则应该采取严格的环境规制措施。

四、研究结论

在经典的 EKC 框架下，本节通过将环境污染内生为产出的函数，构建了局部均衡模型来分析经济发达地区和经济欠发达地区两种情形下实施环境规制和放松环境规制等条件下环境污染对劳动生产率的影响。

（1）环境污染会直接影响厂商的生产成本，因此本节首先从厂商成本的角度出发分析环境污染对边际劳动生产率的直接影响，发现环境污染对劳动生产率的影响包括替代效应和收入效应两部分。在经济欠发达地区情形下，环境污染影响劳动生产率的替代效应和收入效应都显著为正，并且在有环境规制条件下，替代效应和收入效应对劳动生产率的促进作用显著高于无环境规制下的结果，所以采取有效的环境规制措施是经济欠发达地区的最优选择。在经济发达地区情形下，环境污染影响劳动生产率的替代效应为正，但是收入效应则降低了经济发达地区的劳动生产率；并且在较低环境污染规模下，无环境规制条件下的正替代效应要高于环境规制条件下的正替代效应，无环境规制条件下的负收入效应低于环境规制条件下的负收入效应，在较高环境污染规模水平下的结果则恰好相反。替代效应所需要的资源再优化需要厂商在长期内才能实现，而收入效应的影响则是短期的和直接的，因此经济发达地区最优的环境规制行为会随着环境污染规模的变化和时期的变化而变化。

（2）健康人力资本作为劳动供给的重要影响因素被引入本节的模型中，同时在已有研究的基础上设定健康人力资本会受到环境污染的影响，然后从厂商成本的角度来分析环境污染对边际劳动生产率的影响。在考虑健康人力资本之后，环境污染对劳动生产率的影响包括替代效应、收入效应、健康成本效应和健康配置效应，其中健康成本效应是指由于污染损害劳动者健康，人力资本会导致劳动供给水平下降，而劳动供给水平下降会导致厂商面临的劳动成本压力增加，并降低均衡时劳动投入量和均衡产出，从而对边际劳动生产率产生影响；健康配置效应则是指污染损害健康人力资本会导致边际劳动成本增加，从而迫使厂商进行资源重新优化配置而对边际劳动生产率的影响。对于健康成本效应，无论是经济发达地区还是经济欠发达地区，其对劳动生产率的影响均显著为负；但是经济发达地区情形下的环境规制条件下健康成本效应高于无环境规制条件下的情况，并且随着环境污染规模的增加而趋近于 0 和 $\dfrac{C_{L_i L_i} L_{H_i} H_{E_i}}{1-s_i}$；然而，经济欠发达地区健康成本效应对劳动生产率的影响则会随着环境污染规模的扩大而逐渐加剧，并且无环境规制条件下的结果要好于有环境规制条件下的结果。对于健康配置效应，在经济发达地区情形下，健康配置效应会导致其劳动生产率随着环境污染规模的增加而提高，而且环境规制条件下的健康配置效应高于无环境规制条件下的结果；在经济欠发达地区情形下，环境污染的健康配置效应会降低其劳动生产率，同时其影响随着环境污染规模的增加而增加，并且无环境规制条件下的负影响要大于环境规制条件下的负影响。

（3）环境污染虽然并没有直接进入生产函数，但是通过厂商成本、健康人力资本等对劳动生产率产生了明显的影响。采取环境规制措施或者不采取环境规制措施并不能从根本上改变环境污染影响劳动生产率的方向，而是主要从环境污染的规模变化来改变环境污染影响劳动生产率的程度，因此是否采取有效的环境规制措施依赖于其环境污染的规模和经济时期的不同。

第二节 环境污染对我国劳动供给的影响

一、中国劳动供给发展历程

劳动是社会经济发展的重要推动力，然而伴随着中国经济的快速发展，中国的劳动供给出现了显著的下降趋势，其中劳动参与率从 1991 年的 0.7827 下降到 2010 年的 0.6887，共计下降了 9.4 个百分点，平均每年下降 0.49 个百分点。劳动供给水平的下降受到了学术界较多的关注：张车伟和吴要武（2003）认为中国不仅存在显著的城镇失业率上升和劳动参与率下降的现象，而且区域间存在严重的不平等问题；蔡昉和王美艳（2004）实际估算了中国城镇劳动供给水平的变化，从 1995 年到 2002 年城镇劳动供给水平从 0.72 降低到 0.65，平均每年下降约 1 个百分点，并且认为老龄化加快、受教育年限增加和劳动者健康水平下降等是导致中国城镇劳动供给水平下降的主要原因；马忠东等（2010）通过将劳动力增长分解为总人口、人口结构和劳动参与率三要素的变化，采用中国 1982~2005 年的数据进行实证分析，发现中国劳动力供给下降的主要原因在于劳动参与率的下降，并且劳动参与率下降主要源于教育、健康水平、性别和家庭规模等因素。

  目前关于中国劳动供给水平下降的文献主要分析了教育、健康水平、老龄化、家庭规模等因素对劳动供给的影响，忽略了环境污染的作用，而环境是影响劳动参与者劳动和休闲的重要因素，其会对劳动者的健康水平和效用水平产生负效应，对劳动供给产生显著的影响。从健康水平出发，在二氧化硫排放严重的地区，劳动者及其子女更容易染上呼吸类疾病，从而增加劳动者工作时的成本，并且照顾生病的子女会造成其可供给的劳动时间下降；从环境管制的角度出发，环境税的征收会导致商品价格上升，降低劳动者的实际收入水平，从而导致劳动供给水平下降，然而 Schwartz 和 Repetto（2000）则认为环境污染税的征收会导致环境的改善，并对劳动者的健康水平产生正的效应，从而抵消征税的负效用，使得劳动供给增加，Williams III（2003）采用一般均衡模型进行的研究也支持了 Schwartz 和 Repetto（2000）的观点，但是其认为环境税对劳动者的健康促进效应受到环境治理成本的影响，陈媛媛（2011）采用中国 2001~2007 年 25 个工业行业的面板数据进行实证研究，发现环境管制的加强能够提高就业水平；从效用的角度出发，Hanna 和 Oliva（2011）建立了包括污染因素在内的局部均衡模型，首先将劳动者的时间分为劳动时间和闲暇时间，把环境污染对劳动者劳动时间的影响分为替代效用和收入效用，替代效用是指随着空气质量的改善，劳动者劳动时间的负效用减少，而收入效用是指随着环境质量的改善，劳动者消费时间产生的正效用减少，当替代效用大于收入效用时，环境质量的改善有助于劳动供给的增加，当替代效用小于收入效用时，环境质量的改善将不会导致劳动供给的增加；并且其基于墨西哥城 Azcapotzalco 石油精炼厂关闭前后的污染数据和劳动供给数据进行实证研究，认为 1 个百分点的二氧化硫浓度的上升会导致当地劳动供给下降 0.61 个百分点，而且这一下降不是由劳动需求市场的冲击或者是周边劳动迁移造成的。

  结合已有文献，影响劳动供给的因素是多方面的，不仅仅是教育、老龄化、家庭规模等因素导致了中国劳动供给水平的下降，环境污染也是重要的影响因素。因此，本节建立了考虑劳动收入、环境污染和劳动供给等要素在内的局部均衡模型，并采用中国 1991~2010 年的省级面板数据来实证分析环境污染对中国劳动供给下降的具体影响。

二、环境污染影响劳动供给的分析框架

（一）理论分析框架

建立包括劳动收入、环境污染与劳动供给的局部均衡模型来考察环境污染对劳动供给的直接影响和间接影响。模型的具体设定如下。

设定 1：劳动者的总时间分为劳动时间和闲暇时间；在信息完全的劳动力市场中，劳动者通过在劳动时间（h）和闲暇时间（l）之间进行决策来寻找其最大的效用。

$$l = A - h \qquad (4\text{-}19)$$

式中，A 表示总时间。

设定 2：劳动者的收入（I）由劳动时间（h）和工资率（w）决定。

$$I = w \times h \qquad (4\text{-}20)$$

设定 3：劳动者的闲暇效用由闲暇时间（l）、收入（I）、环境污染程度（e）和其他因素（O_1）决定。

$$u = u(l, I, e, O_1) \qquad (4\text{-}21)$$

式（4-21）中假定其他因素（O_1）与收入（I）、闲暇时间（l）和环境污染程度（e）是不相关的，并且结合经典的效用理论认为 $u_l > 0$，$u_{ll} < 0$，说明闲暇时间的边际效用为正并且随着闲暇时间的增加边际效用下降；$u_I > 0$，$u_{II} < 0$，说明收入的边际效用为正并且随着收入的提高边际效用下降；$u_{Il} > 0$，说明收入和闲暇时间带给劳动者的效用是相互促进的；$u_e < 0$，$u_{Ie} < 0$，$u_{he} < 0$，说明污染的边际效用为负，并且随着环境污染程度的加重会降低收入和闲暇时间的边际效用。

设定 4：劳动者的劳动负效用由劳动时间（h）、环境污染程度（e）和其他因素（O_2）决定。

$$v = v(h, e, O_2) \qquad (4\text{-}22)$$

式（4-22）中其他因素（O_2）与劳动时间（h）、环境污染程度（e）是不相关的。同时假设随着劳动时间的增加，劳动时间的边际负效用增加，即 $v_h > 0$、$v_{hh} > 0$；环境污染程度的加深会导致劳动负效用增加，即 $v_e > 0$；劳动时间的边际负效用随着环境污染程度的加深而增加，即 $v_{he} > 0$。

设定 5：劳动者的总效用由闲暇效用和劳动负效用构成。

$$F = u(l, I, e, O_1) - v(h, e, O_2) \qquad (4\text{-}23)$$

劳动者在给定的效用函数（4-23）的条件下通过调整闲暇时间和劳动时间来实现效用最大化：

$$F = u(l, I, e, O_1) - \upsilon(h, e, O_2)$$
$$\text{st.} \, l = A - h$$
$$0 \leqslant h \leqslant A \quad (4\text{-}24)$$
$$0 \leqslant l \leqslant A$$
$$A > 0$$

均衡条件为

$$\frac{\partial F}{\partial h} = -u_i - v_h + u_I w = 0 \quad (4\text{-}25)$$

当 $h \geqslant A$ 时，$h = A$，说明劳动者只有将所有的时间参与到劳动中去才能实现效用最大化，因此劳动供给与环境污染变量无关。

当 $h \leqslant 0$ 时，$h = 0$，说明劳动者不需要参与劳动就能实现效用最大化，因此劳动供给的变化也独立于环境污染变量。

当 $0 < h < A$ 时，劳动供给会受到环境污染的影响，对式（4-23）求 h 对 e 的导数，得

$$\frac{\partial h}{\partial e} = \frac{-v_{he} - u_{le} + u_{Ie} w}{2u_{lI} w + v_{hh} - u_{ll} + u_{II} w^2} \quad (4\text{-}26)$$

结合模型假设，有

$$N = 2u_{lI} w + v_{hh} - u_{ll} + u_{II} w^2 > 0 \quad (4\text{-}27)$$

因此把式（4-26）重写如下：

$$\frac{\partial h}{\partial e} = \frac{-v_{he}}{N} + \frac{-u_{le}}{N} + \frac{u_{Ie} w}{N} \quad (4\text{-}28)$$

式（4-28）反映了环境污染程度对劳动供给的影响，并且其影响可以分为 $\frac{-v_{he}}{N}$、$\frac{-u_{le}}{N}$、$\frac{u_{Ie} w}{N}$ 等三部分。

$\frac{-v_{he}}{N}$ 和 $\frac{-u_{le}}{N}$ 反映了环境污染直接影响劳动者总效用导致劳动供给发生的变化，因此可以称为直接影响。其中 $\frac{-v_{he}}{N} < 0$ 表示随着环境污染程度的加深，劳动时间的边际负效用不断增加，从而导致劳动时间的收益降低，并最终对劳动供给产生负效应；$\frac{-u_{le}}{N} > 0$ 表示随着环境污染程度的加深，闲暇时间的边际效用降低，从而导致劳动时间的机会成本降低，对劳动供给有一定的正效应。$\frac{-v_{he}}{N}$ 和 $\frac{-u_{le}}{N}$ 表示环境污染对劳动供给的直接影响是双向的，当环境污染程度导致劳动负效用增

加小于劳动时间机会成本的降低时,环境污染恶化会导致劳动供给水平上升,反之则导致劳动供给水平下降。

$\frac{u_{le}w}{N}$ 反映了环境污染通过劳动收入渠道来影响劳动者总效用并导致劳动供给发生变化,因此可以称为间接影响。$\frac{u_{le}w}{N}<0$,一方面说明随着环境污染程度的加深,边际劳动收入带给劳动者的效用逐渐减少,劳动者参与劳动获得的收益降低,闲暇时间的机会成本降低,从而导致劳动者增加闲暇时间且降低劳动时间使得效用最大化;另一方面随着劳动收入水平的提高,环境污染程度加深,对劳动者总效用的间接影响增加,劳动供给下降的幅度也将增大。

环境污染对劳动供给的影响包括直接影响和间接影响两部分,环境污染对劳动供给的直接影响是不确定的,取决于劳动者对闲暇效用和劳动负效用的偏好,而环境污染对劳动供给的负效用则显著为负,并且随着劳动收入水平的提高,劳动供给下降的幅度增大(盛鹏飞等,2016)。

(二)实证模型

环境污染的影响具有显著的滞后性,其对劳动供给的影响可以分为长期影响和短期影响,因此首先建立环境污染与劳动供给的长期影响方程,并结合已有研究将收入水平、收入水平与环境污染的交互项、教育水平与老龄化等变量引入模型:

$$L_{it} = \theta_{0t} + \theta_{1t}S_{it} + \theta_{2t}S_{it}^2 + \theta_{3t}S_{it} \times W_{it} \\ + \theta_{4t}W_{it} + \theta_{5t}O_{it} + \theta_{6t}\text{ED}_{it} + \varepsilon_{it} \quad (4\text{-}29)$$

式中,L 表示劳动供给;S 表示环境污染变量;S^2 表示环境污染的平方项;$\text{SW} = S_{it} \times W_{it}$,表示环境污染与劳动者收入的交互项;$W$ 表示劳动者收入水平;O 表示老龄化水平;ED 表示全社会受教育水平;i 表示截面单元;t 表示时间。

劳动供给、劳动收入和环境污染等变量常常是非平稳的,因此采用自回归分布滞后(ARDL)方法建立面板误差修正模型,ARDL-ECM 模型可以对同为 $I(0)$ 过程或者不同为 $I(0)$ 过程的变量进行分析,从而提高了估计过程的有效性。以 ARDL(1, 1, 1, 1, 1, 1)为例,模型(4-29)可以重写如下:

$$L_{it} = \beta_{10i}S_{it} + \beta_{11i}S_{it-1} + \beta_{20i}S_{it}^2 + \beta_{21i}S_{it-1}^2 + \beta_{30i}S_{it} \times W_{it} + \beta_{31i}S_{it-1} \times W_{it-1} + \beta_{40i}W_{it} \\ + \beta_{41i}W_{it-1} + \beta_{50i}O_{it} + \beta_{51i}O_{it-1} + \beta_{60i}\text{ED}_{it} + \beta_{61i}\text{ED}_{it-1} + \lambda_i L_{it-1}\mu_i + \varepsilon_{it}$$

$$(4\text{-}30)$$

其对应的误差修正模型如下:

$$\Delta L_{it} = k_i(L_{it-1} - \theta_{0i} - \theta_{1i}S_{it} - \theta_{2i}S_{it}^2 - \theta_{3i}S_{it} \times W_{it}$$
$$- \theta_{4i}W_{it} - \theta_{5i}O_{it} - \theta_{6i}\mathrm{ED}_{it}) + \beta_{11i}S_{it} + \beta_{21i}S_{it}^2 \quad (4\text{-}31)$$
$$+ \beta_{31i}S_{it} \times W_{it} + \beta_{41i}W_{it} + \beta_{51i}O_{it} + \beta_{61i}\mathrm{ED}_{it} + \varepsilon_{it}$$

结合长期影响方程(4-30)和自回归分布滞后动态面板模型(4-31),模型(4-31)中的系数关系如下:

$$k_i = \lambda_i - 1 \quad \theta_{0i} = \frac{\mu_i}{1-\lambda_i} \quad \theta_{1i} = \frac{\beta_{10i}+\beta_{11i}}{1-\lambda_i} \quad \theta_{2i} = \frac{\beta_{20i}+\beta_{21i}}{1-\lambda_i}$$
$$\theta_{3i} = \frac{\beta_{30i}+\beta_{31i}}{1-\lambda_i} \quad \theta_{4i} = \frac{\beta_{40i}+\beta_{41i}}{1-\lambda_i} \quad \theta_{5i} = \frac{\beta_{50i}+\beta_{51i}}{1-\lambda_i} \quad \theta_{6i} = \frac{\beta_{60i}+\beta_{61i}}{1-\lambda_i} \quad (4\text{-}32)$$

式中,k_i 表示误差调整系数;θ_{1i}、θ_{2i}、θ_{3i}、θ_{4i}、θ_{5i} 和 θ_{6i} 分别表示对应的变量对劳动供给的长期影响系数;β_{11i}、β_{21i}、β_{31i}、β_{41i}、β_{51i} 和 β_{61i} 分别表示对应的变量的劳动供给的短期影响系数。

(三)研究方法

该节采用由 Pesaran 等(1997)提出的混合组均值(pool-mean-group,PMG)方法和 Pesaran 和 Smith(1995)提出的组均值(mean-group,MG)方法及动态固定效应(dynamic fixed effect,DFE)来对模型(4-32)进行估计,PMG、MG 和 DFE 方法可以对 ARDL-ECM 模型的长期关系和短期关系同时进行估计,从而获得较好的估计量。MG 和 PMG 方法都是采用极大似然估计方法对动态异质面板误差修正模型进行估计从而获得长期效应和短期效应影响系数。但是在约束方面,MG 方法对长期影响和短期影响均不施加约束,认为无论是短期影响还是长期影响其在不同截面内不同;而 PMG 则认为长期影响对不同截面单位是一致的,从而对长期影响施加约束。

(四)数据与变量

本节采用 1991~2010 年中国省级面板数据(包括 30 个省份),共有 21 年的序列、30 个截面和 630 个样本点,所有的数据均来自《中国统计年鉴》、《中国环境统计年鉴》、《新中国六十年统计资料汇编》和《中国人口与就业统计年鉴》等。

对于劳动供给水平,采用劳动参与率即社会中从事经济活动人口的相对规模来反映。一般意义上的劳动参与率采用经济活动人口与劳动力资源数量的比值来进行测度,然而限于中国统计数据的缺陷,失业人口并没有得到有效的统计,因此采用年初全社会就业人口数和年底全社会就业人口数的平均值与年初 15 岁以上人口数和年末 15 岁以上人口数的平均值的比值来进行测度。

对于劳动收入的测度，主要有职工工资和劳动报酬等指标，如采用全社会职工工资水平进行测度，将不能反映劳动者获得的实物形式的收入，如公费医疗、医药卫生费、上下班交通补贴、社会保险和住房公积金等，因此采用当年国内生产总值中劳动报酬总额与当年劳动供给总量的比值来进行测度。

教育是人力资本积累的重要渠道，而人力资本则是劳动的重要构成要素，因此教育对劳动供给有着显著的影响。参照Barro和Lee（2001）的观点，对于教育水平，采用人均受教育年限来进行测度，并且根据中国现行的学制情况，对不同受教育水平进行赋权，即小学学历赋值"6年"、初中学历赋值"9年"、高中学历赋值"12年"和大学学历赋值"16年"等。

对于老龄化趋势，采用64岁以上人口数占总人口的比重来进行刻画。对于环境污染变量，结合数据的可得性，采用每平方千米工业二氧化硫排放量作为环境污染指数。

三、基于环境污染的劳动供给的实证研究

（一）变量描述

表4-1为模型所涉及变量的描述性统计，从平均值来看，1991年到2010年，中国劳动供给水平出现了显著的下降趋势，而对应的环境污染变量则呈现出典型的倒U形关系，即出现了先下降后上升的趋势；从标准差来看，中国省域劳动供给水平的标准差有扩大的趋势，而环境污染变量在1991年到2000年则有显著的下降趋势，而2000年之后则有微弱的上升趋势；从统计特征来看，环境污染与劳动供给之间不是简单的线性关系，因此在计量模型中加入环境污染的平方项及环境污染与劳动者收入的交互项是合理的。

表4-1 变量描述性统计

项目	时间	L	S	S^2	SW	W	ED	O
平均值	1991年	0.7048	1.9729	9.9338	0.3789	0.1857	6.3447	0.0532
	2000年	0.6695	1.7300	4.0074	0.5000	0.2766	7.6724	0.0677
	2010年	0.6754	1.8687	4.7877	0.5624	0.2962	8.2851	0.0863
	总体	0.6817	1.8712	5.0577	0.5028	0.2599	7.4996	0.0763
最大值	1991年	0.8344	14.2926	204.2785	2.4144	0.3544	7.6970	0.1071
	2000年	0.7983	3.8608	14.9054	1.8465	0.7512	9.9873	0.1153
	2010年	0.8177	5.6427	31.8399	1.9744	0.7882	11.0092	0.1156
	总体	0.8574	14.2926	204.2785	2.4144	0.7973	11.1726	0.1637

续表

项目	时间	L	S	S^2	SW	W	ED	O
最小值	1991 年	0.5646	0.2967	0.0881	0.0641	0.0911	4.7935	0.0214
	2000 年	0.5186	0.2586	0.0669	0.0624	0.1444	6.1157	0.0433
	2010 年	0.5135	0.3321	0.1103	0.0815	0.1545	6.7639	0.0619
	总体	0.4910	0.2514	0.0632	0.0512	0.0911	4.6078	0.0214
标准差	1991 年	0.0622	2.5000	36.8622	0.4759	0.0647	0.6334	0.0192
	2000 年	0.0808	1.0245	4.4644	0.4499	0.1464	0.8436	0.0154
	2010 年	0.0867	1.1577	6.9214	0.4607	0.1436	0.8913	0.0139
	总体	0.0781	1.2485	10.2695	0.4402	0.1314	1.1291	0.0212

（二）计量结果

首先，通过表 4-2 发现 PMG、MG 和 DFE 估计结果中误差修正项的系数显著为负，说明劳动供给水平与环境污染、老龄化水平、经济发展水平和劳动收入水平等变量之间存在显著的协整关系，并对于协整系数（EC），MG 估计结果最大，而 PMG 估计结果次之，DFE 估计结果最小，这是因为 DFE 估计量存在一个显著的向下的偏移（bias），而 MG 估计结果则存在一个向上的偏移。

表 4-2 模型估计结果

名称	变量	（1）PMG	（2）MG	（3）DFE
长期影响系数	S	0.0077* (1.93)	0.2309 (0.93)	0.0157*** (2.83)
	S^2	−0.0006*** (−6.77)	−0.0078 (−0.97)	−0.0001** (−2.06)
	SW	0.0779*** (6.86)	−0.5059 (−0.99)	−0.0306*** (−2.97)
	W	−0.9975*** (−5.08)	4.1768 (0.76)	−0.4041* (−1.68)
	O	1.6153*** (7.68)	9.3353 (0.94)	5.7011*** (4.06)
	ED	−0.0739*** (−22.48)	−0.2818 (−1.05)	−0.1065*** (−4.66)
误差修正系数	EC	−0.1233*** (−3.29)	−0.3781*** (−4.18)	−0.1134*** (−6.35)

续表

名称	变量	(1) PMG	(2) MG	(3) DFE
短期影响系数	D.S	−0.0171 (−1.29)	−0.0308 (−0.78)	−0.0017** (−2.35)
	D.SS	0.0016 (1.52)	0.0014 (0.98)	0.0000 (1.54)
	D.SW	−0.0004 (−0.01)	0.1102 (0.84)	0.0041** (2.26)
	D.W	0.3953* (1.74)	−0.0570 (−0.10)	−0.0579 (−1.13)
	D.O	−0.3772*** (−2.85)	−0.4014 (−1.58)	−0.2325** (−2.05)
	D.ED	−0.0011 (−0.27)	0.0065 (0.88)	−0.0041 (0.203)
	Con	0.0104** (2.40)	0.2321 (0.99)	−0.0018 (−0.15)
Hausman 检验	PMG 估计量优于 MG 估计量		0.12[1.0000]	
	DFE 估计量优于 MG 估计量		0.00[1.0000]	
	DFE 估计量优于 PMG 估计量		0.23[0.9987]	

*表示通过 10%水平上的显著性检验；**表示通过 5%水平上的显著性检验；***表示通过 1%水平上的显著性检验；

注：( ) 中为 Z 检验值；[ ]中为 P 值

对于控制变量，劳动者收入水平的长期影响系数显著为负，说明随着劳动者收入水平的提高，劳动者提供劳动的意愿降低，而选择休闲的意愿增强；老龄化水平的长期影响系数则显著为正，说明长期老龄化速度加快也不会对劳动供给产生显著的负效应，这与传统的观点并不一致。然而结合中国的国情，社会保障体系尚不健全，老年人的赡养依然主要依靠子女和自身的工作，老龄化程度加快的同时也加重了子女和老龄化群体自身的负担，因此老龄化并没有对劳动供给有显著的负效应，相反却推动了劳动供给的增加。教育水平的长期影响系数显著为负，说明随着教育年限的延长，劳动供给水平出现了较大的下降趋势。

（三）环境污染对劳动供给的影响

结合 Hausman 检验结果，PMG 估计量优于 MG 估计量，而 DFE 估计量则优于 PMG 和 MG 估计量，说明面板误差修正模型在不同截面单位之间是同质的，因此可以认为 DFE 估计量是最优的。

环境污染对劳动供给水平的短期系数显著为负，说明在短期环境污染变化对劳动供给水平有一个显著的负向冲击，即当环境污染加重时，劳动供给会在短期出现显著的下降趋势；而从长期来看，环境污染对劳动供给水平的影响则呈现出显著的倒U形关系，即在污染水平较低时，环境污染会促进劳动供给水平的提高，而当环境污染水平超过一定门槛时，环境污染的恶化会对劳动供给水平有显著的负效应；另外，环境污染与劳动者收入的交互项的长期影响系数显著为负，而短期影响系数则不显著，说明从长期来看，收入水平的增加会进一步加剧环境污染对劳动供给的负效应。

结合理论分析框架，本节认为从长期来看，当环境污染水平较低时，污染增加导致闲暇时间效用降低的幅度小于劳动负效用增加的幅度，从而导致劳动的机会成本增加，劳动供给水平提高，而当环境污染水平较高时，污染增加导致闲暇时间效用降低的幅度不断增加，逐渐超过劳动负效用的增加量，从而导致劳动获得收益降低，劳动供给水平开始下降。

对于间接影响，环境恶化导致的边际劳动收入正效用的下降会抵消劳动收入正效用的增加，从而降低收入提高带来的劳动时间相对于闲暇时间的比较优势，最终收入水平的提高不会改善环境污染对劳动供给的负效应，同时随着收入水平的提高，边际劳动收入正效用有递减的趋势，从而进一步加剧环境污染对劳动供给的负效应。

环境污染对劳动供给的影响主要取决于环境污染程度和收入水平，如图 4-6 所示，当收入水平和环境污染程度较低时，环境污染程度的增加会对劳动供给有一定的促进作用；而在环境污染水平较高或者收入水平较高时，环境污染程度的增加对劳动供给则有显著的抑制作用。结合中国经济发展的实际情况，伴随着改革开放和社会主义市场经济体制的不断完善，中国经济获得了较快的发展，同时环境却持续恶化，因此中国大多数省份已经进入收入水平较高（如北京、上海

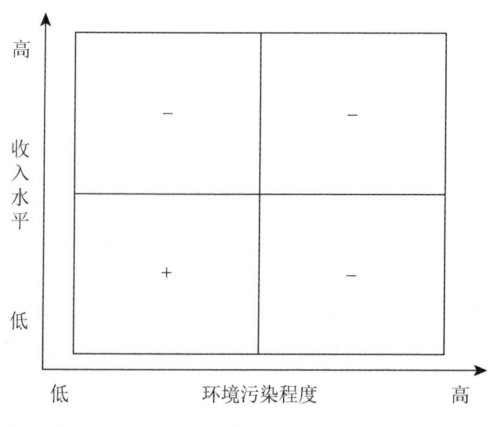

图 4-6　环境污染对劳动供给的影响

等),或者环境污染程度较为严重(如重庆、陕西、河南等)的情景之中,环境污染对劳动供给的实际影响已经由促进转为抑制,并日益成为中国经济发展的重要瓶颈。

(四)环境污染、劳动供给与环境管制

本节从效用角度讨论了环境污染对劳动供给的影响,然而环境污染对劳动者的影响是多方面的。第一,从健康角度出发,环境污染恶化会导致劳动者健康水平降低,从而降低劳动供给水平;第二,从生产角度来讲,环境污染的增加和缺乏管制会导致劳动相对于自然资源等的比较优势降低,从而导致劳动者收入水平降低,并进一步抑制了劳动者的劳动供给意愿;第三,环境污染恶化会导致劳动者在健康医疗、卫生等方面需花费大量收入,从而降低劳动者在其他方面如人力资本积累、旅行等方面的开支,对劳动者素质造成潜在的伤害。因此,环境污染对劳动供给的影响是显著的,并且是不可忽视的。

环境税是抑制环境污染的重要手段,其中关于环境税的额度的确定是制定合适的环境管制措施的关键。然而有关环境税制定的文献主要从"税收交互效应"和"收入循环效应"的观点出发,认为一方面环境税的征收可以用于降低收入所得税,从而提高劳动者收入水平,然而环境税的征收也会提高商品的生产成本,从而导致物价水平的提高,并最终降低劳动者的实际收入水平,因此认为环境税的征收应该在不影响劳动者收入水平和劳动供给的前提下实施,即最优的环境税应该低于环境污染的边际社会成本。然而,已有文献并没有研究环境污染是如何影响劳动供给的。基于盛鹏飞等(2016)对环境污染与劳动供给关系的研究,当环境污染达到一定程度时环境污染会对劳动供给产生直接的负效应,并且随着收入水平的提高,环境污染对劳动供给的负效应会进一步加强,因此本节认为环境税的制定应该考虑这些影响,最优的环境税应该等于或者高于环境污染的边际社会成本。

(五)稳健性检验

为了保证估计结果的一致性,采用以下三种方法进行稳健性检验(robustness test)。

(1)引入时间虚拟变量。

(2)产业结构也是影响劳动供给的重要因素,因此在稳健性检验中也把产业结构作为控制变量引入模型。

(3)本节采用二氧化硫排放量作为环境污染变量,而二氧化硫排放量对环境的实际影响会受到地区面积的影响,而且中国省域之间面积存在一定的差异,其中新疆和内蒙古的面积远远大于其他省域，因此本小节在讨论稳健性时剔除了新疆和内蒙古。另外，由于西藏、香港、澳门、台湾数据较难获得，一般研究中不包含这些地区的数据。表 4-3 报告了稳健性检验的具体结果，从中发现本节关注的所有变量均未发生显著变化，因此可以认为本节的结果是稳健的。

表 4-3 稳健性检验

名称	变量	(4)	(5)	(6)
长期影响系数	S	0.0144***	0.0154***	0.0181***
	S^2	−0.0001**	−0.0001**	−0.0001*
	SW	−0.0288***	−0.0302***	−0.0380***
	W	−0.4032*	−0.3969*	−0.3469
	O	4.5659***	5.5004***	5.9603***
	ED	−0.1423***	−0.1090***	−0.1100***
	ST		0.0921	
	时间趋势项	0.0073		
误差修正系数	EC	−0.1169***	−0.1148***	−0.1086***
短期影响系数	D.S	−0.0015*	−0.0017**	−0.0017*
	D.SS	0.0000	0.0000	0.0000
	D.SW	0.0039**	0.0041**	0.0045**
	D.W	−0.0596	−0.0607	−0.0705
	D.O	−0.1735	−0.2258**	−0.2045*
	D.ED	−0.0011	−0.0038	−0.0034
	D.ST		−0.0140	
	Con	−1.6569	−0.0067	−0.0021
Hausman 检验	DFE 估计量优于 MG 估计量	0.00	0.00	0.00
	DFE 估计量优于 PMG 估计量	0.01	0.01	0.01

*表示通过 10%水平上的显著性检验；**表示通过 5%水平上的显著性检验；***表示通过 1%水平上的显著性检验；
注：基于 Hausman 检验，模型（4）、模型（5）和模型（6）均采用 DFE 估计量。

四、研究结论

自 20 世纪 90 年代以来，中国的劳动供给水平出现了显著的下降趋势，大多数文献从受教育年限、老龄化水平和健康水平等角度出发来探讨其成因，但是没有考虑环境污染对劳动供给的影响，因此本节建立了包含劳动供给、环境污染和劳动收入的局部均衡模型，并基于中国 1991～2010 年的省级面板数据进行实证研究来考察环境污染对中国劳动供给的实际影响。

第一，本节从效用的角度出发建立了个体的劳动决策模型，分析认为环境污染对劳动供给的影响可以分为直接影响和间接影响两部分，其中直接影响是指环境污染直接影响劳动时间和闲暇时间的边际效用而导致劳动供给水平发生变化，当环境污染导致闲暇时间的边际效用的降低幅度小于劳动负效用降低的幅度时，环境污染会导致劳动供给水平下降；间接影响则是指环境污染会导致收入的边际效用下降，从而导致劳动获得收益降低，使劳动供给水平下降。

第二，基于理论分析框架，采用 ARDL 方法建立了面板误差修正模型，利用 PMG 和 MG 方法进行实证研究发现：环境污染与劳动供给存在显著的协整关系；环境污染变化会在短期内对劳动供给水平有显著的负向冲击；但是从长期看，环境污染对劳动供给水平的影响则呈现出显著的倒 U 形关系，即在污染水平较低时，环境污染对劳动供给水平有一定的促进作用，而当环境污染达到一定程度后，环境恶化导致劳动供给水平降低；并且收入的增加会加剧环境污染对劳动供给的负效应。

第三，本节的政策含义：对于处于经济转型期的中国，劳动供给相对不足和劳动力结构性短缺逐渐成为中国经济发展的瓶颈，并且单纯地依靠提高劳动收入来刺激劳动供给的效果极其有限，因而环境治理则成为提高劳动供给水平并优化劳动供给结构的重要措施；单纯追求高经济增长的发展模式将不仅不能保证中国经济的持续性增长，而且环境污染也将使中国付出巨额的成本，但是有效的环境治理不仅可以避免陷入"税收交互效应"的陷阱，而且可以通过提高劳动供给和促进人力资本积累等渠道来保障经济的可持续增长，从而实现环境与经济的"双赢增长"。

第三节 我国环境污染与人类发展的实证研究

本节采用中国省际面板数据，构建了综合的环境污染指数和人类发展指数，运用联立方程组模型，对环境污染与人类发展之间的相关性进行分析和检验。将经济增长因素视为内生变量，并控制产业结构等因素后，去检验中国省际层面环境污染程度与人类发展之间的倒 U 形关系；同时探讨环境污染程度与地区经济增长的关系。另外，人类发展是实现一国可持续发展的重要路径，关注并加大对人类发展的投入力度，是解决中国在高速发展过程中出现的经济增长与资源耗竭、环境恶化的两难困境的关键。

一、我国环境污染与人类发展的研究

自 1978 年改革开放以来，中国经济发展取得举世瞩目的成就，国内生产总

值年均增长率高达9.8%。在这40余年里,中国经济总量先后超过了俄罗斯、加拿大、意大利、法国、英国、德国、日本,成为世界第二经济大国。但长期以来,中国的经济增长呈现出粗放型的特点,主要依靠大量资本、能源和原材料及劳动力投入的推动。在发展过程中,中国付出了巨大的资源和环境代价。据世界银行估计,中国的"环境危机"每年将消耗国内生产总值的8%~12%。而当今世界上污染最严重的20个城市,有13个在中国。发达国家工业化过程中分阶段出现的环境问题,在中国却集中表现出来,呈现出结构型、复合型、压缩型的特点。

关于环境与经济问题的已有研究,其根本目的是探求如何获取一国(或地区)的长期可持续发展,以特定的福利水平维持后代人的生活所需的生态条件。而过去或当前的经济政策通常只关心提供均衡经济增长的条件,而忽视了代内或代际公平问题。人类发展作为实现一国可持续发展的重要路径,其既能促进当期人们福利水平的提升,又不以牺牲后代人生活所需的生态条件为代价。Melnick 等(2005)认为要实现环境的可持续发展,必须平衡人类发展与预期有持续资源供给及人类免受环境灾害之间的关系。

人类发展是实现可持续发展的重要因素,自21世纪初,已有学者将其纳入环境经济学的研究框架中。人类发展水平的提高促进了人们受教育水平的提高,对其自身所处的生存环境的要求也更高,其已不仅仅是单纯追求物质财富的增加。Brasington 和 Hite(2005)研究发现,在美国,教育水平与环境质量的需求之间存在互补性,当物质财富的增加需要以环境和资源的可持续性为代价时,教育水平的提高将会使人们对过度的资源需求产生内在的克制。

此外,Jha 和 Bhanu(2003)运用174个国家的截面数据进行的实证研究发现,衡量环境污染程度的环境污染指数(environment degradation index,EDI)与衡量人类发展的人类发展指数(human development index,HDI)之间存在倒 N 形关系。Mukherjee 和 Chakraborty(2007)基于类似的计量模型,运用印度1990~2004年的数据资料,发现污染物不同,印度的人类发展水平与环境污染之间呈现出不同的非线性关系。Costantini 和 Monni(2006)在对179个国家的跨国截面分析中得出:若一国政府对人力资本积累进行适当的投资,以此实现经济的可持续增长,该经济增长将不会对环境质量产生负面影响,他们还对人类发展与可持续发展指数之间的倒 U 形关系进行了验证。Gürlük(2009)运用地中海地区15个国家1970~2006年的数据资料,通过实证研究表明人类发展有利于地区环境污染程度的降低。综上所述,长期看,关注人类发展水平是物质资源约束条件下实现经济与环境可持续发展的有效路径选择。

近年来,不少学者对中国的环境问题展开了研究。其中大部分学者基于中国的实际情况,对环境库兹涅茨曲线进行检验,以验证中国环境污染排放是否存在随着人均收入水平增长而逆转的拐点。涂正革（2008）、杨俊和邵汉华（2009）则对现有全要素生产率进行修正，测算出中国的环境技术效率，以考察各地区"又好又快"发展的程度。纵然国内学者对中国的环境问题已展开较多研究，但大都从增长的角度关注环境污染问题，鲜有学者从人类发展的视角探讨中国环境污染问题。

保持经济的高速增长是中国实现经济赶超所必需的，而随之而来的资源耗竭、环境恶化问题也必须面对。无论是经济增长抑或是环境保护，其目的无疑是提高人类的福祉，即追求人类的发展，而同时，人类的发展也将对经济增长和环境改善产生重要影响（李晓羽等，2015）。因此，从人类发展视角来探讨环境污染问题将更有利于对这一重要课题的解答。中国经济的高速增长、人类发展水平的逐步提升与环境质量之间的关系究竟为何？关注人类发展，加大对其的投入力度是否能实现中国经济与环境的长期可持续发展，以解决中国在高速发展过程中出现的经济增长与资源耗竭、环境恶化的两难困境？对此，本节从人类发展角度，首先构建和测度人类发展指数（HDIM）和 EDI，构建联立方程组，运用中国 2003～2008 年的省际面板数据，实证探讨中国环境污染与人类发展之间的关系问题，以期对中国环境污染的影响因素有更全面的认识，并为实现中国可持续发展的路径选择提供理论和实证依据。

二、HDIM 和 EDI 的构建与测度

（一）HDIM

长期以来，人们习惯于以人均 GDP 为衡量一国（或地区）发展水平的首要指标。然而，随着学者们对发展问题研究的不断深入，研究的重点已从单纯关注经济增长逐步转向重视人类自身的发展。联合国开发计划署（UNDP）在《1990 年人类发展报告》中首次给出了 HDI 的测度方式，这为随后的经验分析提供了可行性。UNDP 提出的 HDI 包含三个主要维度——寿命、知识及资源的获得，其代表了人类的三个基本选择——长寿及健康的生活、获取知识和获得体面生活所需要的资源。其中，寿命维度用出生时的预期寿命来度量；知识是通过教育的实现程度来表现，教育的实现程度以成人识字率（占 2/3 权重）和初级、中级及高级教育的综合入学率（占 1/3 权重）共同衡量；资源的获得则用人均实际 GDP 计算。本节参照 UNDP 提出的 HDI 的构建方式，并基于对本节拟构建的计量模型中可能出现的多重共线性问题的考虑，同时借鉴 Costantini 和 Monni（2006）的处理方式，在计算 HDI 时，剔除对资源获得维度的考虑，仅用长寿维度和知识维度

对各地区人类发展水平进行度量，构建 HDI。对每一个维度而言，针对每项指标均设定最小值及最大值①，遵循式（4-33）、式（4-34）计算得出两维度的分项指数与 HDIM 值。

$$HX_{ij} = \frac{X_{ij} - X_i^*}{X_i^{**} - X_i^*} \quad (4-33)$$

$$HDIM_j = \frac{1}{2}\sum_{i=1}^{2} HX_{ij} \quad (4-34)$$

式中，HX_{ij} 和 $HDIM_j$ 分别表示第 j 省份第 i 维度 HDI 和第 j 省份 HDI；X_{ij} 表示第 j 省份第 i 维度的实际数值；X_i^*、X_i^{**} 分别表示第 i 维度最小设定值与最大设定值。HDIM 数值越大，人类发展水平越高。表 4-4 列出了样本期间代表性年份的各省份 HDIM 数值及排名情况。2003~2008 年，中国的整体人类发展水平有所提升，HDIM 的均值由 2003 年的 0.7119，上升至 2008 年的 0.7219。各省份的相对排名则几乎没有变化，上海、北京、天津、广东等经济发达的东部地区，其人类发展水平稳居全国前列，而青海、云南、贵州、甘肃等经济相对落后的西部地区，其人类发展水平则居于末席。可喜的是，各省份人类发展水平之间的差距呈现出了一定程度的缩减，其整体标准差由 2003 年的 0.0372，下降至 2008 年的 0.0320；东部与西部各省份及中部与西部各省份之间的 HDIM 平均值间的差距也由 2003 年的 0.0613 和 0.0367，分别下降至 2008 年的 0.0547 与 0.0281。这在一定程度上反映出，中国在快速发展整体经济的同时，对效率与公平是有所兼顾的。

表 4-4　中国各省份代表性年份的 HDIM 情况

省份	区域	2003 年 HDIM（排名）	2005 年 HDIM（排名）	2008 年 HDIM（排名）	2003~2008 年 HDIM 平均值（排名）
辽宁	东北	0.7441（6）	0.7442（5）	0.7470（5）	0.7456（5）
吉林		0.7447（5）	0.7378（6）	0.7417（6）	0.7417（6）
黑龙江		0.7323（10）	0.7305（12）	0.736（13）	0.734（11）
北京		0.7647（2）	0.7662（2）	0.7681（2）	0.766（2）
天津	东部	0.7531（3）	0.7584（3）	0.7595（3）	0.7579（3）
河北		0.7553（8）	0.7340（10）	0.7394（10）	0.736（9）

---

① 根据《1990 年人类发展报告》，出生时的预期寿命的取值区间为 25~85 岁；成人的识字率及小学、中学、大学综合入学率的取值区间都为 0~100%。同时，成人识字率为 15 岁及以上识字人口占 15 岁及以上总人口的比重；由于样本期间各地区 6~22 岁人口总数难以获取，本节中的综合入学率以普通小学、初中、高中、中等职业学校和高等学校在校生人数占地区总人口的比重来表示。

续表

省份	区域	2003年HDIM(排名)	2005年HDIM(排名)	2008年HDIM(排名)	2003~2008年HDIM平均值(排名)
上海	东部	0.7754（1）	0.7771（2）	0.7797（1）	0.7771（1）
江苏		0.7199（15）	0.7343（9）	0.7381（11）	0.7319（12）
浙江		0.7273（11）	0.7329（11）	0.7406（8）	0.7344（10）
福建		0.7141（17）	0.7152（16）	0.7218（17）	0.7165（17）
山东		0.7211（13）	0.7256（13）	0.7394（9）	0.7311（13）
广东		0.7452（4）	0.7489（4）	0.7546（4）	0.7506（4）
海南		0.7351（9）	0.7358（8）	0.7379（12）	0.7379（8）
内蒙古	西部	0.6864（25）	0.6948（22）	0.7046（25）	0.6982（25）
广西		0.7812（16）	0.7199（15）	0.7294（15）	0.7244（15）
重庆		0.7202（14）	0.7136（17）	0.7263（16）	0.7192（16）
四川		0.7043（21）	0.6905（25）	0.7120（21）	0.7049（21）
贵州		0.6409（28）	0.6377（28）	0.6610（20）	0.6485（28）
云南		0.6258（29）	0.6314（29）	0.6553（29）	0.6409（29）
陕西		0.7035（22）	0.7083（19）	0.7134（20）	0.7095（20）
甘肃		0.6531（27）	0.6525（27）	0.6621（27）	0.6551（27）
青海		0.6232（30）	0.6224（30）	0.6486（30）	0.6341（30）
宁夏		0.683（26）	0.6811（26）	0.7103（22）	0.6925（26）
新疆		0.6977（24）	0.692（23）	0.7021（19）	0.6984（24）
山西	中部	0.7360（7）	0.7377（7）	0.7412（7）	0.7392（7）
安徽		0.7079（19）	0.6914（24）	0.7062（24）	0.7017（23）
江西		0.7012（23）	0.695（21）	0.7089（23）	0.7018（22）
河南		0.7232（12）	0.723（14）	0.732（14）	0.7272（14）
湖北		0.7074（20）	0.7073（20）	0.7202（18）	0.7125（19）
湖南		0.7115（18）	0.7114（18）	0.7194（19）	0.7160（18）
均值		0.7119	0.7117	0.7219	0.7162
标准差		0.0372	0.0381	0.0320	0.03517

（二）EDI

在既有的经验分析文献中，大多数研究是从单一指标角度对地区环境污染程度进行衡量。然而，综合的环境指标较单一指标更能反映该地区环境状况的全貌，比单一指标更具有研究价值。本节参照 HDIM 的构建思路，结合中国的实际情况，从工业废水排放状况、工业废气排放状况、工业固体废物排放状况、生活"三废"（废水、废气、废渣）排放及处理状况、空气质量状况、能源耗费状况等 6 个维度，共 24 个指标对其进行综合测定（具体指标选取见表 4-5），根据式（4-35）～式（4-38），构建环境污染程度综合指标 EDI，以切实反映中国各省份的环境质量现状。

$$EX_{ij} = \frac{X_{ij} - X_i^*}{X_i^{**} - X_i^*} \quad （4-35）$$

或

$$EX_{ij} = \frac{X_i^{**} - X_{ij}}{X_i^{**} - X_i^*} \quad （4-36）$$

$$EDIX_{ij} = \frac{1}{n}\sum_{i=1}^{n} EX_{ij} \quad （4-37）$$

$$EDI_j = \frac{1}{6}\sum_{i=1}^{6} EDIX_{ij} \quad （4-38）$$

表 4-5　EDI 指数的构建

维度	衡量指标	指标数
工业废水排放状况	工业废水人均排放总量#、工业废水排放达标率^、工业废水中化学需氧量人均排放量#、工业废水中氨氮人均排放量#	4
工业废气排放状况	工业废气人均排放量#、工业废气二氧化硫人均排放量#、工业烟尘人均排放量#、工业粉尘人均排放量#	4
工业固体废物排放状况	工业固体废物人均排放量#、工业固体废物人均产生量#、工业固体危险废物人均产生量#、工业固体废物综合利用率	4
生活"三废"排放及处理状况	人均生活二氧化硫排放量#、人均生活烟尘排放量#、人均生活污水排放量#、生活污水中化学需量人均排放量#、生活污水中氨氮人均排放量#、生活垃圾无害化处理率	6
空气质量状况	可吸入颗粒物密度#、二氧化硫密度#、二氧化碳密度#、空气质量达到及好于二级的天数	4
能源耗费状况	人均电力消费量#、单位地区生产总值能耗#	2
合计		24

根据数据的可得性，本节中的工业固体废物综合利用率和空气质量状况指标以各省主要城市的相关统计指标值来衡量；根据指标性质，#、^分别表示运用式（4-35）或式（4-36）计算维度值

EX_{ij}、$EDIX_{ij}$ 和 EDI_j 分别表示第 j 省第 i 维度的衡量指标指数、第 i 维度指数和第 j 省环境污染程度综合指数。EDI_j 数值越大，环境污染程度越大。

三、环境污染与人类发展的模型构建

（一）模型设定

基于初步分析，为探讨人类发展与环境污染的关系，在 Jha 和 Bhanu（2003）修正后的 EKC 模型基础上，构建回归方程：

$$EDI_{it} = \alpha_i + \beta_1 HDIM_{it} + \beta_2 HDIM_{it}^2 + \beta_3 HDIM_{it}^3 + \beta_4 Growth_{it} + \beta_5 COND_{it} + \varepsilon_{it} \quad (4-39)$$

式中，EDI_{it} 表示环境污染程度；$HDIM_{it}$ 表示人类发展水平；$Growth_{it}$ 表示人均收入；$COND_{it}$ 表示影响环境质量变化的其他控制变量；α_i 表示特定的截面效应；i 表示各个省际截面单元；t 表示年份。

为更好地揭示人类发展对环境污染的影响，有必要对 EDI 的内生变量进行控制，同时也需要控制其他变量（COND）。既有研究表明，环境质量变化也影响着该地区的经济增长，考虑到经济增长因素的内生性，引入生产函数的分析框架，以考察环境质量变化如何影响生产过程。假设生产函数具有如下形式：

$$Y = AL^{1-\beta}K^{\beta} \quad (4-40)$$

令 $y = \dfrac{Y}{L}$，$k = \dfrac{K}{L}$，分别表示人均 GDP 与人均资本存量，式（4-40）可改写为 $y = Ak^{\beta}$，即

$$\ln y = \ln A + \beta \ln k \quad (4-41)$$

基于此，构建出考虑环境质量变化的产出方程：

$$Growth_{it} = \lambda_i + \gamma_1 EDI_{it} + \gamma_2 k_{it} + \gamma_3 H_{it} + \xi_{it} \quad (4-42)$$

式中，k_{it}、H_{it} 分别表示人均物质资本存量与人力资本存量；λ_i 表示特定的截面效应；i 代表各个省际截面单元；t 代表年份。

以式（4-39）与式（4-42）构建联立方程组，以考察中国人类发展与环境质量之间的作用效应。

表 4-6 列出了 2003～2008 年各省份 EDI 指数的平均值及相对排名。根据相对排名可见，人类发展水平居于最末五位的青海、云南、贵州、甘肃和宁夏，其 2003～2008 年的平均 EDI 排名分别为第 27、2、8、20、30 位，云南、贵州两省在人类发展水平较为落后的情况下，环境质量水平却名列全国前列，其可能的原因在于上述两省工业化进程远不及全国其他省份，重工业产业发展的迟缓，使其环境质量相对

于工业化进程发展较快的省份表现出较为明显的优势；人类发展水平居于前五位的上海、北京、天津、广东和辽宁，其 EDI 排名分别为第 25、16、22、18、24 位，上述五省份均为中国工业化进程推进较快的地区，而其 EDI 排名则居于全国中等偏下水平。这在一定程度上反映出，工业化水平是导致中国地区环境质量恶化的重要因素。与此同时，人类发展水平居于第 8 位，以旅游业为主导产业的海南省，其 EDI 指数稳居全国榜首，其在工业废水、工业废气、工业固体废物及空气质量方面都显示出较好的绩效表现。纵观中、东、西三个区域，从平均排名看，西部地区的环境质量仍落后于中部与东部地区。纵然如此，在未控制其他重要影响因素的情况下，单从 HDIM 和 EDI 两指数数值及相对排名来看，尚不能清晰地辨析出两者间的关系，有待于进一步实证探讨。

表 4-6　中国各省份 EDI 指数描述（2003~2008 年平均值）

区域	省份	工业废水（排名）	工业废气（排名）	工业固体废物（排名）	生活"三废"（排名）	空气质量（排名）	能源耗费（排名）	EDI（排名）
东北	辽宁	0.2949(22)	0.3842(27)	0.2243(27)	0.3171(28)	0.4015(14)	0.2950(15)	0.3195(24)
东北	吉林	0.2728(18)	0.1948(15)	0.0831(13)	0.3003(26)	0.2522(5)	0.2120(11)	0.2192(9)
东北	黑龙江	0.2259(8)	0.1867(11)	0.07545(9)	0.3360(29)	0.4511(21)	0.1269(5)	0.2337(12)
东部	北京	0.1328(1)	0.092(2)	0.0656(8)	0.2258(18)	0.6360(30)	0.3014(17)	0.2423(16)
东部	天津	0.2657(16)	0.2634(23)	0.0919(17)	0.2467(19)	0.4582(22)	0.3385(19)	0.2774(22)
东部	河北	0.2793(20)	0.3203(25)	0.1684(25)	0.1583(6)	0.5061(26)	0.3590(22)	0.2986(23)
东部	上海	0.2372(10)	0.2242(20)	0.1264(23)	0.5445(30)	0.4166(16)	0.4084(25)	0.3262(25)
东部	江苏	0.2982(24)	0.1976(17)	0.0814(12)	0.1774(11)	0.4465(19)	0.3423(20)	0.2572(19)
东部	浙江	0.3788(28)	0.1966(16)	0.0503(4)	0.137(5)	0.4784(24)	0.4140(26)	0.2759(21)
东部	福建	0.2734(19)	0.1348(6)	0.0806(11)	0.2106(17)	0.2355(4)	0.2967(16)	0.2053(5)
东部	山东	0.2298(9)	0.1978(18)	0.0992(20)	0.1174(2)	0.4385(18)	0.3119(18)	0.2324(11)
东部	广东	0.2491(13)	0.1265(4)	0.0432(2)	0.3112(27)	0.4481(20)	0.3644(24)	0.2571(18)
东部	海南	0.1575(2)	0.0296(1)	0.0059(1)	0.2506(20)	0.0248(1)	0.1236(4)	0.0987(1)

续表

区域	省份	工业废水（排名）	工业废气（排名）	工业固体废物（排名）	生活"三废"（排名）	空气质量（排名）	能源耗费（排名）	EDI（排名）
西部	内蒙古	0.3082 (25)	0.6660 (30)	0.2692 (28)	0.2567 (22)	0.3705 (13)	0.5819 (29)	0.4088 (28)
	广西	0.4988 (29)	0.2765 (24)	0.0883 (15)	0.2054 (16)	0.2673 (7)	0.1062 (1)	0.2404 (15)
	重庆	0.2935 (21)	0.2135 (19)	0.0841 (14)	0.1612 (7)	0.5572 (29)	0.1859 (8)	0.2492 (17)
	四川	0.2483 (12)	0.1533 (8)	0.0790 (10)	0.164 (8)	0.4599 (23)	0.1740 (7)	0.2126 (7)
	贵州	0.1864 (3)	0.1883 (12)	0.1944 (26)	0.1366 (3)	0.2588 (6)	0.3503 (21)	0.2191 (8)
	云南	0.1929 (4)	0.1041 (3)	0.1081 (21)	0.0862 (1)	0.1666 (2)	0.2238 (12)	0.1666 (2)
	陕西	0.2101 (7)	0.2353 (21)	0.0911 (16)	0.1740 (10)	0.2271 (3)	0.1971 (9)	0.2271 (10)
	甘肃	0.2591 (15)	0.1775 (10)	0.0967 (19)	0.1913 (13)	0.2722 (8)	0.2799 (14)	0.2722 (20)
	青海	0.3092 (26)	0.3539 (26)	0.4200 (30)	0.1644 (9)	0.3387 (12)	0.4251 (27)	0.3387 (27)
	宁夏	0.5895 (30)	0.6200 (28)	0.0952 (18)	0.1970 (14)	0.4311 (17)	0.7555 (30)	0.4311 (30)
	新疆	0.3290 (27)	0.2627 (22)	0.1310 (24)	0.2569 (23)	0.3283 (11)	0.3629 (23)	0.3283 (26)
中部	山西	0.2725 (17)	0.6339 (29)	0.3425 (29)	0.2676 (24)	0.5119 (27)	0.5169 (28)	0.4242 (29)
	安徽	0.2008 (5)	0.1321 (5)	0.0526 (5)	0.1913 (12)	0.2816 (9)	0.1452 (6)	0.1673 (3)
	江西	0.2088 (6)	0.1575 (9)	0.1149 (22)	0.1994 (15)	0.2978 (10)	0.1168 (3)	0.1825 (4)
	河南	0.2458 (11)	0.1911 (13)	0.0489 (3)	0.1374 (4)	0.4040 (15)	0.2243 (13)	0.2086 (6)
	湖北	0.2551 (14)	0.1422 (7)	0.0540 (7)	0.2513 (21)	0.5217 (28)	0.2099 (10)	0.2390 (14)
	湖南	0.2950 (23)	0.1913 (14)	0.0536 (6)	0.2868 (25)	0.4900 (25)	0.1077 (2)	0.2374 (13)

（二）变量与数据说明

环境质量决定式（4-39）中的控制变量。Grossman 和 Krueger（1992）等认为，在经济起飞和加速阶段，第二产业比重增加，工业化会带来严重的环境问题，而当经济从高能耗高污染的工业转向低污染高产出的服务业、信息业时，经济活动对环境的压力降低，环境质量将得以改善。在对各省份 HDIM 与 EDI 及其排名的分析中发现，工业化因素是影响地区环境质量的一个重要的影响因子。在此引入产业结构变量（Struc），以第二产业产值占 GDP 的比重来反映。而随着经济的发展，人们也将增加对环保技术的研发投入，环境技术进步使污染更容易得到治理，同时，技术进步也促进经济增长方式的转变与产业结构的调整与优化，因此引入技术进步变量（Tech），以全社会 R&D 经费支出来衡量，并以各地区对环境污染治理的投资总额（Inst）来反映各地区的治污力度。同时，贸易对环境质量的影响也有待进一步验证。传统观点认为国际贸易对国内环境质量的影响并非"污染天堂假设"（pollution havens hypothesis）所表明的，会必然导致发展中国家的环境质量恶化、污染排放增加。它往往取决于一国参与国际贸易的分工模式及国际贸易对国内要素部门配置的影响，对此，加入对外贸易变量（Fore），以地区实际利用外资额占 GDP 的比重来度量。

产出决定式（4-42）中的要素投入变量。k 作为人均物质资本存量指标，以各省份各年实际物质资本存量除以年末总人数的自然对数来衡量。在永续盘存法下，基年的选择越早，基年资本存量估计的误差对后续年份的影响越小。本节以 1952 年为基年，采用张军等（2004）的估计方法，对 2003～2008 年各省份的实际物质资本存量进行测算。H 为反映人力资本存量的指标。借鉴 Barro 和 Lee（2001）的衡量方法，以各地区人均受教育年限来衡量，并参照王小鲁的界定方式设定相应的受教育年限的权数（小学学历赋值"6 年"、初中学历赋值"9 年"、高中学历赋值"12 年"、大学学历赋值"16 年"），由此加总得出各地区人均受教育年限。Growth 则以各地区人均实际生产总值的自然对数来度量。

考虑到缺乏部分地区相关的数据资料，未将其纳入分析范围，最终面板数据包括 30 个截面单位和 6 年的时序序列。

（三）分析方法

由于在模型设定上存在变量的内生性问题及单个省份的估计方程间存在异方差现象，采用三阶段最小二乘法（3SLS）对面板数据的联立方程组进行估计。第一阶段，先估计联立方程系统的简化形式。第二阶段，用全部内生变量的拟合值得到联立方程系统中所有方程的 2SLS 估计。一旦计算出 2SLS 的参数，每个方程的残差值就可以用来估计方程之间的方差和协方差，类似于似乎不相关回归法（SUR）的估计过程。第三阶段，得到广义最小二乘法的参数估计量。很显然，3SLS 考虑了方程之间的相关关系，其能得到比 2SLS 更有效的参数估计量。在平衡系

统的情况下，使用 3SLS 得到的估计量为

$$\hat{\Delta}_{3SLS} = [\hat{X}'(\Sigma^{-1} \otimes I_t)\hat{X}]^{-1}\hat{X}'(\hat{\Sigma}^{-1} \otimes I_t)Y \quad (4\text{-}43)$$

$$\hat{X} = \begin{bmatrix} Z(Z'Z)^{-1}Z'X_1 & 0 & \cdots & 0 & 0 \\ 0 & Z(Z'Z)^{-1}Z'X_2 & \cdots & 0 & 0 \\ \vdots & \vdots & & \vdots & \vdots \\ 0 & 0 & \cdots & 0 & Z(Z'Z)^{-1}Z'X_k \end{bmatrix} \quad (4\text{-}44)$$

式中，Σ 表示残差的协方差矩阵；算子 $\otimes$ 表示克罗内克积（Kronecker product）；Z 表示先决变量矩阵；X_i 表示 i 个方程的 $T \times k_i$ 阶解释变量矩阵。

在对联立方程组模型进行估计之前，必须考虑模型的识别问题，即是否能够从所估计的诱导系数中求出一个联立方程组模型参数的估计值，它是联立方程组可否进行估计的充要条件。本节联立方程系统的结构式形式为

$$BY + \Gamma Z = u \quad (4\text{-}45)$$

式中，各个变量矩阵和系数矩阵为

$$Y_t = \begin{bmatrix} \text{EDI}_t \\ \text{Growth}_t \end{bmatrix}, \quad t = 1, 2, 3, \cdots, T \quad (4\text{-}46)$$

$$Z_t = (1, \text{HDIM}_t, \text{HDIM}_t^2, \text{HDIM}_t^3, \text{COND}_t, k_t, H_t, L_t)', \quad t = 1, 2, 3, \cdots, T \quad (4\text{-}47)$$

$$u_t = \begin{bmatrix} u_{1t} \\ u_{2t} \end{bmatrix}, \quad t = 1, 2, 3, \cdots, T \quad (4\text{-}48)$$

$$(B, \Gamma) = \begin{bmatrix} 1 & -\beta_4 & -\beta_0 & -\beta_1 & -\beta_2 & -\beta_3 & -\beta_5 & 0 & 0 \\ -\gamma_1 & 1 & -\gamma_0 & 0 & 0 & 0 & 0 & -\gamma_2 & -\gamma_3 \end{bmatrix} \quad (4\text{-}49)$$

在联立方程组中，Growth、EDI 是内生变量，其余都是先决变量，由模型的外部条件给定。根据模型识别的阶条件和秩条件可知（k 为系统中内生变量的个数）：

$$\text{rank}(B_0, \Gamma_0) = k - 1 = 1 \quad (4\text{-}50)$$

且对于所有方程的先决变量个数（g）均有

$$g - g_i > k_i - 1 \quad (4\text{-}51)$$

由此可知，本节的实证模型是可识别且为过度识别，其系数是可以估计的。

四、环境质量与人类发展水平计量分析

（一）环境质量决定方程估计结果讨论

对环境质量方程的估计结果，本节主要关注以下两点。

(1) 环境质量与人类发展水平之间关系的形态，究竟存在何种线性或非线性关系。

(2) 其他控制变量对环境质量的影响。

表 4-7 给出了联立方程组估计结果，以下分别探讨环境质量决定方程与产出决定方程的估计结果。

表 4-7 联立方程组计量分析结果

式（4-39）	EDI	工业废水 EDIX$_1$	工业废气 EDIX$_2$	工业固体废物 EDIX$_3$	生活"三废" EDIX$_4$	空气质量 EDIX$_5$	能源耗费 EDIX$_6$
HDIM$_{it}$	17.0116 (1.73)*	40.4395 (4.47)***	47.9644 (2.49)***	−468.7493 (−2.11)**	670.1665 (4.55)***	60.9477 (3.24)***	31.5324 (1.68)*
HDIM$_{it}^2$	−13.1807 (−1.82)*	−29.7620 (−4.46)***	−35.8740 (−2.52)***	653.8927 (2.04)**	−970.1188 (−4.57)***	−45.2899 (−3.27)***	−25.4467 (−1.83)*
HDIM$_{it}^3$				−304.5595 (−1.97)**	468.2589 (4.58)***		
Growth$_{it}$	0.2423 (4.38)***	0.2060 (3.96)***	0.4162 (3.88)***	0.1788 (2.47)**	−0.0007 (−0.02)	0.3856 (3.71)***	0.4819 (4.59)***
Struc$_{it}$	0.3354 (2.85)***	0.1645 (1.68)*	0.4530 (1.96)**	0.3132 (2.31)**	0.0895 (1.00)	0.1826 (0.81)	0.4079 (1.81)*
Tech$_{it}$	−3.8526 (−2.93)***	−4.2164 (−3.53)***	−10.5843 (−4.10)***	−4.4268 (−3.13)***	−2.1564 (−2.32)**	−2.0016 (−1.80)*	−5.4506 (−2.17)**
Inst$_{it}$	−0.3888 (−0.25)	−0.4629 (−0.34)	1.1113 (0.36)	1.6754 (0.90)	−2.4190 (−1.96)**	−6.9048 (−2.31)**	0.9680 (0.33)
Fore$_{it}$	−0.0222 (−4.21)***	−0.0255 (−5.24)***	−0.0391 (−3.81)***	−0.0117 (−1.89)*	−0.0034 (−0.84)	−0.0455 (−4.56)***	−0.0313 (−3.13)***
Constant	−7.5293 (−2.04)**	−15.1707 (−4.46)***	−19.6709 (−2.72)***	110.5006 (2.17)**	−154.1725 (−4.57)***	−23.5852 (−3.35)***	−13.8836 (−1.97)**
Chi^2	173.84	155.14	162.84	184.91	211.30	144.27	167.33
R^2	0.38	0.35	0.42	0.49	0.56	0.28	0.48
式（4-42）				人均收入			
EDI$_{it}$	−2.6790 (−4.55)***						
EDIX$_{1it}$		−3.2712 (−3.71)***					

续表

式（4-42）				人均收入			
EDIX$_{2it}$			−1.3262 (−4.96)***				
EDIX$_{3it}$				−1.1136 (−2.71)***			
EDIX$_{4it}$					0.2542 (0.39)		
EDIX$_{5it}$						−1.6640 (−4.11)***	
EDIX$_{6it}$							−1.2331 (−2.48)***
k_{it}	0.4785 (8.68)***	0.3989 (6.51)***	0.4137 (8.66)***	0.3724 (7.91)***	0.3556 (7.61)***	0.4564 (8.45)***	0.5306 (6.06)***
H_{it}	0.2093 (4.80)***	0.1759 (2.94)***	0.2159 (5.07)***	0.2338 (5.45)***	0.2325 (3.75)***	0.2493 (5.83)***	0.1486 (2.44)**
Constant	8.6726 (19.96)***	9.1200 (13.83)***	8.2272 (21.81)***	7.8805 (20.77)***	7.6978 (18.37)***	8.3163 (20.56)***	8.8533 (14.09)***
Chi^2	363.49	333.59	385.68	378.53	367.63	360.33	303.93
R^2	0.66	0.64	0.67	0.68	0.68	0.67	0.60
Obs	180	180	180	180	180	180	180

***、**、*分别表示在1%、5%、10%水平上显著；
注：模型均在1%的显著性水平上通过F检验；括号中为Z统计值

由环境质量方程的系数估计结果可见，基于省际层面的中国环境质量与人类发展水平之间存在显著的倒U形关系，HDIM一次方与二次方的系数值分别为17.0116和−13.1807，且均在10%的显著性水平上显著。同时，6个反映环境污染程度的分项维度指标与人类发展水平之间也存在显著的相关关系，所有回归系数均通过了10%的显著性检验。实证结果表明，关注人类发展、加大投入力度，对中国的环境质量具有直接且显著的作用效应。同时，基于省际层面的人类发展水平与工业废水、工业废气、空气质量及能源耗费之间存在显著的倒U形关系，而人类发展水平与工业固体废物之间则为倒N形关系，与生活"三废"之间为正N形关系。地区间人类发展水平与工业固体废物之间存在倒N形关系，即随着人类发展水平的提升，工业固体废物污染程度呈现出下降—上升—下降的趋势。倒N

形曲线的首次下降阶段可以解释为在工业化早期，工业固体废物的产生并不像工业废气和废水那样必然，同时，污染量也远小于工业废气与废水，此时的人类发展水平能有效满足对工业化早期所产生的固体废物的控制与治理。而与生活"三废"之间的正 N 形关系，可以解释为，由于社会的发展，生活垃圾类型越来越复杂，部分生活垃圾甚至将对环境造成无法修复的损害（如白色污染）。正 N 形曲线的再次上升，表明了随着社会的发展，保持有效的治理生活污染的技术进步（或发明）变得越来越困难，治污技术进步的速度小于生活污染物产出的速度，正如陆旸和郭路（2008）所认为的[①]。纵然如此，从长期总体发展看，人类发展对中国环境质量改善具有积极的作用效应。

由其他控制变量的计量分析结果可见，本节的计量模型取得了较好效果，各控制变量的估计系数符号基本与理论预期相吻合，绝大部分解释变量均在 10% 的显著性水平上显著。

经济增长导致了地区环境质量的恶化。除生活"三废"外，在其余 6 组回归方程中，其估计系数分别为 0.2423、0.2060、0.4162、0.1788、0.3856 和 0.4819，并都通过了 1% 的显著性检验。实证结果印证了包群和彭水军（2006）的观点：就中国人均 GDP 地区分布实际情况而言，经济仍然还位于 EKC 的左半段，即污染排放随着人均 GDP 的上升而进一步增加，经济增长仍然会带来污染排放的增多和环境质量的下降。

以第二产业产值占 GDP 比重来度量的产业结构变量，除了生活"三废"和空气质量维度外，在其他 5 组回归方程中，Struc 的估计系数显著为正，分别为 0.3354、0.1645、0.4530、0.3132、0.4079，均在 10% 的显著性水平上显著。这与前述对 HDIM 与 EDI 数值及其相对排名的分析结果一致。通过计算 2003~2008 年各省份第二产业占 GDP 比重的平均值可见，山西（0.59）、天津（0.56）、浙江（0.54）等第二产业占比较大的省份面临的环境压力也相对较大，2003~2008 年其 EDI 的平均排名分别位于第 29、22 和 21 位。实证结论印证了大多数"环境-经济"经验文献的观点，即产业结构变化是影响地区环境污染程度的重要因素，工业化进程通常是影响环境质量的关键。而产业结构变量与生活"三废"、空气质量之间呈现出不显著的相关关系，可能的解释为产业结构变量对环境污染的影响主要是针对工业污染，而对其他形式污染的影响则不具有显著性。

反映技术进步的全社会 R&D 经费支出，在 7 组回归方程中，无一例外地显著促进了地区环境质量的改善，回归系数分别为 –3.8526、–4.2164、–10.5843、

[①] 陆旸、郭路基于新古典增长理论，对 N 形曲线的产生进行了理论上的解释，认为 N 形路径反映的是污染的路径偏离了稳态之后，不再返回稳态的一条路径选择。他们认为政府可以在财务支出中专门设立环境支出账户，以平抑"外部冲击"带来的"额外污染"。

–4.4268、–2.1564、–2.0016 和–5.4506，且均在 10%的显著性水平上显著。实证结果印证了 Grossman 和 Krueger（1992）所强调的技术进步效应对环境质量具有积极且显著的作用的观点，科研经费投入的增加是改善中国地区环境质量的有效途径之一。与此同时，各地区对环境治理的投资额除对生活"三废"污染和空气质量的改善产生了积极的促进作用外，均未对整体环境质量水平及其他维度的环境质量的改善产生明显的作用效应。从中得出一个启示：通过增加科研投入，以技术进步途径实现对工业污染的控制与治理效果比事后加大对治污资金的投入力度的效果要好。

Fore 反映对外贸易的实际利用外资额占 GDP 的比重，除对生活"三废"污染改善的作用效应不明显之外，对各地区整体环境质量与其他 5 个维度环境质量的改善具有显著的促进作用。其回归系数分别为–0.0222、–0.0255、–0.0391、–0.0117、–0.0455 和–0.0313，且均通过了 10%的显著性检验。实证结果表明，贸易开放度的提高有利于中国环境污染物排放量的减少，"污染天堂假设"在基于中国省际层面的经验分析中未得以验证，由于外资的技术外溢效应，对外贸易并不会必然导致发展中国家的环境质量恶化、污染排放增加。

（二）产出决定方程估计结果讨论

对产出方程的估计结果而言，本节主要关注以下两点。
（1）生产要素投入变量与经济增长的关系。
（2）环境质量对经济增长的作用效应。

1. 生产要素投入变量与经济增长的关系

本节的实证结果与既有大多数对要素投入与经济增长之间关系的理论与实证文献所持有的观点一致。物质资本投入、人力资本积累均显著地促进地区经济增长，在 7 组回归方程中，人均物质资本存量的估计系数分别为 0.4785、0.3989、0.4137、0.3724、0.3556、0.4564 和 0.5306，人均受教育年限的估计系数为 0.2093、0.1759、0.2159、0.2338、0.2325、0.2493 和 0.1486，所有估计系数均在 5%的显著性水平上显著。这也从一个侧面反映出，随着工业化进程的深化，知识型人才是推进地区经济增长的关键，凸显了人类发展水平提升所带来的人们受教育水平的提高在地区经济增长中扮演重要角色。

2. 环境质量对经济增长的作用效应

由实证结果可见，地区环境综合污染程度、工业废水、工业废气、工业固体废物、空气质量污染及能源耗费对经济的增长产生了显著的消极影响，其估计系数分别为–2.6790、–3.2712、–1.3262、–1.1136、–1.6640 和–1.2331，且均在 1% 的显著性水平上显著。但生活"三废"对经济增长的作用效应不太明显。纵然如此，从整体层面看，环境质量的恶化显著阻碍了中国地区经济的增长，且负面效应表现出一定程度的稳健性。而作用机制有待后期更深入的论证。

五、研究结论

通过对中国省际层面的实证研究，本节验证了中国环境污染与人类发展之间倒 U 形关系的存在，并进一步探讨了环境污染对地区经济增长的作用效应，从中得出以下几点结论与启示。

第一，初步的经验观察显示，人类发展水平居于全国前列的上海、北京、天津、广东和辽宁，其 EDI 居于全国中等偏下水平；人类发展水平居于最后的青海、云南、贵州、甘肃和宁夏，除工业化程度明显落后于全国其他地区的云南、贵州两省外，其 EDI 也居于全国末席。中国环境污染与人类发展之间的关系并非简单的线性关系，人类发展是地区环境质量恶化的一个潜在因素。

第二，面板数据的计量结果证实，环境综合污染程度与人类发展之间的倒 U 形关系在省际层面成立。构成环境综合污染指数的 6 个维度指标与人类发展之间也存在显著的相关关系，工业废水、工业废气、空气质量、能源耗费 4 个维度指标与人类发展水平之间的关系形态仍为倒 U 形关系，而工业固体废物、生活"三废"与人类发展水平之间的关系形态则分别为倒 N 形关系与正 N 形关系。纵然关系形态略有不同，但不可否认的是，就长期而言，中国人类发展水平的提高对地区环境污染的控制、环境质量的提升具有显著的促进作用。

第三，目前中国的经济增长恶化了环境污染程度，产业结构变化是影响污染排放的一个重要因素。增加对研发的投入力度能有效改善环境质量，其作用效果优于对事后治污的投入。同时，贸易开放度的提高也有利于中国环境污染物排放量的减少，这从一个侧面反映出外资的技术外溢效应确实在中国存在。

第四，经济增长加大了中国地区环境污染程度，反之，地区环境质量的恶化也显著阻碍了中国地区经济的增长。同时，物质资本投入要素、人力资本积累是促进地区经济增长的重要因素。这在一定程度上凸显了人类发展水平提升所带来的人们受教育水平的提高，其在地区经济增长中扮演了重要角色。

第五，大多数关于中国"环境-经济"的经验文献表明，中国环境污染与经济增长之间存在着倒 U 形关系。但基于本节的经验分析结果，本书认为缓解中国工业化进程所带来的环境压力，并非像以往的经验分析文献所表明的那样，控制污染物的排放、改善环境质量的关键是加快经济的发展，以期快速超越倒 U 形曲线的拐点，该政策指引并非最优的路径选择。本节的实证结果表明，就长期而言，关注人类发展，是改善地区环境质量的关键，同时，人类发展所带来的人们受教育水平的提高，又是推进中国工业化进程、加快经济发展的核心。本节蕴含的明显的政策含义是，关注并加大对人类发展的投入力度，是解决中国在高速发展过程中出现的经济增长与资源耗竭、环境恶化的两难困境的关键，本节的经验分析为实现中国可持续发展的路径选择提供了一个理论和实证的依据。

第四节 本章小结

随着改革开放的深入和社会主义市场经济体制的完善，中国经济获得了较快的发展，同时环境却持续恶化，在我国实行绿色、可持续发展战略进程中，必须将环境纳入经济增长的分析框架。整体上中国的全要素能源效率水平较低，能源利用率低导致产生非期望产出，由此造成环境污染等一系列负面影响。同时，从人与自然的角度分析，环境污染规模较大时会对劳动生产率有显著的抑制效应，从而对人类的发展产生深远影响。

本章首先探讨了环境污染对劳动生产率的影响，利用环境库兹涅茨假说将环境污染内生引入到经济增长模型，采用 ARDL 方法建立了面板误差修正模型，利用 PMG 和 MG 方法进行了实证分析。研究发现，环境污染对劳动生产率的影响包括直接影响和间接影响两部分。环境污染对劳动生产率的直接影响是不确定的，取决于劳动者对闲暇效用和劳动负效用的偏好。环境污染对劳动生产率的间接影响主要取决于环境污染程度和收入水平，当收入水平和环境污染程度较低时，环境污染程度的增加会对劳动供给有一定的促进作用；而在环境污染水平较高或者收入水平较高时，环境污染程度的增加对劳动供给则有显著的抑制作用。

从环境对劳动供给的影响考虑，在短期环境污染对劳动供给水平有显著的负效应；从长期来看环境污染对劳动供给水平的影响则呈现出显著的倒 U 形关系；环境污染对劳动生产率的负效应随着环境污染规模的增加而增加；当经济发展水平较低时，环境污染对劳动生产率的负影响较弱，然而随着经济水平的提高，环境污染对劳动生产率的负效应将会增加。目前环境污染对劳动供给水平的实际影响已经由促进转为抑制，并日益成为中国经济发展的重要瓶颈。随着环境污染程度的加剧，劳动供给水平会先升后降，同时能源过度使用和污染排放过多造成环境技术无效率，拖累了城市经济增长效率，同时也影响了生态文明建设。

本章采用中国省际面板数据，构建了综合的环境污染指数和 HDIM，对环污染与人类发展之间的相关性进行了分析和检验，进一步验证了中国环境污染与人类发展之间倒 U 形关系的存在，探讨了环境污染对地区经济增长的作用效应。另外，人类发展是实现可持续发展的重要因素，关注人类发展，是改善地区环境质量的关键，同时人类发展所带来的人们受教育水平的提高，又是推进中国工业化进程、加快经济发展的核心。

第五章 我国电力行业发电侧低碳化创新升级机制研究

作为世界上碳排放量最大的国家之一，中国已向国际社会做出承诺，到 2020 年单位国内生产总值碳排放量比 2005 年降低 40%～45%，同时将非化石能源在一次能源中的比重提高到 15%。为了实现上述战略目标，碳减排已作为硬性约束指标纳入我国"十三五"规划。电力行业碳排放，从结构上看，排放量大，增速快，所占比例逐年上升；从行业占比看，电力行业排放量已接近全国排放总量的 50%（主要由燃煤发电产生）。低碳理念的引入对于电力行业的影响是广泛而深刻的，因为在面临巨大减排任务的同时，电力行业也具备显著的减排空间。因此，低碳发展将继安全、经济之后成为电力系统调度运行中的重要目标之一。CO_2 是典型的全球性公共产品，无法通过自发的市场机制实现最优配置，而需引入适度的宏观调控，由政府制定相应的制度予以规范与引导。从世界各国的实践看，主要的制度包括排放交易等市场机制，低碳电量配额、最低能耗标准、排放指标等约束机制，碳税、污染税等财税机制，以及绿色电价等激励机制等。如何通过合理的制度设计，在深入分析电力行业各环节碳排放特性与挖掘低碳潜力的基础上，寻找碳减排成本与效益的均衡，将是未来的重要研究方向之一。

因此本章以我国现阶段发电侧节能减排现状所存在的问题为基础，通过对电力市场减排锦标博弈机制与电力行业发电侧碳排放权交易差价合约机制进行深入研究，以实现低碳电力与低碳经济的协调发展，促进我国电力行业的可持续发展。

第一节 我国电力行业节能减排现状及发展目标

一、电力行业发电侧节能减排意义

在全球范围内，可持续和低污染是未来电力系统发展的首要方向和必然趋势。由于煤炭在我国能源储量结构中占比较大，我国大部分发电企业都是以燃煤火力发电为主，由此产生了 CO_2 排放过量等一系列环境污染问题。因此，升级改进火力发电技术，提高火力发电效率，是实现电力企业节能减排、降低能源消耗的重要手段。同时，随着我国能源深化改革的不断推进，节能减排也是在市场经济发展的条件下，提升电力企业自身经济效益的最佳途径。因此，实现节能减排的目标对我国电力行业的可持续发展有着十分重大的意义。

二、电力行业发电侧节能减排现状

目前，我国电力行业积极朝着节能降耗的方向发展，但同时受到能源禀赋、传统管理体制及思维固化等条件的制约，导致在实际的改革过程中受到了较大的阻力，以致改革效果不明显，很多问题依旧没有得到有效解决。本节就当前电力行业发展存在的主要问题展开以下几点阐述。

（一）能源转换效率较低

中国电力企业尤其是火电企业，在能源转换方面与欧美发达国家存在一定差距。相关统计显示，截至 2016 年，中国火电企业的煤耗量为 374g/(kW·h)，远高于发达国家的煤耗量。近年来，在节能减排方面，电力企业及环保部门多方努力，虽然已经取得了一定的成绩，但是煤耗数值依然较高，仍具有较大的提升空间。

（二）节能减排意识相对缺乏

当前，有关部门没有给予节能减排工作充分的重视，对电力企业监控不严、管理力度不足：①一些企业没有做到遵纪守法，如在机组运行方面，企业仍偷偷排放会对大气产生污染的气体；②电力行业一些企业对生态环保不重视，没有给予环保人员同其他人员相同的工资待遇，对环保人员的学历要求和技术要求也不高，导致环保人员的技能水平无法满足工作的需求；③当前我国实施的《火电厂大气污染物排放标准》是世界上最严格的标准，其中，烟尘超低排放限值为 $10mg/m^3$，甚至比部分检测仪器的误差还小，这对检测设备提出了巨大挑战，而很多电厂存在检测仪器配套不足、精度不够的问题；④在统计节能减排的相关数据方面，主要采取企业申报的形式，相关部门收到企业申报后，只进行简单的数据分析与整理，难以确保数据的真实性与准确性。

（三）资金及技术投入不足

我国的发电站在数目上与发达国家相差不大，然而在资金投入及技术创新上存在较大的差距。一方面，由于电力行业技术水平及投资门槛相对较高，各电力企业无法在短期内更新设备；另一方面，受到市场份额及电价的不确定性的影响，发电企业的经济效益呈现逐渐降低的趋势，特别是传统火力发电企业。例如，煤电企业遭受到核电、水电的挤压后，市场占有率逐渐降低，为了弥补经营上所引起的亏损，这些企业把本来应该用在节能减排上的资金转移到了生产经营上，这样一来，节能减排工作也就无从谈起了。

（四）缺乏科学的评价体系

在当前的节能减排工作中，多数电力企业主要将重心放在技术层面上，对政策及管理层面的问题并没有给予充分的重视，从而导致缺乏科学合理的评价体系。同时，由于电力企业没有将节能减排与经济循环进行充分的结合，节能减排无法落到实处，难以发挥真正的效果。

三、电力行业发电侧节能减排发展要求及目标

面对节能减排过程中存在的问题，我国当前亟须以低碳发展为统领，全面梳理能源、电力与节能减排法规政策，建立统一的法规体系。同时，加快节能减排管控思路的转变，将节能减排从煤电常规污染物控制转变到以CO_2为主体的控制上来，也就是将CO_2管控作为电力转型的核心问题加以管理。另外，我国还需要加快推进电价形成机制，既要鼓励清洁能源发展，适应分布式能源、智能电网发展的需要，也要充分反映电力减排成本，真实反映污染物排放的环境代价，同时制定科学合理的电价制度。我国还需要根据经济和社会发展水平，对新建火电厂实行严格的准入制度，对存量项目要发挥碳排放交易市场的促进作用，但要避免一刀切和过度浪费。

随着《能源发展战略行动计划（2014—2020年）》、《国家应对气候变化规划（2014—2020年）》、《煤电节能减排升级与改造行动计划（2014—2020年）》和《全面实施燃煤电厂超低排放和节能改造工作方案》等节能减排文件的逐步落实，我国"十三五"电力行业节能减排目标要求已全面展开。2015年12月国务院常务会议及《全面实施燃煤电厂超低排放和节能改造工作方案》中，要求东、中、西部有条件的燃煤电厂分别在2017年底、2018年底、2020年底前实现超低排放，即在基准样含量6%条件下，烟尘、二氧化硫、氮氧化物排放浓度分别不高于$10mg/m^3$、$35mg/m^3$、$50mg/m^3$。国家发改委于2017年12月正式宣布全国统一碳交易市场启动，首批只纳入发电行业，并就落实《全国碳排放权交易市场建设方案（发电行业）》、推动全国碳排放权交易市场建设有关工作进行动员部署。

第二节 我国电力市场减排锦标博弈机制研究

一、减排机制研究概况及意义

目前政府干预主要包括法规的制定和经济制度的安排。其中，经济制度具有不可替代的效率作用，且应针对不同情况安排与市场机制相沟通的不同制度形式。在限制 CO_2 排放中，安排有效的经济制度，即要按"排放者付费"和"资源有偿使用"原则，建立与市场经济相适应的利益机制，将减排问题由政府行为转变为一种由政府调控与经济利益机制驱动相结合的市场行为和企业行为（Paolell and Taschini，2008）。事实上，考虑到中国现有的电源结构和发电技术，引入低碳电力调度（low-carbon generation dispatching，LCGD）可以说是电力行业在短期内有效控制碳排放、实施低碳化发展的必然选择（陈启鑫等，2009）。从长远看，即使低碳技术尚未完全成熟，存在着风险大、成本高及效果不确定的特点，引入低碳技术也是实现电力行业低碳化发展的关键（Ockwell et al.，2008）。电力行业从物理上主要可以分为发电、输配电和用电等环节。从目前低碳电力技术的研究情况来看，发电侧是低碳化效益比较集中的环节，也是易于入手进行研究的环节。

在低碳背景下，引进拥有减排技术的独立发电商时，会增加发电成本和风险，使得这些独立发电商在机组出力确定中不具备调度优势，从而减少了他们的发电机会。此外，低碳出力存在电价相对过高、供应稳定性差的特点，在与边界市场竞争时处于劣势地位。为了增加这些发电商的发电量，可以通过政府扶持来配合电网公司进行 LCGD，使得电网公司在保证自身收益的基础上，优先排序发电，锁定发电量并优先调度这些独立发电商的电量。因此，通过政府扶持，即使不提供任何 CO_2 减排契约，仅通过交易双方的价格转移，便都具有了参与合作利用 LCGD 的动机。

目前关于纵向合作减排的研究比较多，但是对电力市场方面的研究还较为缺乏，尤其是将调度低碳化与实验检验相结合起来研究的文献则更少（黄守军等，2014，2015）。另外，有研究表明大多数渠道合作模式是不稳定的，这是因为在不完全契约的框架下，双方不可能完全预测到未来的或然事件并将其写入契约安排中。而参与者对双方行为的收益又有着完全理性的预期，这就使得渠道的任意一方都存在机会主义倾向。实践中发现，在探索如何解决下游企业的机会主义行为时，上游企业通常采用让下游企业互相竞争的管理方式来控制他们的机会主义行为，其实质就是锦标机制。该理论最早是由 Lazear 和 Rosen（1981）提出的，其基本观点是：为锦标制度提供的激励取决于"成功者"和"失败者"之间的报酬差距,且最高的报酬水平超过了代理人的生产力。虽然绩效排序并不是团队成员绩效信息的充分统计量,但是如果各成员产出中的不确定因素是相关的,锦标制度就是有效的(Green and Stokey, 1983)。同基于边际产出的激励合同相比,锦标具有三个潜在的好处:首先,薪酬是基于代理人边际产出的相对排序,而不需要计算出具体的边际产出值,边际产出的排序比边际产出值的准确度量来得简单,因此可以降低衡量成本;其次,薪酬差距制度可以鼓励基层员工参与排序竞争,使他们更关心能否击败对手,而不仅仅是自身的绝对业绩,从而提高激励效果,降低监控的必要性;最后,锦标机制可以消除共同风险的影响,有助于对员工的努力水平进行更为准确的评价。

现有的相关研究大多集中在能力同质和能力异质两种情形下,代理人努力水平的对比,以及能力分布特征对不同机制优劣的影响上,鲜有研究考虑在代理人强弱分布不均匀的情况下锦标机制的激励效应,并给出严格的实证分析或实验检验进行系统研究。然而在现实中,这些问题显得至关重要。发电商作为电力市场重要的微观经济主体,是国家推进 CO_2 减排目标实现的重要落实对象,所以对其进行政策响应分析很有必要(黄守军和杨俊,2017)。为此,本章尝试基于政府规制和发电商经济行为原则,分析低碳电力调度和减排锦标联合制度下的寡头电力市场系统动态反应和 CO_2 减排有效性。在现有的研究基础上,将参与者初始市场地位差异作为核心变量,且允许彼此知道与谁竞争及谁是强者,利用行为经济学理论构建了异质发电商竞争下的减排锦标博弈模型,并推导出不同市场与奖金结构下均衡的边际获胜概率及其最优减排策略;从实验经济学角度对理论模型进行了实验检验,以分析对控制变量与现实数据之间关系的描述的有效性;将模型拓展到考虑强者失败心理损失与弱者胜利心理收益的减排锦标模型,并给出了广义模型的最优参数估计与均衡预测值。

二、双寡头电力市场减排锦标博弈

(一)理论模型

在双寡头电力市场中,考虑电网公司以减排锦标形式支持发电商的减排竞争,目的是对发电商给予直接的激励,使其按照电网公司的意图进行 CO_2 减排支出,以开发发电侧潜在减排空间。在减排锦标机制中,发电商获得的效用是基于相对发电量的函数,即发电商的效用只取决于其在电网公司调度计划中的电量排名,而与发电量的绝对水平或者发电商之间的电量差距大小无关。设两个发电商均是理性的风险中性决策个体,各自拥有相同形式的效用函数,且与其 CO_2 减排竞争胜利与否及成本投入独立可分,具体形式如下:

$$u(r_i, e_i) = \eta(r_i) - c(e_i), i = 1, 2 \qquad (5\text{-}1)$$

式中，r_i 表示发电商 i 的非负减排支付；e_i 表示一个非负 CO_2 减排量（即努力程度），且 $e_i \in [0, \bar{e}]$，$\bar{e}$ 表示发电商共同的减排水平上限；效用 $\eta(\cdot)$ 为关于支付的凹函数，减排成本 $c(\cdot)$ 为关于 CO_2 减排量的凸函数，且二者在定义域上均为严格单调递增。发电商 i 的减排成本函数反映了其减排能力。电网公司对发电商的调度电量进行高低排序时，考虑到电能生产函数的凹性，在本节建立的模型中，假设发电商 i 所属机组的发电出力可表示为

$$q_i = g(e_i) + \kappa_i + \varepsilon_i \qquad (5\text{-}2)$$

式中，电能生产函数 $g(\cdot)$ 为凹函数；κ_i 表示发电商 i 的初始调度禀赋，受到 CO_2 减排空间、目标市场选择及需求侧响应与跨期信息反馈等的影响；ε_i 对发电商 i 而言是一个独立的随机变量，且服从定义于一个共同的有界支持闭集的同一连续密度函数，反映发电商 i 无法控制的环境因素对其发电出力的冲击效应。

模型采用附加参数 κ_i 来刻画发电商的异质性，而非减排努力的边际收益，该变量为发电商 i 相比竞争对手 j 的一个先天减排优势，而非发电商实际 CO_2 减排能力的真实体现。与此相应，设在上述减排锦标中仅涉及两类发电商，一类是占据有利地位的，另一类是处于不利地位的，分别将其定义为"强者"和"弱者"。对于前者，存在 $0 < \kappa_i < 2\alpha$，其中 $\alpha > 0$，为环境效应的幅度；相反，对于后者，则意味着 $\kappa_i = 0$。

由于发电商异质性的存在，电网公司在确定规则的时候，有意或无意中会（或被认为很可能会）对一部分发电商产生政策倾向或偏袒，这违反了机制制定者应对所有发电商实施机会公平规则。O'Keeffe 等（1984）把这种锦标定义为含有歧视因素 κ_i 的不公平锦标，其中参与者如同即时得到各自多时段决策行为的分时段表现反馈一样。然而，Lazear 和 Rosen（1981）的研究结论表明，在初始差异信息预先完全公布下，这种异质性的界定可促使竞争制约机制的形成，进而使得所有个体在一个博弈空间里有效地进行竞争。

在两人减排锦标中，假设电网公司共设置了两个不同的奖金，也就是说奖金数目与参与者数量相同，任一发电商都将获得其中的一项奖金。具体规则如下：当调度计划被确定后，出力排名在首位的发电商可收获一个大奖金，称为胜利者奖励 ξ；而发电量相对较小，即排名末位的发电商只可得到一个小奖金，定义为失败者补偿 $\delta \in [0, \xi)$，且两类奖金额度都包含弥补发电商减排成本以外的生产成本。

一旦给定强、弱者类型，发电商 i 便基于胜负支付与 CO_2 减排成本的权衡分析，确定最优的减排努力程度，以实现期望效用最大化。参与者从一个实数闭合有界集中选择一个减排量，这个减排水平除自己外，任何人都观察不到（或者观察成本非常大）。二者拥有类似的生产函数，因此双方将面临一个完全相同的决策问题。设两个发电商选择的 CO_2 减排水平构成一个向量 $e = (e_i, e_j)$，且在竞争

对手 j 的减排策略保持不变时，发电商 i 获得胜利者奖励 ξ 的概率为 $\mathrm{Pr}_i^{\mathrm{win}}(e,\kappa_i)$，则其参与减排竞争的期望效用函数为

$$\mathrm{Eu}_i(e,\kappa_i) = \mathrm{Pr}_i^{\mathrm{win}}(e,\kappa_i)\eta_i(\xi) + \left[1 - \mathrm{Pr}_i^{\mathrm{win}}(e,\kappa_i)\right]\eta_i(\delta) - c(e_i) \quad (5\text{-}3)$$

上述锦标模型定义了一个博弈，策略集合是发电商减排努力程度的可行集。此处，假设策略集合是实数上的一个闭合区间。通过适当地限定随机波动的分布和发电商的效用函数，对涉及的所有 CO_2 减排锦标情形，将会存在唯一确定的纯策略对称纳什（Nash）均衡。为了实现这一点，需要确定具体的效用函数、发电出力及波动的随机分布。本节的研究重点在于考察强、弱势发电商的潜在理性反应，暂不考虑各自减排能力上的差异，即研究对称减排锦标。下面分析中使用的具体模型如下：

$$\begin{cases} u(r_i, e_i) = r_i - \dfrac{e_i^2}{2\sigma} \\ \mathrm{s.t.}\ q_i = e_i + \kappa_i + \varepsilon_i \end{cases} \quad (5\text{-}4)$$

式中，$\sigma > 0$，表示发电商的耗量特性参数，代表电能生产规模尺度，用来确保合理的收益。设其他情况不变，发电商 i 和 j 的 CO_2 减排成本函数相同，即可认为他们的减排能力相等。ε_i 相互独立，且都服从区间 $[-\alpha, \alpha]$ 上的均匀分布（Steven and Brian，2005）。当 $\kappa_i = \kappa_j$ 时，减排锦标规则对所有发电商都是公平的，称为公平锦标；而当 $\kappa_i > \kappa_j$ 时，减排锦标规则对发电商 i 有利，对发电商 j 不利，称为不公平锦标。至此，CO_2 减排锦标中发电商 i 的期望效用是

$$\mathrm{Eu}_i(e,\kappa_i) = \delta + \mathrm{Pr}_i^{\mathrm{win}}(e,\kappa_i)(\xi - \delta) - \dfrac{e_i^2}{2\sigma} \quad (5\text{-}5)$$

以上是模型的基本假设与符号说明，所有参数构成一个参数集合，即 $\Gamma = \{\xi, \delta, \kappa_i, f(\varepsilon_i), \alpha, \sigma, i = 1, 2\}$，其中 ξ、δ、κ_i、α 及 σ 可由式（5-1）～式（5-4）确定，而 $f(\varepsilon_i)$ 是一个均匀密度分布，决定每一个独立的 ε_i 值。本节的分析为二人非合作博弈模型，即不考虑发电商之间的同谋，认为发电商将各自进行决策，以追求个体期望效用最大化。设模型中的参数满足强、弱发电商减排锦标的参与约束，在唯一局部纯策略 Nash 均衡处，发电商 i 期望效用的一阶条件满足：

$$\dfrac{\partial \mathrm{Pr}_i^{\mathrm{win}}(e,\kappa_i)}{\partial e_i}(\xi - \delta) = \dfrac{e_i}{\sigma} \quad (5\text{-}6)$$

式中，偏导数 $\dfrac{\partial \mathrm{Pr}_i^{\mathrm{win}}(e,\kappa_i)}{\partial e_i}$ 表示发电商 i 减排竞争的边际获胜概率，也就是单位减排量增加所引致的获得大奖金 ξ 的可能性变化。对此一阶条件做一个简单解释：等式左边是锦标参与者 CO_2 减排的边际效用，等于获胜的边际概率乘以获胜的奖

励差距（净支付）$\xi-\delta$；而等式右边是发电商 i 减排努力的边际成本。虽然在强势发电商数量不确定的二人减排锦标中，强、弱者边际获胜概率 $\dfrac{\partial \Pr_i^{win}(e,\kappa_i)}{\partial e_i}$ 的解析解通式不存在，但是对于一个已知强者数量的 CO_2 减排锦标，可采用数学方法（特别是博弈论方法）推导出 $\dfrac{\partial \Pr_i^{win}(e,\kappa_i)}{\partial e_i}$ 的表达式，进而得到减排努力程度的均衡解析解。

（二）均衡求解与分析

在数学上，给定 $\dfrac{\partial \Pr_i^{win}(e,\kappa_i)}{\partial e_i}$ 解析式，即可求解出发电商 i 均衡的 CO_2 减排量。表 5-1 和表 5-2 列出了在所有可能强者数量下，强、弱发电商对应的边际获胜概率与最优减排努力程度。本节考察不同发电主体构成下，参与者 CO_2 减排水平的变化，目的是期望相关结论为电网公司和发电商在减排锦标预算支出、双方激励规则安排及选择何种博弈结构等方面的决策提供理论依据。

表 5-1　二人对称减排锦标均衡边际获胜概率

项目		参与发电商类型	
		强者	弱者
强势发电商数量	0	—	$\dfrac{1}{2\alpha}$
	1	$\dfrac{1}{2\alpha}\left(1-\dfrac{\kappa}{2\alpha}\right)$	$\dfrac{1}{2\alpha}\left(1-\dfrac{\kappa}{2\alpha}\right)$
	2	$\dfrac{1}{2\alpha}$	—

表 5-2　二人对称锦标最优减排水平

项目		参与发电商类型	
		强者	弱者
强势发电商数量	0	—	$\dfrac{\sigma(\xi-\delta)}{2\alpha}$
	1	$\dfrac{\sigma(\xi-\delta)}{2\alpha}\left(1-\dfrac{\kappa}{2\alpha}\right)$	$\dfrac{\sigma(\xi-\delta)}{2\alpha}\left(1-\dfrac{\kappa}{2\alpha}\right)$
	2	$\dfrac{\sigma(\xi-\delta)}{2\alpha}$	—

定理 5-1：在二人对称减排锦标中，不论强势发电商数量如何，同一情形下参与者均衡的 CO_2 减排量始终相等；但是与两种同质发电商竞争情形相比，作为电网公司对发电商异质性界定的政策响应，强、弱者均会选择降低各自最优的减排努力程度。

证明如下。

步骤一：推导发电商均衡的减排边际获胜概率。考虑到当且仅当 $q_i > q_j$ 时，发电商 i 的出力排名在竞争对手 j 之前，可以不失一般性地假设 $e_1 + \kappa_1 \geqslant e_2 + \kappa_2$。给定发电商 i 的环境冲击随机实现值为 ε_i，则其排序优于 j 的充要条件为 $\varepsilon_j < e_i + \kappa_i - e_j - \kappa_j + \varepsilon_i$。与此相应，发电商 i 的发电量大于竞争对手 j 的条件概率由 ε_j 满足上述不等式的概率决定，即

$$\Pr(q_i > q_j \mid \varepsilon_i) = \int_{-\alpha}^{e_i + \kappa_i - e_j - \kappa_j + \varepsilon_i} \frac{1}{2\alpha} \mathrm{d}\varepsilon_j = \frac{\beta_{ij} + \varepsilon_i}{2\alpha} \tag{5-7}$$

式中，$\beta_{ij} = e_i + \kappa_i - e_j - \kappa_j + \alpha$。可以证明 $\varepsilon_1 > \beta_{21}$ 是发电商 1 排序优于 2 的充分条件，即后者发生概率为 1。由此，定义随机实现值区间 $[\beta_{21}, \alpha]$ 为发电商 1 相对 2 而言的 CO_2 减排锦标稳赢区间（sure win interval，SWI）。相反，分析可知并不存在发电商 2 相对 1 的减排锦标稳赢区间。以下针对不同强者数量，分别求解对应决策情形下两个发电商 CO_2 减排竞争获胜及其边际获胜概率。

为了在二人减排锦标中赢得大奖金 ξ，发电商 i 只能努力使得出力排在 j 之前。计算所有可能的 ε_i 对其密度函数 $\frac{1}{2\alpha}$ 求积分，从而得到参与者获胜的无条件概率。发电商 1 的获胜概率为

$$\Pr_1^{\mathrm{win}} = \int_{\beta_{21}}^{\alpha} \frac{1}{2\alpha} \mathrm{d}\varepsilon_1 + \int_{-\alpha}^{\beta_{21}} \frac{1}{2\alpha} \frac{\beta_{12} + \varepsilon_1}{2\alpha} \mathrm{d}\varepsilon_1 \tag{5-8}$$

式中，$\int_{\beta_{21}}^{\alpha} \frac{1}{2\alpha} \mathrm{d}\varepsilon_1$ 为当 ε_1 位于减排稳赢区间 $[\beta_{21}, \alpha]$ 时，发电商 1 的获胜概率；$\int_{-\alpha}^{\beta_{21}} \frac{1}{2\alpha} \frac{\beta_{12} + \varepsilon_1}{2\alpha} \mathrm{d}\varepsilon_1$ 为当 ε_1 较小，以至没能位于相对发电商 2 的减排稳赢区间内，即 $\varepsilon_1 \in [-\alpha, \beta_{21}]$ 时，发电商 1 的获胜概率，此时发电商 1 的出力排序不一定优于竞争对手。发电商 2 的获胜概率可表示为

$$\Pr_2^{\mathrm{win}} = \int_{-\beta_{21}}^{\alpha} \frac{1}{2\alpha} \frac{\beta_{21} + \varepsilon_2}{2\alpha} \mathrm{d}\varepsilon_2 \tag{5-9}$$

式（5-9）反映出只要 ε_2 过小（如 $\varepsilon_2 < -\beta_{21}$），发电商 2 的出力就一定排在发电商 1 之后，即其 CO_2 减排锦标获胜的概率为 0。换言之，除非实现值 ε_2 足够小，否则发电商 2 仍然有机会在发电量排序上优于发电商 1，即使其潜在调度出力最

小。对式（5-8）和式（5-9）求偏导可得两个发电商参与减排的边际获胜概率，具体如下：

$$\frac{\partial \mathrm{Pr}_i^{\mathrm{win}}}{\partial e_i} = \frac{1}{2\alpha} - \frac{e_1 + \kappa_1 - e_2 - \kappa_2}{4\alpha^2}, i = 1, 2 \quad (5\text{-}10)$$

可以看出，此时无论参与者的类型及其均衡减排策略如何，同一情形下二者的边际获胜概率始终相等，这表明二者之间的 CO_2 减排锦标符合以机会均等为竞争前提的原则。为进一步分析，考虑以下三种博弈结构。

（1）当发电商 1 和 2 均为弱势发电商时（将此情形定义为 0S1W 型比赛，下同），设 $\kappa_1 = \kappa_2 = 0$，且记 $e_1 = e_2 = e_\mathrm{v}$，则

$$\frac{\partial \mathrm{Pr}_i^{\mathrm{win}}}{\partial e_i} = \frac{1}{2\alpha} \quad (5\text{-}11)$$

（2）在仅有一个强者参与的 1S1W 型比赛中，假设 $\kappa_1 = \kappa > 0$，$\kappa_2 = 0$，即发电商 1 为强势发电商，而发电商 2 是弱势发电商。同理记 $e_1 = e_\mathrm{s}$，$e_2 = e_\mathrm{v}$，代入式（5-10），可得

$$\frac{\partial \mathrm{Pr}_i^{\mathrm{win}}}{\partial e_i} = \frac{1}{2\alpha} - \frac{e_\mathrm{s} + \kappa - e_\mathrm{v}}{4\alpha^2} \quad (5\text{-}12)$$

式（5-12）说明，此情形下参与发电商 CO_2 减排竞争的均衡边际获胜概率及其与同质情形的大小比较，均需在步骤二的最优减排努力水平基础上进一步分析。

（3）当发电商 1 和 2 都是强势发电商时，即在 2S1W 型比赛情形下，设 $\kappa_1 = \kappa_2 = \kappa > 0$，且记 $e_1 = e_2 = e_\mathrm{s}$，则

$$\frac{\partial \mathrm{Pr}_i^{\mathrm{win}}}{\partial e_i} = \frac{1}{2\alpha} \quad (5\text{-}13)$$

步骤二：推导发电商最优的减排努力程度。在给定上述边际获胜概率后，由不同博弈结构下发电商 i 期望效用的一阶条件求解出各自均衡的 CO_2 减排量。在上述过程中，为了保证努力内解的存在，需对相关参数范围进行限定，即

$$\begin{cases} 0 < e_{\mathrm{s}xi} + \kappa - e_{\mathrm{v}xi} < 2\alpha \\ 2\alpha^2 - \sigma(\xi - \delta) > 0 \\ 0 < \kappa < 2\alpha - \dfrac{\sigma(\xi - \delta)}{2\alpha} \end{cases} \quad (5\text{-}14)$$

式中，$e_{\mathrm{s}xi}$ 和 $e_{\mathrm{v}xi}$ 分别表示强、弱势发电商 i 的减排水平，且 $x = 0$、1、2 对应强者的数量。

对于 0S1W 型锦标而言，弱势发电商 i 的一阶条件为 $\dfrac{\xi - \delta}{2\alpha} - \dfrac{e_{\mathrm{v}0i}}{\sigma} = 0$，解得

$e_{v0i}^* = \dfrac{\sigma(\xi-\delta)}{2\alpha}$。而在 1S1W 型锦标中，求解弱者对 e_{v12} 的一阶偏导数并令其等于零，解之可得

$$e_{v12} = \dfrac{e_{s11}+\kappa-2\alpha}{1-\dfrac{4\alpha^2}{\sigma(\xi-\delta)}} \qquad (5\text{-}15)$$

弱势发电商将根据式（5-15）反应函数选择 e_{v12}，而这时强者期望效用的最大化条件为

$$(\xi-\delta)\left(\dfrac{1}{2\alpha}-\dfrac{e_{s11}+\kappa-e_{v12}}{4\alpha^2}\right)-\dfrac{e_{s11}}{\sigma}=0 \qquad (5\text{-}16)$$

联立式（5-15）和式（5-16），得到

$$e_{s11}^* = e_{v12}^* = \dfrac{\sigma(\xi-\delta)}{2\alpha}\left(1-\dfrac{\kappa}{2\alpha}\right) \qquad (5\text{-}17)$$

将式（5-17）代入式（5-12），从而得到此时 $\dfrac{\partial \Pr_i^{\text{win}}}{\partial e_i} = \dfrac{1}{2\alpha}\left(1-\dfrac{\kappa}{2\alpha}\right)$。这表明与同质情形相比，异质发电商竞争时，各自减排决策均衡的边际获胜概率均会减小。至此，已推导出了二人减排锦标中所有可能的强、弱势发电商组合下参与者的最优边际获胜概率及其均衡的减排努力程度，且解析表达分别见表 5-1 和表 5-2。

由表 5-2 可知，同一情形下两个发电商均衡时的 CO_2 减排策略都是相同的。对此三种博弈结构下的最优结果进行比较分析，从而得到强者数量对不同类型发电商均衡减排努力程度的影响。首先，对强势发电商来说，其在 2S1W 型锦标中的 CO_2 减排投入要大于在 1S1W 型锦标中的减排投入，即 $e_{s2i}^* > e_{s11}^*$。其次，考虑到弱者在 1S1W 型锦标中的边际获胜概率一定小于在 0S2W 型比赛中的边际获胜概率，即 $e_{v12}^* < e_{v0i}^*$。

定理 5-1 表明，虽然 CO_2 减排锦标中参与者的均衡策略选择与强势发电商的数量有关，但是此因素对不同类型发电商减排行为的影响效果是存在差异的，因为边际获胜概率才是最终决定参与者均衡减排量的关键参数。在相关研究中，Lim（2010）分析发现，如果在锦标参与者最优决策时进行社会比较（social comparison），将会引起实际博弈均衡结果偏离理论模型的预测值，因而有必要对这个问题加以研究。因此，下面对本节基本模型进行拓展，考虑 CO_2 减排锦标中由社会比较形成的强者失败心理损失与弱者胜利心理收益，以使两个发电商之间的减排竞争更加贴近现实。但是不可否认，即使本节在不考虑社会比较条件下分析与求解发电商的最优减排行为，也是具有参考价值的。

(三) 模型拓展

作为理论模型的扩展，下面将尝试构建参与者效用受到非金钱因素影响时的减排锦标行为经济学模型。在模型中，强、弱势发电商均为分散决策的个体，且双方都清楚与谁竞争及输赢结果。假设除了考虑从 CO_2 减排竞争中获得的不同奖金支付之外，发电商 i 还会在意彼此之间的社会比较，即各自在主观意识上如何感知相对于竞争对手 j 的胜利或失败。此外，与发电商异质性相应，下面的建模中允许存在强、弱者对博弈结果评定的差异性。

此处并未采用发电商风险规避的模型拓展路径，因为如果在已构建的理论模型中增加参与者的风险厌恶参数，随后求解新的发电商均衡减排量时，将系统性地低于风险中性情形下的预测值，进而得到与定理 5-1 类似的研究结果。究其原因，是风险规避削弱了减排竞争输赢对每个参与者的奖励效用差距，即减小获胜的边际支付，从而降低发电商的最优减排努力程度。

定理 5-2：与基本模型相比，在考虑参与者 CO_2 减排决策社会比较的广义模型中，不同类型发电商的均衡减排努力程度都会提高，且各自的增量均与其行为参数值正相关；异质发电商竞争下最优减排水平不再恒相等，且也不一定小于同质情形时的均衡值。

证明：对于强势发电商而言，由于在减排竞争初始禀赋上存在优势，设其认为自己理应会在 CO_2 减排竞争中获胜。因此，获得大奖金不能给强者带来任何额外的心理效用收益；但是，失败一定会使其遭受心理上的效用损失，因为强势发电商最初的内心期望是可以赢得最终胜利。当得知击败自己的是弱者时，强势发电商所感受到的由失败引发的心理效用损失将进一步加剧。具体而言，强者 CO_2 减排竞争的广义效用函数可表示为

$$\begin{cases} u_{sxi}^{win} = \xi \\ u_{sxi}^{lose} = \delta - (\rho + \lambda_s)(\xi - \delta), x = 1,2 \end{cases} \quad (5\text{-}18)$$

式中，ρ 为大于零的常数，表示强势发电商在减排锦标中失败时的心理负效用因子；λ_s 表示强者输给弱势发电商时的额外效用损失率，而当未确定是输给弱者时，该参数就不存在，即 $\lambda_s = 0$。例如，在 1S1W 型比赛中，如果强势发电商竞争失败，则其必然是输给了弱者，则 ρ 和 λ_s 均存在。但是，在 2S1W 情形下，如果某强势发电商失败，则只可能是被另一个强者击败，此时，只有 ρ 存在，而 λ_s 就不存在了。

式 (5-18) 表明，强者失败时的心理效用损失还取决于其参与 CO_2 减排锦标的净支付，这也是建立强势发电商效用拓展模型的一个合理假设。表 5-3 列出了

二人减排锦标的所有四种情形下强者的效用函数解析式。另外，由于自知在减排竞争初始禀赋上的劣势，假设弱者事前预期且能够坦然接受在锦标中失败的结局，所以即使这样也不会给其带来任何心理上的负效用。但是，弱者一旦赢得大奖金将会获得额外的心理效用收益，因为此博弈结果违背了竞争获胜的理论概率。同理，当弱者知道是通过击败强势发电商获得胜利时，该心理效用收益增大。与此相应，弱势发电商 CO_2 减排锦标效用函数如下所示：

$$\begin{cases} u_{vxi}^{\text{win}} = \xi + (\varphi + \lambda_v)(\xi - \delta) \\ u_{vxi}^{\text{lose}} = \delta, x = 0, 1 \end{cases} \quad (5-19)$$

式中，$\varphi > 0$，φ 表示弱者减排竞争获胜的心理正效用因子；λ_v 表示弱势发电商击败强者时的额外效用收益率，而当其并非一定是通过击败强势发电商获胜时，此参数不存在。这样在 0S1W 情形下，一个弱势发电商击败另一个弱者即可取得胜利，则参数 $\lambda_v = 0$，所以仅有 φ 存在；但是，在 1S1W 型比赛中，弱势发电商要想获胜必须击败强者，则 φ 和 λ_v 均存在。二人减排锦标的所有四种情形下弱势发电商的效用函数解析式，同样列于表 5-3 中。

表 5-3　行为经济学模型：效用函数

项目		参与发电商类型	
		强者	弱者
强势发电商数量	0	—	$u_{v0i}^{\text{win}} = \xi + \varphi(\xi - \delta)$ $u_{v0i}^{\text{lose}} = \delta$
	1	$u_{s11}^{\text{win}} = \xi$ $u_{s11}^{\text{lose}} = \delta - (\rho + \lambda_s)(\xi - \delta)$	$u_{v12}^{\text{win}} = \xi + (\varphi + \lambda_v)(\xi - \delta)$ $u_{v12}^{\text{lose}} = \delta$
	2	$u_{s2i}^{\text{win}} = \xi$ $u_{s2i}^{\text{lose}} = \delta - \rho(\xi - \delta)$	—

注：发电商期望效用 = 胜利效用×获胜概率 + 失败效用×（1–获胜概率）–减排成本

以上模型构建是基于 Kahneman 和 Tversky（1979）及 Loewenstein 等（1989）分别提出的参照依赖（reference dependence）与社会效用函数概念，与 Lim（2010）和 Chen 等（2011）所提出的社会比较模型相比存在两点差异：首先，设强、弱势发电商的参照点依赖于各自子组合或者初始调度禀赋类型，这样参与者的参照点分别为 CO_2 减排竞争胜利和失败。而在原有研究中的参照点仅仅是锦标的模态奖金（modal prize）。其次，建模过程考虑了不同类型发电商之间减排决策社会比较的影响效果，对发电商击败或输给其他类型发电商的额外效用收益与损失率都进行了参数定义。这种允许发电商进行群际社会比较行为影响 CO_2 减排效用的处理方法拓展了 Amaldoss 和 Jain（2005a）发展的理论模型。在此两种模型中，消费者对奢侈品的估价不仅取决于该产品的内在价值，还受制于其他消费群体的购买决策；另外，广义模型涵盖了标准的减排锦标模型，在上述拓展模型中令参数 ρ、φ、λ_s 及 λ_v 均为 0 即可得到该种特殊博弈情形。也就是说，基本模型嵌套在广义模型之内。

由于 CO_2 减排决策社会比较只会影响参与者减排竞争胜利与失败所获得的效用，而并不改变二人减排锦标中各个发电商减排竞争的边际获胜概率 $\frac{\partial \text{Pr}_i^{\text{win}}}{\partial e_i}$，即边际获胜概率仍如表 5-1 所示。这样在给定行为参数的情形下，基于表 5-3 中所列的广义效用函数解析式，同理，由期望效用的一阶条件可以求解出强、弱势发电商参与 CO_2 减排锦标的均衡减排水平 $e_{sxi}^{\times}$ 和 $e_{vxi}^{\times}$。由表 5-4 可知，当强者数量为 0 和 2，即同质发电商参与减排竞争时，虽然不同情形下的最优减排努力程度 $e_{v0i}^{\times}$、$e_{s2i}^{\times}$ 解析式变得不再相同，且二者之间是否存在差异取决于强、弱势发电商减排输赢的心理效用因子 ρ 和 φ 的大小比较，但是在同一种博弈结构中，两个发电商的均衡减排策略仍然相同；而当强者数量为 1，即异质发电商竞争情形下均衡值就不再恒相等（当且仅当 $\rho + \lambda_s = \varphi + \lambda_v$ 时，$e_{s11}^{\times} = e_{v12}^{\times}$ 成立），且也不一定小于同质情形时的均衡值；另外，对比考虑参与者 CO_2 减排社会比较前后的最优决策行为，不难发现在广义模型中，所有发电商的均衡减排水平都得到相应的提高，即 $e_{sxi}^{\times} > e_{sxi}^{*}$ 和 $e_{vxi}^{\times} > e_{vxi}^{*}$，且各自的增量均与其行为参数值正相关。

表 5-4 考虑社会比较的均衡减排努力程度

项目		参与发电商类型	
		强者	弱者
强势发电商数量	0	—	$\frac{\sigma(1+\varphi)(\xi-\delta)}{2\alpha}$
	1	$\frac{\sigma(1+\rho+\lambda_s)(\xi-\delta)}{2\alpha}\left(1-\frac{\kappa}{2\alpha}\right)$	$\frac{\sigma(1+\varphi+\lambda_v)(\xi-\delta)}{2\alpha}\left(1-\frac{\kappa}{2\alpha}\right)$
	2	$\frac{\sigma(1+\rho)(\xi-\delta)}{2\alpha}$	—

（四）数值算例

针对所得的两个定理，结合提出的理论与拓展模型，通过对外生变量赋值设计出一个算例,来对结果进行数值模拟。在一个特定的双寡头发电商参与的 CO_2 减排锦标实践中,假设参数取值分别为 $\xi=2.2$、$\delta=1$、$\alpha=80$、$\kappa=40$ 及 $\sigma=5000$,且各自计量单位均略去,下同。本节的研究旨在分析强者数量对二人对称减排锦标的均衡边际获胜概率及最优减排努力程度的影响,并给出考虑发电商减排竞争的社会比较行为前后场景下的均衡解对比。与此相应,表 5-5 和表 5-6 列出了不同参与发电商的最优 CO_2 减排边际获胜概率及其均衡减排水平的理论预测值。

表 5-5 理论模型均衡边际获胜概率

项目		参与发电商类型	
		强者	弱者
强势发电商数量	0	—	0.006 25
	1	0.004 687 5	0.004 687 5
	2	0.006 25	—

表 5-6 理论模型最优减排努力程度

项目		参与发电商类型	
		强者	弱者
强势发电商数量	0	—	37.5
	1	28.125	28.125
	2	37.5	—

由表 5-5 和表 5-6 可知,在上述减排锦标中,不论强势发电商数量如何,理论上这三种情形下两个发电商的最优边际获胜概率仍然彼此相等。其中,同质发电商减排竞争的均衡值大于异质发电商减排竞争的对应值,且后者仅为前者的 3/4。这符合定理 5-1 的研究结论。由表 5-6 可以看出,参与发电商均衡的 CO_2 减排努力程度的大小比较和表 5-5 结果一致,即不论强者数量为 0、1 还是 2,三种情形下两个发电商的最优减排策略均相同,且同质发电商减排竞争的均衡值为异质发电商减排竞争对应值的 1.33 倍。究其原因,是在电网公司所设计的减排锦标机制中,发电商的边际获胜概率与其减排水平呈正比例关系。这些结论与定理 5-1 和定理 5-2 完全一致。

在对基本锦标均衡计算的基础上,考虑到发电商最优减排决策时,若进行社会比较,会引起实际博弈均衡偏离理论模型的预测值,下面分析发电商的行为经济学参数引入对其均衡 CO_2 减排水平的影响。此外,社会比较行为只会影响参与者减排竞争输赢带来的效用,而并不改变二者减排的边际获胜概率,所以在给定行为参数的情形下，基于广义效用函数解析式，可以求解出不同类型发电商各自的最优减排努力程度。但是在逻辑上，需从行为经济学角度对理论模型进行拓展，并结合合理的实验设计才可以估计出强、弱势发电商 CO_2 减排输赢的心理效用因子。考虑到读者对实验经济学文献里相关数据统计处理与分析已较为熟知，且本节的研究重点在于提供一种构造异质发电商参与减排锦标策略的方法框架，所以对此不再介绍。不失一般性，设 $\rho=0.11$、$\varphi=0.38$、$\lambda_s=0.73$ 及 $\lambda_v=0.35$。将所有相关参数的取值代入式（5-18）和式（5-19）中，从而得到行为经济学模型下的 CO_2 减排效用。进一步联立发电商均衡边际获胜概率，即可求解出表 5-7 所示的广义最优减排努力程度。

表 5-7 拓展模型均衡减排水平

项目		参与发电商类型	
		强者	弱者
强势发电商数量	0	—	51.75
	1	51.75	48.656
	2	41.625	—

由表 5-7 可知，与理论预测值相比，两个发电商在考虑减排社会比较条件下的减排努力程度确实都得到不同比例的提高。其中，强者数量为 2 时的强势发电商最优减排水平最低；异质发电商竞争下弱者相对强者而言，会选择投入较小的 CO_2 减排成本。此外，由于该算例情景中参与发电商的行为参数也满足 $(\rho+\lambda_s)\left(1-\dfrac{\kappa}{2\alpha}\right)-\varphi=\dfrac{\kappa}{2\alpha}$，此时强者的均衡减排策略与强势发电商数量为 0 时弱者的最优减排策略相同且取值最大。这也验证了定理 5-2 中在异质发电商竞争情形下，参与者的均衡减排努力程度不再恒相等，且也不一定小于同质情形时最优值的结论。

（五）小结

本小节考虑电网公司以减排锦标形式支持发电商的减排竞争，使其按照电网公司的意图做出减排支出。基于 LCGD 和发电商经济行为原则，分析不同强、弱者分布情况下二人对称减排锦标机制的激励效应。首先，对发电商初始调度禀赋与减排能力等影响因素进行参数定义，构建双寡头发电商参与减排竞争的最优决策模型。其次，分别求解出不同强势发电商数量时均衡的边际获胜概率及其最优减排努力程度，并对此三种博弈结构下的均衡结果进行了比较分析。最后，为了体现减排锦标

第五章　我国电力行业发电侧低碳化创新升级机制研究

中存在强者失败心理损失与弱者胜利心理收益，从行为经济学角度将基本模型拓展到考虑发电商减排决策社会比较的广义模型，并给出了模型的最优解与行为参数之间满足的解析关系。仿真结果说明了上述减排竞争与博弈策略选择的合理性。

研究得到以下结论：①在二人对称减排锦标中，不论强势发电商数量如何，同一情形下参与者最优的边际获胜概率及均衡的减排量都始终相等，这符合以机会均等为竞争前提条件的原则。但是与两种同质发电商竞争情形相比，作为电网公司对发电商异质性界定的政策响应，强、弱者均会选择降低各自最优的减排水平。②与基本模型相比，在广义模型中不同类型发电商的均衡减排努力程度都会提高，且各自增量均与行为参数值正相关。虽然不同同质竞争情形下的最优减排策略存在差异，但是同一种博弈结构时的均衡减排量保持相等。异质发电商竞争下最优减排水平不再恒相等，且也不一定小于同质情形时的均衡值。

可以看出，在设计二人减排锦标机制时，参与发电商的初始调度禀赋及其分配是电网公司需要考虑的重要因素。为了达到实施减排锦标的特定目的，电网公司可以预测如何增减强者数量以影响不同类型发电商的减排努力程度。此外，考虑到影响发电商最优减排行为的心理因素可能是由构成减排锦标社会环境的制度与文化因素决定，所以具体实践中电网公司需要设法模拟估计出他们的存在及其作用规律，并在此基础上确定发电商类型与减排锦标规则对这些行为参数的影响。

三、多商竞争下电力市场减排锦标博弈

与上面所讨论的内容相比，本节对双寡头电力市场减排锦标博弈进行扩展，并对异质发电商竞争下整体电力市场减排锦标博弈进行分析，其扩展内容为以下几点：①在存在两种不同初始调度禀赋的多人减排锦标中，验证了奖金结构的改变对参与发电商减排水平的影响。例如，三、四人标准减排锦标条件下，作为大奖金边际增量的理性反应，强者将减少或维持最优减排水平，而弱者将提高或维持均衡减排努力程度，即增加胜者数量既不激励强势发电商提高也不迫使弱势发电商降低各自的减排量。②使用经济实验检验了上述三人减排锦标的理论预测值。在此实验中，大奖金与强者数量是可变的，与传统做法不同的是，本节允许发电商知道他们是在与谁竞争，并及时公布每轮实验各个决策回合的输赢结果。现有模型减排预测值均低于相应实验对象的实际水平，且当有两个强势发电商参与时，强者的最优减排投入会随着获胜机会的增加而增加，而这与理论预测相反。③为了解释异质发电商出现的过度减排及强者均衡行为的背离特征，引入一个考虑参与者社会比较影响效用函数的行为经济学模型。将强势发电商输给弱者和弱势发电商击败强者时的额外效用损失与收益纳入建模，并利用实验数据估计出模型的

心理参数，对行为无约束条件的广义模型均衡预测最契合实际减排努力程度的变化，而特定嵌套模型则与理论预测相一致。

（一）理论模型

在寡头电力市场中，为开发发电侧潜在减排空间、实现 CO_2 减排目标，在联营电力交易中考虑电网公司支持发电商的减排竞争，进行现货市场减排锦标，目的是对发电商给予直接的激励，使其按照电网公司的意图做 CO_2 减排支出，实现企业利润最大化（黄守军和杨俊，2017）。在减排锦标中，假设发电商获得的效用是基于相对发电量函数，即发电商的效用只取决于其在所有参与者中的电量排名，而与发电量的绝对水平或者发电商之间的电量差距大小无关。电网公司依据 t 交易时段全部 $n(n \geq 3)$ 个独立发电商的调度电量从高至低进行排序，考虑到电能生产函数的凹性，在本小节建立的模型中，设发电商 i 所属机组的出力为

$$q_i(t) = f(e_i(t)) + \kappa_i(t) + \varepsilon_i(t) \tag{5-20}$$

式中，电能生产函数 $f(\cdot)$ 为凹函数；$e_i(t)$ 表示一个非负减排量（即努力程度），且 $e_i(t) \in [0, \bar{e}]$，$\bar{e}$ 表示发电商 i 的 CO_2 减排水平上限；$\kappa_i(t)$ 表示发电商的初始调度禀赋，受到 CO_2 减排空间、目标市场选择及需求侧响应与跨期信息反馈等的影响；$\varepsilon_i(t)$ 对每一个发电商而言是一个独立的随机变量，且服从定义于一个共同的有界支持闭集的同一连续密度函数，反映发电商 i 无法控制的环境因素对其发电出力的冲击效应。

其他发电商也有一个类似的生产函数，在考察时区的任何时段内将面临一个完全相同的决策问题。采用附加参数 $\kappa_i(t)$，而非减排努力的边际收益来刻画发电商的异质性，因此该变量为发电商 i 相比竞争对手 $-i$ 的一个先天减排优势，并不是发电商 CO_2 减排能力的真实体现。与此相应，假设在上述减排锦标中仅涉及两类发电商，一类是占据有利地位的，而另一类是处于不利地位的，且分别定义为强者和弱者。对于前者而言，存在 $0 < \kappa_i(t) < 2\alpha$，其中 $\alpha > 0$，α 为环境效应的幅度；相反，后者则意味着 $\kappa_i(t) = 0$。设参与发电商均是理性的风险中性决策个体，各自拥有相同形式的效用函数，且与其减排竞争胜利或失败的结果及成本投入独立可分，具体形式如下：

$$U(\varpi_i(t), e_i(t)) = z(\varpi_i(t)) - c(e_i(t)) \tag{5-21}$$

式中，$\varpi_i(t)$ 表示电网公司对发电商 i 的非负减排支付；效用 $z(\cdot)$ 为关于支付的凹函数，CO_2 减排成本 $c(\cdot)$ 为关于减排量的凸函数，且二者在定义域上均为严格单调递增。假设市场规则要求电网公司设置两类共 n 个奖金，也就是说奖金数目与减排锦标参与人数相同，任一发电商都将获得其中的一个。锦标的规则如下，电

网公司收到各发电商对每个交易时段的报价数据后,以此为基础并根据每个时段的负荷需求预测结果确定各发电商的出力。排名在前 m 位的发电商均可收获一个大奖金,称为胜利者奖励(winning prize)$\xi(t)$;而剩余发电量相对较小,即排名后 $n-m$ 位的发电商各自只可得到一个小奖金,定义为失败者补偿(loser's award)$\delta(t)$($\delta(t)\in[0,\xi(t)]$),且两类奖金额度都包含弥补发电商 CO_2 减排成本以外的生产成本部分。

在这样的锦标中,考虑强势发电商寻求利用自身享有的相对有利地位赢得 $\xi(t)$,且参与者中强者数量 $N_F \geqslant 1$。由此可见,参数 $\kappa_i(t)$ 的存在违反了减排锦标机制的制定者应对所有发电商一视同仁的实施机会公平规则,折射出电网公司在确定规则的时候,有意或无意中会(或被认为很可能会)对一部分发电商产生政策倾向或偏袒。O'Keeffe 等(1984)把该种锦标定义为含有歧视因子 $\kappa_i(t)$ 的不公平锦标,其中参与者如同即时得到各自多时段决策行为的分时段表现反馈一样。然而,Lazear 和 Rosen(1981)的研究结论表明,在初始差异信息预先完全公布下,这种异质性的界定可促使竞争制约机制的形成,进而使得所有个体在一个博弈空间里有效地竞争。

一旦给定市场与奖金结构,发电商 i 便基于胜负支付与 CO_2 减排成本权衡分析最优的减排努力程度,以实现期望效用最大化目标。参与者从一个实数闭合有界集合中选择一个减排量,这个减排水平除自己外,任何人都观察不到(或者观察成本非常大)。发电商选择的减排水平以向量 $e(t)=(e_1(t),e_2(t),\cdots,e_n(t))$ 表示,在所有竞争对手 $-i$ 的 CO_2 减排量保持不变时,发电商 i 赢得大奖金 $\xi(t)$ 的概率记为 $\text{Pr}_i^{\text{win}}(e_i(t),e_{-i}(t),\kappa_i(t))$,其中 $e_{-i}(t)$ 表示发电商 i 的 $n-1$ 个竞争者的减排水平构成的向量,则其期望效用函数为

$$\text{EU}_i(e_i(t),e_{-i}(t),\kappa_i(t)) = \text{Pr}_i^{\text{win}}(e_i(t),e_{-i}(t),\kappa_i(t))z_i(\xi(t)) + \\ [1-\text{Pr}_i^{\text{win}}(e_i(t),e_{-i}(t),\kappa_i(t))]z_i(\delta(t)) - c(e_i(t)) \quad (5\text{-}22)$$

上述锦标模型定义了一个博弈,策略集合是发电商减排努力选择的可行集,在此设策略集合是实数上的一个闭合区间。通过适当地限定随机波动的分布和发电商的效用函数,对涉及的所有 CO_2 减排锦标实验,将会存在唯一确定的纯策略对称 Nash 均衡。而本小节的研究重点在于考察决策结构对异质发电商减排行为的影响,暂不考虑减排能力上的差异,在下面的分析中使用的具体模型如下:

$$\begin{cases} U(\varpi_i(t),e_i(t)) = \varpi_i(t) - \dfrac{e_i^2(t)}{2\sigma}\Delta t \\ \text{s.t. } q_i(t) = e_i(t) + \kappa_i(t) + \varepsilon_i(t) \end{cases} \quad (5\text{-}23)$$

式中,Δt 表示交易时段长度,为 1 小时;σ 表示发电商的减排成本,且值为正。

假设其他情况不变，发电商 i 和 j 的减排成本函数相同，即可认为他们的 CO_2 减排能力也相等。$\varepsilon_i(t)$ 相互独立且都服从区间 $[-\alpha,\alpha]$ 上的均匀分布。当 $\kappa_i(t) = \kappa_j(t)$ 时，减排锦标规则对参与发电商都是公平的，称为公平锦标；而当 $\kappa_i(t) > \kappa_j(t)$ 时，减排锦标规则对发电商 i 有利，对发电商 j 不利，该锦标为不公平锦标。至此，CO_2 减排锦标中发电商的期望效用为

$$EU_i(e_i(t), e_{-i}(t), \kappa_i(t)) = \delta(t) + \Pr_i^{win}(e_i(t), e_{-i}(t), \kappa_i(t))[\xi(t) - \delta(t)] - \frac{e_i^2(t)}{2\sigma}$$

（5-24）

以上就是本小节的理论模型描述，所有参数构成一个参数集合，即 $\Gamma = \{\xi(t), \delta(t), \kappa_i(t), \mu(\varepsilon_i(t)), \alpha, \sigma, i = 1, 2, \cdots, n\}$，其中 $\xi(t)$、$\delta(t)$、$\kappa_i(t)$、α 及 σ 可由式（5-20）~式（5-24）确定，而 $\mu(\varepsilon_i(t))$ 是一个均匀密度分布，决定每一个独立的实现值 $\varepsilon_i(t)$。本小节的分析不考虑发电商之间的同谋，认为发电商各自决策、追求个体期望效用最大化，因此采用 n 人非合作博弈模型。设模型中的参数设定满足强、弱发电商减排锦标的参与约束，在式（5-24）存在的唯一局部纯策略 Nash 均衡处，发电商 i 期望效用的一阶条件满足：

$$\frac{\partial \Pr_i^{win}(e_i(t), e_{-i}(t), \kappa_i(t))}{\partial e_i(t)}[\xi(t) - \delta(t)] = \frac{e_i(t)}{\sigma} \quad （5\text{-}25）$$

式中，偏导数 $\dfrac{\partial \Pr_i^{win}(e_i(t), e_{-i}(t), \kappa_i(t))}{\partial e_i(t)}$ 表示发电商 i 减排竞争的边际获胜概率，也就是单位减排量增加所引致的获得大奖金 $\xi(t)$ 的可能性变化。对此一阶条件做一个简单解释：式（5-25）左边是锦标参与者 CO_2 减排的边际效用，等于获胜的边际概率乘以获胜的奖励差距（净支付）$\xi(t) - \delta(t)$；而式（5-25）右边是发电商 i 的 CO_2 减排边际成本。虽然在获胜者数量不确定的多人减排锦标中，强、弱势发电商边际获胜概率 $\dfrac{\partial \Pr_i^{win}(e_i(t), e_{-i}(t), \kappa_i(t))}{\partial e_i(t)}$ 的解析解通式不存在，但是对于一个已知参数 n、N_F 及 m 的 CO_2 减排锦标，可采用数学方法（特别是博弈论方法）推导出 $\dfrac{\partial \Pr_i^{win}(e_i(t), e_{-i}(t), \kappa_i(t))}{\partial e_i(t)}$ 的表达式，进而得到该减排竞争的均衡解析解。

（二）非合作 Nash 均衡策略

给定 $\dfrac{\partial \Pr_i^{win}(e_i(t), e_{-i}(t), \kappa_i(t))}{\partial e_i(t)}$ 解析式，即可求解出发电商 i 均衡的 CO_2 减排量，

但其是否为解析解要视情况而定。具体表现为，当 $n=3$ 时，推导得到参与者的最优减排策略均为一封闭形式（closed-form）的函数；而当 $n \geqslant 4$ 时，解析解的存在性不能一概而论，其原因在于某些情形下的 $\dfrac{\partial \Pr_i^{\text{win}}(e_i(t), e_{-i}(t), \kappa_i(t))}{\partial e_i(t)}$ 中高阶多项式增加了模型分析的数学难度，此时需要借助数值模拟来实现均衡求解。表 5-8 所示的四人减排锦标中，一强三弱双胜者时的强势发电商的最优减排努力水平就不可解析表示出。

表 5-8　三人减排锦标边际获胜概率

项目			竞争获胜者数量	
			1	2
强势发电商数量	1	强者	$\dfrac{1}{2\alpha} - \dfrac{(e_s + \kappa - e_v)^2}{8\alpha^3}$	$\dfrac{(e_s + \kappa - e_v - 2\alpha)^2}{8\alpha^3}$
		弱者	$\dfrac{1}{2\alpha} - \dfrac{e_s + \kappa - e_v}{4\alpha^2}$	$\dfrac{1}{2\alpha}$
	2	强者	$\dfrac{1}{2\alpha}$	$\dfrac{1}{2\alpha} - \dfrac{e_s + \kappa - e_v}{4\alpha^2}$
		弱者	$\dfrac{(e_s + \kappa - e_v - 2\alpha)^2}{8\alpha^3}$	$\dfrac{1}{2\alpha} - \dfrac{(e_s + \kappa - e_v)^2}{8\alpha^3}$

作为初步的研究工作，本小节仅研究 $n=3$ 和 $n=4$ 两种情形。针对无法完全推导出后者均衡减排量的解析解，也将进行算例分析并以此验证理论预测。表 5-8 和表 5-9 列出了在所有可能 N_F 和 m 组合下，强、弱发电商对应的边际获胜概率，本小节旨在考察不同发电主体与奖金构成下参与者 CO_2 减排努力程度的变化，期望得到的相关结论能为电网公司和发电商在减排锦标预算支出、双方激励规则安排及选择何种博弈结构等方面的科学决策提供理论依据。

表 5-9　四人减排锦标边际获胜概率

项目			竞争获胜者数量		
			1	2	3
强势发电商数量	1	强者	$\dfrac{1}{2\alpha} - \dfrac{(e_s + \kappa - e_v)^3}{16\alpha^4}$	$\dfrac{1}{2\alpha} + \dfrac{(e_s + \kappa - e_v - 3\alpha)(e_s + \kappa - e_v)^2}{8\alpha^3}$	$-\dfrac{(e_s + \kappa - e_v - 2\alpha)^3}{16\alpha^4}$
		弱者	$\dfrac{1}{2\alpha} - \dfrac{e_s + \kappa - e_v}{4\alpha^2}$	$\dfrac{1}{2\alpha}$	$\dfrac{1}{2\alpha}$

续表

项目			竞争获胜者数量		
			1	2	3
强势发电商数量	2	强者	$\dfrac{1}{2\alpha}$	$\dfrac{1}{2\alpha}-\dfrac{\kappa^2}{8\alpha^3}$	$\dfrac{(e_s+\kappa-e_v-2\alpha)^2}{8\alpha^3}$
		弱者	$\dfrac{(e_s+\kappa-e_v-2\alpha)^2}{8\alpha^3}$	$\dfrac{1}{2\alpha}-\dfrac{\kappa^2}{8\alpha^3}$	$\dfrac{1}{2\alpha}$
	3	强者	$\dfrac{1}{2\alpha}$	$\dfrac{1}{2\alpha}$	$\dfrac{1}{2\alpha}-\dfrac{e_s+\kappa-e_v}{4\alpha^2}$
		弱者	$-\dfrac{(e_s+\kappa-e_v-2\alpha)^3}{16\alpha^4}$	$\dfrac{1}{2\alpha}+\dfrac{(e_s+\kappa-e_v-3\alpha)(e_s+\kappa-e_v)^2}{8\alpha^4}$	$\dfrac{1}{2\alpha}+\dfrac{(e_s+\kappa-e_v)^3}{16\alpha^4}$

命题 5-1：在三人或四人减排锦标中，不论发电主体构成如何，作为增加获胜者数量的政策响应，既不能激励强势发电商提高也不会迫使弱势发电商降低各自均衡的减排投入。

其证明过程基于 Orrison 等（2004）的研究方法，具体逻辑如下，首先描述在任一既定强者比例和胜利者奖励数量下，不同发电商 CO_2 减排边际获胜概率的特征；然后求解出强、弱势发电商选择的最优减排量。需要说明的是，本小节只限于研究上述减排锦标参与者每个子组合的纯策略对称 Nash 均衡。

1. 情形 Ⅰ：三个发电商参与竞争

证明：步骤一，推导发电商最优的减排边际获胜概率。考虑到当且仅当 $q_i>q_j$ 时，发电商 i 的出力排名在竞争对手 j 之前。不失一般性，假设 $e_1+\kappa_1 \geqslant e_2+\kappa_2 \geqslant e_3+\kappa_3$。给定发电商 i 的环境冲击随机实现值为 ε_i，则其排序优于 j 的充要条件为 $\varepsilon_j<e_i+\kappa_i-e_j-\kappa_j+\varepsilon_i$。与此相应，发电商 i 的发电出力大于其竞争对手 j 的条件概率由 ε_j 满足上述约束条件的概率决定，即

$$\Pr(q_i>q_j\mid\varepsilon_i)=\int_{-\alpha}^{e_i+\kappa_i-e_j-\kappa_j+\varepsilon_i}\frac{1}{2\alpha}\mathrm{d}\varepsilon_j=\frac{e_i+\kappa_i-e_j-\kappa_j+\varepsilon_i+\alpha}{2\alpha} \quad (5\text{-}26)$$

为便于表述，后文记 $\beta_{ij}=e_i+\kappa_i-e_j-\kappa_j+\alpha$，则可以证明实现 $\varepsilon_1>\beta_{21}$ 是发电商 1 排序优于 2 的充分条件，即后者发生概率为 1。由此，定义随机实现值区间 $\varepsilon_1\in[\beta_{21},\alpha]$ 为发电商 1 相对 2 而言的 CO_2 减排锦标稳赢区间（sure win interval，SWI），其他任何两个发电商之间以此类推。以下针对不同的胜利者奖励与强者数量，分别求解对应决策情形下发电商 i 减排竞争获胜及其边际获胜概率。

1）唯一胜者锦标

为在唯一胜者的减排锦标中赢得 ξ，发电商 i 必须力求出力排在其他两个竞争对手之前。通过计算所有可能的 ε_i 对其密度函数 $\frac{1}{2\alpha}$ 的积分值得到各个参与者获胜的无条件概率，则发电商1的获胜概率为

$$\mathrm{Pr}_1^{\mathrm{win}} = \int_{\beta_{21}}^{\alpha} \frac{1}{2\alpha} \mathrm{d}\varepsilon_1 + \int_{\beta_{31}}^{\beta_{21}} \frac{\beta_{12} + \varepsilon_1}{4\alpha^2} \mathrm{d}\varepsilon_1 + \int_{-\alpha}^{\beta_{31}} \frac{(\beta_{12} + \varepsilon_1)(\beta_{13} + \varepsilon_1)}{8\alpha^3} \mathrm{d}\varepsilon_1 \quad (5\text{-}27)$$

式中，右边第一项为当 ε_1 位于相对发电商2减排稳赢区间 $[\beta_{21}, \alpha]$ 时，发电商1的获胜概率，在这种情况下，发电商1的出力排序也优于发电商3；右边第二项为当 ε_1 位于相对发电商3（但不含发电商2）减排稳赢区间 $[\beta_{31}, \beta_{21}]$ 时，发电商1的获胜概率，此时发电商1出力排名在发电商3之前，但不一定优于发电商2；最后一项为当 ε_1 太小以至未能位于相对发电商3减排稳赢区间时，即 $\varepsilon_1 \in [-\alpha, \beta_{31}]$ 时的发电商1获胜概率，该情况下发电商1的出力排序不确定优于任一个竞争对手。发电商2的获胜概率可表示为

$$\mathrm{Pr}_2^{\mathrm{win}} = \int_{\beta_{32}}^{\alpha} \frac{\beta_{21} + \varepsilon_2}{4\alpha^2} \mathrm{d}\varepsilon_2 + \int_{-\beta_{21}}^{\beta_{32}} \frac{(\beta_{21} + \varepsilon_2)(\beta_{23} + \varepsilon_2)}{8\alpha^3} \mathrm{d}\varepsilon_2 \quad (5\text{-}28)$$

式中，右边第一项为当 ε_2 位于相对发电商3的减排稳赢区间 $[\beta_{32}, \alpha]$ 时，发电商2的获胜概率，此时只需击败发电商1即可；第二项为当 ε_2 位于相对发电商3的减排稳赢区间外，即 $\varepsilon_2 \in [-\beta_{21}, \beta_{32}]$ 时的发电商2获胜概率，该情况下发电商2需要同时击败两个竞争对手。需要注意的是，只要 ε_2 过小（换言之 $\varepsilon_2 < -\beta_{21}$），发电商2的发电出力就一定排在发电商1之后，即其减排锦标获胜的概率为0。发电商3的获胜概率为

$$\mathrm{Pr}_3^{\mathrm{win}} = \int_{-\beta_{31}}^{\alpha} \frac{(\beta_{31} + \varepsilon_3)(\beta_{32} + \varepsilon_3)}{8\alpha^3} \mathrm{d}\varepsilon_3 \quad (5\text{-}29)$$

式（5-29）反映出除非实现值 ε_3 足够小（如 $\varepsilon_3 < -\beta_{31}$），否则发电商3仍然有机会在发电量排序上优于发电商1和2，即使其潜在调度出力最小。对式（5-27）~式（5-29）求偏导可得每一个发电商 CO_2 减排锦标的边际获胜概率。分析可知以下几点。

（1）当强势发电商数量为1时（将此种情形定义为1S1W型比赛，下同），设 $\kappa_1 = \kappa > 0$，$\kappa_2 = \kappa_3 = 0$，即发电商1为强者，而发电商2和发电商3均是弱者。当 $e_2 = e_3 = e_\mathrm{v}$ 时，发电商2和发电商3在 CO_2 减排竞争中的边际获胜概率相同。若令 $e_1 = e_\mathrm{s}$，可得

$$\begin{cases}\dfrac{\partial \text{Pr}_1^{\text{win}}}{\partial e_1}=\dfrac{1}{2\alpha}-\dfrac{(e_s+\kappa-e_v)^2}{8\alpha^3}\\ \dfrac{\partial \text{Pr}_2^{\text{win}}}{\partial e_2}=\dfrac{\partial \text{Pr}_3^{\text{win}}}{\partial e_3}=\dfrac{1}{2\alpha}-\dfrac{e_s+\kappa-e_v}{4\alpha^2}\end{cases} \quad (5\text{-}30)$$

（2）在有两个强势发电商参与的 2S1W 型比赛中，假设 $\kappa_1=\kappa_2=\kappa>0$，$\kappa_3=0$，即发电商 1 和发电商 2 均为强者，而发电商 3 是弱者。同理当 $e_1=e_2=e_s$ 时，发电商 1 和发电商 2 在 CO_2 减排竞争中的边际获胜概率相同。若记 $e_3=e_v$，则

$$\begin{cases}\dfrac{\partial \text{Pr}_1^{\text{win}}}{\partial e_1}=\dfrac{\partial \text{Pr}_2^{\text{win}}}{\partial e_2}=\dfrac{1}{2\alpha}\\ \dfrac{\partial \text{Pr}_3^{\text{win}}}{\partial e_3}=\dfrac{(e_s+\kappa-e_v-2\alpha)^2}{8\alpha^3}\end{cases} \quad (5\text{-}31)$$

2）双胜者锦标

在该种 CO_2 减排锦标中，对于任意发电商而言，只要其调度出力不排在参赛三人的最末位，即可赢得胜利者奖励。由此可得，发电商 1 获胜的概率为

$$\text{Pr}_1^{\text{win}}=1-\int_{-\alpha}^{\beta_{31}}\dfrac{(\beta_{21}-\varepsilon_1)(\beta_{31}-\varepsilon_1)}{8\alpha^3}\text{d}\varepsilon_1 \quad (5\text{-}32)$$

式（5-32）表明只要实现值 ε_1 足够小，如当 $\varepsilon_1<\beta_{31}$ 时，发电商 1 的发电出力排名才劣于发电商 2 和发电商 3，否则发电商 1 将会赢得一个大奖金 ξ。发电商 2 获胜的概率可表示为

$$\text{Pr}_2^{\text{win}}=\int_{\beta_{32}}^{\alpha}\dfrac{1}{2\alpha}\text{d}\varepsilon_2+\int_{-\beta_{21}}^{\beta_{32}}\dfrac{\beta_{21}+\beta_{23}+2\varepsilon_2-\dfrac{(\beta_{21}+\varepsilon_2)(\beta_{23}+\varepsilon_2)}{2\alpha}}{4\alpha^2}\text{d}\varepsilon_2+\int_{-\alpha}^{-\beta_{21}}\dfrac{\beta_{23}+\varepsilon_2}{4\alpha^2}\text{d}\varepsilon_2$$

$$(5\text{-}33)$$

式中，右边第一项表示当 ε_2 位于相对发电商 3 的减排稳赢区间 $[\beta_{32},\alpha]$ 内时，发电商 2 的获胜概率，且这时获胜的条件概率为 1。第二项表示当 ε_2 位于相对发电商 3 的减排稳赢区间之外，且大于 $-\beta_{21}$ 时的发电商 2 获胜概率。在这种情况下，发电商 2 出力排序优于某一或全部竞争对手。最后一项表示当 ε_2 较小，如小于 $-\beta_{21}$ 时的发电商 2 获胜概率，此时发电商 2 的出力肯定低于发电商 1，但是仍然有机会超过发电商 3。发电商 3 的获胜概率为

$$\text{Pr}_3^{\text{win}}=\int_{-\beta_{31}}^{\alpha}\dfrac{\beta_{31}+\beta_{32}+2\varepsilon_3-\dfrac{(\beta_{31}+\varepsilon_3)(\beta_{32}+\varepsilon_3)}{2\alpha}}{4\alpha^2}\text{d}\varepsilon_3+\int_{-\beta_{31}}^{-\beta_{31}}\dfrac{\beta_{32}+\varepsilon_3}{4\alpha^2}\text{d}\varepsilon_3$$

$$(5\text{-}34)$$

式中，右边第一项表示发电商 3 的出力排名位于某一个或全部竞争对手之前的概率，因为当 $\varepsilon_3>-\beta_{31}$ 时，发电商 3 的出力不一定低于发电商 1；第二项表示在 ε_3 小

于 $-\beta_{31}$ 且大于 $-\beta_{32}$ 时的发电商 3 获胜概率,此时发电商 3 的出力肯定低于发电商 1,但是不一定低于发电商 2,即其仍然可以击败发电商 2 获得一个大奖金。而在 $\varepsilon_3 < -\beta_{32}$ 的情形下,发电商 3 获胜的概率为 0。类似地,由式(5-32)~式(5-34)可求解参与发电商 CO_2 减排锦标的边际获胜概率。分析可知以下几点。

(1)当强势发电商的数量为 1 时,设 $\kappa_1 = \kappa > 0$,$\kappa_2 = \kappa_3 = 0$,即发电商 1 为强者,而发电商 2 和发电商 3 均是弱者。当 $e_2 = e_3 = e_v$ 时,发电商 2 和发电商 3 在 CO_2 减排竞争中的边际获胜概率相同。若记 $e_1 = e_s$,可得

$$\begin{cases} \dfrac{\partial \mathrm{Pr}_1^{\mathrm{win}}}{\partial e_1} = \dfrac{(e_s + \kappa - e_v - 2\alpha)^2}{8\alpha^3} \\ \dfrac{\partial \mathrm{Pr}_2^{\mathrm{win}}}{\partial e_2} = \dfrac{\partial \mathrm{Pr}_3^{\mathrm{win}}}{\partial e_3} = \dfrac{1}{2\alpha} \end{cases} \quad (5\text{-}35)$$

(2)在有两个强势发电商参与的 2S2W 型比赛中,假设 $\kappa_1 = \kappa_2 = \kappa > 0$,$\kappa_3 = 0$,即发电商 1 和发电商 2 均为强者,而发电商 3 是弱者。同理当 $e_1 = e_2 = e_s$ 时,发电商 1 和发电商 2 在 CO_2 减排竞争中的边际获胜概率相同。若令 $e_3 = e_v$,则

$$\begin{cases} \dfrac{\partial \mathrm{Pr}_1^{\mathrm{win}}}{\partial e_1} = \dfrac{\partial \mathrm{Pr}_2^{\mathrm{win}}}{\partial e_2} = \dfrac{1}{2\alpha} - \dfrac{e_s + \kappa - e_v}{4\alpha^2} \\ \dfrac{\partial \mathrm{Pr}_3^{\mathrm{win}}}{\partial e_3} = \dfrac{1}{2\alpha} - \dfrac{(e_s + \kappa - e_v)^2}{8\alpha^3} \end{cases} \quad (5\text{-}36)$$

至此,步骤一已经推导出了三人减排锦标中所有可能的强、弱势发电商与竞争获胜者数量组合下每个参与者的边际获胜概率,且解析表达见表 5-8。

步骤二,推导发电商均衡的减排努力程度。在给定上述边际获胜概率后,由不同博弈情形下发电商 i 期望效用的一阶条件求解出各自最优的 CO_2 减排量。在此过程中,为了保证努力程度内解的存在,需对相关参数范围进行限定,即

$$\begin{cases} 0 < e_{sxy} + \kappa - e_{vxy} < 2\alpha \\ 2\alpha^2 - \sigma\eta > 0 \\ 0 < \kappa < 2\alpha - \dfrac{\sigma\eta}{2\alpha} \end{cases} \quad (5\text{-}37)$$

式中,$\eta = \xi - \delta$;e_{sxy} 和 e_{vxy} 表示强、弱势发电商的减排水平,且 $x=1$,$y=2$,分别对应强者和胜利者奖励的数量。

在 1S1W 型锦标中,求解弱者对 e_{v11} 的一阶偏导数并令其等于零,解之可得

$$e_{v11} = \dfrac{\sigma\eta(e_{s11} + \kappa - 2\alpha)}{\sigma\eta - 4\alpha^2} \quad (5\text{-}38)$$

而这时强势发电商期望效用的最大化条件为

$$\eta\left[\frac{1}{2\alpha}-\frac{(e_{s11}+\kappa-e_{v11})^2}{8\alpha^3}\right]-\frac{e_{s11}}{\sigma}=0 \tag{5-39}$$

将式（5-38）代入式（5-39），再结合不等式 $0<e_{sxy}+\kappa-e_{vxy}<2\alpha$，得到

$$e_{s11}^*=\frac{\left[(4\alpha^2-\sigma\eta)\sqrt{16\alpha^4-8\sigma\alpha\eta(\alpha-\kappa)+\sigma^2\eta^2}-16\alpha^4+4\sigma\alpha\eta(2\alpha-\kappa)+\sigma^2\eta^2\right]}{4\sigma\alpha\eta}$$

$$\tag{5-40}$$

对于 1S2W 型比赛而言，弱势发电商的一阶条件为 $\frac{\eta}{2\alpha}-\frac{e_{v12}}{\sigma}=0$，解得 $e_{v12}^*=\frac{\sigma\eta}{2\alpha}$。将其代入强者的一阶条件中，化简整理后得

$$e_{s12}^*=\frac{\left[-4\alpha^2\sqrt{4\alpha^4+2\sigma\alpha\eta(2\alpha-\kappa)+\sigma^2\eta^2}+8\alpha^4+2\sigma\alpha\eta(2\alpha-\kappa)+\sigma^2\eta^2\right]}{2\sigma\alpha\eta}$$

$$\tag{5-41}$$

接下来对此两种决策结构下的均衡结果进行比较分析，以得到胜利者奖励数量对不同类型发电商 CO_2 减排努力的边际效应。对强势发电商来说，若令 $\Delta e_1=e_{s11}^*-e_{s12}^*$，则由式（5-40）和式（5-41）可知：

$$\Delta e_1=\frac{\left[(4\alpha^2-\sigma\eta)\sqrt{16\alpha^4-8\sigma\alpha\eta(\alpha-\kappa)+\sigma^2\eta^2}+8\alpha^2\sqrt{4\alpha^4+2\sigma\alpha\eta(2\alpha-\kappa)+\sigma^2\eta^2}-32\alpha^4-\sigma^2\eta^2\right]}{4\sigma\alpha\eta}$$

$$\tag{5-42}$$

在 $2\alpha^2-\sigma\eta>0$ 下，求解关于 κ 的方程 $\Delta e_1=0$ 易知存在一个零解。这与现有研究文献的研究结果相一致，表明当所有 CO_2 减排参与者都是同质发电商，即 $\kappa_{\mathrm{I}}=0$ 时，无论竞争获胜者数量如何，强、弱势发电商的减排投入都将相同。另外一个非零解为

$$\kappa_{\mathrm{II}}=\frac{4\left[256\alpha^7(2\alpha^2-\sigma\eta)+8\sigma^2\alpha^3\eta^2(6\alpha^2-\sigma\eta)+\sigma^4\alpha\eta^4\right]}{(32\alpha^4-8\sigma\alpha^2\eta+\sigma^2\eta^2)^2} \tag{5-43}$$

不难看出，此解在 $2\alpha^2-\sigma\eta>0$ 下恒为正，且大于 κ 的取值上限 $2\alpha-\frac{\sigma\eta}{2\alpha}$。进一步地，由 Δe_1 对 κ 的二阶偏导数恒为负，可以证明其在区间 $(0,\kappa_{\mathrm{I}})$ 上是关于初始调度禀赋 κ 的严格凹函数，且函数值恒为正。这意味着强者在 1S1W 型锦标中的 CO_2 减排投入要大于在 1S2W 型锦标中的减排投入，即 $e_{s11}^*>e_{s12}^*$。相反，弱者

在 1S1W 型比赛中的边际获胜概率一定小于在 1S2W 型比赛中的边际获胜概率，与此相应，$e^*_{v11} < e^*_{v12}$。

在 2S1W 型锦标中，强势发电商的一阶条件为 $\dfrac{\eta}{2\alpha} - \dfrac{e_{s21}}{\sigma} = 0$，解之可得 $e_{s21} = \dfrac{\sigma\eta}{2\alpha}$。将其代入弱势发电商的一阶条件中，得

$$e^*_{v21} = \dfrac{\left[-4\alpha^2\sqrt{4\alpha^4 - 2\sigma\alpha\eta(2\alpha-\kappa) + \sigma^2\eta^2} + 8\alpha^4 - 2\sigma\alpha\eta(2\alpha-\kappa) + \sigma^2\eta^2 \right]}{2\sigma\alpha\eta}$$

(5-44)

对于 2S2W 型减排锦标而言，求解强者对 e_{s22} 的一阶偏导数并令其等于零，解之可得

$$e_{s22} = \dfrac{\sigma\eta(e_{v22} - \kappa + 2\alpha)}{4\alpha^2 + \sigma\eta}$$

(5-45)

将式（5-45）代入弱者期望效用的一阶条件中，合并化简得到

$$e^*_{v22} = \dfrac{\left[(4\alpha^2 + \sigma\eta)\sqrt{16\alpha^4 - 8\sigma\alpha\eta(\alpha-\kappa) + \sigma^2\eta^2} - 16\alpha^4 - 4\sigma\alpha\eta(2\alpha-\kappa) + \sigma^2\eta^2 \right]}{4\sigma\alpha\eta}$$

(5-46)

同样，对比分析此两种博弈情形下弱势发电商均衡的 CO_2 减排努力水平，若令 $\Delta e_2 = e^*_{v21} - e^*_{v22}$ 表示二者之间的差异，则有

$$\Delta e_2 = -\dfrac{\left[(4\alpha^2 + \sigma\eta)\sqrt{16\alpha^4 - 8\sigma\alpha\eta(\alpha-\kappa) + \sigma^2\eta^2} + 8\alpha^2\sqrt{4\alpha^4 + 2\sigma\alpha\eta(2\alpha-\kappa) + \sigma^2\eta^2} - 32\alpha^4 - \sigma^2\eta^2 \right]}{4\sigma\alpha\eta}$$

(5-47)

类似地，求解关于 κ 的方程 $\Delta e_2 = 0$，除存在一个零解 $\kappa_{\text{III}} = 0$ 外，另外一个非零解为

$$\kappa_{\text{IV}} = \dfrac{4\left[256\alpha^7(2\alpha^2 + \sigma\eta) + 8\sigma^2\alpha^3\eta^2(6\alpha^2 + \sigma\eta) + \sigma^4\alpha\eta^4 \right]}{(32\alpha^4 + 8\sigma\alpha^2\eta + \sigma^2\eta^2)^2}$$

(5-48)

由此可见，此解也大于 κ 的取值上限 $2\alpha - \dfrac{\sigma\eta}{2\alpha}$。另外，计算 Δe_2 对 κ 的二阶偏导数恒为正，表明其在区间 $(0, \kappa_{\text{IV}})$ 上是关于初始调度禀赋 κ 的严格凸函数，且函数值恒为负。也就是说弱势发电商在 2S1W 型锦标中的 CO_2 最优减排量要小于在 2S2W 型锦标中的均衡减排量，即 $e^*_{v21} < e^*_{v22}$。另外，对强者来说，在 2S1W 型锦

标中的边际获胜概率一定大于在 2S2W 型锦标中的边际获胜概率，则相应地 $e_{s21}^* > e_{s22}^*$。

以上研究揭示了在三人减排锦标中，不论市场结构如何，作为电网公司增加胜利者奖励数量的理性响应，弱势发电商会增加 CO_2 减排投入，而强势发电商则将削减相应投入。

2. 情形Ⅱ：四个发电商参与竞争

证明：步骤一，推导均衡的边际获胜概率，其证明过程与情形Ⅰ中的"唯一胜者锦标"和"双胜者锦标"部分内容类似，限于篇幅省略其证明。为此，仅在表 5-9 中列出了边际获胜概率的解析表达式。

步骤二，推导最优的减排努力程度。正如前文所述，在该种情形下 CO_2 减排水平并非一直都可以解析求解，本小节进行了大量的数值模拟以验证命题 5-1 的研究结论并将其推广至 $n \geqslant 5$ 情形。

可以看出，在单强者减排锦标中，边际获胜概率 $\dfrac{\partial \text{Pr}_i^{\text{win}}}{\partial e_i}$ 解析式所含高阶多项式增加了模型分析与求解的数学难度，使得强势发电商的均衡减排努力不存在封闭形式解。为进一步分析，将其诉诸广泛的数值模拟，发现竞争获胜者数量从 1 增加到 2，再增加至 3，强者的最优 CO_2 减排量依次降低，即 $e_{s11}^{\times} > e_{s12}^{\times} > e_{s13}^{\times}$；而对于弱者而言，直接比较分析出其不会因此而减小均衡的减排投入。因为在确保减排决策内解存在的假设下，弱者在 1S1W 型比赛中的边际获胜概率要小于在 1S2W 型比赛中的边际获胜概率。与此相应，弱势发电商 CO_2 减排努力程度的大小比较为 $e_{v11}^{\times} < e_{v12}^{\times}$。而当竞争获胜者数量为 2 或者 3 时，弱者的边际获胜概率均为 $\dfrac{1}{2\alpha}$，以致其在此两种博弈结构下选择的均衡减排量相同，即 $e_{v12}^{\times} = e_{v13}^{\times}$。

而在双强势发电商参与情形下，当获胜者数量从 1 增加到 2 时，由强者的减排竞争边际获胜概率减小可得 CO_2 减排努力水平降低，也就是说 $e_{s21}^{\times} > e_{s22}^{\times}$。通过对 2S2W 和 2S3W 型比赛中强势发电商均衡减排量作差，分析获胜者数量从 2 增加到 3 时强者的减排努力程度变化，且可计算该差值对初始禀赋 κ 的二阶偏导数恒为负。除此以外，对比上述 2S3W 与 $n = 3$ 时的 1S2W 型比赛，发现强、弱势发电商的 CO_2 减排边际获胜概率均相等，这意味着四人 2S3W 和三人 1S2W 型比赛中同类型参与者的减排努力水平分别相当。考虑到 $n = 3$ 这一情形，强者在 1S1W 型比赛中的最优减排投入要大于在 1S2W 型比赛中的相应值，因此只需要再证明 $n = 4$ 的 2S2W 型比赛中强势发电商均衡的 CO_2 减排量大于 $n = 3$ 的 1S1W 型比赛中最优取值，即可验证命题 5-1 的结论。对比三人 1S1W 型比赛中强、弱者减排竞争的边际获胜概率 $\frac{\partial \Pr_i^{\text{win}}}{\partial e_i}$，可以得到在约束条件式（5-39）下，强势发电商的减排努力程度高于弱势发电商，即 $e_{\text{s}11}^* > e_{\text{v}11}^*$。在此基础上，比较分析 $n=4$ 的 2S2W 和 $n=3$ 的 1S1W 型比赛中强者的 CO_2 减排边际获胜概率，从而证明四人 2S2W 型比赛中强势发电商的最优减排投入大于三人 1S1W 和四人 2S3W 此两种类型比赛下的强者均衡减排投入。

接下来考察获胜者数量对弱者减排努力水平的边际效应。由表 5-9 中 2S1W 型比赛中的边际获胜概率可知，强势发电商在该博弈情形下的减排努力程度高于弱者，即 $e_{\text{s}21}^\times > e_{\text{v}21}^\times$。另外，由此可以证明弱势发电商在 $n=4$ 的 2S2W 型比赛下的均衡减排投入大于 2S1W 型比赛中的最优策略值，即 $e_{\text{v}22}^\times > e_{\text{v}21}^\times$。而当胜利者奖励数量从 2 增加到 3 时，易知弱者的减排边际获胜概率增大。与此相应，弱势发电商均衡的减排努力程度将随之提高。

在三个强者的减排锦标中，当比赛获胜者数量从 1 增加到 2 时，由于强势发电商 CO_2 减排竞争的边际获胜概率均为 $\frac{1}{2\alpha}$，则其最优减排投入维持不变，也就是说 $e_{\text{s}31}^\times = e_{\text{s}32}^\times$；而当竞争获胜者数量从 2 增加到 3 时，强者的边际获胜概率反而减小，这使得其在 3S2W 型比赛中的均衡 CO_2 减排量要大于 3S3W 型比赛下的减排量，即 $e_{\text{s}32}^\times > e_{\text{s}33}^\times$。但是，此时无法解析表达出弱势发电商减排努力水平，更不能分析竞争获胜者数量对其产生的影响。为此作者同样进行了大量的数值模拟，以求解此种情形下弱者最优的 CO_2 减排努力程度。研究结果表明，此时弱势发电商的减排投入与获胜者数量正相关，即可以调整锦标奖金结构，以达到激励弱者均衡减排支出的目的。

（三）均衡分析

命题 5-1 表明，虽然减排锦标胜者数量增加可以提高所有发电商的获胜概率，但是此因素对强、弱者的减排行为的影响效果是存在差异的，因为边际获胜概率才是最终决定参与者均衡减排量的关键参数。本小节试图对上述结果背后的变量逻辑关系进行解释，算例仿真表明了本小节给出的减排锦标理论模型的基本特征。下面描述强者的最优减排行为，当强势发电商数量 N_F 小于或等于获胜者数量 m，即锦标规则设置了足够的胜利名额有待强者去竞争。在这种情况下，增加大奖金数量会削弱强者提高 CO_2 减排投入对其边际获胜概率的影响，即 $\frac{\partial \Pr_i^{\text{win}}}{\partial e_i}$ 减小，且强者本已具有初始禀赋 κ_i 的竞争优势，从而会降低均衡减排努力水平；另外，当强势发电商数量大于胜者数量时，表明至少要有一个强者会在锦标机制中失败。在这种情况下，强势发电商如同仅与其他强者竞争一样，所以各自均衡的 CO_2 减排努力程度与强者组成的同质发电商锦标最优值相同。当胜利者奖励数量增加到 $m+1$ 时，如果强势发电商数量与之相等，则同样有足够的大奖金名额让强者去争取，因此相应地选择降低减排努力水平。但是在 $n=4$ 下当 $N_F > m+1$ 时，强势发电商的减排努力并没有下降，因为他们仍然要与其他强者进行公平锦标博弈，表 5-9 中三个强势发电商参与的 CO_2 减排锦标情形，当获胜者数量从 1 增加到 2 时，强势发电商减排的边际获胜概率保持 $\frac{1}{2\alpha}$ 不变。综上所述，强者将减少或维持各自减排水平，即锦标大奖金数量的增加不会提高其减排投入。

下面对不同决策结构下弱势发电商的均衡减排行为进行比较分析，当胜者数量 m 小于或等于强者数量 N_F 时，所有弱势发电商都有可能在锦标博弈中失败，除非他们在 CO_2 减排竞争中做得比强者更好。在这种情况下，引入更多的大奖金指标会提高弱势发电商通过投入减排成本而取得胜利的概率（即 $\frac{\partial \text{Pr}_i^{\text{win}}}{\partial e_i}$ 增大），进而导致弱者相应地增加其均衡的 CO_2 减排量；与之相反，当获胜者数量大于强势发电商数量时，说明至少有一个弱者将会在减排锦标中胜出。此时，增加胜利者奖励数量必然带来更多的弱势发电商击败对手，但 CO_2 减排努力水平不会进一步提高。在四人锦标模型中，当仅有唯一强者参与且胜者数量从 2 增加至 3 时即属于后一种情形。如表 5-9 的 1S2W 和 1S3W 型比赛中弱者减排的边际获胜概率均为 $\frac{1}{2\alpha}$，所以此种情况下弱势发电商将选择维持 CO_2 减排投入不变。类似地，当所设置的大奖金数量足以让弱者去竞争，即 $N_F > n-m$ 时，弱势发电商如同仅在与其他弱者进行竞争一样，所以最优的减排量与弱者组成的同质发电商锦标均衡相同。总之，弱势发电商将提高或维持各自减排努力程度，也就是说增加胜利者奖励数量不会降低其减排水平。

在给定参数值 $\xi=2.5$、$\delta=1.3$、$\alpha=90$、$\kappa=40$ 及 $\sigma=5000$ 下，图 5-1 和图 5-2 分别列出了三人、四人 CO_2 减排锦标中不同发电商均衡减排水平的理论预测值。

至此，理论建模与均衡分析揭示，对管理者电网公司而言，异质型发电商竞争下多人减排锦标的最优奖金结构如何设置，是决定减排激励成功与否的关键性问题，因为改变胜者数量务必要考虑该行为可能会导致强势发电商均衡减排水平下降及弱势发电商减排努力程度上升的结果，且涉及二者的权衡问题。下面将进行实验经济学研究，以检验在获胜者数量增加的情形下，参与发电商减排决策如何变化的理论预测与实验结果是否一致。

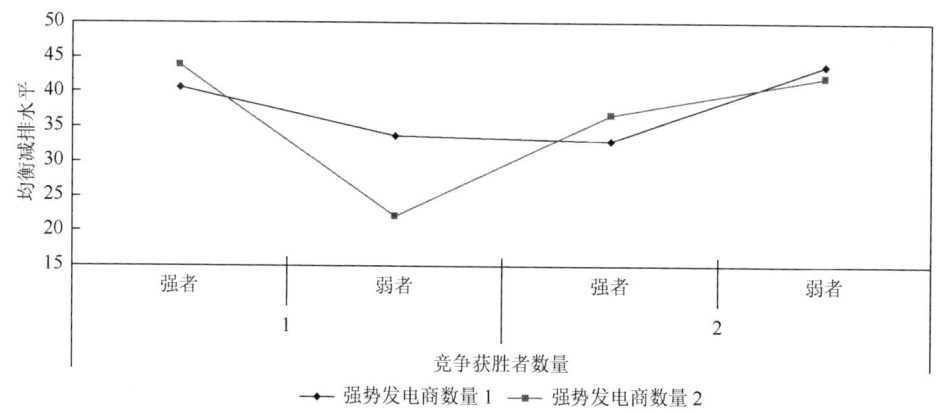

图 5-1 三人锦标理论最优减排策略

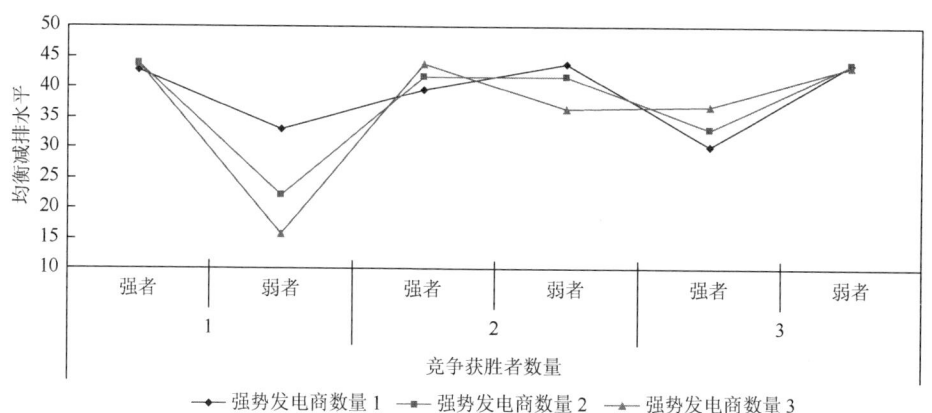

图 5-2 四人锦标理论最优减排策略

（四）检验实验设计

本小节旨在对在所研究异质发电商竞争下的三人减排锦标中，大奖金数量的变化如何影响参与者减排策略进行实验检验。与此相应，将形成一个 2×2 的实验设计，即强势发电商和减排获胜者数量分别为 1 或 2，其中强、弱者 CO_2 减排的控制变量及其他参数定义如前。由命题 5-1 可知，在该种决策情形下，胜者数量从 1 增加至 2 理论上预期将会降低强势发电商的减排水平，同时提高弱者的减排努力程度。基于以上分析，提出如下假设。

假设 5-1：在有 1 个强势和 2 个弱势发电商参与的减排锦标中，增加大奖金数量将会降低强者的最优减排量，即 $e_{s11}^* > e_{s12}^*$。

假设 5-2：在有 2 个强势和 1 个弱势发电商参与的减排锦标中，增加大奖金数量也会降低强者的均衡减排量，即 $e_{s21}^* > e_{s22}^*$。

假设 5-3：在 1S2V 型减排锦标中，增加胜利者奖励数量将会提高弱势发电商的最优减排水平，即 $e^*_{v11} < e^*_{v12}$。

假设 5-4：在 2S1V 型减排锦标中，增加胜利者奖励数量将会提高弱势发电商的均衡减排水平，即 $e^*_{v21} < e^*_{v22}$。

在所设计的检验实验每一决策回合中，均沿用上面的强、弱势发电商 CO_2 减排理论预测算例分析中的参数值。针对上述四个假设，分别进行 3 轮或 4 轮实验，共有 40 名实验对象参加了实验，全部为在校硕士研究生，每轮实验需从中选 8 名、10 名或 12 名作为备选对象。实验过程设计在很大程度上是基于现有的锦标实验研究，不同之处在于，期望构建一个更接近现实中多数锦标的社会环境。

根据实验设计需要，参与发电商均会被告知将和另外两家进行减排竞争。其中 1 个发电商或 2 个发电商被随机选为强者，强弱之间唯一区别就是强势发电商在调度电量上比弱势对手高 40 个单位，一旦强者地位确定，将在该轮所有 5 个回合中保持不变。在检验实验中，仍然设胜利者奖励 $\xi = 2.5$ 元，失败者补偿 $\delta = 1.3$ 元。发电商 i 的 CO_2 减排成本函数为 $c(e_i) = \dfrac{e_i^2}{10\,000} Vt$，其中减排努力水平上限为 $\bar{e} = 90$。各自的目标都是基于赛事规则进行减排量决策，即选择 e_i 值。发电商按要求将减排策略输入计算机程序，在此步骤后，系统将自动生成一个随机实现值 ε_i，假设服从区间 $[-80, 80]$ 上的均匀分布，即在此范围内的每个随机数值均有同等机会被抽中。计算机将 e_i 和 ε_i 导入 q_i 生成发电商 i 的出力，并据此给出全部高低排序。

整个实验实施过程借用 zTree 软件完成。首先，组织者从备选实验对象中随机选取三人参赛组和分配初始禀赋值，并公开所有分组结果与强势发电商身份，使得彼此明白与谁竞争及谁是强者。其次，所有小组按次序进行锦标决策，其中同组成员及其所使用的计算机彼此严格隔离。再次，要求现场保持安静，不发出任何影响决策的信号。在各自减排策略制定并提交后，输出屏上将显示出每一回合各个发电商的随机实现值、CO_2 减排量、出力排名及胜负关系。最后，组织者进行数据核实并对在场的所有发电商宣布该回合谁输谁赢。正式实验开始前，先进行一回合练习赛，以熟悉锦标规则。实验结束时，组织者按博弈结果支付发电商并引导离场。

命题 5-2：与理论模型预测相比，在完全信息检验实验中，异质发电商的实际平均减排努力程度均得到显著提高，且当有两个强者参与竞争时，强势发电商的减排投入会随着大奖金数量的增加而增加。

证明：实验共计产生 168 条记录数据，最终有效实验数据记录为 143 条，其中标记为 1S1W 型 27 条，1S2W 型 49 条，2S1W 型 35 条，以及 2S2W 型 32 条。由表 5-10 可知，在前两种类型比赛中，强者的实际平均减排量分别为 62.38 和 44.02；而在强势发电商数量为 2 的情形下，强者的平均 CO_2 减排量随着获胜者数量的增加由 50.41 增加至 61.93。与此相应，弱者在 1S1W 和 1S2W 型比赛中的实际平均减排努力程度分别为 44.11 和 57.52，而在后两种博弈结构下，增加大奖金数量使得弱势发电商的平均减排水平由 41.59 增加到 63.37。在进行假设统计检验之前，通过对比分析强、弱势发电商在实验前三回合和后两回合的 CO_2 减排量，以检验其潜在的决策学习程度，发现并不存在显著学习趋势。这一结论对任一回合中不同轮次的数据处理同样成立，考虑到实验中发电商要做多回合减排决策，所以对数据统计检验的标准误差进行聚类分析，并基于此解释其潜在的内相关性。因此，首先检验发电商的实际平均减排水平与理论模型均衡预测值之间的差异，相关结果见表 5-10。t 检验输出结果表明，发电商 CO_2 减排量的实验均值与理论模型均衡预测之间的差异有统计学意义。结合本例，无论初始调度禀赋如何，强、弱者均会选择过度减排投资行为，以致各自的实际平均减排努力程度显著高于理论预测值。

表 5-10 理论预测与实验数据 t 检验结果

项目			竞争获胜者数量			
			1		2	
			强者	弱者	强者	弱者
强势发电商数量	1	理论预测	40.69	33.67	32.95	43.75
		检验实验平均减排量	62.38（17.96）	44.11（28.69）	44.02（25.37）	57.52（22.14）
		t 统计量观察值	8.33	2.24	2.70	5.01
		p 值	0.000	0.037	0.015	0.000
	2	理论预测	43.75	22.15	36.64	42.22
		检验实验平均减排量	50.41（23.28）	41.59（22.93）	61.93（26.71）	63.37（21.76）
		t 统计量观察值	2.19	5.82	6.20	4.71
		p 值	0.038	0.000	0.000	0.001

注：括号中的数值为减排量的标准差；显著水平为 0.05，下同

基于以上分析，可以得出虽然理论模型可以正确地预测减排锦标奖金结构变化下弱者 CO_2 减排的指向性努力响应（directional effort response），但是对强者减排量的理性反应，该模型并不能完全予以体现。具体而言，在双强势发电商参与

竞争情形下，理论模型无法预计到获胜者数量增加时强者会选择提高减排水平。另外，现有模型 CO_2 减排预测值均低于相应实验对象的实际水平。因此，下面将对理论模型进行拓展，考虑减排锦标中由于参与者社会比较（social comparison）形成的强者失败心理损失与弱者胜利心理收益。通过比较分析发现，这种广义模型可以更有效地描述控制变量与实验数据之间的关系。

（五）模型拓展

在相关研究中，Lim（2010）与 Chen 等（2011）考虑了参与者最优决策时进行社会比较，分析得到此时改变锦标所处社会环境将会引起实际博弈均衡偏离原始理论预测值。基于此，本节提出构建社会性关系以使发电商之间的 CO_2 减排竞争更加贴近于现实，并以此作为理论模型的扩展，下面尝试考虑非金钱因素影响参与者效用下的减排锦标模型。在模型中，发电商为异质性独立主体，且相互清楚与谁竞争及每轮实验中谁赢谁输。假设除了考虑从 CO_2 减排锦标中获得的不同奖金支付之外，发电商还会在意彼此之间的社会比较，即在主观意识上如何感知相对于其他竞争对手的减排胜利或失败。此外，与异质发电商相应，下面建模中允许存在强、弱者对博弈结果评定的差异性。

命题 5-3：在考虑发电商减排决策社会比较的拓展模型中，对行为参数均为正的无约束条件广义模型均衡预测最契合检验实验数据的基本特征，而特定嵌套模型验证理论预测的可行性。

证明：对于强势发电商而言，设其认为自己理应与其他强者（胜者数量限定内）一起在 CO_2 减排竞争中获胜。因此，获得大奖金不能给强势发电商带来任何额外的心理效用收益；但是，失败一定会使其遭受心理上的效用损失，因为强者都期望最终获胜。当得知是弱势发电商击败自己时，强者所感受到的由失败引发的心理效用损失将进一步加剧。具体而言，强势发电商 CO_2 减排竞争胜利、失败的广义效用函数分别为

$$u_{sxy}^{\text{win}} = \xi, \quad u_{sxy}^{\text{lose}} = \delta - (\rho + \lambda_s)(\xi - \delta) \tag{5-49}$$

式中，ρ 为大于零的常数，表示强者在减排锦标中失败的心理负效用因子；λ_s 表示强势发电商输给弱者时的额外效用损失率，而当并非确定是输给弱势发电商时，该参数就不存在，即 $\lambda_s = 0$。例如，在 $n = 3$ 的 1S1W 型比赛中，如果强势发电商竞争失败，那么他必然是输给了两个弱者中的一个，则 ρ 和 λ_s 均存在。但是，在三人 2S1W 型比赛中，同样是强势发电商失败，其有可能且主观上也期望是输给另一个强者而不是弱者，则参数 $\lambda_s = 0$，只有 ρ 存在。

式（5-49）表明，强者失败时的心理效用损失还取决于其参与减排锦标输赢

的奖励差距，这也是建立强势发电商效用拓展模型的一个合理假设。表 5-11 列出了三人减排锦标的所有四种情形下强者的效用函数解析式。另外，由于在 CO_2 减排竞争初始禀赋上的劣势，假设弱势发电商事前预期且能够坦然接受在锦标中失败的结局，所以即使这样也不会给其带来任何心理上的负效用。但是，弱者一旦赢得大奖金将会获得额外的心理效用收益，因为此博弈结果违背了竞争获胜的理论概率。当弱者知道是通过击败强势发电商获得胜利时，该心理效用收益增大。与此相应，弱势发电商 CO_2 减排锦标效用函数如下所示：

$$u_{vxy}^{win} = \xi + (\varphi + \lambda_v)(\xi - \delta), \quad u_{vxy}^{lose} = \delta \quad (5-50)$$

式中，$\varphi > 0$，表示弱者减排竞争获胜的心理正效用因子；λ_v 表示弱势发电商击败强者时的额外效用收益率，而当其并非一定是通过击败强势发电商获胜时，参数 λ_v 就变得不存在。同样，考虑 $n=3$，在 1S1W 情形下，一个弱势发电商必须通过击败强者才可以取得胜利，则 φ 和 λ_v 均存在；但是，在三人 1S2W 型比赛中，弱势发电商在心理上期望强者将会占据一个胜者名额，所以认为不必非要击败强者。在此情形下，参数 $\lambda_v = 0$，所以仅有 φ 存在。三人减排锦标的所有四种情形下弱势发电商的效用函数解析式，同样列于表 5-11 中。

表 5-11 考虑社会比较的三人减排锦标效用函数

项目			竞争获胜者数量	
			1	2
强势发电商数量	1	强者	$u_{S11}^{win} = \xi$ $u_{S11}^{lose} = \delta - (\rho + \lambda_S)(\xi - \delta)$	$u_{S12}^{win} = \xi$ $u_{S12}^{lose} = \delta - (\rho + \lambda_S)(\xi - \delta)$
		弱者	$u_{V11}^{win} = \xi - (\varphi + \lambda_v)(\xi - \delta)$ $u_{V11}^{lose} = \delta$	$u_{V12}^{win} = \xi + \varphi(\xi - \delta)$ $u_{V12}^{lose} = \delta$
	2	强者	$u_{S21}^{win} = \xi$ $u_{S21}^{lose} = \delta - \rho(\xi - \delta)$	$u_{S22}^{win} = \xi$ $u_{S22}^{lose} = \delta - (\rho + \lambda_S)(\xi - \delta)$
		弱者	$u_{V21}^{win} = \xi + (\varphi + \lambda_v)(\xi - \delta)$ $u_{V21}^{lose} = \delta$	$u_{V22}^{win} = \xi + (\varphi + \lambda_v)(\xi - \delta)$ $u_{S22}^{lose} = \delta$

注：发电商期望效用 = 胜利效用×获胜概率 + 失败效用×（1 - 获胜概率）- 减排成本

以上模型构建是基于 Kahneman 和 Tversky（1979）及 Loewenstein 等（1989）分别提出的参照依赖与社会效用函数等概念，将 Lim（2010）与 Chen 等（2011）的社会比较模型推广到更为复杂的不对称锦标情形。首先，设强、弱者的参照点依赖于各自子组合或者初始调度禀赋类型，这样二者的参照点分别为减排竞争胜利和失败。相比而言，原有研究中的参照点是锦标的模态奖金（modal prize）。其次，建模过程考虑了不同类型发电商之间社会比较的影响与效果，采用相应参数来定义发电商击败或输给其他类型发电商的额外效用收益与损失率。这种允许发电商群际社会比较影响减排效用的处理方法拓展了 Amaldoss 和 Jain（2005b）构造的理论模型。最后，模型涵盖了标准的减排锦标模型，在上述拓展模型中令参数 ρ、φ、λ_s 及 λ_v 均为 0，可得到该种特殊博弈情形，也就是说，基本模型嵌套在广义模型之内。

由于 CO_2 减排决策社会比较只会影响参与者减排竞争胜利与失败所获得的效用 u_i，而并不改变三人减排锦标中各个发电商减排竞争的边际获胜概率 $\dfrac{\partial \mathrm{Pr}_i^{\mathrm{win}}}{\partial e_i}$，这样在给定行为参数的情形下，基于表 5-11 中所列的效用解析式，可以求解出发电商 i 参与 CO_2 减排锦标的均衡减排水平。因此，首先对整个实验数据集采用标准误差对数极大似然（log maximum likelihood，LML）估计所提出的行为经济学模型参数值。假设上述发电商 i 的 CO_2 减排量 e_{iabc} 服从均值为 e_{ac}^*、标准差为 σ_{ac} 的正态分布，其中 a 表示发电商 i 的两种类型，b 和 c 分别表示检验实验的 5 个决策回合及其相应的四种博弈结构。将联合对数似然函数写成所有观测值的对数似然贡献和的形式，即

$$LL(\rho,\varphi,\lambda_s,\lambda_v,\sigma_{ac}) = \sum_i \sum_a \sum_b \sum_c \ln\left[\dfrac{1}{\sqrt{2\pi\sigma_{ac}^2}} e^{\dfrac{-(e_{iabc}-e_{ac}^*)^2}{2\sigma_{ac}^2}}\right] \quad (5\text{-}51)$$

式中，LL 表示标准误差对数极大似然。

相关估计结果如表 5-12 所示，可见所有行为参数 ρ、φ、λ_s 及 λ_v 均为正常数，且在 5%水平上显著。这表明采用拓展模型刻画发电商 CO_2 减排行为在理论上是可行的，该模型综合考虑了强者失败时的心理负效用和弱者获胜时的心理正效用，以及强势发电商输给弱者时的额外效用损失与弱势发电商击败强者时的额外效用收益。强者行为参数估计 $\rho = 0.104$ 和 $\lambda_s = 0.692$，表明其在减排竞争中通常不愿意失败，且当他们输给弱者时还会感受到心理效用损失。相比之下，$\varphi = 0.361$ 和 $\lambda_v = 0.330$ 则说明弱势发电商从 CO_2 减排锦标获胜中获得显著的正效用的同时，还可通过击败强者获取额外效用收益。此外，由 $\dfrac{\lambda_s}{\lambda_v} = 2.1$ 可知，强势发电商输给一个弱者所遭受的额外效用损失大约是弱势发电商击败强者获得的额外效用收益的两倍还多，这表明减排锦标中异质发电商之间同样存在相对于输赢双方的社会损失厌恶（social loss aversion）。

表 5-12　减排锦标行为经济学模型参数估计

项目			对数极大似然估计					Wald 统计量观察值
			ρ	φ	λ_s	λ_v	LL	
行为经济学模型		无约束条件	0.104 (0.039)	0.361 (0.048)	0.692 (0.125)	0.330 (0.034)	−3312.71	—
	约束条件	$\lambda_s = \lambda_v$	0.189 (0.040)	0.312 (0.073)	—	0.456 (0.069)	−3318.11	4.42
		$\lambda_s = \lambda_v = 0$	0.337 (0.056)	0.496 (0.029)	—	—	−3348.98	38.77
		$\rho = \lambda_s = 0$	—	0.408 (0.055)	—	0.142 (0.025)	−3371.39	43.50
		$\varphi = \lambda_v = 0$	0.141 (0.062)	—	0.906 (0.070)	—	−3398.75	172.32
		$\rho = \varphi = \lambda_s = \lambda_v = 0$	—	—	—	—	−3451.31	196.01

注：本小节中减排量实验观测值在主体层面的不独立使得似然比检验（likelihood ratio test，LRT）应用条件不满足，所以在此利用 Wald 统计量检验各种嵌套模型的约束条件是否显著降低拟合度；括号中的数值为聚类标准误差

上述参数估计结果还揭示了当有两个强势发电商参与时，为何胜利者奖励数量的增加会提高强者的 CO_2 减排努力程度。例如，在 2S1W 情形中，虽然每个强势发电商都不希望失利，但是其中之一肯定要输，且期望是被强者击败。因此，二者失败的负效用仅由 ρ 引起，这种心理损失是相对轻微的。然而，当有两个大奖金机会时，如果强势发电商减排竞争失败，其不仅要体会参数 ρ 的影响，而且预见要承受更大的效用损失率 λ_s。因为此时博弈结果必定是一个强者输给弱者，而另一个强势发电商将获得胜利者奖励。强者内心厌恶输给一个弱者，再加上对弱势发电商来讲，获胜机会增大与击败强者的潜在额外收益会使其提高 CO_2 减排水平，进而强势发电商势必要做出加大减排投入的策略响应。相比之下，当只有唯一强者参与减排锦标时，不仅强者不存在强势竞争对手，而且弱势发电商也期望强者占据两个大奖金之一，以致其减排努力程度也不会特别激烈。这样，即使在双重心理因素 ρ 和 λ_s 作用下，强势发电商仍然没有必要为了一个额外的胜利者奖励而增加减排量。

表 5-12 还列出了包括标准减排锦标模式在内的五种嵌套模型（nested model）拟合。Wald 检验结果表明，含有全部行为参数 ρ、φ、λ_s 及 λ_v 的无约束条件广义模型与数据拟合度最佳。由表 5-13 可知，广义模型在样本内的最优预测值契合了"检验实验设计"部分检验实验数据的基本特征，尤其是参与发电商现实中的过度减排行为及在双强者减排锦标情形下的强势发电商 CO_2 减排水平与胜利者奖励数量正相关。在此基础上，给出仅含 ρ 和 φ（即约束条件为 $\lambda_s = \lambda_v = 0$）的特

定嵌套模型均衡预测值。其中，当强势发电商数量为 2 时，随着大奖金数量从 1 增加到 2，强者的最优减排量降低。这与表 5-10 所列的检验实验数据变化相反，但与图 5-1 所示的理论预测结果相一致。也就是说，该嵌套模型同样不能完全反映强势发电商的减排水平理性调整趋势。

表 5-13　广义与特定嵌套模型均衡减排量预测

项目			竞争获胜者数量			
			1		2	
			强者	弱者	强者	弱者
强势发电商数量	1	无约束条件	63.73	47.08	49.62	56.71
		$\lambda_s = \lambda_v = 0$	51.94	46.63	44.47	61.39
	2	无约束条件	47.44	36.64	59.41	65.98
		$\lambda_s = \lambda_v = 0$	55.72	24.67	48.07	59.95

（六）小结

本部分利用行为经济学理论研究了电力市场中异质发电商竞争下的减排锦标博弈问题，先后考察并比较了不同市场与奖金结构下均衡的边际获胜概率及其最优减排投入。从实验经济学角度对理论模型进行了实验检验，在此基础上将模型拓展到考虑发电商社会比较的减排锦标模型，并给出了模型的最优参数估计与均衡预测值。其结论综合如下：①在三人、四人减排锦标中，针对不同发电主体构成，增加胜利者奖励数量既不能驱动强者提高也不会迫使弱者降低各自的最优减排量；②无论初始调度禀赋如何，只要实验信息完全公开，所有发电商均存在过度减排投资行为，且在双强者单弱者参与情形下，强势发电商的减排水平与获胜者数量正相关关系与标准理论预测相悖；③对参数的约束条件显著降低行为经济学模型拟合度，其中广义模型均衡预测最契合检验实验的基本特征，而特定嵌套模型验证理论预测的可行性。

同时，在设计多人异质减排锦标奖金结构时，参与发电商的初始调度禀赋及其分配是电网公司需要考虑的重要因素。基于实施减排锦标的特定目的，如最大化发电主体的总减排量、提高弱者减排努力程度等，电网公司可以预测如何增减大奖金数量以影响不同类型发电商的减排水平。一方面，当强势发电商为少数时，必须权衡增加获胜者奖励所带来的强者减排量减小和弱者减排量增加；但是如果弱势发电商的数量足够大，则电网公司可能更偏向于设置比强者人数多的大奖金。

另一方面，当强势发电商是多数时，反而没有必要限制获胜者奖励数量。因为此时增加大奖金名额不仅会提高弱者的减排努力水平，而且强者的潜在理性反应也会更好，因为他们并不希望自己在减排竞争中输给弱者。诚然，本书承认在多人减排锦标中参与者的最优减排决策行为可能会发生异变。例如，在发电主体中强势发电商占比过大而胜利者奖励数量较小时，强者在其竞争失败时可能不会感到太大或者任何的负效用。此外，检验发现在标准理论模型中引入影响发电商减排行为的心理因素可以提高模型对实验数据的拟合度。考虑到上述心理参数可能是由构成减排锦标社会环境的制度与文化因素决定，实践中电网公司设法模拟估计出他们的存在及其作用规律，并在此基础上确定赛事规模与奖金结构对这些因素的影响。

第三节 我国电力行业碳排放权交易差价合约机制研究

一、碳排放权交易差价合约研究概况及意义

电力市场化改革面临的一个重点问题，就是如何通过市场化手段促进本行业减排目标的实现。碳排放的外部性和资源的公共产品属性，决定了无法通过自发的市场机制实现配置，需要引入适度的宏观调控，由政府制定必要的制度予以规范与引导（Mandell，2008）。如何通过合理的制度设计，在深入挖掘电力行业各环节碳排放特性与低碳潜力的基础上，寻找碳减排成本与效益的均衡，实现低碳电力与低碳经济的协调发展，促进电力行业的可持续发展，将是未来的重要研究方向之一。

经济制度具有不可替代的效率作用，且应针对不同情况安排与市场机制相沟通的不同制度形式。在限制碳排放中，安排有效的经济制度，即要按"排放者付费"和"资源有偿使用"原则，建立与市场经济相适应的利益机制，将减排问题由政府行为转变为一种由政府调控与经济利益机制驱动相结合的市场行为和企业行为（Paolell and Taschini，2008）。许多国家或地区根据实际发展需求，先后制定并启动了相关的减排机制，其中实行碳排放权交易则为最主要的措施之一。碳排放权交易是应对气候变化、实现低碳化可持续发展的重要途径，而碳排放权的合理有效分配又是碳排放权交易成功实现减排的关键步骤（Pope and Owen，2009）。按照《京都议定书》的规定，碳排放权交易主要包括联合履约（JI）、清洁发展机制（CDM）和排放权交易机制（ETS）3种交易形式（Ellerman and Buchner，2007）。很明显，碳排放权交易的实施，将会对其所覆盖的行业和领域产生巨大的影响，尤其是电力行业，这种影响不仅会促使电力企业不断革新发电设备，促进

低碳技术发展，同时也会促使电力企业改变其在竞争市场环境下的发电策略，并呈现出一些新的特征及规律。碳排放权交易属于数量控制的范畴，是在规定排放配额的前提下，由价格机制来决定排放权在不同经济主体之间的分配（黄守军等，2011）。在排放权交易中，碳排放配额动态定价及其市场表现至关重要，已有一些文献报道了相关的研究工作（Benz and Trück，2009；Chevallier，2010；Brito and Curl，2011；Aatola et al.，2013）。不足的是，他们所提出的算法缺乏考虑排放交易的实施监督、调控，以及发电企业的潜在理性反应，难以保障碳排放权的有效配置。

差价合约是指市场交易双方为了规避现货交易风险而签订的一种中长期合约，其本质为财务合同，而与商品的实际交割无关。为了规避电力市场中的价格风险或解决电力市场化以前原有的购售电合同，在一些电力市场中采用了差价合约，如原来的英国电力市场和中国浙江电力市场。目前，差价合约已被广泛应用于国内外电力市场交易中（Marckhoff and Wimschulte，2009；Arellano and Serra，2010； Oliveira et al.，2013）。在电力差价合约中，差价合约可分为单一购买者和发电企业之间签订的差价合约（在部分电力市场，这种合约称为政府授权差价合约）及双方协商达成的双边差价合约。在下面的研究中，差价合约特指前者。差价合约可以有不同的实现方式，在完全市场环境下，差价合约电量所占的比例及合约的敲定价是由发电企业与单一购买者预先签订的，但在我国现阶段该指标由政府来确定。作为规避价格风险的手段，差价合约的存在肯定会影响发电公司的报价策略，且不同的差价合约实现方式产生的影响也不同。由于差价合约的价格是提前确定的，而上网电价的波动又较大，如果差价合约电量分配率不合理，则不能平衡电网公司和发电公司的效益和风险（谭忠富等，2007）。因此在电力市场改革过渡时期，电力监管者如何确定差价合约电量分配率是一个值得深入研究的问题。

从相关文献中可发现，现有差价合约的研究对象仅限于发电侧与售电侧之间的电量市场，而对于碳排放权交易所与发电企业之间的发电侧碳排放权市场一直未有研究，而在现实中这些问题就显得至关重要。在低碳约束下，为了降低发电企业的排放成本风险，同时也为保证碳排放权交易所长期稳定的收入，碳排放权交易所与参与市场竞争的发电企业之间可以通过远期合约的方式规避市场风险、保障交易双方的利益不受损失。其中，碳排放权差价合约形式简单，也易于操作和管理（黄守军等，2014）。

碳排放权交易所作为第三方公共交易服务平台，努力利用市场机制为企业进行碳排放权交易提供规范的、具有信用保证的服务。本节在前人对差价合约研究成果的基础上，选择在《京都议定书》规定的 ETS 交易模式下，对碳排放权交易所发电侧碳排放权交易差价合约进行合理设计，并在深入挖掘发电环节碳排放特性与低碳潜力的基础上，对碳排放风险与效益的均衡控制问题展开研究。但下述方法可拓展到更为复杂的情形，只是增加了模型分析、求解的数学难度。针对具有差价合约的发电侧碳排放权市场，在引入风险和效益目标下，构建了碳排放权交易所与独立发电企业之间的排放权交易差价合约谈判风险效益均衡模型。在此基础上，用数值仿真与分析对所发展的模型和方法的可行性进行了测试，并比较了实施差价合约前后，谈判双方利润与风险情况的变化及初始报价策略对交易双方风险的影响。期望所得到的相关结论能为丰富发电侧碳排放权市场交易形式、规避市场价格风险及协调交易双方之间的利益关系等方面的科学决策提供理论依据。

二、发电侧碳排放权交易差价合约谈判模型

（一）排放权交易差价合约

差价合约隶属于金融合同，交易双方根据合约和现货市场的实际情况进行结算，其中差价合约部分按合约价格结算，超出差价合约部分的按统一市场价格结算。在考虑差价合约的 ETS 交易模式下，碳排放权交易所与发电企业之间的碳排放权交易主要在差价合约市场和现货市场中进行。设所研究的碳排放权现货市场以小时为单位结算交易价格，合约市场实行每天签订一次合约价格。在碳交易考察时区的任何时段内，参与者实际上面对的是相同的博弈，因而可将策略限制在静态策略（Basar and Olsder，1995），其均衡为静态反馈均衡。

为了突出排放权差价合约对碳排放权交易所与发电企业决策行为的影响，假设碳排放权交易局限于电力工业之内，交易模式采用《京都议定书》规定的 ETS。实施排放权交易后，发电企业必须拥有排放配额方能排放 CO_2，超额配额都需要从排放权市场购买。发电企业购买的配额多少对其发电量具有制约作用（刘国中等，2009）。有 $n(n>2)$ 个独立的发电企业参与该市场的运营，且发电企业 i 在 t 时段免费分配到的初始排放权为 $q_{ct,i}^0$。碳排放权交易所的收入仅来自销售碳排放配额，则其在 t 时段市场出清时的交易收入可用下述数学模型来描述：

$$\begin{cases} r_{e,ti}(p_{cc,i}, p_{ct}, q_{cc,i}, q_{ct,i}) = p_{ct}q_{ct,i} + \dfrac{q_{cc,i}(p_{cc,i} - p_{ct})}{24} \\ \text{s.t.} \sum_{t=1}^{T}\sum_{i=1}^{n}(q_{ct,i} + q_{ct,i}^0) \leqslant K_c \end{cases} \quad (5-52)$$

式中，$i=1,2,\cdots,n$；$t=1,2,\cdots,T$；K_c 表示当前剩余的 CO_2 排放额度；T 表示减排承诺期内剩余的时段数；$p_{cc,i}$ 表示交易双方每天签订的合约配额价格；p_{ct} 表示 t 时段的市场配额价格，且发电企业 i 为交易价格的接受者；$q_{cc,i}$ 表示每天发

企业 i 与碳排放权交易所的合约交易排放量，设 $\dfrac{q_{cc,i}}{24}$ 为每天合约排放量等分至每小时的合约部分；$q_{ct,i}$ 表示碳排放权交易所 t 时段与发电企业 i 的实际碳交易量，等于现货市场与合约市场交易量之和。

碳排放权交易所根据每个时段的碳需求预测结果确定所有独立发电企业的竞价空间，在收到各发电企业的排放权报价数据后，以此为基础对竞价较高的发电企业优先安排购买计划，直至实现碳排放权市场配额总供给函数曲线和总需求函数曲线有交点。若没有交点，则该次交易撮合失败，碳排放权交易所要求各发电企业重新申报竞价函数，直至交易撮合成功，形成统一的市场清算配额价格 p_{ct}。

式（5-52）表明，碳排放权交易所每时段碳交易收入是由现货市场结算与差价合约市场结算两部分组成。其中，现货市场结算收入是由现货市场碳交易量乘以市场配额价格形成，而差价合约市场结算收入则是由合约配额价格与市场配额价格之差乘以合约交易量形成，其收益情况是不确定的，即可正可负。引入差价合约结算机制，使得后一部分收入与现货市场碳交易价格的高低形成反比，形成了价格与收入的对冲交易。

（1）如果 $p_{ct} > p_{cc,i}$，差价结算收入 $\dfrac{q_{cc,i}(p_{cc,i} - p_{ct})}{24}$ 为负，碳排放权交易所需要退回合约交易量 $\dfrac{q_{cc,i}}{24}$ 部分的差价费用 $\dfrac{q_{cc,i}(p_{ct} - p_{cc,i})}{24}$ 给发电企业 i。

（2）当 $p_{ct} = p_{cc,i}$ 时，差价结算收入 $\dfrac{q_{cc,i}(p_{cc,i} - p_{ct})}{24}$ 等于 0，此时 $r_{e,ti} = p_{ct}q_{ct,i} = p_{cc,i}q_{ct,i}$。

（3）如果 $p_{ct} < p_{cc,i}$，差价结算收入 $\dfrac{q_{cc,i}(p_{cc,i} - p_{ct})}{24}$ 为正，发电企业 i 需要补付合约交易量 $\dfrac{q_{cc,i}}{24}$ 部分的差价费用 $\dfrac{q_{cc,i}(p_{cc,i} - p_{ct})}{24}$ 给碳排放权交易所。

（4）当 $p_{ct} = 0$ 时，现货市场结算收入 $p_{ct}q_{ct,i}$ 为 0，此时 $r_{e,ti} = \dfrac{p_{cc,i}q_{cc,i}}{24}$。

这种结算机制可以平衡碳排放权交易所与独立发电企业的利益，规避碳配额价格波动给交易双方带来的风险。数学上，可以将式（5-52）变形为

$$\begin{cases} r_{e,ti}(p_{cc,i}, p_{ct}, q_{cc,i}, q_{ct,i}) = \dfrac{p_{cc,i}q_{cc,i}}{24} + p_{ct}\left(q_{ct,i} - \dfrac{q_{cc,i}}{24}\right) \\ \text{s.t.} \sum_{t=1}^{T}\sum_{i=1}^{n}(q_{ct,i} + q_{ct,i}^{0}) \leqslant K_c \end{cases} \quad (5\text{-}53)$$

式（5-53）说明，碳排放权交易所每天碳交易收入由合约收入和交易量差结

算收入两部分组成。其中，合约收入是由合约碳排放权交易量乘以合约配额价格形成，而交易量差结算收入则是合约以外碳交易量的收入，即碳排放权交易所在现货市场上的交易量与合约交易量之差乘以市场配额价格。交易量差结算收入也是不确定的，其不确定性取决于碳排放权交易所的实际碳交易量。

（1）如果 $q_{ct,i} > \dfrac{q_{cc,i}}{24}$，交易量差结算收入 $p_{ct}\left(q_{ct,i} - \dfrac{q_{cc,i}}{24}\right)$ 为正，碳排放权交易所的碳交易收入大于合约收入，即 $r_{e,ti} > \dfrac{p_{cc,i} q_{cc,i}}{24}$。

（2）当 $q_{ct,i} = \dfrac{q_{cc,i}}{24}$ 时，交易量差结算收入 $p_{ct}\left(q_{ct,i} - \dfrac{q_{cc,i}}{24}\right)$ 为 0，此时碳排放权交易所的碳交易收入等于合约收入，即 $r_{e,ti} = \dfrac{p_{cc,i} q_{cc,i}}{24}$。

（3）如果 $q_{ct,i} < \dfrac{q_{cc,i}}{24}$，交易量差结算收入 $p_{ct}\left(q_{ct,i} - \dfrac{q_{cc,i}}{24}\right)$ 为负，碳排放权交易所的碳交易收入小于合约收入，即 $r_{e,ti} < \dfrac{p_{cc,i} q_{cc,i}}{24}$。

（4）当 $q_{ct,i} = 0$ 时，$r_{e,ti} = \dfrac{q_{cc,i}(p_{cc,i} - p_{ct})}{24}$。

这样，就促使碳排放权交易所尽可能多地增加其与发电企业 i 的碳排放权交易量，以使双方实际交易量大于合约交易量，即保证交易量差结算这一部分收入为正，从而获取更多的交易收入，同时也提升了碳排放权交易市场的可竞争性及其竞争强度。

（二）基本模型构建

1. 碳排放权交易所风险与效益测度模型

出于一致性的考虑，下面将统一以天为计算单位进行分析。根据式（5-53），可得碳排放权交易所每天与发电企业 i 的碳排放权交易收入：

$$R_{e,i}(p_{cc,i}, p_{ct}, q_{cc,i}, q_{ct,i}) = p_{cc,i} q_{cc,i} + \sum_{t=1}^{24} p_{ct}\left(q_{ct,i} - \dfrac{q_{cc,i}}{24}\right) \quad (5\text{-}54)$$

实践中，碳排放权交易所在 t 时段的交易成本与排放权交易量 $q_{ct,i}$ 之间有着密切联系。对碳排放权交易所而言，固定成本是一个常数，而变动成本一般随着发放排放配额的增加而增加，且其边际变化率不断上升。因此，在建立的模型中，

可以构造碳排放权交易所的非线性成本函数。不失一般性，假设碳排放权交易所的等效碳交易成本以二次函数进行表达，且

$$\mathrm{JC}_{e,ti}(q_{ct,i}) = \frac{\alpha_{e,t}}{2}q_{ct,i}^2 + \beta_{e,t}q_{ct,i} + \gamma_{e,t} \tag{5-55}$$

式中，$\alpha_{e,t}$ 和 $\beta_{e,t}$ 表示交易耗量特性参数，是碳排放权交易所的私有信息，可用曲线拟合的方法得到；$\gamma_{e,t}$ 表示固定成本，启动成本在此忽略不计。

按是否涉及最终的实物交割，差价合约可以分为物理性合约和金融性合约。其中，物理性合约需要进行实物交割，而金融性合约则只需要做金融结算。以下针对两种情况分别构造关于碳排放权交易决策变量 $q_{ct,i}$ 的优化模型。

（1）物理性合约下的优化模型如下。

$$\begin{cases} \max \varPi_{e,ti1}(q_{ct,i}) = -\dfrac{\alpha_{e,t}}{2}q_{ct,i}^2 + (p_{ct} - \beta_{e,t})q_{ct,i} - \gamma_{e,t} \\ \mathrm{s.t.}\ \dfrac{q_{cc,i}}{24} \leqslant q_{ct,i} \leqslant \bar{q}_{c,i} \end{cases} \tag{5-56}$$

式中，$\bar{q}_{c,i}$ 表示发电企业 i 允许的最大碳配额交易量。由式（5-56）的一阶条件得

$$\hat{q}_{ct,i}(p_{ct}, q_{cc,i}) = \begin{cases} \bar{q}_{c,i}, p_{ct} > \alpha_{e,t}\bar{q}_{c,i} + \beta_{e,t} \\ \dfrac{p_{ct} - \beta_{e,t}}{\alpha_{e,t}}, \dfrac{\alpha_{e,t}q_{cc,i}}{24} + \beta_{e,t} < p_{ct} \leqslant \alpha_{e,t}\bar{q}_{c,i} + \beta_{e,t} \\ \dfrac{q_{cc,i}}{24}, p_{ct} \leqslant \dfrac{\alpha_{e,t}q_{cc,i}}{24} + \beta_{e,t} \end{cases} \tag{5-57}$$

式中，p_{ct} 表示随机变量，且 $p_{ct} = (p_{c1}, p_{c2}, \cdots p_{c24})^\mathrm{T}$。由式（5-57）可见，在物理性合约下，碳排放权交易所的最优碳交易量受到 p_{ct} 和 $q_{cc,i}$ 影响。

（2）金融性合约下的优化模型如下。

$$\begin{cases} \max \varPi_{e,ti2}(q_{ct,i}) = -\dfrac{\alpha_{e,t}}{2}q_{ct,i}^2 + (p_{ct} - \beta_{e,t})q_{ct,i} - \gamma_{e,t} \\ \mathrm{s.t.}\ 0 \leqslant q_{ct,i} \leqslant \bar{q}_{c,i} \end{cases} \tag{5-58}$$

由其最大化条件得

$$\tilde{q}_{ct,i}(p_{ct}) = \begin{cases} \bar{q}_{c,i}, p_{ct} > \alpha_{e,t}\bar{q}_{c,i} + \beta_{e,t} \\ \dfrac{p_{ct} - \beta_{e,t}}{\alpha_{e,t}}, \beta_{e,t} < p_{ct} \leqslant \alpha_{e,t}\bar{q}_{c,i} + \beta_{e,t} \\ 0, p_{ct} \leqslant \beta_{e,t} \end{cases} \tag{5-59}$$

由式（5-59）可知，在金融性合约下，碳排放权交易所的最优碳配额交易量只受到 p_{ct} 影响。

在金融性差价合约下,由于均衡碳交易量不受合约排放权约束,交易双方势必容易出现投机行为。而正是投机行为的存在,使得碳排放权金融合约市场在稳定碳排放权现货市场价格的同时,也产生了较大而且复杂的风险。为最大程度控制碳配额交易风险,下面重点研究金融性合约下的碳排放权交易过程风险测算和控制方法。

碳排放权交易所每天与发电企业 i 的最优碳配额交易利润可解析表达为

$$\pi_{e,i}(p_{ct}, p_{cc,i}, q_{cc,i}) = p_{cc,i}q_{cc,i} + \sum_{t=1}^{24} p_{ct}\left[\tilde{q}_{ct,i}(p_{ct}) - \frac{q_{cc,i}}{24}\right] \\ - \sum_{t=1}^{24}\left[\frac{\alpha_{e,t}}{2}\tilde{q}_{ct,i}^2(p_{ct}) + \beta_{e,t}\tilde{q}_{ct,i}(p_{ct}) + \gamma_{e,t}\right] \quad (5\text{-}60)$$

本节将随机变量 p_{ct} 下,碳排放权交易所的经济效益(即单位成本利润)定义为交易利润与成本之比的数学期望,测度模型如下:

$$B_{e,i}(p_{cc,i}, q_{cc,i}) = E\left[\frac{\pi_{e,i}(p_{ct}, p_{cc,i}, q_{cc,i})}{\sum_{t=1}^{24} JC_{e,ti}(p_{ct})}\bigg| p_{ct} \in \Omega_{p_{ct}}\right] \quad (5\text{-}61)$$

式中,$E(\cdot)$ 表示期望值算子;$\Omega_{p_{ct}}$ 表示随机向量 p_{ct} 的所属集合。

风险被认为是由利率、汇率、商品价格、股票价格的波动而导致的收益偏离期望值或平均值的可能性,因此,风险度量成为金融工程的一个主要组成部分。在此背景下,构建随机变量 p_{ct} 下碳排放权交易所的碳排放权交易利润风险测度模型为

$$V_{e,i}(p_{ct}, p_{cc,i}, q_{cc,i}) = \Pr[\chi_{e,i}(p_{cc,i}, q_{cc,i}) - \pi_{e,i}(p_{ct}, p_{cc,i}, q_{cc,i}) \geq \mu_e \chi_{e,i}(p_{cc,i}, q_{cc,i}) | p_{ct} \in \Omega_{p_{ct}}] \quad (5\text{-}62)$$

式中,$\Pr(\cdot)$ 表示概率,在 $[0,1]$ 区间取值;μ_e 表示碳排放权交易所自己定义的风险系数;$\chi_{e,i}(\cdot)$ 表示碳排放权交易所与发电企业 i 的碳配额交易利润均值。

为了计算方便,同时考虑到标准离差率(coefficient of variance)是从相对量的角度衡量风险的大小,适用于比较不同预期收益方案的风险程度,可以把碳排放权交易所的风险测度模型近似表示为交易利润标准差与预期利润的比率,即

$$V_{e,i}(p_{cc,i}, q_{cc,i}) = \frac{\sigma_{\pi e,i}(p_{cc,i}, q_{cc,i})}{\chi_{e,i}(p_{cc,i}, q_{cc,i})} \quad (5\text{-}63)$$

式中,$\sigma_{\pi e,i}(\cdot)$ 表示碳排放权交易所与发电企业 i 之间交易利润的标准差。

2. 发电企业风险与效益测度模型

在联营电力交易中，为了规避电力交易中的价格风险或解决电力市场化以前原有的购售电合同，在一些电力市场中电网公司与发电企业签订差价合约。假设市场规则要求发电企业全电量竞价，且在一个交易时段被调度的发电量的一定比例按预先确定的敲定价结算，其余按统一的市场清算电价结算。

在部分电量差价合约模式下发电企业 i 每天的发电（被调度上网）收入可以表述为

$$R_{s,i}(f_{c,i}, \rho_t, Q_{tc,i}, Q_{t,i}) = f_{c,i} Q_{c,i} + \sum_{t=1}^{24} \rho_t (Q_{t,i} - Q_{tc,i}) \tag{5-64}$$

式中，$f_{c,i}$ 表示发电企业 i 每天被批准的合约电价；$Q_{c,i}$ 表示相应的合约电量；ρ_t 表示 t 时段的市场清算电价；$Q_{t,i}$ 表示该时段发电企业 i 的调度上网电量，由于交易时段以小时为单位，所以也表示发电企业所属机组的发电出力，这里给定其预测估计值；$Q_{tc,i}$ 表示电力联营体分配给发电企业 i 竞价时段 t 的合约发电量，且满足：

$$\sum_{t=1}^{24} Q_{tc,i} = Q_{c,i}, \quad Q_{tc,i} \geq \underline{Q}_i \tag{5-65}$$

式中，$\underline{Q}_i$ 表示发电企业 i 的出力下限。

设发电企业 i 的运行成本（不包括 CO_2 排放成本）为发电量的正比例函数 $\delta_{si,t} Q_{t,i}$，其中 $\delta_{si,t} > 0$，为运行耗量特性参数；在电能生产过程中所产生的 CO_2 排放量与发电量线性相关，记为 $\eta_{si,t} Q_{t,i}$，其中 $\eta_{si,t}$ 为发电企业 i 单位电量的 CO_2 排放因子。

作为初步的研究工作，假设发电企业 i 将根据现货电力市场的出清结果或对下一个交易时段被调度发电量的估计，在电力市场下一个交易时段开始之前就在排放权市场购买超额的碳配额。这里不考虑发电企业在碳排放权市场的投机行为，即

$$\eta_{si,t} Q_{t,i} = q_{ct,i}^0 + \tilde{q}_{ct,i}(p_{ct}) \tag{5-66}$$

在碳交易实践中，可能在某些特殊情况下（如严重的碳排放权供求失衡）偶尔出现 $p_{ct} > \alpha_{e,t} \bar{q}_{c,i} + \beta_{e,t}$ 或 $p_{ct} \leq \beta_{e,t}$ 的情况，但在正常的尤其是无限重复的碳交易中，一般不会出现这种情况（由经济学原理可知，如长期出现 $p_{ct} > \alpha_{e,t} \bar{q}_{c,i} + \beta_{e,t}$ 或 $p_{ct} \leq \beta_{e,t}$，则势必导致发电企业进入或退出碳排放权交易市场，其结果是上述两情况向 $\beta_{e,t} < p_{ct} \leq \alpha_{e,t} \bar{q}_{c,i} + \beta_{e,t}$ 转变）（张新华等，2009）。因此，下面仅考虑第三种情况。

将 $\tilde{q}_{ct,i}(p_{ct}) = \dfrac{p_{ct} - \beta_{e,t}}{\alpha_{e,t}}$ 代入式（5-66），可得在供需均衡处有 $p_{ct} = \alpha_{e,t}(\eta_{si,t} Q_{t,i} - q_{ct,i}^0) + \beta_{e,t}$，则发电企业 i 在 t 时段的碳排放成本可表示为

$$\mathrm{MC}_{s,ti}(Q_{t,i}) = \alpha_{e,t}\eta_{si,t}^2 Q_{t,i}^2 - \eta_{si,t}\left[\alpha_{e,t}\left(2q_{ct,i}^0 + \dfrac{q_{cc,i}}{24}\right) - \beta_{e,t}\right]Q_{t,i}$$
$$- q_{ct,i}^0\left[\alpha_{e,t}\left(q_{ct,i}^0 + \dfrac{q_{cc,i}}{24}\right) - \beta_{e,t}\right] + \dfrac{q_{cc,i}(p_{cc,i} - \beta_{e,t})}{24}$$

（5-67）

基于此，可以构造关于电力交易决策变量 $Q_{t,i}$ 的优化模型：

$$\begin{cases} \max \Pi_{s,ti}(Q_{t,i}) = \\ \mu_{t,i}[(\rho_t - \delta_{si,t})Q_{t,i} - \mathrm{MC}_{s,ti}(Q_{t,i}) - (1 - \mu_{t-1,i})\Delta\varpi_{t,i}] \\ \mathrm{s.t.}\, Q_{tc,i} \leqslant Q_{t,i} \leqslant \overline{Q}_i \end{cases}$$

（5-68）

式中，$\overline{Q}_i$ 表示发电企业 i 的最大可供电量；$\mu_{t,i} = 0,1$ 分别表示所属机组处于停机和运行两种状态；$\Delta\varpi_{t,i}$ 表示机组启动成本，不考虑爬坡速率和开停机时间限制等因素。通过求解该模型可得到

$$\hat{Q}_{t,i}(\rho_t, Q_{tc,i}) = \begin{cases} \overline{Q}_i, \rho_t > \delta_{si,t} - \eta_{si,t}\left[\alpha_{e,t}\left(2q_{ct,i}^0 + \dfrac{q_{cc,i}}{24}\right) - \beta_{e,t}\right] + 2\alpha_{e,t}\eta_{si,t}^2\overline{Q}_i \\ \dfrac{\rho_t - \delta_{si,t} + \eta_{si,t}\left[\alpha_{e,t}\left(2q_{ct,i}^0 + \dfrac{q_{cc,i}}{24}\right) - \beta_{e,t}\right]}{2\alpha_{e,t}\eta_{si,t}^2}, \delta_{si,t} - \eta_{si,t}\left[\alpha_{e,t}\left(2q_{ct,i}^0 + \dfrac{q_{cc,i}}{24}\right) - \beta_{e,t}\right] + \\ 2\alpha_{e,t}\eta_{si,t}^2 Q_{tc,i} < \rho_t \leqslant \delta_{si,t} - \eta_{si,t}\left[\alpha_{e,t}\left(2q_{ct,i}^0 + \dfrac{q_{cc,i}}{24}\right) - \beta_{e,t}\right] + 2\alpha_{e,t}\eta_{si,t}^2\overline{Q}_i \\ q_{tc,i}, \rho_t \leqslant \delta_{si,t} - \eta_{si,t}\left[\alpha_{e,t}\left(2q_{ct,i}^0 + \dfrac{q_{cc,i}}{24}\right) - \beta_{e,t}\right] + 2\alpha_{e,t}\eta_{si,t}^2 Q_{tc,i} \end{cases}$$

（5-69）

由此可见，发电企业 i 均衡上网电量受到 ρ_t 和 $Q_{tc,i}$ 影响，且其最优发电利润可以表达为

$$\pi_{s,i}(\rho_t, f_{c,i}, p_{cc,i}, Q_{tc,i}, q_{cc,i}) =$$
$$\sum_{t=1}^{24}\mu_{t,i}\left[(\rho_t - \delta_{si,t} - p_{ct}\eta_{si,t})\hat{Q}_{t,i}(\rho_t, Q_{tc,i}) + (f_{c,i} - \rho_t)Q_{tc,i} + p_{ct}q_{ct,i}^0 - \dfrac{q_{cc,i}(p_{cc,i} - p_{ct})}{24} - (1 - \mu_{t-1,i})\Delta\varpi_{t,i}\right]$$

（5-70）

同理可得，随机变量 p_{ct} 下发电企业 i 的经济效益测度模型为

$$B_{s,i}(f_{c,i}, p_{cc,i}, q_{cc,i}) =$$

$$E\left\{\frac{\pi_{s,i}(\rho_t, f_{c,i}, p_{cc,i}, Q_{tc,i}, q_{cc,i})}{\sum_{t=1}^{24}\mu_{t,i}\left[\delta_{si,t}Q_{t,i} + \frac{p_{cc,i}q_{cc,i}}{24} + p_{ct}\left(q_{ct,i} - \frac{q_{cc,i}}{24}\right) + (1-\mu_{t-1,i})\Delta\varpi_{t,i}\right]}\middle|\rho_t \in \Omega_{\rho_t}, p_{ct} \in \Omega_{p_{ct}}\right\}$$

（5-71）

式中，Ω_{ρ_t} 表示随机向量 ρ_t 的所属集合。

类似于式（5-63），构建发电企业 i 的电力交易利润风险测度模型，即

$$V_{s,i}(f_{c,i}, p_{cc,i}, q_{cc,i}) = \frac{\sigma_{\pi s,i}(f_{c,i}, p_{cc,i}, q_{cc,i})}{\chi_{s,i}(f_{c,i}, p_{cc,i}, q_{cc,i})} \quad (5\text{-}72)$$

式中，$\chi_{s,i}(\cdot)$ 和 $\sigma_{\pi s,i}(\cdot)$ 分别表示发电企业 i 发电利润的均值与标准差。

（三）合约谈判风险效益均衡模型

在低碳环境下，碳排放权交易所在碳排放权交易过程中采用差价合约的市场模式，可以达到抑制发电企业的市场力、稳定碳配额价格的作用，因此这是规避碳价风险的一种比较好的方式。但从监管的角度考虑，碳排放权价格的波动和交易需求量的不确定性都是不可控的，而差价合约碳量分配率是可控的。若合约量占比过高，不利于竞争型碳交易机制的形成与发挥，碳排放权配置效益也得不到提高；而合约量占比过低，则容易引起部分发电企业运用市场力操纵排放权交易市场，压低碳配额价格。因此，如果运用不当，效果也不会很理想。如何确定碳交易的合约价格与合约量，促进碳排放权供应与电能生产之间的协调，是需要解决的一个关键问题。

一般而言，期望经济效益随着风险的增加而增加，风险越大，要求得到的经济效益就越高；风险越小，要求得到的经济效益就越低。这符合经济效益-风险正相关性的客观规律。但是二者的增长速度并不同步，仅从任一角度来衡量市场参与主体的公平与否还不是很合理（谭忠富等，2007）。随着差价合约碳量分配率的增大，碳排放权交易所所面临的风险越来越小，发电企业 i 却因为其不能行使市场力及电价的波动而面临越来越大的风险。因此，碳排放权交易所的单位风险效益是递减的，而发电企业 i 的单位风险效益是递增的，二者之间必然存在一个均衡点；反之，则相反。

本节在现有文献的基础上，对碳排放权交易差价合约谈判设计问题展开研究。为了更全面地体现碳排放权市场主体的平等地位，由微观经济学中的边际效用原理可知，若使差价合约双方的风险与经济效益均衡，其标准是使发电企业 i 的单

位经济效益所带来的风险与碳排放权交易所的单位经济效益所带来的风险相等。但考虑到二者经济属性及市场职能的不同，实际上很难形成严格意义上的均衡。因此，以碳排放权交易所与发电企业 i 之间单位风险效益差最小作为双方谈判的目标函数，同时考虑到各自能够承担的最大风险和期望的最小单位成本利润，建立以下合约谈判均衡模型（Khatib and Galiana，2007）：

$$\begin{cases} \min \varGamma_C(V_{e,i},B_{e,i},V_{s,i},B_{s,i}) = \\ \left| \dfrac{B_{e,i}(p_{cc,i},q_{cc,i})}{V_{e,i}(p_{cc,i},q_{cc,i})} - \dfrac{B_{s,i}(f_{c,i},p_{cc,i},q_{cc,i})}{V_{s,i}(f_{c,i},p_{cc,i},q_{cc,i})} \right| \\ \text{s.t.} \ 0 \leqslant q_{cc,i} \leqslant 24\overline{q}_{c,i} \\ V_{e,i}(p_{cc,i},q_{cc,i}) \leqslant \overline{V}_{e,i} \\ B_{e,i}(p_{cc,i},q_{cc,i}) \geqslant \underline{B}_{e,i} \\ V_{s,i}(f_{c,i},p_{cc,i},q_{cc,i}) \leqslant \overline{V}_{s,i} \\ B_{s,i}(f_{c,i},p_{cc,i},q_{cc,i}) \geqslant \underline{B}_{s,i} \end{cases} \quad (5\text{-}73)$$

式中，$\overline{V}_{e,i}$ 和 $\overline{V}_{s,i}$ 分别表示碳排放权交易所和发电企业 i 愿意承担的最大风险值；$\underline{B}_{e,i}$ 和 $\underline{B}_{s,i}$ 分别表示碳排放权交易所和发电企业 i 期望的最小单位成本利润值。

可以看出，上述优化问题是一个有约束的非线性随机优化问题，用常规的解析方法难以求解。针对此优化问题的特点，初步提出如下谈判求解程序。

步骤 1：在碳排放权交易市场中，假设市场合约要求每一个交易日开始之前由碳排放权交易所与发电企业 i 分别申报期望的碳配额合约价格 $p_{e,\text{bid}}^{cc,i}$ 和 $p_{i,\text{bid}}^{cc,i}$。如果满足 $p_{e,\text{bid}}^{cc,i} \leqslant p_{i,\text{bid}}^{cc,i}$，则终止谈判并责令重新申报，重复这个过程，直至报价策略达到 $p_{e,\text{bid}}^{cc,i} > p_{i,\text{bid}}^{cc,i}$ 后停止。

步骤 2：由碳排放权交易所、发电企业 i 分别给出各自能够承担的最大风险 $\overline{V}_{e,i}$ 与 $\overline{V}_{s,i}$，以及期望的最小单位成本利润 $\underline{B}_{e,i}$ 和 $\underline{B}_{s,i}$。但在现实中，尤其在重复的碳交易实践中，由于存在有限理性，以及信息的不完全与不对称，合约双方仅能基于经验或历史数据对上述参数进行推测或估计。这就需要参与者通过不断学习，动态地调整主观判断策略下的参数估计与实际情况之间的差距（黄守军等，2014）。

步骤 3：将已确定的谈判双方的初始有效报价区间 $[p_{i,\text{bid}}^{cc,i},p_{e,\text{bid}}^{cc,i}]$ 及其风险、效益参数值计入均衡模型的约束条件，通过 Lingo 12 软件编程对其进行优化求解。判断是否有均衡解，如有则得到所求的最优解 $p_{cc,i}^{\times}$ 和 $q_{cc,i}^{\times}$ 后结束；否则，转下一步。

步骤 4：如果此时式（5-73）无均衡解，则需要碳排放权交易所与发电企业 i

继续调整、确定报价策略 $p_{i,\text{bid}}^{cc,i}$ 和 $p_{e,\text{bid}}^{cc,i}$，即按照适当的比例增大 $p_{e,\text{bid}}^{cc,i}$ 或减小 $p_{i,\text{bid}}^{cc,i}$，并重复上述步骤 1、2 及 3 继续计算，直到获得优化解为止；否则，转下一步。

步骤 5：当碳排放权交易所认为 $p_{i,\text{bid}}^{cc,i}$ 不能继续减小，或者发电企业 i 认为 $p_{e,\text{bid}}^{cc,i}$ 不能继续增大时，谈判模型仍然无均衡解，这时合约双方只能适当提高各自的最大风险 $\overline{V}_{e,i}$ 和 $\overline{V}_{s,i}$，或者适当减小最小成本利润 $\underline{B}_{e,i}$ 和 $\underline{B}_{s,i}$，重复上述过程，在计算得到最优解后结束。

以上碳排放权交易差价合约优化设计显然满足参与约束和激励相容约束，因为在本节机制下，碳排放权交易所的目标必须在保证独立发电企业单位风险效益最大化的基础之上才能够实现。

（四）数值仿真与分析

由于计算和证明结果比较复杂，很难直接利用模型对所设计的碳排放权差价合约前后的市场状态和谈判双方效益与风险水平进行比较，为更形象地描述差价合约谈判对碳交易决策的影响程度，设计一个算例对结果进行数值模拟。

设在某一碳排放权交易市场中，碳排放权交易所作为单一销售者向独立的发电企业发放碳配额，并兼有市场调度的职能。在本节的背景下，碳排放权交易所和参与该市场运营的多家发电企业进行碳排放权交易的差价合约谈判。所涉及的市场交易周期为现货市场每小时结算一次交易价格，而合约市场每天签订一次合约价格。碳排放权交易所的碳交易成本参数 α、β、γ 分别为 0.5 元/t、11.2 元/t 及 240 元；所研究的发电企业 i 边际运行成本为 35 元/MW，允许的最大时段碳交易量为 50t，所属机组出力范围为[30，100]MW，最大运行时间为 20 小时/天，启动成本为 1800 元。给定发电企业 i 被批准的合约电价为 355 元/MW，合约电量为 1600MW·h/天，其余电量均在现货市场进行交易。在合约谈判中，假设初始排放权免费分配为 18t/h，碳排放权交易所与发电企业 i 能够承受的最大风险值为 15%，最小成本利润率为 10%。

在一些突发事件的冲击下，碳排放配额价格存在各种可能的波动过程，如短期的价格波动、长期的价格漂移（变化）及新政策公布或实施后引起的价格跳跃等，而这些都会引起电价出现非连续性变化。考虑到在市场条件下，碳短期价格会有波动，但其通常是一个均值回复过程（mean-reverting process），这一般不会影响投资决策，因此在后面发展的模型中忽略了这种短期变化。基于 Dixit 和 Pindyck（1994）所提出的不确定性价格模型，采用几何布朗运动模型附加随机变化过程描述碳价格的动态变化,设在某一新的限制温室气体排放政策或机制出现后的特定时区,碳交易价格服从对数正态分布,且期望值与标准差分别为 120 元/t、8 元/t。与此同时,李莉等(2009)对我国浙江电力市场电价的研究发现,当负荷很小、供求关系较宽松的情况下,上网电价近似服从正态分布。这里假设市场清算电价服从均值为 415 元/MW、标准差为 35 元/MW 的正态分布。

按"基本模型构建"中"碳排放权交易所风险与效益测度模型"中的方法,由金融性合约下的碳排放权交易优化模型,计算出碳排放权交易所的最优配额交易策略;在此基础上,可以解析出碳排放权交易所和发电企业 i 的利润风险、效益函数。将已知条件代入合约谈判优化模型,设谈判双方申报的有效最初合约碳价分别为 360 元/t 与 240 元/t;该模型属于离散非线性优化问题,采用软件编程得到问题的均衡解为 $p_{cc,i}^\times = 328.14$ 元/t,$q_{cc,i}^\times = 3775.71$ t。为了直观体现上述差价合约谈判设计满足参与约束和激励相容约束,假设在此之前碳排放权交易所与发电企业 i 之间的碳配额交易没有采用差价合约谈判形式,则排放权交易将集中在现货市场完成。表 5-14 给出了实施差价合约谈判前后双方的交易利润和风险对比情况。

表 5-14 实施碳排放权差价合约前后谈判双方利润与风险比较

决策情形	碳排放权交易所		发电企业	
	利润/万元	风险	利润/万元	风险
差价合约谈判前	30.668	0.051	69.745	0.047
差价合约谈判后	36.139	0.014	64.275	0.012

由表 5-14 可知,在碳排放配额交易价格和总量控制不变的情况下,采用差价合约后碳排放权交易所每天源自发电企业 i 的交易利润增加了 5.471 万元,比实施差价合约前提高了 17.84%;而与此相应,发电企业 i 的碳排放成本增大,每天的发电利润减小,比实施差价合约前降低了 7.84%。在碳排放权交易市场化的环境下,碳排放权交易所利润的增加会提高其参与差价合约交易的积极性。从风险值的角度看,采用差价合约谈判后,碳排放权交易所和发电企业 i 面临的风险均明显下降,这说明差价合约可以有效规避碳交易中市场价格波动给买卖双方带来的交易风险。与此同时,在排放权差价合约谈判过程中,可以证明参与双方的初始有效报价策略对均衡模型的优化过程与结果具有重要影响。表 5-15 列出了不同报价区间下碳排放权交易所与发电企业 i 的风险比较结果。

表 5-15 初始合约报价策略对交易双方风险的影响

报价区间/(元/t)	交易风险	
	碳排放权交易所	发电企业
[240, 360]	0.015	0.012
[250, 350]	0.019	0.014
[260, 340]	0.021	0.015

从表 5-15 可以看出，以碳排放配额初始报价区间[240，360]元/t 为基础，随着报价区间长度的缩小，碳排放权交易所和发电企业 i 的交易风险均逐渐增大。如果谈判双方的初始报价区间过短，则会影响差价合约谈判的优化空间，甚至造成全局最优解很难寻找到，或者根本就不存在。因此，在考虑交易风险的同时，碳排放权交易所和发电企业 i 需要在充分权衡各自的预期交易与发电收入及其成本投入后提交合理的初始报价数据。在现实中，这是决定碳排放权差价合约谈判风险控制与决策优化的一个重要因素。

（五）小结

碳排放配额价格、电力市场价格及谈判双方的合约碳量与价格的不确定性共同影响着发电侧碳排放权交易所和发电企业的排放权交易风险。电力结算、排放配额及其合约价格上涨，排放权合约量下跌，均可以增大谈判双方的碳交易风险。本节在风险和效益约束条件下提出了碳排放权交易所和发电企业之间的排放权交易差价合约谈判均衡模型，对交易双方的差价合约排放量和价格进行了优化分析。通过数值仿真与分析发现：①在碳排放配额价格和交易总量不变的情况下，差价合约的实施可以规避价格波动给买卖双方带来的风险，并且有利于增加碳排放权交易所的利润，提高其参与差价合约交易的积极性；②在以碳排放权和电力市场价格为参考的基础上，谈判双方面临的交易利润风险均与初始有效报价区间长度负相关，碳排放权交易所和发电企业需在充分权衡各自的经济效益的基础上提交初始报价策略，有效控制差价合约谈判风险。

第六章 我国分布式风电开发利用创新升级机制研究

由于我国目前在应对气候变化和环境保护方面压力逐渐增加，转变能源发展方式、调整能源结构、提高能源利用效率、促进低碳能源发展成为我国能源工作重点。而分布式能源发电具有经济、高效、节能减排、解决偏远地区用电等突出优点，是发展清洁能源利用的重要手段。其中，我国风能资源丰富，发展潜力十分巨大，同时风力发电是目前可再生能源利用中技术最成熟、开发应用规模最大和商业化程度最高的发电方式之一，其在降低环境污染、调整能源结构、解决偏远地区用电问题等方面具有突出作用，越来越受到世界各国的重视。但分布式风电产业建设周期长，沉淀部分大，电价及贡献毛益面临较大不确定性等风险，导致分布式风电产业的发展遇到阻碍。因此本章基于实物期权理论，对分布式风电站投资策略进行研究，以促进我国分布式风电资源的合理开发与利用，在环境保护的约束条件下，促进我国能源结构的转变及能源效率的提升。

第一节 我国分布式风电产业现状及特征

一、我国分布式风电产业发展现状

我国幅员辽阔，风能储量丰富，但是风能资源分布差异较为突出，资源分布与消费市场极为不平衡。在规模化开发风能富集地区的同时，应因地制宜地推进可以分散接入的分布式风电的发展。我国陆上离地 50m 高度风能技术可开发量为 23.8 亿 kW，技术可开发面积约 20 万 km^2。按 10%资源适合于分布式风电开发计算，可开发量约为 2.38 亿 kW。我国可利用的分布式风能资源主要分布在华北、东北、东部沿海及部分内陆区域。"十二五"期间，全国可分散接入电网的风电开发潜力约为 1800 万 kW。主要开发区域为华北、东北、西北和南方地区；到 2020 年末，全国可分散接入电网的风电开发潜力约为 3530 万 kW。其中华北、东北、西北和南方地区仍然是分布式风电的主要发展区域。

据《可再生能源发展"十二五"规划》拟定的 1 亿 kW 风电装机目标，分布式风电到 2015 年装机已达到 3000 万 kW。经测算，在低风速和高海拔地区开发风电场，其在设备上的投入约为 8000 元/kW。与大规模集中式开发的风电站相比，分布式风电一般规模较小，不需要集电线路和电力升压站系统，直接就近并入当地同电压等级电网。分布式风电适用于靠近用电负荷中心的内陆地区，突出优点就是利于就地并网、就地消纳。此外，所发电量优先自用，富余电量按照当地燃煤脱硫机组标杆电价卖给电网公司，同时电网公司以当地销售目录电价收取下网电量电费。

二、分布式能源在我国能源系统中的作用

分布式能源的开发与利用是提高我国能源利用效率、促进可再生能源开发利用、实现节能减排的重要手段之一。但现阶段我国的能源方式仍将以集中供能系统为主，分布式能源开发与利用将是集中供能系统的有益补充，其在我国能源供应体系中的主要作用为：实现能源优化利用，提高能源利用效率；促进可再生能源开发利用，实现节能减排；解决农村偏远地区的能源供应问题。

分布式电源作为新型的电力供应方式，目前正处于快速发展阶段，其大规模开发利用将对电力系统产生深远影响。

三、我国分布式电源与电网协调发展关系

分布式电源作为我国电力系统的有机组成部分，是跨区远距离输电、区内集中式发电的主体方式的有益补充，一方面解决偏远地区的电力供应问题，提高人民生活质量；另一方面为电网提供电源支持，有利于提高电网的安全稳定运行水平。

（一）分布式电源是大电网的有益补充

分布式电源解决偏远地区的电力供应。通过在大电网难以覆盖的偏远地区发展分布式电源，如小型风电、太阳能发电和生物质能发电等，不仅可以解决这些地区的电力供应不足的问题，促进社会经济发展，同时也可以保护当地生态环境，是改善人民生活环境的重要途径。

分布式电源为电网提供电源支持。我国许多城市电力需求连年快速增长，但这些城市大多处于电网末端，需要通过输电线路输送电力来满足。一旦电力系统发生故障，就有可能引起电力供应中断，造成不可估量的损失。因此，必须在城市负荷中心增加电源来源，但受到环境和资源的制约，在城市中建设燃煤电厂受到较大的约束，此时建设清洁、高效的分布式电源，有利于提高电网的安全稳定运行水平（史丹等，2015）。

（二）大电网为分布式电源提供支撑

分布式电源的安全经济运行离不开大电网的支撑。出于提高供电可靠性的考虑，除了少数偏远地区独立运行的分布式电源外，分布式电源一般均接入大电网，正常运行时由大电网为其提供电压频率支撑、系统备用等服务，发生故障或检修退出时，由大电网继续为其用户提供可靠的电力服务（史丹等，2015）。同时，随着我国加速建设智能电网，这一举措为我国分布式电源的发展提供了重要保障。

第二节 基于实物期权的分布式风电站投资策略研究

一、分布式风电站投资策略研究背景及意义

风电站投资利润取决于自用和外售两种情形的收益与成本，一方面，分布式发电技术、储能技术及智能电网技术正处于推广应用阶段，并网标准、上网电价实施细则及政府扶持措施等仍在完善中，而在现实中这些问题就显得至关重要（艾芊和郑志宇，2013）。另一方面，在分布式风电站投资的诸多决策问题中，对最优时机与规模的选择是研究中很重要的问题之一。

分布式风力发电具有建设周期长，沉淀部分大，电价及贡献毛益面临较大不确定性等特征，因而适于采用不确定条件下的不可逆投资理论即实物期权（real options，ROs）方法进行分析（Dixit，1991）。实物期权是金融期权在实体投资领域中的延伸，且核心思想是不确定性可以增加企业投资的价值，期权的所有者可以延迟选择是否对这些资产进一步投资，使资产贬值的风险最小化并保持实物资产收益的稳定性。对实物期权理论建模的经典文献要首推 McDonald 和 Siegel（1986）及 Pindyck（1988）的文章。不同的是前者的讨论是离散的，而后者的讨论是连续的。之后，Quigg（1993）对此做了实证研究，并证实了等待期权所具有的价值。虽然这些研究并不是专门针对分布式风电站而做出的，但它们是利用实物期权对有关投资策略问题所做的一般性研究。企业在进行投资决策时通常面临3大基本选择，即投资战略、投资时机与投资规模。Dixit 和 Pindyck（1994）首次分析了不可逆条件下，不确定性对企业投资时机的影响，为采用实物期权方法研究企业投资决策问题提供了基本分析框架，此后的研究主要集中在企业最优投资时机和投资战略选择上。然而企业在进行投资决策时，除了投资战略和投资时机选择外，选择合适的投资规模也同样重要（阳军等，2012）。

近年来，国内外众多学者将实物期权理论广泛应用于不确定环境下可再生能源发电决策的研究中。例如，Fleten 等（2007）假设天然气分布式发电长期成本及电价均为随机变量，求解微电网投资临界值进而得到相对发电成本，高电价波动延迟投资的同时增加投资期权价值；Bøckman 等（2008）针对受不确定电价影响的小水电项目提出了一种评价方法，研究发现当电价低于某一限制值时，投资永远都不会是最优选择。相反，则立即投资，且由最优规模函数计算发电容量。刘国中等（2009）发展了能够处理多种不确定性因素的发电投资决策框架，用仿真算例对所提出的模型和方法进行了说明，并比较分析了不同场景下的投资决策结果；刘敏和吴复立（2009）考虑了风电上网电价的不确定性、风电场投资及运行成本、投资政策（包括项目经营期限、合同期、上网电价的确定、CDM 项目等）及投资时机等因素，建立了适用于中国风电投资环境的风电项目投资决策模型。算例分析表明，该模型可为投资者选择合适的投资时机提供决策参考，另外还可作为政策制定者制定合理投资政策的量化分析工具。钟渝等（2010）在建设成本和上网电价不确定的情况下，分析了光伏并网发电项目的特点并研究发电企业的最佳投资时机。在此基础上，根据发电企业延迟投资的等待时间得到成本补偿比例，进一步分析得出政府光伏并网发电的成本补偿策略。Boomsma 等（2012）分析了在政府不同的上网电价和可再生能源证书交易支持计划下，可再生能源项目的最优投资时机和容量选择。研究表明，上网电价促使投资提前，而决策者一旦实施了投资，则可再生能源证书交易有利于扩大项目发电容量。

综上所述，从已有研究来看，针对分布式风电站投资行为进行均衡决策分析的研究并不多，且国内外主流研究都长期忽视对最优投资时机可达性问题的讨论。分布式发电的优先满足用户自用特征也将直接影响投资期权价值，而经文献检索发现，现有研究往往都忽视了这一问题，极少有关注。针对这一问题，本节的建模考虑了该风电站发电产出在满足自用的同时，多余电量还可出售给电网公司，并对风电自用占比变动下的投资策略进行了敏感性分析。另外，相关文献中的模型参数设定与算例分析数值多为本书主观给出，并非依据当前或历史数据统计分析得到，为此笔者搜集国内外相关法规文件及主要风电场建设项目相关数据，较为合理地估计模型参数。综上所述，在前人研究的基础上，结合风力发电的经济性分析，本节对分布式风电站最优投资时机与规模等决策问题展开研究。

二、分布式风电站期权定价模型构建

（一）问题描述与模型假设

一般决策者在取得分布式风电站建设权后有两种策略可供选择：立即投资与

延迟投资。两种策略的选择结果是对二者所带来收益的权衡。延迟投资相当于持有一个无到期日的看涨期权，但决策者不得不面对来自风电价格及其发电成本的不确定性（黄守军等，2017）。相应地，立即投资相当于执行期权，期权的执行成本是建设与发电成本。决策者如何在这两种策略之间做出选择；其最优投资规模如何确定；继续与停止区域的边界（临界值）是什么；什么因素会影响这种边界；这种边界是否可达及可达概率与可达时间如何，这些正是本节要建模解决的主要问题。

应解决问题的建模之需，首先需做一些主要的假设：①投资是完全不可逆的且决策可以被延迟；②决策者的收益函数是最大化期权的净现值；③分布式风力发电贡献毛益服从几何布朗运动；④电站的建设是瞬时完成且立刻产生现金流；⑤拥有投资权的决策者只有一种建设选择：建设分布式风电站；⑥决策者无税收支出及其他各种寻租成本。

（二）基本变量及其标准化

1. 电价

风电价格是影响分布式风电站投资策略选择最重要的不确定因素。考虑到在市场条件下，短期价格会有波动，但其通常是一个均值回复过程，一般不会影响投资决策，因此在后面发展的模型中忽略了这种短期变化。长期价格漂移过程采用几何布朗运动来描述（Schwartz and Smith，2000；Pindyck，2001）。新的鼓励分布式风力发电的政策或机制的变化往往会导致风电价格出现跳跃现象。但作为初步的研究工作，这里暂且不予考虑。

现阶段，假设终端零售电价 $p_1(t)$ 以用户支付的平均电费计算，由电网公司依据综合购电平均成本及其合理收益制定；上网电价 $p_2(t)$ 实行政府指导价，但各省级电网公司通常采用当地火电机组脱硫标杆电价支付购电费用，若政府指导价高于标杆电价，则电网公司会享受相应的补贴。

2. 投资规模

企业的投资规模大小通常表现为企业未来生产能力的高低，即通过投资所形成的项目产出规模，进而影响企业投资效益的好坏。企业增大投资规模有两个相反方向的作用：一方面增大了投资成本，实际产出数量达不到产出规模，企业生产能力将闲置，产生的利润甚至不足以弥补投资成本；另一方面灵活地调整实际产出数量，享受产量增加带来的收益。因此，如何确定分布式风电站的最优投资规模将是本节研究的重点。

在所考察的时区内，设分布式风电站的投资规模用其建成后的年发电量 $Q(t)$ 来衡量，单位为 kW·h；发电产出不仅能满足自用（情形1），富余电量还可出售给电网公司（情形2），电能损失在此忽略不计，其中自用占比为 λ，则出售占比为 $1-\lambda$。

3. 风力发电成本

分布式风电站的发电成本可划分为两类：与投资规模相独立的固定成本，主要包括对风电站的维护与监督管理费用。下面将此固定成本作为投资成本的一部分考虑，原因在于分布式风电站建成后，关闭不发电绝对不是最优策略，这就意味着固定成本肯定要发生；与投资规模相关的变动成本，主要包括燃料成本、设备运行维护更新费用、电网接入费、销售费用、人工费及资金成本等，且由分布式风电自用和出售成本构成。其中，分布式风电自用成本主要是指风电机组及风场的运行维护费用，而出售成本除包括自用成本外，还包括售电环节产生的电网接入费、电力输送与销售费用等。

4. 贡献毛益

分布式风电站的贡献毛益主要取决于风电价格及可变发电成本，因此采用此二者之间的差额来定义贡献毛益，即

$$\chi_i(t) = p_i(t) - c_i(t) \tag{6-1}$$

式中，$i=1$、2，分别表示分布式风电自用和出售情形；$c_i(t)$ 表示分布式风电站的边际发电成本；$\chi_i(t)$ 表示相应的贡献毛益。由于须同时考虑风电价格及其发电成本的双重不确定性，将分布式风力发电的贡献毛益过程视作由内、外生性因素共同发挥作用的随机过程。不失一般性，假设贡献毛益服从几何布朗运动（Bøckman et al.，2008），

$$\begin{cases} d\chi_i(t) = \mu_\chi \chi_i(t)dt + \sigma_\chi \chi_i(t)dz(t) \\ s.t.\,\chi_i(0) = \chi_i \geqslant 0 \end{cases} \tag{6-2}$$

式中，μ_χ 表示漂移项（即 $\chi_i(t)$ 的期望增长率）；σ_χ 表示变动率；$dz(t)$ 表示标准维纳过程（Wiener process）的增量，服从均值为0、标准差为 $\sqrt{dt}$ 的正态分布；dt 表示单步时间步长，在下面的研究中给定 dt 为1年。

5. 延迟投资机会成本

设决策者为风险中性，经过其风险调整的分布式风电站预期回报率为 r，由资本资产定价（capital asset pricing model，CAPM）模型可得

$$r = r_0 + \varepsilon\rho\sigma_\chi \tag{6-3}$$

式中，r_0 表示无风险利率；ε 和 ρ 均为正常数，分别表示风险的市场价格和该项

目收益率与市场组合收益率的相关系数。考虑到如果 $\mu_\chi \geqslant r_0$，则延迟投资总是决策者更好的策略，从而最优解不存在，所以在此只考虑 $\mu_\chi < r_0$。若记 $\xi = r - \mu_\chi$ 来表示这种差异，则 ξ 可以看作便利收益率，即推迟项目投资而保留等待投资期权的机会成本。

6. 价值函数

与实物期权理论中假定投资无时限不同，本节考虑了分布式风电站具有投资时限的情形。事实上，分布式风力发电在中国属于新兴技术产业，项目的经济寿命往往有限。在这样的背景下，投资有时限的假设更符合实际。

在有限的时区内寻求分布式风电站的最优投资策略，这就需要解析出分布式风电站建成后的价值函数及其投资成本。下面首先将价值函数定义为风力发电的贡献毛益和投资规模的函数，然后将投资成本描述为投资规模的函数。

在前面的基本假设及符号说明下，可得分布式风电站的价值函数为

$$\max_{\chi_i(t) \geqslant 0, Q(t) \geqslant 0} V[\chi_i(t), Q(t)] = E \int_0^T e^{-rt} Q(t) [\lambda \chi_1(t) + (1-\lambda) \chi_2(t)] dt \quad (6-4)$$

式中，$E(\cdot)$ 表示期望值算子；T 表示分布式风电站的投资时限；$V(\cdot)$ 表示分布式风电站的价值函数。

7. 投资成本

分布式风电站的投资成本包括风电机组费用、进口关税、联网和输电工程费用、通信费用、必要的土建工程费用、土地征用费用、前期费用、管理监理费用、保险费用、准备费及建设期利息等，且不同投资规模对应的投资成本是不同的。

已有较多文献对分布式能源项目的投资成本与规模选择之间的关系进行了研究，如 Bøckman 等（2008）和 Singal 等（2010）研究发现每一个小水电项目都存在一个有限的最大投资规模，且越接近该极限值，边际投资成本越大。在此基础上，进一步论证出小规模水电站的投资成本可表示为年发电量的指数函数，该研究结论与 Bean 等（1992）和 Dangl（1999）建立的投资成本模型实质上是一致的。本节采用这一研究成果，将分布式风电站投资成本定义为

$$I[Q(t)] = \kappa e^{\alpha Q(t)} \quad (6-5)$$

式中，κ 和 α 表示分布式风电站投资成本，且值为正的影响参数；$I(\cdot)$ 表示分布式风电站投资成本，且是关于投资规模的凸函数。

（三）目标函数

单个分布式风电站的电能供给量有限，不具备与电网公司讨价还价的能力，

因而是风电交易价格的接受者。但是一旦确定了投资规模,只要风电价格大于边际发电成本,使分布式风电站一直维持在发电状态都是有利可图的。

由式(6-4)可以看出,贡献毛益的随机变化导致了分布式风电站价值的不确定性,在此不确定情形下的净现值(net present value,NPV)决策准则为

$$\max_{\chi_i(t) \geq 0, Q(t) \geq 0} \text{NPV} = V[\chi_i(t), Q(t)] - I[Q(t)] \tag{6-6}$$

如果将投资机会视为美式看涨期权,投资决策就等同于决定何时以何种价格执行这一期权。因此,投资决策可以看作期权定价问题,采用动态规划方法求解。

至此,分布式风电站的实物期权定价模型可表示为

$$F[\chi_i(t)] = \max_{Q(t) \geq 0, \chi_i(t) \geq 0} \text{NPV} \tag{6-7}$$

式中,$F(\cdot)$表示投资时机的价值,即投资的期权价值。

三、期权定价均衡策略求解

在分布式风电站的投资决策过程中,有两个关键问题亟待解决:一个是应当何时投资,即投资时机问题;另一个是应当投资多少,即投资规模问题。下面将以投资机会的期权定价模型为基础,对这两个问题依次加以解决,从而得到最优投资策略。

(一)最优投资规模

为推导分布式风电站的投资时机和投资规模,可先求出既定外生冲击水平下的最优投资规模。给定贡献毛益初始值为χ_i,则根据伊藤积分,式(6-2)有如下解:

$$\chi_i(t) = \chi_i e^{\left(\mu_\chi - \frac{\sigma_\chi^2}{2}\right)t + \sigma_\chi z(t)} \tag{6-8}$$

对于任意的t值,这是一个对数正态分布随机变量,进一步求出其数学期望为

$$E[\chi_i(t)] = \chi_i e^{\mu_\chi t} \tag{6-9}$$

分布式风电生产贡献毛益的不确定性引起投资风险问题,虽然式(6-9)给出了贡献毛益的期望函数,但是在整个投资时限内,贡献毛益的即时实现值均可能显著大于或小于上述期望值。另外,在式(6-1)中易证自用情形下的贡献毛益更大。为便于论述,假设二者之间存在正比例关系$\chi_1(t) = \eta \chi_2(t)$,其中$\eta > 1$,为常数。考虑到风力发电及其并网调度稳定性,在不变产出的条件下,将式(6-9)代入式(6-4)中,得

$$\begin{cases} V(\chi_2,Q)=\delta\chi_2 Q \\ \text{s.t.}\delta=\dfrac{[1+\lambda(\eta-1)](1-e^{-\xi T})}{\xi} \end{cases} \quad (6\text{-}10)$$

最优投资规模即受到一定的贡献毛益限制，使得 NPV 最大化的风力发电量。求解式（6-6）右端关于 Q 的一阶条件，得到风力发电的边际价值等于边际投资成本，进而最优投资规模为

$$Q^* = \dfrac{\ln\dfrac{\delta\chi_2}{\kappa\alpha}}{\alpha} \quad (6\text{-}11)$$

由此不难发现，分布式风电站的最优投资规模 Q^* 是其风电出售获得贡献毛益初始值 χ_2 的单调递增函数。

（二）最优投资时机

最优投资时机是指贡献毛益从零时刻开始首次达到或者超过投资临界值的时刻，即存在一个投资临界值 χ_2^*：当贡献毛益 $\chi_2(t) \geqslant \chi_2^*$ 时，决策者处于停时区域，最优的投资策略就是立即投资，所以分布式风电站的最优投资时机可表示为

$$t^* = \inf[t \geqslant 0 \mid \chi_2(t) \geqslant \chi_2^*] \quad (6\text{-}12)$$

相反，$\chi_2(t) < \chi_2^*$ 则表明市场需求较低，决策者继续等待。在等待期间决策者持有在未来投资的期权，虽然不产生现金流，但享有期权变动带来的资本损益（后文中为书写方便，将不写出时间 t）。

由于投资机会 $F(\chi_2)$ 在执行投资的时刻 t^* 之前不会产生现金流，持有它的唯一回报是其资本增值，由 Dixit 和 Pindyck（1994）的文献得连续时间段的 Bellman 方程为

$$rF(\chi_2)\mathrm{d}t = E[\mathrm{d}F(\chi_2)] \quad (6\text{-}13)$$

利用伊藤引理展开 $\mathrm{d}F(\chi_2)$，得到如下二阶微分方程：

$$\mathrm{d}F(\chi_2) = F'_\chi(\chi_2)\mathrm{d}\chi_2 + \dfrac{F''_\chi(\chi_2)}{2}(\mathrm{d}\chi_2)^2 \quad (6\text{-}14)$$

将式（6-2）代入式（6-14），因 $E[\mathrm{d}z(t)] = 0$ 时可忽略 $\mathrm{d}t$ 的高阶项，进而得到

$$E[\mathrm{d}F(\chi_2)] = \left[\chi_2\mu_\chi F'_\chi(\chi_2) + \dfrac{\sigma_\chi^2 \chi_2^2}{2}F''_\chi(\chi_2)\right]\mathrm{d}t \quad (6\text{-}15)$$

将式（6-15）中 $E[\mathrm{d}F(\chi_2)]$ 代入式（6-13）中，于是原 Bellman 方程可重写为

$$\frac{\sigma_\chi^2 \chi_2^2}{2} F''_\chi(\chi_2) + \mu_\chi \chi_2 F'_\chi(\chi_2) - rF(\chi_2) = 0 \qquad (6\text{-}16)$$

根据 Dixit 和 Pindyck（1994）的标准实物期权分析方法，分布式风电站的投资期权价值形式为

$$F(\chi_2) = A_1 \chi_2^{\beta_1} + A_2 \chi_2^{\beta_2} \qquad (6\text{-}17)$$

式中，A_1、A_2 表示待定常数；$\beta_1 > 1$、$\beta_2 < 0$，均表示关于 r、μ_χ 及 σ_χ 的非线性函数，且满足：

$$L(\beta) = \frac{\sigma_\chi^2}{2} \beta^2 + \left(\mu_\chi - \frac{\sigma_\chi^2}{2}\right)\beta - r = 0 \qquad (6\text{-}18)$$

由于一元二次方程的判别式大于 0，所以其必在两个相异解，且

$$\begin{cases} \beta_1 = \dfrac{1}{2} - \dfrac{\mu_\chi}{\sigma_\chi^2} + \sqrt{\left(\dfrac{\mu_\chi}{\sigma_\chi^2} - \dfrac{1}{2}\right)^2 + \dfrac{2r}{\sigma_\chi^2}} \\ \beta_2 = \dfrac{1}{2} - \dfrac{\mu_\chi}{\sigma_\chi^2} - \sqrt{\left(\dfrac{\mu_\chi}{\sigma_\chi^2} - \dfrac{1}{2}\right)^2 + \dfrac{2r}{\sigma_\chi^2}} \end{cases} \qquad (6\text{-}19)$$

为进一步分析，$F(\chi_2)$ 在必须满足的式（6-15）基础上，还满足以下三个边界条件（Siddiqui and Marnay，2008）。

（1）初始零值条件，即 $F(0)=0$，说明在 χ_2 为零的情形下，投资期权将不会被执行，因而该期权的价值也必须为零，此条件保证了微分方程的解具有经济学意义。这样，只取 $\beta_1 > 1$，则可以把式（6-17）改写成

$$F(\chi_2) = A_1 \chi_2^{\beta_1},\ \beta_1 > 1 \qquad (6\text{-}20)$$

另外两个条件来自对最优投资的考虑，以保证期权执行时不存在套利机会，同时使得期权价值不仅是连续的，而且在临界值处是平滑的。

（2）价值匹配（value-matching）条件，即当贡献毛益 χ_2 达到 χ_2^* 时，存在

$$F(\chi_2^*) = \mathrm{NPV}[\chi_2^*, Q(\chi_2^*)] \qquad (6\text{-}21)$$

式（6-21）表示执行最优投资决策时的期权价值与立即投资的净现值相等。该边界条件反映了期权执行时的损益。

联立式（6-5）、式（6-11）及式（6-20），可将投资的期权价值表示为状态变量 χ_2 及其临界值 χ_2^* 的函数，且

$$F(\chi_2, \chi_2^*) = A_1(\chi_2^*)\chi_2^{\beta_1} = \frac{\delta(\chi_2^*)^{1-\beta_1}}{\alpha}\left(\ln\frac{\delta\chi_2^*}{\kappa\alpha} - 1\right)\chi_2^{\beta_1} \qquad (6\text{-}22)$$

（3）平滑粘贴（smooth-pasting）条件，或高阶联系（high-order contact）条件，即期权价值函数 $F(\chi_2)$ 在 χ_2^* 处是连续且光滑的，即

$$\left.\frac{\partial F(\chi_2)}{\partial \chi_2}\right|_{\chi_2=\chi_2^*} = \left.\frac{\partial \text{NPV}[\chi_2, Q(\chi_2)]}{\partial \chi_2}\right|_{\chi_2=\chi_2^*} \qquad (6\text{-}23)$$

式（6-23）表明在投资临界值 χ_2^* 处，延迟投资的边际收益等于边际投资净现值。式（6-23）保证了决策者的期权在临界值时执行是最优的。

由式（6-22）最大化条件得到

$$\chi_2^* = \frac{\kappa\alpha}{\delta} e^{\frac{\beta_1}{\beta_1-1}}, \quad A_1 = \frac{\kappa}{\beta_1-1}\left(\frac{\delta}{\kappa\alpha}\right)^{\beta_1} e^{-\beta_1} \qquad (6\text{-}24)$$

考虑到净现值决策规则作为一个实物期权决策规则比较的基准，将式（6-11）代入式（6-6）中，求解其对 χ_2 的一阶偏导数并令其等于零，解之可得

$$\chi_2^\times = \frac{\kappa\alpha}{\delta} \qquad (6\text{-}25)$$

可以看出，基于实物期权的最优投资临界值比净现值准则下的投资临界值扩大了 $e^{\frac{\beta_1}{\beta_1-1}}$（$e^{\frac{\beta_1}{\beta_1-1}} > 1$），此系数反映了分布式风电站投资的不可逆性和不确定性对最优投资决策规则的影响，且可以证明其取值随着不确定性的增大而增大，即

$$\begin{cases} \dfrac{\partial e^{\frac{\beta_1}{\beta_1-1}}}{\partial \sigma_\chi} = -\dfrac{e^{\frac{\beta_1}{\beta_1-1}}}{(\beta_1-1)^2}\dfrac{\partial \beta_1}{\partial \sigma_\chi} > 0 \\ \text{s.t.}\dfrac{\partial \beta_1}{\partial \sigma_\chi} < 0 \end{cases} \qquad (6\text{-}26)$$

随着不确定性的增大，实物期权决策规则下的最优投资临界值及分布式风电站的价值都将增大，此时决策者更愿意推迟投资。这表明不确定性增大了项目的等待价值，决策者推迟投资，并最终投资于更大的产出规模，以满足未来市场需求增长的需求，这与 Dangl（1999）的研究结论相吻合。

将式（6-24）分别代入式（6-11）和式（6-12）中，可得分布式风电站的最优投资时机和投资规模为

$$\begin{cases} t^* = \inf\left[t \geq 0 \mid \chi_2(t) > \dfrac{\kappa\alpha}{\delta} e^{\frac{\beta_1}{\beta_1-1}} \right] \\ Q^* = \dfrac{\beta_1}{\alpha(\beta_1-1)} \end{cases} \quad (6\text{-}27)$$

（三）贡献毛益临界值可达性

前面已求出了最优的 χ_2^*，然而问题依然没有结束，因为对于式（6-2）所给出的随机过程，一个自然的问题是：状态变量 χ_2 是否会达到其临界值 χ_2^*。如果会，要经历多长时间才能首次达到；否则，这样的 χ_2^* 就不具备对于投资的指导作用。为了解决这一问题，首先需要给出一个基本结果。

设首次达到时间（first passage time）为 t^*，则对于形如式（6-2）的随机过程，参考 Rhys 等（2002）对实物期权执行时间（exercise time）的理论分析，随机变量 t^* 的密度函数 $f(\cdot)$ 可表示为

$$f(t, \chi_2, \chi_2^*) = \dfrac{\ln\dfrac{\chi_2^*}{\chi_2}}{\sigma_\chi \sqrt{2\pi t^3}} e^{-\dfrac{\left[\ln\dfrac{\chi_2^*}{\chi_2} - \left(\mu_\chi - \dfrac{\sigma_\chi^2}{2}\right)t\right]^2}{2\sigma_\chi^2 t}} \quad (6\text{-}28)$$

以下令 $s_\chi = \mu_\chi - \dfrac{\sigma_\chi^2}{2}$，并将其值域划分为三个区间考虑，从而得到贡献毛益临界值的可达性条件及基本结论。

（1）当 $s_\chi > 0$ 时，所求得的 χ_2^* 必会以概率 1 被达到，且达到的期望时间与方差分别为

$$E(t^*) = \dfrac{\ln\dfrac{\chi_2^*}{\chi_2}}{s_\chi}, \quad \text{Var}(t^*) = \dfrac{\sigma_\chi^2}{s_\chi^3} \ln\dfrac{\chi_2^*}{\chi_2} \quad (6\text{-}29)$$

（2）当 $s_\chi = 0$ 时，则贡献毛益临界值 χ_2^* 同样必会以概率 1 被达到，但是其期望等待时间及其方差均为无穷大。

（3）当 $s_\chi < 0$ 时，则达到的期望时间与方差均不存在，而 χ_2^* 仍然可能被达到，且达到的概率为

第六章 我国分布式风电开发利用创新升级机制研究 ·221·

$$\Pr = \left(\frac{\chi_2^*}{\chi_2}\right)^{\frac{2\mu_\chi}{\sigma_\chi^2}-1} \quad (6\text{-}30)$$

类似地，在分布式风电站的贡献毛益初始值大于其临界边界，即 $\chi_2 > \chi_2^*$ 情形下，则仅有当 $s_\chi \leqslant 0$ 时，贡献毛益 χ_2^* 必会在有限时间内以概率 1 被达到，否则其期望等待时间及其方差均将不存在，但本节均衡解的经济含义意味着 $\chi_2^* > \chi_2$。

由此可见，上述 χ_2^* 并不确定能在有限时间内被达到，且能否被达到取决于 s_χ 取值的大小。

四、模型参数设定

（一）发电成本

目前，国际上比较通用的分布式风电站运行维护费用为 0.05 元/(kW·h)。在中国，据《可再生能源电价附加收入调配暂行办法》，可再生能源发电项目接网费用的收费标准是按线路长度制定：50km 以内为 0.01 元/(kW·h)，50~100km 为 0.02 元/(kW·h)，100km 及以上为 0.03 元/(kW·h)。分布式风力发电成本除接网费外，还涉及电力输送和销售费用等，而中国目前还没有此方面的明确规定。据欧盟 2005 年官方核定指导价，电力输送费用为 0.25 欧元/(MW·h)，销售费用为 0.31 欧元/(MW·h)（Bøckman et al.，2008）。考虑到分布式风电接入线路长短及其上网销售各有差异，不失一般性，在此取 $c_1 = 0.05$ 元/(kW·h)、$c_2 = 0.08$ 元/(kW·h)。

（二）投资成本

由于缺乏实际案例数据，在此以陆地风电场的投入产出水平近似替代分布式风电站技术水平。利用国内近年主要风电场建设项目的投资总额、年发电量及装机容量数据（表 6-1），采用回归分析法估计分布式风电站的投资成本系数 κ 和 α。

表 6-1 近年中国主要风电场建设项目相关数据

编号	项目名称	投资总额/亿元	年发电量/(万 kW·h)	装机容量/MW
1	广西金紫山	5.79	9 500	49.5
2	中电投甘肃景泰	3.69	9 538	49.5
3	黑龙江方正高楞	10.40	24 600	100.0

续表

编号	项目名称	投资总额/亿元	年发电量/(万 kW·h)	装机容量/MW
4	华能大龙潭	4.80	12 278	49.5
5	云南花石头	4.10	11 819	49.5
6	云南野牛塘	4.23	12 060	49.5
7	国投捡财塘一期	4.65	9 932	45.0
8	国投捡财塘二期	4.08	9 504	49.5
9	晋江金井	3.00	7 734	32.0
10	国电电力莒县库山一期	4.00	9 000	40.0
11	内蒙古大板梁	4.20	13 365	49.5
12	内蒙古国电二连浩特	5.08	17 810	49.5
13	大唐丰宁万胜永	14.23	33 276	150.0
14	山西平遥朱坑	4.20	9 800	50.0
15	重庆南天门	4.50	8 100	15.0

表 6-1 所列的风电场建设项目装机容量大多为 49.5MW，而根据发电容量的规模大小，分布式发电可分为：微型，5kW 以下；小型，5kW～5MW；中型，5～50MW；大型，50～300MW。分布式风力发电规模一般均在 50MW 以下，相关数据修正后经回归拟合得到 $\kappa = 4.776 \times 10^7$，$\alpha = 2.686 \times 10^{-8}$。

（三）风力发电贡献毛益

分布式风力发电收益主要包括自用支出节省及出售给电网公司所获收益。自用收益与用户终端零售电价直接相关，而终端零售电价则由当地用户所属消费类型决定。以重庆市为例，取其阶梯电价执行方案的第二档标准：月用电量为 200～400kW·h，居民生活用电价格为 0.57 元/(kW·h)，将其设为终端零售电价初始值。

出售收益主要包括向电网公司售电所得收益、补贴及清洁发展机制（clean development mechanism，CDM）收益。中国电网公司一般按照当地火电机组脱硫标杆电价支付购电费，而火电机组脱硫标杆电价往往低于风电上网指导价，差额部分享受补贴。由于在中国 CDM 尚不健全，且小规模分布式风电项目的 CDM 收益较难实现，这里暂不考虑这部分收益。因此出售收益与上网指导电价数值相等。根据我国相关政策规定，现阶段我国风电上网指导价为 0.51 元/(kW·h)、0.54 元/(kW·h)、0.58 元/(kW·h)及 0.61 元/(kW·h)，取中间值 $p_2 = 0.54$ 元/(kW·h)为初始上网电价。由此计算得到自用与出售分布式风电的贡献毛益正比例系数 $\eta = 1.13$。

（四）其他相关参数

分布式风电站投资时限：风电场经济生命周期一般是 20~30 年（张文宝和王友，2011），考虑到我国风电设备制造水平相比国外仍有差距、机器设备需加速折旧，分布式风电站投资时限取 $T = 20$ 年。

无风险利率一般即银行的年存款利率，在此选取 $r_0 = 5.8\%$；而市场风险价格与市场组合的相关系数则直接沿用 Farzin 等（1998）的研究数据，即 $\varepsilon = 0.4$ 和 $\rho = 0.7$；考虑到风电自用占比因具体项目而异，对其无特别要求，所以这一取值范围为 0~100%。

贡献毛益期望增长率与变动率：近年风电站设备投资成本逐年下降，而土地使用费等其他固定成本在逐年增加，且风电长期合约电价又是非公开数据，因此直接利用历史数据计算较为困难（张文宝和王友，2011）。因此采用某地区火电厂年平均利润增长率及变动率来替代，假设 $\mu_\chi = 0.8\%$ 和 $\sigma_\chi = 2.5\%$。

五、分布式电站投资策略算例结果分析

某能源公司决定在 II 类资源区重庆某新建社区投资新建一座分布式风电站，主要用以解决该小区居民用电问题。本项目拟采用国产直驱永磁技术风电设备，预估满负荷年利用小时数约 1800h。随着小区陆续投入使用，初步估计风电站 60% 的年发电量将用于自用，余下全部出售给电网公司。将上一部分中的参数设定取值代入式（6-11）和式（6-24），可得此分布式风电站的出售贡献毛益临界点为 0.311 元/(kW·h)，最优投资规模为 4381.3713 万 kW·h。如果给定该项目的初始贡献毛益为 0.316 元/(kW·h)，初始值高于临界值则表明决策者应该立刻投资，相应获得的净现值为 0.3012 亿元。

虽然在这一情景下的各参数取值均为常数，但是实际应用中各参数经常是变动的，因此会影响决策者的最优投资策略。对相关参数变动下的投资决策行为进行敏感性分析。

如图 6-1 所示，在其他参数不变情形下，随着 μ_χ 的增加，一方面贡献毛益临界值 χ_2^* 和延迟投资的期权价值 $F(\chi_2)$ 逐渐增大；另一方面最优投资规模 Q^* 与期望等待时间 $E(t^*)$ 依次增加。如当 $\alpha = 1.0\%$ 时，贡献毛益临界值为 0.318 元/(kW·h)，表明对决策者而言应延迟该分电站投资，此时期权价值为 0.3324 亿元，且最优投资规模为 4519.8994 万 kW·h，折合容量约为 2.5111 万 kW。与此相应，由式（6-29）可估计达到最优投资时机的期望等待时间为 0.635 年。这可解释为决策者对未来

贡献毛益增长率预期较高，提高了风电站投资期权价值，从而选择延迟投资，且一旦投资即会增大年发电量以获得最高投资净现值。

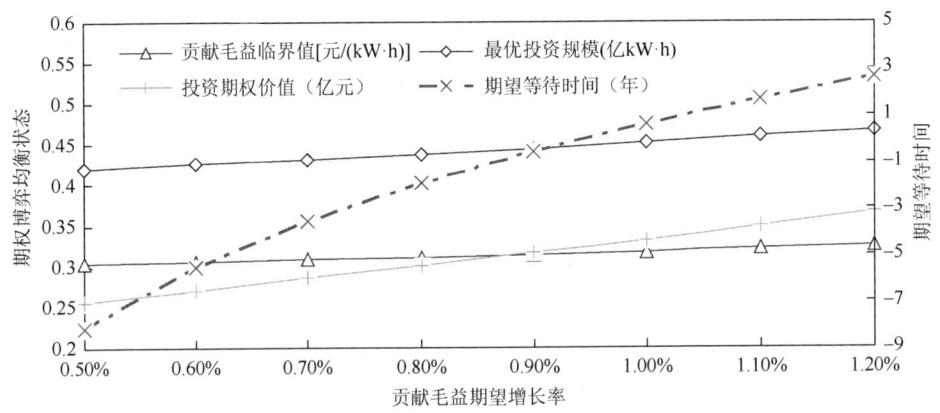

图 6-1　贡献毛益期望增长率变动下的投资决策

由图 6-2 可知，随着贡献毛益变动率 σ_χ 的增大，贡献毛益临界值 χ_2^*、最优投资规模 Q^* 及期望等待时间 $E(t^*)$ 单调递增，而风电站的投资期权价值 $F(\chi_2)$ 与之负相关。这说明贡献毛益变动率越大，其临界值可达性概率越小，决策者为规避由此引致的高风险而提高贡献毛益临界值。也就是说，此时立即投资要比推迟投资可获得更大期权价值。此外，σ_χ 对投资期权价值的影响较对贡献毛益临界值和最优年发电量更为显著。

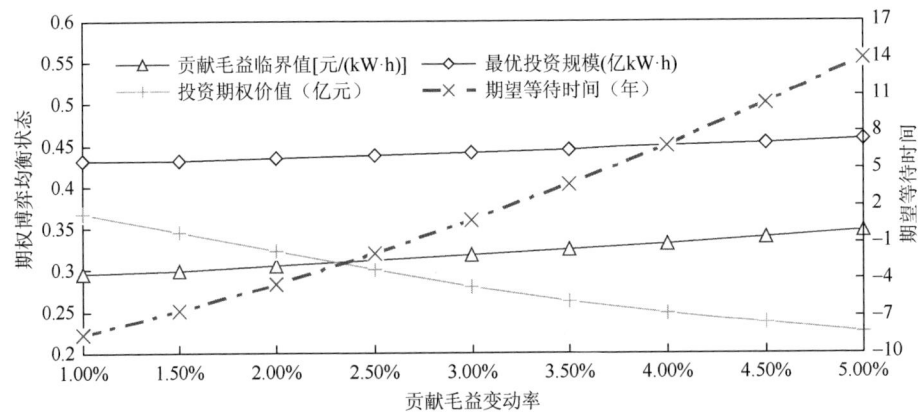

图 6-2　贡献毛益变动率变动下的投资决策

与此同时，由图 6-1 和图 6-2 可知，μ_χ 对投资规模 Q^* 决策的影响程度比 σ_χ

大,而 σ_χ 对贡献毛益临界值 χ_2^* 和推迟投资的期权价值 $F(\chi_2)$ 的影响程度比 μ_χ 大,因此风电站投资决策者更看重参数 σ_χ 的取值情况,而为了实现政府激励规制投资的目的,则贡献毛益的期望增长率比其波动稳定性更为重要。

分布式发电的一个重要特征是优先满足用户自用需求,富余电量才考虑出售给电网公司,且外售情形的贡献毛益往往低于自用贡献毛益。正因为如此,当其他参数取值保持不变时,风电自用占比的变动对决策者的期权投资均衡状态影响较大。由图 6-3 可以看出,贡献毛益临界值 χ_2^* 和期望等待时间 $E(t^*)$ 均随着风电自用占比 λ 的增大而减小,而风电站的投资期权价值 $F(\chi_2)$ 与之正相关,最优投资规模 Q^* 不随 λ 的变化而变化。

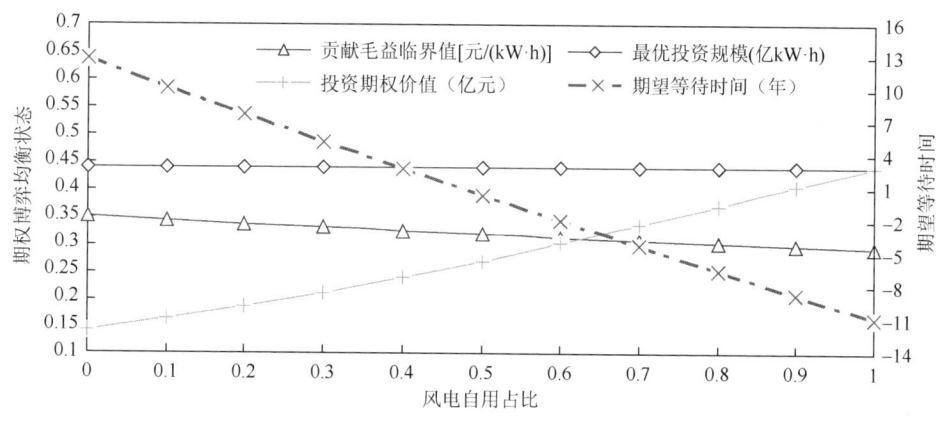

图 6-3 风电自用占比对投资决策的影响

由式(6-29)可知,$s_\chi > 0$ 是决策者投资的期望等待时间 $E(t^*)$ 存在的前提条件。如果出售分布式风电的初始贡献毛益 χ_2 低于其临界值 χ_2^*,则最优策略选择为推迟投资。如图 6-4 所示,随着 χ_2 从左侧逼近 0.311 元/(kW·h),$E(t^*)$ 将递减至 0。因此,政府要想激励分布式风电投资,就要考虑如何缩短决策者的期望等待时间,如设法增加贡献毛益的期望增长率 μ_χ 或减小其变动率 σ_χ。

此外,决策者延迟投资的期权价值 $F(\chi_2)$ 与初始贡献毛益 χ_2 正相关,而贡献毛益临界值 χ_2^* 与最优投资规模 q^* 的取值均与 χ_2 的变化无关。

六、研究结论

本节根据分布式发电的优先自用特征与风电站的经济特性,在贡献毛益增长不确定前提下,运用实物期权理论建立了分布式风电站最优投资时机与规模决策

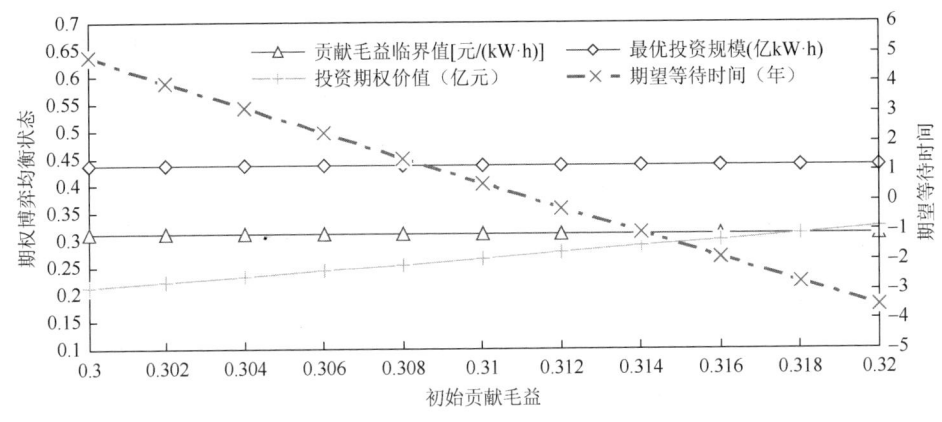

图 6-4 初始贡献毛益对投资决策的影响

的期权定价模型。具体决策过程如下：首先，评估风电站的投资收益和成本，分别构建最优投资规模及价值函数。其次，评估推迟投资该项目的实物期权价值，求解出最优投资规模，并分析贡献毛益临界值及其可达性。最后，通过算例分析验证了研究结论并对贡献毛益期望增长率与变动率、风电自用占比及初始贡献毛益变动下的投资决策进行了敏感性分析。

研究结果表明：对投资有时限的分布式风电站而言，贡献毛益临界值、最优投资规模及期望等待时间均与贡献毛益的期望增长率和变动率正相关，而延迟投资的期权价值与此二者相关性存在差异，且影响的显著性也不同；在一定条件和贡献毛益波动范围内，决策者推迟投资的期权价值与相应的期望等待时间随风电自用占比或初始贡献毛益的增大而分别增大和减小，但风电自用占比对最优投资规模，以及初始贡献毛益对贡献毛益临界值与最优投资规模都无影响；决策者的最优投资决策需同时考虑贡献毛益临界值及其最优投资规模。

第三节 本章小结

我国风能储量丰富，风能资源分布差异较为突出，面对气候变化及环境保护方面不断增加的压力，发展分布式风电是我国调整能源结构、提升能源效率、实现节能减排及解决农村偏远地区能源供应问题的有效举措。同时，分布式风能开发利用的机制创新，也是实现我国能源开发利用升级创新机制的重要组成部分，对我国经济社会的可持续发展有着十分深远的影响。但在发展分布式风电产业时也面临建设周期长，沉淀部分大，电价及贡献毛益面临较大不确定性等风险。因此，本章基于分布式发电的优先自用特征及风电站的经济特性研究得到：对投资有时限的分布式风电站而言，贡献毛益临界值、最优投资规模及期望等待时间均与贡献毛益的期望增长率和变动率正相关，而延迟投资的期权价值与此二者相关性存在差异，且影响的显著性也不同。同时，在贡献毛益波动范围内，决策者推迟投资的期权价值与相应的期望等待时间随风电自用占比或初始贡献毛益的增大而分别增大和减小，但风电自用占比对最优投资规模，以及初始贡献毛益对贡献毛益临界值与最优投资规模都无影响。在进行投资决策时，决策者的最优投资决策需同时考虑贡献毛益临界值及其最优投资规模。相关研究成果能为促进我国分布式风电的发展、能源结构的转变及能源效率的提升提供重要的理论依据。

第七章　我国新能源汽车接入电网升级创新机制研究

随着汽车工业迅猛发展，汽车尾气排放导致的空气污染和温室效应日益严重，而电动汽车在节能减排、遏制气候变暖及保障石油供应安全等方面有着传统汽车无法比拟的优势，越来越受到各国政府、汽车生产商及能源企业的广泛关注。从长远战略目标来看，发展电动汽车已成为保障能源安全和转型低碳经济的重要途径。

实际上电网存在许多效率低下之处，其中一部分是由每天发生的负荷需求波动与需要对电网进行电压及频率调节引起的（Clement et al., 2009; Kadurek et al., 2009）。同时，可再生能源系统（如太阳能、风能等）正被大量接入电力系统中（Turton and Moura, 2008），由于可再生能源自然的不连续性会引起发电的波动，迫切需要其他能源（如电池能量存储系统）进行补偿，以平滑可再生能源的自然可变性，保证电网频率的稳定并抑制由反向功率流引起的电压上升。电动汽车接入电网（vehicle-to-grid，V2G）的概念就是针对上述问题提出的，其核心思想就是利用大量电动汽车的储能源作为电网和可再生能源的缓冲。通过这种方式，不仅电网低效率和可再生能源波动问题可以得到很大程度的缓解，还可以为电动汽车用户创造收益，是未来电动汽车和电网发展的主要方向。因此，本章基于V2G概念，对特定渠道结构的V2G备用合约相关问题进行研究，以激励电动汽车用户积极参与V2G备用合约，并促进电网公司和电动汽车用户二者的利益，为最终构建备用合约市场提供研究基础。

第一节　电动汽车接入电网概念及其实现方法

一、V2G的相关概念

V2G是将现代化信息技术、电力电子技术、最优化控制技术等有机地结合在一起，对电动汽车进行远程控制，以利用电动汽车电池作为电网的缓冲，为电网提供备用服务（如调峰、无功补偿等）的技术。其核心思想就是利用大量电动汽车的储能源作为电网和可再生能源的缓冲，通过这种方式，不仅电网低效率和可再生能源波动问题可以得到很大程度的缓解，还可以为电动汽车用户创造收益（Kempton and Tomic, 2005; Sauer et al., 2009）。

V2G技术实现了电网与电动汽车的双向互动，是智能电网技术的重要组成部分。与智能车辆和智能电网同步发展，可外接插电式混合动力汽车和纯电动汽车将在 20 年之内成为配电系统不可分割的一部分，可为电网提供储能，平衡需求并提高电网稳定性。未来电动汽车的应用模式将不仅仅局限于普通 V2G 模式，还将逐步发展到以下场景：居民小区（vehicle-to-home，V2H）、办公楼宇（vehicle-to-build，V2B）、超市/大卖场或购物中心、大型专用停车场等。本章将这些技术理念统一界定为 V2G 技术，一并加以考虑。

二、V2G 的实现方法

现在电动汽车种类繁多、用途各异，其所采用的供电方式也大相径庭，这就使 V2G 具有了不同的实现方法。根据应用对象的不同，可以将 V2G 实现方法分成三类（刘晓飞等，2012）。

（一）集中式的 V2G 实现方法

集中式的 V2G 是指将某一区域内的电动汽车聚集在一起，按照电网的需求对此区域内电动汽车的能量进行统一的调度，并由特定的管理策略来控制每台汽车的充放电过程。同时，由于此种方式采用统一的调度和集中的管理，可以实现整体上的最优，如通过先进的算法可以计算每台汽车的最优充电策略，保证成本最低及电力最优利用。

（二）自治式的 V2G 实现方法

自治式 V2G 的电动汽车经常散落在各处，无法进行集中管理，因而一般用车载式的智能充电器。它们可以根据电网发布的价格信息及电网输出接口的电压波动等特征，结合汽车自身的状态自动地实现 V2G 运行。东京大学的 Ota 等（2009）就提出一种自主分布 V2G 方法，实现了能量的智能存储，装置结构如图 7-1 所示。

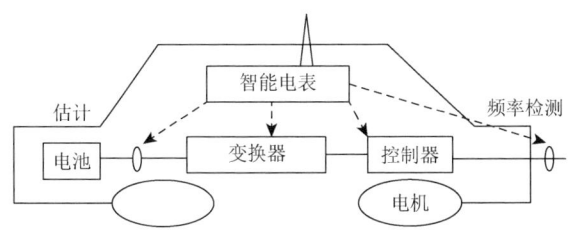

图 7-1　自治式 V2G 的电动汽车装置结构

自治式 V2G 采用车载智能充电器，充电方便，不受地点和空间的限制，自动地实现 V2G。但是，由于不受统一的管理，每台电动汽车的充放电具有很大的随机性，是否能保证整体上的最优还需进一步研究。

（三）基于更换电池组的 V2G 实现方法

这种方法的原理类似于集中式的 V2G，但是管理策略上有所不同，其供电模式主要基于更换电动汽车电池组，其更换模式如图 7-2 所示。它融合了常规充电与快速充电的优点，弥补了电动汽车续驶里程不足的缺陷，但是它迫切需要统一电池及充电接口等部件的标准。同时该模式需要建立专门的电池更换站，由于在更换站中存有大量的储能电池，也可以考虑将这些电池连到电网上，利用电池组实现 V2G。

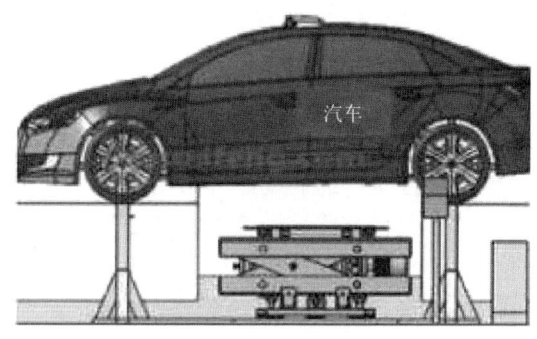

图 7-2　更换电池组的方法

第二节　V2G 接入电网研究综述

尽管 V2G 备用的应用前景被众多专家一致看好，但目前 V2G 还是一个比较新的概念，作为智能电网重要的组成部分，其实施仍有很多问题尚待解决（Kulshrestha et al.，2009；Sekyung et al.，2010）。Lopes 等（2009）指出电动汽车的普及和未来 V2G 技术的应用关键，不仅仅在于技术方面的壁垒，还有社会与文化价值、商业惯例及政治利益等方面的障碍；Fluhr 等（2010）指出 V2G 技术引入的正面作用已经得到学术界的普遍承认，但是对因汽车用户不同驾车、充放电习惯造成的 V2G 备用供需不一的矛盾讨论较少。鉴于此，一些学者分别从交易模式与策略两方面展开了各自的研究设想。例如 Hutson 等（2008）针对电动汽车能量的双向流动性，提出了包含风、光、储、电动汽车等的微电网经济调度策略和模型，分析了电动汽车的加入对微电网经济性的影响；Saber 和 Venayagamoorthy（2009a）同时考虑 V2G 备用与传统发电侧备用，提出了一种最优组合竞价策略以使电网公司和电动汽车用户二者的利益同时达到均衡,实现 V2G 备用与发电备用的联合优化调度;Kramer 等(2008)对在电力公司不同售电电价策略下,电动汽车保有者参与 V2G 市场向电力公司反向供电的响应度进行对比、分析;Jaganathan 和 Gao(2009)假设电动汽车用户自愿参与备用交易并在固定时间段内接入电网,同时基于电力系统采取先到达先服务的 ADS 服务模式,研究了电动汽车保有者与电力系统之间的最优均衡关系;Lee 等(2009)考察到要促使电动汽车用户积极参与 V2G 备用服务,必须制定合理的交易价格策略,以弥补电动汽车用户因参与 V2G 备用服务所付出的成本代价;Zhou 等(2009)分析了含 V2G 备用的备用交易市场中的备用需求、供给与价格之间的联动关系,并由此提出了以购置成本和风险成本总和最小为目标,以可靠性综合电价作为衡量指标的 V2G 备用交易新模式,并基于顺序投标法给出了具体求解方法。

第三节 基于 B-S 期权定价模型的 V2G 备用合约协调机制研究

根据目前研究结果,可以发现这些研究都是建立在电动汽车用户积极响应 V2G 备用交易的前提条件之上的,仅从电网公司或其他团体,如独立系统运营商(independent system operators,ISOs)的损益出发对 V2G 备用的管理细则进行讨论,尚未真正从电动汽车用户充放电行为及其利益出发讨论,致使实际可操作性有待商榷。当前学术界关于 V2G 备用的研究尚处在前期论证阶段,多数研究还停留在实施可能带来的技术、经济与环境的影响或对某些方面的系统优化,而对 V2G 备用市场中如何规制电动汽车用户行为的研究较少,且都集中在交易价格方面(Zhou et al.,2009)。因此,电网公司应从单个电动汽车用户 V2G 备用服务的供给动机出发,对其参与意愿与政策响应进行理性化分析,从而制定有效的协调策略。在此背景下,选择对特定渠道结构的 V2G 备用合约协调问题展开研究。在考察时区的任何时段内,参与者实际上面对的是相同的博弈,因而可以将策略限制在静态策略(Du et al.,2010)。

一、基本模型构建

(一)假设与符号说明

为了便于分析,本节仅考虑由单一电网公司与单一电动汽车用户所组成的渠道结构,且二者均为风险中性的决策个体,因此双方追求的都是期望收益最大化。V2G 备用市场独立运作，不考虑存在有限理性，以及信息的不完全与不对称情形。在不涉及任何协调契约的条件下，电网公司和电动汽车用户之间仅仅发生价格转移。

在确定状态下，为了降低调度成本，电网公司希望电动汽车用户在所研究的交易时段内保持一定预留电量的电荷状态（state of charge，SOC）(Kisacikoglu et al.，2010)，以至足以满足实时电网的备用需求。电动汽车用户一旦中标提供 V2G 备用服务，需要支付备用容量费用。如果 V2G 备用被实时调度，又要支付相应的备用电能费用。假设在投标时段内，V2G 备用供给成本与预留电量 q_{vr} 有关，且可表示为后者的严格递增函数。不失一般性，在本节建立的模型中，以二次函数进行表达，即

$$C_v(q_{vr}) = \frac{\alpha_v}{2} q_{vr}^2 + \beta_v q_{vr} + \gamma_v \qquad (7-1)$$

式中，$\gamma_v > 0$，为固定成本，表示考虑 V2G 备用下的电动汽车电池折旧费，与其充放电量正相关且呈现加速增长的趋势；α_v 和 β_v 分别表示电动汽车的出行便利成本和充放电成本，且值为正的影响参数。

交易实践中，电网公司为了满足 V2G 备用市场的需求与保护电动汽车用户的利益，采用"保底收购，随行就市"合约价格机制来收购电动汽车用户的预留电量，即在考察时区到来之前，根据各自的预期签订一个双方均可接受的购电合约。该合约规定反调电动汽车内存电量的价格为 r_c，其中 $r_c \geq r_0$（r_0 为签订合约时，电动汽车用户同意接受的最低保留电价，即为参与约束）。如果合约履行时备用市场的购电电价 ρ_{MCP} 小于合约规定的价格，电网公司按合约价格调用 V2G 备用预留电量；否则，电动汽车用户以购电电价向电网反向供电。此外，电动汽车用户能根据 V2G 备用市场的价格或者激励信号做出反应，优化充放电行为。

供需平衡时，电网公司按购电电价 ρ_{MCP} 从电力联营体中购置 V2G 备用，同时根据终端用户负荷需求制定备用销售价格策略 R_g。可以证明，V2G 备用的购买价格是关于备用容量价格与电量价格的线性函数，且斜率为该备用被调用的概率，可直接参阅文献（Lee et al.，2009）。考虑到 V2G 备用市场交易价格存在波动性，为数学处理上的方便，将 ρ_{MCP} 视为服从定义于一个共同的有界支持闭集的同一连续密度函数，且其分布函数为 $\Gamma(\cdot)$，值域为 $[\rho_{min}, \rho_{max}]$。而一般情况下，电网公司售电电价是购电电价与上抬价格（uplift price）之和。考虑政府电价调控与时间因素，供电负荷与售电电价之间的动态关系可用微分方程刻画（杨健等，2010；张丽等，2010）。为了便于分析，设 V2G 备用销售价格是一个连续的非负随机变量，且 $R_g \in [\underline{R}, \overline{R}]$，其概率密度函数和累积分布函数分别为 $f(\cdot)$ 和 $F(\cdot)$。

（二）分散系统优化决策模型

考虑电网公司作为领导者而电动汽车用户作为追随者的情形，双方会进行序贯非合作博弈。电网公司在博弈的第一阶段确定 V2G 备用合约均衡价格，电动汽车用户在观测到电网公司的行动选择后，再选择最优的预留电量（黄守军等，2016a）。

定理 7-1：在"保底收购，随行就市"的 V2G 备用合约价格形式下，风险中性的电网公司与电动汽车用户从个体利益最大化角度选择的最优决策分别为

$$\begin{cases} r_c^* = r_0 \\ q_{vr}^* = \dfrac{r_0 \Gamma(r_0) + \int_{r_0}^{\rho_{\max}} y \mathrm{d}\Gamma(y) - \beta_v}{\alpha_v} \end{cases} \quad (7\text{-}2)$$

证明：为了得到此两阶段博弈（或序贯行动博弈）的反馈 Stackelberg 均衡，运用逆向归纳法，首先求出博弈第二阶段的反应函数。于是问题转化为电动汽车用户的单方最优控制问题，其收益函数为

$$\pi_v^{\mathrm{I}}(q_{vr}) = \max(r_c, \rho_{\mathrm{MCP}})q_{vr} - C_v(q_{vr}) \quad (7\text{-}3)$$

可以证明，电动汽车用户参与 V2G 备用交易的期望收益 $E[\pi_v^{\mathrm{I}}(q_{vr})]$ 为预留电量 q_{vr} 的凹函数，则存在唯一确定的均衡解 q_{vr}^* 使其一阶条件成立，且

$$q_{vr}^* = \dfrac{r_c \Gamma(r_c) + \int_{r_c}^{\rho_{\max}} y \mathrm{d}\Gamma(y) - \beta_v}{\alpha_v} \quad (7\text{-}4)$$

而这时电网公司反调 V2G 备用售电的收益函数可以表述为

$$\pi_g^{\mathrm{I}}(r_c) = q_{vr}\left[R_g - \max(r_c, \rho_{\mathrm{MCP}})\right] \quad (7\text{-}5)$$

作为理性的决策者，电网公司需要在保证获得收益的基础上考虑如何确定合约均衡价格。因此，在不涉及任何协调契约的分散决策情形下，电网公司与电动汽车用户签订 V2G 备用合约的必要条件为 $E[\pi_g^{\mathrm{I}}(r_c)] > 0$。由式（7-5）可知，$\dfrac{\partial E[\pi_g^{\mathrm{I}}(r_c)]}{\partial r_c} = -F(r_c)q_{vr} < 0$，则电网公司的期望收益为 V2G 备用合约电价 r_c 的严格单调递减函数，这意味着电网公司不会单方面主动提高合约规定的价格。因此在一般情况下，在签约之前电网公司会竭力将合约电价控制在电动汽车用户的最低保留电价水平，即

$$r_c^* = r_0 \quad (7\text{-}6)$$

(三) 集中系统决策模型

在合作博弈情形下，当电动汽车用户完全服从电网公司的 V2G 备用调度要求时，二者作为整体仅面对不确定的市场需求。由于考虑总体的最优，系统内部的利润分配将暂不考虑。此时，整体渠道结构随机利润函数仅由 q_{vr} 决定，r_c 被消去了。建立总体的最优化模型为

$$\max_{q_{vr}>0} E[\pi_{SC}^{I}(q_{vr})] = q_{vr}\int_{\underline{R}}^{\overline{R}} y dF(y) - C_v(q_{vr}) \tag{7-7}$$

现实中，如果电网公司与电动汽车用户确定合作，那么双方选择的最优 V2G 备用预留电量应使得整体渠道期望收益达到最优，即 $q_{vr}^{\times} = \arg\max_{q_{vr}>0} E[\pi_{SC}^{I}(q_{vr})]$。

为使式 (7-7) 右边最大化，求解它对 q_{vr} 的一阶偏导数并令其等于零，解之可得

$$q_{vr}^{\times} = \frac{\int_{\underline{R}}^{\overline{R}} y dF(y) - \beta_v}{\alpha_v} \tag{7-8}$$

对 Stackelberg 博弈和合作博弈下的均衡电量预留策略、决策系统最优收益进行比较，所得到的相关结论在推论 7-1 中列出。

推论 7-1：（1）以整条渠道期望收益最大化为目标的 V2G 备用均衡预留电量大于分散决策时电动汽车用户选择的最优电能预留量；

（2）在"保底收购，随行就市"的价格形式下，当 $\dfrac{r_0\Gamma(r_0) + \int_{r_0}^{\rho_{\max}} y d\Gamma(y) + \int_{\underline{R}}^{\overline{R}} y dF(y)}{2} \leqslant$
$R_g \leqslant \overline{R}$ 时，集中决策下的系统均衡收益大于等于分散决策时的系统最优收益，反之则相反。

可以看出，推论 7-1 中结论（2）与传统的认识很不相同。相关研究一般认为渠道结构在集中决策模式下的收益一定大于等于分散决策模式下的收益，而结论（2）则表明，当电网公司售电电价下降较大时，V2G 备用渠道结构在集中决策下的收益有可能小于分散决策下的收益。这是因为受到不确定因素的影响，V2G 备用销售价格的下降使得集中系统的收益降低，但是在集中决策情形下选择的最优预留电量大于分散决策情形下的最优预留电量，且电动汽车用户的均衡预留电量提高导致 V2G 备用供给成本增加。

(四) 算例分析一

假设某一 V2G 备用市场交易时段长度为 1h，且电网公司的销售电价 R_g 服从

区间[0.5, 1]上的均匀分布，单位为元/(kW·h)；为了便于分析，设备用市场购电价格为销售价格的 4/5，即 $\rho_{MCP} = 0.8R_g$，且电动汽车用户同意接受的最低保留电价 $r_0 = 0.6$ 元/(kW·h)；V2G 备用服务供给成本系数分别为 $\alpha_v = 3.2 \times 10^{-4}$ 元/(kW²·h)、$\beta_v = 0.1$ 元/(kW·h)及 $\gamma_v = 240$ 元/h。

在以上算例情景下，由定理 7-1 可知，电网公司选择的最优合约价格 r_c^* 也为 0.6 元/(kW·h)。另外，将相关参数分别代入式（7-2）、式（7-8）中，得到 V2G 备用渠道结构进行分散、集中决策下的电动汽车用户均衡预留电量为 $q_{vr}^* = 1500$kW 和 $q_{vr}^x = 2031.25$kW，这与推论 7-1 中结论（1）一致，即序贯行动博弈均衡时的 V2G 备用最优预留电量小于合作博弈均衡下的相应值。将它们代入双方及决策系统的收益函数中，可以得到在不同的售电策略下电网公司、电动汽车用户及整体渠道的收益情况，结果如图 7-3 和图 7-4 所示。

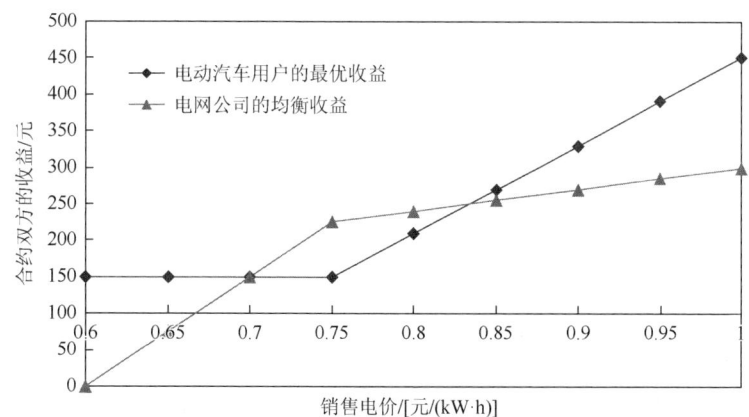

图 7-3　销售电价的变动对 V2G 备用合约双方收益的影响

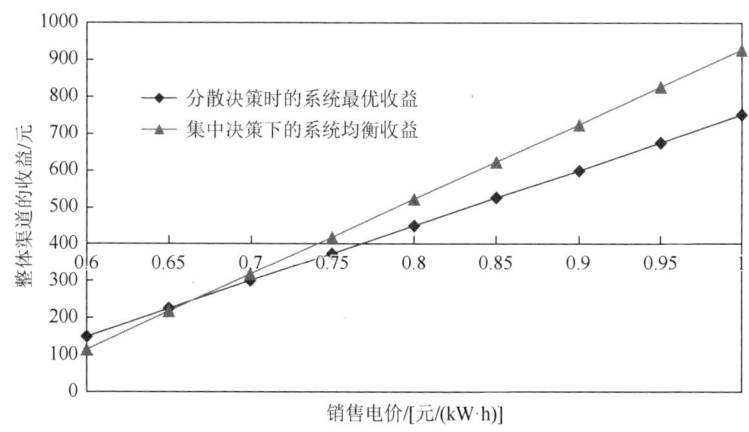

图 7-4　销售电价的变动对决策系统收益的影响

由图 7-3 可知，当制定的 V2G 备用销售价格 $R_g <$ 0.75 元/(kW·h)时，电网公司的收益将随着其购电价格 ρ_{MCP} 的减小而减小，但与此同时电动汽车用户的收益则保持不变；而当销售电价 $R_g \geqslant$ 0.75 元/(kW·h)时，备用合约双方的收益都将随着购电电价 ρ_{MCP} 的增大而增大。这是因为电网公司为了保障电动汽车用户的收益，提供"保底收购，随行就市"的 V2G 备用价格合约，且如果购电电价 ρ_{MCP} 小于 0.6 元/(kW·h)[即 $R_g <$ 0.75 元/(kW·h)]，电网公司必须以最优合约价格 $r_c^* =$ 0.6 元/(kW·h)收购电动汽车用户预留的所有备用电量；反之，电网公司直接按购电价格 ρ_{MCP} 收购 V2G 备用。需要指出的是，当销售价格小于电动汽车用户的最低保留电价 r_0，即 $R_g <$ 0.6 元/(kW·h)时，电网公司获得的均衡收益小于 0，在信息不对称的情况下电网公司存在收购违约风险。

由图 7-4 可以看出，当 V2G 备用销售价格在其数学期望处取值，即 $R_g =$ 0.75 元/(kW·h)时，集中决策下的系统均衡收益大于分散决策时的系统最优收益。此外，无论是在集中决策模式或是分散决策模式下，整体渠道的收益都与销售电价 R_g 正相关。但是相比而言，电网公司的价格策略对合作博弈决策系统的均衡收益的影响更为显著，且当 R_g 取值越大时，此种影响就越大。尤其是当 $R_g <$ 0.65 元/(kW·h)时，集中决策下的渠道最优收益将会小于分散决策下的合约双方均衡收益之和，这与推论 7-1 中（2）相一致。

纵观以上分析，电网公司单一实施"保底收购，随行就市"合约价格机制并不能完全化解 V2G 备用市场的交易风险。对此，下面将引入期权来控制该渠道结构的市场价格波动风险，并基于此利用"预留协作＋保证金"的联合契约协调机制提高决策系统的最优绩效水平，保证 V2G 备用合约的有效执行。

二、合约价格下 V2G 备用 B-S 期权定价模型

考虑到 V2G 备用的销售价格由市场决定，但市场价格往往是不确定的，因此电网公司通过购买期权的方式进行套期保值，以转移 V2G 备用市场价格波动所带来的风险。也就是说，电网公司与电动汽车用户签约后，再购买期权以防范销售 V2G 备用的价格风险。此时，如果售电电价小于期权执行价格，则电网公司行权以期权执行价格出售从电动汽车用户处收购的预留电量；反之，电网公司将在 V2G 备用市场上以售电电价直接出售电动汽车用户的预留电量，且将损失购买期权的费用。在实际应用中，主要利用 B-S（Black-Scholes）期权定价模型（王丹等，2010）来确定期权价格的费用。

（一）反馈 Stackelberg 均衡

为了规避 V2G 备用市场价格波动带来的风险，电网公司选择购买期权进行套期保值，且决策变量为合约价格 r_c 和期权执行价格 λ_0。此时，电网公司的收益函数可表示为

$$\pi_g^{II}(r_c,\lambda_0) = q_{vr}[\max(R_g,\lambda_0) - \max(r_c,\rho_{MCP}) - v(\lambda_0)] \tag{7-9}$$

式中，$v(\lambda_0)$ 表示期权费，其函数形式为

$$v(\lambda_0) = \lambda_0 \, e^{-\eta(T-t)} \Phi(-\kappa_2) - s\Phi(-\kappa_1) \tag{7-10}$$

式中，t 表示电网公司与电动汽车用户签订合约后购买期权的时刻；T 表示 V2G 备用的销售时刻；η 表示期权有效期内以连续复利计的无风险利率（V2G 备用的预期收益率）；s 表示 V2G 备用在 t 时刻的销售价格；$\Phi(\cdot)$ 表示标准正态分布变量的累积概率分布函数，且变量之间存在如下关系：

$$\begin{cases} \kappa_1 = \dfrac{\ln\dfrac{s}{\lambda_0} + (T-t)\left(\eta + \dfrac{\sigma^2}{2}\right)}{\sigma\sqrt{T-t}} \\ \kappa_2 = \kappa_1 - \sigma\sqrt{T-t} \end{cases} \tag{7-11}$$

式中，σ 表示价格变动率，是 V2G 备用收益率的标准差。电网公司将从个体最优的角度出发决定 V2G 备用合约价格和期权执行价格以实现其期望收益的最大化。由式（7-9）可得电网公司的期望收益为

$$E[\pi_g^{II}(r_c,\lambda_0)] = q_{vr}\left[\lambda_0 F(\lambda_0) + \int_{\lambda_0}^{\overline{R}} y dF(y) - r_c \Gamma(r_c) - \int_{r_c}^{\rho_{\max}} y d\Gamma(y) - v(\lambda_0)\right]$$

$$(7-12)$$

此外，作为分散的决策个体，电网公司将独自承担购买期权的费用 $v(\lambda_0)$。这时，如果实施期权后电网公司的期望收益非正，其将不会选择购买期权的方式来防范 V2G 备用市场价格风险。因此，由式（7-12）可知电网公司实施期权的前提条件为 $E[\pi_g^{II}(r_c,\lambda_0)] > 0$，且

$$\lambda_0 F(\lambda_0) - \int_{\underline{R}}^{\lambda_0} y dF(y) - v(\lambda_0) \leqslant 0 \tag{7-13}$$

否则，电网公司购买期权后的期望收益恒增加，这使得理性电网公司将选择无穷大的期权执行价格，这显然与现实不符。

定理 7-2：（1）对于任一确定的期权执行价格 λ_0，电网公司的期望收益 $E[\pi_g^{II}(r_c,\lambda_0)]$ 为合约电价 r_c 的严格单调减函数，则

$$\tilde{r}_c = r_0 \tag{7-14}$$

（2）当 $\sigma\lambda_0^2\sqrt{T-t}f(\lambda_0) < s\varphi(\kappa_1)$ 时，存在唯一确定的期权执行价格 $\tilde{\lambda}_0$ 使得 $E[\pi_g^{II}(r_0,\lambda_0)]$ 最大化，其中 $\varphi(\cdot)$ 为标准正态分布的密度函数，且

$$\tilde{\lambda}_0 = F^{-1}[\mathrm{e}^{-\eta(T-t)}\Phi(-\kappa_2)] \tag{7-15}$$

证明：求解电网公司的决策函数关于 V2G 备用合约价格 r_c 的一阶条件，得到：

$$\frac{\partial E\left[\pi_g^{II}(r_c,\lambda_0)\right]}{\partial r_c} = -\Gamma(r_c)q_{vr} \tag{7-16}$$

由此可知，期望收益 $E[\pi_g^{II}(r_c,\lambda_0)]$ 同样是 r_c 的严格单调递减函数。因此，当合约电价最小时，电网公司的期望收益最大，即 $\tilde{r}_c = r_0$，如式（7-14）所示。在此基础上，求解最优的期权执行价格 $\tilde{\lambda}_0$ 使得 $E[\pi_g^{II}(r_0,\lambda_0)]$ 达到最大化。由隐函数的求导法则得

$$\begin{aligned}\frac{\mathrm{d}E[\pi_g^{II}(r_0,\lambda_0)]}{\mathrm{d}\lambda_0} &= q_{vr}\left[F(\lambda_0) - \frac{\mathrm{d}v(\lambda_0)}{\mathrm{d}\lambda_0}\right] \\ &= q_{vr}\left\{F(\lambda_0) - \mathrm{e}^{-\eta(T-t)}\left[\Phi(-\kappa_2) - \lambda_0\varphi(\kappa_2)\frac{\mathrm{d}\kappa_2}{\mathrm{d}\lambda_0}\right] + s\varphi(\kappa_1)\frac{\mathrm{d}\kappa_1}{\mathrm{d}\lambda_0}\right\}\end{aligned} \tag{7-17}$$

将式（7-11）代入式（7-17）中，经化简整理后得

$$\frac{\mathrm{d}E[\pi_g^{II}(r_0,\lambda_0)]}{\mathrm{d}\lambda_0} = q_{vr}[F(\lambda_0) - \mathrm{e}^{-\eta(T-t)}\Phi(-\kappa_2)] \tag{7-18}$$

对式（7-18）求二阶偏导数，可得

$$\frac{\mathrm{d}^2 E[\pi_g^{II}(r_0,\lambda_0)]}{\mathrm{d}\lambda_0^2} = \frac{q_{vr}[\sigma\lambda_0^2\sqrt{T-t}f(\lambda_0) - s\varphi(\kappa_1)]}{\sigma\lambda_0^2\sqrt{T-t}} \tag{7-19}$$

可以看出，$q_{vr} > 0$，且 $\sigma\lambda_0^2\sqrt{T-t} > 0$，因此当 $\sigma\lambda_0^2\sqrt{T-t}f(\lambda_0) < s\varphi(\kappa_1)$ 时，$E[\pi_g^{II}(r_0,\lambda_0)]$ 为关于期权执行价格的凹函数，则存在唯一确定的最优期权执行价格 $\tilde{\lambda}_0$ 使得由式（7-18）所决定的一阶条件成立，且如式（7-15）所示。

该定理表明，实施期权前后电网公司决定的最优合约电价相等，即 $\tilde{r}_c = r_c^* = r_0$，且期权的均衡执行价格 $\tilde{\lambda}_0$ 与 V2G 备用现价 s、售电电价波动率 σ、无风险利率 η 及期权有效期 $T-t$ 有关。据此得到推论 7-2。

推论 7-2：当 $\sigma\lambda_0^2\sqrt{T-t}f(\lambda_0) < s\varphi(\kappa_1)$ 时，电网公司决定的期权执行价格 $\tilde{\lambda}_0$ 满足以下几点。

(1) 不受 V2G 备用合约价格 r_c 的影响。

(2) 对于任一给定的 σ、η 和 $T-t$，$\dfrac{\partial \tilde{\lambda}_0}{\partial s}<0$；而对于任一给定的 s、η 和 $T-t$，$\dfrac{\partial \tilde{\lambda}_0}{\partial \sigma}>0$，且对于任一给定的 s、σ 和 $T-t$，$\dfrac{\partial \tilde{\lambda}_0}{\partial \eta}<0$。

(3) 对于任一给定的 s、σ 和 η，当 $\kappa_1>2\eta\left[\dfrac{\sqrt{T-t}}{\sigma}+\dfrac{\Phi(-\kappa_2)(T-t)}{\varphi(\kappa_2)}\right]$ 时，$\dfrac{\partial \tilde{\lambda}_0}{\partial (T-t)}>0$；反之亦然。

推论 7-2 说明，电网公司选择的最优期权执行价格 $\tilde{\lambda}_0$ 与 V2G 备用现价 s、无风险利率 η 负相关，与售电电价波动率 σ 正相关。然而，期权的均衡执行价格与期权有效期 $T-t$ 的相关性却受到 s、σ 和 η 的影响。这是因为期权有效期越长，购买期权的电网公司面临的风险越大，需要上调期权执行价格以规避市场风险；同时期权的套期保值时间越长，出售期权的卖方面临的风险也越大，因而所要支付的保险费也理应越高，但具体的期权保险费与所有的外生变量 $(s,\sigma,\eta,T-t)$ 均有关。因此，只有在一定条件下，如 $\kappa_1\leqslant 2\eta\left[\dfrac{\sqrt{T-t}}{\sigma}+\dfrac{\Phi(-\kappa_2)(T-t)}{\varphi(\kappa_2)}\right]$，V2G 备用期权的最优执行价格与其有效期负相关，反之，则与期权有效期正相关。

值得注意的是，电动汽车用户是基于 V2G 备用合约价格、购电电价及供给成本来确定均衡预留电量，因此电网公司购买期权进行套期保值，不会影响电动汽车用户的最优决策行为及其收益，即

$$\tilde{q}_{vr}=q_{vr}^*,\pi_v^{II}(\tilde{q}_{vr})=\pi_v^{I}(q_{vr}^*) \tag{7-20}$$

（二）合作博弈均衡解

考虑电网公司与电动汽车用户合作博弈下的 V2G 备用 B-S 期权定价模型，假设此时由电网公司决定电动汽车用户的 V2G 备用预留电量和期权执行价格，使得整体渠道达到最优。构造总体期望收益的最优化问题可用下述数学模型来描述：

$$\max_{q_{vr}>0,\lambda_0>0} E[\pi_{SC}^{II}(q_{vr},\lambda_0)]=q_{vr}\left[\lambda_0 F(\lambda_0)+\int_{\lambda_0}^{\bar{R}} y \mathrm{d}F(y)-v(\lambda_0)\right]-C_v(q_{vr})$$

$$\tag{7-21}$$

定理 7-3：(1) 对任一确定的期权执行价格 λ_0，存在唯一确定的最优电动汽车用户预留电量 $\hat{q}_{vr}$，使得由式（7-21）所决定的一阶条件成立，且

$$\hat{q}_{\mathrm{vr}} = \frac{\lambda_0 F(\lambda_0) + \int_{\lambda_0}^{\bar{R}} y \mathrm{d}F(y) - v(\lambda_0) - \beta_{\mathrm{v}}}{\alpha_{\mathrm{v}}} \quad (7-22)$$

(2) 当 $\sigma \lambda_0^2 \sqrt{T-t} f(\lambda_0) < s\varphi(\kappa_1)$ 时，存在唯一确定的期权执行价格 $\hat{\lambda}_0$ 使得总体期望收益 $E\left[\pi_{\mathrm{SC}}^{\mathrm{II}}(\hat{q}_{\mathrm{vr}}, \lambda_0)\right]$ 最优化，且

$$\hat{\lambda}_0 = F^{-1}[e^{-\eta(T-t)} \varPhi(-\kappa_2)] \quad (7-23)$$

证明：证明过程与定理 7-2 类似，限于篇幅此处省略。

该定理表明，实施期权后 V2G 备用渠道在集中决策下的期权执行价格等于分散决策下的期权执行价格，即 $\tilde{\lambda}_0 = \hat{\lambda}_0$。也就是说，$\hat{\lambda}_0$ 也是由 s、σ、η 及 $T-t$ 共同决定，且参数之间的正负相关性与推论 7-2 一致。另外，由式（7-22）可以看出，集中决策模式下电网公司决定的 V2G 备用最优预留电量受到期权执行价格及购买期权费用的影响。

对上述四种不同博弈结构下的均衡预留电量进行比较，得到如下推论。

推论 7-3：在集中决策模式下，实施期权后整条渠道决定的 V2G 备用均衡预留电量 $\hat{q}_{\mathrm{vr}}$ 小于未实施期权时整条渠道决定的最优预留电量 $q_{\mathrm{vr}}^{\times}$，但大于分散决策模式下电动汽车用户选择的均衡预留电量 q_{vr}^{*} 和 $\tilde{q}_{\mathrm{vr}}$。

（三）算例分析二

下面通过数值分析来进一步说明 B-S 期权定价模型的有效性。考虑电网公司与电动汽车用户之间签订 V2G 备用的期权订购合约，外部变量设定如下：V2G 备用当前的市场销售价格 $s = 0.75$ 元/(kW·h)，且其无风险利率 $\eta = 12\%$；备用市场价格的波动率 $\sigma = 15\%$，期权有效期为一季度。为了对比分析实施期权前后电网公司、电动汽车用户及整条渠道的收益变化情况，其他参数与算例分析一一致。

由定理 7-2 可得，电网公司决定的最优 V2G 备用合约价格 $\tilde{r}_{\mathrm{c}} = 0.6$ 元/(kW·h)，均衡的期权执行价格 $\tilde{\lambda}_0 = 0.78$ 元/(kW·h)。与此相应，期权费用 $v(\tilde{\lambda}_0) = 0.036$ 元/(kW·h)，电网公司的期望收益 $E[\pi_{\mathrm{g}}^{\mathrm{II}}(\tilde{r}_{\mathrm{c}}, \tilde{\lambda}_0)] = 213.6$ 元。因此，电网公司可以通过选择购买期权来防范备用市场价格波动所带来的风险。

由图 7-5 可知，在分散决策模式下，电网公司实施期权进行套期保值，以规避 V2G 备用市场的价格风险后，在保证自身收益相对稳定的基础上，并未影响到电动汽车用户的收益，则整个渠道的收益波动幅度相应减小。而在集中决策模式下，当销售电价上升较小或者下降较大，如 $R_{\mathrm{g}} < 0.74$ 元/(kW·h) 时，实施期权有利于提高决策系统的最优收益；反之，由于购买期权需要电网公司支付一定期权

费用,则当 V2G 备用销售价格上升较大或者下降较小,如 $R_g \geq 0.74$ 元/(kW·h)时,购买期权会使得决策系统的均衡收益减小。

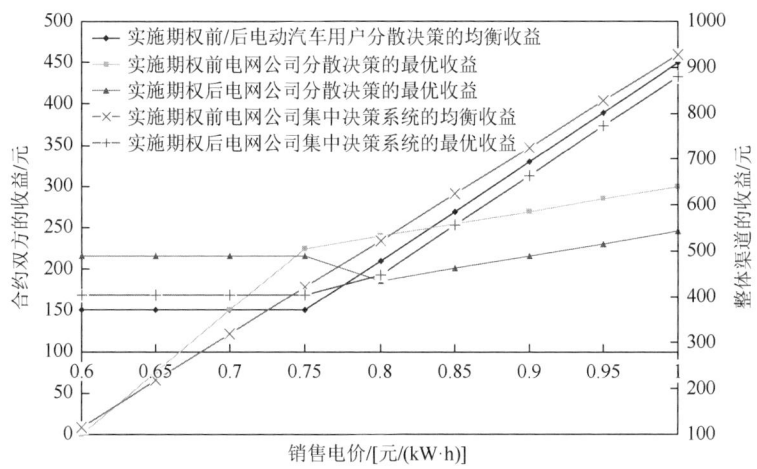

图 7-5 实施期权前后销售电价的变动对合约双方及整条渠道收益的影响

由图 7-6 可以看出,在采用期权进行风险转移的情形下,电网公司与电动汽车用户分散决策时的均衡收益之和小于集中决策模式下整个渠道的最优收益。因此,引入期权进行套期保值,减小电网公司在 V2G 备用市场中面临的价格风险,有利于防范其机会主义行为,但并没有实现该备用合约渠道的完美协调。因此,下面考虑"B-S 期权定价 + 预留协作 + 保证金"契约协调机制,以提高决策系统的绩效水平。

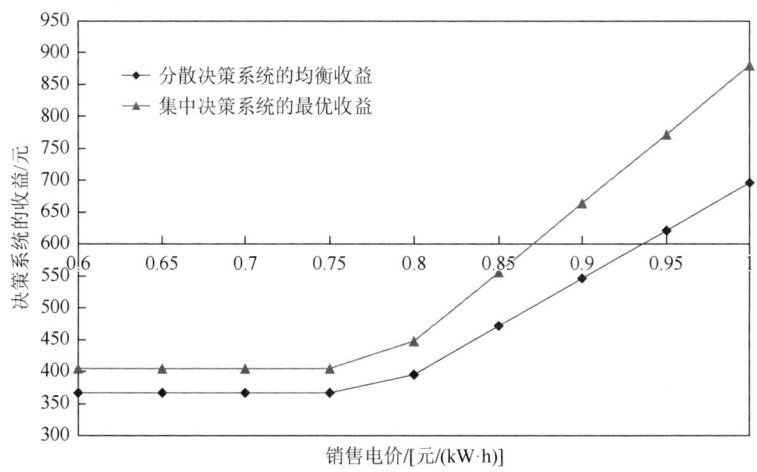

图 7-6 实施期权后销售电价的变动对决策系统收益的影响

三、V2G 备用合约 "B-S 期权定价 + 预留协作 + 保证金" 契约协调机制

电网公司为改善渠道绩效及保证电动汽车用户的 V2G 备用稳定供应，在实施期权的基础上，采用 "预留协作 + 保证金" 契约协调机制来激励电动汽车用户提高预留电量。其中，预留协作是指电网公司参与电动汽车用户的电能预留过程，双方共同协作完成 V2G 备用的预留任务，即在此过程中，电网公司提供充放电技术或设备、管理流程等一系列服务，保证电量预留的顺利进行，提高供给总量，降低电动汽车用户的 V2G 备用服务供给成本。

（一）最优协调参数设计

在联合契约中，假设由电网公司与电动汽车用户谈判确定的预留协作比例为 $\delta_g (0<\delta_g<1)$，且该机制可以使得合约双方成为一个利益共同体。电网公司提供 V2G 备用预留协作契约的实质是与电动汽车用户共同投入成本进行电量预留，前者资金的支持与技术的投入，提高了后者电能预留行为的积极性，使得电动汽车用户的 V2G 备用供给成本降低和预留电量提高，从而实现渠道的协调。

另外，虽然电动汽车用户是独立的决策个体，但在履行 V2G 备用合约的过程中离不开电网公司提供必要的技术或设备支持，因此电动汽车用户需向电网公司交纳一定的保证金 N_v 作为合作补偿。保证金也可以看作参与 V2G 备用交易的加盟费，且在很大程度上可以防范和消除电动汽车用户的道德风险。

定理 7-4： 当 $\sigma \lambda_0^2 \sqrt{T-t} f(\lambda_0) < s\varphi(\kappa_1)$ 时，存在唯一确定的预留协作系数 $\bar{\delta}_g$，且

$$\bar{\delta}_g = 1 - \frac{r_0 \Gamma(r_0) + \int_{r_0}^{\rho_{\max}} y \mathrm{d}\Gamma(y)}{\bar{\lambda}_0 F(\bar{\lambda}_0) + \int_{\bar{\lambda}_0}^{\bar{R}} y \mathrm{d}F(y) - v(\bar{\lambda}_0)} \quad (7\text{-}24)$$

式中，$\bar{\lambda}_0$ 表示均衡的 V2G 备用期权执行价格。在此基础上，为使得合作系统的效用函数最大化，电动汽车用户对电网公司的最优保证金支付策略 $\bar{N}_v$ 为

$$\bar{N}_v = (q_{vr}^* - \bar{q}_{vr}) \left[\bar{\lambda}_0 F(\bar{\lambda}_0) + \int_{\bar{\lambda}_0}^{\bar{R}} y \mathrm{d}F(y) - r_0 \Gamma(r_0) - \int_{r_0}^{\rho_{\max}} y \mathrm{d}\Gamma(y) - v(\bar{\lambda}_0) \right] + \bar{\delta}_g \left(\frac{\alpha_v}{2} \bar{q}_{vr}^2 + \beta_v \bar{q}_{vr} + \gamma_v \right) + \frac{\Delta \bar{A}_{SC}(q_{vr}, \lambda_0) - \ln \frac{\chi_v(1-\chi_g)}{1-\chi_v}}{2} \quad (7\text{-}25)$$

式中，$\Delta \overline{A}_{SC}(q_{vr},\lambda_0)$ 表示契约协调下合作系统的均衡期望增量收益，由于表达式过于复杂，所以在此没有给出具体的表达式，在算例分析三中将给出数值解；χ_g 和 χ_v 分别表示电网公司和电动汽车用户基于各自耐心度的贴现因子（刘晓飞等，2012）。

证明：首先考虑电网公司的决策行为，其通过调整 V2G 备用合约价格和确定期权执行价格来实现自身利益的最大化，且收益函数可以表述为

$$\pi_g^{III}(r_c,\lambda_0) = q_{vr}[\max(R_g,\lambda_0) - \max(r_c,\rho_{MCP}) - v(\lambda_0)] - \delta_g C_v(q_{vr}) + N_v \tag{7-26}$$

对任意确定的期权执行价格，由 $\dfrac{\partial E[\pi_g^{III}(r_c,\lambda_0)]}{\partial r_c} = -\Gamma(r_c)q_{vr} < 0$，可以得到电网公司的期望收益是关于 r_c 的严格单调递减函数，因此在 V2G 备用合约价格最小时取得最大值，即

$$\overline{r}_c = r_0 \tag{7-27}$$

可以证明当 $\sigma\lambda_0^2\sqrt{T-t}f(\lambda_0) < s\varphi(\kappa_1)$ 时，$E[\pi_g^{III}(r_0,\lambda_0)]$ 为期权执行价格的凹函数，且最优的 $\overline{\lambda}_0$ 满足：

$$\overline{\lambda}_0 = F^{-1}[e^{-\eta(T-t)}\Phi(-\kappa_2)] \tag{7-28}$$

而这时电动汽车用户的收益函数为

$$\pi_v^{III}(q_{vr}) = \max(r_c,\rho_{MCP})q_{vr} - (1-\delta_g)C_v(q_{vr}) - N_v \tag{7-29}$$

容易证明，在上述契约协调机制情形下，电动汽车用户参与 V2G 备用交易的期望收益 $E[\pi_v^{III}(q_{vr})]$ 为预留电量 q_{vr} 的严格凹函数，则存在唯一确定的均衡解 $\overline{q}_{vr}$ 使其一阶条件成立，且

$$\overline{q}_{vr} = \dfrac{\dfrac{r_c\Gamma(r_c) + \int_{r_c}^{\rho_{\max}} y\mathrm{d}\Gamma(y)}{1-\delta_g} - \beta_v}{\alpha_v} \tag{7-30}$$

在分散决策下，实现合作系统完美协调的条件（即电网公司利用该联合契约协调的目的）是在保证电网公司和电动汽车用户均可各自决策、追求个体利益最大化的基础上，诱导电动汽车用户选择的最优 V2G 备用预留电量等于整体渠道期望收益最大时所需要的均衡预留电量。因此，可令 $\overline{q}_{vr} = \hat{q}_{vr}$，从而得到

$$\dfrac{r_c\Gamma(r_c) + \int_{r_c}^{\rho_{\max}} y\mathrm{d}\Gamma(y)}{1-\delta_g} = \lambda_0 F(\lambda_0) + \int_{\lambda_0}^{\overline{R}} y\mathrm{d}F(y) - v(\lambda_0) \tag{7-31}$$

将均衡时的 V2G 备用合约和执行价格代入式（7-31），得到的最优的预留

协作比例如式（7-24）所示。可以看出，此时电网公司对备用供给成本的分担率不受保证金的影响，但与备用合约电价和期权费负相关。另外，在确定提供预留协作与保证金契约的情形下，可以将电网公司和电动汽车用户的期望收益变形为

$$\begin{cases} E[\pi_g^{III}(r_c, \lambda_0)] = \delta_g E[\pi_{SC}^{II}(q_{vr}, \lambda_0)] + N_v \\ E[\pi_v^{III}(q_{vr})] = (1 - \delta_g) E[\pi_{SC}^{II}(q_{vr}, \lambda_0)] - N_v \end{cases} \quad (7\text{-}32)$$

式（7-32）表明，预留协作系数 δ_g 为电网公司或电动汽车用户所得的期望收益占整个渠道期望收益的比例，而保证金 N_v 为用于防范电动汽车用户的道德风险，也可以调节渠道中合作双方之间期望收益的分配比例。倘若最终的增量收益分配方案合理可行，即方案同时满足电网公司和电动汽车用户的个体理性约束和参与约束，那么对 V2G 备用合约双方收益来说，考虑联合契约协调的分散决策情形具有帕累托优势。

设 $\Delta A_g(r_c, \lambda_0)$ 和 $\Delta A_v(q_{vr})$ 分别表示与分散决策下的 B-S 期权定价模型的均衡收益相比，契约协调给电网公司和电动汽车用户带来的期望收益增量，且 $\Delta \bar{A}_{SC}(q_{vr}, \lambda_0) = \Delta A_g(r_c, \lambda_0) + \Delta A_v(q_{vr})$。V2G 备用合约双方将通过协商来确定此系统期望增量收益的分配，以实现"共赢"的目标，同时电网公司和电动汽车用户的效用函数均采用常见的指数效用函数。渠道双方的目标为合作系统的效用函数，即电网公司和电动汽车用户效用函数的加权平均最大化。

本节采用 Rubinstein-Stahl 讨价还价模型来分析渠道双方效用权重的确定问题。在此暂不考虑谈判破裂风险和内外部选择因素对谈判的影响，同时排除极端情况：谈判双方都既不是毫无耐心也不是拥有无限耐心，此后的过程与完全信息动态博弈相同。Rubinstein 证明了在无限期轮流出价博弈中，存在唯一的子博弈精炼 Nash 均衡结果是 $\bar{\eta}_g = \dfrac{1 - \chi_v}{1 - \chi_g \chi_v}$，即给定其他情况（如出价次序），越有耐心的参与者得到的效用权重越大。至此，合约双方的期望收益增量分配模型可以表示如下：

$$\begin{aligned} \max_{\Delta A_g > 0, \Delta A_v > 0} & U_{SC}[\Delta A_g(r_c, \lambda_0), \Delta A_v(q_{vr})] \\ & = \bar{\eta}_g U_g[\Delta A_g(r_c, \lambda_0)] + (1 - \bar{\eta}_g) U_v[\Delta A_v(q_{vr})] \\ & = 1 - \frac{1 - \chi_v}{1 - \chi_g \chi_v} e^{-\Delta A_g(r_c, \lambda_0)} - \frac{\chi_v(1 - \chi_g)}{1 - \chi_g \chi_v} e^{-\Delta A_v(q_{vr})} \end{aligned} \quad (7\text{-}33)$$

求解式（7-33）右端关于电网公司和电动汽车用户期望收益增量的一阶条件，得到：

$$\begin{cases} \Delta \bar{A}_{\mathrm{g}}(r_{\mathrm{c}},\lambda_0) = \dfrac{\Delta \bar{A}_{\mathrm{SC}}(q_{\mathrm{vr}},\lambda_0) - \ln\dfrac{\chi_{\mathrm{v}}(1-\chi_{\mathrm{g}})}{1-\chi_{\mathrm{v}}}}{2} \\ \Delta \bar{A}_{\mathrm{v}}(q_{\mathrm{vr}}) = \dfrac{\Delta \bar{A}_{\mathrm{SC}}(q_{\mathrm{vr}},\lambda_0) + \ln\dfrac{\chi_{\mathrm{v}}(1-\chi_{\mathrm{g}})}{1-\chi_{\mathrm{v}}}}{2} \end{cases} \quad (7\text{-}34)$$

其中，V2G 备用合约双方在契约协调下合作系统期望增量收益中所占的份额相等；倘若 $\dfrac{\chi_{\mathrm{v}}(1-\chi_{\mathrm{g}})}{1-\chi_{\mathrm{v}}}>1$，那么 $\dfrac{\ln\dfrac{\chi_{\mathrm{v}}(1-\chi_{\mathrm{g}})}{1-\chi_{\mathrm{v}}}}{2}$ 表示电网公司给予电动汽车用户正的收益补贴；否则，它表示电动汽车用户给予电网公司的转移支付。由式（7-12）、式（7-20）及式（7-26）可知，上述契约协调下电网公司的期望收益增量可以表示为

$$\Delta A_{\mathrm{g}}(r_{\mathrm{c}},\lambda_0) = (\bar{q}_{\mathrm{vr}} - q_{\mathrm{vr}}^*)\left[\lambda_0 F(\lambda_0) + \int_{\lambda_0}^{\bar{R}} y\mathrm{d}F(y) - r_{\mathrm{c}}\Gamma(r_{\mathrm{c}}) - \int_{r_{\mathrm{c}}}^{\rho_{\max}} y\mathrm{d}\Gamma(y) - v(\lambda_0)\right] - \delta_{\mathrm{g}}C_{\mathrm{v}}(\bar{q}_{\mathrm{vr}}) + N_{\mathrm{v}} \quad (7\text{-}35)$$

将式（7-35）与式（7-24）和式（7-34）联立，即可得到电动汽车用户交纳保证金的均衡解为式（7-25）。

（二）算例分析三

为了对比分析电网公司实施"B-S 期权定价 + 预留协作 + 保证金"契约协调机制后电网公司、电动汽车用户及渠道的收益变化情况，进而验证此机制的有效性，所有参数设定均与算例分析一、分析二一致。

与算例分析二一致，这时同样满足电网公司实施期权进行套期保值的前提条件，即其期望收益为正。将相关参数代入式（7-30）中，计算实施该联合契约协调后，分散决策模式下电动汽车用户确定的最优 V2G 备用预留电量等于实施期权时整条渠道期望收益最大化时的均衡预留电量，即 $\bar{q}_{\mathrm{vr}} = \hat{q}_{\mathrm{vr}} = 2163.75\mathrm{kW}$。由式（7-24）可知，使得合作系统达到完美协调的最优 V2G 备用预留协作比例为 $\bar{\delta}_{\mathrm{g}} = 0.1797$。相应地，电网公司和电动汽车用户的均衡期望收益之和等于集中决策下的 B-S 期权定价模型的最优期望收益，这与式（7-32）是一致的，且合作系统的均衡期望增量收益为 $\Delta \bar{A}_{\mathrm{SC}}(q_{\mathrm{vr}},\lambda_0) = 70.49$ 元。与此同时，为了防范电动汽车用户的道德风险，电网公司决定对电动汽车用户收取一定的交易保证金，但它的具体取值由双方通过协商来确定。

在此基础上，进一步假设 V2G 备用合约双方基于各自耐心度的贴现因子分别为 $\chi_g = 0.85$ 和 $\chi_v = 0.8$，即按 Rubinstein-Stahl 讨价还价模型，确定电网公司分得的效用权重为 $\bar{\eta}_g = 0.625$，相应的期望收益增量为 $\Delta A_g(r_c, \lambda_0) = 35.50$ 元，则契约协调给电动汽车用户带来的期望收益增量为 $\Delta A_v(q_{vr}) = 34.99$ 元。将计算结果代入式（7-25）中，从而得到电网公司收取的均衡保证金为 $\bar{N}_v = 157.61$ 元/h。由此可见，在实施 V2G 备用合约"B-S 期权定价＋预留协作＋保证金"契约协调机制情形下，渠道成员获取的期望收益均得到帕累托改进。

四、小结

本节基于 V2G 备用市场的风险中性交易特点构建了电网公司确定合约电价、电动汽车用户选择预留电量的备用合约优化决策模型，并在此决策模型中利用了实践中常用的"保底收购，随行就市"合约价格机制以保护电动汽车用户的收益，提高 V2G 备用合约的履约率。除此之外，本节还对比分析了集中与分散决策模式下电网公司、电动汽车用户的最优决策行为及其均衡收益情况。在此基础上，考虑采用 B-S 期权定价模型来化解 V2G 备用市场价格波动风险，但此时渠道并未实现完美协调。因此，提出一种"B-S 期权定价＋预留协作＋保证金"契约机制来协调此类 V2G 备用合约渠道，且合作系统成员的期望收益均具有帕累托优势，并给出了均衡时的预留协作系数、交易保证金及合约电价之间满足的解析关系。

研究发现：①电网公司仅简单地实施"保底收购，随行就市"合约价格机制，虽然降低了电动汽车用户面临的市场风险，提高了 V2G 备用合约的履约率，但这样做将使得市场风险完全由电网公司来承担，因此无法防止其在市场行情不好，如销售电价跌幅较大时的机会主义行为，即电网公司存在收购违约的风险。②V2G 备用市场价格的波动使得集中决策模式下的系统最优收益有可能小于分散决策时的系统均衡收益，这与传统的认识不一致。但是在合作博弈下的最优 V2G 备用预留电量大于 Stackelberg 博弈下的均衡电能预留量，且电动汽车用户的最优预留电量提高导致投入的备用供给成本增加。③在分散决策情形下，电网公司选择购买期权以规避 V2G 备用市场价格波动所带来的风险后，保证自身可以获得相对稳定收益的同时，电动汽车用户的收益并不改变。但是，在实施期权进行 V2G 备用套期保值的情形下，分散系统的均衡收益与集中系统最优收益之间还存在一定的改进空间。④预留协作有利于提高均衡预留电量，而交纳保证金也可防范电动汽车用户的道德风险。因此，"B-S 期权定价＋V2G 备用预留协作＋保证金"联合契约协调机制能让电网公司与电动汽车用户形成一个利益共同体,且在达到合作系统的完美协调时,渠道双方的期望利益均得到改进。

第四节 基于条件风险价值风险度量的 V2G 备用合约优化与协调决策

第三节主要以如何规制电动汽车用户行为为基础,对单个电动汽车用户的参与意愿与政策进行理性化分析,从而制定出有效的协调策略。而本节则主要以 V2G 市场交易模式下电网公司如何激励电动汽车用户参与备用合约为背景,针对单一风险中性电网公司与单一风险规避电动汽车用户所组成的渠道结构,基于考虑 V2G 备用的备用交易及实践中普遍存在的"保底收购,随行就市"合约价格机制,在条件风险价值(conditional value-at-risk,CVaR)风险度量准则下,对 V2G 备用服务的合约优化与协调问题展开研究。

一、基本假设与符号说明

为便于论述,本节仅考虑由单一风险中性电网公司与单一风险规避电动汽车用户所组成的渠道结构,且二者为分散决策的个体,双方追求自身的利益最大化;V2G 备用市场独立运作,不考虑存在有限理性,以及信息的不完全与不对称情形;在不提供任何协调契约下,电网公司和电动汽车用户之间仅仅发生价格转移。

不失一般性,设电网公司对单台电动汽车的 V2G 备用电能需求量 q_{Rv} 是一个非负的、连续型随机变量,其累积分布函数为 $F(\cdot)$,具体函数形式可采用蒙特卡罗模拟获得(李莉等,2009);在确定状态下,为降低调度成本,电网公司希望电动汽车动力电池在所研究的交易时段内保持预留电量 Q_{Rv} 的电荷状态(Galus and Andersson,2008),以至足以满足实时电网的备用需求。

电动汽车用户会对 V2G 备用市场价格信号或者激励机制做出响应,并改变自身的充放电行为,以参与备用交易。一旦中标提供 V2G 备用服务,需要支付备用容量费用。如果备用被实时调度,又要支付相应的 V2G 备用电量费用。假设在投标时段内,V2G 备用的供给成本与预留电量 Q_{Rv} 有关,且可表示为后者的严格递增函数。相应地,在本节建立的模型中,电动汽车的 V2G 备用耗量特性为(Han et al.,2011)

$$C_v(Q_{Rv}) = \frac{\alpha_{bv}}{2}Q_{Rv}^2 + \beta_{bv}Q_{Rv} + \gamma_{bv} \qquad (7\text{-}36)$$

式中,γ_{bv} 为固定成本,$\gamma_{bv} > 0$,表示考虑 V2G 备用下的电动汽车动力电池折旧费，与其充放电量正相关且呈现加速增长的趋势；α_{bv} 和 β_{bv} 分别表示电动汽车的出行便利成本和充电成本，且值为正的影响参数。

为了规避 V2G 备用服务外部的市场价格波动风险或解决电网公司与电动汽车用户履约过程中的道德风险，设市场规约要求电动汽车用户向电网公司申报线性递增的报价函数及其最大、最小备用供应量。实践中，电网公司为了保护电动汽车用户的 CVaR 利益，通常采用"保底收购，随行就市"合约价格机制，即在合约履行时 V2G 备用市场的出清价格 ρ_{MCP} 小于合约规定的价格，电网公司按合约价格调用 V2G 备用电量；否则，电动汽车用户以出清价格向电网反向供电。

在一定供电可靠性要求下，电网公司与电动汽车用户根据各自的预期签订一个双方同意的 V2G 备用合约，该合约规定交易时段内反调单位电动汽车内存电量的价格为 r_c，其中 $r_c \geq r_0$（r_0 为签订合约时，电动汽车用户同意接受的最低保留电价，即电动汽车用户参与约束）。电网公司根据考虑 V2G 备用的备用市场信息，权衡在两市场中备用服务的投入成本后，做出购买决策。可以证明，V2G 备用市场的出清电价是关于备用容量价格与电量价格的线性函数，且斜率为该备用被调用的概率，可直接参阅文献（Shi et al., 2013）。考虑备用市场交易价格存在波动性，为数学处理上的方便，将 ρ_{MCP} 视为服从定义于一个共同的有界支持闭集的同一连续密度函数，且其分布函数为 $G(\cdot)$，取值范围为 $[\rho_{min}, \rho_{max}]$。

二、基于 CVaR 的分散系统优化决策模型

电动汽车用户作为风险规避者在确定 V2G 备用预留电量时追求利润与风险之间的最佳平衡：一定风险水平下获取最大的利润或者一定利润水平下承担最小的风险。CVaR 只考虑风险管理决策者所关心的利润低于分位数部分，因此更能反映风险资产的潜在损失，更加接近决策者对风险的真实的心理感受（Rockafellar and Uryasev，2000）。因此，本节考虑在 CVaR 风险度量准则下具有风险规避特性的电动汽车用户的决策行为。

如前所述，假设 $\psi(Q_{Rv}, \cdot)$ 为电动汽车用户的随机利润函数 $\pi_v(Q_{Rv})$ 的累积分布函数，则其不超过临界值 κ 的分布函数为

$$\begin{cases} \psi(Q_{Rv}, \kappa) = \int_{\pi_v(Q_{Rv}, y) \leq \kappa} dG(y) \\ \text{s.t.} \pi_v(Q_{Rv}) = \max(r_c, \rho_{MCP}) Q_{Rv} - C_v(Q_{Rv}) \end{cases} \quad (7\text{-}37)$$

给定一个置信水平 $\mu \in (0, 1]$，用于反映电动汽车用户对参与 V2G 备用合约风险的规避程度。引入孟志青等（2007）与张兴平等（2008）定义的 VaR 值，定义 $\kappa_\mu(Q_{Rv})$ 为 $\pi_v(Q_{Rv})$ 所对应的 VaR 值，则有

$$\kappa_\mu(Q_{\text{Rv}}) = \sup\{\kappa \in R \mid \psi(Q_{\text{Rv}},\kappa) \leqslant \mu\} \tag{7-38}$$

式中，sup(·)为取上限函数。以 $\phi_\mu(Q_{\text{Rv}})$ 表示在置信水平为 μ 的条件下，电动汽车用户利润函数 $\pi_\text{v}(Q_{\text{Rv}})$ 不大于 $\kappa_\mu(Q_{\text{Rv}})$ 的 CVaR 值，即

$$\phi_\mu(Q_{\text{Rv}}) = \frac{\int_{\pi_\text{v}(Q_{\text{Rv}}) \leqslant \kappa_\mu(Q_{\text{Rv}})} \pi_\text{v}(Q_{\text{Rv}}) \mathrm{d}G(y)}{\mu} \tag{7-39}$$

由于式（7-39）中含有 VaR 函数 $\kappa_\mu(Q_{\text{Rv}})$ 项，而 $\kappa_\mu(Q_{\text{Rv}})$ 的解析表达式难以求出，所以引入 Krokhmal 等（2002）与 Rockafellar 和 Uryasev（2002）的一个更一般化、更有利于计算的函数 $\varpi_\mu(Q_{\text{Rv}},\kappa)$ 代替 $\phi_\mu(Q_{\text{Rv}})$ 计算 CVaR。

$$\varpi_\mu(Q_{\text{Rv}},\kappa) = \kappa - \frac{\int_{y \in R^m} [\kappa - \pi_\text{v}(Q_{\text{Rv}})]^+ \mathrm{d}G(y)}{\mu} \tag{7-40}$$

式中，$[z]^+$ 表示 $\max(z,0)$。可以证明 $\varpi_\mu(Q_{\text{Rv}},\kappa)$ 是凹函数，以此作为优化目标可以做到局部最优解即为全局最优解。于是，在置信水平为 μ 的 CVaR 度量准则下，电动汽车用户的预留电量决策模型均衡为

$$\hat{Q}_{\text{Rv}} = \arg\max_{Q_{\text{Rv}} > 0} \max_{\kappa \in R} \varpi_\mu(Q_{\text{Rv}},\kappa) \tag{7-41}$$

命题 7-1：（1）当 V2G 备用合约规定的电价 $r_\text{c} < G^-(\mu)$，即 $\mu > G(r_\text{c})$ 时，电动汽车用户参与 V2G 备用合约的在险价值，即可能的利润上限为 $G^-(\mu)Q_{\text{Rv}} - C_\text{v}(Q_{\text{Rv}})$；

（2）在其他情形下，则有 $\hat{\kappa} = r_\text{c} Q_{\text{Rv}} - C_\text{v}(Q_{\text{Rv}})$。

证明：式（7-40）可进一步分解为

$$\varpi_\mu(Q_{\text{Rv}},\kappa) = \kappa - \frac{\int_{r_\text{c}}^{\rho_{\max}} [\kappa - yQ_{\text{Rv}} + C_\text{v}(Q_{\text{Rv}})]^+ \mathrm{d}G(y)}{\mu} - \frac{G(r_\text{c})[\kappa - r_\text{c}Q_{\text{Rv}} + C_\text{v}(Q_{\text{Rv}})]^+}{\mu} \tag{7-42}$$

对于任一确定状态下的预留电量 Q_{Rv}，首先求解 $\hat{\kappa} = \arg\max_{\kappa \in R} \varpi_\mu(Q_{\text{Rv}},\kappa)$。考虑以下三种情形。

（1）当 $\kappa < r_\text{c} Q_{\text{Rv}} - C_\text{v}(Q_{\text{Rv}})$ 时，$\varpi_\mu(Q_{\text{Rv}},\kappa) = \kappa$，因此 $\dfrac{\partial \varpi_\mu(Q_{\text{Rv}},\kappa)}{\partial \kappa} = 1 > 0$。

（2）当 $r_\text{c} Q_{\text{Rv}} - C_\text{v}(Q_{\text{Rv}}) \leqslant \kappa \leqslant \rho_{\max} Q_{\text{Rv}} - C_\text{v}(Q_{\text{Rv}})$ 时，

$$\varpi_\mu(Q_{\text{Rv}},\kappa) = \kappa - \frac{\int_{r_\text{c}}^{\frac{\kappa + C_\text{v}(Q_{\text{Rv}})}{Q_{\text{Rv}}}} [\kappa - yQ_{\text{Rv}} + C_\text{v}(Q_{\text{Rv}})] \mathrm{d}G(y)}{\mu} - \frac{G(r_\text{c})[\kappa - r_\text{c}Q_{\text{Rv}} + C_\text{v}(Q_{\text{Rv}})]}{\mu},$$

则

$$\frac{\partial \varpi_\mu(Q_{Rv},\kappa)}{\partial \kappa} = 1 - \frac{G\left[\dfrac{\kappa + C_v(Q_{Rv})}{Q_{Rv}}\right]}{\mu} \tag{7-43}$$

将上限值代入式（7-43），可得

$$\left.\frac{\partial \varpi_\mu(Q_{Rv},\kappa)}{\partial \kappa}\right|_{\kappa=\rho_{max}Q_{Rv}-C_v(Q_{Rv})} = 1 - \frac{1}{\mu} < 0 \tag{7-44}$$

基于此，如果在下限处，有

$$\left.\frac{\partial \varpi_\mu(Q_{Rv},\kappa)}{\partial \kappa}\right|_{\kappa=r_c Q_{Rv}-C_v(Q_{Rv})} = 1 - \frac{G(r_c)}{\mu} > 0 \tag{7-45}$$

即 $r_c < G^-(\mu)$，则存在 $\hat{\kappa}$ 使得由式（7-43）所决定的一阶条件成立，且

$$\hat{\kappa} = G^-(\mu)Q_{Rv} - C_v(Q_{Rv}) \tag{7-46}$$

相反，如果在下限处，满足：

$$\left.\frac{\partial \varpi_\mu(Q_{Rv},\kappa)}{\partial \kappa}\right|_{\kappa=r_c Q_{Rv}-C_v(Q_{Rv})} = 1 - \frac{G(r_c)}{\mu} \leq 0 \tag{7-47}$$

即 $r_c \geq G^-(\mu)$，进而可得

$$\hat{\kappa} = r_c Q_{Rv} - C_v(Q_{Rv}) \tag{7-48}$$

（3）当 $\kappa > \rho_{max}Q_{Rv} - C_v(Q_{Rv})$ 时，则有

$$\varpi_\mu(Q_{Rv},\kappa) = \kappa - \frac{\int_{r_c}^{\rho_{max}}[\kappa - yQ_{Rv} + C_v(Q_{Rv})]dG(y)}{\mu} - \frac{G(r_c)[\kappa - r_c Q_{Rv} + C_v(Q_{Rv})]}{\mu}$$

（7-49）

将式（7-49）对 Q_{Rv} 求一阶偏导数，得

$$\frac{\partial \varpi_\mu(Q_{Rv},\kappa)}{\partial \kappa} = 1 - \frac{1}{\mu} < 0 \tag{7-50}$$

由以上分析可知，电动汽车用参与 V2G 备用合约的 VaR 均衡值可表示为

$$\hat{\kappa} = \begin{cases} G^-(\mu)Q_{Rv} - C_v(Q_{Rv}), r_c < G^-(\mu) \\ r_c Q_{Rv} - C_v(Q_{Rv}), r_c \geq G^-(\mu) \end{cases} \tag{7-51}$$

此命题说明当电动汽车用户的风险规避系数比较小时，如 $\mu \leq G(r_c)$，其参与 V2G 备用交易风险价值与合约价格 r_c 及预留电量 Q_{Rv} 有关；而当电动汽车的风险规避系数比较大时，如 $\mu > G(r_c)$，其参与 V2G 备用交易风险价值与备用市场出

清电价 ρ_{MCP} 的分布函数 $G(\cdot)$ 及预留电量 Q_{Rv} 有关，而和其与电网公司签订的 V2G 备用合约规定的价格 r_c 无关。

命题 7-2：在 CVaR 风险度量准则下，风险规避电动汽车用户从个体利益最大化角度，选择的分散决策预留电量均衡如下。

（1）当 $G(r_c) \geqslant \mu$ 时，电动汽车用户的最优预留电量为 $\dfrac{r_c - \beta_{\text{bv}}}{\alpha_{\text{bv}}}$；

（2）而当 $G(r_c) < \mu$ 时，电动汽车用户的最优预留电量为

$$\dfrac{\dfrac{r_c G(r_c) + \int_{r_c}^{G^-(\mu)} y \mathrm{d}G(y)}{\mu} - \beta_{\text{bv}}}{\alpha_{\text{bv}}}。$$

证明：将式（7-51）代入式（7-42）中，化简整理，得

$$\varpi_\mu(Q_{\text{Rv}}, \hat{\kappa}) = \begin{cases} r_c Q_{\text{Rv}} - C_v(Q_{\text{Rv}}), r_c \geqslant G^-(\mu) \\ \dfrac{Q_{\text{Rv}} \left[r_c G(r_c) + \int_{r_c}^{G^-(\mu)} y \mathrm{d}G(y) \right]}{\mu} - C_v(Q_{\text{Rv}}), \\ \qquad\qquad r_c < G^-(\mu) \end{cases} \quad (7\text{-}52)$$

由式（7-52）的一阶条件，可得具有风险规避特性的电动汽车用户的最优 V2G 备用电量预留策略为

$$\hat{Q}_{\text{Rv}} = \begin{cases} \dfrac{\dfrac{r_c G(r_c) + \int_{r_c}^{G^-(\mu)} y \mathrm{d}G(y)}{\mu} - \beta_{\text{bv}}}{\alpha_{\text{bv}}}, G(r_c) < \mu \\ \dfrac{r_c - \beta_{\text{bv}}}{\alpha_{\text{bv}}}, G(r_c) \geqslant \mu \end{cases} \quad (7\text{-}53)$$

由命题 7-2 可以得到如下性质。

性质 7-1：在分散决策情形下，风险规避电动汽车用户选择的 V2G 备用均衡预留电量 $\hat{Q}_{\text{Rv}}$ 与其同电网公司签订的合约电价 r_c 呈正比例关系。

证明：对式（7-53）求一阶偏导，当 V2G 备用合约规定的电价较高时，如 $r_c \geqslant G^-(\mu)$，可知 $\dfrac{\partial \hat{Q}_{\text{Rv}}}{\partial r_c} = \dfrac{1}{\alpha_{\text{bv}}}$，表明电动汽车用户的最优预留电量是合约价格的严格单调递增函数；而当 V2G 备用合约规定的电价较低，如 $r_c < G^-(\mu)$ 时，易得

$\dfrac{\partial \hat{Q}_{Rv}}{\partial r_c} = \dfrac{G(r_c)}{\mu \alpha_{bv}} > 0$，同样表明风险规避的电动汽车用户的最优预留电量是合约价格的严格单调递增函数。由此可见，具有风险规避特性的电动汽车用户的最优V2G备用电能预留量随着合约电价的增加而增加。

性质7-2：在分散决策模式下，电动汽车用户考虑风险选择的均衡预留电量$\hat{Q}_{Rv}$是关于其对参与V2G备用合约置信水平μ的单调递增函数，且风险规避型电动汽车用户的最优电能预留量严格低于风险中性电动汽车用户的最优电能预留量。

证明：由式（7-53）可得，当$\mu > G(r_c)$时，求$\hat{Q}_{Rv}$对μ的一阶偏导数，则有

$$\dfrac{\partial \hat{Q}_{Rv}}{\partial \mu} = \dfrac{\int_{r_c}^{G^{-}(\mu)} y \mathrm{d}G(y)}{\alpha_{bv} \mu^2} > 0 \qquad (7\text{-}54)$$

因此，$\hat{Q}_{Rv}$关于μ严格单调递增，且$\mu \to 1$时，取得最大值$\dfrac{r_c G(r_c) + \int_{r_c}^{\rho_{max}} y \mathrm{d}G(y) - \beta_{bv}}{\alpha_{bv}}$；而当$\mu \leqslant G(r_c)$时，恒有$\hat{Q}_{Rv} = \dfrac{r_c - \beta_{bv}}{\alpha_{bv}}$，这表明在该情形下，电动汽车用户决定的V2G备用最优预留电量仅取决于合约价格和电动汽车的出行便利与充电成本影响参数，不会随着μ的变化而变化，且在临界值$\mu = G(r_c)$处有

$$\lim_{\mu \to G^{+}(r_c)} \dfrac{\dfrac{r_c G(r_c) + \int_{r_c}^{G^{-}(\mu)} y \mathrm{d}G(y)}{\mu} - \beta_{bv}}{\alpha_{bv}} > \dfrac{r_c - \beta_{bv}}{\alpha_{bv}} \qquad (7\text{-}55)$$

至此，电动汽车用户的均衡预留电量为风险规避程度单调递增函数，即越是害怕V2G备用合约参与风险的电动汽车用户所选择的预留电量越小，且电动汽车用户为风险规避者选择的最优电能预留量小于风险中性电动汽车用户选择的最优电能预留量。

由性质7-2可知，当$\mu \to 1$，即电动汽车用户为风险中性时，其选择的最优预留电量$\hat{Q}_{Rv}$达到最大值。此时，电网公司与电动汽车用户都将得到分散决策情形下最大的V2G备用合约期望利润；当$\mu \leqslant G(r_c)$时，电动汽车用户具有很强的风险规避属性，即使电网公司利用"保底收购，随行就市"的价格形式收购电动汽车用户的V2G备用预留电量时，电动汽车用户只会根据合约价格及其备用供给成本系数确定其预留电量$\hat{Q}_{Rv}$，而市场出清电价的变动并不能影响电动汽车用户的决策均衡。此时，电网公司与电动汽车用户将得到分散决策情形下最小的V2G备

用合约期望利润。该情况下的极端情形,即当 $r_c \leqslant \beta_{bv}$ 时,电动汽车用户将会选择退出 V2G 备用合约,甚至对电动汽车进行充电。

而这时电网公司考虑到电动汽车用户将根据给定的决策 r_c 采取自身的最优策略,因此应根据电动汽车用户的理性反应来确定自己的最优策略,以满足自己利润最大化的目标。在上述分析框架下,设电网公司改变备用调用结构时的用电侧备用需求保持不变,构造最优合约价格策略问题可用下述数学模型来描述:

$$J_p(r_c) = \max_{r_c \geqslant r_0} E[\Delta s_{ave} \min(Q_{Rv}, q_{Rv}) - \max(r_c, \rho_{MCP})Q_{Rv}]$$
$$= \Delta s_{ave}[Q_{Rv} - \int_0^{Q_{Rv}} F(y)dy] - Q_{Rv}[r_c G(r_c) + \int_{r_c}^{\rho_{max}} y dG(y)] \quad (7-56)$$

式中,Δs_{ave} 表示电网公司选择 V2G 备用替代发电备用时所节省的边际成本,除包括购置前者较后者的价格优势外,还包括节约的单位电量所负担的固定成本。不考虑 V2G 备用调度成本,且电动汽车动力服务与电池充放电操作的资产关系、时间及地点解耦等因素在此也忽略不计。由式(7-56)可得电网公司的边际期望利润,而作为理性的决策者,电网公司参与 V2G 备用合约的前提条件为其边际期望利润为正,即

$$\Delta s_{ave}[1 - F(Q_{Rv})] > r_c G(r_c) + \int_{r_c}^{\rho_{max}} y dG(y) \quad (7-57)$$

将电网公司期望利润函数对决策变量 r_c 求一阶偏导数,可得

$$\frac{\partial J_p(r_c)}{\partial r_c} = -Q_{Rv} G(r_c) < 0 \quad (7-58)$$

则电网公司的期望利润为 V2G 备用合约电价的严格单调递减函数,这意味着电网公司不会单方面主动提高合约规定的价格。因此在一般情况下,在签订合约之前电网公司会从个体利益最大化角度选择,将合约电价控制在电动汽车用户的最低保留电价水平,即

$$r_c^* = r_0 \quad (7-59)$$

联立可得,分散决策情形下,电动汽车用户考虑风险约束的 V2G 备用电能预留量均衡可重写为

$$Q_{Rv}^* = \begin{cases} \dfrac{r_0 G(r_0) + \int_{r_0}^{G^-(\mu)} y dG(y)}{\mu} - \beta_{bv} \\ \dfrac{\alpha_{bv}}{\alpha_{bv}}, G(r_0) < \mu \\ \dfrac{r_0 - \beta_{bv}}{\alpha_{bv}}, G(r_0) \geqslant \mu \end{cases} \quad (7-60)$$

三、集成系统决策模型

在合作博弈情形下，电动汽车用户完全服从电网公司的 V2G 备用调度要求，二者作为整体仅面对不确定的市场需求。假设电网公司和电动汽车用户整体是风险中性的，由于考虑总体的最优，系统内部的利润分配将暂不考虑，在总体的期望利润函数中，不再含有 r_c。整体渠道期望利润的最优化问题为

$$\Gamma_{SC}(Q_{Rv}) = \max_{Q_{Rv} > 0} E\left[\Delta s_{ave} \min(Q_{Rv}, q_{Rv}) - C_v(Q_{Rv})\right] = \Delta s_{ave}\left[Q_{Rv} - \int_0^{Q_{Rv}} F(y) \mathrm{d}y\right] - C_v(Q_{Rv}) \tag{7-61}$$

可以证明，集成决策系统的期望利润为 V2G 备用预留电量 Q_{Rv} 的凹函数。由式（7-61）的一阶条件可得存在唯一确定的电动汽车用户最优电能预留量 $Q_{Rv}^{\times}$，使得整条渠道的决策目标函数取得最大值，其中：

$$\Delta s_{ave}[1 - F(Q_{Rv}^{\times})] = \alpha_{bv} Q_{Rv}^{\times} + \beta_{bv} \tag{7-62}$$

由此可知，给定其他参数不变，电动汽车用户的 V2G 备用电量预留均衡 $Q_{Rv}^{\times}$ 及市场需求分布函数值 $F(Q_{Rv}^{\times})$ 均与 Δs_{ave} 呈正相关关系。

命题 7-3：在电网公司未提供任何协调契约的条件下，由于分散系统中存在双重边际效应，则以整条渠道利润最大化为目标的 V2G 备用均衡预留电量大于电动汽车用户分散决策时选择的最优电能预留量。

证明：对式（7-60）应用性质 7-2，可知：

$$Q_{Rv}^{*} < \frac{r_0 G(r_0) + \int_{r_0}^{\rho_{\max}} y \mathrm{d}G(y) - \beta_{bv}}{\alpha_{bv}} \tag{7-63}$$

基于此，将式（7-59）代入式（7-57），经化简整理后得

$$\Delta s_{ave}[1 - F(Q_{Rv})] > \alpha_{bv} Q_{Rv}^{*} + \beta_{bv} \tag{7-64}$$

再结合式（7-62），从而得到

$$Q_{Rv}^{\times} > Q_{Rv}^{*} \tag{7-65}$$

命题 7-3 表明，正是由于电网公司和电动汽车用户各自追求个体利益最大化，分散系统的 V2G 备用均衡电能预留量与集成系统最优预留电量之间还存在一定的改进空间。虽然在集成决策下系统的预留电量达到最优，但是对于各个成员来说未必是最优的。因此，并非每个成员都有积极性采取合作博弈下最优策略。为

了诱使渠道各成员能够偏离自己在分散决策下的最优决策而采取集成下的最优策略,从而使得渠道达到协调状态,下面将考虑"回购补贴+市场保护价+保证金"的协调契约,以提高决策系统的绩效水平。

下面通过一个算例进一步分析电动汽车用户的风险规避程度对最优 V2G 备用预留电量及渠道双方利润的影响情况。

算例分析 I：设所研究的 V2G 备用市场交易时段长度为 1h,电能需求量 q_{Rv}（单位为 kW）服从区间[100,900]上的均匀分布,市场出清价格（收购电价）ρ_{MCP}[单位为元/(kW·h)]服从区间[0.5,1]上的均匀分布;电动汽车的备用耗量特性参数分别为 $\alpha_{bv}=0.001$ 元/(kW^2·h)、$\beta_{bv}=0.4$ 元/(kW·h)及 $\gamma_{bv}=50$ 元/h,而电网公司购买 V2G 备用发电的边际效益为 $\Delta s_{ave}=2$ 元/(kW·h)。图 7-7 描述了电动汽车用户可接受的最低保留电价 r_0 及其风险规避程度 μ 对均衡电量预留策略的影响情况,其中与分散决策 1~4 相对应的 r_0 分别为 0.6 元/(kW·h)、0.65 元/(kW·h)、0.7 元/(kW·h)及 0.75 元/(kW·h),下同;而集成决策情形均衡解与此参数无关。

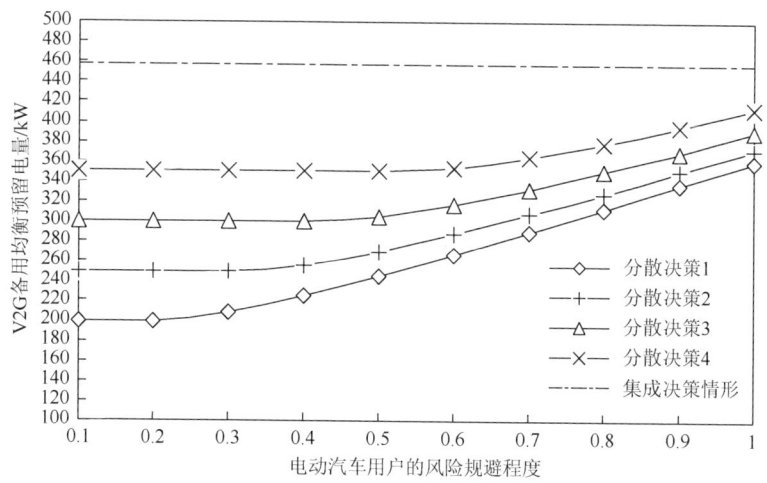

图 7-7　电动汽车用户的 V2G 备用参与约束及其风险规避程度对最优预留电量的影响

由图 7-7 可知,在 Stackelberg 博弈情形下,电动汽车用户选择的最优 V2G 备用预留电量 Q_{Rv}^* 随着最低保留电价 r_0 的增大而增大,这与性质 7-1 是一致的;同时,均衡预留电量 Q_{Rv}^* 与电动汽车用户的风险规避程度 μ 正相关,即当电动汽车用户为风险中性时,最优的 V2G 备用预留电量选择达到最大,这又与性质 7-2 的描述吻合。此外,由图 7-7 还可以看出,分散系统决策模型的均衡预留电量严格小于集成系统模型的最优解 $Q_{Rv}^×$,后一种情形中存在双重边际效应,这也与命题 7-3 的结论一致。

由图 7-8 可以看出,在分散决策情形下,电网公司的 V2G 备用最优期望利润与电动汽车用户的风险规避程度 μ 及其可接受的最低保留电价 r_0 的相关性均不确定。当 r_0 较小时，电网公司期望利润与其正相关，且随着电动汽车用户的风险规避程度 μ 的增大而先增大后减小，而当 r_0 较大时，电网公司期望利润与其负相关，且随着参数 μ 的增大而减小。

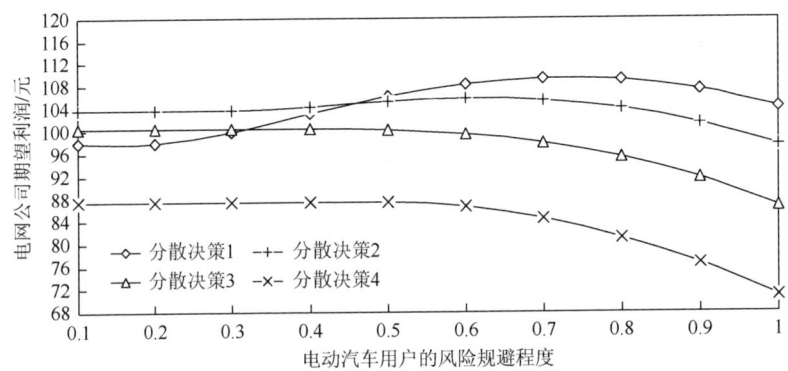

图 7-8　电动汽车用户的 V2G 备用参与约束及其风险规避程度对电网公司期望利润的影响

由图 7-9 可知，电动汽车用户 CVaR 利润均会随其风险规避程度 μ 与可接受的最低保留价格 r_0 的增大而增大。但相比而言，当 r_0 较小时，电动汽车用户参与约束对电动汽车用户 CVaR 利润的影响更为显著，而当 r_0 较大时，电动汽车用户参与约束对电网公司期望利润的影响更为显著；电动汽车用户的风险规避程度 μ 对电动汽车用户 CVaR 利润的影响更为显著，且当 r_0 取值越小时，此种影响越大。

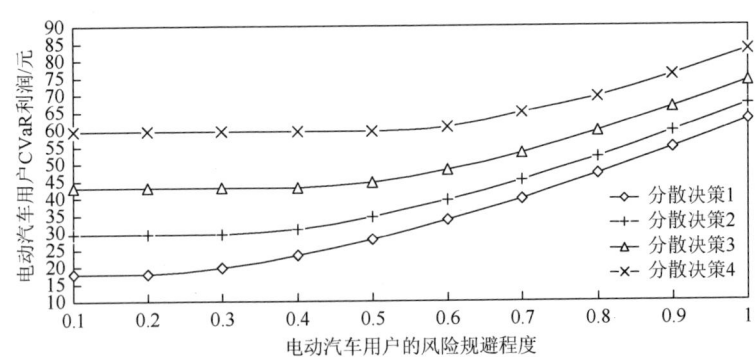

图 7-9　电动汽车用户的 V2G 备用参与约束和风险规避程度对其 CVaR 利润的影响

由图 7-10 可以看出，电网公司与电动汽车用户各自分散决策时的渠道均衡利润随着后者的风险规避程度 μ 的增大而增大，且当 μ 较小时，最优利润与电动汽车用户可接受的最低保留价格 r_0 正相关，而当 μ 较大时，均衡利润与其负相关；

另外，分散决策情形下的渠道最优利润小于考虑总体最优的集成决策时的期望利润，这就意味着作为 V2G 备用合约领导者的电网公司还需要在此博弈的反馈 Stackelberg 均衡的基础上，通过合理的契约对电动汽车用户给予直接的激励，以达到协调决策系统，从而使得合作双方的利润均得到帕累托改进的目的。

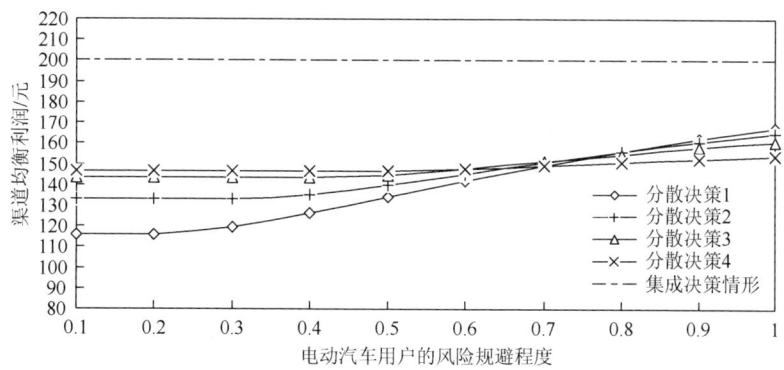

图 7-10　电动汽车用户的 V2G 备用参与约束及其风险规避程度对渠道均衡利润的影响

四、协调契约下合作系统决策分析

进一步地，电网公司为改善渠道绩效及 V2G 备用的稳定供应，采用"回购补贴＋市场保护价＋保证金"的协调契约来激励电动汽车用户提高电能预留。在该合作模式下，假设电网公司的电能回购补贴比例为 η_p，则其给予电动汽车用户直接的激励为 $\eta_p \Delta s_{ave} Q_{Rv}$。回购补贴可以使得电网公司和电动汽车用户成为一个利益共同体，而市场保护价则可以在一定程度上保证电动汽车用户的利润不受损失。另外，虽然电动汽车用户是独立的决策个体，但 V2G 备用交易的过程离不开电网公司提供必要的技术或设备支持，因此电动汽车用户需向电网公司交纳一定的保证金 N_v 作为合作补偿。该保证金也可以看作参与 V2G 备用交易的加盟费，且在很大程度上可以防范和消除电动汽车用户的道德风险。

命题 7-4： 在"回购补贴＋市场保护价＋保证金"协调契约下，电网公司给予电动汽车用户的最优回购补贴比例为

$$\tilde{\eta}_p = \begin{cases} \dfrac{\alpha_{bv} Q_{Rv}^{\times} - \dfrac{r_c G(r_c) + \int_{r_c}^{G^-(\mu)} y \, dG(y)}{\mu} + \beta_{bv}}{\Delta s_{ave}}, & G(r_c) < \mu \\ \dfrac{\alpha_{bv} Q_{Rv}^{\times} - r_c + \beta_{bv}}{\Delta s_{ave}}, & G(r_c) \geq \mu \end{cases} \quad (7\text{-}66)$$

在此基础上,为使得合作系统的效用函数最大化,电动汽车用户需向电网公司支付的最优加盟费为

$$\tilde{N}_{\mathrm{v}} = \Delta s_{\mathrm{ave}} \left[\tilde{\eta}_{\mathrm{p}} Q_{\mathrm{Rv}}^{\times} + \int_{Q_{\mathrm{Rv}}^{*}}^{Q_{\mathrm{Rv}}^{\times}} F(y) \mathrm{d}y \right]$$

$$-(Q_{\mathrm{Rv}}^{\times} - Q_{\mathrm{Rv}}^{*}) \left[\Delta s_{\mathrm{ave}} - r_{\mathrm{c}} G(r_{\mathrm{c}}) - \int_{r_{\mathrm{c}}}^{\rho_{\max}} y \mathrm{d}G(y) \right] + \frac{\mu \Delta I_{\mathrm{SC}}^{\times}(r_{\mathrm{c}}, Q_{\mathrm{Rv}}) - \ln \frac{\mu \chi_{\mathrm{v}}}{\chi_{\mathrm{p}}}}{1+\mu}$$

(7-67)

式中,$\Delta I_{\mathrm{SC}}^{\times}(r_{\mathrm{c}}, Q_{\mathrm{Rv}})$ 表示协调契约下合作系统的均衡增量利润。由于表达式过于复杂,所以在此没有给出具体的表达式,在算例分析Ⅱ中将给出数值解;权重 χ_{p}、χ_{v} 分别表示电网公司和电动汽车用户的谈判能力,二者均为正常数,且 $\chi_{\mathrm{p}} + \chi_{\mathrm{v}} = 1$。

证明:基于以上契约描述,此时电动汽车用户参与 V2G 备用的随机利润函数变为

$$\Pi_{\mathrm{v}}(Q_{\mathrm{Rv}}) = \max(r_{\mathrm{c}}, \rho_{\mathrm{MCP}}) Q_{\mathrm{Rv}} - C_{\mathrm{v}}(Q_{\mathrm{Rv}}) + \eta_{\mathrm{p}} \Delta s_{\mathrm{ave}} Q_{\mathrm{Rv}} - N_{\mathrm{v}} \quad (7\text{-}68)$$

在 CVaR 风险度量准则下,具有风险规避特性 μ 的电动汽车用户选择 V2G 备用电能预存量以使目标函数最大化,即

$$\mathrm{CVaR}_{\mu}(\Pi_{\mathrm{v}}(Q_{\mathrm{Rv}})) = \max_{\kappa \in R} \left\{ \kappa - \frac{\int_{y \in R^{m}} [\kappa - \Pi_{\mathrm{v}}(Q_{\mathrm{Rv}})]^{+} \mathrm{d}G(y)}{\mu} \right\} \quad (7\text{-}69)$$

可以得到风险规避的电动汽车用户在综合考虑 V2G 备用利润与风险基础上,从个体利益最大化角度出发选择的最优 V2G 备用预留电量为

$$\tilde{Q}_{\mathrm{Rv}} = \begin{cases} \dfrac{\eta_{\mathrm{p}} \Delta s_{\mathrm{ave}} + \dfrac{r_{\mathrm{c}} G(r_{\mathrm{c}}) + \int_{r_{\mathrm{c}}}^{G^{-}(\mu)} y \mathrm{d}G(y)}{\mu} - \beta_{\mathrm{bv}}}{\alpha_{\mathrm{bv}}}, G(r_{\mathrm{c}}) < \mu \\[4mm] \dfrac{\eta_{\mathrm{p}} \Delta s_{\mathrm{ave}} + r_{\mathrm{c}} - \beta_{\mathrm{bv}}}{\alpha_{\mathrm{bv}}}, G(r_{\mathrm{c}}) \geqslant \mu \end{cases} \quad (7\text{-}70)$$

在分散决策下,实现合作系统完美协调的条件(即电网公司利用该联合契约协调的目的)是诱导电动汽车用户选择的最优 V2G 备用电能预留量等于整条渠道集成决策时所需要的均衡预留电量,且在此基础上,同时保证电网公司和电动汽车用户均可各自决策、追求个体利益最大化。因此,可令 $\tilde{Q}_{\mathrm{Rv}} = Q_{\mathrm{Rv}}^{\times}$,从而得到式(7-66)。由此易证性质 7-3。

性质 7-3:为了激励风险规避电动汽车用户从渠道整体最优考虑 V2G 备用预

留电量的选择，电网公司所提供的均衡回购补贴比例 $\tilde{\eta}_p$ 为关于前者的风险规避程度 μ 和备用合约价格 r_c 的严格单调递减函数。

在确定提供回购补贴与保证金契约的情形下，电网公司的期望利润可表示为

$$E[\Pi_p(r_c, \eta_p, N_v)]$$
$$= \Delta s_{ave}\left[Q_{Rv} - \int_0^{Q_{Rv}} F(y)dy\right] - Q_{Rv}\left[\eta_p \Delta s_{ave} + r_c G(r_c) + \int_{r_c}^{\rho_{max}} y dG(y)\right] + N_v$$
（7-71）

前面已经解决了最优行为问题，下面的设计将保证协调契约是帕累托改进。此两种博弈下渠道最优利润的大小关系与系统参数相关，倘若合作系统要优于分散系统，且最终的增量利润分配方案合理可行，即方案同时满足电网公司和电动汽车用户的个体理性约束（或参与约束），那么对 V2G 备用合约双方利润来说，考虑契约协调的分散决策情形具有帕累托优势。

增量利润分配比例不仅受合作双方的谈判实力、技巧的制约，还受双方风险意识等因素的影响。设 $\Delta I_p(r_c, Q_{Rv})$ 和 $\Delta I_v(r_c, Q_{Rv})$ 分别表示与分散决策下的均衡利润相比，协调契约所带来的电网公司期望利润增量和电动汽车用户的 CVaR 利润增量，双方将通过协商来确定此系统增量利润的分配，同时电网公司和电动汽车用户的效用函数均采用常见的指数效用函数[35]。渠道双方的目标为合作系统的效用函数，即电网公司和电动汽车用户效用函数的加权平均最大化，则渠道双方的利润增量分配模型可以表示如下：

$$\max_{\Delta I_p > 0, \Delta I_v > 0} U_{SC}[\Delta I_p(r_c, Q_{Rv}), \Delta I_v(r_c, Q_{Rv})]$$
$$= \chi_p U_p[\Delta I_p(r_c, Q_{Rv})] + \chi_v U_v[\Delta I_v(r_c, Q_{Rv})] \quad (7\text{-}72)$$
$$= 1 - \chi_p e^{-\Delta I_p(r_c, Q_{Rv})} - \chi_v e^{-\mu \Delta I_v(r_c, Q_{Rv})}$$

为使式（7-72）右边最大化，分别求解其对电网公司和电动汽车用户利润增量的一阶偏导数并令其等于零，解之可得

$$\begin{cases} \Delta \tilde{I}_p(r_c, Q_{Rv}) = \dfrac{\mu \Delta I_{SC}^\times(r_c, Q_{Rv}) - \ln\dfrac{\mu \chi_v}{\chi_p}}{1 + \mu} \\ \Delta \tilde{I}_v(r_c, Q_{Rv}) = \dfrac{\Delta I_{SC}^\times(r_c, Q_{Rv}) + \ln\dfrac{\mu \chi_v}{\chi_p}}{1 + \mu} \end{cases} \quad (7\text{-}73)$$

式中，$\dfrac{\mu}{1+\mu}$ 表示电网公司在合作系统增量利润中所占的份额；$\dfrac{1}{1+\mu}$ 表示电动汽

车用户所分享的系统增量利润的份额。倘若 $\dfrac{\mu\chi_v}{\chi_p} > 1$，那么 $\dfrac{\ln\dfrac{\mu\chi_v}{\chi_p}}{1+\mu}$ 表示电网公司给予电动汽车用户正的利润补贴；否则，它表示电动汽车用户给电网公司的转移支付。由式（7-56）式（7-71）可知，上述协调契约下电网公司的利润增量可以表示为

$$\Delta I_p(r_c, Q_{Rv})$$
$$= (Q_{Rv}^\times - Q_{Rv}^*)\left[\Delta s_{ave} - r_c G(r_c) - \int_{r_c}^{\rho_{max}} y\mathrm{d}G(y)\right] - \Delta s_{ave}\left[\eta_p Q_{Rv}^\times + \int_{Q_{Rv}^*}^{Q_{Rv}^\times} F(y)\mathrm{d}y\right] + N_v$$
(7-74)

将式（7-74）与式（7-66）联立，即可得到保证金的最优取值为式（7-67）。

算例分析Ⅱ：下面将进一步通过数值分析验证上述协调契约的有效性。为了对比分析电网公司提供回购补贴与保证金协调契约前后的期望利润和电动汽车用户的 CVaR 利润变化情况，假设电网公司确定的 V2G 备用合约价格即为电动汽车用户可接受的最低保留价格，因此 r_c^* 为 0.6 元/(kW·h)、0.65 元/(kW·h)、0.7 元/(kW·h) 及 0.75 元/(kW·h)。渠道双方的谈判能力相当，即权重相等，其他参数与算例分析Ⅰ一致。

图 7-11 给出了电网公司提供不同的 V2G 备用合约电价 r_c 时，电动汽车用户的风险规避程度 μ 对前者制定的回购补贴系数 η_p 的影响情况。可以看出，电网公司确定的最优回购补贴比例与 μ 负相关；对应于给定的风险规避电动汽车用户，在合约电价 r_c 越大时，电网公司选择的均衡回购补贴比例越小，且当 μ 取值越小时，此种影响越大。上述研究结果与性质 7-3 是一致的。

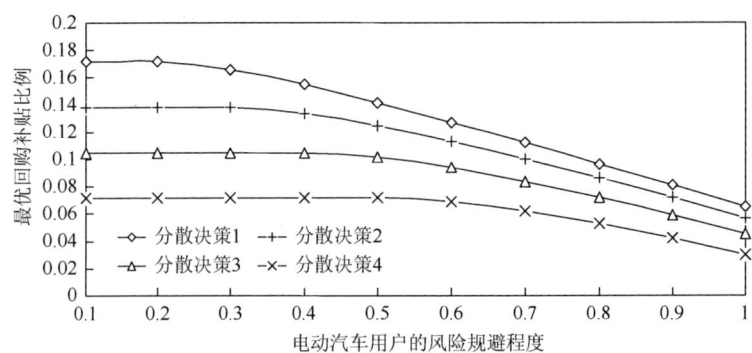

图 7-11 V2G 备用合约价格与电动汽车用户的风险规避程度对均衡回购补贴比例的影响

由图 7-12 可以看出，在联合契约完美协调的合作系统中，电动汽车用户向电

网公司支付的最优加盟费随着前者的 V2G 备用风险规避程度 μ 的增大而减小,而与合约价格 r_c 的相关性不确定。当 r_c 较小时,电动汽车用户交纳的均衡保证金与其正相关;而当 r_c 较大时,最优保证金与其负相关。这意味着电网公司在选择合作补偿加盟费时需要充分考虑电动汽车用户的风险规避程度 μ 与合约电价 r_c 等因素,仅有如此,才可以制定出合理、行之有效的"回购补贴 + 市场保护价 + 保证金"的协调契约。

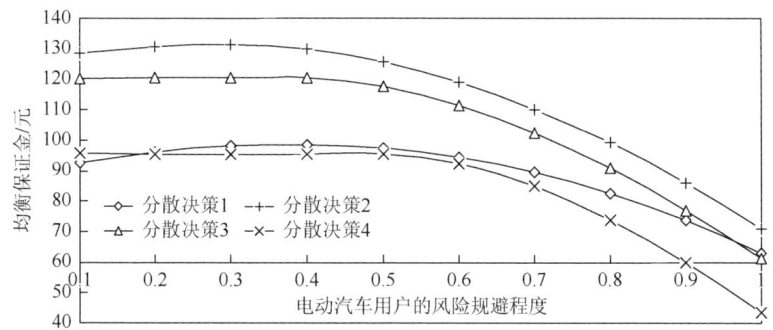

图 7-12 V2G 备用合约价格与电动汽车用户的风险规避程度对最优保证金的影响

由图 7-13 可知,在协调契约下,电网公司的 V2G 备用期望利润增量随着电动汽车用户的风险规避程度 μ 的增大而先增大后减小,而与合约价格 r_c 负相关。由图 7-14 可以看出,电动汽车用户的 CVaR 利润增量均会随其风险规避程度 μ 与合约电价 r_c 的增大而减小。但相比而言,V2G 备用风险规避程度 μ 对电动汽车用户的 CVaR 利润增量的影响更为显著,而合约价格 r_c 对电网公司期望利润增量的影响更为显著。由此可见,实施"回购补贴 + 市场保护价 + 保证金"协调契约后,电网公司与电动汽车用户获取的利润均具有帕累托优势。

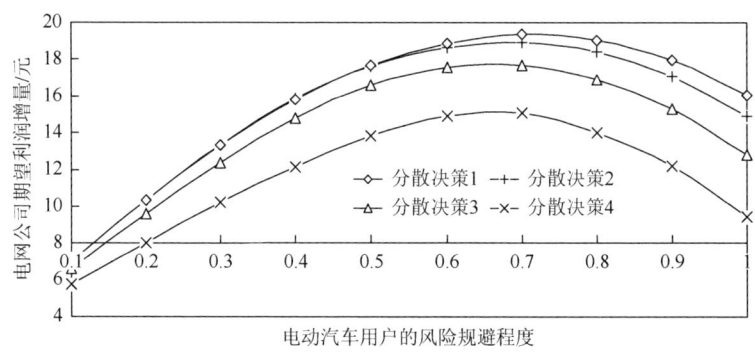

图 7-13 V2G 备用合约价格与电动汽车用户的风险规避程度对电网公司期望利润增量的影响

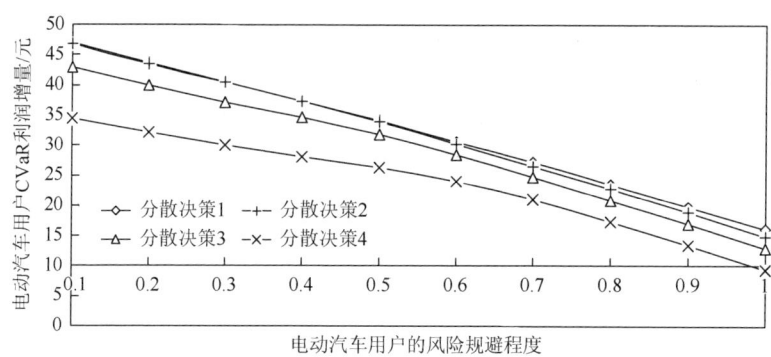

图 7-14　V2G 备用合约价格与电动汽车用户的风险规避程度对其 CVaR 利润增量的影响

五、小结

本节在 CVaR 风险度量准则下,构建了单一风险中性电网公司与单一风险规避电动汽车用户的 V2G 备用合约优化决策模型,并在此决策模型中考虑"保底收购,随行就市"合约价格机制以保护电动汽车用户的 CVaR 利润,提高电动汽车用户的履约率。除此之外,先后考察并比较了分散和集成决策情形下电网公司、电动汽车用户的最优决策行为与均衡利润情况,并着重分析了风险规避程度与合约电价对渠道双方决策行为的影响。

研究结果表明:①分散决策模式下,电动汽车用户决定的 V2G 备用最优预留电量与合约电价正相关,而电网公司确定的均衡合约价格为电动汽车用户可接受的最低保留电价;②此时,电动汽车用户选择的均衡预留电量与风险规避程度正相关,且风险规避电动汽车用户的最优电能预留量严格小于风险中性电动汽车用户的均衡电能预留量;③在电网公司未提供任何协调契约的条件下,集成决策时电动汽车用户选择的 V2G 备用最优预留电量大于分散决策下的均衡电能预留量,且与系统单位电量停电损失正相关。

在此基础上,本节进一步通过引入"回购补贴+市场保护价+保证金"契约以实现 V2G 备用合约渠道结构的完美协调,且合作系统成员的利润均得到帕累托改进,并给出了电网公司制定的最优补贴系数、交易保证金及合约电价之间满足的解析关系。

第五节　考虑随机需求与收入共享的风险规避型 V2G 备用决策模型

本节以 V2G 市场中如何激励电网公司或电动汽车用户参与备用合约为侧重

点,主要以渠道成员从对方提供或调度 V2G 备用的行为动机出发,采用 CVaR 风险度量准则,分析随机弹性需求条件下考虑收入共享合约的风险规避型 V2G 备用渠道的决策行为,对各自的交易意愿与政策响应进行理性化的分析,从而有效地制定出交易策略。

一、基本问题描述

本节仅考虑由一个电网公司和一个电动汽车用户构成的两层单周期 V2G 备用渠道,且二者均为风险规避者。在该渠道中,电动汽车用户负责电量的预留与供给,而电网公司则负责电量的调度。V2G 备用市场独立运作,不考虑存在有限理性,以及信息的不完全与不对称情形;在不提供任何协调契约下,电网公司和电动汽车用户之间仅仅发生价格转移。

不失一般性,假设电网公司面对随机的 V2G 备用市场需求,且该市场需求还将受到其制定的销售电价 r_g 的影响。在本节所建立的模型中,设 V2G 备用市场需求 q_{rv} 具有如下形式:

$$q_{rv} = \frac{\xi_{rv}\alpha_{rv}}{R_g^{\beta_{rv}}} \quad (7\text{-}75)$$

式中,α_{rv} 表示市场需求规模;β_{rv} 表示市场需求的价格弹性系数,假设该 V2G 备用需求富有弹性,即 $\beta_{rv} > 1$;ξ_{rv} 表示一个值域为 $[\xi_{min}, \xi_{max}]$ 的非负、连续的随机变量,其概率密度函数与累积分布函数分别为 $f(\cdot)$ 与 $F(\cdot)$。

在确定状态下,为降低调度成本,电网公司希望电动汽车动力电池在所研究的交易时段内保持预留电量 Q_{rv} 的电荷状态(李莉等,2009),以至足以满足实时电网的备用需求。参考 Galus 和 Andersson(2008)的研究方法,定义电动汽车用户 V2G 备用预留因子 δ_g,则相应的预留电量为

$$Q_{rv} = \frac{\delta_g q_{rv}}{\xi_{rv}} \quad (7\text{-}76)$$

在一定供电可靠性要求下,电动汽车用户与电网公司根据各自的预期签订一个双方同意的 V2G 备用收入共享合约。设该合约规定电动汽车用户以较低的购电电价 ρ_{MCP} 向电网反向供电,电网公司将所得销售收入除去一部分(比例为 χ_v)后全部转移给电动汽车用户。于是,问题转化为电网公司决定 V2G 备用销售价格与电量预留因子,而电动汽车用户则是根据预留电量来确定购电电价和收入共享系数。其中,收入共享系数为电动汽车用户的决策变量。

电动汽车用户会对 V2G 备用市场价格信号或者激励机制做出响应,并改变自

身的充放电行为，以参与备用交易。一旦中标提供 V2G 备用服务，需要支付备用容量费用。如果备用被实时调度，又要支付相应的 V2G 备用电量费用。假设在投标时段内，电动汽车用户的边际供电成本为 c_v。为简单起见，设交易时段末该 V2G 备用电量的残值或处理成本为 0，且不考虑电动汽车用户因缺供而带来的惩罚成本（Han et al.，2011）。

基于上述假设，可以给出电网公司和电动汽车用户的随机利润函数分别为

$$\begin{cases} \pi_g(R_g,\delta_g) = \chi_v R_g \min(Q_{rv},q_{rv}) - \dfrac{\alpha_{rv}\delta_g\rho_{MCP}}{R_g^{\beta_{rv}}} \\ \pi_v(\chi_v) = (1-\chi_v)R_g \min(Q_{rv},q_{rv}) + \dfrac{\alpha_{rv}\delta_g(\rho_{MCP}-c_v)}{R_g^{\beta_{rv}}} \end{cases} \quad (7\text{-}77)$$

二、基于 CVaR 的 V2G 备用集中决策模型

V2G 备用渠道作为风险规避者在确定预留电量时追求利润与风险之间的最佳平衡：一定风险水平下获取最大的利润或者一定利润水平下承担最小的风险。CVaR 只考虑风险管理决策者所关心的利润低于分位数部分，从而更能反映风险资产的潜在损失，更加接近决策者对风险的真实的心理感受（Rockafellar and Uryasev，2000）。因此，本节考虑在 CVaR 风险度量准则下具有风险规避特性的决策行为。

在集中决策情形下，电动汽车用户完全服从电网公司的 V2G 备用调度要求，二者作为整体仅面对不确定的市场需求。由于考虑总体的最优，渠道内部的收入共享将暂不考虑。此时，总体随机利润函数仅由 R_g 和 δ_g 决定，χ_v 被消去了。整个渠道的随机利润为

$$\pi_{SC}(R_g,\delta_g) = R_g \min(Q_{rv},q_{rv}) - \dfrac{\alpha_{rv}c_v\delta_g}{R_g^{\beta_{rv}}} \quad (7\text{-}78)$$

给定一个置信水平 $\mu_{SC} \in (0,1]$，用于反映渠道整体的风险规避程度，由各成员的风险规避特性共同决定。设 $\mu_{SC} = \lambda\mu_g + (1-\lambda)\mu_v$，其中 μ_g、μ_v 分别表示电网公司和电动汽车用户的风险规避程度，λ 由双方在渠道中的影响力决定，且 $\lambda \in [0,1]$。此外，μ_i 值越大，表示决策者对风险的规避程度越小。特别地，当 $\mu_i = 1$ 时，决策者为风险中性的。

定理 7-5： 在基于 CVaR 的集中决策下，当电动汽车用户的 V2G 备用预留因子 $\delta_g \geq F^-(\mu_{SC})$，即 $\mu_{SC} \leq F(\delta_g)$ 时，渠道合作执行 V2G 备用合约的在险价

值 $\hat{\kappa}$，即可能的利润上限为 $\dfrac{\alpha_{\text{rv}}[R_{\text{g}}F^{-}(\delta_{\text{SC}})-c_{\text{v}}\delta_{\text{g}}]}{R_{\text{g}}^{\beta_{\text{rv}}}}$；相反，在其他情形下，则有

$$\hat{\kappa}_{\text{SC}} = \dfrac{\alpha_{\text{rv}}\delta_{\text{g}}(R_{\text{g}}-c_{\text{v}})}{R_{\text{g}}^{\beta_{\text{rv}}}} \text{。}$$

证明：引入孟志青等（2007）与张兴平等（2008）定义的 VaR 值，定义 κ_{SC} 为 $\pi_{\text{SC}}(\cdot)$ 所对应的 VaR 值，则有

$$\kappa_{\text{SC}} = \sup\left\{\kappa_{\text{SC}} \in R \,\Big|\, \int_{\pi_{\text{SC}}(\cdot)\leqslant\kappa_{\text{SC}}} \mathrm{d}F(y) \leqslant \mu_{\text{SC}}\right\} \tag{7-79}$$

式中，$\sup(\cdot)$ 表示取上限函数。以 $\varphi_{\text{SC}}(R_{\text{g}},\delta_{\text{g}})$ 表示在置信水平为 μ_{SC} 的条件下，渠道利润函数 $\pi_{\text{SC}}(\cdot)$ 不大于 κ_{SC} 的 CVaR 值，即

$$\varphi_{\text{SC}}(R_{\text{g}},\delta_{\text{g}}) = \dfrac{\int_{\pi_{\text{SC}}(\cdot)\leqslant\kappa_{\text{SC}}}\pi_{\text{SC}}(\cdot)\mathrm{d}F(y)}{\mu_{\text{SC}}} \tag{7-80}$$

由于式（7-80）中含有 VaR 函数 κ_{SC} 项，而 κ_{SC} 的解析表达式难以求出，所以引入 Krokhmal 等（2002）与 Rockafellar 和 Uryasev（2002）一个更一般化、更有利于计算的函数 $\varpi_{\text{SC}}(R_{\text{g}},\delta_{\text{g}},\kappa_{\text{SC}})$ 代替 $\varphi_{\text{SC}}(R_{\text{g}},\delta_{\text{g}})$ 计算渠道 CVaR。

$$\varpi_{\text{SC}}(R_{\text{g}},\delta_{\text{g}},\kappa_{\text{SC}}) = \kappa_{\text{SC}} - \dfrac{\int_{y\in R^{m}}[\kappa_{\text{SC}}-\pi_{\text{SC}}(\cdot)]^{+}\mathrm{d}F(y)}{\mu_{\text{SC}}} \tag{7-81}$$

式中，$[\cdot]^{+}$ 表示 $\max(\cdot,0)$。可以证明式（7-81）右端是凹函数，以此作为优化目标可以做到局部最优解即为全局最优解。将式（7-78）代入式（7-81）中，进一步分解为

$$\varpi_{\text{SC}}(R_{\text{g}},\delta_{\text{g}},\kappa_{\text{SC}}) = \kappa_{\text{SC}} - \dfrac{\int_{\xi_{\min}}^{\delta_{\text{g}}}\left[\kappa_{\text{SC}} - \dfrac{\alpha_{\text{rv}}(R_{\text{g}}y-c_{\text{v}}\delta_{\text{g}})}{R_{\text{g}}^{\beta_{\text{rv}}}}\right]^{+}\mathrm{d}F(y)}{\mu_{\text{SC}}}$$

$$- \dfrac{\int_{\delta_{\text{g}}}^{\xi_{\max}}\left[\kappa_{\text{SC}} - \dfrac{\alpha_{\text{rv}}\delta_{\text{g}}(R_{\text{g}}-c_{\text{v}})}{R_{\text{g}}^{\beta_{\text{rv}}}}\right]^{+}\mathrm{d}F(y)}{\mu_{\text{SC}}} \tag{7-82}$$

对任一确定状态下的 R_{g} 和 δ_{g}，分三种情形求解 $\hat{\kappa}_{\text{SC}} = \arg\max\limits_{\kappa_{\text{SC}}\in R}\varpi_{\text{SC}}(R_{\text{g}},\delta_{\text{g}},\kappa_{\text{SC}})$。

（1）当 $\kappa_{SC} < \dfrac{\alpha_{rv}(R_g \xi_{min} - c_v \delta_g)}{R_g^{\beta_{rv}}}$ 时，$\varpi_{SC}(\kappa_{SC}) = \kappa_{SC}$，进而可得 $\dfrac{d\varpi_{SC}(\kappa_{SC})}{d\kappa_{SC}} = 1$。

（2）当 $\dfrac{\alpha_{rv}(R_g \xi_{min} - c_v \delta_g)}{R_g^{\beta_{rv}}} \leqslant \kappa_{SC} \leqslant \dfrac{\alpha_{rv}\delta_g(R_g - c_v)}{R_g^{\beta_{rv}}}$ 时，代入式（7-82），得

$$\varpi_{SC}(R_g, \delta_g, \kappa_{SC}) = \kappa_{SC} - \dfrac{\int_{\xi_{min}}^{\frac{\kappa_{SC} R_g^{\beta_{rv}} + c_v \delta_g}{\alpha_{rv}}} \left[\kappa_{SC} - \dfrac{\alpha_{rv}(R_g y - c_v \delta_g)}{R_g^{\beta_{rv}}} \right] dF(y)}{\mu_{SC}}$$

（7-83）

求解其对 κ_{SC} 的一阶偏导数，得到：

$$\dfrac{\partial \varpi_{SC}(R_g, \delta_g, \kappa_{SC})}{\partial \kappa_{SC}} = 1 - \dfrac{F\left(\dfrac{\dfrac{\kappa R_g^{\beta_{rv}}}{\alpha_{rv}} + c_v \delta_g}{R_g} \right)}{\mu_{SC}} \quad (7-84)$$

注意到最小值时 $\dfrac{\partial \varpi_{SC}(R_g, \delta_g, \kappa_{SC})}{\partial \kappa_{SC}} \bigg|_{\kappa = \frac{\alpha_{rv}(R_g \xi_{min} - c_v \delta_g)}{R_g^{\beta_{rv}}}} = 1$，如果在最大值处，有

$$\dfrac{\partial \varpi_{SC}(R_g, \delta_g, \kappa_{SC})}{\partial \kappa_{SC}} \bigg|_{\kappa_{SC} = \frac{\alpha_{rv}\delta_g(R_g - c_v)}{R_g^{\beta_{rv}}}} = 1 - \dfrac{F(\delta_g)}{\mu_{SC}} \leqslant 0 \quad (7-85)$$

即 $\delta_g \geqslant F^{-}(\mu_{SC})$，则存在 $\hat{\kappa}_{SC}$ 使得由式（7-84）所决定的一阶条件成立，且

$$\hat{\kappa}_{SC} = \dfrac{\alpha_{rv}[R_g F^{-}(\delta_{SC}) - c_v \delta_g]}{R_g^{\beta_{rv}}} \quad (7-86)$$

相反，如果在最大值处，满足：

$$\dfrac{\partial \varpi_{SC}(R_g, \delta_g, \kappa_{SC})}{\partial \kappa_{SC}} \bigg|_{\kappa_{SC} = \frac{\alpha_{rv}\delta_g(R_g - c_v)}{R_g^{\beta_{rv}}}} = 1 - \dfrac{F(\delta_g)}{\mu_{SC}} > 0 \quad (7-87)$$

即 $\delta_g < F^{-}(\mu_{SC})$，于是：

$$\hat{\kappa}_{\mathrm{SC}} = \frac{\alpha_{\mathrm{rv}} \delta_{\mathrm{g}} (R_{\mathrm{g}} - c_{\mathrm{v}})}{R_{\mathrm{g}}^{\beta_{\mathrm{rv}}}} \quad (7\text{-}88)$$

（3）当 $\kappa_{\mathrm{SC}} > \dfrac{\alpha_{\mathrm{rv}} \delta_{\mathrm{g}} (R_{\mathrm{g}} - c_{\mathrm{v}})}{R_{\mathrm{g}}^{\beta_{\mathrm{rv}}}}$ 时，则有

$$\varpi_{\mathrm{SC}}(R_{\mathrm{g}}, \delta_{\mathrm{g}}, \kappa_{\mathrm{SC}}) = \kappa_{\mathrm{SC}} - \frac{\int_{\xi_{\min}}^{\delta_{\mathrm{g}}} \left[\kappa_{\mathrm{SC}} - \dfrac{\alpha_{\mathrm{rv}}(R_{\mathrm{g}} y - c_{\mathrm{v}} \delta_{\mathrm{g}})}{R_{\mathrm{g}}^{\beta_{\mathrm{rv}}}} \right] \mathrm{d}F(y)}{\mu_{\mathrm{SC}}}$$
$$- \frac{\int_{\delta_{\mathrm{g}}}^{\xi_{\max}} \left[\kappa_{\mathrm{SC}} - \dfrac{\alpha_{\mathrm{rv}} \delta_{\mathrm{g}} (R_{\mathrm{g}} - c_{\mathrm{v}})}{R_{\mathrm{g}}^{\beta_{\mathrm{rv}}}} \right] \mathrm{d}F(y)}{\mu_{\mathrm{SC}}} \quad (7\text{-}89)$$

将式（7-89）对 κ_{SC} 求一阶偏导数，得

$$\frac{\partial \varpi_{\mathrm{SC}}(R_{\mathrm{g}}, \delta_{\mathrm{g}}, \kappa_{\mathrm{SC}})}{\partial \kappa_{\mathrm{SC}}} = 1 - \frac{1}{\mu_{\mathrm{SC}}} < 0 \quad (7\text{-}90)$$

综上所述，具有风险规避特性 V2G 备用渠道的 VaR 均衡值可表示为

$$\hat{\kappa}_{\mathrm{SC}} = \begin{cases} \dfrac{\alpha_{\mathrm{rv}}[R_{\mathrm{g}} F^{-}(\mu_{\mathrm{SC}}) - c_{\mathrm{v}} \delta_{\mathrm{g}}]}{R_{\mathrm{g}}^{\beta_{\mathrm{rv}}}}, & \delta_{\mathrm{g}} \geqslant F^{-}(\mu_{\mathrm{SC}}) \\ \dfrac{\alpha_{\mathrm{rv}} \delta_{\mathrm{g}} (R_{\mathrm{g}} - c_{\mathrm{v}})}{R_{\mathrm{g}}^{\beta_{\mathrm{rv}}}}, & \delta_{\mathrm{g}} < F^{-}(\mu_{\mathrm{SC}}) \end{cases} \quad (7\text{-}91)$$

将式（7-91）代入式（7-82）中，可得预留因子 δ_{g} 的取值范围，如推论 7-4 所示。

推论 7-4：在 CVaR 风险度量准则下，V2G 备用渠道基于集中决策选择的预留因子 δ_{g} 的累积分布函数 $F(\delta_{\mathrm{g}})$ 不大于其风险规避程度 μ_{SC}，即 $F(\delta_{\mathrm{g}}) \leqslant \mu_{\mathrm{SC}}$。

考虑到渠道风险规避程度受到决策双方风险规避程度的共同影响且满足线性组合，由推论 7-4 可得 μ_i 均不低于 $F(\delta_{\mathrm{g}})$，即此时 V2G 备用渠道成员的风险规避程度具有相同的下限。另外，无论电网公司还是电动汽车用户越害怕风险，都会使得 $F(\delta_{\mathrm{g}})$ 的取值范围 $[0, \mu_{\mathrm{SC}}]$ 越窄。极端情况，当 μ_{SC} 趋于 0 时，渠道总体最优的预留因子 δ_{g} 也将趋于 0。

定理 7-6：在集中决策情形下，对于确定的 V2G 备用预留因子，存在唯一确定的最优销售价格，且

$$\hat{R}_{\mathrm{g}}(\delta_{\mathrm{g}}) = \frac{c_{\mathrm{v}}}{\left(1 - \dfrac{1}{\beta_{\mathrm{rv}}}\right)\left[1 - \dfrac{\int_{\xi_{\min}}^{\delta_{\mathrm{g}}} (\delta_{\mathrm{g}} - y)\mathrm{d}F(y)}{\mu_{\mathrm{SC}}\delta_{\mathrm{g}}}\right]} \quad (7\text{-}92)$$

同时，存在唯一确定的均衡预留因子，使得渠道总体的 CVaR 利润最大化，且

$$F(\hat{\delta}_{\mathrm{g}}) = \frac{\mu_{\mathrm{SC}}\hat{\delta}_{\mathrm{g}} + (\beta_{\mathrm{rv}} - 1)\int_{\xi_{\min}}^{\hat{\delta}_{\mathrm{g}}} (\hat{\delta}_{\mathrm{g}} - y)\mathrm{d}F(y)}{\beta_{\mathrm{rv}}\hat{\delta}_{\mathrm{g}}} \quad (7\text{-}93)$$

证明：给定任意 $\delta_{\mathrm{g}} \in [\xi_{\min}, F^{-}(\mu_{\mathrm{SC}})]$，风险规避型 V2G 备用渠道的在险价值 $\hat{\kappa}_{\mathrm{SC}}$ 为 $\dfrac{\alpha_{\mathrm{rv}}\delta_{\mathrm{g}}(R_{\mathrm{g}} - c_{\mathrm{v}})}{R_{\mathrm{g}}^{\beta_{\mathrm{rv}}}}$，式（7-82）简化为

$$\varpi_{\mathrm{SC}}(R_{\mathrm{g}}, \delta_{\mathrm{g}}) = \frac{\alpha_{\mathrm{rv}}\left[\delta_{\mathrm{g}}(R_{\mathrm{g}} - c_{\mathrm{v}}) - \dfrac{R_{\mathrm{g}}\int_{\xi_{\min}}^{\delta_{\mathrm{g}}} (\delta_{\mathrm{g}} - y)\mathrm{d}F(y)}{\mu_{\mathrm{SC}}}\right]}{R_{\mathrm{g}}^{\beta_{\mathrm{rv}}}} \quad (7\text{-}94)$$

由式（7-94）的一阶条件，可得电网公司的均衡 V2G 备用销售电价策略如式（7-92）所示。将其代入式（7-94）中，并求单变量函数 $\varpi_{\mathrm{SC}}(\delta_{\mathrm{g}})$ 对 δ_{g} 的一阶偏导数，得

$$\frac{\mathrm{d}\varpi_{\mathrm{SC}}(\delta_{\mathrm{g}})}{\mathrm{d}\delta_{\mathrm{g}}} = \frac{\alpha_{\mathrm{rv}}c_{\mathrm{v}}\left\{\dfrac{\delta_{\mathrm{g}}[\mu_{\mathrm{SC}} - \beta_{\mathrm{rv}}F(\delta_{\mathrm{g}})]}{(\beta_{\mathrm{rv}} - 1)\int_{\xi_{\min}}^{\delta_{\mathrm{g}}} (\delta_{\mathrm{g}} - y)\mathrm{d}F(y)} + 1\right\}}{\hat{R}_{\mathrm{g}}^{\beta_{\mathrm{rv}}}(\delta_{\mathrm{g}})\left[\dfrac{\mu_{\mathrm{SC}}\delta_{\mathrm{g}}}{\int_{\xi_{\min}}^{\delta_{\mathrm{g}}} (\delta_{\mathrm{g}} - y)\mathrm{d}F(y)} - 1\right]} \quad (7\text{-}95)$$

令其等于零，解之可得在区间 $[\xi_{\min}, F^{-}(\mu_{\mathrm{SC}})]$ 内有唯一的解 δ_{g}。

值得注意的是，当 $\mu_{\mathrm{SC}} = 1$ 时，V2G 备用渠道作为风险中性的决策者所决定的最优销售电价及均衡预留因子与 Galus 和 Andersson（2008）的研究结论是一致的，这说明风险中性是风险规避的一种特殊情形。

由定理 7-6 可得推论 7-5。

推论 7-5：V2G 备用渠道集中决策选择的最优预留因子 $\hat{\delta}_{\mathrm{g}}$ 与市场需求的价格弹性系数 β_{rv} 及渠道整体的风险规避程度 μ_{SC} 正相关；均衡销售电价 $\hat{r}_{\mathrm{g}}$ 与市场需求的价格弹性系数 β_{rv} 负相关，与电动汽车用户的边际供电成本 c_{v} 正相关，与渠道整体

的风险规避程度 μ_{SC} 的相关性不确定，具体取决于 $F(\hat{\delta}_g) + \dfrac{\hat{\delta}_g f(\hat{\delta}_g)[\mu_{SC} - \beta_{rv} F(\hat{\delta}_g)]}{\mu_{SC} - F(\hat{\delta}_g)}$ 的取值大小。

将最优 V2G 备用销售价格 $\hat{R}_g$ ［式（7-92）］和均衡预留因子 $\hat{\delta}_g$ ［式（7-93）］代入式（7-94）中，从而得到基于 CVaR 的集中决策下 V2G 备用渠道的利润函数，即

$$\varpi_{SC}(\hat{R}_g, \hat{\delta}_g) = \frac{\alpha_{rv} c_v \hat{\delta}_g}{(\beta_{rv} - 1)\hat{R}_g^{\beta_{rv}}} \tag{7-96}$$

值得注意的是，在集中决策情形下，对于收入分享系数 $\hat{\chi}_v$ 值的确定，属于渠道的内在结构性问题。只要满足 $0 \leqslant \hat{\chi}_v \leqslant 1$，整体即可达到最优，且并不改变渠道均衡最优 CVaR 利润。实际应用中，可以将收入分享一并纳入增量利润的分配问题中考虑。

三、基于 CVaR 的 V2G 备用分散决策模型

同理，具有风险规避特性的电网公司在 CVaR 风险度量准则下的决策目标函数为

$$\text{CVaR}_\mu(\pi_g(R_g, \delta_g)) = \max_{\kappa_g \in R}\left\{ \kappa_g + \frac{E[\min(\pi_g(R_g, \delta_g) - \kappa_g, 0)]}{\mu_g} \right\} \tag{7-97}$$

将式（7-77）代入式（7-97），与定理 7-5 证明类似，可得最优 $\bar{\kappa}_g$ 为 $\dfrac{\alpha_{rv}\delta_g(R_g - \rho_{MCP})}{R_g^{\beta_{rv}}}$，进而电网公司的 CVaR 利润函数变为

$$\varpi_g(R_g, \delta_g) = \frac{\alpha_{rv}\left[\delta_g(\chi_v R_g - \rho_{MCP}) - \dfrac{\chi_v R_g \int_{\xi_{\min}}^{\delta_g}(\delta_g - y)\mathrm{d}F(y)}{\mu_g}\right]}{R_g^{\beta_{rv}}} \tag{7-98}$$

定理 7-7：在分散决策情形下，对于任意给定的 V2G 备用预留因子 δ_g，电网公司存在唯一确定的最优销售价格 $\bar{R}_g(\delta_g)$，且

$$\bar{R}_g(\delta_g) = \frac{\rho_{MCP}}{\chi_v\left(1 - \dfrac{1}{\beta_{rv}}\right)\left[1 - \dfrac{\int_{\xi_{\min}}^{\delta_g}(\delta_g - y)\mathrm{d}F(y)}{\mu_g \delta_g}\right]} \tag{7-99}$$

同时，存在唯一确定的均衡预留因子 $\bar{\delta}_g$，使得电网公司的 CVaR 利润最大化，且

$$F(\overline{\delta}_g) = \frac{\mu_g \overline{\delta}_g + (\beta_{rv} - 1) \int_{\xi_{min}}^{\overline{\delta}_g} (\overline{\delta}_g - y) dF(y)}{\beta_{rv} \overline{\delta}_g} \quad (7\text{-}100)$$

对比本节定理 7-6 和定理 7-7 易知，集中决策下的最优 V2G 备用预留因子与电网公司、电动汽车用户的风险规避程度均相关，而分散决策下的均衡预留因子仅受到电网公司的风险规避程度影响。另外，将式（7-100）代入式（7-99），得

$$\overline{R}_g(\overline{\delta}_g) = \frac{\mu_g \rho_{MCP}}{\chi_v [\mu_g - F(\overline{\delta}_g)]} \quad (7\text{-}101)$$

这表明对于任意给定的电网公司购电电价及其风险规避程度，电网公司确定的最优销售价格与均衡预留因子正相关，与收入共享系数负相关。

而这时，风险规避电动汽车用户基于 CVaR 的决策目标函数为

$$\mathrm{CVaR}_\mu(\pi_v(\chi_v)) = \max_{\kappa_v \in R} \left\{ \kappa_v + \frac{E[\min(\pi_v(\chi_v) - \kappa_v, 0)]}{\mu_v} \right\} \quad (7\text{-}102)$$

且可以证明 $\overline{\kappa}_v$ 满足：

$$\overline{\kappa}_v = \frac{\alpha_{rv} \delta_g [(1 - \chi_v) R_g + \rho_{MCP} - c_v]}{R_g^{\beta_{rv}}} \quad (7\text{-}103)$$

将式（7-103）代入式（7-102），得

$$\varpi_v(\chi_v) = \frac{\alpha_{rv} \left\{ \begin{array}{c} \delta_g \left[(1 - \chi_v) R_g + \rho_{MCP} - c_v\right] - \\ R_g(1 - \chi_v) \int_{\xi_{min}}^{\delta_g} (\delta_g - y) dF(y) \\ \mu_v \end{array} \right\}}{R_g^{\beta_{rv}}} \quad (7\text{-}104)$$

将式（7-99）代入式（7-104）中，电动汽车用户的决策目标函数为关于 χ_v 的单变量函数 $\varpi_v(\chi_v)$，对其求解一阶条件可得最优的收入共享系数，如定理 7-8 所示。

定理 7-8：在基于 CVaR 的 V2G 备用分散决策下，电动汽车用户存在唯一确定的均衡收入共享系数，且

$$\overline{\chi}_v = \frac{\left(1 - \dfrac{1}{\beta_{rv}}\right)\left[\overline{\delta}_g - \dfrac{\int_{\xi_{min}}^{\overline{\delta}_g} (\overline{\delta}_g - y) dF(y)}{\mu_v}\right]}{\overline{\delta}_g - \dfrac{\int_{\xi_{min}}^{\overline{\delta}_g} (\overline{\delta}_g - y) dF(y)}{\mu_v} - \left(1 - \dfrac{1}{\beta_{rv}}\right)\left(1 - \dfrac{c_v}{\rho_{MCP}}\right)\left[\overline{\delta}_g - \dfrac{\int_{\xi_{min}}^{\overline{\delta}_g} (\overline{\delta}_g - y) dF(y)}{\mu_g}\right]}$$

$$(7\text{-}105)$$

由式（7-105）可知，最优的 V2G 备用收入共享系数受到渠道各成员的风险

规避程度共同影响,且与需求价格弹性系数、电网公司购电电价及边际供电成本有关。另外,不难证明对于任意的 $\beta_{rv}>1$ 都可以使得收入共享系数的取值范围为 (0,1) 恒成立的必要条件是 $\rho_{MCP} \leq c_v$。进一步,当 $\rho_{MCP} = c_v$ 时,则 $\overline{\chi}_v = 1 - \frac{1}{\beta_{rv}}$,即均衡收入共享系数仅与市场需求的价格弹性系数有关,且呈正相关关系;而当 $\rho_{MCP} < c_v$ 时,将式(7-100)代入式(7-105)中,得此时最优收入共享系数与各参数的相关性如推论7-6所示。

推论 7-6:在 $\rho_{MCP} < c_v$ 的情形下,电动汽车用户的均衡收入共享系数 $\overline{\chi}_v$ 与市场需求的价格弹性系数 β_{rv} 正相关,与电动汽车用户的边际供电成本 c_v 负相关;与渠道成员的风险规避程度的相关性相反,其中与自身风险规避程度正相关,与电网公司的风险规避程度负相关。

由本节定理 7-7 和定理 7-8 可得,分散决策情形下电网公司和电动汽车用户的最优 CVaR 利润分别为

$$\begin{cases} \varpi_g(\overline{R}_g, \overline{\delta}_g) = \frac{\alpha_{rv}\rho_{MCP}\overline{\delta}_g}{(\beta_{rv}-1)\overline{R}_g^{\beta_{rv}}} \\ \varpi_v(\overline{\chi}_v) = \frac{\alpha_{rv}\rho_{MCP}\overline{\delta}_g \left[\overline{\delta}_g - \frac{\int_{\xi_{min}}^{\overline{\delta}_g}(\overline{\delta}_g - y)dF(y)}{\mu_v}\right]}{\overline{\chi}_v(\beta_{rv}-1)\overline{R}_g^{\beta_{rv}}\left[\overline{\delta}_g - \frac{\int_{\xi_{min}}^{\overline{\delta}_g}(\overline{\delta}_g - y)dF(y)}{\mu_g}\right]} \end{cases} \quad (7-106)$$

四、均衡解分析

由于前文仅假定随机需求变量 ξ_v 服从广义的随机分布,无法具体表示出决策模型均衡解中的所有积分项,这就使得很难直接利用均衡解对风险规避型 V2G 备用决策变量的选择及渠道双方的 CVaR 利润水平进行比较。为了更形象地描述相关参数对决策结果的影响程度,下面分析该因素 ξ_v 的随机变化符合区间 $[0,\xi_0]$ 上的均匀分布时,上述集中与分散决策下电网公司和电动汽车用户的最优决策行为。基于此,将 $f(y) = \frac{1}{\xi_0}$、$F(y) = \frac{y}{\xi_0}$ 代入式(7-92)和式(7-93)中,可得 V2G 备用集中决策模型的均衡解为

$$R_g^* = \frac{c_v(\beta_{rv}+1)}{\beta_{rv}-1}, \delta_g^* = \frac{2\mu_{SC}\xi_0}{\beta_{rv}+1} \quad (7-107)$$

将式（7-107）代入式（7-96），得

$$\varpi_{\text{SC}}^* = \frac{2\alpha_{\text{rv}}\mu_{\text{SC}}\xi_0(\beta_{\text{rv}}-1)^{\beta_{\text{rv}}-1}}{c_v^{\beta_{\text{rv}}-1}(\beta_{\text{rv}}+1)^{\beta_{\text{rv}}+1}} \quad （7\text{-}108）$$

式（7-108）表明，集中决策时 V2G 备用渠道的最优 CVaR 利润与总体的风险规避程度 μ_{SC} 正相关。这意味着渠道成员任何一方越害怕风险，则整个渠道的均衡 CVaR 利润越低。这是因为当随机需求变量服从均匀分布时，集中决策情形下 V2G 备用的最优销售电价 R_g^* 与电网公司、电动汽车用户的风险规避程度都无关，但是此时电动汽车用户的均衡预留电量 Q_{rv}^* 与 μ_{SC} 正相关，进而最终影响渠道整体的 CVaR 利润。

接着将 $f(y) = \dfrac{1}{\xi_0}$、$F(y) = \dfrac{y}{\xi_0}$ 分别代入式（7-99）、式（7-100）与式（7-103），可得 V2G 备用分散决策下的均衡解为

$$\begin{cases} R_g^\times = \dfrac{\beta_{\text{rv}}(\beta_{\text{rv}}+1)\left[\dfrac{\rho_{\text{MCP}}\left(2-\dfrac{\mu_g}{\mu_v}\right)}{\beta_{\text{rv}}-1}+c_v\right]}{(\beta_{\text{rv}}-1)\left(\beta_{\text{rv}}-\dfrac{\mu_g}{\mu_v}+1\right)} \\ \delta_g^\times = \dfrac{2\mu_g\xi_0}{\beta_{\text{rv}}+1}, \chi_v^\times = \dfrac{\beta_{\text{rv}}-\dfrac{\mu_g}{\mu_v}+1}{\beta_{\text{rv}}\left(\dfrac{2-\dfrac{\mu_g}{\mu_v}}{\beta_{\text{rv}}-1}+\dfrac{c_v}{\rho_{\text{MCP}}}\right)} \end{cases} \quad （7\text{-}109）$$

由此可见，在随机需求变量 ξ_v 服从均匀分布的条件下，分散决策时电动汽车用户选择的最优收入共享系数 $\chi_v^\times$ 与需求价格弹性系数 β_{rv} 及边际供电成本与购电电价的比值 $\dfrac{c_v}{\rho_{\text{MCP}}}$ 相关；除此之外，$\chi_v^\times$ 仅与渠道成员的风险规避程度比值 $\dfrac{\mu_g}{\mu_v}$ 相关。

另外，由推论 7-4 可得 $\mu_v \geqslant F(\delta_g^\times)$，即 $\mu_v \geqslant \dfrac{2\mu_g}{\beta_{\text{rv}}+1}$。对任意的 V2G 备用需求价格弹性系数 $\beta_{\text{rv}} > 1$，该不等式恒成立的必要条件为 $\mu_v \geqslant \mu_g$，也就是说当随机需求变量 ξ_v 服从均匀分布时，风险规避渠道成员采用收入共享合约的前提条件是，电网公司相比电动汽车用户更加害怕 V2G 备用市场的不确定性风险。

将式（7-109）代入式（7-106）中，经化简整理，得

$$\begin{cases} \varpi_\mathrm{g}^\times = \dfrac{2\alpha_\mathrm{rv}\mu_\mathrm{g}\xi_0(\beta_\mathrm{rv}-1)^{\beta_\mathrm{rv}-1}}{\beta_\mathrm{rv}^{\beta_\mathrm{rv}}\rho_\mathrm{MCP}^{\beta_\mathrm{rv}-1}(\beta_\mathrm{rv}+1)^{\beta_\mathrm{rv}+1}}\left(\dfrac{\beta_\mathrm{rv}-\dfrac{\mu_\mathrm{g}}{\mu_\mathrm{v}}+1}{2-\dfrac{\mu_\mathrm{g}}{\mu_\mathrm{v}}}+\dfrac{c_\mathrm{v}}{\rho_\mathrm{MCP}}\right)^{\beta_\mathrm{rv}} \\ \\ \varpi_\mathrm{v}^\times = \left(\dfrac{2-\dfrac{\mu_\mathrm{g}}{\mu_\mathrm{v}}}{\beta_\mathrm{rv}-1}+\dfrac{c_\mathrm{v}}{\rho_\mathrm{MCP}}\right)\varpi_\mathrm{g}^\times \end{cases} \quad (7\text{-}110)$$

根据 $\mu_\mathrm{v} \geqslant \mu_\mathrm{g}$ 和 $\rho_\mathrm{MCP} \leqslant c_\mathrm{v}$ 等条件，易知 $\dfrac{\left(2-\dfrac{\mu_\mathrm{g}}{\mu_\mathrm{v}}\right)}{\beta_\mathrm{rv}-1}+\dfrac{c_\mathrm{v}}{\rho_\mathrm{MCP}}>1$，即均衡时电网公司的 CVaR 利润相对较小，这说明在分散决策情形下电动汽车用户可以利用其在 V2G 备用市场中的主导地位获得更大的利润回报。

另外，分散决策与集中决策相比，电网公司的最优策略大小比较为

$$\dfrac{R_\mathrm{g}^\times}{R_\mathrm{g}^*} = \dfrac{\beta_\mathrm{rv}\left(\dfrac{2-\dfrac{\mu_\mathrm{g}}{\mu_\mathrm{v}}}{\beta_\mathrm{rv}-1}+\dfrac{c_\mathrm{v}}{\rho_\mathrm{MCP}}\right)}{\dfrac{c_\mathrm{v}}{\rho_\mathrm{MCP}}\left(\beta_\mathrm{rv}-\dfrac{\mu_\mathrm{g}}{\mu_\mathrm{v}}+1\right)}, \quad \dfrac{\delta_\mathrm{g}^\times}{\delta_\mathrm{g}^*} = \dfrac{1}{\lambda+\dfrac{\mu_\mathrm{v}(1-\lambda)}{\mu_\mathrm{g}}} \quad (7\text{-}111)$$

由此可知，在 $\mu_\mathrm{v} \geqslant \mu_\mathrm{g}$ 下，均衡预留因子之比 $\dfrac{\delta_\mathrm{g}^\times}{\delta_\mathrm{g}^*}<1$，即分散决策时电网公司决定的 V2G 备用最优预留因子较小。而均衡销售价格比 $\dfrac{R_\mathrm{g}^\times}{R_\mathrm{g}^*}$ 与市场需求价格弹性系数 β_rv 及边际供电成本与购电电价的比值 $\dfrac{c_\mathrm{v}}{\rho_\mathrm{MCP}}$ 相关，同时也与渠道成员的风险规避程度比值 $\dfrac{\mu_\mathrm{g}}{\mu_\mathrm{v}}$ 相关。相应地，渠道的最优 CVaR 利润大小比较为

$$\dfrac{\varpi_\mathrm{g}^\times+\varpi_\mathrm{v}^\times}{\varpi_\mathrm{SC}^*} = \dfrac{\dfrac{2-\dfrac{\mu_\mathrm{g}}{\mu_\mathrm{v}}}{\beta_\mathrm{rv}-1}+\dfrac{c_\mathrm{v}}{\rho_\mathrm{MCP}}+1}{\lambda+\dfrac{\mu_\mathrm{v}(1-\lambda)}{\mu_\mathrm{g}}}\cdot\left(\dfrac{c_\mathrm{v}}{\rho_\mathrm{MCP}}\right)^{\beta_\mathrm{rv}-1}\left[\dfrac{\beta_\mathrm{rv}-\dfrac{\mu_\mathrm{g}}{\mu_\mathrm{v}}+1}{\beta_\mathrm{rv}\left(\dfrac{2-\dfrac{\mu_\mathrm{g}}{\mu_\mathrm{v}}}{\beta_\mathrm{rv}-1}+\dfrac{c_\mathrm{v}}{\rho_\mathrm{MCP}}\right)}\right]^{\beta_\mathrm{rv}} \quad (7\text{-}112)$$

可以看出，渠道的均衡 CVaR 利润之比 $\dfrac{\varpi_g^\times + \varpi_v^\times}{\varpi_{SC}^*}$ 将受到需求的价格弹性系数 β_{rv}、电网公司的购电价格 ρ_{MCP} 及电动汽车用户的边际供电成本 c_v 等因素的影响，此外，还受到电网公司与电动汽车用户的风险规避程度比值 $\dfrac{\mu_g}{\mu_v}$ 的影响。这与传统的认识很不相同。相关研究一般认为渠道在集中决策下的目标利润一定大于等于分散决策下的相应值。

五、数值仿真分析

针对以上决策均衡比较与分析，下面通过一个数值仿真来说明不同参数对最优 V2G 备用销售价格比、收入共享系数及渠道的均衡 CVaR 利润比的影响。假设 $\beta_{rv}=3$，$\lambda=0.5$，其他相关参数的取值范围分别为 $0.1 \leq \dfrac{\mu_g}{\mu_v} \leq 1$，$2 \leq \dfrac{c_v}{\rho_{MCP}} \leq 5$。图 7-15～图 7-17 描述了电网公司和电动汽车用户的风险规避程度比值 $\dfrac{\mu_g}{\mu_v}$ 和边际供电成本与购电电价的比值 $\dfrac{c_v}{\rho_{MCP}}$ 对均衡销售价格比 $\dfrac{R_g^\times}{R_g^*}$、最优收入共享系数 $\chi_v^\times$ 及渠道的均衡 CVaR 利润比 $\dfrac{\varpi_g^\times + \varpi_v^\times}{\varpi_{SC}^*}$ 的影响情况。

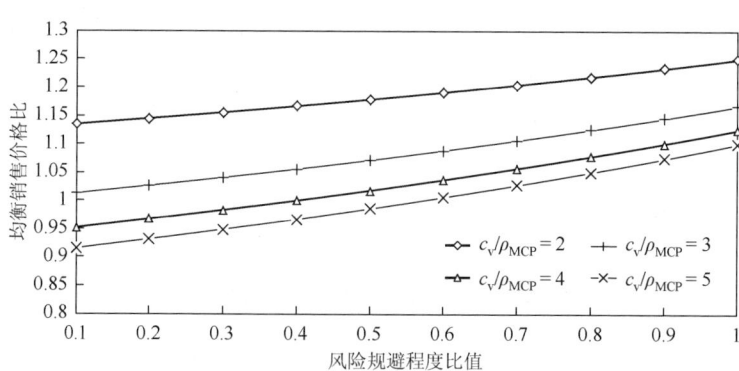

图 7-15 风险规避程度比值和边际供电成本与购电电价的比值对电网公司均衡 V2G 备用销售价格比的影响

由图 7-15 可知，在两种不同的决策下，V2G 备用的销售价格比 $\dfrac{R_g^\times}{R_g^*}$ 与电网公司和电动汽车用户的风险规避程度比值 $\dfrac{\mu_g}{\mu_v}$ 正相关，则越害怕风险的电网公司在分散决策时会决定越低的 V2G 备用销售价格，而如果电动汽车用户的风险规避程度越低，会使得电网公司选择越高的销售电价策略。与此同时，V2G 备用的销售电价比与边际供电成本和购电电价的比值负相关，即给定 V2G 渠道成员的风险规避程度 μ_i 和需求价格弹性系数 β_{rv} 的情形下，$\dfrac{R_g^\times}{R_g^*}$ 随着 $\dfrac{c_v}{\rho_{MCP}}$ 的增加而减小。另外，当 $\dfrac{c_v}{\rho_{MCP}}$ 较小时，$\dfrac{c_v}{\rho_{MCP}}$ 的变化对 $\dfrac{R_g^\times}{R_g^*}$ 的影响较大；相反，当 $\dfrac{c_v}{\rho_{MCP}}$ 较大时，$\dfrac{c_v}{\rho_{MCP}}$ 的变化对 $\dfrac{R_g^\times}{R_g^*}$ 的影响较小。

由图 7-16 可以看出，V2G 备用渠道成员分散决策下电动汽车用户的最优收入共享系数 $\chi_v^\times$ 与电网公司和电动汽车用户的风险规避程度比值 $\dfrac{\mu_g}{\mu_v}$ 负相关。换言之，对任意确定的 μ_v，$\chi_v^\times$ 会随着 μ_g 的增大而减小；对任意确定的 μ_g，$\chi_v^\times$ 会随着 μ_v 增大而增大。这与推论 7-6 的结论一致。也就是说，在给定 V2G 边际供电成本与购电电价的比值 $\dfrac{c_v}{\rho_{MCP}}$ 和需求价格弹性系数 β_{rv} 的情形下，相对而言，越害怕风险的渠道成员可以分享的销售收入比例越高。当然，任一成员越害怕风险都会使得整个渠道的 CVaR 利润越低，因此即使电网公司或电动汽车用户的收入分享比例增加，也不一定会使各自的 CVaR 利润增加。

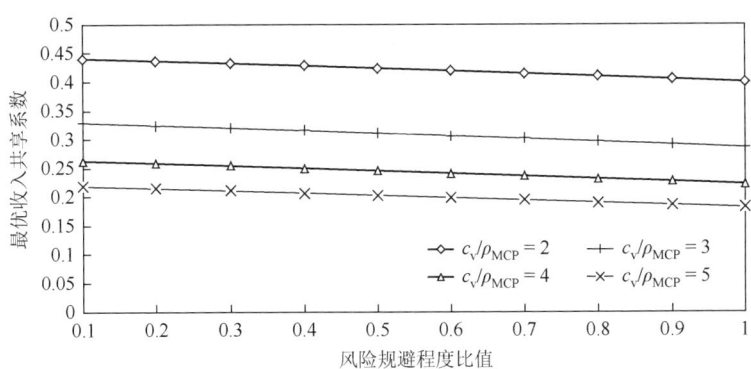

图 7-16　风险规避程度比值和边际供电成本与购电电价的比值对电动汽车用户最优 V2G 备用收入共享系数的影响

此外，从图 7-16 还可以看出，在给定需求价格弹性系数 β_{rv} 的情形下 $\dfrac{c_v}{\rho_{MCP}}$ 越小，电动汽车用户的最优收入共享系数 χ_v^* 将越大。这与现实情况是相符的，即高风险高回报。

由图 7-17 可知，在给定 V2G 备用的需求弹性系数 β_{rv} 的情形下，渠道的均衡 CVaR 利润比 $\dfrac{\varpi_g^\times + \varpi_v^\times}{\varpi_{SC}^*}$ 与边际供电成本和购电电价的比值 $\dfrac{c_v}{\rho_{MCP}}$ 呈正相关关系。当 $\dfrac{c_v}{\rho_{MCP}}$ 较大时，$\dfrac{\varpi_g^\times + \varpi_v^\times}{\varpi_{SC}^*}$ 是电网公司和电动汽车用户的风险规避程度比值 $\dfrac{\mu_g}{\mu_v}$ 的凹函数，而当 $\dfrac{c_v}{\rho_{MCP}}$ 较小时，$\dfrac{\varpi_g^\times + \varpi_v^\times}{\varpi_{SC}^*}$ 则变为 $\dfrac{\mu_g}{\mu_v}$ 的单调递增函数。这表明在该情形下，$\dfrac{c_v}{\rho_{MCP}}$ 可对 $\dfrac{\varpi_g^\times + \varpi_v^\times}{\varpi_{SC}^*}$ 产生显著的影响，且电动汽车用户以较低的购电电价 ρ_{MCP} 将 V2G 备用反供给电网公司，将有利于提升分散决策时的渠道均衡 CVaR 利润。此外，在绝大多数情形下 $\dfrac{\varpi_g^\times + \varpi_v^\times}{\varpi_{SC}^*}<1$，这表明本节所述收入共享合约在绝大多数情形下难以完美协调此类 V2G 备用渠道的分散决策行为。

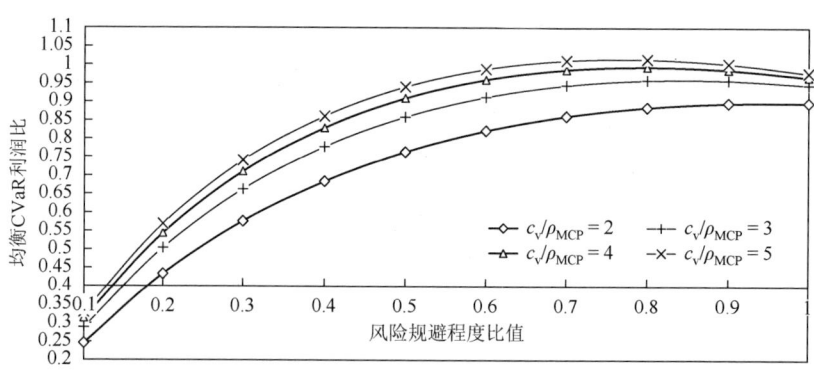

图 7-17　风险规避程度比值和边际供电成本与购电电价的比值对 V2G 备用渠道均衡 CVaR 利润比的影响

六、小结

本节构建了随机市场需求条件下基于决策者风险规避特性与收入共享契约的 V2G 备用决策模型，在该决策模型中采用 CVaR 风险度量准则来建立风险规避的电网公司与电动汽车用户的决策目标函数,并比较分析了集中与分散决策情形下的最优决策行为。数值仿真说明了所提出模型与方法的基本特征,并讨论了 V2G 备用渠道成员风险规避程度和边际供电成本与购电电价的比值等因素对均衡销售价格比、最优收入共享系数及渠道的均衡 CVaR 利润比的影响情况。

　　研究结果表明:①集中决策时渠道整体的风险规避程度,由各成员的风险规避特性共同决定,此时的最优预留因子随着渠道成员的风险规避程度减小而减小,即各决策者越害怕风险,决定的最优预留因子越低;②集中决策下 V2G 备用的均衡销售价格与决策者的风险规避程度之间不是简单的正/负相关关系,还与市场需求的价格弹性系数和市场随机需求变量的分布函数有关;③在分散决策模型中,电动汽车用户的最优 V2G 备用预留因子仅与电网公司的风险规避程度有关,而与电动汽车用户的风险规避程度无关,且购电电价与收入共享系数均不会对预留因子产生影响;④在基于收入共享合约的分散决策下,电动汽车用户制定的购电电价必须不高于其对电网公司供电的边际成本,此时电网公司越害怕风险或电动汽车用户越不害怕风险,后者确定的最优收入共享系数越大。

第八章　我国天然气产业开发利用升级创新机制研究

天然气是高效的清洁化石燃料，天然气的需求量对能源战略、能源消费、经济增长及人民的日常生活都至关重要。长期以来，煤炭在我国能源结构中所占比重一直较高，2016年高达62%，而天然气所占比例仅为6.4%。相比煤炭，天然气能减少二氧化硫和粉尘排放量近100%，减少碳排放量60%和氮氧化合物排放量50%，所以天然气的普遍使用不仅能够缓解我国能源消费结构刚性和不均衡的现状，也能够改善环境质量从而达到节能减排的效果。基于此，国务院办公厅于2014年11月下发了《能源发展战略行动计划（2014—2020年）》。行动计划中提出，到2020年，天然气比重达到10%以上，煤炭消费比重控制在62%以内，并且具体提出了诸多提高天然气在能源消费中所占比重的措施，包括实施气化城市民生工程，发展天然气交通运输与发电，加快天然气管网和储气设施建设等。由此可见，大力发展天然气产业，提高天然气消费比重已成为我国战略发展的重要目标。

第一节　我国天然气产业发展概况

一、我国天然气资源开发利用总体情况

天然气资源开发利用是个系统而复杂的过程，其发展速度受制于天然气资源的探明程度、管网等基础设施的建设、天然气用户的落实等因素。经过多年的发展，我国天然气资源开发利用有了较好的发展势头，资源的探明储量稳步增长，天然气生产量也在逐年提高。截至2016年，我国天然气探明储量为5.4万亿 m^3，天然气产量为1384亿 m^3，同比2015年增长1.4%。同时，近年来，我国天然气管道进入了史无前例的高速发展期，目前已基本形成覆盖全国主要地区的天然气管网，主要包括西气东输一线、西气东输二线、陕京一线、陕京二线、陕京三线、冀宁联络线、涩宁兰管道、中缅天然气管道、川气东送管道、中贵联络线等。随着西气东输三线、新粤浙煤制气管道、中俄东线输气管道等一批天然气管道的建设，我国将进一步形成资源多元、调度灵活、设施完备、供应稳定的全国天然气管网格局。

二、我国天然气产业发展面临的主要问题

（一）天然气资源供给矛盾

我国天然气的生产和消费在一次能源中所占的比重均处于较低的水平，1990～2015 年，我国天然气的生产量占能源生产总量的比重是 2.0%～4.8%，同期，天然气的消费量占能源消费总量的比重是 2.1%～5.9%，而世界同期的平均消费量占能源消费总量的比重是 20%～25%，其差距还十分巨大。另外，未来天然气供求矛盾的格局将长期存在。根据预测，2020 年，中国天然气的需求量将达到 2000 亿 m^3，而同期的天然气产量只能达到 1400 亿～1600 亿 m^3。因此，解决中国天然气的供求矛盾问题，除了立足国内，还必须利用世界的天然气资源。

（二）天然气地质工作与基础建设不足

我国现有的基础地质研究工作相对薄弱，地质工作投放量还有待加强，当前很大部分的地质资料都是早期地质勘查的结果，而且面对我国复杂的油气资源赋存条件，目前的地质工作成绩远远不够。从目前整个工作现状看，主要问题有：地质勘查机制不合理、地质评价等相关工作投入不够、地质队伍建设滞后、管道建设有待进一步加强。

（三）法律法规建设问题

迄今中国还没有建立起与天然气相对应的法律体系。因此，国家对天然气管理的基本方针政策就不能规范化，对市场准入就没有统一的标准，对天然气的重大问题就不能确认。同时对天然气企业而言，这种法律体系也是保证企业规范经营、保障企业合法权益的重要基础。另外，中国政府没有设立专门的能源管理部门和独立的监管机构，造成了不必要的人力、物力浪费，也造成了一定程度的监管重叠与缺失。因此完善相应法律法规的建设，设立相应的能源监管部门，也是我国当前促进天然气合理开发利用的重要举措。

（四）行业竞争机制问题

当前中国天然气资源的勘探开发按照地域性划分由中国三大石油公司控制，

尚未形成充分竞争的格局，客观上形成了天然气勘探开发的区域性垄断经营。同时，现行石油工业体制带来的上游资源的区域性和中游管网的独家垄断性，形成了中国三大石油公司对天然气下游市场的相对垄断性，在这种垄断下，消费者在垄断的卖方市场环境下相对弱小，消费者无法行使其选择权。

（五）定价机制问题

在一个开放、快速变化的市场环境中，固定价格制度不能使生产商和消费者快速适应变化的市场环境。目前，我国天然气可替代能源的价格已逐步实现市场化，而天然气价格由于与市场的相关能源价格变化联系不够紧密，不能充分反映替代能源价格水平，向市场传递了错误的经济信号，人为地刺激了对天然气的需求，并进一步激化天然气供需矛盾。同时，以成本加成法为基础的定价政策，不适合天然气储量有限、资源稀缺、生产成本高、运输距离远的中国天然气市场。不能充分考虑天然气勘探开发难度和资金投入变化所带来的成本变化，不能客观反映各个天然气田由于地域差异引起的开发、生产和运输成本的差别。

第二节 我国天然气消费量及其消费区域差异

一、我国天然气消费量的预测研究

（一）天然气消费量测算研究概述

当前，中国的天然气消费量远低于世界平均水平，这不仅会影响中国未来的能源安全，还会对经济稳定造成威胁。因此，对中国未来天然气消费量的动态特性做出一个科学预测就显得尤为重要（Wang and Lin, 2014a,b；Szoplik, 2015）。

天然气消费量是一个受多方面因素限制和影响的复杂系统。在已有研究中，学者们已就各种工具和方法对天然气消费量的预测模型进行了研究，主要分为两种类型：单一法和结合法。

单一法主要包括哈伯特曲线（Hubbert curve）、神经网络模型、统计模型、格雷（Gray）预测模型、计量经济学模型、数学模型、专家系统、随机冈波茨创新扩散模型、动态系统模型。哈伯特曲线作为预测天然气消费量的主要方法，其研究表明，任何有限能源系统完整的生命周期曲线都是钟形的，该曲线可以用于模拟逻辑函数。类似地，许多学者利用该模型或者该模型的扩展模型对天然气消费量进行了预测（Maggio and Cacciola, 2009；Valero, 2010）。人工神经网络是由多个以某种方式互相联结的简易处理单元多样化构成的计算系统,具有学习、记忆、联结和计算的功能,能够模拟人脑神经网络的结构和功能,通过自适应信息处理,人工神经网络可以有效地进行处理模型不确定性的数据。人工神经网络的首次预测应用可以追溯到 1964 年,而如今该方法已经成为预测天然气消费量的普遍工具(Kaynar et al.,2010;Demirel et al.,2012;Ardakani and Ardehali,2014;Szoplik,2015),自从 20 世纪 60 年代以来,统计模型已经成为预测天然气消费量的普遍方法(Balestra and Nerlove,1966;Brabec et al.,2009;Yoo et al.,2009;Gorucu,2010);同时有一些学者探索了利用计量经济学模型来预测天然气消费量(Berndt and Watkins,1997;Wan and Wang,2013;Khan,2015)。除此之外,也有相关学者运用马卡尔经济最优化模型(Jiang and Tan,2008)和系统动态模型(Li et al.,2011a)来预测未来天然气的消费量。

与单一方法相比,结合法能够提供更为精确的预测结果,因此结合法也逐渐替代单一法成为预测天然气消费量的主要方法。目前,结合法主要包括格雷模型、BP(back propagation)神经网络算法(付加锋等,2006),以及限定和随机时间序列结合模型。然而,现行的方法在计算权重时也存在以下两点不足,首先是在预测过程中主观因素未被考虑在内,其次是来自各种预测方法的正确预测信息没有被充分利用。鉴于此,本节提出使用贝叶斯模型平均(Bayes model averaging,BMA)法对天然气的消费量进行预测。贝叶斯模型平均法可以清楚地显示信息更新过程并将主观信息和客观数据在不同的干预下相结合,此外,BMA 使用后验概率作为权重,用以计算所有可行的单个加权平均值的预测模型。因此,它可以克服以上方法存在的缺点,解决模型的不确定性问题。

贝叶斯模型平均法的关键在于对每个模型的权重进行估计,许多方法被提出来去解决这个问题(Gibbons et al.,2008),如拉普拉斯方法、贝叶斯信息标准(BIC,Bayesian information criterions)方法与赤池信息量准则(AIC,Akaike information criterion)方法、期望最大化(expectation maximization,EM)方法。上述方法的共同优势是权重可以比较容易计算出来。例如,拉普拉斯方法只需要黑塞(Hessian)或协方差矩阵就可以直接计算边际似然函数。然而,这些方法也存在不足,例如,AIC 方法不能事先确定模型;EM 方法虽可以轻易列举算法步骤,并且计算结果也将满足 BMA 的约束条件,即权重为正,总和为一,但是 EM 方法不能保证得出的结果是整体上最优的权重,此外,该方法还需要进行修改,以使其适应预测分布而不是正态分布(Vrugt et al.,2008)。考虑到上述方法的缺点,本节采用马尔可夫链蒙特卡洛(Markov chain Monte Carlo,MCMC)方法对 BMA 权重进行估计。这种方法有三个优点,首先,使用多个不同的马尔可夫链进行随机抽样;其次,它可以处理较大数量的 BMA 参数;最后,因为该方法不需要假设预测变量服从正态分布,因此能够更加完整地观测到 BMA 权重的后验分布。

(二) 研究方法

1. 天然气消费量线性回归模型

贝叶斯模型平均法的基础是贝叶斯理论，在统计分析中模型本身的不确定性也被考虑其中。本节中每个考察的模型表示如下：

$$y = \alpha + \sum_{i=1}^{p} x_i \beta_i + \varepsilon \tag{8-1}$$

式中，$y = (y_1, y_2, \cdots, y_T)'$，表示天然气消费量；$x_i$ 表示解释变量；β_i 表示向量参数；$\varepsilon \sim N(0, \sigma^2)$，表示随机误差。

2. 建立贝叶斯模型平均法

自从勒纳在 1978 年提出了贝叶斯模型平均法框架后，BMA 被广泛应用于计量经济学中，如进行产出增长预测、汇率预测、股票回报预测和通货膨胀预测。在本节中，BMA 用于天然气消费量预测，如下所示：令 $F = \{f_1, f_2, \cdots, f_k\}$ 是下面一组所考察的预测模型，$D = (y_1, y_2, \cdots, y_T)^T$ 是观测数据，假设 θ_k 是模型 f_k 的参数向量，$p(\theta_k | f_k)$ 是模型 $p(f_k)$ 下的先验密度，并且 $p(f_k)$ 是 f_k 预测模型的先验概率（考虑到所考察的一个模型是准确的）。然后，给定的 y 的后验分布数据 D 如下：

$$p(y | f_1, f_2, \cdots, f_k, D) = \sum_{k=1}^{K} p(y | f_k, D) p(f_k | D) \tag{8-2}$$

式中，$p(f_k | D)$ 表示后验模型概率（PMP）和描述实际的单一模型的拟合度；$p(y | f_k, D)$ 表示给定的预测模型 f_k 和观测数据集 D 的后验分布。式（8-2）中模型 f_k 的后验概率可通过以下方式获得

$$p(f_k | D) = \frac{p(f_k) p(D | f_k)}{\sum_{j=1}^{K} p(f_j) p(D | f_j)} \tag{8-3}$$

式中，$p(D | f_k) = \int p(D | \theta_k, f_k) p(\theta_k | f_k) d\theta_k$，表示模型 f_k 边际似然概率。使用后验模型概率权重，BMA 预测的加权平均值计算如下：

$$E_{\text{BMA}}(y | D) = \sum_{k=1}^{K} p(f_k | D) E[p_k(y | f_k, D)] = \sum_{k=1}^{K} w_k f_k \tag{8-4}$$

$$\text{Var}[y|D] = \sum_{k=1}^{K} w_k \left(f_k - \sum_{i=1}^{K} w_i f_i \right)^2 + \sum_{k=1}^{K} w_k \sigma_k^2 \tag{8-5}$$

式中，σ_k^2 表示观察数据集 D 与预测模型 f_k 相关的方差。显然，BMA 的预测值基本上是在根据给定的观测数据下将单个模型正确的概率进行加权后得出的平均值。

3. 边际模型概率计算

近年来，几种蒙特卡洛（MC）数值方法被运用于计算边际概率，如候选人方法、谐波均值估计、Laplace-Metropolis 方法和 Bridge 抽样。其中，MCMC 也是一种用样本去模拟构造收敛于后验分布马尔科夫链的蒙特卡洛数值方法，同时，对于 MCMC 来说，目前也有几种不同的算法，其中一种较为常用的算法为吉布斯抽样。

吉布斯抽样步骤如下。

步骤一，决定初始点 $x^{(0)} = (x_1^{(0)}, x_2^{(0)}, \cdots, x_n^{(0)})$，$i = 0$。

步骤二，从全条件分布 $\pi(x_1 | x_2^{(i)} + x_3^{(i)}, \cdots, x_n^{(i)})$，$\pi(x_2 | x_1^{(i)} + x_3^{(i)}, \cdots, x_n^{(i)})$，…，$\pi(x_n | x_1^{(i)} + x_2^{(i)}, \cdots, x_n^{(i)})$ 中分别挑选样本 $x_1^{(i+1)}, x_2^{(i+1)}, \cdots, x_n^{(i+1)}$。

步骤三，设置 $i = i+1$，然后实施步骤二。

重复步骤 1~3，可以获得 MCMC 值 $x^{(0)}, x^{(1)}, x^{(2)}, \cdots, x^{(t)}$。当链收敛到平稳时，样本可用于计算边际模型的概率。同时，每个模型参数的样本可以从后验分布中得出。值得注意的是，边际概率可以通过各种不同的方法计算，如候选人方法、谐波均值估计、Laplace-Metropolis 方法和 Bridge 抽样。考虑到天然气消费模式不是很复杂，本节采用以下广义谐波法来计算边际似然概率（Newton and Raftery，1994）。

$$p(D|f_k) = \left\{ \frac{1}{T} \sum_{t=1}^{T} \omega^{(t)} \right\}^{-1} = \left\{ \frac{1}{T} \sum_{t=1}^{T} \frac{g(\theta_{f_k}^{(t)})}{f(D|\theta_{f_k}^{(t)}, f_k) f(\theta_{f_k}^{(t)} | f_k)} \right\}^{-1} \tag{8-6}$$

式中，$f(D|\theta_{f_k}^{(t)}, f_k)$ 表示 D 给定预测模型 f_k 的概率；T 表示模型参数的总样本大小；$g(\theta_{f_k}^{(t)})$ 表示密度函数。

4. 评估预测精度

本节采用均方根误差（RMSE）和均值绝对百分比误差（MAPE）来评估预测结果。

$$\text{RMSE} = \sqrt{\frac{1}{n} \sum_{t=1}^{n} (y_t - \hat{y}_t)^2} \tag{8-7}$$

$$\mathrm{MAPE} = \frac{1}{n}\sum_{t=1}^{n}\left|\frac{y_t - \hat{y}_t}{y_t}\right| \tag{8-8}$$

式中，y_t 表示观察数据；$\hat{y}_t$ 表示预测值；n 表示样本的总数。

（三）中国天然气消费量预测

1. 数据

本节数据涵盖了 1965～2012 年的时间序列相关数据，相关数据来自《BP 世界能源统计年鉴》和世界银行数据库。本节考虑了对未来天然气消费预测十分重要的六个预测变量，包括 GDP（年增长率）、城市人口（UPOP，城市人口占总人口的百分比，代表城市化水平）、能源消费结构（ECST，煤耗占总能源消耗的百分比）、产业结构（INST，重工业增加值占国内生产总值的百分比，是产业结构的指标）、能源效率（EEFF，增加的产值除以产业能源消费）、商品和服务出口（EPGS，年增长率）。在这里，天然气价格不是消费量预测的重要因素，因为中国政府对天然气进行了价格管理控制，价格不能显著反映天然气消费量的变化。

2. MCMC 选样

本节展示了使用回归模型进行模拟的收敛结果，该回归模型包括 6 个预测变量。从回归结果中可以观察到所有模型大致在 10 000 次迭代之后实现收敛。

在表 8-1 中，2.5% 和 97.5% 表示置信区间的范围，如表 8-1 的 β_6 表示 2.5% 到 97.5% 的置信区间为 1.990 32～2.182 65。如表 8-1 所示，参数估计的标准差小于其平均值的绝对值，并且蒙特卡罗误差小于样本标准差的 5%。也就是说，参数估计已经稳定，实现链收敛。

表 8-1　模型参数模拟结果

参数	均值	标准差	MC 误差	2.5%	中位数	97.5%	样本数
β_0	−0.216 52	0.228 06	6.21×10^{-4}	−0.281 32	−0.221 32	−0.183 21	5 000
β_1	0.181 32	0.009 21	4.23×10^{-4}	0.153 42	0.199 32	0.203 32	5 000
β_2	6.321 53	0.005 12	6.25×10^{-4}	6.034 21	6.223 48	6.865 62	5 000
β_3	−0.461 84	0.002 12	1.79×10^{-4}	−6.344 2	−0.476 54	−0.396 32	5 000
β_4	0.146 21	0.006 33	2.86×10^{-4}	0.126 53	0.137 62	0.179 98	5 000
β_5	1.347 68	0.004 42	2.97×10^{-4}	1.320 23	1.356 54	1.587 87	5 000
β_6	2.100 23	0.001 97	1.53×10^{-4}	1.990 32	2.092 56	2.182 65	5 000

3. 后验模型概率

从后验分布中抽出的参数样本可用于计算单一模型的后验概率。表 8-2 列出了使用 BMA 方法的五个模型的后验概率及其所选变量。

表 8-2 后验模型概率

模型	GDP	城市人口	能源消费结构	产业结构	能源效率	商品和服务出口	后验模型概率
模型 1	√	√	√	√	√	√	0.235
模型 2		√				√	0.142
模型 3	√	√				√	0.122
模型 4	√						0.098
模型 5			√	√	√	√	0.085

从表 8-2 可以看出,"最佳"模型的后验概率为 0.235,五个模型的后验概率和为 0.682。因此,可以估计模型的不确定性。为了验证 BMA 方法,通过 1985～2012 年的时间序列数据,对 BMA 方法与格雷预测模型、线性回归模型和人工神经网络模型的预测结果进行比较(Li et al., 2014b; 高彦鹏等, 2013)(表 8-3)。

表 8-3 预测结果评估

模型	均值绝对百分比误差	均方根误差
格雷预测模型	0.051	0.082
线性回归模型	0.057	0.068
人工神经网络模型	0.045	0.061
BMA 法	0.026	0.043

如表 8-3 所示,相比于格雷预测模型、线性回归模型和人工神经网络模型,BMA 方法具有更好的预测效果。总之,理论分析与应用研究都证实了 BMA 方法的有效性。

4. 预测

不同行业的天然气消费量可以反映中国经济结构的现状。工业天然气消费取决于投资,而人口则可以决定居民的天然气消费。另外,投资将改善能源消费结构和提升能源效率。因此,天然气消费量与 GDP、城市人口、能源消费结构、产业结构、能源效率与商品和服务出口有密切的关系。为了预测中国天然气消费量,对GDP、城市人口、能源消费结构、产业结构、能源效率与商品和服务出口等方面做了一些假设。

中国宏观经济信息网报道，GDP的工业增加值增值的百分比在2020年将为50%。根据历史数据，能源效率从2013年到2015年每年呈现出3%的增长速度，可以认为其从2016年到2020年每年预计增速为2%，随后每10年下降0.5%。商品和服务出口量在2015年以12%的速度增长，到2020年将以10%的速度增长。2015年天然气消费占比为68%，同时按照英国石油公司能源部首席经济学家鲁尔博士的预测数据，2020年的天然气消费占比将为60%。

本节预测了2020年的天然气消费量。假设的各参数的不同取值情况见表8-4。

表8-4 不同情境下的参数假设

参数	情境	2020年取值
GDP	高水平	7.5%
	参考水平	6%
	低水平	5.5%
城市人口	高水平	67%
	参考水平	62%
	低水平	58%
能源消费结构	高水平	51%
	参考水平	50%
	低水平	49%
产业结构	高水平	3.5%
	参考水平	2.5%
	低水平	2%
能源效率	高水平	65%
	参考水平	60%
	低水平	56%
商品和服务出口	高水平	17%
	参考水平	10%
	低水平	6%

鉴于上述假设，天然气消费量可以使用BMA方法通过公式进行预测，结果如表8-5所示。

表 8-5　不同情境下天然气消费量预测（亿 m³）

年份	低水平	参考水平	高水平
2017	2509.06	2795.56	3103.09
2018	2709.79	3103.08	3568.55
2019	2899.47	3413.38	4032.47
2020	3073.44	3754.73	4516.36

（四）研究结论

本节采用 BMA 法预测中国天然气消费量，BMA 法可以计算后验模型概率和解决模型的不确定性问题，克服了其他方法的现有缺点。在预测精度方面，与格雷预测模型和人工神经网络模型相比，BMA 法有更好的预测效果。因此，它可以作为一个有效的工具估算不同国家的天然气消费量。依据这种方法计算，中国的天然气消费量将会在未来保持快速增长趋势，2017 年至 2020 年每年的消费量将分别为 2795.56 亿 m³、3103.08 亿 m³、3413.38 亿 m³ 和 3754.73 亿 m³。

基于上述分析，天然气消费量将实现快速增长。开采的天然气作为清洁能源，可以带来经济效益和社会效益，所以中国应采取措施保障天然气供给的安全。首先，中国应制定相应的法律法规以规范市场，提供良好的市场投资环境。其次，中国应与其他国家进行合作从而分散投资风险。同时，中国应吸引社会人才促进天然气的发展。最后，中国应该建立以市场为导向的天然气价格机制，以利于天然气行业的健康发展。目前，中国对在岸天然气征收 13% 的税费，对离岸天然气征收 5% 的税费，然而未来 20 年中国将主要依赖于陆上天然气。因此，中国应征收统一税，促进天然气行业发展。

二、我国天然气消费的区域差异及影响因素

（一）研究背景及意义

当前在政府"节能减排""建立环境友好型、资源节约型"和谐社会的政策推动下，发展天然气产业应是我国能源结构调整的重要工作和核心任务之一。在此背景下，深入分析我国天然气消费的区域差异并厘清影响天然气消费的各影响因素，从而探讨与区域经济发展实践相结合的区域差别化能源政策将变得具有现实意义。

能源消费一直是一个热门也很传统的话题。对于天然气消费，国内外不乏学者对此进行研究。Wang 和 Lin（2014b）采用协整分析和误差修正模型，分别从民用、商业、工业三个部门来分析价格、城市化、气候等因素对于中国天然气消费的影响。

Yu 等（2014）基于国内主要城市的面板数据，发现北方天然气消费富于价格弹性而南方富于收入弹性。成金华等（2014）以华北地区为例发现不同天然气区域市场的需求价格弹性、GDP 弹性、价格规制弹性都存在很大的差异，并进一步定量分析了价格规制拉动天然气的消费需求。郑言（2012）以上海市为分析案例，通过建立民用天然气的需求函数模型表明上海市民用天然气在短期和长期内对价格都是缺乏弹性的，但收入水平富有弹性。李兰兰等（2012）从价格弹性角度发现天然气自价格弹性为负值且工业用户大于居民用户，长期价格弹性的绝对值都大于短期，交叉价格弹性为正值但较小。在供给充分的情况下，天然气需求等于天然气消费。所以归结起来，影响天然气消费的主要因素包括：价格因素、收入高低、地区经济发展水平、气候条件、城市化水平、产业结构、人口因素及价格规制等（杨俊和牛迪，2016）。

上述研究从诸多角度对我国天然气问题进行了探讨，但鲜有学者针对天然气消费的区域差异进行研究，大多文献只关注能源总体消费的区域差异。张晓平（2008）运用因子分析法，通过构建规模指数、速度指数和强度指数来分析各地区能源消费强度的差异。李光全等（2010）应用因子分析、聚类分析方法分析发现消费水平区域差异显著，呈现出以华北—西南地区为轴线向两边逐渐递减的趋势。吴玉鸣和李建霞（2008）基于 2002~2005 年中国省域的能源消费数据，应用空间计量经济学方法分析发现我国省域能源消费在空间上存在依赖性，本地和相邻省域共同影响着能源消费行为。屈小娥和袁晓玲（2009）基于 1998~2006 年全国 30 个省份的面板数据，分析得出东、中、西三大地区能源强度差异较大且有进一步扩大的趋势；经济发展水平、第三产业占比、制度环境能够降低三大地区的能源强度，政府干预则正好相反；工业化水平、第二产业占比对东部地区降低能源强度起积极作用，对中、西部地区起阻碍作用。

在上述文献基础上，本节运用 SPSS 和 Stata 软件，采用因子分析和回归分析方法对我国天然气消费的区域差异及影响因素进行深入的分析和探讨，以期为天然气发展规划及推行区域差别化能源政策提供决策依据和政策建议。

（二）天然气消费的区域差异

1. 指标选取与数据来源

根据文献资料，本节收集整理了与天然气消费相关的各项指标，遵循相对指标及绝对指标相结合的方法，经分析组合构建了我国天然气消费现状评价指标体系。本节用单位 GDP 耗费的天然气量即天然气消费强度来衡量天然气利用的经济效益，用单位工业增加值耗费天然气数量来衡量工业部门中天然气的经济收益度。具体指标及量化方法如表 8-6 所示。

表 8-6 我国天然气消费区域差异评价指标及量化方法

指标名称	代码	量化方法
天然气消费总量	I_1	2012 年地区天然气消费总量
天然气消费份额	I_2	2012 年地区消费总量占同期全国的比重
天然气消费强度	I_3	2012 年地区单位生产总值天然气消费总量
天然气工业消费强度	I_4	2012 年地区单位工业增加值天然气消费总量
相对天然气消费强度	I_5	2012 年地区天然气消费总量占全国比重/同年地区生产总值占全国比重
天然气消费增量份额	I_6	2011~2012 年地区天然气消费增量占同期全国增量的比重
天然气消费总量增速	I_7	2012 年地区天然气消费总量比 2011 年增长幅度
人均天然气消费增速	I_8	2012 年地区人均天然气消费总量比 2011 年增长幅度

注：本节选取我国 30 个省份的天然气消费为研究对象，所有原始数据均来自国家统计局编著的《中国统计年鉴》(2013) 和《中国能源统计年鉴》(2013)。

2. 研究方法

本节评价过程中共选取了 8 个指标、30 个变量，指标之间关系复杂，计算量大，在此利用 SPSS 软件的因子分析法对 8 个指标进行浓缩，以化简为几个较少的公共因子使其反映数据的总体特征。分析模型为

$$X = AF + \varepsilon \tag{8-9}$$

式中，X 表示可观测的 n 维变量向量；F 表示因子变量；A 表示因子负荷矩阵；ε 为特殊因子，表示原始变量中不能由因子解释的部分，均值为 0。

1) 因子释义

本节以 SPSS 18.0 为工具，在指标变量的共同度检验结果中，除了人均天然气消费增速变量的共同度为 0.782 外，其余指标的共同度均大于 0.8。这说明原变量的大部分信息能够客观地被因子 1、2、3 表现出来。从表 8-7 的矩阵特征值与累积贡献率可以看出，3 个相互独立的因子集中反映了上述 8 个指标信息，特征值贡献率分别为 37.148%、30.634%、23.111%，共解释了 90.893% 的变量总方差。

表 8-7 矩阵特征值与累积贡献率

因子	旋转前			旋转后		
	特征值	贡献率/%	累积贡献率/%	特征值	贡献率/%	累积贡献率/%
1	3.138	39.224	39.225	2.972	37.148	37.148
2	2.572	32.147	71.372	2.451	30.634	67.782
3	1.562	19.520	90.893	1.849	23.111	90.893

在初始因子载荷矩阵结构不够简明的情况下，选择四次方最大旋转的方法，得到 8 个变量在 3 个因子上的新负荷，见表 8-8。结果显示，因子 1 支配着变量 I_1、I_2，因子 2 支配的变量有 I_3、I_4、I_5，因子 3 支配着变量 I_6、I_7 和 I_8。根据公因子 1、2、3 及其支配的变量的经济含义，将其分别命名为总量因子、强度因子和增速因子。

表 8-8 因子载荷矩阵表

因子	旋转前			旋转后		
	F1	F2	F3	F1	F2	F3
天然气消费总量	0.490	0429	0.707	0.121	0.212	0.930
天然气消费份额	0.380	0.340	0.809	0.060	0.050	0.953
天然气消费强度	0.879	−0.426	−0.090	0.977	0.064	0.058
工业天然气消费强度	0.766	−0.493	−0.011	0.906	−0.072	0.067
相对天然气消费强度	0.840	−0.479	−0.055	0.966	−0.010	0.057
天然气消费增量份额	0.346	0.872	−0.284	−0.114	0.959	0.165
天然气消费总量增速	0.346	0.872	−0.284	−0.114	0.959	0.165
人均天然气消费增速	0.670	0.315	−0.484	0.467	0.744	−0.100

2) 天然气消费现状综合评价

以因子载荷系数和主成分方差贡献率为权重系数，构建我国天然气消费现状水平综合评价模型：

$$F = \sum_{i=1}^{n_i} \eta_i F_i = \sum_{i=1}^{n_i} \sum_{j=1}^{k_j} \eta_i a_j \chi_j \quad (8\text{-}10)$$

式中，F 表示综合得分；F_i 表示主成分因子得分；η_i 表示主成分方差贡献率；a_j 表示变量的主成分载荷系数；χ_j 表示原始变量；n_i 表示因子数，$i = 1, 2, 3$；k_j 表示变量数，$j = 1, 2, 3, \cdots, 8$。按式（8-10）计算，得到我国 30 个省份天然气消费现状的各因子得分和综合得分，并以此排名。

表 8-9 样本综合得分

地区	总量因子		强度因子		增速因子		综合因子	
	得分	排序	得分	排序	得分	排序	得分	排序
青海	−1.006 74	27	3.502 47	1	1.403 36	5	1.498 335 177	1
北京	0.820 59	5	0.506 64	5	1.943 87	2	0.973 338 318	2
海南	0.113 1	13	2.978 27	2	−1.532 59	29	0.663 012 66	3

续表

地区	总量因子 得分	排序	强度因子 得分	排序	增速因子 得分	排序	综合因子 得分	排序
辽宁	0.147 47	12	−0.430 67	17	2.516 09	1	0.644 875 511	4
江苏	1.728 69	3	−0.622 33	26	1.438 87	4	0.609 117 833	5
新疆	0.463	9	1.119 61	3	0.144 65	11	0.567 228 734	6
重庆	0.510 17	7	0.323 36	7	0.403 85	9	0.361 742 571	7
四川	3.033 16	1	0.334 61	6	−1.587 7	30	0.338 918 512	8
河南	0.000 12	15	−0.630 61	27	1.554 36	3	0.241 931 373	9
山东	0.854 41	4	−0.671	29	0.828 04	6	0.201 861 389	10
上海	0.311 46	10	−0.154 32	12	0.473 26	7	0.159 633 195	11
宁夏	−0.894 13	26	0.958 88	4	−0.363 6	20	0.038 177 134	12
广东	1.982 28	2	−0.472 01	18	−0.809 41	26	0.034 827 797	13
陕西	0.498 25	8	0.026 41	8	−0.445 13	21	−0.011 399 78	14
山西	0.183 34	11	−0.045 13	9	−0.160 24	14	−0.023 481 107	15
天津	−0.602 54	20	−0.207 65	13	0.339 58	10	−0.112 363 904	16
河北	−0.295 4	17	−0.577 95	24	0.471 5	8	−0.138 527 45	17
甘肃	−0.832 85	24	−0.061 71	10	−0.123 1	12	−0.253 114 448	18
浙江	0.013 56	14	−0.540 1	20	−0.302 68	17	−0.290 225 488	19
内蒙古	0.759 65	6	−0.104 32	11	−1.490 68	28	−0.319 844 993	20
黑龙江	−0.392 65	18	−0.311 74	14	−0.453 85	22	−0.345 582 926	21
吉林	−0.727 59	22	−0.408 08	15	−0.277 16	16	−0.404 652 078	22
湖北	−0.579 93	19	−0.549 07	21	−0.224 66	15	−0.406 818 49	23
江西	−0.670 37	21	−0.475 74	19	−0.318 37	18	−0.429 186 572	24
安徽	−0.857 59	25	−0.571 62	22	−0.136	13	−0.452 205 263	25
福建	−0.228 78	16	−0.410 03	16	−0.907 44	27	−0.483 176 46	26
湖南	−0.796 84	23	−0.609 44	25	−0.333 49	19	−0.512 713 79	27
贵州	−1.152 94	28	−0.573 34	23	−0.676 12	24	−0.686 562 907	28
广西	−1.209 68	30	−0.680 64	30	−0.647 04	23	−0.730 627 526	29
云南	−1.171 26	29	−0.642 74	28	−0.728 21	25	−0.732 534 805	30

3）中国天然气消费的区域差异解析

以表 8-9 的样本综合得分为数据，采用分层聚类方法对我国天然气消费现状进行类型划分。

Ⅰ类地区：青海。青海独为一类区域是因为青海的综合得分约为1.5，比其他省份高很多，这其中贡献最大的是强度因子得分和增速因子得分。2005年青海的天然气消费为11.02亿m^3，2012年达到40.11亿m^3，增长了2.64倍，青海天然气的高消费量主要取决于高生产量，青海气区年综合生产能力为80多亿m^3，不但保证甘肃、青海、西藏民用、工业用气，还承担着西气东输的供气任务。2012年青海的GDP仅为1893.54亿元，属于欠发达地区，但天然气消费却达到40.11亿m^3，可见青海天然气消费增长迅速，但未明显拉动经济增长。

Ⅱ类地区：辽宁、新疆、海南、江苏、北京。除了江苏，其余地区强度因子得分都比较高。除此之外，增速因子和规模因子得分也比较高，可见Ⅱ类地区除江苏外，天然气消费已普及到其生产和生活中。

Ⅲ类地区：重庆、四川、山西、陕西为西南气区、长庆气区所在地，因其天然气资源丰富和人口庞大，消费规模大、消费增长速度缓慢，天然气市场虽然成熟，但是天然气资源没有得到更广泛、科学的利用。其中长庆气区作为我国陆地三大主力气源地之一，南下西安、上海，东进太原、石家庄、京津地区，北上呼和浩特，西输银川，承担着向北京等17个大中城市供气的重任。西南气区是我国最早开发的气田，四川盆地天然气田数量多，分布在四川、重庆、云南、贵州、湖南、湖北，是一千多万户居民、千余家大中型工业企业及一万多家公用事业单位的主要气源。河南、山东、上海、河北、广东、天津天然气消费规模不大，但天然气经济收益较高，是由于经济发展和生活水平提高而带来了天然气高消费。宁夏天然气规模小，增长慢，但强度因子得分排名第四，究其原因是天然气多用于居民而少用于工业发展。

Ⅳ类地区：浙江、内蒙古、湖北、黑龙江、安徽、甘肃、吉林、广西、贵州、江西、湖南、云南、福建。这些地区远离气源，天然气在其生产和生活中所扮演的角色无足轻重，所有因子得分都比较低，天然气并未普遍应用到其居民生活和工业发展中。

4）我国天然气消费的空间格局

由已有的研究及天然气消费的区域差异分析可知，我国天然气消费水平以黄河流域为轴线，西出新疆，东到环渤海，向南北两边呈现逐渐递减趋势。在中国的中西部盆地蕴含着丰富的天然气资源，华北地区也富集着非常规的煤层气远景资源，结合我国天然气气田及管道分布可以清楚地看到在此地带上座落着我国新疆气田、青海气田、长庆气田。可见我国天然气消费属于供给指向型布局。此地带以南的地区尽管人口稠密、经济发达，但生产和生活未严重依赖天然气资源。此地带以北的内蒙古、黑龙江等地区相比于南部地区则消费规模较大，但利用效率较低、消费增长缓慢。

（三）天然气消费区域差异的实证分析

1. 变量选择

天然气消费的区域差异是诸多因素共同作用的结果，本节用天然气消费量（GC）作为因变量，主要选取以下几大影响因素作为自变量。

（1）居民收入水平（WAG）：影响能源需求的重要因素之一就是居民收入水平。随着经济发展和人民生活水平的提高，天然气需求量增长是趋势。本节用地区城镇职工平均工资来反映地区居民收入水平。

（2）人口因素（POP）：人是生产和生活的主体，所以也是能源消费的主体，人口的多少不仅影响着天然气总的消费量，而且影响着天然气的利用方式。近年来，伴随着人口增长、工业化和城市化的发展，工业用气及城市居民炊事、生活热水等用气、公共服务设施用气等城市燃气都大幅度增加。本节用地区年末人口数量来反映人口因素。

（3）基础设施建设（LINE）：管网是天然气基础设施的主体，管网发展本身具有极强的"1+1＞2"的网络效应及固定资产投资所具有的内在规模经济（郭庆方，2013）。随着我国"西气东输、北气南下、海气登陆"的供气格局的形成，管网建设对天然气消费的影响不容忽视。因此本节用天然气管道长度来衡量管网建设水平。

（4）产业结构（STR）：产业结构即各产业产值所占国内生产总值的比重。由于第一、二、三产业能耗指数相差较多，随着产业结构的变迁和调整，综合能源消费量和消费结构必将受到影响，天然气也不例外。在产业结构变迁中，第三产业产值占地区生产总值的比重越来越高已经成为发达经济体的经济发展特征。因此本节用第三产业产值占地区生产总值的比重来衡量产业结构。

（5）替代能源价格（PRI）：中国目前的国情是天然气价格未实现完全市场化，因此天然气的生产和消费行为无法得到价格体制的有效调节，导致了生产和生活中天然气的低效和过度利用。另外，煤炭、石油仍是我国主要消费能源，替代燃料价格上涨势必会导致天然气需求的增加，因此本节用动力、燃料购进价格指数来计算替代能源价格。

（6）气候变化（TEM）：天然气的消费与气候存在较大的着联系。国内许多地方已经在抓紧实施供暖锅炉煤改气项目，越来越多的城市已经采用了中央供暖系统，因此随着天然气的普遍使用，季节性用气矛盾更加突出。在中国燃气加热通常开始于11月中旬，结束于次年3月中旬。因此，加热时间长度和温度只考虑到几个月的范围。本节借鉴 Wang 和 Lin（2014b）的方法，用省会城市在1月、2月、3月、11月和12月的平均温度来描述区域间气候差异。

另外，本节进行稳健性检验的时候将引入人均地区生产总值（GDP）（Yu et al.，2014）和城镇化水平（UB）来替代 WAG 和 POP 变量进而研究其对天然气消费的影响。

2. 实证检验

1）模型构建与数据说明

结合上述理论分析，假想经济发展水平、产业结构、能源价格、气候、人口和基础设施水平等因素影响区域天然气消费。本节以中国 30 个省份 1997～2012 年的面板数据为基础进行分析，定量研究各因素对区域天然气的影响方向与影响程度。构建如下面板数据模型：

$$CONS = \beta_0 + \beta_1 GDP + \beta_2 POP + \beta_3 LINE + \beta_4 PRI + \beta_5 TEM + \beta_6 STR + \varepsilon \cdots \quad (8-11)$$

式中，被解释变量 CONS 表示区域天然气消费量（亿 m³）；GDP、POP、STR、PRI、LINE、TEM 分别为自变量；β_i 表示待估参数，其符号和数值分别描述各因素对天然气消费量的影响方向和影响程度；ε 表示不可估计的随机干扰项。变量数据的统计性描述如表 8-10 所示。其中，GDP、PRI 及 WAG 均以 1997 年为基期进行换算。

表 8-10　变量及描述性统计分析

变量	变量解释	平均值	最小值	最大值	标准差	观测值
CONS	天然气消费量/亿 m³	22.62	0.01	175.39	26.99	429
GDP	人均地区生产总值/(元/人)	1 638.01	219.92	7 102.49	1 301.09	480
POP	年末人口数量/万人	4 290.87	496.00	10 594	2 602.27	480
LINE	天然气管道长度/万 km	4 859.23	3.00	4 379.9	6 058.52	411
STR	第三产业产值占地区生产总值的比重/%	38.73	25.40	71.33	76.50	480
PRI	动力、燃料购进价格指数（1997 年＝100）	186.189	92.65	474.90	74.25	480
TEM	1 月、2 月、3 月、11 月和 12 月的温度平均值/℃	5.10	-12.46	21.4	7.50	480
UB	年末城镇人口占总人口的比重/%	44.82	19.59	89.3	15.37	427
WAG	城镇职工平均工资/元	1 837.50	488.9	13 314.94	1 167.46	480

由于浙江、江苏等个别年份天然气消费及福建等个别年度管道长度数据缺乏，此面板数据为不平衡面板数据。数据来源于《中国统计年鉴》（1998～2013 年）和《中国能源统计年鉴》（1998～2013 年）。

2) 计量结果与分析

在处理面板数据时，本节面临着固定效应模型和随机效应模型的选择。为了进一步分析全国各区域间的差异，对全国面板数据及东、中、西三大区域分别进行 Husman 检验。检验结果显示，全国整体与东部地区均显著，拒绝 RE 模型，选择 FE 模型，而中部和西部地区不显著，选择 RE 模型。根据设定的模型形式，运用 Stata 软件得到的回归结果见表 8-11。

表 8-11 面板数据模型的估计结果

变量	全国	东部	中部	西部
WAG	0.54* (2.45)	0.15 (0.46)	0.20* (0.65)	0.52* (1.94)
POP	1.57*** (5.89)	2.82*** (2.43)	0.058 (0.39)	0.32** (2.96)
LINE	0.23*** (13.66)	0.18*** (9.03)	0.13*** (3.89)	0.52*** (22.27)
PRI	0.09 (0.33)	−0.31 (−0.68)	1.21*** (4.21)	−0.22 (−0.07)
STR	−0.33** (−1.91)	1.13*** (3.78)	−0.53* (−2.17)	−1.02*** (−6.49)
TEM	−0.097 (−0.43)	−0.145* (−2.28)	−0.014 (−0.03)	−1.09*** (−3.89)
CONS	−53.54*** (−4.42)	−158.24*** (−9.27)	10.02 (0.87)	35.39*** (5.19)
F/Wald 检验	202.09	143.79	400.86	1540.08
R^2	0.7696	0.8647	0.8066	0.9196
Husman 检验	41.73***	21.11*	5.69	14.96

***、**、*分别表示在 1%、5%、10%的显著性水平下通过 t 检验；
注：括号中的数值为置信水平

由模型估计结果可知，除了东部地区个别变量估计结果与预期相反，其余三个模型各变量回归系数，大部分通过 1%、5%或 10%的显著性检验，可决系数 R^2 分别为 76.96%、86.47%、80.66%和 91.96%，F 统计值和 Wald 值较大，说明面板模型拟合较好，可以进行统计分析。

（1）我国尤其是西部地区天然气消费富于收入弹性。城镇平均工资每增长 1 个百分点，带动全国天然气消费增长 0.54%，并且带动三大区域天然气消费增长分别为 0.15%、0.20%、0.52%。在我国，经济增长在很大程度上依赖于能源的过度消耗，所以相对于经济发达的中东部地区，资源丰富的西部地区更加富于收入弹性。

（2）人口增长因素对全国天然气消费量影响显著且为正作用，尤其是东部和西部地区富于人口弹性。总人口增长 1 个百分点，将使天然气消费增长 1.57%。但人口增长对三大区域天然气消费影响有差异，其中对东部和西部地区作用为正且显著，但对中部影响作用不显著。理论上，人口是决定能源需求的传统因素，较高的人口增长率往往会伴随着较高的能源需求。回归结果表明，东西部地区人口的增长显著拉动了天然气的消费，中部地区人口增长虽然拉动天然气消费，但并不成为主要影响因素。此外，中部人口未同天然气消费保持同步增长关系，其原因为，长期以来中部地区尤其是山西、河南等地煤炭资源丰富，能源消费以煤炭为主，城镇化水平较低且缺乏气源，人口数量的增加并未成为拉动天然气消费的重要因子。

（3）管道长度对全国及各区域天然气消费影响显著，三大区域均通过显著性检验。这与郭庆方（2013）的研究结论相似，即天然气消费对天然气基础设施的发展富有弹性。天然气是运输天然气的载体，管网建设直接带动天然气的消费。长期来看，以基础设施建设为核心的供给推动是中国天然气产业发展的一股不可忽视的力量。

（4）对于全国而言，替代能源价格提高会刺激天然气消费需求，但是只有中部地区通过显著性检验。替代能源价格上涨 1 个百分点，将使中部天然气需求增加 1.21%，这说明中部处于从传统的高碳能源消费结构向清洁能源过渡时期。替代能源价格对东部和西部地区作用为负。一方面，能源价格数据来源缺乏。用燃料价格指数替代能源价格缺乏一定的精准性；另一方面，这一估计结果表明，短期内天然气作为能源，替代煤炭的作用非常有限，对于天然气资源丰富的西部地区和多元化能源消费结构的东部作用更小，这反映了天然气价格较低而带来的过度消耗。对全国而言，加快天然气价格机制改革，发挥市场对天然气价格的调节作用，是目前及今后一段时期内迫切需要解决的问题。

（5）第三产业结构比重提高对全国天然气消费影响为负显著，东部地区最富于产业结构弹性。第三产业主要以高附加值、低能耗的服务业为主，第三产业的迅速增长是引起天然气消费下降的主要因素。但在三大区域中，第三产业结构变动对西部地区影响最大，弹性系数为-1.02，然后为中部地区，弹性系数为-0.53，这是因为中西部地区产业结构多以第二产业为主，工业耗费天然气较多，尤其是西部富有天然气的地方。但回归结果表明东部地区第三产业的发展带动了天然气的消费。其原因是在东部沿海经济发达地区特别是京津等受雾霾影响严重的地区率先响应节能减排的政策，加快煤改气工程，使得东部地区随着产业结构的优化天然气消费在增长。

（6）气候对全国天然气消费作用为负但不显著，东部和西部地区更加富于气象弹性。极端的气候会带来城市使用燃气量的增加，但气象因素的影响作用对于东部和西部地区显著,中部地区未通过显著性检验。这与中部地区依赖煤炭加热有紧密关系。这与 Wang 和 Lin(2014b)得出的结论一致。

3)稳健性检验

考虑到选取变量及变量解释具有一定的随机性,从而致使某些重要变量的估计结果出现一定的偏差,本节将人均地区生产总值(GDP)和城镇化水平(UB)纳入模型中来替代变量 WAG 和 POP,然后进行回归以判断本节实证分析的结论的可靠性。采用方法同上,仍然是全国和东部地区为固定效应分析,中西部地区为随机效应分析,稳健性检验结果分析见表 8-12。对表 8-11 和表 8-12 的检验结果进行对照,发现 UB 变量系数符号与预期相反,可认为主要是由城镇化水平数据缺乏导致。除气象条件对中部影响为正及个别变量的显著性程度不同外,其他与前面的结论基本保持一致。

表 8-12 稳健性检验结果

变量	全国	东部	中部	西部
GDP	0.39** (2.92)	0.46* (1.96)	0.211 (0.22)	0.282** (2.37)
UB	−0.61** (−3.51)	−0.62* (−2.2)	0.70** (2.91)	0.091 (0.77)
LINE	0.25*** (14.51)	0.23*** (9.46)	0.053 (1.55)	0.481*** (14.41)
PRI	0.79*** (4.33)	−0.30 (−0.73)	0.072* (2.45)	0.212* (1.69)
STR	−0.26 (−1.44)	0.89* (2.29)	−0.29 (−0.17)	−0.947*** (−4.98)
TEM	−0.18 (0.8)	−1.21 (−1.58)	0.007 (0.05)	−0.518 (−1.40)
CONS	25.75* (2.49)	−5.43 (−0.22)	−23.66* (−1.81)	41.097*** (5.37)
R^2	0.7502	0.8006	0.7809	0.9102
F/Wald 值	162.18	80.97	60.58	172.41

***、**、*分别表示在 1%、5%、10%的显著性水平下通过 t 检验

(四)政策建议

(1)从本节模型的估计结果来看,应该注意管道建设对于天然气消费的作用。我国能源消费结构向清洁能源转型,管网建设是基础、是载体,管道网络化及液化天然气(LNG)和储气库等管道之外的基础设施建设能够提高天然气市场的灵活性,因此建议通过财政补贴等手段鼓励地区天然气管网建设等基础设施建设。

此外，能源价格对于能源供需的调节作用不容忽视，所以应通过加快我国天然气市场化进程，逐步建立和完善现货和期货市场，发挥价格的调节作用以防止价格较低带来的气荒等情况。

（2）基于经济社会发展不平衡、资源禀赋不均匀的国情，基于中国 14 亿庞大的能源消费人口，在城镇化的道路上要在充分把握各种影响天然气消费的规律的基础上，通过完善人力资本积累、技术创新、市场化进程及制度创新等途径提高能源效率，加快三大区域的互助合作。东部地区应该立足于本地良好的经济基础，加快煤改气进程，大力推广科技创新和应用技术，提高天然气综合利用效率。鉴于中部地区富于价格弹性的特征，应着力于提高天然气在生产和生活中使用比例，改善刚性的高碳结构，加大财政转移支付力度，降低经济增长对煤炭消费的依赖。对于天然气丰富和富于产业结构弹性的中西部地区则建议大力调整和优化产业结构，以节能降耗为重点，发展低能耗、高附加值的第三产业。

（3）区域差异是我国天然气消费的重要特征，因此要求在我国能源战略的推进和实施过程中制定相应的地区政策。要进行天然气市场化改革，发展低碳型经济，应该充分认识到天然气消费的区域差异，结合国家整体能源体系战略规划，立足于区域实际，加强天然气消费与天然气开发的区域利益协调机制，科学有效地进行天然气发展战略规划设计，促进经济社会可持续发展。

（五）研究结论

从我国天然气产业未来发展态势来看，我国天然气消费会不断扩张，在探讨我国天然气消费区域差异特征的基础上，本节运用面板数据模型定量研究天然气消费区域差异的影响因素，综合以上分析得出以下结论：通过对我国 30 个省份天然气消费现状进行因子分析和聚类分析，其主导影响因子归为消费强度、消费总量和增长速度，累积贡献率达 90.893%。从综合因子来看，我国天然气消费水平的区域差异十分明显，因子得分较高的地区大多集中在气田周围，呈现出以黄河流域为轴线，西起新疆，东到环渤海，向南北两边逐渐递减的趋势，空间格局分布以供给为主导指向；根据全国及东中西三大地区天然气消费面板模型的估计结果，地区居民收入水平的提高、人口的增长、管网的修建、第三产业比重的提高、季节性温度降低能够拉动全国天然气的消费，而替代能源价格上涨对天然气消费影响并不显著。其中管道设施建设水平对全国各区域影响都比较大，东部和西部地区富于人口弹性和气候弹性，而中部地区富于价格弹性，此外，西部地区对产业结构、替代能源价格和收入最为敏感。

第三节　基于 CGE 模型的我国天然气价格效应分析

作为一种清洁能源，天然气在中国的能源消费结构中的比例逐渐增加，但长期以来，为了保持经济平稳增长和物价水平稳定，中国政府对天然气价格进行严格管制，维持价格稳定（Paltsev and Zhang，2015）。然而，天然气价格对商品市场上其他产品的价格及宏观经济的多个方面影响深远。本节提出了分析中国天然气的价格冲击的一个框架。理解这些机制，将会对近年来备受关注的中国天然气产业改革产生政策启示。

本节通过可计算一般均衡（CGE）模型对经济实体进行刻画。CGE 模型描述了经济系统整体的运行环境，而非描述单个经济部门或实体的行为。CGE 模型已被证明是一种有效的政策分析工具，成为国际主要研究机构的首选工具（Tian et al.，2016；Dai et al.，2016）。与投入产出方法相比，CGE 方法有三个重要的优点：①假设市场处于均衡状态，因此，不同经济主体的供给和需求决策由产品和要素的价格决定。②明确经济主体是理性的，如家庭的效用最大化、厂商的利润最大化和成本最小化。在最优化假设下，商品和要素价格决定居民消费和厂商生产决策。③CGE 是可计算的，可用于计算数值解（Cheng et al.，2016；Dai et al.，2016；Mittal et al.，2016）。

现有大多数应用 CGE 模型的研究讨论石油和煤炭价格变动对我国宏观经济的影响，而鲜有文献论及天然气价格在相关方面的影响。本节扩展了这方面的内容，使用 CGE 模型分析了天然气价格对中国宏观经济的影响，丰富了这一领域的研究。

一、天然气价格上涨效应的定性分析

CGE 模型通过连接产品和要素市场，对全球经济运行进行模拟。不同部门产品的内在均衡价格由市场的供给和需求决定。这意味着把天然气价格作为外生参数，其变动会通过一系列的影响改变部门产品的内在均衡价格（Zhang et al.，2017）。本节以定性的方式分析天然气价格上升对中国经济的影响。

（一）对天然气部门的影响

在初始均衡价格的基础上提升天然气价格。天然气作为国民经济的初始投入对商品市场及要素市场有着重大影响。此外，提高它的价格也很可能会影响其自身需求，影响程度取决于其需求弹性。对于商品市场，需求弹性越高，需求受影

响越大，例如，价格与需求为负相关关系时，天然气价格上升，天然气的需求就会减少。而当天然气价格上涨，生产部门可能会有两个反应：一是该部门保持产品价格不变，而获得更少的利润。二是部分或全部增加的成本可能转化为价格上涨，从而影响产品在市场上的竞争能力。

（二）对其他部门的影响

天然气被认为是生产过程中的一个基本投入。这意味着其价格的增长效应主要有两种形式：替代效应，表现为其他的投入可以对天然气进行替代；产出效应，表现为假定投入之间的替代调整会对总产出产生负面影响。

在极端情况下，如果投入之间的替代弹性为零，生产函数表现为里昂惕夫函数，即当天然气投入量减少，产出也按相同比例减少，从而仅表现出产出效应。在替代效应占主导地位的情况下，投入之间的替代弹性是无限的，因此其他能源投入可以替代天然气能源的投入。假定替代弹性在零和无穷大之间，因此，天然气价格提高引起除天然气产业外的商品的需求和供给曲线向里移动。

（三）对部门均衡的影响

天然气价格的上涨可能会降低其生产投入，这意味着其他投入要素如劳动和资本也会受到影响，生产部门将会在天然气价格上涨时调整劳动投入，如维持工资刚性，解雇部分劳动力，从而减少产量；当劳动供给弹性无限大时，劳动投入保持不变，从而降低工资。企业通常在利润下降时减少劳动投入，而继续保持他们现有的资本量，因此对于一个固定规模的部门来说，调整资本量是一个相当复杂的工作。

要素投入和价格的变化可能引起收入的变化，而收入的变化一时还难以确定。要素投入的变化可能引起政府与居民消费和投资的变动。均衡价格和均衡产量的变动将导致进出口的变动，进口取决于国内商品和国内市场需求的相对价格，而出口取决于国内相对价格和国内的产出量。

（四）对消费、投资、进口和出口的影响

商品供求通常会受到占国内市场小部分份额的进出口商品的变动的影响，表现为商品供求曲线产生轻微的移动。经济中的消费和投资同样会导致需求曲线的移动，从而导致均衡价格和均衡产出的变化。反过来，这些变化又导致生产部门新的调整，直至经济达到新的均衡。

二、CGE 模型结构与数据选取

（一）CGE 模型结构

本节参考由 Lofgren 和 Robinson（2002）提出的普通形式的开放 CGE 模型，建立了相关模型分析天然气价格的变化对中国宏观经济的影响。从本质上讲，该模型是基于瓦尔拉斯的一般均衡理论，它出自瓦尔拉斯于 1874 年所作的《纯粹经济学要义》。这个理论把经济系统作为一个整体，探讨内部各种个体之间复杂的相互作用和依存关系。一般均衡状态满足以下条件：①每一个体按照自己的预算约束，购买最佳商品组合，从而最大化其效用，这些预算约束由生产要素和商品的价格确定；②个体的各生产要素的投入量是由商品价格决定的；③在给定的做工水平、技术水平、资源和市场容量下，每个生产者追求利润最大化，而长期利润为零；④在当前的价格，商品和要素市场的供求维持均衡，即不存在超额需求。更具体地说，本节中的 CGE 模型由价格方程、产量方程、收入方程、支出方程和代表市场出清条件的宏观闭合方程构成。为简单起见，只有一些核心方程在这里展示。

1. 产量方程

产量方程刻画了产品投入与产出之间的关系，以及从初始投入到最终部门产品这一整个生产过程，因此，这些方程描述了模型的供给侧。首先，用一个 CES 生产函数表示价值增加和中间品的投入；其次，用一个 CET 转换函数表示出口与本国需求；最后，用一个 Armington 函数表述进口和本国产品的需求。这三个函数分别表示如下：

$$X_i^p = \alpha_i^p (\delta_i^p \cdot VA_i^{-\rho_i^p} + (1-\delta_i^p) INTA_i^{-\rho_i^p})^{-1/\rho_i^p} \qquad (8-12)$$

$$X_i^s = \alpha_i^s (\beta_i^s E_i^{\rho_i^s} + (1-\beta_i^s) D_i^{\rho_i^s}))^{1/\rho_i^s} \qquad (8-13)$$

$$X_i^q = \alpha_i^q (\delta_i^q M_i^{-\rho_i^q} + (1-\delta_i^q) D_i^{-\rho_i^q})^{-1/\rho_i^q} \qquad (8-14)$$

式中，X_i^p 表示实际产出；VA_i 表示价值增加量；$INTA_i$ 表示中间品投入量；α_i^p 表示技术参数；δ_i^p 表示份额参数；ρ_i^p 表示 CES 函数的指数；α_i^s 表示 CET 函数的转移参数；β_i^s、ρ_i^s 分别表示其份额参数和指数；α_i^q 表示 Armington 函数的转移参数；δ_i^q、ρ_i^q 分别表示其份额参数和指数。

2. 价格方程

价格方程是 CGE 模型的关键组成部分。本节中假设本国经济量只占世界经济总量的一小部分，即国内市场的价格不会影响国际市场价格。因此，在进出口方面，本国经济体作为国际市场价格的接受者。同时假设利润为零，意味着在 CGE 模型中价格不会高于成本。另外，当市场达到均衡时，所有商品的供给价格由边际替代方式的总价格决定。价格方程如下：

$$PX_i^s X_i^s = PD_i D_i + PE_i E_i \tag{8-15}$$

$$PX_i^q X_i^q = PD_i^q D_i + PM_i M_i \tag{8-16}$$

式中，PX_i^s 表示复合商品的价格；PD_i 与 PE_i 分别表示本国商品价格与进口价格；PX_i^q 表示部门产出价格；PM_i 表示出口价格。

3. 收入方程

居民从劳动力、资本和政府转移支付中获得收入。相对而言，企业的收入来自资本收益和政府转移支付，政府收入来自各类税收，包括增值税、商业税、消费税、关税及其他周转税和收入税。政府的转移支付和出口退税作为负收入，不列为政府支出。

4. 支出方程

支出方程刻画了经济的运行。家庭支出包括消费和储蓄两方面，企业支出包括投资和存货，政府支付由政府购买和转移支付组成。政府消费、家庭消费和投资需求分别由下列方程给出：

$$G_c = \beta_c^G \cdot \text{govtot} \tag{8-17}$$

$$H_c = \frac{\sum_h [\beta_{c,h} \text{YI}_h (1 - \text{MPS}_h)(1 - \text{TINS}_h)]}{\text{PQ}_c} \tag{8-18}$$

$$I_c = \text{shr}_c \cdot \text{INVEST} \tag{8-19}$$

式中，govtot 表示政府需求的数量；β_c^G 表示消费所占比例；$\beta_{c,h}$ 表示消费的边际份额；YI_h 表示家庭收入；MPS_h 表示边际储蓄倾向；TINS_h 表示直接税率；shr_c 表示投资需求的比例；INVEST 表示投资量。

5. 闭合方程（市场出清）

宏观闭合由三个主要方程反映，包括储蓄与投资的平衡、政府财政收付平衡与贸易的平衡。此外，在竞争的市场中，达到均衡意味着市场出清。这表明市场由价格机制出清，要素市场、产品市场和经常账户必须平衡。

(二)数据选取

进行 CGE 模型分析的前提步骤是构建社会核算矩阵(SAM)。每一个社会核算矩阵的记录被认为是按行记录部门,按列记录收支。每行对该部门的收入进行汇总,而每列汇总各部门的总和收入。部门的投入产出表必须进行合并或细分,来研究不同行业的影响。

由于中国的投入产出表中,天然气是与石油合并的,本节假定 1997 年至 2012 年的投入产出表结构保持不变。石油和天然气产业的数据先按照 1997 年的投入产出表进行分解。此外,燃气包括部分天然气。因此,做两个初始假设:①燃气部门包括天然气、液化石油气和煤气;②天然气作为燃气生产的中间品投入,石油作为液化石油气的中间品投入,煤炭作为煤气的中间品投入。此外,行和列可以按照中间投入的比例进行分解。最后,把燃气合并进天然气产业(张希栋等,2016)。

中国天然气主要用于化工、工业燃料、城市燃气和电力生产。使用的数据基于 2012 年的投入产出表,该表整合了农业、煤炭开采与加工业、石油开采与加工业、天然气开采与加工业、电力生产与供应、基础化工原料制造业、化肥制造业、其他化工产业、非金属矿开采和加工业、金属矿开采和加工业、其他第二产业和服务行业(表 8-13)。天然气在农业、工业、服务业等的消费量数据见表 8-14。

表 8-13 产业分类表

产业	包含分类
农业	农业、林业、畜牧业和渔业
煤炭开采与加工业	煤炭开采和加工
石油开采与加工业	石油开采和加工
天然气开采与加工业	天然气开采、加工,天然气生产和供给
电力生产与供应	电力和火力的生产和供给
基础化工原料制造业	基础化工原料制造业
化肥制造业	化肥制造业
化工产品制造业	特殊化学产品制造,橡胶、塑料产品、合成材料制造
其他化工产业	其他化工产业
非金属矿开采和加工业	非金属矿石开采和加工,非金属矿物产品
金属矿开采和加工业	黑色金属开采和加工、有色金属开采和加工;黑色金属冶炼、轧钢加工业;有色金属冶炼和轧制业;金属制品等

续表

产业	包含分类
其他第二产业	食品制造业，酒、饮料制造业，烟草制品业，纺织材料加工工业，纺织服装、服饰业，鞋、帽制造业，皮革、毛皮、羽毛及其制品、木材加工及家具制造业、造纸印刷、文教体育用品制造业，石油加工、炼焦及核燃料加工，工业用水生产和供应，建筑通用设备制造业、专用设备制造业、铁路运输设备制造业、汽车制造业、船舶及浮力装置制造业、其他交通运输设备制造业、电气设备、电力传输、配电及其控制设备制造业、家用电器制造业、其他电气机械及器材制造业、通信设备制造业、雷达、电子计算机制造业、电子元器件制造业、家用视听设备制造业、其他电子设备制造业、仪器仪表制造业、文化办公用机械制造业、手工艺品及其他废弃资源综合利用业
服务行业	交通运输、仓储和邮政业，信息传输、计算机服务和软件业，批发和零售业，住宿和餐饮业，金融业和房地产业，租赁业和商业服务、研究和试验发展，专业技术服务业，水利管理业、环境和公共设施管理业、居民服务和其他服务业，教育、卫生和社会工作，文化体育和娱乐业，公共管理和社会组织

表 8-14 消费量数据表

分类	部门天然气输入/万元	部门天然气输出/万元
农业	481	25
煤	10 693	63 385
油	47 986	50 234
天然气	311 740	441 393
电力	651 724	164 684
基础化工原料	150 365	2 244 015
化肥	20 645	725 259
化工生产	423 805	143 765
其他化工行业	11 085	131 613
非金属矿石开采与加工	1 706 535	304 592
金属矿石开采与加工	619 405	95 221
其他第二产业	1 397 366	1 080 628
服务业	628 722	3 0838

注：数据按照 2012 年生产商价格计算

在编制 SAM 时，数据来源于多个数据库。具体而言，生产活动，商品与进出口等列的数据从 2012 年投入产出表中获得。政府财政收入与支出、税收、进出口商品的数量、家庭和企业的收入与支出的相关数据从相应 2013 年的《中国财政年鉴》、《中国税收年鉴》、《中国海关统计年鉴》和《中国统计年鉴》中检索得到。由于年鉴中的统计数据的质量是不同的，一些账户难免是不平衡的。因此，采用最小交叉熵法来平衡账户。此外，为了平衡 SAM 和求解 CGE 模型，分别采用了非线性编程规划和混合互补编程。

目前，有三种方法求解 CGE 模型，包括通用代数建模系统（GAMS）、一般均衡数学编程系统和一般均衡建模包。其中，GAMS 专门被设计用来建模线性、非线性和混合整数最优化问题。该系统对大型复杂问题特别有用。GAMS 可以在个人计算机、工作站、大型机和超级计算机运行。因此，本节采用 GAMS 求解 CGE 模型。

（三）模型参数

在 CGE 模型中的参数可分为校准参数和外部参数。校准参数，如税率、储蓄率、居民消费和政府消费等，通过社会核算矩阵的校准数据计算。另外，外生参数通过历史数据进行估计，如 CES 函数及 CET 函数中的替代弹性。本节假定平衡的社会核算矩阵处于均衡状态。参照 Harberger 的成果，要素和各种产品的基本价格为 1。在此基础上，可以估算大部分参数，其余的参数可以按 Bao 等（2013）的方法推导。此外，不同天然气生产之间的替代弹性参数为 5。

三、天然气价格效应结果分析

CGE 模型通过改变外生变量的属性来模拟某些条件下的政策取向。本节分析天然气价格上涨对中国宏观经济的影响，更具体地说，使用 CGE 模型模拟天然气价格涨幅分别为 10%、20%、30% 和 40% 时的不同情景。

（一）天然气价格上升对国内生产的影响

如图 8-1 所示，当天然气价格上升 10% 时，煤炭开采与加工业、石油开采与加工业、天然气开采与加工业、电力生产与供应、基础化工原料制造业、化肥制造业、化工产品制造业、其他化工行业、非金属矿开采和加工业、金属矿开采和加工业、其他第二产业和服务行业的产出都有所下降，下降比例分别为 1.1%、1%、2.6%、1.7%、3.2%、4.1%、3.5%、2.7%、1.3%、1.8%、1% 和 0.9%。天然气是化工原料生产、化工产品制造、化纤制造等石油化工行业中使用的原材料，因此化工行业受到天然气价格上涨的影响较大。然而，农业部门的产出对天然气价格上涨有积极的反馈，这个发现与 2012 年的 SAM 表所获得的结果不一致，可能的解释是使用不同的数据源对 SAM 表进行更新可能会导致统计上的错误，另一个原因可能与部门特定因素有关，随着汇率和生产相对成本的变化，农业部门的相对成本比其他部门的相对成本会更低，从而导致天然气价格的上涨带来的农业产出增加。

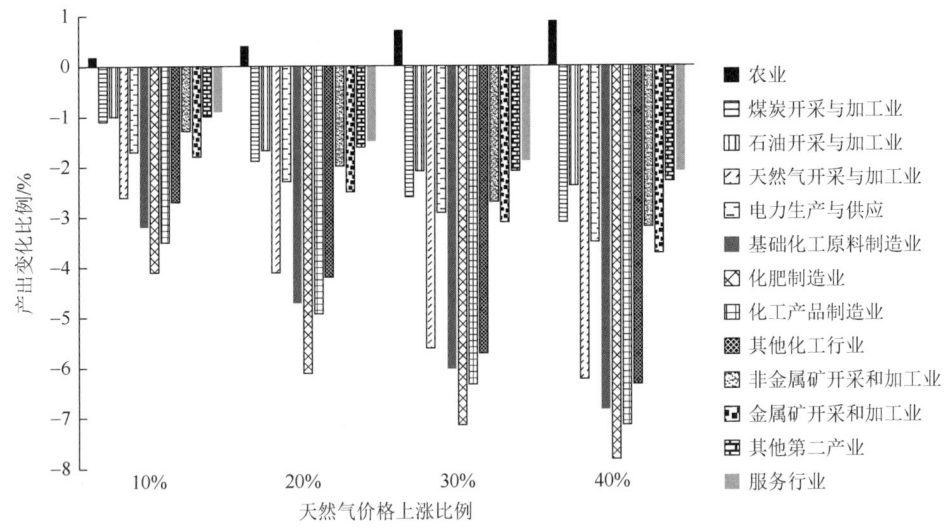

图 8-1　单位天然气价格上涨比例对部门产出的影响

图 8-2 给出了不同天然气价格上升比例对生产相对成本的影响。当天然气价格上涨 20%时，煤炭开采与加工业、石油开采与加工业、天然气开采与加工业、电力生产与供应、基础化工原料制造业、化肥制造业、化工产品制造业、其他化工行业、非金属矿开采和加工业、金属矿开采和加工业、其他第二产业和服务行业相对成本的增长率分别为 0.51%、0.43%、0.72%、0.48%、1.46%、2.12%、2.05%、1.31%、0.48%、0.55%、0.30%和 0.32%。天然气价格的上涨导致大部分行业，特

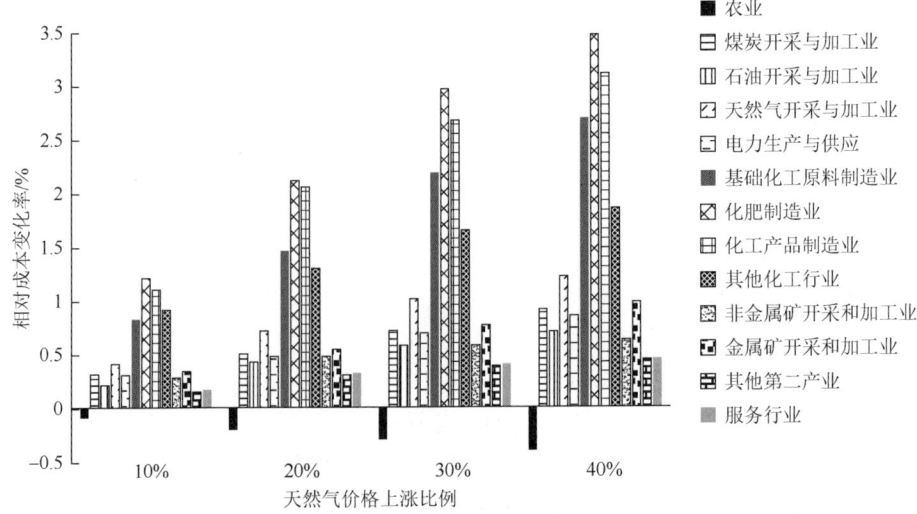

图 8-2　天然气价格上涨比例对相对成本的影响

别是化工行业相对成本上涨。可能的解释是，中国的天然气主要用于化工行业、工业燃料、城市燃气和发电服务。

如图 8-3 所示，当消费者价格指数（CPI）分别上涨 1.03%、1.35%、1.67% 和 1.78% 时，天然气价格分别上涨 10%、20%、30% 和 40%。消费者价格指数反映了经济价格水平，中国政府高度重视维持与生活水平相关的价格稳定。消费者价格指数反映了经济价格水平，虽然其影响力较小，但考虑到货币和宏观财政对消费者价格指数也有一定影响，决策者应该把政策情况视为一个整体以减少天然气价格的负面波动。

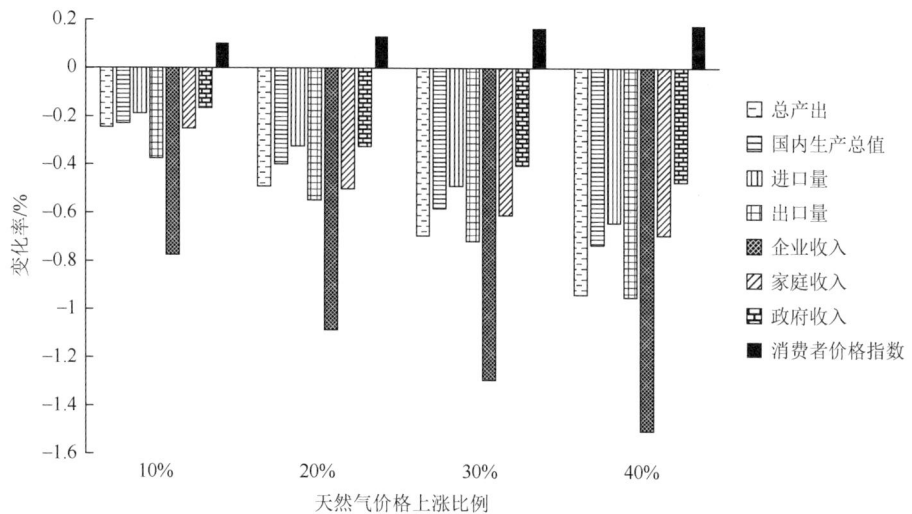

图 8-3 天然气价格上涨比例对宏观经济的影响

同时，研究结果也表明企业承担了更多的成本，一个可能的解释是那些使用天然气作为动力燃料和原材料的企业容易受天然气价格波动的影响。然而，由于高速城镇化的影响，其产出也可能出现下滑。相比之下，天然气价格波动对国内生产总值、进口量、家庭收入和政府收入的负面影响相对较小，因此这些部门不会因此承担更多的成本。

（二）能源价格影响的对比分析

Davis 和 Haltiwanger（2001）指出，外部因素造成的能源相对价格的变化可能导致经济体系相对价格的波动和社会价值的再分配。由于实际工业产出的变化，能源价格的变化也可能导致产业结构的调整。而由价格波动引起的收入调整，反而可能产生对社会资源的分配效应。然而，各种能量的变化程度是不同的，在 Lin

和 Mou（2008）等的研究基础上，本节对天然气、煤炭和石油等能源价格上涨对经济的影响进行了比较分析。

1. 能源价格对产业结构调整的影响

根据 Lin 和 Mou（2008）等的研究，当煤炭价格上涨 40%时，房地产行业面临严重紧缩（6.1%），其次是电力供暖、石油加工和金融业。然而，当煤炭价格上涨超过 40%时，石油加工行业面临严重紧缩（9.7%），其次是房地产、交通、邮电信息、金融和煤炭开采业。而当天然气价格上涨 40%时，化肥制造行业面临严重紧缩（7.8%）。

2. 能源价格对工业部门的影响

煤炭、石油和天然气价格的上涨可能会使得除能源行业之外的其他行业面临紧缩。煤炭价格上涨引起的紧缩效应最大，其次是石油价格，相比之下，天然气价格引起的紧缩效应最小。根据 Lin 和 Mou（2008）等的研究，煤炭价格上涨引起的紧缩效应是石油价格的 2～3 倍，是天然气价格的 5 倍左右。在非能源密集型的批发和零售产业，如住宿和餐饮行业中，煤炭价格和石油价格上涨引起的紧缩效应差异十分明显。对于其他行业的研究也取得了相似的结果（吴静等，2005；He et al.，2010）。例如，煤炭价格和石油价格对建筑、交通和邮电信息产业的紧缩效应是一致的，但煤炭价格对农业和房地产业的紧缩效应是石油价格的 1.5 倍。相比之下，天然气价格对化工行业的紧缩效应相当于煤炭价格和石油价格。尽管如此，天然气价格对其他行业的紧缩作用相对较小。这些结果与中国目前的能源消费结构是一致的。

3. 能源价格对相对成本的影响

当煤炭价格上涨 40%时，煤炭行业的生产相对成本上涨 10%，电力行业上涨 5.9%，石油加工行业上涨 1.3%，而制造业、采矿业、建筑业生产相对成本分别上涨不到 1%。但其他行业的生产相对成本有所下降。另外，当石油价格上涨 40%时，生产相对成本下降幅度较小。此外，当天然气价格上涨 40%时，化肥制造业生产相对成本波动较大，其次是化工产品制造业、基本化工原料制造业、其他化工产业、天然气开采与加工业、金属矿开采和加工业、煤炭开采与加工业、电力生产与供应、石油开采与加工业、非金属矿开采和加工业、服务行业、其他第二产业和农业的成本波动相对较小。由此可见，实际生产相对成本的下降及某些行业实际产出的紧缩，可能是由于能源价格上涨导致需求减少。

4. 能源价格上涨对要素价格波动的影响

当天然气、煤炭和石油价格上涨时，资本和劳动力的实际价格下降。Lin 和

Mou（2008）等发现，与劳动力相比，初始煤炭价格对资本的影响更大。然而，本节的研究结果表明，随着煤炭价格的上涨，其对资本和劳动力成本的影响仍然不变。与煤炭相比，石油价格对劳动力成本的影响更大。但是，随着石油价格的上涨，其对劳动力的影响比对资本的影响大 3 倍左右。相比之下，天然气价格对劳动力和资本的影响相同。尽管如此，随着天然气价格的上涨，其对劳动力成本的影响要大于其对资本的影响。

（三）敏感性分析

CES 模型中的各种投入、进口和国内产量与 CET 模型中的出口和国内产量之间的替代弹性在 CGE 模型中起着重要作用。由于缺乏数据，CGE 模型中替代弹性的大小基于之前模型估计的主观取值。根据模型的结构特点和实际经验调整替代弹性。为了测试负面影响，进行敏感性分析。

为了检验本节实证结果的稳健性，进行两个敏感性分析。首先考察化石能源和电能之间的替代弹性。表 8-15 显示天然气与石油能源对宏观变量的弹性变化方向没有改变，但对宏观变量的影响程度略有变化。广泛地说，当替代弹性增加时，GDP 下降，而家庭收入降低。当替代弹性的变化率为 10%时，GDP 变化约为 1.9%，家庭收入变动增加到 0.08%，在企业收入中可以观察到最大的变化约为 3.4%，而其他宏观变量的变化非常小，在 0.5%之内。

表 8-15　天然气和石油能源之间替代弹性对宏观经济变量的变动

宏观经济变量	−10%	0%	10%
总产出	−0.250	−0.251	−0.253
GDP	−0.229	−0.231	−0.232
进口量	−0.195	−0.196	−0.197
出口量	−0.386	−0.387	−0.389
企业收入	−0.790	−0.791	−0.792
家庭收入	−0.260	−0.262	−0.264
政府收入	−0.170	−0.171	−0.172
CPI	0.102	0.103	0.104

四、研究结论

本节使用 CGE 模型分析了天然气价格波动对中国经济的影响，从结果中可以得出以下两个主要结论。

（1）天然气价格的变动对企业的影响最大，而价格波动对总产出、GDP、进口量、家庭收入和政府收入的影响相对较小。因此，以上相关行业的成本不会增加。虽然影响程度低，但考虑到货币和宏观财政对消费者价格指数也有一定影响，所以决策者应该把政策情况视为一个整体来考虑，以减少天然气价格波动带来的负面影响。

（2）化工部门受天然气价格影响显著。当天然气价格上升10%时，基础化工原料制造业、化肥制造业、化工产品制造业和其他化工产业的成本增幅分别为3.2%、4.1%、3.5%及2.7%。各行业受天然气价格变化的影响程度不同，因此，政府需要逐渐建立和完善天然气价格机制，来规避其带来的负面影响，并通过实施在行业间差别定价以应对天然气价格变动引起的不同程度的不利效应。

第四节　我国天然气企业竞争机制研究

一、我国天然气市场结构概述

目前，天然气生产量和消费量都呈现快速增长的态势，但是产量的增速跟不上消费量的增速（杨世旭等，2014），如2012年及2013年国内都出现了大面积"气荒"，这些充分凸显出目前我国天然气供需的矛盾，同时也导致我国天然气缺口逐年增大，对外依存度不断提高，截至2014年底我国天然气对外依存度达到30.2%，预计到2020年将达到50%，这势必会威胁到我国的能源安全。因此保障我国天然气的稳定供应、确保能源安全将是一个非常重要而又亟须解决的问题。保障天然气持续稳定的供应有如下两个方面的途径：①从国外进口，包括进口天然气和进口LNG；但进口天然气受地缘政治、地区稳定、国际经济形势等情况影响较大，从长远来看并不利于国内能源安全。②国内开采。目前我国已探明的天然气储量比较丰富，勘探开采潜力巨大。从能源结构上来看，我国富煤、贫油、少气。2017年我国已探明天然气储量5.48万亿m^3，位居全球第九位，较为丰富。我国页岩气储量丰富，2018年探明储量达到9000亿m^3，开采潜力巨大。显然，大力勘探和开采天然气将是满足我国天然气需求和保障国家能源安全最为重要和有效的途径。因此分析我国天然气市场结构，研究天然气企业的竞争机制，以求提出一些能够促进我国天然气稳定供应的建议和举措将具有非常强的现实意义。

和传统的自然垄断行业一样，天然气行业沉淀成本大，其规模经济性和范围经济性较强，而且利润不宜过高，使得我国的天然气上游（供气）市场处于三寡头（中国石油、中国石化、中国海油）垄断的局面（杨世旭等，2014）。不同的市场结构会导致企业采取不同的竞争行为，必然也会产生不同的市场效果；而三寡头垄断市场在我国是非常普遍的，因此研究三寡头的市场竞争及博弈机制无疑具有很强的现实意义。目前大多数学者对三寡头的研究主要是在静态的、完全信息和单一策略前提下进行的，然而完全信息假设在现实中必然不会存在，因此它们的决策是基于有限理性进行的；同时由于受制于管理层对市场形势的判断能力、企业的生产规模和信息是否充分对称等条件，企业往往会有不同的预期，因此寡头垄断企业主动参与市场，制定优化可行的策略，实现自身利润最大化是一个非常复杂的过程（浦小松，2012）。近年来，非线性科学不断发展，尤其是其与经济学的结合所产生的混沌经济学理论不断成熟，使得学者能够更加深入和贴近现实地去研究寡头垄断市场。

本节假设企业间采取产量竞争策略并结合有限理性及混沌经济学相关研究成果，建立基于不同预期决策规则的天然气市场三寡头动态博弈模型；通过严格的数理推理和数值模拟，分析了天然气市场三寡头在不同预期情形下，为实现利润最大化而采取决策过程当中表现出的复杂动力学特性，以期为我国天然气市场上的企业提供些许产量决策依据（杨俊等，2016）。

二、天然气市场三寡头博弈模型的建立

假设天然气市场的寡头企业之间采取产量博弈，且每个企业所生产的天然气是同质的。以 q_i^t 表示第 i（$i=1,2,3$）个天然气企业在 t 期的产量，则 t 期市场的总产量为

$$Q(t) = \sum_{i=1}^{3} q_i^t, \quad q_i^t \geqslant 0 \tag{8-20}$$

假定三寡头面临着共同的线性逆需求函数：

$$P = P(Q(t)) = a - bQ(t) \tag{8-21}$$

同时各企业成本函数为

$$C_1^t(q_1^t) = c_1 q_1^t, \quad C_2^t(q_2^t) = c_2 q_2^t, \quad C_3^t(q_3^t) = c_3 q_3^t, \quad c_i > 0 \tag{8-22}$$

由式（8-20）、式（8-21）、式（8-22）可得第 i 个天然气企业在第 t 期的利润函数为

$$\pi_i^t = P q_i^t - C_i^t(q_i^t) = q_i^t(a - bQ(t) - c_i), \quad i = 1,2,3 \tag{8-23}$$

通过求解各企业的最优反应函数可得到纳什均衡，即

$$\frac{\partial \pi_i^t}{\partial q_i^t} = a - bQ(t) - b q_i^t - c_i = 0, \quad i = 1,2,3 \tag{8-24}$$

求解式（8-24）可得三寡头古诺纳什均衡为

$$\begin{cases} q_1^* = \dfrac{a - c_1 - bq_2^t - bq_3^t}{2b} \\ q_2^* = \dfrac{a - c_2 - bq_1^t - bq_3^t}{2b} \\ q_3^* = \dfrac{a - c_3 - bq_1^t - bq_2^t}{2b} \end{cases} \quad (8\text{-}25)$$

式（8-25）表示在固定时期内，给定两家天然气企业产量的情况下，另一家天然气企业实现利润最大化的最优产量。从式（8-25）中也可以看出，古诺博弈模型是基于完全信息假设进行的，以及任何一家企业的行为都能被其他企业完全掌握，因此式（8-25）中各企业的产量是关于其他企业产量的函数，所以天然气企业在对自身产量做决策时要尽可能多地去获取或者判断有关另外两家企业产量的信息，才能使自己的决策更准确。

在经济模型当中，"预期"起着重要的作用，预期是各经济主体基于自身的认知能力并结合当下的发展形势对未来发展趋势做出的判断，因此也可说预期连接着经济体的当下和未来，常见的预期包括：静态预期、适应性预期和有限理性预期（浦小松，2012）。在古诺模型中寡头企业简单地以竞争对手当期的产量为依据，以此来估计和判断未来的经济形势，以确定下一期的产量，这种预期称为静态预期；静态预期是在"蛛网模型"基础上提出来的最为单纯、把现期实际值完全当成下期预测的机制（吉伟卓和马军海，2008）。适应性预期是指经济主体依据当前的市场情形并结合过去的预测经验（包括成功的预测经验和对以往预测失败的修正）而对未来进行判断的一种机制。有限理性预期是指经济主体在尽可能收集一切能够获知的有用信息基础上对不确定市场变化做出的研判，以此来规避风险或者是实现利润最大化的决策形式。

现实生活中，由于管理层的认知水平、获取信息的能力和企业所处市场竞争激烈程度、规模经济效应等条件限制，不同企业对未来市场变化会有不同的判断，因此也会有不同的决策类型即拥有不同的预期（浦小松，2012）。因此本节假设三家天然气企业在做决策时采用差异化的预期规则。

假设天然气企业 1 由于各种条件限制（包括市场占有率、企业获取信息能力、资源占有优势等）采取静态预期，即

$$q_1^{t+1} = q_1^* = \dfrac{a - c_1 - bq_2^t - bq_3^t}{2b} \quad (8\text{-}26)$$

第二家天然气企业在做出下期产量决策时会参考之前所做预测经验，所以采用自适应预期，应用 Dubiel-Teleszynski（2011）中的模型，即

$$q_2^{t+1} = q_2^t + \alpha[q_2^* - q_2^t] = (1-\alpha)q_2^t + \frac{a-c_2-bq_1^t-bq_3^t}{2b}\alpha, 1 > \alpha > 0 \quad (8\text{-}27)$$

α 为第二家天然气企业的反馈系数。第三家天然气企业采取有限理性预期，决策模型为（Ding et al., 2009）

$$q_3^{t+1} = q_3^t + \beta q_3^t \frac{\partial \pi_3^t}{\partial q_3^t}, \quad 0 < \beta < 1 \quad (8\text{-}28)$$

式中，β 表示产量调整速率，企业根据当期的边际利润来决策下期产量，即当期边际利润为正时，表明当期的产量偏低，下一期则相应提高产量；反之当边际利润为负时，下一期减少产量。

根据式（8-26）、式（8-27）、式（8-28）可得天然气市场基于不同预期规则的三寡头动态博弈模型：

$$\begin{cases} q_1^{t+1} = \dfrac{a-c_1-bq_2^t-bq_3^t}{2b} \\ q_2^{t+1} = (1-\alpha)q_2^t + \dfrac{a-c_2-bq_1^t-bq_3^t}{2b}\alpha \\ q_3^{t+1} = q_3^t + \beta q_3^t(a-c_3-2bq_3^t-bq_1^t-bq_2^t) \end{cases} \quad (8\text{-}29)$$

为了方便分析系统（8-29）的复杂动力学现象，尤其是为了对系统的稳定性和混沌现象进行严格数学证明，对系统做如下变换。

令 $X(t) = bq_1^t, Y(t) = bq_2^t, Z(t) = bq_3^t$，将式（8-29）两边同时乘 b 并用 $X(t), Y(t), Z(t)$ 进行替换，得到新的系统：

$$\begin{cases} X(t+1) = \dfrac{a-c_1-Y(t)-Z(t)}{2} \\ Y(t+1) = (1-\alpha)Y(t) + \dfrac{a-c_2-X(t)-Z(t)}{2}\alpha \\ Z(t+1) = Z(t) + \beta Z(t)(a-c_3-2Z(t)-X(t)-Y(t)) \end{cases} \quad (8\text{-}30)$$

由于系统（8-29）和系统（8-30）是等效的，所以对系统（8-29）的动力学性质分析可以转化为对系统（8-30）的动力学性质分析。

三、博弈模型复杂动力学分析

本节将应用非线性动力系统理论相关知识，对系统（8-30）的局部动力学和混沌存在性进行研究。求解系统的均衡解，并应用数学推理证明纳什均衡点的存在性及系统局部稳定性，最后利用数值模拟验证推理的正确性，同时利用李雅普诺夫（Lyapunov）指数和吸引子分维数判定系统存在混沌现象。

(一)不动点与局部稳定性分析

定义集合:

$$\Omega_1 = \{(\alpha,\beta) \mid 0 < \alpha < 1, 0 < \beta < 1\}$$

$$\Omega_2 = \{(a,c_1,c_2,c_3) \mid a+c_3+c_2-3c_1 > 0, a+c_1+c_3-3c_2 > 0, a+c_2+c_1-3c_3 > 0\}$$

定理 8-1: 当 $a > c_i, i = 1,2,3$，且 $(\alpha,\beta) \in \Omega_1, (a,c_1,c_2,c_3) \in \Omega_2$ 时，系统（8-30）存在 2 个非负均衡点。

证明：令 $X(t+1) = X(t), Y(t+1) = Y(t), Z(t+1) = Z(t)$，可解得系统（8-30）的两个均衡解，即

$$\begin{cases} X(t+1) = \dfrac{a - c_1 - Y(t) - Z(t)}{2} \\ Y(t+1) = (1-\alpha)Y(t) + \dfrac{a - c_2 - X(t) - Z(t)}{2}\alpha \\ Z(t+1) = Z(t) + \beta Z(t)(a - c_3 - 2Z(t) - X(t) - Y(t)) \end{cases}$$

$$\Rightarrow \begin{cases} X = \dfrac{a - c_1 - Y - Z}{2} \\ Y = (1-\alpha)Y + \dfrac{a - c_2 - X - Z}{2}\alpha \\ Z = Z + \beta Z(a - c_3 - 2Z - X - Y) \end{cases} \Rightarrow \begin{cases} E_0 = (X_0, Y_0, Z_0) \\ E_* = (X_*, Y_*, Z_*) \end{cases}$$

$$X_0 = \frac{a - 2c_1 + c_2}{3}, Y_0 = \frac{a - 2c_2 + c_1}{3}, Z_0 = 0$$

$$X_* = \frac{a + c_3 + c_2 - 3c_1}{4}, Y_* = \frac{a + c_1 + c_3 - 3c_2}{3}, Z_* = \frac{a + c_2 + c_1 - 3c_3}{4}$$

因为有 $(a, c_1, c_2, c_3) \in \Omega_2$，则

$$a + c_3 + c_2 - 3c_1 > 0, a + c_1 + c_3 - 3c_2 > 0, a + c_2 + c_1 - 3c_3 > 0$$

所以 $X_* > 0, Y_* > 0, Z_* > 0$ 成立，同时由

$$\begin{cases} a + c_3 + c_2 - 3c_1 > 0 \\ a + c_2 + c_1 - 3c_3 > 0 \end{cases} \Rightarrow a - 2c_1 + c_2 > 0 \text{ 即 } X_0 > 0 \text{ 成立}。$$

$$\begin{cases} a + c_1 + c_3 - 3c_2 > 0 \\ a + c_2 + c_1 - 3c_3 > 0 \end{cases} \Rightarrow a - 2c_2 + c_1 > 0 \text{ 即 } Y_0 > 0 \text{ 成立}$$

则均衡点 E_0, E_* 均为非负，且 E_0 为有界均衡点，E_* 为纳什均衡点。

为了研究系统不动点的局部稳定性，计算出系统（8-30）的雅可比（Jacobi）矩阵：

$$J = \begin{pmatrix} 0 & -\dfrac{1}{2} & -\dfrac{1}{2} \\ -\dfrac{\alpha}{2} & 1-\alpha & -\dfrac{\alpha}{2} \\ -\beta Z(t) & -\beta Z(t) & 1-2\beta Z(t)+\beta(a-c_3-2Z(t)-X(t)-Y(t)) \end{pmatrix}$$

(8-31)

定理 8-2：当 $(\alpha,\beta) \in \Omega_1, (a,c_1,c_2,c_3) \in \Omega_2$ 时，系统（8-30）的有界均衡点 E_0 为不稳定的鞍点。

证明：由式（8-31）可知，系统（8-30）在有界均衡点 E_0 处的雅可比矩阵为

$$A|_{X(t)=X_0,Y(t)=Y_0,Z(t)=Z_0} = \begin{pmatrix} 0 & -\dfrac{1}{2} & -\dfrac{1}{2} \\ -\dfrac{\alpha}{2} & 1-\alpha & -\dfrac{\alpha}{2} \\ 0 & 0 & 1+\beta(a+c_1+c_2-3c_3)/3 \end{pmatrix} \quad (8\text{-}32)$$

其特征多项式为

$$\mathrm{Det}|A-\lambda E|_{X(t)=X_0,Y(t)=Y_0,Z(t)=Z_0} = \begin{vmatrix} -\lambda & -\dfrac{1}{2} & -\dfrac{1}{2} \\ -\dfrac{\alpha}{2} & 1-\alpha-\lambda & -\dfrac{\alpha}{2} \\ 0 & 0 & 1+\beta(a+c_1+c_2-3c_3)/3-\lambda \end{vmatrix}$$

$$= (\lambda^2+\lambda(1-\alpha)-\alpha/4)(1+\beta(a+c_1+c_2-3c_3)/3-\lambda)$$

(8-33)

令 $\mathrm{Det}|A-\lambda E|_{X(t)=X_0,Y(t)=Y_0,Z(t)=Z_0}=0$，可解得系统（8-30）在有界均衡点 E_0 处的特征值：

$$\lambda_1 = (1-\alpha)/2 + \dfrac{1}{2}\sqrt{1-\alpha+\alpha^2}$$

$$\lambda_2 = (1-\alpha)/2 - \dfrac{1}{2}\sqrt{1-\alpha+\alpha^2}$$

$$\lambda_3 = 1 + \dfrac{1}{3}\beta(a+c_1+c_2-3c_3)$$

根据 Mahmoud（2012）和 Li 等（2011a）的研究可知，如果系统（8-30）在

均衡点 E_0 处对应的特征方程的所有特征值 λ_i 满足 $|\lambda_i| \leq 1, i=1,2,\cdots,n$ 时，此均衡点才是稳定的。

当 $(\alpha,\beta) \in \Omega_1, (a,c_1,c_2,c_3) \in \Omega_2$ 时，有 $0 < \lambda_1 < 1, 0 < \lambda_2 < 1, \lambda_3 > 1$，意味着系统在 E_0 处不满足所有的特征值绝对值都小于 1，所以有界均衡点 E_0 是不稳定的鞍点。

为了证明系统在均衡点 E_* 处的稳定性，给出一条引理。

引理 8-1：设多项式 $f(x) = x^3 + a_1 x^2 + a_2 x + a_3$。

（1）若 $f(x)$ 的系数满足 $1 + a_1 + a_2 + a_3 < 0$ 或 $1 - a_1 + a_2 - a_3 < 0$，则 $f(x) = 0$ 至少有一个根的绝对值大于 1。

（2）若 $f(x)$ 的系数同时满足以下条件：

$$1 - a_1 + a_2 - a_3 > 0, 3 + a_1 - a_2 - 3a_3 > 0$$
$$1 + a_1 + a_2 + a_3 > 0, 1 + a_1 a_3 - a_2 - a_3^2 > 0$$

则 $f(x) = 0$ 的所有根（实数或者复数根）的绝对值都小于 1。

定理 8-3：当 $(\alpha,\beta) \in \Omega_1, (a,c_1,c_2,c_3) \in \Omega_2$，若满足：$4 - \dfrac{5}{2}\alpha - 5\beta Z_* + 2\alpha\beta Z_* > 0$ 且 $4(3\alpha^2 - 15\alpha + 14)\beta Z_* + (28 - 5\alpha)\alpha - (4\alpha^2 - 24\alpha + 20)\beta^2 Z_*^2 > 0$，则系统（8-30）在均衡点 E_* 处是稳定的。

证明：系统（8-30）在均衡点 E_* 处的雅可比矩阵为

$$A|_{X(t)=X_*, Y(t)=Y_*, Z(t)=Z_*}$$

$$= \begin{pmatrix} 0 & -\dfrac{1}{2} & -\dfrac{1}{2} \\ -\dfrac{\alpha}{2} & 1-\alpha & -\dfrac{\alpha}{2} \\ -\dfrac{1}{4}\beta(a+c_1+c_2-3c_3) & -\dfrac{1}{4}\beta(a+c_1+c_2-3c_3) & 1+\dfrac{1}{2}\beta(a+c_1+c_2-3c_3) \end{pmatrix}$$

$$= \begin{pmatrix} 0 & -\dfrac{1}{2} & -\dfrac{1}{2} \\ -\dfrac{\alpha}{2} & 1-\alpha & -\dfrac{\alpha}{2} \\ -\beta Z_* & -\beta Z_* & 1-2\beta Z_* \end{pmatrix}$$

(8-34)

其特征多项式为

$$\mathrm{Det}|A-\lambda E|_{X(t)=X_*,Y(t)=Y_*,Z(t)=Z_*} = \begin{vmatrix} -\lambda & -\dfrac{1}{2} & -\dfrac{1}{2} \\ -\dfrac{\alpha}{2} & 1-\alpha-\lambda & -\dfrac{\alpha}{2} \\ -\beta Z_* & -\beta Z_* & 1-2\beta Z_*-\lambda \end{vmatrix}$$

$$=\lambda^3+\lambda^2(\alpha-2+2\beta Z_*)+\lambda\left(1-\dfrac{5}{4}\alpha-\dfrac{5}{2}\beta Z_*+\dfrac{3}{2}\alpha\beta Z_*\right)+\dfrac{1}{2}\beta Z_*-\dfrac{1}{2}\alpha\beta Z_*+\dfrac{\alpha}{4}$$

（8-35）

所以系统（8-30）在 E_* 的特征方程具有如下形式：

$$\lambda^3+a_1\lambda^2+a_2\lambda+a_3=0 \qquad (8\text{-}36)$$

其中：

$$\begin{aligned} a_1 &= \alpha-2+2\beta Z_* \\ a_2 &= 1-\dfrac{5}{4}\alpha-\dfrac{5}{2}\beta Z_*+\dfrac{3}{2}\alpha\beta Z_* \\ a_3 &= \dfrac{1}{2}\beta Z_*-\dfrac{1}{2}\alpha\beta Z_*+\dfrac{\alpha}{4} \end{aligned} \qquad (8\text{-}37)$$

由式（8-37）可计算出如下多项式：

$$1+a_1+a_2+a_3 = \alpha\beta Z_*$$

$$1-a_1+a_2-a_3 = 4-\dfrac{5}{2}\alpha-5\beta Z_*+2\alpha\beta Z_*$$

$$3+a_1-a_2-3a_3 = \dfrac{3}{2}(\alpha+2\beta Z_*)$$

$$1+a_1a_3-a_2-a_3^2 = \dfrac{1}{16}((28-5\alpha)\alpha+(12\alpha^2-60\alpha+56)\beta Z_*$$

$$-(4\alpha^2-24\alpha+20)\beta^2 Z_*^2)$$

当 $0<\alpha\leqslant 1, 0<\beta<1$ 时，$\begin{cases} 1+a_1+a_2+a_3 = \alpha\beta Z_* > 0 \\ 3+a_1-a_2-3a_3 = \dfrac{3}{2}(\alpha+2\beta Z_*) > 0 \end{cases}$ 恒成立，根据

引理 8-1 可知，此时只要系统（8-30）满足不等式：$\begin{cases} 1-a_1+a_2-a_3 > 0 \\ 1+a_1a_3-a_2-a_3^2 > 0 \end{cases}$，即

$$\begin{cases} 4(3\alpha^2-15\alpha+14)\beta Z_*+(28-5\alpha)\alpha-(4\alpha^2-24\alpha+20)\beta^2 Z_*^2 > 0 \\ 4-\dfrac{5}{2}\alpha-5\beta Z_*+2\alpha\beta Z_* > 0 \end{cases}$$

则系统（8-30）在纳什均衡点 E_* 处对应的特征方程的根的绝对值都小于 1，所以此时均衡点 E_* 是稳定的。

（二）系统局部动力学数值模拟

本节通过对系统（8-30）进行数值模拟，来验证理论推理的正确性，并分析系统在不同参数取值情况下的分岔、混沌吸引子和初值敏感性（蝴蝶效应）等特征。

参数取值：$a=8, c_1=4, c_2=3, c_3=2$，此时有

$$X_* = \frac{a+c_3+c_2-3c_1}{4} = 0.25$$
$$Y_* = \frac{a+c_1+c_3-3c_2}{4} = 1.25 \qquad (8\text{-}38)$$
$$Z_* = \frac{a+c_2+c_1-3c_3}{4} = 2.25$$

即均衡点 $E_* = (0.25, 1.25, 2.25)$，将 $Z_* = 2.25$ 代入定理 8-3，得到系统（8-30）的稳定性判断式为

$$\begin{cases} 36\beta(3\alpha^2 - 15\alpha + 14) + 4\alpha(28-5\alpha) - 81\beta^2(\alpha^2 - 6\alpha + 5) > 0 \\ 16 - 10\alpha - 45\beta + 18\alpha\beta > 0 \\ (\alpha, \beta) \in \Omega_1 \end{cases} \qquad (8\text{-}39)$$

式（8-39）中由自适应天然气企业反馈系数 α 和有限理性企业产量调整系数 β 所构成的平面区域决定了系统的稳定区域，如图 8-4 所示。

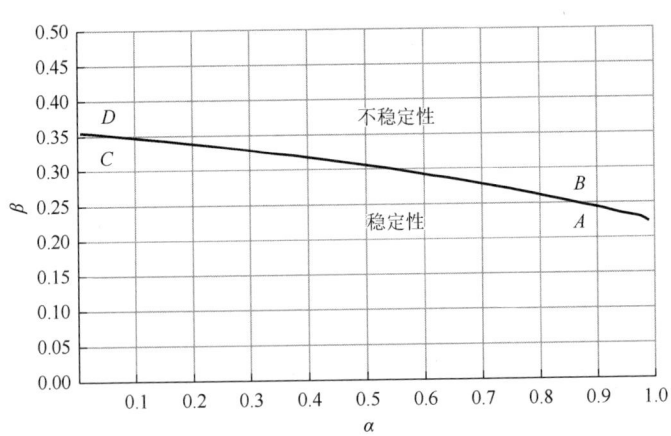

图 8-4　系统在均衡点处的稳定区域

由图 8-4 可知，当天然气企业 3 的产量调整速率 β 及企业 2 的产量反馈系数 α 的组合 (α, β) 处于曲线下方（图 8-4 中所标识的稳定区域）部分时，系统（8-30）总是处于稳定点 E_* 处，此时意味着三个企业的产量始终稳定在 $(0.25, 1.25, 2.25)$。

然而如果企业 3 的产量调整速率过快,市场将随着 β 的不断增大而逐渐步入不稳定状态,接下来以图 8-4 中的四个点为例进行说明。由图 8-4 中曲线可得 β 的两个临界值为 $\beta = 0.360$ 和 $\beta = 0.225$。当 $\beta < 0.225$ 时,对于任意的 α 取值,均衡点 E_* 总是稳定的,如图中的 A 点;当 $0.225 < \beta < 0.360$ 时,如果 α 的取值使得点 (α, β) 在曲线之下,则均衡点 E_* 依旧是稳定的,如图中 C 点,若 (α, β) 对应的点在曲线上部(如 B 点)则均衡点 E_* 不稳定;当 $\beta > 0.360$ 时,此时任意的组合点 (α, β) 都处于曲线上部所在的非稳定区域,如图中 D 点。稳定区域是指系统(8-30)在初始条件不同的情况下最终归于收敛,其经济学解释为:三家天然气企业在不同的初始产量下,若其产量调整速率 β 与产量反馈系数 α 的组合 (α, β) 位于稳定区域内,那么在经过有限次数的博弈之后三家天然气企业的产量终归平衡于稳定点 $(0.25, 1.25, 2.25)$ 处;反之,当天然气企业产量调整参数组合位于曲线上部的非稳定区域时,无论经历多少次的博弈,各企业的产量依旧不会稳定于一点,此时各企业的产量将一直处于波动状态,整个天然气市场也很有可能进入无序竞争状态,即混沌状态。

1. 各天然气企业的产量分岔图

上面分析了在天然气企业产量调整参数取值不当时可能导致整个市场进入混沌状态,为了进一步分析系统(8-30)的混沌特性,下面给出各企业产量随参数 α, β 变化的分岔图,图 8-5 和图 8-6 分别是 $\beta = 0.2$ 和 $\beta = 0.3$ 时,系统(8-30)随参数 α 变化的分岔图;图 8-7 为 $\alpha = 0.3$ 时,系统(8-30)关于 β 变化的分岔图。参数取值依然为: $a = 8, c_1 = 4, c_2 = 3, c_3 = 2$,三家天然气企业初始产量依次取值 0.1、0.2、0.3。

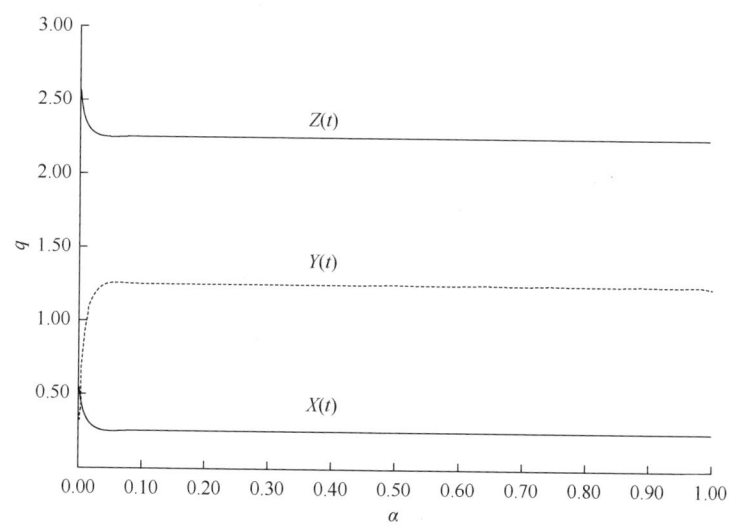

图 8-5 $\beta = 0.2$ 时各天然气企业产量随参数 α 变化的分岔图

由图 8-5 可知，当 $\beta=0.2$ 时，系统（8-30）中各天然气企业的产量在整个 $\alpha\in(0.00,1.00)$ 区间内一直稳定在均衡点 $E_*=(0.25,1.25,2.25)$。结合图 8-4 可知，由于 $\beta=0.2$ 小于临界值 0.225，所以在整个 α 变化区间内系统都稳定在 E_* 处，这表明图 8-4 和图 8-5 是一致的。为了进一步验证图 8-4 的正确性，在 $0.225<\beta<0.360$ 区间内另取一个 β 值画出系统（8-30）中各天然气企业的产量分岔图，如图 8-6 所示。

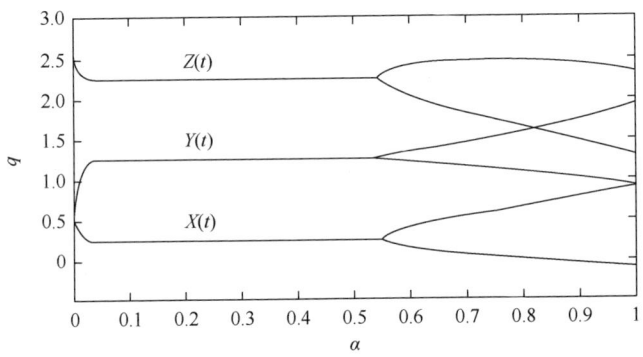

图 8-6 $\beta=0.3$ 时各天然气企业产量随参数 α 变化的分岔图

由图 8-6 可以看出，当 $0<\alpha<0.54$ 时，系统依旧稳定在均衡点 $E_*=(0.25,1.25,2.25)$ 处；当 $\alpha\geqslant 0.54$ 时系统出现分岔，从稳定状态转变为二倍周期状态。从图 8-4 中也可以看出，在 $\beta=0.3$ 时，系统的稳定区域为 $0<\alpha<0.54$，这表明图 8-6 和图 8-4 也是一致的。

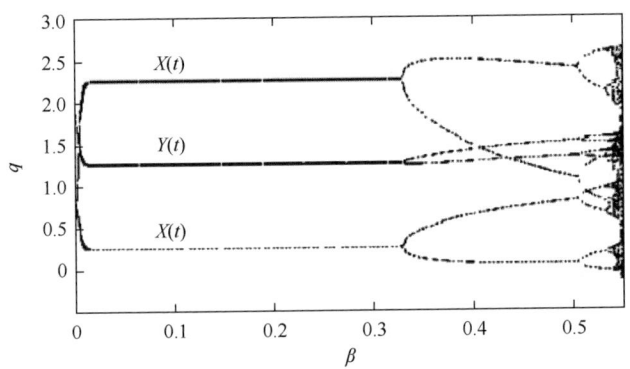

图 8-7 $\alpha=0.3$ 时各天然气企业产量随参数 β 变化的分岔图

由图 8-7 可知，当 $0<\beta<0.325$ 时，系统稳定在均衡点 $E_*=(0.25,1.25,2.25)$ 处；当 $\beta=0.325$ 时，系统出现分岔；这依然和图 8-4 是一致的。从 $\beta\geqslant 0.325$ 开

始，系统出现倍周期分岔现象，依次进入2周期、4周期、8周期……；当$\beta>0.540$时，系统彻底进入混沌状态。结合图8-4~图8-7可得出结论：自适应预期天然气企业的反馈参数α越小，越有利于维护市场的稳定；而采取有限理性预期的天然气企业对市场的稳定性影响最为显著，其产量调整速率应当控制在一个合理的区间，调整速率过快将很可能导致整个天然气市场从稳定状态进入无序竞争状态。综上所述，在不同预期决策规则下，企业自身的决策对整个市场的影响差异很大，且整个市场的稳定性将变得更加难以控制，若彼此之间的竞争处于合理状态，那么整个市场很可能会一直处于有序竞争状态；反之一旦某些企业采用激进的竞争策略，很可能导致整个市场出现巨幅震荡，进入混沌状态。

2. 系统混沌的判定

1）李雅普诺夫指数

李雅普诺夫指数是刻画动力系统中两条相互靠近的轨道沿某一特定方向按指数相互分离或靠拢的速率，它是判定动力系统是否出现混沌现象的重要定量指标。系统的最大李雅普诺夫指数为负值，表明系统处于稳定状态；最大李雅普诺夫指数为零时意味着系统出现分岔；反之，正的李雅普诺夫指数意味着混沌现象的出现（张晓丹等，2005）。本节给出了系统在图8-7中的参数取值下的李雅普诺夫指数谱，如图8-8所示。

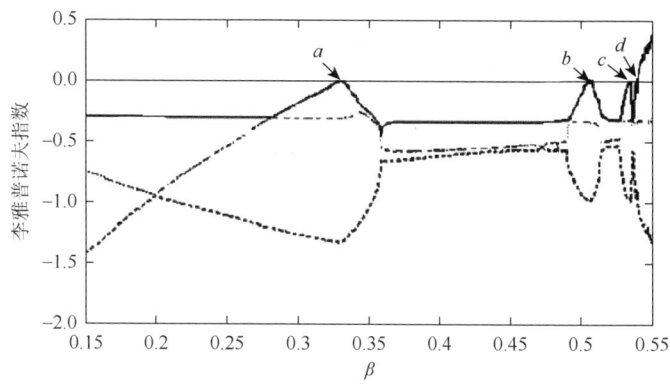

图8-8　$a=8, c_1=4, c_2=3, c_3=2, \alpha=0.3$时系统（8-30）的李雅普诺夫指数谱

从图8-8中可知，在$\beta<0.540$区间内系统最大李雅普诺夫指数为非正且出现了a, b, c, d四个零点，意味着系统发生了分岔；结合图8-7可知，在a点（即图8-7中$\beta=0.325$的点）系统从稳定状态进入二倍周期，依次在b、c、d三个零点进入四倍周期、八倍周期、十六倍周期；当$\beta>0.540$时，系统最大李雅普诺夫指数为正，系统进入混沌状态；因此图8-8和图8-7是一致的，由此说明系统确实产生了混沌现象。

2）混沌吸引子与分维数

在系统产生混沌现象的同时会出现混沌吸引子（奇异吸引子），而此时的混沌吸引子具有分维数特征，因此可以通过判断混沌吸引子是否具有分维数来判定混沌（Elabbasy et al.，2014）。图 8-9 给出了系统在某些固定 β 时的相图及混沌吸引子。

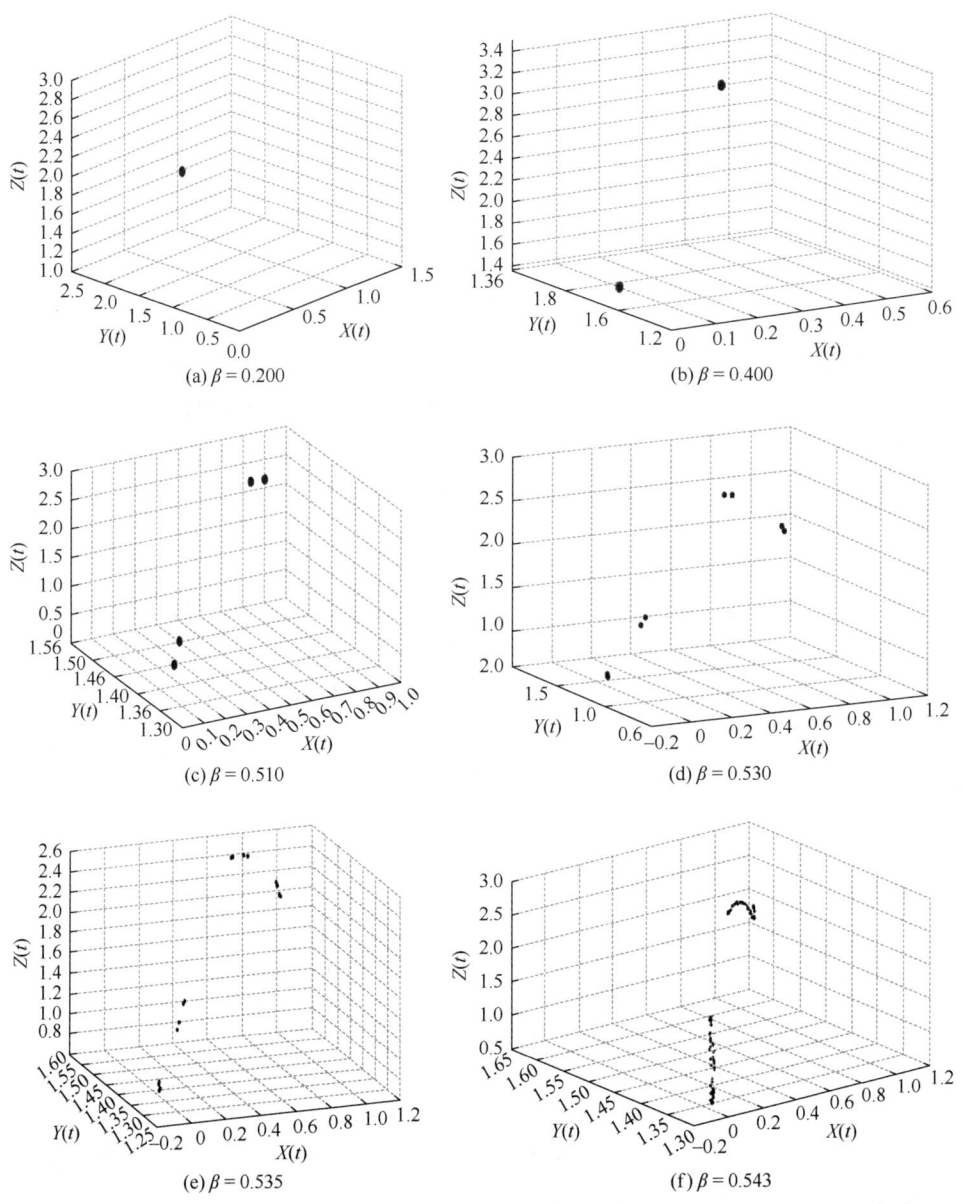

图 8-9　$a=8, c_1=4, c_2=3, c_3=2, \alpha=0.3$ 时系统在固定 β 取值下的相图及混沌吸引子

图 8-9 给出了系统的相图,通过图 8-9(a)～(e)可观察到周期 1 轨、周期 2 轨、周期 4 轨、周期 8 轨、周期 16 轨及图 8-9(f)位系统的混沌吸引子;从图 8-8 中可知,系统在图 8-9(f)下的李雅普诺夫指数分别为

$$\lambda_1 = 0.31, \lambda_2 = -0.30, \lambda_3 = -1.25$$

由李雅普诺夫指数可以计算出混沌吸引子的 Kaplan-Yorke 维数,记为 D_{KY},其表达式如下:

$$D_{KY} = k + \sum_{i=1}^{k} \lambda_i / |\lambda_{k+1}| \quad (8\text{-}40)$$

式中,k 等于满足 $\sum_{i=1}^{k} \lambda_i \geqslant 0$ 的最大的 i 值(λ_i 按李雅普诺夫指数降序排列)。通过观察可知,在上述的三个李雅普诺夫指数取值下 $k=2$,则图 8-9(f)中混沌吸引子的 Kaplan-Yorke 维数为

$$D_{KY} = 2 + \frac{0.31 - 0.30}{|-1.25|} = 2.008$$

因此图 8-9(f)的混沌吸引子具有分维数,系统的确处于混沌状态。

3)各企业产量对初值的敏感性

初值敏感性又称蝴蝶效应(butterfly effect),是指在动力系统中,初始条件的微小差别通过有限次的运动和迭代之后将使最终结果产生巨大的偏差(张骥骥等,2006)。

为分析系统(8-30)中各天然气企业产量对初值的敏感性特征,在图 8-7 中系统处于混沌状态($\alpha = 0.3, \beta \geqslant 0.540$)的基础上,将天然气企业 3 的初始产量由 $Z(1) = 0.3$ 增加到 $Z'(1) = 0.300\,01$,图 8-10、图 8-11、图 8-12 展示了这种微小变化对系统的影响。

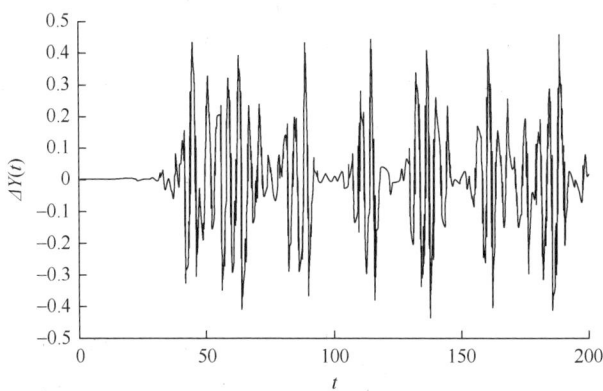

图 8-10　$\alpha = 0.3, \beta = 0.545$ 时天然气企业 1 产量对初值变化的敏感性

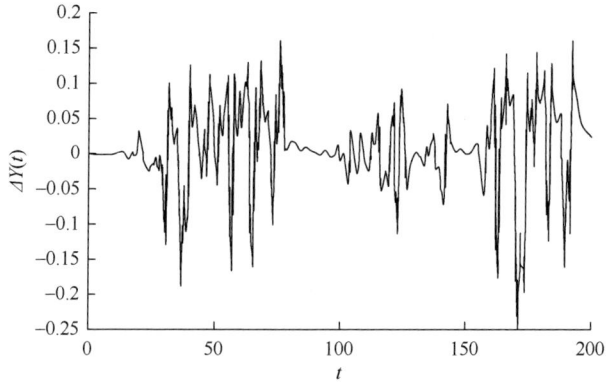

图 8-11　$\alpha=0.3, \beta=0.545$ 时天然气企业 2 产量对初值变化的敏感性

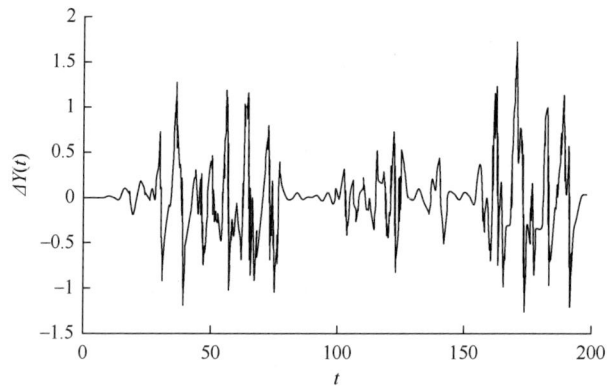

图 8-12　$\alpha=0.3, \beta=0.545$ 时天然气企业 3 产量对初值变化的敏感性

由图 8-10、图 8-11、图 8-12 可知，企业 3 产量的 0.000 01 微小变化经过有限次迭代之后，将会对三家企业的产量产生明显的影响，企业 1 前后产量的变化幅度为 (−0.4, 0.5)，企业 2 产量变化幅度为 (−0.25, 0.17)，企业 3 产量变化幅度为 (−1.25, 1.7)。从系统对初值的敏感性可知，当市场处于混沌状态时，任何一家天然气企业产量的微小变化都会对其他企业产量产生巨大影响，因此在混沌市场状态下，企业就更难对未来市场的变化做出准确的判断，其关于产量的决策就更加无据可依。

3. 系统混沌控制

在现实中，企业间的过度竞争容易导致市场无序行为的出现，这不仅损害了在位企业的利益，长远来看这种不确定的竞争也不利于市场规范。因此采取能够有效稳定市场、防止混沌现象出现的措施尤为必要。

采用 Pyragas（1993）的时滞反馈机制对系统（8-30）进行混沌控制，时滞反馈方法为

$$\begin{cases} \Phi(t+1) = f(\Phi(t), u(t)) \\ u(t) = k(\Phi(t+1-T) - \Phi(t+1)), t > T \end{cases} \quad (8-41)$$

式中，T 表示引入时滞；k 表示控制系数，由于天然气企业 3 的产量调整速率 β 对系统的稳定性影响最为明显，所以采取对天然气企业 3 进行时滞反馈控制。将式（8-40）代入系统（8-30）并令 $T=1$，得到的采取混沌控制后的系统如下：

$$\begin{cases} X(t+1) = \dfrac{a - c_1 - Y(t) - Z(t)}{2} \\ Y(t+1) = (1-\alpha)Y(t) + \dfrac{a - c_2 - X(t) - Z(t)}{2}\alpha \\ Z(t+1) = Z(t) + \beta Z(t)(a - c_3 - 2Z(t) - X(t) - Y(t)) - kZ(t) \end{cases} \quad (8-42)$$

由图 8-7 可知，当 $\alpha = 0.3, \beta \geqslant 0.540$ 时系统处于混沌状态，因此取参数 $\alpha = 0.3, \beta = 0.550$ 时进行混沌控制，其余参数依旧取 $a=8, c_1=4, c_2=3, c_3=2$，各天然气企业初始产量分别为：0.1、0.2、0.3，引入混沌控制后的系统（8-41），其产量随控制参数 k 变化的分岔图如图 8-13 所示。

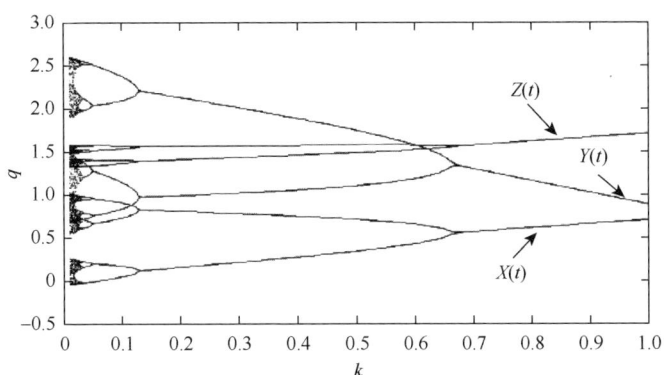

图 8-13　$\alpha = 0.3, \beta = 0.550$ 时系统（8-41）随控制系数 k 变化的产量分岔图

从图 8-13 中的产量分岔图来看，随着控制系数 k 的不断增大，系统从混沌状态逐渐进入倍周期，当 $k > 0.68$ 时分岔现象消失，系统进入稳定状态，说明引入时滞反馈后系统的稳定性得到有效控制，市场又重新恢复到有序状态。

四、研究结论

本节将混沌经济学理论应用到我国天然气上游（供气）市场，构建了不同预

期决策规则下的三寡头动态博弈模型，通过严格的数学推理及详细的数值模拟揭示了博弈系统复杂的动力学特性。从中得出结论：采取自适应预期的天然气企业对市场具有稳定效应，其反馈参数越小，市场越稳定；而有限理性天然气企业的产量调整速率会极大地影响市场的稳定性，过大的产量调整速率会导致市场进入混沌状态，在此状态下经济系统存在蝴蝶效应，即任何一个企业微小的产量调整都会引起自身及其他企业产量的大幅波动，导致企业更难把握未来市场的变化，不利于企业的长期规划和市场的规范。本节最后引入了时滞反馈机制对系统进行混沌控制，使市场重新回到有序的竞争状态。期待本节的研究能为我国天然气市场供气企业的产量决策提供参考。

第五节 我国单边开放天然气市场及考虑补贴的天然气市场研究

面对我国当前天然气市场长期以来对天然气的投资相对较少、没有形成一个有效透明的价格机制、行业格局不合理、缺乏有效竞争等供给方面的问题，国家发展和改革委员会明确提出我国当前必须推进天然气市场化改革，其最终目标是完全放开气源价格，政府只监管具有自然垄断性质的管道运输价格和配气价格，同时我国非常规天然气储量巨大，但开采技术难度较大，政府应该对我国非常规天然气投资进行相关补贴，以提高我国天然气供给量并保障我国能源安全。以此为依据，本节主要从我国单边开放天然气市场和考虑政府补贴的天然气市场两个方面对我国天然气市场化改革具体内容做出相关的研究，并给出相关的政策建议。

一、单边开放天然气市场机制设计及稳定性分析

（一）单边开放天然气市场概述

通常人们认为，在天然气市场中，天然气价格是市场的调节杠杆。改革当前定价机制是解决天然气市场问题的关键。然而，从 2013 年之前我国天然气价格改革实践分析，单纯以改革定价机制作为突破口，不仅无法从根本上解决天然气供气不足和企业创新激励不强的问题，还有可能引发天然气供气稳定问题，而根据市场经济发达国家的经验，以改革市场机制为突破口，不仅可以合理兼顾各方利益，引导供气企业在竞价过程中尽量披露真实成本，进而形成合理的天然气价格机制，降低天然气价格，还能有效遏制市场力，激励天然气上游企业投资，提高天然气市场企业的供气效率，最终实现推进天然气行业的结构调整和实现社会资

源的合理配置，从而保证充裕的供气量，维持可靠的天然气供应。至此，经济学中的单边开放的市场机制设计方法开始引入到天然气市场的研究之中。

单边开放市场机制最早是从电力系统中提出来的。比较有代表性的研究如下：迟正刚（2002）首先运用贝特朗模型分析了单边开放电力市场机制中的寡头厂商动作行为，提出在我国由于发电厂商较少，拥有较强的市场力量，再加上人为地固定电力市场的销售价格，扭曲了需求弹性，导致单边开放的电力市场不仅无法依靠自身的调节机制实现稳定运行，而且会导致电力需求的盲目扩张。在此基础上，王秀丽等（2005）基于社会效益理论，针对单边电力市场缺乏用户侧市场而导致市场不稳定，提出了一种价格控制模型来控制市场电价，避免了价格上限法存在的不够灵活的问题。总体上讲，单边开放市场在电力系统中得到了比较深入的研究。

就目前而言，国内大多数学者对于天然气市场的研究集中在以下几个方面。一是分析我国当前的天然气市场中存在的问题，探讨天然气定价机制改革的方案及其影响。例如，姜子昂等（2015）认为我国天然气产业面临供应安全存在诸多风险、企业节能减排任务艰巨、基础研究薄弱、产业机制需要进一步完善及企业国际化水平较低等问题；康建国等（2012）基于我国国情和天然气工业与市场发展趋势，提出了中国天然气市场发展策略；檀学燕（2008）结合国内外经验及中国天然气市场的现状，提出了拆分中上游，打破垄断，实现上游准入，中游监管，下游竞争的市场结构设计建议。二是从微观视角探讨供气企业成本管理模式。例如，周志斌（2005）针对现行天然气成本管理模式中轻视与资源配置相关的要素成本控制、财务成本核算未体现天然气行业特点等问题，提出建立天然气要素成本模式。总体上讲，多数学者提出的天然气价格机制改革方案仅仅局限于价格制定本身，只有极少学者从天然气市场结构创新出发，探讨天然气价格机制创新，且仅仅提出市场结构改革构想，并未深入探讨具体的市场结构模型、特征及稳定性等现实性问题。单边开放天然气市场机制的构想最早是由檀学燕（2008）提出来的，不足的是其并未深入研究单边开放天然气市场的具体市场机制及稳定性等现实性问题。因此，本节结合现行天然气市场结构的基本特点，在考虑企业效率、市场竞争和稳定供给等因素的同时，对基于单边开放的多寡头竞争天然气市场机制进行探讨。

(二) 模型描述

单边开放天然气市场结构是指在上游开采生产（产气）环节，引入竞争机制（即适当放宽新企业准入条件，增加上游企业数量），而中游输配环节暂不开放。管网公司作为天然气市场中各个生产商的唯一购买者，同时也是用气需求的唯一出售方，将天然气以固定价格出售给配气公司和大用户。配气公司和天然气用户没有选择权，不能选择供气的生产商，所有的交易主要是通过天然气管网公司进行运行和统一管理。在单边电力市场中，出现人为地扭曲需求弹性，造成供需两端的刚性，而在供应侧没有"仓储"的缓冲，在需求侧没有实时的反馈，导致供需两侧根本无法满足苛刻的实时平衡要求，最终引起单边电力市场的价格波动（杨俊等，2016）。区别于单边开放电力市场，在单边开放天然气市场中，管网公司在建设调峰储备库的同时，建立国家天然气战略储备库，以应对战争、禁运、自然灾害等原因造成的短期供应中断，维持天然气市场供给稳定。与此同时，管网公司成立天然气产业链信息整合平台（简称信息平台）。单边开放天然气市场具体模型如图 8-14 所示，管网信息平台的运行机理如图 8-15 所示。

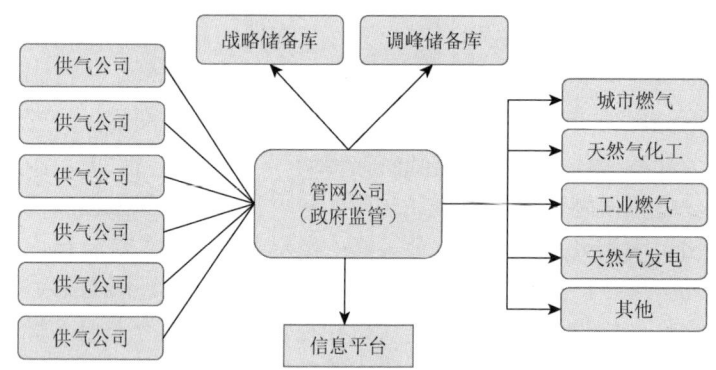

图 8-14　单边开放天然气市场模型示意图

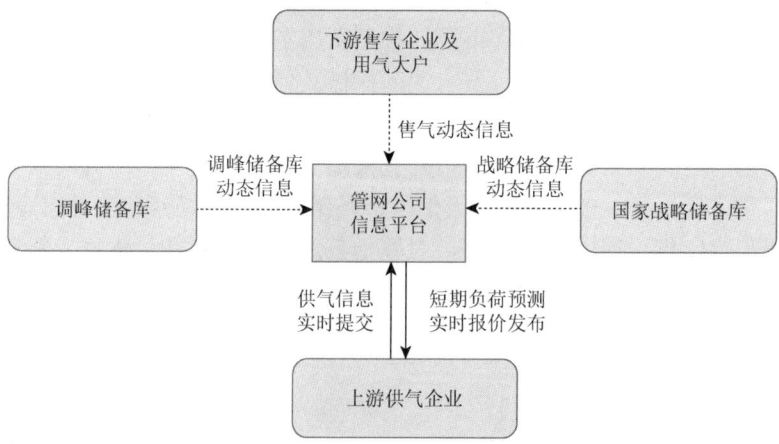

图 8-15　管网公司信息平台运行示意图

由图 8-14 可知，在单边开放天然气市场模式下，由于在上游供气侧引入竞争机制，供气企业承担了一定的风险，在降低生产成本方面形成自我约束机制；管网公司则负责整个天然气产业链中下游的经营，不仅对管网建设和管网优化具有激励作用，同时承担了管网建设和天然气价格波动的风险。另外，对于中游管网公司和下游配气公司实行一体化管理可以便于政府监管，从而有效提高政府监管效率。

由图 8-15 可知，管网公司依托强大的市场地位，建立天然气上中下游信息系统，全方位掌握中游战略储备库、调峰储备库实时动态信息及下游天然气需求信息，为上游供气企业提供短期负荷预测信息和参考价格发布，上游企业据此提交供气信息。管网的短期负荷预报以 30min 为间隔（或其他小于 1h 时间间隔）。管网信息平台应该在计划交易日的前一天 9：00 前公布计划交易日的短期负荷预报曲线、日前竞争负荷曲线。管网公司信息平台的建设，为彻底解决单边开放市场供需两侧无法实时反馈的难题提供了可能；而国家战略储备库和调峰储备库的建设，则较好地解决了单边开放市场中由于缺乏"仓储"的缓冲而带来的供需两侧苛刻实时平衡要求。这样既可以保障管网公司利益的稳定性和连续性，又能为管网公司提供稳定可靠的气源，保障了天然气供给的稳定性。

单边开放天然气市场只是一种过渡模式，并非完全意义上的开放天然气市场。在该市场结构中，由于管网公司处于绝对优势地位，在利益最大化的驱使下，极有可能凭借其强大的市场力操纵市场。因此，出于交易的公平性和市场效率，政府必须对管网公司进行必要的监管。

（三）数学模型

1. 基本假设

假设 8-1：本节研究单边开放天然气市场中上游供气企业与管网公司进行单个竞价时段中现货交易；有 n（$n \leqslant 3$）家独立的供气企业以古诺竞争的方式参与现货交易，且各自的战略空间是选择供气量（产品之间无差异）。

假设参与市场竞争的企业个数（$n \geqslant 3$）是基于我国上游天然气供气市场实际情况的描述。目前，我国上游天然气勘探开采业主要由中国石油天然气集团公司（简称中国石油）、中国石油化工集团公司（简称中国石化）和中国海洋石油集团有限公司（简称中国海油）三家国有企业垄断，中国石油在上游市场上占绝对优势，其次是中国石化，中国海油位居第三。以 2013 年我国天然气产量为例，中国石油产气量为 888.4 亿 m^3，占总产量的 75.00%；中国石化产气量为 186.94 亿 m^3，占总产量的 15.78%；中国海油产气量为 107 亿 m^3，占总产量的 9.03%。中国石油、中国石化、中国海油生产了我国天然气总产量的 99.81%。

假设供气企业参与单个竞价时段中的现货交易，而未考虑长期双边合同交易，主要原因在于单边开放天然气市场中国家战略储备库、调峰储备库及信息平台的建立有效解决了单边开放电力市场缺乏稳定性的问题。长期双边合同是针对单边开放电力市场的不稳定性而设计的，因此，仅仅假设供气企业参与现货交易具有合理性。当然，通过签订合同来明确交易数量、交易价格、支付方式及规定交割实物时间，不仅有利于供气企业降低供气风险，而且有利于管网公司获得稳定的气源，是一种重要的交易形式。

假设 8-2：参与市场竞争的供气企业 k 的成本函数，表示为供气量 q_k 的函数，函数的次数越高，计算的精度就越高。在本节建立的模型中，可应用任意次的生产成本函数，不会影响所得到的结论，只会影响算法的复杂程度和计算难度。本节假设供气企业 k 的生产成本函数为供气量 q_k 的二次函数

$$c_k(q_k) = c_{k1}q_k^2 + c_{k2}q_k + c_{k3}(c_{k1} > 0)$$

式中，c_{k1}, c_{k2}, c_{k3} 表示成本函数系数，c_{k3} 表示供气厂商的固定成本，c_{k1}, c_{k2}, c_{k3} 表示各供气企业的私有信息，可以利用曲线拟合得到。

假设 8-3：管网公司公布的报价函数，表示为所有供气企业的供气总量 Q 的函数，而且函数的次数越高，计算的精度就越高。设 L_k 是第 k 家供气企业生产能力所允许的最大供气量，则对于 Q，有

$$Q = \sum_{k=1}^{n} q_k, Q \in \left[0, \sum_{k=1}^{n} L_k\right]$$

在本节建立的模型当中，可应用任意次的报价函数，不会影响所得到的结论。本节假设管网公司的报价函数为供气总量 Q 的一次函数：

$$P(Q) = a - bQ(a > 0, b > 0)$$

式中，a 表示天然气供气最高价格，当天然气价格高于 a 时，管网公司对天然气的需求量为 0；$-b$ 表示逆需求函数的斜率，即供应量的变化与其所引起的价格的变化的比率。管网公司基于信息系统平台会提前公布负荷预测值 Q_g，供气企业据此制定生产计划和相应计划售气价格。当各供气公司总供气量 $S(Q)$ 与管网提前公布的负荷预测值 $D(Q)$ 相等，即 $S(Q) = D(Q)$ 时，市场达到均衡。

作为初步研究工作，本节的分析不考虑管网公司凭借其强大的市场力操纵市场行为，也不考虑供气商之间的同谋，认为供气商各自决策、追求个体利润最大化，因此采用 n 人非合作博弈模型。基于此，可以构建第 k 家供气企业最优生产策略的数学模型：

$$\max \pi_k = \text{TR}_k - \text{TC}_k = P(Q) \times q_k - c_k(q_k) \tag{8-43}$$

$$\text{s.t.} \sum_{k=1}^{n} q_k = Q_g, q_k \in [0, L_k], Q_q \in \left[0, \sum_{k=1}^{n} L_k\right]$$

其中，函数 $P(Q)$ 和 $c_k(q_k)$ 是二阶连续可导的，且满足条件：
$$P'(Q)<0$$
$$q_k P''(Q)+P'(Q)<0$$
$$P'(Q)-c_k''(q_k)<0$$

2. 均衡求解

记 $Q_k = \sum_{i=1,i\neq k}^{n} q_i$，为除第 k 家供气企业外其他所有供气企业的总供气量，则 $Q = Q_k + q_k$，代入式（8-43），得到

$$\pi_k(q_1,q_2,\cdots,q_n) = q_k P(Q_k+q_k) - c_k(q_k) \quad (8\text{-}44)$$

对于供气企业 k，关于天然气市场供气总量 Q 的利润函数 $\pi_k(Q)$ 为

$$\pi_k(Q) = P(Q)q_k - c_k(q_k)$$
$$= (a-bQ)q_k - (c_{k1}q_k^2 + c_{k2}q_k + c_{k3}) \quad (8\text{-}45)$$

对式（8-45）求 $\pi_k(Q)$ 关于 q_k 的偏导数，可得

$$\frac{\partial \pi_k(Q)}{\partial q_k} = (a-bQ) - bq_k - 2c_{k1}q_k - c_{k2} = 0 \quad (8\text{-}46)$$

解得

$$q_k^* = \frac{a-c_{k2}-b}{2c_{k1}+b} \cdot \frac{\sum_{k=1}^{n}\frac{a-c_{k2}}{2c_{k1}+b}}{1+\sum_{k=1}^{n}\frac{b}{2c_{k1}+b}} \quad (8\text{-}47)$$

设 $q^* = (q_1^*,\cdots,q_n^*)$ 是天然气市场上 n 家供气企业的最佳生产策略。对于 $P(Q)$ 满足条件：

$$\begin{cases} P'(Q) = -b < 0 \\ q_k P''(Q)+P'(Q) = -b < 0 \\ P'(Q) - c_k''(q_k) = -b - 2c_{k1} < 0 \end{cases}$$

将 $Q = Q_k + q_k$ 代入式（8-46），可得

$$a - 2bq_k - bQ_k - 2c_{k1}q_k - c_{k2} = 0 \quad (8\text{-}48)$$

解得

$$q_k = \frac{a-c_{k2}-bQ_k}{2(c_{k1}+b)} \quad (8\text{-}49)$$

显然，供气企业供气量 q_k 是关于去除第 k 家供气企业外其他所有供气企业的总供气量 Q_k 的函数，即

$$q_k(Q_k) = \frac{a - c_{k2} - bQ_k}{2(c_{k1} + b)} \quad (8\text{-}50)$$

对式（8-50）求 $q_k(Q_k)$ 关于 Q_k 的偏导数，可得

$$-\frac{1}{2} < \frac{\partial q_k(Q_k)}{\partial Q_k} = \frac{-b}{2(c_{k1}+b)} < 0 \quad (8\text{-}51)$$

由此，可知天然气市场上 n 家供气企业最佳生产策略为 $q^* = (q_1^*, \cdots, q_n^*)$，是纳什均衡点。

（四）稳定性分析

天然气上游勘探开采是一个资金技术密集的环节。从理论上讲，这种固有的行业特性使得参与单边开放天然气市场的供气企业的数量不会过多，在市场结构上更接近于经济学意义上的多寡头垄断竞争市场。结合实际情况，目前我国的天然气生产总量的99.81%由中国石油、中国石化和中国海油三大国有油气集团公司所控制，一旦放开上游进入管制，引入竞争机制，天然气上游供气市场将建立起类似于电力市场"厂网分离，竞价上网"的部分垄断竞争模式。稳定性是博弈论中的概念，在研究单边开放电力市场的稳定性问题中，国内外学者通常采用古诺模型分析方法对该市场博弈模型下的纳什均衡点稳定性进行分析。本节对单边开放天然气市场稳定性进行研究也是基于多寡头古诺理论，在借鉴单边开放电力市场稳定性已有研究成果的基础上，对单边开放天然气市场进行稳定性分析。具体而言，本节在市场信息完全的前提下，分别讨论不引入时间因素的静态博弈和引入时间因素的动态博弈。

1. 静态博弈

由最优生产策略模型的前提假设为单个竞价时段可知，该模型为静态博弈。通过均衡求解，得天然气市场上供气企业最佳生产策略为 $q^* = (q_1^*, q_2^*, \cdots, q_n^*)$，是唯一纳什均衡解，根据 Okuguchi（1976）的研究，可以确定：在静态博弈模型中，单边开放天然气市场是稳定的。

2. 动态博弈

考虑到实际的天然气市场竞争并不是静态博弈的，而是随时间不断改变竞争策略动态博弈，因此需要研究动态单边开放天然气市场的竞争过程。

首先建立动态模型：

$$\dot{q}_k(t) = K_k\{q_k[Q_k(t)] - q_k(t)\}, k = 1, 2, \cdots, n \quad (8\text{-}52)$$

式中，$K_k > 0$，K_k 表示第 k 家供气企业的生产调整参数，是参照 Szidarovszky 等（2009）提出的概念而提出的。

将式（8-50）代入式（8-52），有

$$\begin{aligned}\dot{q}_k(t) &= K_k\left(\frac{a - c_{k2} - bQ_k}{2(c_{k1}+b)} - q_k(t)\right) \\ &= K_k\left(\frac{a-c_{k2}}{2(c_{k1}+b)} + \frac{-b\sum_{l \neq k} q_l(t)}{2(c_{k1}+b)} - q_k(t)\right)\end{aligned} \quad (8\text{-}53)$$

可解得最优解 $q^* = (q_1^*, q_2^*, \cdots, q_n^*)$，则系统（8-53）的雅可比矩阵为

$$J = \begin{pmatrix} -K_1 & -K_2 & \cdots & K_2 r_2 \\ K_2 r_2 & -K_2 & \cdots & K_2 r_2 \\ \vdots & \vdots & & \vdots \\ K_n r_n & -K_n & \cdots & K_n r_n \end{pmatrix}$$

式中，$r_k = \dfrac{-b}{2(c_{k1}+b)}$，结合 Garcia 和 Arbeláez（2002）的研究，可解得特征方程为

$$\psi(\lambda) = \det(D + ab^{\mathrm{T}} - \lambda I) \quad (8\text{-}54)$$

式中，$D = \mathrm{diag}[-K_1(1+r_1), \cdots, -K_n(1+r_n)]$；$a = (K_1 r_1, \cdots, K_n r_n)^{\mathrm{T}}$；$b = (1, \cdots, 1)^{\mathrm{T}}$。

结合式 $\det(I + ab^{\mathrm{T}}) = 1 + a^{\mathrm{T}}b$，代入式（8-54），有

$$\begin{aligned}\psi(\lambda) &= \det(D - \lambda I)\det(I + (D - \lambda I)^{-1} ab^{\mathrm{T}}) \\ &= \prod_{k=1}^{n}[-K_k(1+r_k) - \lambda]\left[1 + \sum_{k=1}^{n}\frac{K_k r_k}{-K_k(1+r_k) - \lambda}\right]\end{aligned}$$

令 $-K_k(1+r_k) - \lambda = 0$，则有

$$\begin{aligned}\lambda &= -K_k(1+r_k) \\ &= -K_k\left[1 + \frac{-b}{2(c_{k1}+b)}\right] \\ &= -K_k \frac{2c_{k1}+b}{2(c_{k1}+b)} < 0, \quad k = 1, 2, \cdots, n\end{aligned} \quad (8\text{-}55)$$

即存在 n 个负实数根。令 $1 + \sum_{k=1}^{n}\dfrac{K_k r_k}{-K_k(1+r_k) - \lambda} = 0$，则 $g(\lambda) = \sum_{k=1}^{n}\dfrac{K_k r_k}{-K_k(1+r_k) - \lambda}$。

K_k 为天然气市场上不同的供气企业的生产调整参数,因此 $K_k(1+r_k)$ 有不同值,不妨假定:

$$K_1(1+r_1) > K_2(1+r_2) > \cdots > K_n(1+r_n)$$

分别对 $g(\lambda)$ 求极限及偏导数,易得

$$\lim_{\lambda \to \infty^+} g(\lambda) = \lim_{\lambda \to \infty^+} \sum_{k=1}^{n} \frac{K_k r_k}{-K_k(1+r_k) - \lambda} = 0 \qquad (8\text{-}56)$$

$$\lim_{\lambda \to \infty^-} g(\lambda) = \lim_{\lambda \to \infty^-} \sum_{k=1}^{n} \frac{K_k r_k}{-K_k(1+r_k) - \lambda} = 0 \qquad (8\text{-}57)$$

$$\frac{\partial g(\lambda)}{\lambda} = \frac{K_k r_k}{[-K_k(1+r_k) - \lambda]^2} < 0 \qquad (8\text{-}58)$$

$$\lim_{\lambda \to -K_k(1+r_k)^-} g(\lambda) = \lim_{\lambda \to -K_k(1+r_k)^-} \sum_{k=1}^{n} \frac{K_k r_k}{-K_k(1+r_k) - \lambda} = -\infty \qquad (8\text{-}59)$$

$$\lim_{\lambda \to -K_k(1+r_k)^+} g(\lambda) = \lim_{\lambda \to -K_k(1+r_k)^+} \sum_{k=1}^{n} \frac{K_k r_k}{-K_k(1+r_k) - \lambda} = +\infty \qquad (8\text{-}60)$$

综合分析式(8-56)~式(8-60),可知 $g(\lambda) = -1$ 存在 n 个负实根,即雅可比矩阵 J 的所有特征值都为负实数,说明系统 q^* 附近是局部稳定的。动态模型存在纳什均衡解表明,动态竞争下单边开放天然气市场的稳定均衡解是存在的,即单边天然气市场是可以趋于稳定的,各寡头可以取得共赢。

(五)数值仿真及求解

由于模型的数值计算和证明结果相对复杂,很难直接利用模型对所设计的市场机制前后天然气市场的各企业的利润水平、市场供给量及价格进行直观比较,为更形象描述单边开放天然气市场对现行天然气市场的影响程度,设计一个算例对结果进行数值模拟。设某一天然气市场中有 n 家独立的供气企业与 1 家管网公司进行单个竞价时段中现货交易,且各自的战略空间是选择供气量 q_k(产品之间无差异)。天然气的市场需求函数中参数近似满足 $a = 4.5$, $b = 3.2$,同时该天然气市场中供气企业的边际成本函数系数 c_{k1}, c_{k2} 分别为 $c_{k1} = 1 + 0.2(k-1)$ ($k = 3, 4, \cdots, n$),$c_{k2} = 0.30$,各公司的固定成本 c_{k3} 均为 0。每家供气公司天然气市场供给量 q 的单位为百亿 m^3,企业的利润 π 的单位为千万元。本节旨在探索单边开放天然气市场中随着供气商竞争强度的不断加大,市场能否达到均衡及均衡状态下各企业的利润水平、市场供给量和价格情况,最后与现行天然气市场相应指标进行对比。

1. 单边开放天然气市场均衡求解

将假设条件代入式（8-43）求解：

$$P(Q) = 4.5 - 3.2Q \quad (8-61)$$

$$c_k(q_k) = [1 + 0.2(k-1)]q_k^2 + 0.3 \quad (8-62)$$

$$\pi_k(Q) = P(Q)q_k - c_k(q_k) = (4.5 - 3.2Q)q_k - \{[1 + 0.2(k-1)]q_k^2 + 0.3\} \quad (8-63)$$

求 $\pi_k(Q)$ 关于 q_k 的偏导数，可得

$$q_k^* = \frac{\sum_{k=1}^{n}\frac{4.2}{1.6+0.4k}}{1.6+0.4k+3.2n} \quad (8-64)$$

由于企业进行长期生产必须满足 $\pi \geqslant 0$，将 q_k^* 代入 $\pi_k(Q) \geqslant 0$，解得 $n=9$。从而得到，天然气市场上 9 个供气企业的最佳生产策略 $q^* = (q_1^*, q_2^*, \cdots, q_9^*)$，对应的企业利润 $\pi^* = (\pi_1^*, \pi_2^*, \cdots, \pi_9^*)$ 分别为

$$q^* = (0.0962, 0.1272, 0.1383, 0.1414, 0.1407, 0.1382, 0.1348, 0.1310, 0.1270)$$

$$\pi^* = (0.3650, 0.4239, 0.3941, 0.3342, 0.2655, 0.1964, 0.1307, 0.0689, 0.0141)$$

$$Q = \sum_{k=1}^{10} q_k = 1.17, P = 4.5 - 3.2Q = 0.76$$

$$(8-65)$$

上述计算说明单边开放天然气市场能够实现市场均衡。均衡条件下各企业相应利润水平、最佳供气量曲线、天然气价格曲线如图 8-16、图 8-17 所示。

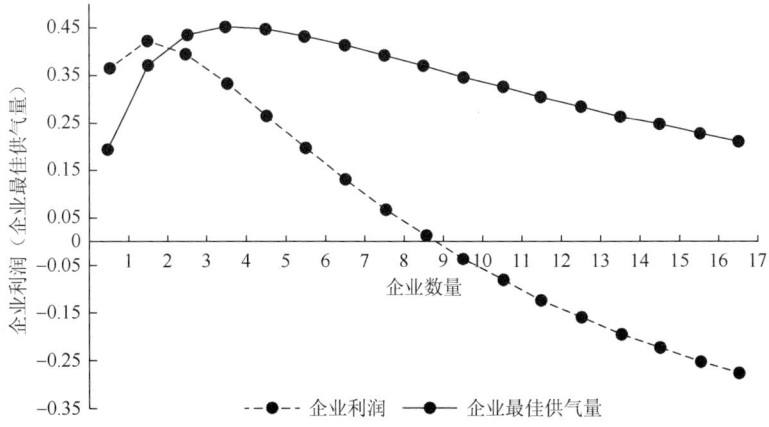

图 8-16　单边开放天然气市场上游企业竞争强度对企业利润、企业最佳供气量影响的仿真结果

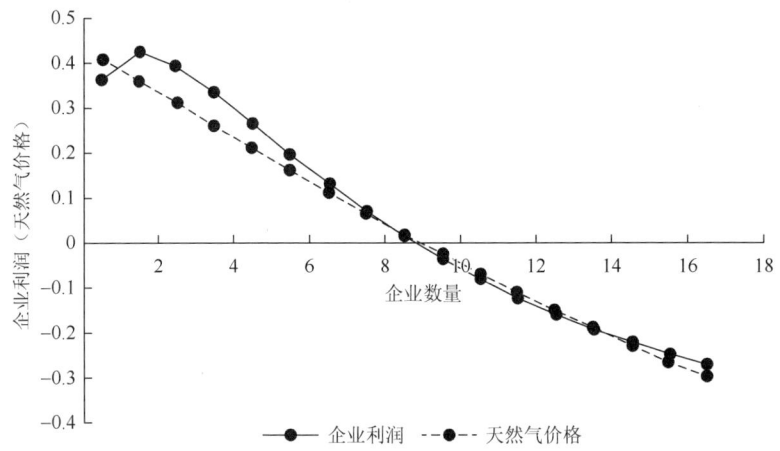

图 8-17　单边开放天然气市场上游企业竞争强度对企业利润、天然气价格影响的仿真结果

由图 8-16 和图 8-17 可知，随着供气企业的数量不断增加，天然气的供给得到有效增加，而价格呈现不断下降趋势，直到进入的企业数量达到 9。这说明：单边开放天然气市场确实能增加天然气的市场供给量，有效缓解当前我国天然气供给不足的困境，天然气的价格水平的降低有利于促进我国对于天然气消费的普及，从而促进我国能源结构的优化；进入市场中的 9 家企业都能获得一部分超额利润，有利于激励企业减少生产费用，加大技术研发，同时也有利于天然气的供给稳定。

2. 单边开放天然气市场与现有天然气市场对比

长期以来，我国天然气上游勘探与供气环节受现行法律规定等的影响，拥有勘探开采权的企业只有极少数国有企业，即中国石油、中国石化和中国海油。考虑到上游环节企业的强大市场势力及对天然气市场稳定性的影响，当前天然气价格主要由中央政府和地方政府分段定价，即上中游环节的价格在国家计划管理之下，由国家发展和改革委员会制定天然气出厂价格和管输价格；下游环节中城市燃气价格由地方配气公司与天然气管道公司谈判，并经地方物价局批准形成，而直供大用户天然气价格由用户和天然气管道公司谈判形成。为了便于研究上游供气环节市场状态，把政府的定价权转移至管网公司，这样现行的天然气市场模式和交易机制与 $n=3$ 情况下单边开放天然气市场类似，因此采用本节的市场模型进行研究。

为了便于比较，现行天然气市场模型的假设和经济系数与上面相同，即某一天然气市场中有 3 个独立的供气企业与 1 家管网公司进行单个竞价时段中现货交易，且各自的战略空间是选择供气量 q_k（产品之间无差异）。天然气的市场需求函

数中参数近似满足 $a=4.5$，$b=3.2$，同时该天然气市场中供气企业的边际成本函数系数 c_{k1}，c_{k2} 分别为 $c_{k1}=1+0.2(k-1)$（$k=3,4,\cdots,n$），$c_{k2}=0.30$，各公司的固定成本 c_{k3} 均为 0。每家供气公司天然气市场供气量 q_k 的单位为百亿 m^3，企业的利润 π_k 的单位为千万元。将假设条件代入前面模型计算数值，求解得：天然气市场上 3 个供气企业的最佳生产策略 $q_3^*=(q_1^*,q_2^*,q_3^*)$，对应的企业利润 $\pi_3^*=(\pi_1^*,\pi_2^*,\pi_3^*)$ 分别为

$$q_3^* = (0.0962, 0.1272, 0.1383)$$
$$\pi_3^* = (0.3650, 0.4239, 0.3941) \quad (8\text{-}66)$$
$$Q^* = \sum_{k=1}^{10} q_k = 0.36, P^* = 4.5 - 3.2Q = 3.35$$

将式（8-65）与式（8-66）比较，可知单边开放天然气市场与现行天然气市场相比，能够增加上游供气企业的整体利润水平，增加企业供气量，而且能够降低天然气上游供气价格，如图 8-18 和图 8-19 所示。

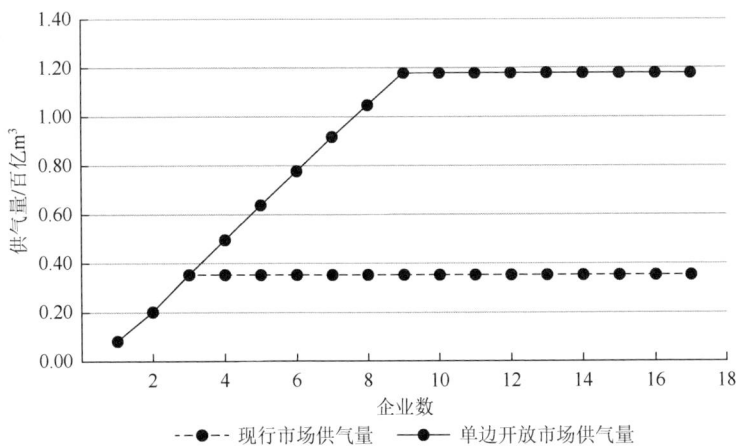

图 8-18 单边开放天然气市场与现行天然气市场企业最佳供气量对比

(六) 研究结论及政策建议

在我国能源结构进行"减煤增气"转型的背景下，本节研究了单边开放天然气市场机制问题，并讨论了该机制的最优参数。研究表明，单边开放天然气市场机制可以促进天然气市场的稳定供给，优化市场竞争环境，顺应了我国"减煤增气"的能源转型政策导向；而且能够增加行业的供气收益，提高了企业的供气积极性。期望该研究工作能为天然气市场化改革实践提供理论依据。作为初步的研

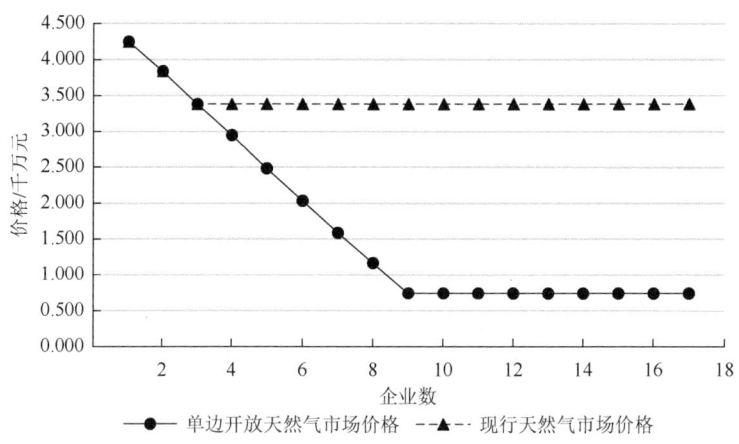

图 8-19　单边开放天然气市场价格与现行天然气市场价格对比

究工作，本节所设计的单边开放天然气市场模型仅考虑了供气企业提供同质的天然气情况，下一步将在单边开放天然气市场模型设计的基础上，引入产品差异化的概念，探讨产品差异化情况下，单边开放天然气市场的运行状况。

当前，我国已处于天然气市场化改革的最佳时机。一方面，天然气供需平衡压力日益增大，雾霾治理又进一步刺激天然气供需矛盾，倒逼天然气市场改革进程；另一方面，天然气消费占一次能源结构比重较小，改革的阻力和影响较小。从传统的垄断经营一体化到供气侧引入竞争模式过渡相对容易，不仅能够有效增加天然气产气量，进而有效缓解当前国内不同区域的天然气供需处于紧平衡的状态，也符合天然气市场价格改革中积极推进与循序渐进相结合的原则。因此，单边开放天然气市场，将是继"市场净回值法"或"替代能源比价法"及"阶梯气价法"之后，我国天然气市场改革的必经阶段。就单边开放天然气市场改革路径而言，政府可以从以下几方面考虑。

首先，上游适当放宽新企业准入条件，以便引进国际先进的勘探技术和雄厚的资金。2013 年底，我国天然气探明储量为 3.3 万亿 m^3，常规天然气的总资源量为 38.4 万亿 m^3，探明率（探明储量与地质储量之比）仅为 8.6%。这主要与我国上游行政壁垒有关，但上游企业勘探技术与资金供应投入不足也是重要原因。因此，建议上游适当放宽新企业准入条件。在放宽准入条件方面，政府应着重从引进技术为主考虑；在资金方面，由于勘探风险大，回收周期长，政府可以适当允许企业在国内资本市场融资；在企业介入方面，积极支持民间资本以多种形式参与天然气勘探开发，如独资、控股或参股形式，或者与国有天然气企业合作等。

其次，积极修订完善现行法规，为上游企业放宽准入条件破除行政法规壁垒。

以与上游准入机制直接相关的《中华人民共和国矿产资源法》为例，自 1986 年 10 月 1 日起施行，最新修订的时间为 2009 年 8 月 27 日，其为我国"减煤增气"能源结构转型奠定了法律基础，为天然气市场化的顺利改革提供了法律依据。

再次，适当加快国家天然气战略储备库的建设。目前，我国的天然气储备库建设主要集中在调峰储备方面。目前，中国石油已经在我国建成了西气东输金坛储气库、刘庄储气库、华北储气库和新疆呼图壁储气库等，基本形成了国家天然气调峰储气库群，有效发挥了天然气季节性调峰和应急供应作用。然而，随着我国天然气对外依存度的不断加大，国家天然气战略储备库对于预防进口气源供应国因政治、恐怖袭击等人为因素和地震、台风、极端气候等自然因素突然中断而造成天然气供应严重短缺具有重要作用。

最后，拆分上中游，打破垄断，真正实现上游准入，中游监管的单边开放市场。纵观世界主要天然气市场的发展历史，可以发现从垄断到竞争是天然气价格形成机制未来发展的必然选择。我国的天然气产业中上游长期由中国石油、中国石化和中国海油垄断。拆分中上游，是保证上游企业实现公平竞争的必要条件，也是我国天然气发展的大方向。

二、考虑政府补贴的天然气市场供给博弈模型研究

（一）政府补贴的天然气市场概述

天然气气源分为非常规和常规天然气，非常规天然气具有热值高、低碳、低污染等特性，我国非常规天然气资源雄厚，但国内开发技术尚未成熟，开采成本较高。因此，借鉴美国等天然气开采国家的成熟技术及政府优惠补贴政策，提高国内天然气供给量是保障我国能源安全的重要战略方向（Hu and Xu，2013；Tian et al.，2014）。

国外文献多从宏观层面研究能源政策对供给和价格的影响情况，Reynolds 和 Kolodziej（2009）通过多循环哈伯特曲线模型分析天然气市场均衡拐点的变化，预测出北美非常规天然气最大均衡供给量。Jiang 和 Tan（2013）基于投入产出模型研究取消能源补贴对价格的影响，发现政府取消对能源价格的管控会引起价格的上升，从而影响能源供给均衡。Wang 和 Lin（2014a）运用灰色模型预测发现中国天然气需求和进口会不断攀升，为保证国内能源供给安全，须进行非常规天然气的大力开采[9]。Wang 等（2016）应用地质资源供给需求模型预测发现，在技术进步条件下，2069 年中国非常规天然气的供给增速达最大值。国内研究主要集中在天然气市场机制设计及其定价上，檀学燕（2008）提

出拆分中上游、上游引入竞争，打破垂直一体化垄断市场经营模式的建议。吴晓明等（2013）应用市场净回值法探讨天然气价格形成机制改革的特点及其在全国范围内推广产生的影响效应。现有文献在探讨天然气市场供求定价及市场机制设计等方面做出了重要贡献，但在应用具体数学模型推导政府补贴对市场供给的影响方面鲜有研究。结合上述文献的不足，本节以产品差异化的天然气市场为研究对象，应用动态古诺博弈模型探讨供给侧开放的天然气生产厂商最优产量策略空间，然后提出补贴乘数模型，比较分析不同政府补贴方式对厂商最优策略空间的影响，最后通过算例仿真验证模型设计的合理性，并由此给出政策建议。

（二）模型描述

天然气产业链包括上游供气、中游输气、下游配气三个基本环节。由于资金、技术壁垒及规模经济的影响，中下游输配环节具有很强的行业垄断性，管网公司和配气公司直接受国家及地方政府控制；而上游供气端由中国石油、中国石化、中国海油占有市场绝大部分供给份额（95%），垄断格局造成了国内天然气供需严重失衡。为打破传统天然气行业的垄断格局，增加国内天然气供给量，供给侧应首先实行开放政策，引入市场自由竞争机制。

如图 8-20 所示，在供给侧开放的天然气市场中，政府对开采成本较高的非常规天然气生产厂商进行政策补贴，通过引入补贴乘数进行比较，选择最优的补贴方式。非常规对常规天然气的替代性随着其开采成本的降低而逐渐增大，国内天然气总产量将大幅提升；国内天然气市场的供给量上升不仅可以满足人们对天然气产品日益增长的需求，并且可以降低气源的对外依存度，以及国内天然气供给受国际气源价格变化、地域及政治格局改变等因素的影响程度，充分保障了国家能源安全。

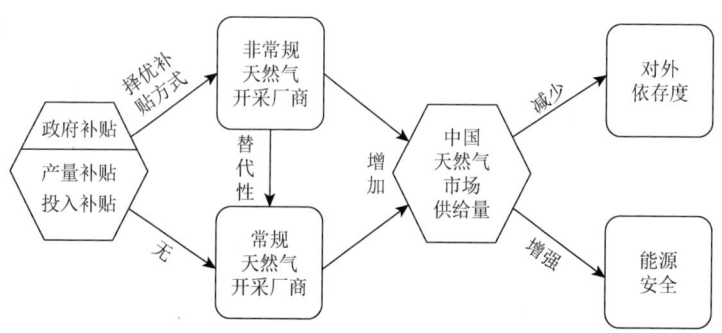

图 8-20　考虑政府补贴的天然气市场供给模型

（三）动态博弈模型建立及均衡求解

1. 基本条件假设

假设 8-4：本节研究供给侧开放的非常规和常规天然气两个产品不同质的天然气市场。非常规天然气作为优质新能源，具有低碳、洁净、高效、低污染等特性，但也由于国内技术尚未成熟，开采成本相对较高。因此，假设非常规天然气开采市场为高标准市场（Ⅰ市场），常规天然气开采市场为标准市场（Ⅱ市场）。

假设 8-5：考虑Ⅰ市场和Ⅱ市场中的两家典型厂商 A 和 B，分别生产差异化的天然气产品，厂商进行最优产量策略空间选择受替代产品的影响，这种影响因子称为替代因子 ξ，厂商之间不存在共谋，各自进行决策，追求自身利润最大化。

天然气厂商逆需求函数表达式为

$$P_i = \alpha_i - \beta_i q_i - \xi_j q_j, i = A, B; j = B, A \quad (8\text{-}67)$$

式中，α_i 表示天然气产品的最大保留价格，当天然气价格高于 α_i 时，中游管网公司对天然气的需求量为 0；β_i 表示天然气产品需求量对自身价格的影响，即供给量变化与价格变化的比率；ξ_j 表示替代因子，用来刻画两类天然气产品之间的需求替代性，即竞争厂商天然气产量变化对其价格的影响。

假设 8-6：厂商 A、B 的成本函数表示为开采量 q_i 的函数，本节建立的模型中，可应用任意次生产函数，不会影响模型结论，考虑到不失一般性及模型计算的便捷性，本节采用的成本函数为产量 q_i 的二次函数：

$$\text{TC}_i = \alpha_i q_i^2 + c_i, i = A, B, \alpha_i > 0, c_i > 0 \quad (8\text{-}68)$$

式中，α_i 表示成本系数；c_i 表示厂商的固定成本，α_i、c_i 为供气厂商的私有信息，可以利用曲线拟合得到。

作为初步研究工作，本节不考虑管网公司凭借其强大的垄断能力操纵市场行为，上游供气厂商也不存在共谋，各自决策，在考虑竞争厂商替代产品的影响下，追求自身利润最大化，利润函数表示为

$$\pi_i = P_i q_i - \text{TC}_i = (\alpha_i - \beta_i q_i - \xi_j q_j) q_i - (\alpha_i q_i^2 + c_i), i = A, B; j = B, A \quad (8\text{-}69)$$

2. 均衡求解

本节重点探讨替代性及政府补贴对天然气产品差异化厂商均衡产量的影响，为简化分析，令 $\alpha_A = \alpha_B = \beta_A = \beta_B = 1$。

对 π_i 关于 q_i 的一阶偏导：

$$\frac{\partial \pi_A}{\partial q_A} = 0 \Leftrightarrow 1 - 2q_A - \xi_B q_B - 2a_A q_A = 0$$

$$\frac{\partial \pi_B}{\partial q_B} = 0 \Leftrightarrow 1 - 2q_B - \xi_A q_A - 2a_B q_B = 0$$

得两个厂商的反应函数：

$$\begin{cases} q_A = \dfrac{1 - \xi_B q_B}{2(1 + a_A)} \\ q_B = \dfrac{1 - \xi_A q_A}{2(1 + a_B)} \end{cases} \quad (8\text{-}70)$$

式（8-70）为静态古诺博弈竞争模型，实际上每家厂商都会利用前一期竞争厂商的开采量来估计当期产量，从而做出产量决策，据此，引入二阶动态方程：

$$\begin{cases} q_A(t) = \dfrac{1 - \xi_B q_B(t-1)}{2(1 + a_A)} \\ q_B(t) = \dfrac{1 - \xi_A q_A(t-1)}{2(1 + a_B)} \end{cases} \quad (8\text{-}71)$$

式中，$q_i(t)$表示厂商i在第t期天然气的实际产量；$q_i(t-1)$表示竞争厂商j在$t-1$期天然气产量，为方便书写计算，将式（8-71）改写为矩阵形式：

$$\begin{bmatrix} q_A(t) \\ q_B(t) \end{bmatrix} = \begin{bmatrix} 0 & \dfrac{-\xi_B}{2(1+a_A)} \\ \dfrac{-\xi_A}{2(1+a_B)} & 0 \end{bmatrix} \cdot \begin{bmatrix} q_A(t-1) \\ q_B(t-1) \end{bmatrix} + \begin{bmatrix} \dfrac{1}{2(1+a_A)} \\ \dfrac{1}{2(1+a_B)} \end{bmatrix} \quad (8\text{-}72)$$

令 $Q(t) = \begin{bmatrix} q_A(t) \\ q_B(t) \end{bmatrix}, M = \begin{bmatrix} 0 & \dfrac{-\xi_B}{2(1+a_A)} \\ \dfrac{-\xi_A}{2(1+a_B)} & 0 \end{bmatrix}, N = \begin{bmatrix} \dfrac{1}{2(1+a_A)} \\ \dfrac{1}{2(1+a_B)} \end{bmatrix}$

则

$$Q(t) = MQ(t-1) + N \quad (8\text{-}73)$$

3. 稳定性分析

引理支撑：离散时间动态系统的平衡点渐进稳定的充要条件为矩阵的所有特征根均位于复平面的单位圆内（即模小于1），若至少有一个特征根位于单位圆外，则平衡点是不稳定的（张明善和唐小我，2002）。

求矩阵M的特征值：

$$|\lambda I - M| = 0$$

$$\Leftrightarrow \begin{vmatrix} \lambda & \dfrac{\xi_B}{2(1+a_A)} \\ \dfrac{\xi_A}{2(1+a_B)} & \lambda \end{vmatrix} = 0$$

$$\Leftrightarrow \lambda^2 - \dfrac{\xi_A \xi_B}{4(1+a_A)(1+a_B)} = 0$$

由引理知，该竞争模型趋于稳定的充要条件为

$$|\lambda| < 1 \Leftrightarrow \xi_A \xi_B < 4(1+a_A)(1+a_B) \tag{8-74}$$

式中，ξ_i 为替代因子，表示非常规与常规天然气相互替代程度，$|\xi_i| \leq 1$；a_i 表示成本函数二次项系数，$a_i > 0$。

式（8-74）恒成立，即产品差异化双寡头竞争厂商均衡结果满足系统的稳定性，由此得出双寡头动态古诺博弈模型的均衡解 $Q(t)^*$：

$$Q(t)^* = (I-M)^{-1} N = \begin{bmatrix} \dfrac{2(1+a_B) - \xi_B}{4(1+a_A)(1+a_B) - \xi_A \xi_B} \\ \dfrac{2(1+a_A) - \xi_A}{4(1+a_A)(1+a_B) - \xi_A \xi_B} \end{bmatrix} \tag{8-75}$$

从理论模型的研究中，得出非常规与常规天然气开采量的动态博弈均衡解，具有一定的现实意义。当前，全球正处在能源技术革命推动能源经济转型当中，供给侧非常规油气资源（特别是页岩气、页岩油）的开发和利用技术已进入大规模应用阶段，非常规油气技术突破已被公认为国际能源格局的"博弈改变者"。我国常规天然气有一定的资源基础，非常规天然气资源雄厚，为进一步突破天然气在能源结构优化中的战略地位，显著提高天然气在能源生产和消费中的比重，必须抓住时机，加大非常规天然气勘探开发力度，坚持非常规与常规天然气开采并重，加速发展国内天然气市场。

（四）政府补贴

与常规天然气相比，我国非常规天然气的勘探开发还处在谋划和起步阶段，开采技术难度高、投资大，生产运行成本高，若政府不给予政策扶持，仅靠放开管制的上游市场机制运作，在短期内非常规天然气市场有效合理的开发很难形成。非常规天然气作为储量丰富的绿色新能源，是我国进行能源结构转型的重要方向，在其开采初期，政府对开采厂商进行补贴，以降低开采成本，有助于非常规天然气气源的长远开发。

本节拟探讨政府对非常规天然气生产厂商的两种补贴方式：产量补贴和投入补贴，并对其带来的补贴效果进行比较。

1. 产量补贴

政府对非常规天然气开采厂商 A 进行产量补贴，每单位产量补贴为 τ_1 元，生产成本函数为

$$\text{TC}_{A1} = a_A q_{A1}^2 + c_A - \tau_1 q_{A1} \tag{8-76}$$

类似地，将式（8-76）代入式（8-69），分别对利润函数求一阶偏导，考虑时间 t 的动态反应函数为

$$\begin{cases} q_{A1}(t) = \dfrac{1 - \xi_B q_{B1}(t-1) + \tau_1}{2(1+a_A)} \\ q_{B1}(t) = \dfrac{1 - \xi_A q_{A1}(t-1)}{2(1+a_B)} \end{cases} \tag{8-77}$$

结合式（8-74），易知产量补贴后也满足均衡系统的稳定性条件，得 A、B 厂商产量均衡解：

$$Q_1(t)^* = \begin{bmatrix} \dfrac{2(1+a_B)(1+\tau_1) - \xi_B}{4(1+a_A)(1+a_B) - \xi_A \xi_B} \\ \dfrac{2(1+a_A) - \xi_A(1+\tau_1)}{4(1+a_A)(1+a_B) - \xi_A \xi_B} \end{bmatrix} \tag{8-78}$$

产量补贴后，厂商 A 均衡产量升高，厂商 B 有所降低。从国内资源来看，非常规天然气资源丰富，我国陆域页岩气地质资源潜力为 134.42 万亿 m^3，煤层气地质资源量约为 36.81 万亿 m^3，资源量与美国相当甚至略超美国。因此，在保持常规天然气开采量持续增长的同时，非常规天然气资源的勘探开采应作为发展能源战略的另一重点。

根据宏观经济学中乘数效应的定义，为比较政府补贴行为带来均衡产量增加倍数的大小，将补贴前后产量的变化量与补贴力度的比值定义为补贴乘数，用 k 表示：

$$k = \frac{\Delta Q}{\Gamma} \tag{8-79}$$

式中，ΔQ 表示补贴前后天然气生产厂商 A 产量的变化量；Γ 为政府补贴力度。则产量补贴乘数为

$$k_1 = \frac{2(1+a_B)}{2(1+a_B)(1+\tau_1) - \xi_B} \tag{8-80}$$

2. 投入补贴

政府对非常规天然气开采厂商的总投入进行补贴，补贴因子为 $\tau_2 (0 < \tau_2 < 1)$，厂商 A 成本函数为

$$\text{TC}_{A2} = \text{TC}_A - \tau_2 \text{TC}_A = (1-\tau_2)\text{TC}_A \tag{8-81}$$

将式（8-81）代入式（8-69），分别对利润函数求一阶偏导数，联立求解，考虑时间 t 的动态反应函数为

$$\begin{cases} q_{A2}(t) = \dfrac{1-\xi_B q_{B2}(t-1)}{2[1+(1-\tau_2)a_A]} \\ q_{B2}(t) = \dfrac{1-\xi_A q_{A2}(t-1)}{2(1+a_B)} \end{cases} \quad (8\text{-}82)$$

同理，满足均衡系统的稳定性条件，得均衡解为

$$Q_2(t)^* = \begin{bmatrix} \dfrac{2(1+a_B)-\xi_B}{4[1+(1-\tau_2)a_A](1+a_B)-\xi_A\xi_B} \\ \dfrac{2[1+(1-\tau_2)a_A]-\xi_A}{4[1+(1-\tau_2)a_A](1+a_B)-\xi_A\xi_B} \end{bmatrix} \quad (8\text{-}83)$$

投入补贴后，非常规天然气厂商 A 均衡产量明显升高。天然气上游勘探开采属于资金技术密集型环节，尤其是对作为新能源的非常规天然气的开采，开采初期需要钻探成千上万的气井，需要很大的钻孔和多级压裂能力，以及技术娴熟的劳动力等。因此，前期资金技术投入大，如果在非常规天然气勘探开采初期没有政策扶持，非常规天然气的开采成本远大于常规天然气，而天然气价格高于最大保留价格，中游管网公司对其的需求量为 0，最终非常规天然气的开采会因市场供求关系而停滞。

结合式（8-79），得投入补贴乘数：

$$k_2 = \dfrac{[2(1+a_B)-\xi_B][4(1+a_A)(1+a_B)-\xi_A\xi_B]}{4(1+a_B)\{4[1-(1-\tau_2)a_A](1+a_B)-\xi_A\xi_B\}} \quad (8\text{-}84)$$

如表 8-16 所示，综合模型求解分析，供给侧开放的高标准天然气（非常规天然气）开采市场与标准天然气（常规天然气）开采市场通过动态古诺博弈竞争，均衡产量存在，且均衡结果满足离散时间动态系统平衡点的稳定性；政府对非常规天然气开采厂商实施补贴政策，补贴后产量增加，补贴乘数大小与具体补贴方式相关，符合补贴预期及当前对非常规天然气开发的宏观政策要求。

表 8-16 补贴方式及乘数比较

项目	厂商 A 产量 q_A	厂商 B 产量 q_B	补贴乘数 k_i
政府补贴前	$\dfrac{2(1+a_B)-\xi_B}{4(1+a_A)(1+a_B)-\xi_A\xi_B}$	$\dfrac{2(1+a_A)-\xi_A}{4(1+a_A)(1+a_B)-\xi_A\xi_B}$	—

续表

项目	厂商 A 产量 q_A	厂商 B 产量 q_B	补贴乘数 k_i
产量补贴	$\dfrac{2(1+a_B)(1+\tau_1)-\xi_B}{4(1+a_A)(1+a_B)-\xi_A\xi_B}$	$\dfrac{2(1+a_A)-\xi_A(1+\tau_1)}{4(1+a_A)(1+a_B)-\xi_A\xi_B}$	$\dfrac{2(1+a_B)}{2(1+a_B)(1+\tau_1)-\xi_B}$
投入补贴	$\dfrac{2(1+a_B)-\xi_B}{4[1+(1-\tau_2)a_A](1+a_B)-\xi_A\xi_B}$	$\dfrac{2[1+(1-\tau_2)a_A]-\xi_A}{4[1+(1-\tau_2)a_A](1+a_B)-\xi_A\xi_B}$	$\dfrac{[2(1+a_B)-\xi_B][4(1+a_A)(1+a_B)-\xi_A\xi_B]}{4(1+a_B)\{4[1-(1-\tau_2)a_A](1+a_B)-\xi_A\xi_B\}}$

（五）算例仿真及分析

由于模型参数较多，均衡结果较为复杂，很难直观地反映均衡结果受参数（成本系数、替代因子、补贴及补贴因子等）影响的变化情况，为更形象地反映非常规与常规天然气市场动态博弈均衡产量及其受政府补贴的变化情况，拟设计参数变化的具体数值进行仿真模拟。现行条件下，非常规天然气的开采成本高于常规天然气，即 A、B 厂商的成本系数 $a_A > a_B$，设 $a_A = 0.5$，$a_B = 0.1$，令固定成本 c_i 为 0；厂商相互替代因子为 ξ_A、ξ_B，且随着开采技术的逐渐成熟，非常规对常规天然气的替代率逐渐增大，即 $\xi_A > \xi_B$，设 $\xi_A = 0.4, \xi_B = 0.2$；设产量补贴系数 $\tau_1 = 0.1$，投入补贴因子 $\tau_2 = 10\%$。本小节旨在通过对参数的具体数值作图，直观地反映产品差异化的天然气市场产量受替代因子、补贴方式的影响程度，以及通过补贴乘数进一步探讨不同补贴方式的优劣程度。

1. 不同补贴方式对均衡产量影响情况

1）产量补贴

政府对非常规天然气开采厂商 A 每单位产量进行补贴，补贴系数为 τ_1（$0 < \tau_1 < 1$），在给定成本系数、替代因子的条件下，探讨 τ_1 对均衡产量的影响情况。

由图 8-21 和图 8-22 知，产量补贴前，常规天然气的均衡产量（q_B）高于非常规天然气（q_A）；补贴后，常规天然气均衡产量（q_{B1}）随补贴系数的增大不断减小，而非常规天然气（q_{A2}）随补贴系数的增大不断增大，且增大幅度大于常规天然气产量减小的幅度，即产量补贴后天然气总产量（Q_1）高于补贴前（Q_2）。随着能源安全和环保意识的增强，常规天然气发展机会相对有限，非常规天然气储量丰富，具有低碳、环保等特性，因此对非常规天然气成功勘探并开采已成为发展清洁能源的一大重要战略目标,其中对页岩气和煤层气的开采占据主导地位,2030 年,国内力争页岩气产量达到 1500 亿～1800 亿 m³,相当于美国目前页岩气和煤层气的产量水平。

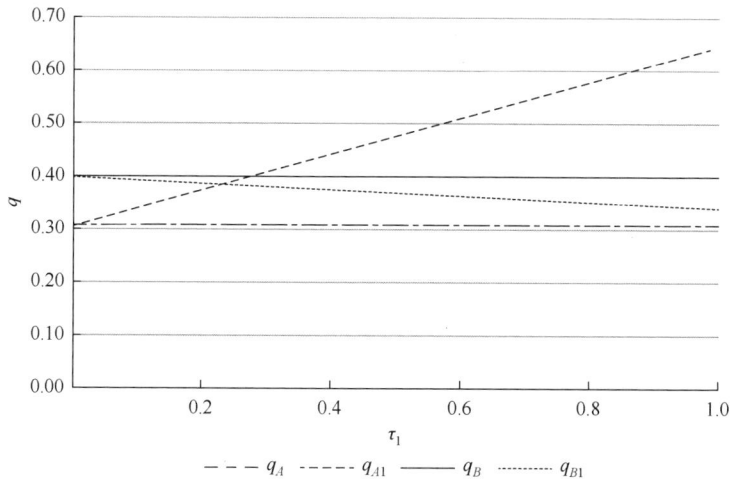

图 8-21　产量补贴前后均衡产量的变化情况

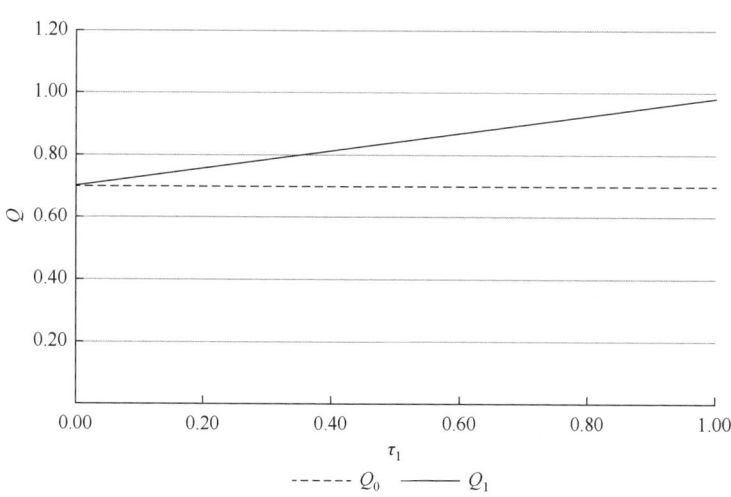

图 8-22　产量补贴前后总产量的变化情况

2) 投入补贴

政府对非常规天然气开采厂商 A 的总投入进行补贴,补贴因子为 $\tau_2(0 < \tau_2 < 1)$,在与产量补贴相同约束条件下,探讨 τ_2 对均衡产量的影响情况。

由图 8-23 和图 8-24 知，投入补贴后，常规天然气的均衡产量随投入补贴因子的增大而减小，而非常规天然气随投入补贴因子的增大而增大，且增大幅度大于常规天然气减小的幅度，天然气总产量相比补贴前大幅增长，即总投入补贴有利于增加国内天然气的供给量。

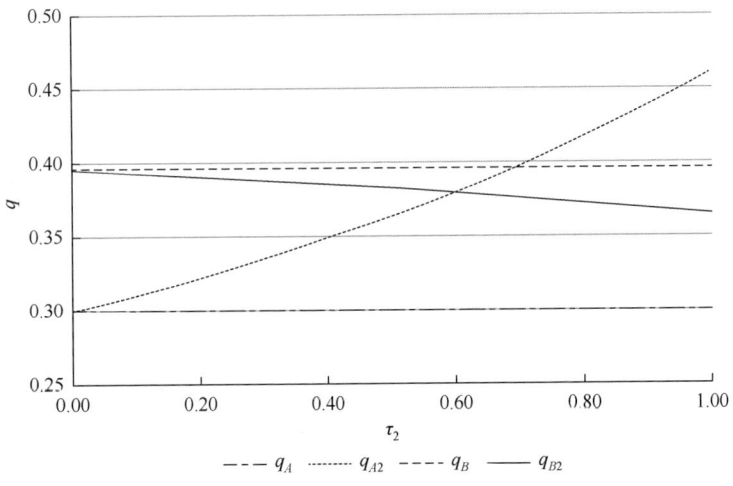

图 8-23　投入补贴前后均衡产量变化情况

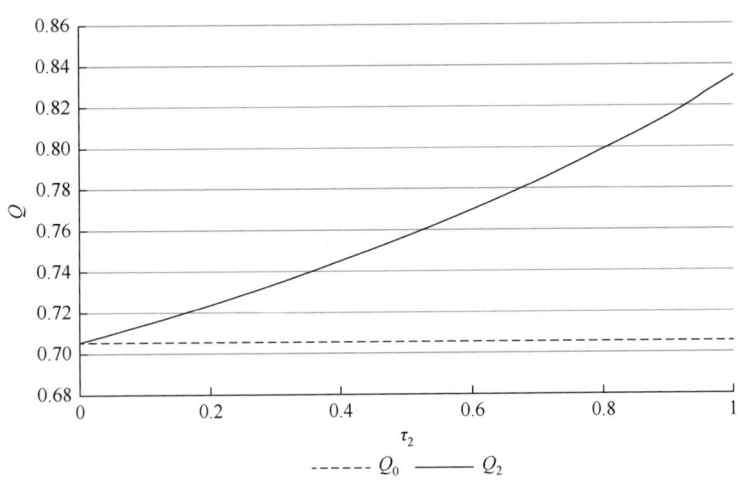

图 8-24　投入补贴前后总产量变化情况

3）补贴乘数

本节探讨了两种不同的政府补贴方式：产量补贴和投入补贴，在综合考虑各方面权益的前提下，能够带来较大幅度增产的补贴方式更具有现实意义。为比较两种补贴方式产量效益最大化，结合乘数效应的理论，提出补贴乘数模型，即补贴前后均衡产量的变化量与补贴力度的比值，给定参数 a_A, a_B, ξ_A, ξ_B，讨论产量补贴乘数 k_1 和投入补贴乘数 k_2 随 τ_1, τ_2 的变化情况。

由图 8-25 知，产量补贴乘数随补贴系数的增大而减小，且 k_1 逐渐小于 1，即单位产量的补贴力度不能够实现产量的成倍增加，说明产量补贴效果并不明显；由图 8-25 易知 $k_2 > k_1$，且 $k_2 > 1$，即每单位的投入补贴能够带来产量的成倍增加，明显优于产量补贴。长期以来，能源补贴作为政府的无偿支出，补贴的多少必然会对社会总福利产生重要影响，因此，补贴乘数为政府对天然气开采市场择优选取补贴方式提供了有力的模型支撑。

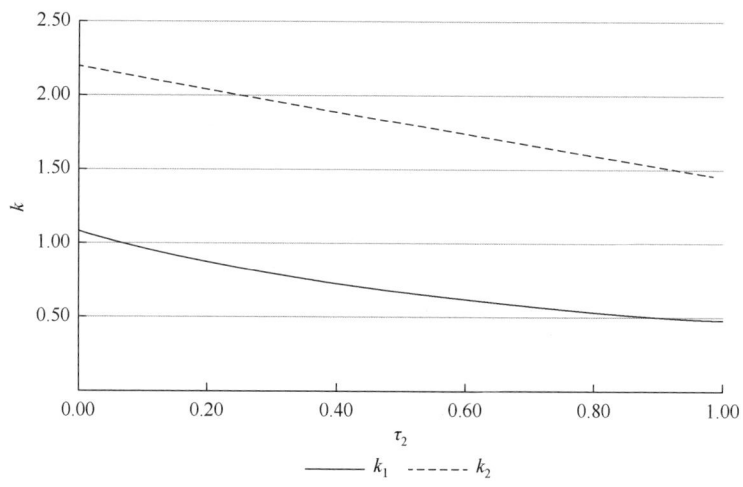

图 8-25　产量补贴乘数与投入补贴乘数

2. 替代因子对均衡产量影响情况

产品差异化使得不同产品之间存在一定的替代性，决策厂商的天然气开采量受到竞争厂商产量的影响，影响程度取决于两者的相互替代因子 ξ_A, ξ_B。

由图 8-26 和图 8-27 知，非常规天然气均衡产量随替代因子 ξ_A（非常规对常规天然气的需求替代性）的增大而增大，随替代因子 ξ_B（常规对非常规天然气的需求替代性）的增大而减小，且均衡产量受 ξ_B 影响幅度大于 ξ_A。

非常规与常规天然气除了产品品质自身存在差异外，更明显的区别体现在开采成本上。现阶段，国内非常规天然气处于勘探开采初期，基础工作薄弱，缺乏核心技术体系，前期资金投入大，从而导致非常规天然气生产成本远高于常规天然气，其对常规天然气的替代性也因此受到影响。目前我国已出台一系列税费优惠政策（包括免征煤层气资源税、减免探矿税、煤层气开发补贴等），鼓励天然气

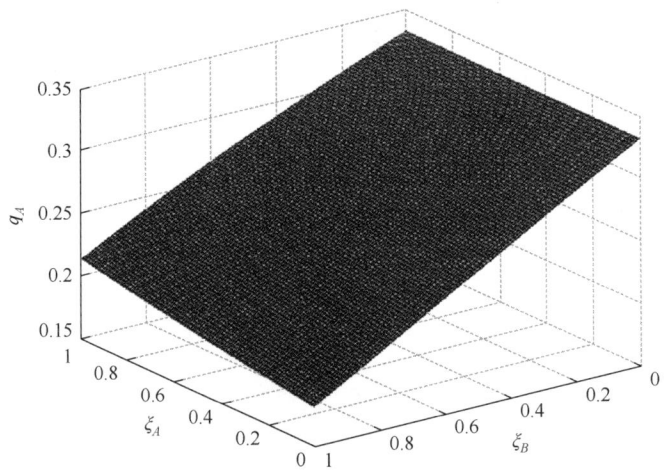

图 8-26 基于替代因子变化的非常规天然气均衡产量

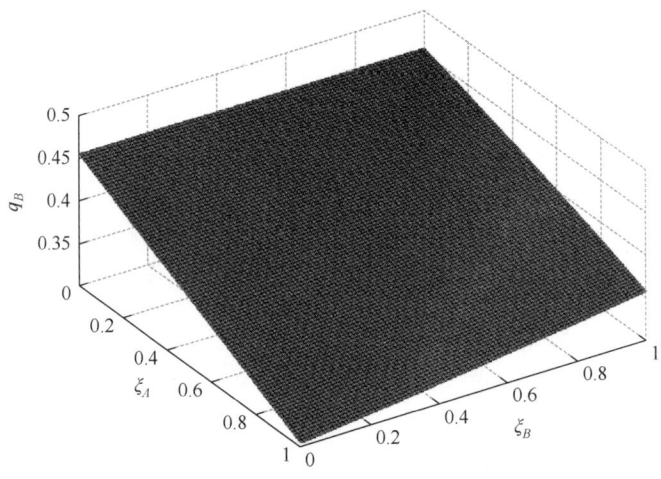

图 8-27 基于替代因子变化的常规天然气均衡产量

资源的开发利用。为加大非常规天然气资源的开采力度，政府应落实好现行扶持政策（如抓紧出台页岩气等非常规气源税费减免、直接补贴、信贷支持、专项基金等），调整并完善优惠政策体系，调动企业勘探开发非常规天然气资源的积极性，支持技术攻关，推动技术创新，进一步推进规模化开发。待非常规天然气的开采形成一定的规模经济，政府则稳步有序放开对天然气市场的监管，还原市场，让市场充分竞争；最终通过天然气市场的有效市场竞争，降低生产成本，提高非常规对常规天然气的替代性，增大供给量，达到国内天然气市场供需均衡。

（六）政策建议

本节首先通过对差异化天然气市场建立古诺博弈动态模型，提出并探讨两种不同的政府补贴方式和替代性对均衡产量的影响情况。结果表明：首先，供给侧开放的差异化天然气市场均衡产量存在，且大小与厂商的成本系数及相互替代程度有关；其次，政府补贴有利于总产量的提高，引入补贴乘数模型比较发现，投入补贴乘数大于产量补贴乘数，即投入补贴方式具有更大的产量增产效益；最后，为增大非常规对常规天然气的替代性，关键在于降低生产成本，而非常规天然气开采初期，技术瓶颈导致开采成本不可能在短期内大幅降低，因此，政府扶持政策尤显重要。同时，本节根据相关研究内容提出以下几点政策建议。

（1）落实"管住中间、放开两头"的总体思想，推进天然气价格改革，促进天然气市场主体多元化竞争。着力实施"横向混合、纵向混改"方略，打破天然气市场纵向一体化垄断格局，形成有效的市场竞争机制，充分发挥市场机制在资源配置中的基础性作用，加快能源结构优化速度。

（2）实施合理补贴政策。我国非常规天然气资源雄厚，为满足国内增长的天然气需求，"十三五"期间我国将大力发展非常规天然气，使之成为天然气重要提供方。政府补贴一方面可以增大市场供给量，减少进口，保障能源安全；另一方面鼓励非常规天然气开采厂商降低成本，逐渐形成低成本技术体系和管理体系，进一步加大非常规天然气的供给量。

（3）充分借鉴国外非常规天然气发展经验。能源领域的政策优化与市场优化改革的国际经验，对于未来中国能源体系的改革深化具有重要的借鉴意义。为进一步加快国内非常规天然气的发展，我国应抓住全球能源技术革命的历史机遇，实施"追赶"与"跨越"并重的能源技术战略，引进试验国外先进勘探技术，在此基础上加以消化吸收再创造，充分发挥后发优势，在技术引领、政策扶持和效益可期的拉动下，实现经济新常态时期能源变革的成功转型。

第六节 本 章 小 结

天然气是高效的清洁化石燃料，天然气的需求量对能源战略、能源消费和经济增长及人民的日常生活都至关重要。在二氧化碳减排压力下，中国一直在寻求更有效的能源来维持经济的可持续增长。相比煤炭，天然气能大幅减少二氧化硫、氮氧化合物、粉尘和碳的排放，所以天然气的普遍使用不仅能够缓解我国能源消费结构刚性和不均衡的现状，也能够改善环境质量从而达到节能减排的效果。

我国天然气资源开发利用有了较大的提升，资源的探明储量及生产量也在逐年提高。与此同时，我国天然气管道也进入了史无前例的高速发展期，目前已基本形成覆盖全国主要地区的天然气管网。虽然我国天然气产业有了较快的发展，但同时也面临着一系列的问题，如天然气生产与消费均处于较低水平；地质勘查机制不合理；地质评价等相关工作投入不够；法律法规不健全；缺乏独立的监管机构等。因此本章首先通过对我国天然气消费量及其消费区域差异进行分析，得出：中国的天然气消费量将会在未来保持快速增长，至2020年，天然气消费量将达到3754.73亿 m^3；我国天然气消费水平的区域差异十分明显，其空间格局分布以供给为主导指向，其中管道设施建设水平对全国各区域天然气消费影响都比较大。本章通过对天然气价格效应进行分析，得到天然气价格的变动对企业的影响最大，同时化工部门受天然气价格影响显著。基于我国天然气市场三寡头企业结构，对我国天然气企业竞争机制进行研究，得出采取自适应预期的天然气企业对市场具有稳定效应。最后，通过对我国单边开放天然气市场及考虑补贴的天然气市场进行研究，得出单边开放天然气市场机制可以促进天然气市场的稳定供给，优化市场竞争环境，顺应了我国"减煤增气"的能源转型政策导向；政府补贴有利于总产量的提高，其中投入补贴乘数大于产量补贴乘数，即投入补贴方式具有更大的产量增产效益。以上研究成果能为我国高效合理地开发利用天然气，实现节能减排的战略目标提供可靠的依据。

第九章　国际能源技术合作与技术价值评估

国家能源局于 2017 年 2 月 10 日发布的《2017 年能源工作指导意见》指出，为落实"创新、协调、绿色、开放、共享"的新发展理念，其中一项重要任务就是要拓宽国际能源合作领域，具体目标为：深入拓展国际油气合作，促进与周边国家电力互联互通，推动核电"走出去"，拓宽国际能源合作领域，积极参与全球能源治理。"一带一路"倡议在国际能源合作的背景下应运而生，该倡议的推进为促进我国国际能源合作提供了新的机遇，使各国之间产生更为紧密的合作机制和更为有效的对话平台，为能源合作创造良好的国际合作环境。由此可见，国际合作将成为未来能源发展尤其是新能源发展的重要方式和手段。发展新能源产业对调整我国能源结构，保障能源安全，促进节能降耗，减少温室气体排放，发展低碳经济，实现经济与社会可持续发展等意义重大，进一步凸显了"一带一路"倡议的重要性。

同时，随着非常规天然气，如煤层气、页岩气和砂岩气等资源的开采技术不断发展与完善，在能源国际合作中所涉及的不同国家和不同跨国企业之间的资源共同开发、项目技术合作与开采技术转让等具体合作内容，也需要相应的价值评估体系去评价所涉及的可行性及经济效益。尤其是当技术作为资产评估的对象时，其评估价值关系到该技术项目是否能够得到合理的交易和使用，这对于提高资源开发利用水平，促进跨国企业之间技术创新，形成完善的国际技术市场和产权交易市场起到了重要的作用。

本章将对"一带一路"倡议下深化国际能源合作面临的主要任务及发展的基本思路进行总结，并对中美可再生能源合作及相关技术评价体系进行分析研究，以致力于促进世界各国的共同利益，确保区域和全球能源的安全。

第一节　"一带一路"倡议下深化国际能源合作

2013 年 9 月和 10 月，国家主席习近平分别在访问哈萨克斯坦和印度尼西亚期间，提出与欧亚各国用创新的合作模式共同建设"丝绸之路经济带"、同东盟国家共同建设 21 世纪"海上丝绸之路"的倡议（合称"一带一路"）。"一带一路"倡议关注的欧亚大陆连接了世界三大经济圈中的欧洲经济圈和东亚经济圈，中间的广大腹地则以发展中国家为主体，其沿线分布着世界主要的能源供需国，是世界经济和能源的心脏地带。"一带一路"倡议旨在通过沿线各国共同开展更大范围、更高水平、更深层次的区域合作，促进经济要素有序的自由流动、资源高效配置和市场深度融合，共同打造开放、包容、均衡的区域经济合作框架。

一、"一带一路"倡议下深化国际能源合作的意义

全方位拓展国际能源合作成为"一带一路"倡议的重要基础，也成为我国经济在新常态下谋求持续、健康发展的必然要求。在"一带一路"倡议的依托下，深化国际能源合作能促进区域内能源技术升级，提高化石能源使用效率，加快新能源和可再生能源的推广利用，推动区域能源绿色转型。同时，"一带一路"倡议有利于"多边为主、开放共赢"的国际能源合作新模式的形成，避免由于合作博弈而产生的不确定性风险，从而有利于我国国际能源合作战略布局及进口方式的完善和优化，促进多元稳定能源保障体系的形成。倡议的提出将有助于加快区域贸易投资便利化进程，国内通过自由贸易试验区加快政策试点，使得国内能源市场的开放度和自由度有所提升；在国际上加快与相关国家的自贸区协定谈判，促进能源贸易流通（李钢和王拓，2017）。"一带一路"倡议的框架将有助于一系列新的能源治理机制的建立，为新兴国家平等参与能源治理提供了机会和平台，也为我国在多边合作的机制下获得更大的话语权和影响力提供了机遇。

二、"一带一路"倡议下深化国际能源合作面临的主要问题及挑战

作为我国首次提出的重大国际倡议，"一带一路"倡议下国际能源合作不仅能够给我国能源经济发展带来新的机遇和繁荣，同时也给我国带来了相应风险及挑战。首先，"一带一路"倡议涉及沿线众多国家和地区，地域范围广阔，市场环境多样，利益诉求矛盾十分复杂。各国旧有理念存在惯性，对于"一带一路"倡议不够明晰，对如何兼顾各方利益诉求，打造一个深度融合的能源市场以打破贸易壁垒提出了巨大的挑战（高世宪和朱跃中，2016）。其次，"一带一路"沿线国家和地区投资环境错综复杂，甚至在部分地区存在地缘政治争端、国家政局动荡、恐怖主义威胁、法律保障欠缺等潜在风险，这些因素可能使得我国企业对外投资和经营面临严重损失（何茂春等，2015）。同时，由于"一带一路"沿线国家和地区与现有国际能源治理机构重合度较低，沿线国家和地区缺少能源合作平台。在现有能源治理构架中尚未形成和完善能够保障长效资金投入的金融机制，使得区域内能源基础设施建设所需的大规模融资无法得到保障（叶玉，2011）。最后，由于我国国内协调机制相对不够健全，能源企业跨国经营能力不足，也会导致对外合作难以形成合力，能源合作项目落实存在困难等问题（王义桅，2015）。

三、"一带一路"倡议下深化国际能源合作思路及保障措施

(一)指导思想

高举中国特色社会主义伟大旗帜,以邓小平理论、"三个代表"重要思想、科学发展观、习近平新时代中国特色社会主义思想为指导,全面贯彻党的十九大精神,依托"一带一路"全方位加强能源国际合作,综合运用外交、经济、文化等手段,形成外部环境良好、内部沟通顺畅、各方积极参与的互利共赢局面,为推进"一带一路"倡议的全面落实、构建稳定有效的区域能源共同体、实现两个一百年奋斗目标和中华民族伟大复兴的中国梦提供有力支撑(高世宪,2016)。

(二)基本原则

在"一带一路"的背景下,深化国际能源合作应当遵循以下几项原则:首先,摒弃传统思维方式,即单纯获取为我所用的能源资源思维,遵循合作共赢、优势互补、绿色发展的原则。其次,切实尊重合作各方的发展道路、政治制度选择和民族宗教文化差异,寻求和扩大能源合作利益契合点,求同存异,并严格遵守国际通行的商业规则和国际法律法规(石泽和杨晨曦,2014)。同时,加大国际能源合作规划制定的科学化力度,有效提升规划引导能力和规划执行,避免缺乏深入科学论证的盲目投资和一拥而上的混乱局面。明确政府、企业、中介机构各自的功能与定位,使得市场能够充分发挥资源优化配置作用,形成企业自主决策、自主经营、自我发展的新格局。最后,在体制、机制和运作模式方面要勇于创新,善于创新,要根据不同的实际情况创造性开展工作,不死板僵硬,不固于惯性思维。

(三)合作思路

将搭建多层治理构架作为基础保障,积极推动能源外交,打破外交困局,形成良好的外围环境;将能源基础设施的互联互通作为纽带,推进能源基础设施的合作,形成一种互联互通的大网络格局;将能源高效、绿色开发利用和全产业链产能合作作为重点,加快油气、可再生能源领域的合作,从而带动装备技术的出口,实现国内企业的转型升级和国际装备技术走出去双目标;搭建能源投融资平台,降低企业融资成本,减少金融、外汇等束缚,助力企业做大做强;将构建稳定有效的区域能源共同体作为目标,加大能源开发力度,缓解能源贫困,促进能源共同发展,实现区域共同能源安全(高世宪和朱跃中,2016)。

（四）保障措施

需要从以下几个方面确保"一带一路"倡议平稳有效地实施开展。首先，该倡议的落实，需要开展全方位合作交流，营造良好外部环境，具体而言要充分利用高层外交平台，阐述"一带一路"国际能源合作的宗旨和内涵，宣扬"一带一路"国际能源合作理念（黄日涵和丛培影，2015）。其次，充分调动国内外涉及能源合作的各方资源，制定科学的国际能源合作专项规划，并搭建合作平台，推进新的区域能源治理机制的形成，为解决政府间能源合作的重大问题提供长效的沟通机制。同时，科学界定能源合作区域，有序推动项目落地，特别是那些重要资源区、经济技术合作区等。通过这些区域的能源国际合作，推动以点带面、以线带面的格局产生（高世宪，2016）。加快重要的能源互联互通基础设施建设和政策衔接，并使国内能源企业深度参与海外市场，进一步提高企业国际化经营和竞争能力。最后，加强相关研究机构建设和人才培养，相关研究机构要不断加强能源经济及产业技术的学科建设，在明确各自功能定位的基础上，组建出具有针对性的研究团队，努力提升研究成果的质量和水平，为深化国际能源合作提供学术支持。

第二节　中美两国可再生能源潜在合作研究

中国除了与"一带一路"沿线国家和地区有相关能源领域的合作，与全球第二大的能源消费国美国之间在矿产资源勘探与开发、能源进出口贸易、跨国能源企业合作、核电与清洁能源技术转移等诸多方面有着广泛的合作。本节以中美合作为背景，对中美两国在可再生能源领域潜在合作进行系统研究。

一、中美两国能源合作概述

目前，就年均能源消费量、煤炭使用量和二氧化碳排放量来说，中美两国分居世界前两位。为满足国内能源需求，两个国家均采取了石油进口政策，但是整个轨迹大不相同。就中国而言，进口石油消费量在1993年时只占整个国家石油消费量的7%，但2004年该占比已跳跃式地增长到40%，到2013年，该比例增至60%，如果按这种趋势继续下去，估计到2020年，中国的进口石油消费量将占据总石油消费量的66%。而对于美国来说，进口石油消费量在1993年时占石油总消费量的49%，到2004年时增长至65%，但是在2013年减少至40%（BP，2013）。如果两个国家都大规模发展可再生能源，这种依赖石油进口的情况将日益减少，同时，多余的可再生能源的生产将会减缓传统能源储量的消耗，减少 CO_2 的排放并对环境保护起到积极的作用。两国应该在可持续发展中，以提高经济增长为目标共同发展可再生能源战略（Mezher et al.，2012）。

根据经验，传统能源的可利用性一直影响着经济增长，在早期的研究中，能源要素被引入柯布-道格拉斯生产方程中。除了资本和劳动力要素以外，能源被视为生产过程中必需的第三要素，在生产过程中，能源的消耗通常较少，但是它的影响非常大（Gastaldo and Ragot，1996；Rasche and Tatom，1977）。如果能源的利用率变得更高，经济增长可能延伸到更长的时间周期（Norman，1996）。如果能源利用率降低，经济将不会按照其初始的速度增长。如果传统能源被耗尽，经济增长将不能持续（Ayres et al.，2013）。所以，对于经济发展来说，人们更倾向于在整体能源概况中提高可再生能源的比例，因为这应该导致更可持续的发展和更多的经济效益（Valente，2005；Apergis and Payne，2010）。

而目前，能源行业的研发成本相对较高，同时中国的可再生能源产业尚处于起步阶段，没有一个更好的机制去促进可再生能源的发展。如果美国的研发成果可以转移到正在建设基础设施的中国，对于两国来说，这将是一个双赢的局面。因此，本节在中美合作的背景下，建立了一个包含 GDP、碳排放、能源价格和可再生能源合作指数的数学模型来系统地研究可再生能源潜在合作与经济增长之间的关系。

二、能源合作研究方法

在可再生能源合作对经济的影响方面，需要制定一个有效的措施来衡量结果，在本节中，考虑两个变量：行业内贸易指数（IIT）和能源效率指数（EE）（Egger et al.，2007；Yoshida，2013；Algieri et al.，2011）。IIT 可以被用来测量一个国家技术的成熟度，该指标与经济规模、经济发展水平、居民收入和偏好有关，具体如下：

$$\text{IIT} = 1 - \frac{|X - M|}{|X + M|} \quad (9\text{-}1)$$

式中，X 表示可再生能源产业出口总量（美元）；M 表示可再生能源产业进口总量（美元）。IIT 的值介于 0～1，当 X 的值接近 M 时，IIT 的值接近 1，表示中美之间的经济合作十分紧密。对于中国来说，如果中国向美国的出口量等于从美国的进口量，合作对于美国来说达到最高值，同时如果美国向中国的出口量等于其从中国的进口量，那么合作对于中国来说达到最高值。在本节中，中美两国各有一个相应的 IIT 值。

与 IIT 值不同，EE 值反映的是潜在的效益，该效益在合作开始时可能不会立即产生影响，但是随着合作的继续将逐渐显现出持续的影响。也就是说，随着能源效率的提高，制造成本将会降低，经济可能会得到改善。在本节中，EE 值被定义为单位能耗的 GDP，中美两国各有一个相应的 EE 值。

基于 IIT 和 EE 值，引入可再生能源合作指数（RECI）：

$$RECI = IIT \times EE \tag{9-2}$$

因此，这里考虑合作带来的长期和短期利益，一个 RECI 变量用于中国（$RECI_c$），另一个用于美国（$RECI_u$）。

向量自回归（VAR）模型经常用来反映多时间序列的线性相互依赖关系，对于每一个内生变量都存在一个含有自身滞后项和其他变量的滞后项的方程去反映其自身发展。为了建立一个 VAR 模型，除了需要 $RECI_c$ 和 $RECI_u$，还需要其他变量，包括 GDP_c、GDP_u、二氧化碳排放总量（CO_2）和国际能源价格（EPRICE），这些变量可以在解决类似问题的文献中找到（Yoon et al., 2011）。前五个变量被视为内生变量，因为它们直接影响可再生能源，反之亦然。最后一个变量 EPRICE 被视为外生变量，因为该变量能直接影响可再生能源价格，但是目前可再生能源利用有限，可再生能源价格不能反过来影响国际能源价格。

内生变量包含 $RECI_c$、$RECI_u$、GDP_c、GDP_u 和 CO_2，可以得到迭代矩阵方程，具体如下：

$$Y_t = C + A_1 Y_{t-1} + \cdots + A_p Y_{t-p} + HX_t + \varepsilon_t \tag{9-3}$$

式中，Y_t 表示当前或者最近年份的内生变量矩阵（5×1）；Y_{t-1} 表示 t 时期前一年时的内生变量矩阵；Y_{t-p} 表示 t 时期前 p 年时的内生变量矩阵；X_t 表示外生变量 EPRICE 的当期值；ε_t 表示白噪声矩阵（5×1）；C 表示常数矩阵（5×1）；A_1 表示前一年的系数矩阵（5×5）；A_p 表示前 p 年的系数矩阵（5×5）；H 表示内生变量的加权矩阵。

相关数据的时间跨度是从 1985 年到 2012 年，其中 EE、GDP_c 和 GDP_u（GDP 的值以美元为单位）从世界银行的数据库中查到；IIT 值从联合国数据库中查到；CO_2 排放量（以 Mt 为单位）来自英国能源统计年鉴；国际能源价格（EPRICE，以每吨油当量美元计）通过全球的石油价格、煤炭价格和天然气价格的平均价格加权得到。

三、中美可再生能源合作研究结果

为了保证 VAR 的有效性，平稳性检验采用增广迪基-富勒检验（augmented Dickey-Fuller，ADF）、PP（Phillips-Perron）和 KPSS（Kwiatkowski-Phillips-Schmidt-Shin）三种方法进行。在表 9-1 中，使用 KPSS 方法时每个变量的顺序为零。通过 ADF 和 PP 方法测试，经过一次差分运算后，各变量稳定。换句话说，积分的顺序可以是这五个变量中的任意一个。

表 9-1 平稳性检验结果

变量	ADF 水平值	ADF 一阶差分	PP 水平值	PP 一阶差分	KPSS 水平值	KPSS 一阶差分
CO_2	1.968	−4.328***	0.560	−3.212**	0.6695**	0.131
GDP_c	0.636	−2.633*	0.253	−2.599*	0.673**	0.069
GDP_u	−2.126	−3.030**	−1.800	−3.030**	0.660**	0.322
$RECI_c$	−0.821	−5.110***	−0.821	−5.140***	0.341*	0.293
$RECI_u$	−2.483	−4.488***	−2.415	−4.482***	0.245	0.188
EPRICE	−0.651	−7.173***	−0.454	−7.202***	0.480**	0.281

注：$RECI_u$ 在用 KPSS 方法分析时总是稳定的。***、**、*分别表示在1%、5%、10%的水平上的统计显著性

如表 9-2 所示，VAR 模型的滞后阶数是通过对数似然函数（LogL）、赤池信息量准则（AIC）和贝叶斯信息量准则（SC）三种检验方法估算的。由 AIC 和 SC 方法选择的滞后顺序为 1，在下面的计算中使用。如图 9-1 所示，特征根的倒数都在单位圆内，说明 VAR（1）是稳定的。因此，可以分析脉冲响应和方差分解。

表 9-2 VAR 模型的滞后阶数

Lag	LogL	AIC	SC
0	231.557 2	−18.124 57	−17.880 80
1	291.579 4	−21.954 78[a]	−19.463 70[a]
2	325.301 1	−21.020 36	−18.942 56

注：a 表示按标准选择的滞后阶数

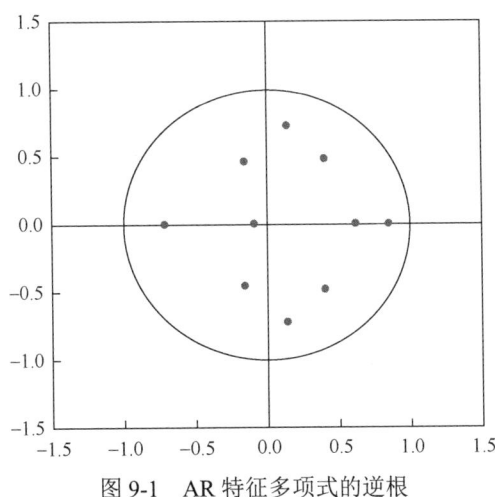

图 9-1 AR 特征多项式的逆根

经济指标（GDP_c 和 GDP_u）和二氧化碳（CO_2）排放总量可能受可再生能源

合作指数（RECI$_c$ 和 RECI$_u$）的影响。在图 9-2（a）中，纵轴是 DGDP$_c$ 的脉冲响应，横轴是对 DRECI$_c$ 和 DRECI$_u$ 初始正向影响后的滞后时间（年）。DRECI$_c$ 或 DRECI$_u$ 的影响值是数据中各自的标准偏差值。如图 9-2（a）所示，美国的技术和贸易将有助于中国 GDP 的提高，因此可再生能源合作指数（DRECI$_u$）将对 DGDP$_c$ 产生积极的响应。然而，DRECI$_c$ 指数将对 DGDP$_c$ 造成负面影响，因为中国在可再生能源领域的初次国内投资将会降低 GDP。随着滞后时间接近 100 年，正面和负面的影响都会减弱。

如表 9-3 所示，由 DRECI$_u$ 引起的正面 DGDP$_c$ 响应是 0.103 01，由 DRECI$_c$ 引起的负面 DGDP$_c$ 响应是 0.275 44。因此，初始大量的中国资本将使 DGDP$_c$ 的总体响应略显消极。也就是说，中国需要购买美国制造业的装备，并聘请美国专家来加速可再生能源的开发，但这将降低中国的 GDP。显然，中国需要解决这些问题。

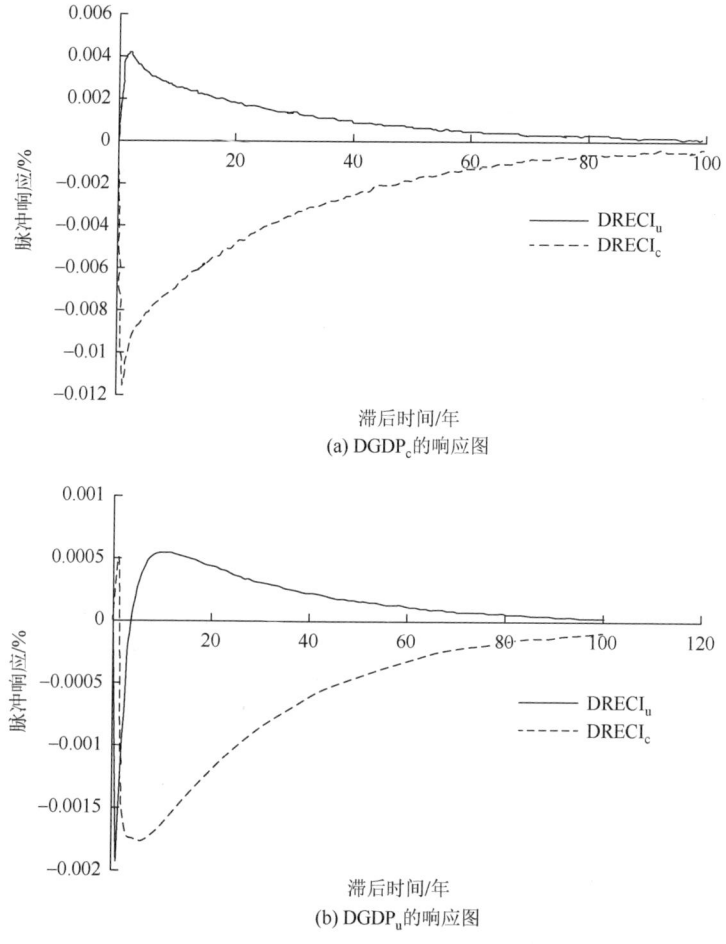

第九章 国际能源技术合作与技术价值评估

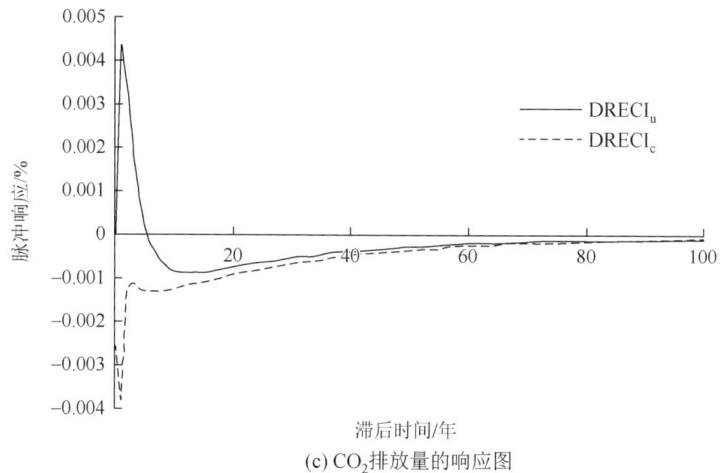

图 9-2 脉冲响应图

表 9-3 脉冲响应值

响应值	DCO_2	$DGDP_c$	$DGDP_u$
$RECI_c$	−0.052 51	−0.275 44	−0.060 78
$RECI_u$	−0.018 43	0.103 01	0.016 74

图 9-2（b）说明了由 $DRECI_c$ 和 $DRECI_u$ 引起的 $DGDP_u$ 的脉冲响应。可再生能源合作指数（$DRECI_u$）初步可能会对 $DGDP_u$ 造成负面影响，但五年后可能会产生积极的影响。相反，$DRECI_c$ 最初可能对 $DGDP_u$ 造成正面影响，但两年后可能会产生负面影响。滞后时间接近 100 年，因此不会有明显的影响。如表 9-3 所示，由 $DRECI_u$ 和 $DRECI_c$ 引起的 $DGDP_u$ 响应分别为 0.016 74 和−0.060 78。参考图 9-2（c）和表 9-3，$DRECI_c$ 和 $DRECI_u$ 最终将减少 CO_2 排放总量，而这样的减排是合作的主要优势。

在表 9-4 中，$DGDP_c$ 列是滞后 100 年五个变量对 $DGDP_c$ 的各自贡献率，$DRECI_c$ 和 $DRECI_u$ 都为中国的 GDP 贡献了力量（$DGDP_c$）。同样，如 $DGDP_u$ 列所示，$DRECI_c$ 和 $DRECI_u$ 都对美国 GDP 做出了贡献（$DGDP_u$）。此外，如 DCO_2 列所示，$DRECI_c$ 和 $DRECI_u$ 的降低都有助于减少二氧化碳（DCO_2）。

表 9-4 DCO_2、$DGDP_c$ 和 $DGDP_u$ 的累计贡献率

贡献率	$DGDP_c$	$DGDP_u$	DCO_2
$DGDP_u$	14.073 18	33.642 38	26.821 01
$DGDP_c$	68.953 58	45.191 65	47.767 59

续表

贡献率	DGDP$_c$	DGDP$_u$	DCO$_2$
DRECI$_c$	6.159 95	10.645 29	6.251 94
DRECI$_u$	3.967 23	7.231 53	4.203 44
DCO$_2$	6.846 06	3.289 15	14.956 02

在图 9-3（a）中，纵轴是每个内生变量对中国 GDP 的贡献率（DGDP$_c$），横轴是滞后年数。如图 9-3（a）顶部所示，最初，DRECI$_u$ 对 DGDP$_c$ 的贡献大于中国的指数（DRECI$_c$），几年后，合作指数的贡献与其达到一致。最终，DRECI$_c$ 的贡献超过 DRECI$_u$。如表 9-4 所示，DRECI$_c$ 对 DGDP$_c$ 的贡献超过美国指数（DRECI$_u$）。在图 9-3（b）中，DRECI$_c$ 对美国 GDP 的贡献率（DGDP$_u$）高于 DRECI$_u$。最初，DGDP$_u$ 主要受其自身影响，但 20 年后，DGDP$_c$ 的贡献超过了 DGDP$_u$。如图 9-3（b）和表 9-4 所示，长期看，中国的经济增长可能对美国经济做出贡献。在表 9-4 中，DRECI$_c$ 对 DCO$_2$ 的贡献通常大于 DRECI$_u$。在图 9-3（c）中，最初，DGDP$_u$ 对二氧化碳排放（DCO$_2$）的贡献率大于 DGDP$_c$。10 年后，DGDP$_c$ 对 DCO$_2$ 的贡献率大于 DGDP$_u$，原因是美国经济已经稳定，中国经济也在快速发展。如表 9-4 和图 9-3 所示，从长远来看，中国经济（DGDP$_c$）可能对 DGDP$_c$、DGDP$_u$ 和 DCO$_2$ 有显著贡献。

四、中美可再生能源相关讨论

如表 9-3 和图 9-2（a）所示，美国可再生能源合作指数（DRECI$_u$）对中国 GDP 产生的影响（DGDP$_c$）主要体现在美国的技术和资源将有助于中国经济发展上。

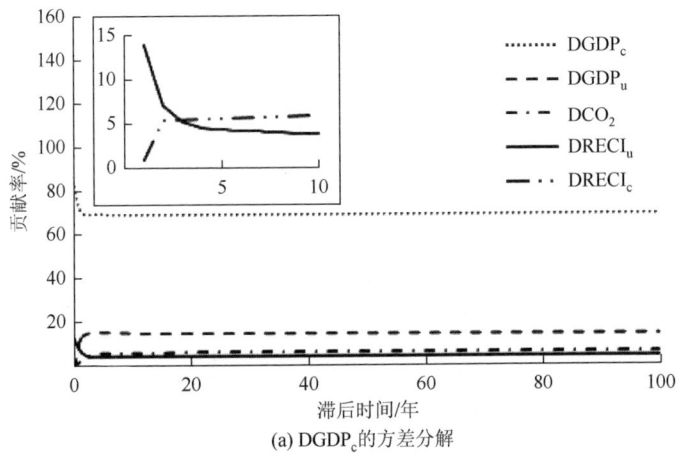

(a) DGDP$_c$ 的方差分解

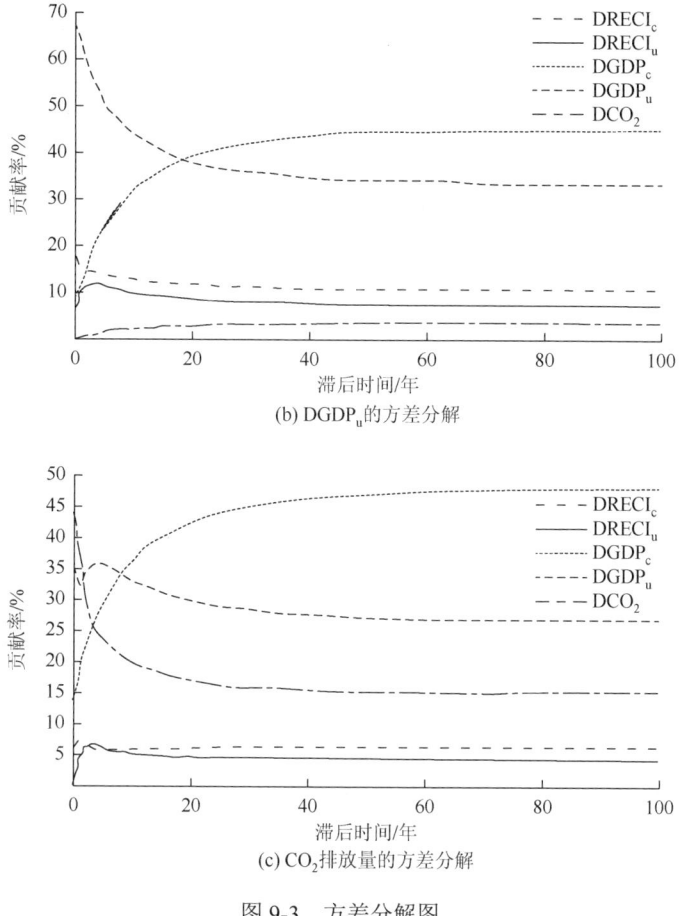

图 9-3　方差分解图

根据图 9-2（b）美国 GDP 的初步响应（DGDP$_u$）所示，由于美国技术及资源将进入中国市场，中国可再生能源合作指数（DRECI$_c$）为正，但是，如果合作只停留在初始水平，那么 DRECI$_c$ 对 DGDP$_u$ 的长期响应将为负。因为美国的货币资源将被分配给中国，DRECI$_u$ 对 DGDP$_u$ 的初始反应为负。但是，如图 9-2（b）和表 9-3 所示，长期和累积的响应是积极的，这样的长期利益可能会鼓励美国进一步发展与中国的合作。如表 9-3 和图 9-2（a）所示，中国将利用自己的货币资源建立可再生能源生产设施，DRECI$_c$ 对 DGDP$_c$ 的响应是负面的。基于这种模式，产生的效益还不足以抵消中国的替代成本。探索其他形式的刺激，对中国的经济会产生更为明显的效益。

如表 9-3 和图 9-2（c）所示，DRECI$_c$ 引起的二氧化碳总排放量（DCO$_2$）减少，这可能会促使中国仅出于环境原因开发可再生能源。在图 9-2（c）中，中国在发展初期建造较多的生产设施，使得传统能源的使用速度加快，从而导致

DRECI$_u$ 引起的二氧化碳总排放量（DCO$_2$）在过去七年中有所增加。如表 9-3 和图 9-2（c）所示，七年后，随着更多的可再生能源替代传统能源，DCO$_2$ 累计下降。就可持续性而言，两国都应该把重点放在可再生能源产业上。如果经济增长能够持续下去，就可以获得盈利。同时，探索中国可再生能源市场，利用美国的技术和管理体系对两国来说都是有利的。

五、中美可再生能源合作结论和政策应用

基于以上分析，中美可再生能源合作能促进经济发展，减少二氧化碳排放。作为全球两个最大的经济体和能源消耗国，在保持经济持续增长的同时，应当共同维护环境。因此，进一步改善可再生能源产品的双边贸易合作至关重要。

为鼓励可再生能源投资，两国应制定共同的政策。如果需要，这些政策应每 3 至 8 年进行一次审查和修订，以不断刺激经济。此外，中国和美国应该寻求与其他国家的可再生能源合作，并鼓励国际银行体系增加对可再生能源的投资。

根据分析可知，可再生能源合作对经济的影响在 10%以下。为了制定可持续的经济增长政策，两国需要探索各种类型的可再生能源合作，包括与技术转让直接相关的产业合作。而目前，关于可再生能源知识产权方面相关政策的制定及施行是至关重要的，中美应通过法律和行政手段共同发展知识产权保护机制。例如，两国可以相互鼓励交叉授权及收取专利权使用费。交叉授权的概念在美国比较容易理解，因为两家公司拥有专利保护的互补技术，此概念应该在中国引进和推广。专利使用费的收取是美国正常的商业行为，可以在中国引入并受到法律的保障。

在两国所涉及的可再生能源技术合作中，生物质能合作可能是第一个需要考虑的技术，因为中国有着长时间在生物质能利用方面的基础，而且美国已经开发出了几种不同类型的先进系统可满足中国的使用需求，并提升能源使用效率。同时，电网现代化也是另一个潜在的合作领域，中国百分之九十的人口消费电力，而美国已经开发出了相应的计算机信息技术来有效地管理电网系统，这将使中国电网系统方面电能的传输及利用有很大程度的提高。

第三节 技术价值评估体系研究

技术资产是企业无形资产的重要组成部分，包括专利权、专有技术、工业版权等。知识经济时代，技术资本已超过货币资本和实物资本，成为现代企业的核心生产要素及核心竞争力。在国际能源深化合作与经济增长方式转变的过程中，随着与技术转让直接相关的产业合作在能源合作国家之间越来越普遍，技术已成

为资产评估的重要对象，对技术的价值评估关系到该技术能否得到合理的开发和利用。这对于提高我国整体科技水平、促进能源企业技术创新迈向新的高度、形成完善的技术市场和产权交易市场都有不可忽视的作用。在此背景下，建立一套科学合理的价值评估体系已经成为促进科技成果转化、适应和促进市场经济发展的内在要求。考虑到技术的广泛性，本节拟对油气勘探开发技术价值进行评估，着力于解决油气技术资产定价及相关配套政策问题，在分析油气勘探开发技术体系及其技术经济特点基础上，选择合适的价值理论分析油气勘探开发技术的价值评估方法，以此构建一个完善的技术价值评估体系，并为在国际能源合作中所涉及的技术资产评估提供相应的参考和借鉴。

一、油气勘探开发技术资产评估概述

（一）油气勘探开发技术概述

要提高我国石油企业在国内外市场的竞争力，提高企业生产经营活动的经济效益，就必须对企业的技术经济分析工作进行研究。石油勘探的最终目的是探明油气储量，作为石油企业整体生产经营活动的重要一环，为油气田的开发提供油气资源。因此，对石油企业的技术经济分析应从油气勘探技术开始。

大部分油气勘探开发技术均已申请专利，该技术同时也具有专利技术的特点。其中，价值是决定专利权价格的一个根本因素，除此之外，影响专利权价格的因素还包括开发成本、预期收益、转让权利的大小和转让次数的多少、专利剩余经济寿命等。

（二）油气勘探开发技术资产分类及特点

我国油气资源丰富，然而地理环境对油气开采的影响仍是当前油气勘探开发技术需要重点解决的问题。油气勘探的主要目的是识别勘探区域，探明油气储量，因此矿井开钻技术及测井技术同样是油气安全开采的基本保障。

油气勘探开发具有周期长、投入大且过程复杂的特点，因此要建立油气勘探开发技术价值评估体系，首先需要对参与评估的技术进行分类，才能有针对性地对待评技术进行估值。根据中国石油天然气股份有限公司西南油气田公司天然气经济研究所提供的专业数据，目前油气勘探开发技术大致可以分为五类，分别是：勘探技术、钻完井技术、油气藏工程技术、采油气工程技术及地面工程技术。

油气勘探开发包括的技术内容主要有：野外地质调查、地球物理勘探、地球化学勘探、钻井、矿场地球物理测井、地质录井和地层测试等。油气勘探开发下级技术细分见表 9-5。

表 9-5 勘探技术分类表

勘探技术	气藏地质综合评价技术系列
	复杂地区地震勘探技术系列
	测井综合评价技术系列

钻完井技术指根据油气层的地质特性和开发开采的技术要求，在井底建立油气层与油气井井筒之间的合理连通渠道或连通方式。完井技术是钻井工作的最后环节，在石油开采中，油气井完井包括钻开油层、完井方法的选择和固井及射孔作业等。钻完井下级技术细分见表 9-6。

表 9-6 钻完井技术分类表

钻完井技术	深井、超深井钻井设计技术系列
	井控技术系列
	深井、超深井钻（完井）液及防漏治漏综合技术系列
	欠平衡钻井技术系列
	气体钻井技术系列
	定向井、水平井钻井技术系列
	钻井取心技术系列
	固井技术系列
	试油工程设计系列
	石油天然气抢险应急救援技术系列

从经济学角度分析，钻井阶段涉及钻井设备的购买、调度和安装，配备钻井技术人员，以及前期对气井结构、地质的相关分析，属于知识密集型、技术密集型和资金密集型阶段。与此同时，钻井设备由于其价值高昂的特点，为油气开采行业提供了较高的准入门槛，但是设备一旦购置或投入使用，使用年限较长，购置成本可以分年摊销，只要保证运营时间和数量，可以持续产生利润。

在经历过勘探和完井阶段后，油气藏工程主要根据油气性质、管线中油气流动的基本定律，了解气田地质和构造、天然气密度、相对分子质量、体积系数和膨胀系数等特质，进行水侵动态分析，最终发现储量计算等环节存在的问题。在气藏工程中，优化研究油气井开发技术政策，完善气藏工程配套设施显得尤为重要，这也是气藏成功开发的关键。油气藏工程下级技术细分见表9-7。

表 9-7　油气藏工程技术分类表

	精细气藏描述技术系列
油气藏工程技术	特殊气藏工程技术系列
	天然气成藏与开发实验评价技术系列

从经济学角度分析，气藏工程包括层析划分、产能评价、设计优化、井网井距优化等工程方案，气藏工程具有知识密集的特点，气藏工程从方案制定和测量实施，都需要大量的相关方面专业人才。除了具有项目管理的共同特性以外，油藏开发项目还具有以下特点：工作对象隐蔽，需要多学科配合完成，实施难度大；项目周期漫长，投资资源大；实施效果存在较大的不确定性等。

采油气工程技术指针对该油气田实际地质情况、储层特点和已知地层层系等情况，进行油气采集工作。采气技术的发展能够一定程度上提升采气效率，减少资源浪费。而目前采气工程存在的主要问题包括如何完善采集过程中井下节流工艺及集气站监控系统结构的优化。采油气工程技术下级技术细分见表9-8。

表 9-8　采油气工程技术分类表

	完井工艺技术系列
	气藏增产改造工艺技术系列
采油气工程技术	采气工艺技术系列
	修井工艺技术系列
	室内评价技术系列

从经济学角度分析，采气工程具有复杂性，对于技术人员和资金的需求较大，采气的方式多种多样，工程设置和实施耗时长，并且存在较大失败风险。另外，社会经济的发展对天然气的采集提出节约资源、减少成本消耗、降低生产过程中造成的环境污染等要求。

油气田开发应包括油气田地质研究、油藏工程、钻采工程、地面工程和经济评价，整体来说是一个系统工程。地面工程在油田开发全系统整体建设和优化中发挥着重要的积极作用。地面工程技术需要解决的重点和难点包括在优化工艺设计方案、应用高效节能设备、降低开发能耗的基础上集成新的地面工程工艺技术。地面工程技术下级技术细分见表9-9。

表 9-9 地面工程技术分类表

地面工程技术	天然气内部集输技术系列
	天然气净化技术系列
	酸性气田防腐技术系列
	天然气分析测试、计量与标准化系列

从经济学角度分析，地面工程建设需要结合油气开发整体项目，进行部署、优化简化和组织协调。地面工程建设是油气开发项目的重要支撑和保障，是油气开发管理和转化成商业产品的重要环节，具有前期成本投入大，耗时长，预期收益实现时间久，对资金链要求高等特点。

总体来讲，目前油气勘探开发各个环节均存在前期投入资金大，耗时长，风险大，对于资金和技术人员的要求高，预期产生收益时限和使用年限长等特点。从五大技术存在的差异来看，勘探技术及地面工程技术面临的建设风险相对较小，而钻完井、采气工程及气藏工程则面临较大的工程风险，操作不当，很可能会影响整个项目的顺利进行，乃至资源的浪费和环境的污染。从收益角度来看，前期勘探技术、钻完井技术和气藏工程作为先行的辅助技术，并不直接产生收益。而采气工程和地面工程则承担着将油气资源采集、运输，并转换成可销售产品的责任，与经济利益的产生直接挂钩。从更新和维护的角度来看，勘探阶段的设备更新维护的频率较低，耗费较低；钻完井、采气工程及地面工程的相关设备更新维护的需求更频繁，资金花费更大。要对油气勘探开发技术的价值进行评估，必须立足于各项技术在实际运用中的特点进行分析。

（三）油气勘探开发技术评估的总体流程

油气勘探开发技术评估需要对目标勘探区块开展油气地质、资源评价、油气藏工程、钻采工程、地面工程、经济估值等研究，从技术层面确定油气勘探资产的资源潜力和经济价值，为技术转移使用和买卖提供价值参考。

1. 办理油气勘探开发技术申请

中国石油天然气股份有限公司西南油气田公司共研发引进了 100 多项具体的油气勘探开发技术，这些技术经常有大部分处于闲置状态，会产生极大的沉没成本和折旧费用等，所以，该公司希望将一些技术转让给其他有需要的公司使用，从而增加收益，或者在特殊时期，在公司进行油气勘探过程中，紧急性地需要借助某项技术时，可以通过购买其他公司已经研发好的技术提高效率，达到增产的目的。

针对某项特定的开发技术，如果产生了供求关系，首先需要对相关材料进行形式审查，其中，技术提供方需要提交受让申请，包括技术归属证明、交易意向的批准文件、经办人身份证复印件、法定代表人授权委托书等其他材料；技术需求方需提供资信证明、营业执照复印件、经办人身份证复印件、法定代表人委托书等其他规定的材料。

2. 数据检查

数据审核和检查是油气勘探开发技术保证工作的一个重要环节，分析结果除了必须达到勘探结果准确性的要求外，记录、运行和报告中的有效数字及数据之间的合理性关系问题是数据检查的重点。根据历年技术使用情况的数据分析结果，对受让方提供的数据进行全面检验，以判断当前数据是否合理，如若不合理，提示相关工作人员补充、修改或完善数据，以达到最终的数据要求。

3. 确定技术估值

组织技术专家对该领域的技术更新周期进行预测，选择 3~5 名技术专家，以他们的预测均值作为技术更新周期的预估值；此外，可以邀请技术专家和营销专家对专利技术的先进性、可替代性、技术产品的市场前景、技术应用产生的经济效益进行评价，得出其综合评分，然后计算出技术的经济周期，从而为开发技术的价值确定提供基础。应用定性分析或者经验判断法，通过与实施企业或者行业内专家访谈取得相关信息从而进行技术寿命年限的确定，同时，应用风险累加确定折现率，进而使用收益法模型确定最终开发技术的评估值。

当然，在公司各成本数据齐全、技术的各功能和效用可检验的情况下也可以借助成本法模型对技术的评估值进行确定。

4. 市场交易中心/产权交易所

利用成本法和收益法可以确定开发技术的价值，但是如果想得到进一步的价值认证和检验，可以随机选择其中几项油气勘探开发技术送到重庆市公共资源交易中心或者重庆联合产权交易所进行专业估值。如果事实证明，类似这样的正规交易中心得出的价值评估结果与之前用成本收益法得出的估值结果相差在误差允许的范围内，就可以完全信赖所使用的价值评估方法。如果相差较大，则需要对分析方法进行调整，以确保估值的准确度。

5. 信息公布

资产交易项目挂牌公示不少于 20 个工作日。通过中证资产交易所网站、电子显示屏及指定的各类媒体对外披露资产交易信息。信息披露内容以《资产转让申请书》内容为主。其中，技术转让方需要提供经审核批准的技术信息、投资信息、项目信息等，由相关机构进行发布，并以多种形式推广项目的各类重要信息，以保证受众人群的广泛性和需求者的针对性信息获取。

6. 确定受让方

如果转让方采用挂牌交易的方式，那么挂牌期满，只产生一个符合条件的意向受让方的，转让方和意向受让方洽谈成功，确定其为受让方；产生两个及以上符合条件的意向受让方的，转让方按照约定通过拍卖、招投标、网络竞价或中证资产交易所组织的其他竞价程序确定受让方。

如果转让方采用拍卖的方式，拍卖过程中，竞买人一经出价或应价不得撤回，当其他竞买人有更高应价时，其出价或应价即丧失约束力。竞买人的最高出价或应价经拍卖师落槌或者以其他公开表示买定的方式确认后，出价最高者即为受让方。

7. 查询洽谈，达成意向

由相关机构负责介绍技术交易双方洽谈交易的各项条件，从中协调双方对交易条件达成一致意见，有效地促进技术交易的达成。

8. 签订交易合同

交易双方就交易的各项实质性条件达成一致后，签订书面合同，由机构登记备案。根据交易任何一方的要求，机构都有责任提供交易见证。同时，协议成交的，转让方和受让方都需要签订至少三份《技术资产交易合同》，对于合同中规定的具体内容，双方需要按照要求履行自己的权利和义务，由机构负责一定程度的监督工作。

9. 交易价款结算

受让方将资产交易价款交纳至中证资产交易所。拍卖成交的，受让方还需将拍卖佣金与成交价款一并交纳至中证资产交易所。资产交易价款到账后，中证资产交易所审核并出具资产交易凭证。协议成交的，交易双方将资产交易服务费统一交纳至中证资产交易所并领取资产交易凭证。拍卖成交的，转让方将拍卖佣金交纳至中证资产交易所后领取资产交易凭证。

根据上述油气勘探开发技术评估的具体操作流程，可以绘制出更简明、清晰的流程图，如图9-4所示。

为保证油气勘探开发技术经济分析工作既全面、正确反映各勘探方案或项目的实际情况，又满足正确决策的需要，需要遵循以下两个假设条件：假设一，委估技术的实施不会违反国家法律及社会公共利益,也不会侵犯他人包括专利权在内的任何受国家法律保护的权利;假设二,资产评估工作基于现有的市场情况和相关政策,不考虑目前不可预测的重大市场波动和政策变化。

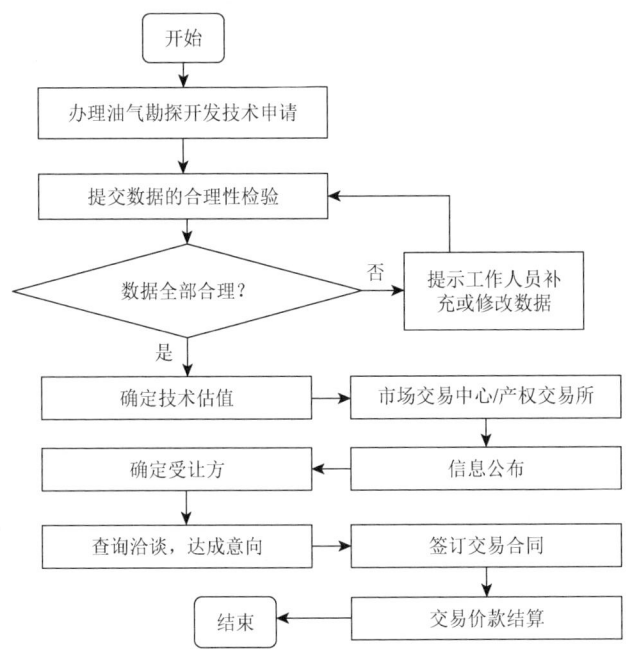

图 9-4 油气勘探开发技术评估操作流程

二、国内外主要技术价值评估方法

(一)国内外技术价值评估方法概述

我国资产评估的应用开始于 20 世纪 90 年代初期,在国有资产管理需求的驱动下,通过从国外引进资产评估理论和方法,在国外研究和实践成果的基础上进行理论和实践研究。因此,国外的理论和技术在整个资产评估领域相对于国内更先进。目前,国际上通行的资产评估方法主要有重置成本法(简称成本法)、收益现值法(简称收益法)和现行市价法(简称市价法)。

第二次世界大战以后科技革命的兴起、国际频繁的技术贸易更加凸显了知识、技术、版权、商标等无形资产的地位和作用。无形资产评估的研究由此取得了突飞猛进的发展。联合国于 1979 年颁布 *Guidelines for Evaluation of Transfer of Technology Agreements*,首次较为系统地对技术评估的成本法、市价法、收益法进行论述。1989 年，Gordon Smith 的《无形资产与知识产权评估》的出版使其成为迄今无形资产理论及其价值评估的代表性著作。该书提倡使用未来超额收益法来评估技术型无形资产，并给出了几种具体的评估公式。

在具体的评估方法上，达摩达兰提出利用期权定价模型和层次分析法对技术资产进行评估；Jordan Smith 和 Russell Pavc 提出了智力资产和无形资产的评估方法，指出应以折现现金流为基础来评估无形资产的价值，并给出了几种折现现金流公式；Gerald G. Udall 和 Thomas A. Patter 提出在技术交易中采用利润分成的技术估价方法。此外，收益法在机器设备等固定资产评估领域也已在业界得到广泛的应用。

我国于 2001 年 7 月正式实施《资产评估准则——无形资产》，该准则指出无形资产的评估方法主要包括成本法、收益法和市场法。资产评估理论和实践中出现的其他评估方法基本上都是以这三种评估方法为基础创新发展而来。

在资产评估领域，我国目前相关的法律法规主要有：《国有资产评估管理办法》、《资产评估细则》和《资产评估基本准则》等。

目前国内外对技术资产评估理论和评估方法的研究都已较为完备，但仍存在一些问题。第一，各类评估方法自身存在科学合理性、全面性和可操作性问题。无论成本法、收益法还是市场法，资产评估都很难在交易双方之间做到公允和公正，因此评估结果难以得到资产交易双方的共同接受和认可。第二，各种评估方法之间明显缺乏可比性，并且参数的选择随意性较大，进而造成评估结果具有较大的差异，这些问题在油气勘探技术价值评估中都受到了重视。

油气勘探开发技术价值评估方法主要有成本法、市场法、实物期权法、拍卖法和收益法等，本小节将对成本法、市场法、实物期权法和收益法等方法进行介绍，并指出构造评估模型所需的技术参数，为评估方法的比选提供依据。

（二）成本法

对于每一项资产，在进行价值评估时都应考虑其成本因素。尽管油气勘探开发技术作为科技含量较高且更新较快的无形资产，成本的确定较一般的有形资产来说更困难，但是归根结底其仍属于资产的一大类型。下面给出基本的资产价值评估的成本法理论模型，后面再结合油气勘探开发技术进行详细分析。

1. 成本法理论模型

根据成本法的定义，技术资产价值成本法的基本公式为

技术资产评估值 = 技术资产重置成本 - 功能性贬值 - 经济性贬值　（9-4）

技术资产的总成本包括研制开发或取得、持有期间的直接费用和间接费用支

出。在进行技术资产评估时，主要考虑的成本因素有：研制开发成本、技术资产的交易成本和机会成本。

然而不能仅仅根据以上在研发或更新技术资产过程中所产生的实际耗费来核算技术资产的成本，这仅仅表明当时的耗费，社会经济环境的变化导致价格指数也在发生变化，因此，按照历史成本乘以价格指数核算重置成本排除了贬值和通货膨胀等因素的影响，显得更有意义。

油气勘探开发技术属于无形资产，在使用过程中不能像固定资产一样了解其实际的磨损情况，但是其依旧会面临在使用过程中的价值损耗，这种损耗尽管无形，但也可以分为以下两大类型：①功能性贬值，又称无形磨损贬值，是指由于技术进步而出现的性能更优越的新技术资产，使得原有技术资产逐渐淘汰而造成的贬值。②经济性贬值，是指由外部环境恶化而引起的贬值，如市场需求的减少、原材料供应变化、成本上升、通货膨胀、技术资产闲置及政策变化等因素都可能使原有资产不能发挥应有的效能而贬值。当技术资产使用基本正常时，一般不计算经济性贬值。

2. 成本法参数计算

根据以上分析，可以利用技术资产的账面历史成本和价格变动指数对技术资产重置成本进行调查和估算。一般情况下，价格指数变动常用国家公布的基准物价指数，技术资产重置成本计算公式为

$$P = C \sum_{i=1}^{n}(C_i \times E_i) \Big/ \sum_{i=1}^{n}(C_i) \quad i = 1, 2, 3, \cdots, n \tag{9-5}$$

式中，P 表示技术资产重置成本；C 表示技术资产账面成本全价；C_i 表示技术资产成本构成中第 i 种成本；E_i 表示技术资产成本构成中第 i 种成本以购买日为基准到评估日的物价指数调整系数。

油气勘探开发技术的贬值具有无形性，但是技术进步等因素依旧会产生价值损耗，而经济性贬值和功能性贬值在形式上都可表示为随时间推移而贬值。因此，技术资产的功能性损耗可采用与经济寿命周期有关的方法，主要有直线折旧法和年数加总折旧法等。

直线折旧法（LS）采用在技术资产的经济寿命期内，将成本平均分摊的方法计算，公式为

$$技术资产功能性损耗 = 重置全价 \times \frac{已使用年限}{经济寿命} \tag{9-6}$$

年数加总折旧法（SOYD）是一种加速折旧的方式，比较适合大多数技术资产的评估，因为技术扩散是加速度的。如经济寿命为 n，则年数加总折旧法中技术资产功能性损耗 $= 1 + 2 + \cdots + n = n(n+1)/2$。

$$技术资产功能性损耗 = 重置全价 \times \frac{已使用年限}{1+2+\cdots+n} \tag{9-7}$$

3. 成本法局限性

通过以上分析，建立了成本法价值评估的理论模型。该方法适用于成本能够识别且可靠计量的大部分有形或无形资产。对于油气勘探开发技术来说，在研发和更新过程中的投入能够转换为工资和物质消耗等数据反映，因此该方法可以用于油气勘探开发技术的成本价值核算。但是也发现，将成本法用于计算油气勘探开发技术的价值具有一定的局限性。

（1）若利用该方法进行油气勘探开发技术的价值评估，仅能够获取在该技术创造时期的初始成本。作为油气勘探的关键性技术资产，油气勘探开发技术在油气开采等环节发挥了重要的作用，其所带来的效益远高于成本。因此，若将成本法作为油气勘探开发技术的价值会造成对于技术资产价值的低估，损害科研人员的积极性，造成价值流失，不利于科技进步。

（2）利用工资来评估科研人员智力劳动的价值具有不合理性。油气勘探开发技术的更新和完善主要靠人的智力投入，技术成本主要是人力资本的消耗。工资只是一种平均价格，并不反映研发人员智力劳动的价值。因此，以研发人员的工资和研发时间来计量智力劳动是不合理的。

（3）油气勘探开发技术的开发费用与成果的对应性弱。油气勘探开发过程涉及若干技术，每个技术的投入和产出难以完整区分，而且科技成果的出现带有较大的偶然性，可能在该项技术开发成功之前曾进行了大量毫无成果的先行研究，是否应该承担先行研究的费用及如何承担也很难确定。

以上原因导致成本法在油气勘探开发技术价值评估中的应用受到了较大的限制。即便如此，了解油气勘探开发技术资产的成本，对于油气公司综合反映其技术质量，进行有利技术竞争，推动科研技术的发展仍旧具有十分重要的意义，并且只有了解成本才能够更好地控制成本。因此，在其他评估方法能够实现的情况下，成本法评估的结果可作为油气勘探开发技术资产价格的底线。

（三）市场法

市场法是以现行市场交易价格为价格标准，借用参照物的现行市场价格，经适当调整后，据以确定资产价格的一种评估方法。

1. 市场法应用条件分析

在油气勘探开发技术的评估过程中，如果采用市场法，必须满足两个基本的前提条件：一是待评估的某项开发技术需要一个活跃的公开市场。二是公开市场上要有与该项开发技术可比的技术资产及其交易活动作为参照物，其可比较的指标、技术参数等资料是能够收集到的，也就是数据可获得。

2. 市场法评析

市场法在油气勘探开发技术评估过程中的优点主要体现在以下几个方面。

（1）市场法能直接反映某项技术资产的市场行情，并直接运用市场信息、市场价格信号作为评估的客观依据，评估价格比较真实。

（2）公开市场条件下的公允市场价值反映了整个市场对技术资产的效用的整体认知，比较公平、公正，符合市场经济的规律。

（3）市场法相对来说容易操作，只要能够找到在性能、技术上基本相同或相似，可供比较的技术资产，就可以参照该资产的市场交割，对差异因素进行适当修正，从而确定被评估技术资产的评估价格。

3. 油气勘探开发技术价值评估中运用市场法存在的障碍

（1）该开发技术资产市场交易活动有限、市场狭窄、信息匮乏，交易实例较难找到。即使找到交易实例，将其作为参照物，由于技术资产市场还处于初级阶段，其交易价格具有较大的随机性和波动性，也不能反映技术资产的真正价值。

（2）技术资产的非标准性。油气勘探开发技术属于无形资产，所以很难确定各项技术资产之间存在的差异，自然就很难通过修正系数将参照物的价格修正为被评估开发技术资产的价值。

（3）技术的特殊性。技术有很大的特殊性，它不像一般商品那样可以大批量生产，每一项技术都是独特的，即使有一个活跃的市场环境，在市场上要找到与被评估技术相似的已经成交的技术作为价值参考，也是很困难的。尤其对于油气勘探开发技术，由于其过程复杂、分类繁多、各技术之间联系紧密等，如果按照市场法的要求，选择三个以上参照技术的难度系数就很大，基本无法实现。

综上所述，随着技术的进步和市场的成熟，市场法的优势也将逐渐凸显出来，但油气勘探开发技术价值评估使用市场法在目前来看很难实现，具有较多的障碍和限制条件，因此，本书的评估暂不考虑使用此法。

（四）实物期权法

期权按标的资产类型的不同可以划分为金融期权和实物期权。实物期权法是近年发展起来的一种处理具有不确定性投资结果的非金融资产投资决策工具。从投资方面来看，实物期权可以看作在不确定条件下，与金融期权类似的实物资产投资的选择权，或实物期权是金融期权定义的实物资产的选择权。

1. 油气勘探开发技术的实物期权特征

油气勘探开发技术作为无形资产，具有实物期权的基本特征。

1）选择权特性

油气勘探开发技术没有实物形态，必须对其进行再投资才能为购买者带来超额经济利益。例如，某公司开发或者购买新的油气勘探开发技术，随着投资项目价值的进一步明朗，公司可以选择是否进行后续投资或终止已经发生的投资。因此，企业购入技术类无形资产就获得了是否进行后续投资的权利，即具有期权的选择权特性。

2）看涨期权特性

购入某项油气勘探开发技术，目的是进行后续投资获取收益。为技术资产付诸实施所支付的生产、销售和管理方面的投资总额就是这种特殊标的资产的约定价格。例如，某石油企业投资购进一项新的勘探开发技术，该投资项目完工后生产经营所产生的净现金流量的现值高于标的资产的约定价格时企业就投资获利，而且其预期价值越高，企业获得的超额利润就越大；当预期投资项目所产生的净现金流量的现值低于标的资产的约定价格时，企业就放弃投资，避免更大的损失；这就是典型的看涨期权特性。

3）有限风险特性

因为技术投资项目是远期的，所以要经受技术风险、市场风险、经营风险等，这就使得投资项目的价值具有波动性。但技术资产买方可以在一定程度上控制风险，当预期投资项目所产生的净现金流量的现值低于标的资产的约定价格时，企业可放弃投资，即不执行这种特殊的期权，此时，最大损失仅为企业购买该项技术所花费的成本。

2. 实物期权定价法的技术参数

利用实物期权定价法来对油气勘探开发技术进行定价，涉及的技术参数有：预期总收益现值、技术期权的执行价格、技术期权的期限、技术价值波动率和无风险利率。

预期总收益的确定方法与收益法中收益额的确定是相同的。专利期权的执行价格即投资者生产专利产品时的投资费用，初始生产时投入的费用比较稳定，主要受到物价上涨的影响，在物价波动不大的情况下，可近似为定值；然而，各类油气勘探开发技术均存在前期投入大、风险较高、建设时间长和收益回报周期长等特点，对于预期总收益应该按照建设周期进行计量。

油气勘探开发技术实物期权的期限按照技术剩余经济寿命计算较为准确，一般确定专利技术资产剩余经济寿命的方法有法定（合同）年限法、更新周期法和剩余寿命预测法。然而，对于公司所拥有的部分油气勘探开发技术，出于长期考虑，可能并未申请专利，因此对于油气勘探开发技术价值评估必须要考虑两种情况，一种是对技术难度不高、公司抢先研发出来的技术进行了专利注册保护；另一种是技术难度高，即使不申请专利，行业中短时间内也并不会有企业取得同样的开发技术。对于这两种不同类型的技术，预期的剩余经济寿命是不同的。

技术进步日新月异，投资领域的风险性大大增加，专利技术资产的定价的不确定性越来越高。而实物期权分析方法弥补了传统方法的不足，充分考虑了专利技术资产的选择权特性、看涨期权特性、投资的期限性及收益的波动性等特性。实物期权分析法为专利技术评估提供了一个充满新意的视角，但实物期权法对市场机制及市场化程度要求较高，在目前国内的市场环境下尚不成熟。

（五）收益法

收益法是通过将估算出来的被评估资产未来的预期收益折算成现值。在收益法中，资产的价值由使用所产生的效益大小决定，将评估对象剩余寿命期间每年的预期收益，用适当的折现率折现，累加得出该资产在评估基准日的评估价值。

1. 收益法基本原理

使用收益法时必须满足以下三个前提条件：①被评估资产的未来预期收益可以合理预测；②资产拥有者获得预期收益所承担的风险可以合理预测；③被评估资产预期获利年限可以合理预测。

收益法又分为超额收益法和收益分成法。评估油气勘探开发技术价值时，技术的超额收益更难估算，所以采用收益分成法进行评估。

收益分成法的基本公式是

$$P = B \times \sum_{i=1}^{n} R_i (1+r)^{-i} \quad (9\text{-}8)$$

式中，P 表示评估值；R_i 表示技术预期在第 i 年产生的收益；r 表示折现率；n 表示预期的收益年限；B 表示技术分成率。

2. 收益法的评估参数

1) 技术分成率

技术分成率的确定是使用收益分成法的关键步骤。该分成率的理论基础是技术的贡献率,但在现实中,技术资产应用的风险、技术的依附性和社会资金的短缺,导致分成率一般都低于贡献率。合理的分成率是评估的一个重要参数,根据收益测度方式的不同,有两种分成率:一是收益以净利润为基础测量的分成率,称为利润分成率;二是收益以销售额为测量的分成率,称为销售收入提成率。

2) 预期收益额

收益额是用以反映资产获利能力的综合指标,它是企业销售产品、提供服务和参与投资所得到的报酬。采用收益法评估技术资产时,未来寿命期内的预期收益额是基本参数之一。在资产评估业务中,有三种含义的预期收益:利润总额、净利润和净现金流量。

利润总额是指企业在一定时期内所得税前全部利润的数额。利润总额为营业利润、投资净收益和营业外净收益三者之和。在技术资产评估中,以产品销售的所得税前利润作为营业利润,并视同利润总额。

$$利润总额 = 产品销售收入 - 产品销售成本 \\ - 产品销售税金及附加 - 管理费用 - 财务费用 \quad (9-9)$$

净利润即所得税后利润,相当于利润总额扣减所得税后的余额,是企业经营收益中可供企业自主支配的部分。净利润更为资产产权变动各方所关注,存在确定的所得税率时,净利润可用式 (9-10) 进行简化计算。

$$净利润 = 利润总额 - 所得税 \\ = 利润总额 \times (1 - 所得税率) \quad (9-10)$$

净现金流量反映的是企业在一定时期内现金流入和流出的资金活动结果。在数额上它是以收付实现制为原则的现金流入量和现金流出量的差额。

$$净现金流量 = 现金流入量 - 现金流出量 \quad (9-11)$$

净现金流量有营运型和投资型两类。营运型净现金流量是对现有企业常规经营运行情况下的现金流入流出活动的描述,一般用于企业资产的整体评估,有的也用于无形资产的整体评估和单项评估。其计算公式如下:

$$营运型净现金流量 = 净利润 + 折旧 - 追加投资 \quad (9-12)$$

投资型净现金流量是对拟新建、扩建、改建的企业,在建设期、投产期和达产期整个寿命期内现金流入和流出的描述。

投资型净现金流量＝投资型净现金流入量－投资型净现金流出量　（9-13）
投资型净现金流入量（投产期）＝销售收入＋固定资产余值回收＋流动资产回收
（9-14）
投资型净现金流入量（达产期）＝固定资产投资＋注入的流动资金
＋经营成本＋税金及附加＋所得税　（9-15）

3）预期收益年限

决定技术资产剩余经济寿命的因素是其能带来超额收益的时间。技术有明显的法律或合同寿命，由合同规定了其有效期或保护期。

但在现实生活中，技术资产的经济寿命往往要比法律（合同）寿命短。例如，一项发明的法律有效期为 20 年，但实际上技术更新一般在短短几年就会完成，原有技术因为丧失了先进性而不再为企业带来超额利润，从而结束其经济寿命。技术资产的损耗仅仅是无形损耗，而无形损耗往往与被评估资产的存在和实际使用无关。技术资产的贬值主要是由科学技术的发展所带来的，而各种具有法定（合同）年限的权利本来就是一定时期的权利。在确定技术资产剩余经济寿命中，一般采用更新周期法和剩余寿命预测法。

更新周期法是根据技术资产的更新周期评估剩余经济年限。更新周期有两大参照系：一是产品更新周期。在一些高技术和新兴产业，科学技术进步往往很快转化为产品的更新换代。二是技术更新周期。新一代技术出现，替代现役的技术。更新周期法通常根据同类技术资产的历史经验数据，运用统计模型来分析，而不是对技术资产逐一进行更新周期的分析。

剩余寿命预测法则是直接评估技术资产尚可使用的经济年限。这种方法是聚集有关技术专家、行业主管专家和经验丰富的市场营销专家根据产品的市场竞争状况、可替代性、技术进步和更新趋势做出综合性预测。

4）折现率

折现率通常由风险累加法确定。风险累加法的理论依据是：风险性资产必然会要求投资者对其额外承担的风险及其额外的负担有所补偿。风险累加法是将无风险的报酬率加上对各种风险及负担的补偿率作为折现率的一种方法。一般而言，技术资产的风险包括技术风险、市场风险、生产风险、政策风险和其他风险。通过将各种风险对折现率的影响进行量化，就可以确定技术资产的风险报酬率。风险累加法便于操作，使用范围较广。但该方法也存在缺陷：一是风险报酬率的大小带有一定的主观性；二是这种方法确定的折现率是中性的，容易忽略计算口径问题。

3. 油气勘探开发技术价值评估收益法的优缺点

油气勘探开发技术价值评估中的收益法将资产的未来收益折现为资产的价值，具有以下优点。

（1）技术资产的未来预期收益可预测并能用货币进行衡量。在实际评估过程中，大部分被评估的技术资产是已经投入使用的技术，利用该技术生产产品的收入、成本、利润等都有一定的历史资料，根据该技术拟投入企业的情况，该技术资产在未来可实现的收益是可以合理预测的。

（2）技术资产拥有者获得预期收益所承担的风险也可以合理预测。技术资产面临的风险主要有政策风险、技术风险、市场风险和生产风险等。这些风险的大小及应获得的风险报酬可以通过一定的手段进行量化。

（3）技术资产预期获利年限可以合理预测。技术资产更新速度较快、淘汰率高，技术资产的获利年限可以通过法定（合同）年限或受保护年限确定，也可以通过专家判断确定。所以，收益法是技术资产评估中普遍采用的一种方法。

收益法的缺点主要表现在以下两个方面。

（1）在评估实践中，技术资产未来收益的不可预见性较强，导致收益法对未来收益的预测和对资产获利能力的判断带有主观性和随意性。

（2）折现率和技术分成率的确定有较大的难度。理论上，折现率应包括无风险利率、风险报酬率和通货膨胀率，这三个比例都需要根据技术资产的功能、投资条件、宏观经济形势等因素进行测算。技术分成率与技术的复杂程度、产品的产量、销售额、提成年限或利润高低等有直接联系，不同技术领域、不同交易条件，其技术分成率也有所不同，且这些基本上都是不确定因素，如何量化是一个困难的问题。

4. 油气勘探开发技术收益法的特点

结合前述分析的油气勘探开发技术的特点，油气勘探阶段涉及的主要技术，如地质调查、地质测试和复杂地区的地震勘探等需要耗费大量生产要素，尤其在工程的投入阶段，勘探周期通常较长，耗时较多；而从收益角度来看，这些阶段开展的勘探工作并不直接产生利润；另外，勘探结果是不确定的，存在无法收回投入成本的风险。

但是，油气勘探开发技术是获取地下油气信息的重要手段和核心技术，是油气勘探开发部署决策的重要依据。不可否认，这类技术对于业内公司及市场新进入者来说极具价值。因此，油气勘探开发技术价值评估在技术的转让交易中具有举足轻重的地位。

油气勘探开发技术被视作不直接产生利润，使用该类技术时又存在无法收回投入成本的风险，简单地使用收益法则难以取得合理且有价值的评估结果。这就要求一个合理的技术分成率，它可以对理论与实际运用的差异进行良好的弥补。所以，在应用收益分成法对油气勘探开发技术进行价值评估时，重点应在技术分成率的确定上。

（六）油气勘探开发技术评估方法确定

上面已对目前国内四种主流技术价值评估方法的应用背景及适用条件进行了阐述和分析，结合油气勘探开发技术实际情况，这四种主流方法优缺点的对比见表 9-10。

表 9-10　油气勘探开发技术价值评估方法优缺点对比

	优点	缺点
成本法	可实行度高，数据获得准确	往往对无形资产价值评估有差距
收益法	方法成熟度高、参考案例多、市场接受度高	参数中有定性因素，特别是技术分成率的定量确定
市场法	直接应用市场信息作为评估依据，更能反映无形资产的市场行情，市场信息准确	应用前提条件苛刻，要求市场化程度高
实物期权法	对于市场化程度高、技术应用范围广的技术价值评估，更能反映无形资产的潜在价值	偏向于专利技术，定性因素偏多，需要专家评判因素多，且量化处理难度大，客观数据偏少

综合前面的介绍和分析，以及四种方法各自存在的优缺点，由于市场法应用前提条件苛刻，要求市场化程度高；实物期权法偏向于专利技术，定性因素偏多，需要专家评判，客观数据偏少等，最终确定使用成本法和收益法结合的方式对油气勘探开发技术进行价值评估。

成本法是评估的最基本方法，利用该法可以确定出一项技术价值的最低值，因此，首先基于成本法理论模型确定某项油气勘探开发技术价值的下限，以此作为技术价值评估的参考值；而收益法作为评估的最有效方法，可以最大限度接近市场的出售价值，所以，将根据收益法技术价值评估模型，结合油气勘探开发技术本身的特点，选择需要涉及的基于收益法的具体参数作为调研数据，得出尽可能准确的评估价值。

本节的创新点在于，以往的技术分成率只做到一级指标，应用时，定性因素偏高，需要专家评判，而本节在评估中将技术分成率扩展到二级指标，以便更精确地计算出技术价值的评估值。

三、油气勘探开发技术最低价值的确定流程

成本作为开发技术最基本的考虑因素，在资产评估中的应用较为普遍，通过对某项技术所属公司的财务报表项目进行分析，可以获知该项技术的具体成本，

由此可以得到该技术的账面成本价值,结合国家对专利技术的规定年限和技术专家对非专利技术评估的更新换代年限,即可得到成本法下估算的价值,此为该项技术评估的最低价值。

下面依据成本法的理论模型对油气勘探开发技术进行价值评估,以此确定技术的最低价值。根据成本法的定义,技术资产价值成本法的基本公式为

$$技术资产评估值 = 技术资产重置成本 - 功能性贬值 - 经济性贬值 \quad (9-16)$$

(一)油气勘探开发技术资产重置成本

1. 油气勘探开发技术资产账面成本

按照我国会计准则的规定,对于无形资产的研发,在研究阶段的费用支出全部予以费用化,对于开发阶段的费用进行归集后计入无形资产的成本。油气勘探开发技术虽然属于无形资产的一种类型,但是结合各油气田分公司所拥有的各技术实际情况,即这些技术都是在集成中不断更新完善的,因此对归属于该项技术的费用全部算作开发阶段的支出予以资本化,计入该项技术资产的成本。

材料及能源动力费用:一项勘探技术的成功必定经过多次试验,该项勘探开发技术从初始研发到最终成功使用过程中所消耗的各种物资可直接归属于该项技术的物耗,包括原材料及辅助材料等低值易耗品的采购及运输、装卸、整理等费用。油气勘探技术一般需要大型设备进行辅助实验及更新改造,因此在核算其账面成本时还要计算在研发过程中所产生的直接能源动力费用。

专用设备费:为了研发该项勘探开发技术或者在技术更新完善过程中所购买的需一次性计入成本的研究设备,如仪表、各种测量仪器及计量装置、专用辅助技术工具等。

人工费用:汽油勘探技术作为高价值的无形资产,脑力劳动占比较大,因此对于人工费用的计算显得尤为重要。对于直接归属于该项油气勘探开发技术的技术开发人员的职工薪酬可以直接计入该项成本费用。

其他直接费用:资料费、外协费、培训费、咨询鉴定费、培训费、差旅费及专利申请手续费等可直接归属于该项油气勘探开发技术的成本费用。

管理费用:在该项油气勘探开发技术的研发和更新改造过程中,为组织协调科研工作而发生的开支,如该项技术的科研管理人员办公费、管理费及管理人员的非工资性支出。

折旧费:在油气勘探开发技术开发改造过程中,除了使用一次性计入成本的专用设备以外,对于其他大型通用机械设备、实验建筑物等固定资产,其成本不

能全额计入该项油气勘探开发技术，因此可以将分摊的折旧费用纳入该项无形资产的成本。

分摊费用：各种油气勘探开发技术交错纵横，可能存在多项油气勘探开发技术的研发工作同时进行的情况，因此对于不构成固定资产的，其他同时受益于多项开发技术的各项费用支出也按照比例进行分摊，计入该项油气勘探开发技术的成本。

交易成本：为进行该项油气勘探开发技术资产交易所发生的手续费、交易税金、差旅费和管理费等费用。

机会成本：当转让油气勘探开发技术而使技术所有权拥有方失去的将该项技术用于进行油气项目投资而获取的收益。

对于直接费用、交易成本和机会成本，能够直接计入该项油气勘探开发技术的成本，但是对于间接费用，则需要进行分摊计入。

本节中，计算油气勘探开发技术资产账面成本，因为涉及的油气勘探开发技术都为自己使用或内部转让使用，所以可将其机会成本看作零。因此，油气勘探开发技术的成本可由式（9-17）算出：

$$\text{油气勘探开发技术资产的账面成本} = \text{研制开发成本} + \text{交易成本} \quad (9\text{-}17)$$

技术资产研制开发成本和交易成本的模板举例见附录1和附录2。

2. 物价指数

油气勘探开发技术在研发及更新改造过程中利用现代科研和实验设备所产生的物质消耗和脑力劳动投入同样重要，因此不能类似于一般的无形资产全部按照物耗价格指数进行调整，将其简单地划分为工资和其他物化劳动两类。工资费用与生活费用指数相关度较大，按照人工工资指数作为调整系数，调整该项专有技术资产的账面成本。而对于其他投入，则可以简单地将其全部作为物化劳动消耗，其与生产资料物价指数相关度较大，因此以物化劳动消耗指数作为调整系数，物化劳动消耗指数可用商品零售价格指数表示。将数值代入式（9-5），可以得到一个合理的油气勘探开发技术的重置成本：

$$P = C \sum_{i=1}^{2}(C_i \times E_i) \Big/ \sum_{i=1}^{2}(C_i) \quad (9\text{-}18)$$

（二）油气勘探开发技术资产的贬值

油气勘探开发技术作为专利技术和专有技术，在不断集成使用期间会产生功能性贬值和经济性贬值，若是油气勘探开发技术目前都处在正常的使用状态中，则不将经济性贬值作为成本的减项，而仅仅考虑其功能性贬值。

技术资产的功能性贬值是由科技进步与经济因素变化带来的，其主要表现形式为：垄断性降低、竞争性减弱。一种技术创新成果通过各种形式扩散后，使技术资产供方垄断性减弱，新的技术创新产生，使技术贬值，并在同行业进行扩散，使生产效率进一步提高，旧技术相对落后，效率低下便使其部分甚至全部失去价值。尽管需要评估的油气勘探开发技术资产都在使用之中，但是技术型无形资产的变化较快，不排除以后会出现新的或替代性技术的可能性，而且油气勘探开发技术通过转让使用权或出售等方式在无形中扩散，所以一般都考虑计算油气勘探开发技术的功能性贬值。功能性贬值在形式上可表示为随时间推移而产生的价值降低，因此，技术资产的功能性损耗可采用与经济寿命周期有关的方法。目前一般采用的方法有成本平均分摊法和年数加总折旧法。由于油气勘探开发技术在前期可以通过专利权对该项技术资产形成较好的控制，或者由于前期对新技术比较重视而扩散较少，功能性贬值较小，而后期可能由于技术的更新换代导致较大的功能性贬值，对于功能性贬值一般采用加速折旧法即年数加总折旧法。

使用年限法确定油气勘探开发技术的功能性贬值，关键问题是如何确定该项技术资产的尚可使用年限。对于油气勘探开发技术，如果申请了专利则可将专利年限作为使用年限，对于尚未申请专利的勘探开发技术则可将专家评估与技术更新周期相结合，即对于每一项技术，通过专家或对此熟悉的技术人员评估该项技术的更新换代年限，从而确定一个大致的技术使用年限，如附录3。

获取了技术资产的使用年限数据后，可以根据其重置成本按照加速折旧法如式（9-7），计算该项油气勘探开发技术的功能性贬值。

（三）计算油气勘探开发技术资产成本价值

经过以上的计算之后，能够获得该项油气勘探开发技术资产的重置成本和功能性贬值，依照式（9-4），可最终得出本节中油气勘探开发技术资产按照成本法估算的价值，即技术的最低价值。下面将就开发技术采用收益法的基本计算流程，通过对该法中具体指标数值的确定，得出技术的基础价值。

对于油气勘探开发技术而言，合理的技术分成率是价值评估的一个重要参数，一般有两种分成率：一是以净利润为基数的分成率，即利润分成率；二是以销售额为基数的分成率，即销售收入提成率。

油气勘探开发技术价值评估的收益分成法计算如式（9-8）所示。

四、油气勘探开发技术市场价值的确定流程

收益法的基本原理是现值理论，即将评估对象剩下的生命周期的时间段内的

年度预期收益,用恰当的折现率折现,累计计算出评估基准日的现值,以此来估算资产价值。该法主要用于无形资产的评估,因其成熟度高,市场应用较为广泛,可供参考的案例多等优点,本节最终选取收益法作为本项目中技术价值评估的基础方法。其具体流程包括:收益期限的确定、折现率的确定、净利润的预测和技术分成率的确定,最终按照收益法的基本公式计算出该技术在剩余年限内未来净利润的折现金额,由此得出该技术的基础价值。

(一)未来各年的预期收益

以油气勘探开发技术受让方的产品销售所取得的净利润作为收益,需要对该企业未来的年收益进行预测。

收益额是用以反映资产获利能力的综合指标。在一般情况下,它是企业销售产品、提供服务和参与投资所得到的报酬。采用收益法评估油气勘探开发技术资产时,未来寿命期内的预期收益额是基本参数之一。

$$未来企业年收益 = 未来企业年销售收入 \times 平均销售净利润率 \quad (9\text{-}19)$$

通过对技术受让企业近几年的历史财务数据的分析,进而对该企业未来七年的净利润进行预测,得出未来两年继续保持相等的利润增长速率,未来三至五年利润率维持不变,未来六至七年按同等速率递减的倒 U 形规律,按照上述预测可以获得某技术未来七年的收益预测数据。

(二)折现率的确定

就油气勘探开发技术而言,存在的风险一般包括技术风险、市场风险、生产风险、政策风险和其他风险,通过量化各种风险对折现率的影响,就可以确定油气勘探开发技术资产风险报酬率。而技术资产风险报酬率再加上无风险报酬率就得到技术评估的折现率。具体计算公式如下:

$$\begin{aligned}技术资产风险报酬率 = &技术风险报酬率 + 市场风险报酬率 \\ &+ 生产风险报酬率 + 政策风险报酬率 + 其他风险报酬率\end{aligned}$$

$$(9\text{-}20)$$

$$技术评估的折现率 = 技术资产风险报酬率 + 无风险报酬率 \quad (9\text{-}21)$$

(三)技术资产的剩余经济寿命

油气勘探开发技术作为一项技术资产,其寿命周期分为开发、成长、成熟和衰退四个阶段，最终决定技术资产剩余经济寿命的是其能带来超额收益的时间。通过前面对预期收益年限的描述及相关资料的查询和参考，本书保守估算出油气勘探开发技术的经济寿命为15年。

（四）技术分成率

油气勘探开发技术的价格构成及主要影响因素同样受客观经济规律支配，其价格构成包括成本、税金和利润。但油气勘探开发技术作为技术型无形资产，其价值形成过程的创造性特征、其价值转化过程的风险性特征，使得影响油气勘探开发技术价格形成的因素更多也更复杂，导致该技术的价值评估工作的复杂性和难度更大。因此，必须深入分析影响油气勘探开发技术分成率的各种影响因素。

因素一：油气勘探开发技术自身条件。油气勘探开发技术自身条件是影响技术分成率主要因素，包括成本构成、技术水平、技术成熟度、技术的经济寿命、技术的通用性和性能、技术所属行业状况等。

因素二：交易主体条件。对于以资本化为目的的油气勘探开发技术价值评估，追求的是技术能带来的超额利润，其价值集中反映在使用技术后产生的经济效益方面，因此，油气勘探开发技术的价格与受让企业使用该技术后产生的经济效益直接相关。

作为交易主体的技术供需双方，其自身的条件也将对转让的油气勘探开发技术的价值产生影响。对于技术供方而言，主要体现在：供方技术转让经验的多寡会影响最终转让价格的决定，供方经营战略的不同会产生转让价格的地域性差异，这些影响最终都落足于技术分成率。

对于技术受方来说，除了受方自身的投资回报率与回收周期、自身经营的内部利润率之外，其消化技术的能力不同，同样会使得受让的油气勘探开发技术具备不同的预期收益能力，从而会产生转让价格的对象性差异。

因素三：技术转让条件。一方面，油气勘探开发技术的转让作为一项交易，本身就具备交易的各种属性，最为显著的属性是技术转让的类型。由于技术转让的权利化程度和性质的不同，其技术转让的类型也不同，并直接造成评估价值的不同。另一方面，油气勘探开发技术转让交易的历史信息，如该项技术本身已转让的次数、该项技术已转让的地域范围，同样会影响该技术的价值评估。

因素四：外部环境条件。油气勘探开发技术的价值除了受上述因素影响外，还会受到外部环境影响，包括市场环境、法律状态和政策环境。

根据上述对技术资产价格的主要影响因素的分析，采用层次分析法构建指标评价体系，得到表 9-11 所示的指标体系。

表 9-11 油气勘探开发技术转让的分成率指标

目标	一级指标	二级指标
油气勘探开发技术转让的分成率	技术自身条件	专有技术开发成本
		专有技术水平
		技术成熟度
		技术预期收益能力
		技术生命周期
		受法律保护程度
		技术保密与扩散程度
	交易主体条件	供方技术转让的经历与经验
		受方投资回报率与回收周期
		技术受方自身消化技术能力
		技术受方投资的利润率
		技术受方内部的利润率
	技术转让条件	技术转让采用的方式
		技术本身已转让的次数
		技术已转让的地域范围
		转让费用支付方式
		转让过程中的其他条件
	外部环境条件	该技术市场需求程度
		技术的适用程度
		行业内技术发展水平
		同行业同类技术价格水平
		技术垄断程度
		同行业平均资金利润率
		技术与政策的吻合程度

1. 技术分成率指标权重设定方法

权重是一个相对的概念，某一指标的权重表示该指标在整体评价中的相对重要程度。权重越大则该指标的重要性越高，对整体的影响就越高。权重的确定直接影响建模与仿真的可行性及质量，甚至会对仿真的结果产生决定性的影响。

通过分析讨论各种常用权重确定方法的优缺点，再结合应用于技术分成率指标权重确定的现实情况，发现层次分析法具备系统性、简洁实用、定性与定量有机结合等优势，而其缺点也可以较好地进行修正克服，因此采用层次分析法作为本节确定权重的方法。

2. 基于层次分析法的油气勘探开发技术权重因素确定

1）层次分析法步骤

第一步：明确问题。

将所包含的因素分组，每一组作为一个层次，对于决策问题，通常可以划分为下面几类层次。

最高层：表示层次分析法所要达到的目标。

中间层：表示采用某种措施和政策来实现预定目标所涉及的中间环节，一般又分为策略层、约束层、准则层等。

最低层：表示解决问题的措施或政策。

在层次划分清晰的基础上，标明上一层与下一层次元素之间的联系。若某个元素与下一层次所有元素均有联系，那么称这个元素与下一层次存在完全层次关系；若某个元素只与下一层的部分元素有联系，则为不完全层次关系。层次之间可以建立子层次，子层次从属于主层次的某个元素，它的元素与下一层次的元素有联系，但不形成独立层次，层次结构往往用结构图形式表示。

第二步：构造判断矩阵。

任何系统分析都要以一定的信息为基础。层次分析法的信息来源主要是专家对每一层次各元素的相互重要性给出的判断，这些判断用数值表示出来，写成矩阵形式即判断矩阵。构造判断矩阵是层次分析法的关键一步。

判断矩阵表示针对上一层次某元素，本层次有关元素之间的相对重要性，假定 A 层中元素 A_k 与下一层次中元素 $B_1, B_2, \cdots, B_n$ 有联系。构造的判断矩阵如下。

A_k	B_1	B_2	...	B_n
B_1	b_{11}	b_{12}	...	b_{1n}
B_2	b_{21}	b_{22}	...	b_{2n}
⋮	⋮	⋮	⋮	⋮
B_n	b_{n1}	b_{n2}	...	b_{nn}

其中，b_{ij} 表示对于 A_k 而言，B_i 对 B_j 相对重要的数值表现形式，通常 b_{ij} 取 1，2，3，…，9 及它们的倒数，其含义为：1 表示 B_i 和 B_j 一样重要；3 表示 B_i 比 B_j 重要一点；5 表示 B_i 比 B_j 重要；7 表示 B_i 比 B_j 重要得多；9 表示 B_i 比 B_j 极端重要；它们之间的数字 2、4、6、8 及相对应的倒数有类似意义。

显然，任何判断矩阵都应满足：

$$b_{ii} = 1 \tag{9-22}$$

$$b_{ij} = \frac{1}{b_{ji}} (i, j = 1, 2, \cdots, n) \tag{9-23}$$

对于 n 阶判断矩阵仅需要对 $n(n-1)/2$ 个元素给出数值。

第三步：层次单排序。

层次单排序指根据判断矩阵计算对于上一层某元素而言本层次与之有联系的元素的重要性次序的权值。层次单排序可以归结为计算判断矩阵的特征和特征向量问题，即对判断矩阵 B，计算满足式（9-22）的特征根与特征向量。

$$BW = \lambda_{\text{MAX}} W \tag{9-24}$$

式中，λ_{MAX} 表示 B 的最大特征根；W 表示对应于 λ_{MAX} 的正规化特征向量，W 的分量 W_i 是相应元素单排序的权值。

为检验判断矩阵的一致性，需要计算它的一致性指标 CI，定义

$$\text{CI} = \frac{\lambda_{\text{MAX}} - n}{n-1} \tag{9-25}$$

显然，当判断矩阵具有完全一致性时，CI = 0。$\lambda_{\text{MAX}} - n$ 越大，CI 越大，矩阵的一致性越差。为判断矩阵是否具有满意的一致性，需要将 CI 与平均随机一致性指标 RI 进行比较。对于 1~9 阶矩阵，RI 取值见表 9-12。

表 9-12 RI 取值表

阶数	1	2	3	4	5	6	7	8	9
RI	0.00	0.00	0.58	0.90	1.12	1.24	1.32	1.41	1.45

对于一阶、二阶判断矩阵，RI 只是形式上的，当阶数大于 2 时，判断矩阵的一致性指标 CI，与同阶平均随机一致性的指标 RI 之比称为判断矩阵的随机一致性比例，记为 CR，当 $\text{CR} = \frac{\text{CI}}{\text{RI}} < 0.1$ 时，判断矩阵具有满意的一致性，否则就需要对判断矩阵进行调整。

第四步：层次总排序。

利用同一层次中所有层次单排序的结果，就可以计算针对上一层次而言本层次所有元素重要性的权值，这就是层次总排序。假定上一层次所有元素 $A_1, A_2, \cdots$,

A_m 的总排序已完成，得到的权值分别为 $a_1, a_2, \cdots, a_m$，与 a_1 对应的本层次元素 $B_1, B_2, \cdots, B_n$ 单排序的结果为

$$b_1^i, b_2^i, \cdots, b_n^i \tag{9-26}$$

这里，若 B_i 与 A_i 无关，则 $b_j^i = 0$，则有如表 9-13 所示的层次总排序。

表 9-13 层次总排序表

B 层次	A_1	A_2	⋯	A_n	B 层次的总排序
	a_1	a_2	⋯	a_3	
B_1	b_1^1	b_1^2	⋯	b_1^m	$\sum_{i=1}^{m} a_i b_1^i$
B_2	b_2^1	b_2^2	⋯	b_2^m	$\sum_{i=1}^{m} a_i b_2^i$
⋮	⋮	⋮	⋮	⋮	⋮
B_n	b_n^1	b_n^2	⋯	b_n^m	$\sum_{i=1}^{m} a_i b_n^i$

显然，

$$\sum_{j=1}^{n}\sum_{i=1}^{m} a_i b_j^i = 1 \tag{9-27}$$

即层次总排序仍然是归一化向量。

第五步：一致性检验。

为评价层次总排序的计算结果的一致性，需要计算与层次单排序类似的检验量：CI（层次总排序一致性指标）、RI（层次总排序随机一致性指标）、CR（层次总排序随机一致性比例）。它们的表达式分别为

$$CI = \sum_{i=1}^{m} a_i CI_i \tag{9-28}$$

式中，CI_i 表示与 a_i 相对应的 B 层次中判断矩阵的一致性指标。

$$RI = \sum_{i=1}^{m} a_i RI_i \tag{9-29}$$

式中，RI_i 表示与 a_i 相对应的 B 层次中判断矩阵的随机一致性指标。

$$CR = \frac{CI}{RI} \tag{9-30}$$

当 $CR = \dfrac{CI}{RI} < 0.1$ 时，认为层次总排序的计算结果具有满意的一致性。

2）层次分析法的计算

层次分析法计算的根本问题是如何计算矩阵最大特征根及其对应特征向量。计算特征根的幂法使我们有可能利用计算机得到任意精确度的最大特征根及其对应的特征向量。这一方法的计算步骤如下。

第一步：任取与判断矩阵 B 同阶正规化的初值向量 W^0。

第二步：计算

$$\overline{W}^{k+1} = BM^k, \quad k = 0,1,2,\cdots \tag{9-31}$$

第三步：令 $\beta = \sum_{i=1}^{n} \overline{W}_i^{k+1}$，计算

$$W^{k+1} = \frac{1}{\beta}\overline{W}^{k+1}, \quad k = 0,1,2,\cdots \tag{9-32}$$

第四步：对于预先给定的精确度 ε，当

$$|\overline{W}^{k+1} - W_i^k| < \varepsilon \tag{9-33}$$

对所有的 $I = 1, 2, \cdots, n$ 成立时，则 $W = W^{k+1}$ 为所求特征向量。λ_{MAX} 可由式（9-34）求得。

$$\lambda_{\text{MAX}} = \sum_{i=1}^{n} \frac{W_i^{k+1}}{nW_i^k} \tag{9-34}$$

式中，n 表示矩阵阶数；W_i^k 表示向量 W^k 的第 i 个方量。

为简化计算可采用近似方法——和积法计算，它使得我们可以仅使用小型计算器在保证足够精确度的条件下运用层次分析法。具体计算步骤如下。

第一步：将判断矩阵 A 每一列正规化；

第二步：每一列正规化后的判断矩阵按行加总；

第三步：对加总后得到的向量再正规化，所得结果 W 为所求特征向量；

第四步：计算判断矩阵的最大特征值 λ_{MAX}：

$$\lambda_{\text{MAX}} = \sum_{i=1}^{n} \frac{(AW)_i}{nW_i^k} \tag{9-35}$$

式中，$(AW)_i$ 表示向量 AW 的第 i 个元素。

3）油气勘探开发技术指标判断矩阵构造

技术分成率的确定表如附录 4 所示，天然气技术价值评估一、二级指标判断矩阵的模板表格如附录 5~附录 9 所示。

最终得到油气勘探开发技术价值评估中各二级指标的技术占比结果模板如附录 10 所示。

五、以 CQMPD-Ⅰ精细控压钻井技术为例的价值评估

（一）技术介绍

CQMPD-Ⅰ型控压钻井系统是基于井底恒压钻井理念开发的一套自适应的闭环压力控制钻井系统，采用模块化设计、分散集成控制的思路，进行四级优化控制。该系统主要由数据监测或随钻压力温度测量系统和控制装备（自动节流控制子系统与回压补偿子系统）两大部分、四大关键装备，以及配套的旋转控制头、液气分离器系统等组成，如图 9-5 所示。

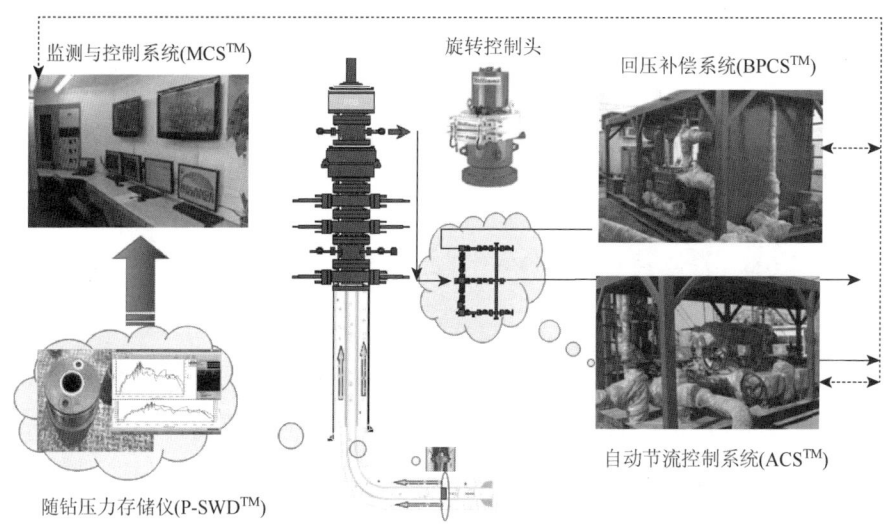

图 9-5 CQMPD-Ⅰ型控压钻井系统组成

由图 9-6 CQMPD-Ⅰ闭环压力控制原理图可以看到，井筒水力计力分析与压力控制决策：根据实时采集的工程参数及井下环空压力参数，由水力学计算分析与压力控制决策模块实时计算分析与决策，并下达控制套压目标值指令与下达是否开启回压补偿系统指令。依靠自动节流控制系统的自动节流阀来精确控制套压，进而精确控制环空压力剖面以适应环空流量或密度等参数变化引起的井底压力变化，确保控制井底压力在目标值。

监测与控制子系统是控压钻井系统最关键部分，主要由数据采集、水力学及压力控制决策模块、系统控制接口模块等软硬件组成。数据采集模块可以实

时监测、诊断、处理、分析现场立压、套压、流量、实测井底压力、温度等相关工程和设备参数，水力学和压力控制决策模块实时计算分析给出控制目标套压或动作指令，并向自动节流控制系统与回压补偿系统发送指令，对闭环的循环系统进行实时自动压力控制，以达到精确压力控制的目标。水力学及压力控制决策模块是指令产生的核心，是基于独创井筒压力模型预测系统控制理论方法，开发相应的控制算法，与数据后处理系统等其他模块组成了井筒压力控制决策软件。

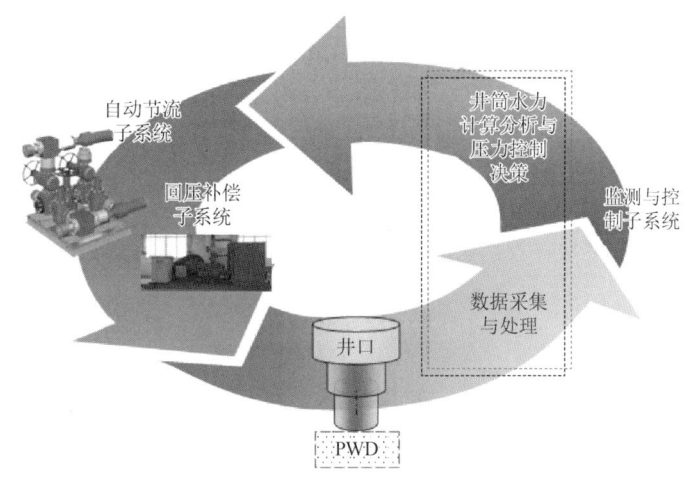

图 9-6　CQMPD-Ⅰ闭环压力控制原理图

由 CQMPD-Ⅰ系统的上述设备和工艺流程可见，后处理系统主要担负准确反映 MPD 作业状态和性能，为水力学及压力控制决策模块和作业人员提供翔实可靠的决策数据和信息，有效管理 MPD 作业数据和性能，回放 MPD 作业过程的作用。这些功能的实现需要依靠多源、异构、不同规模的历史和实时数据来完成。同时也根据需要向相关模块发送数据和控制指令，其数据流模型如图 9-7 所示。

控压钻井系统集成与组网设计方案需要自主研发数据采集软件及接口、数据截取软件及接口、公共数据管理等系统平台软件，涉及软硬件接口的开发和软件开发、测试等程序，且系统组网是串联、并联混合模式组网，系统集成平台稳定性和可靠性是个难题，因此采用关键数据线用冗余连接。

（二）股价原则

在对 CQMPD-Ⅰ精细控压钻井技术进行现场勘察的基础上，合理确定技术状态、参数，力求准确估算委估技术的现时公允价值。

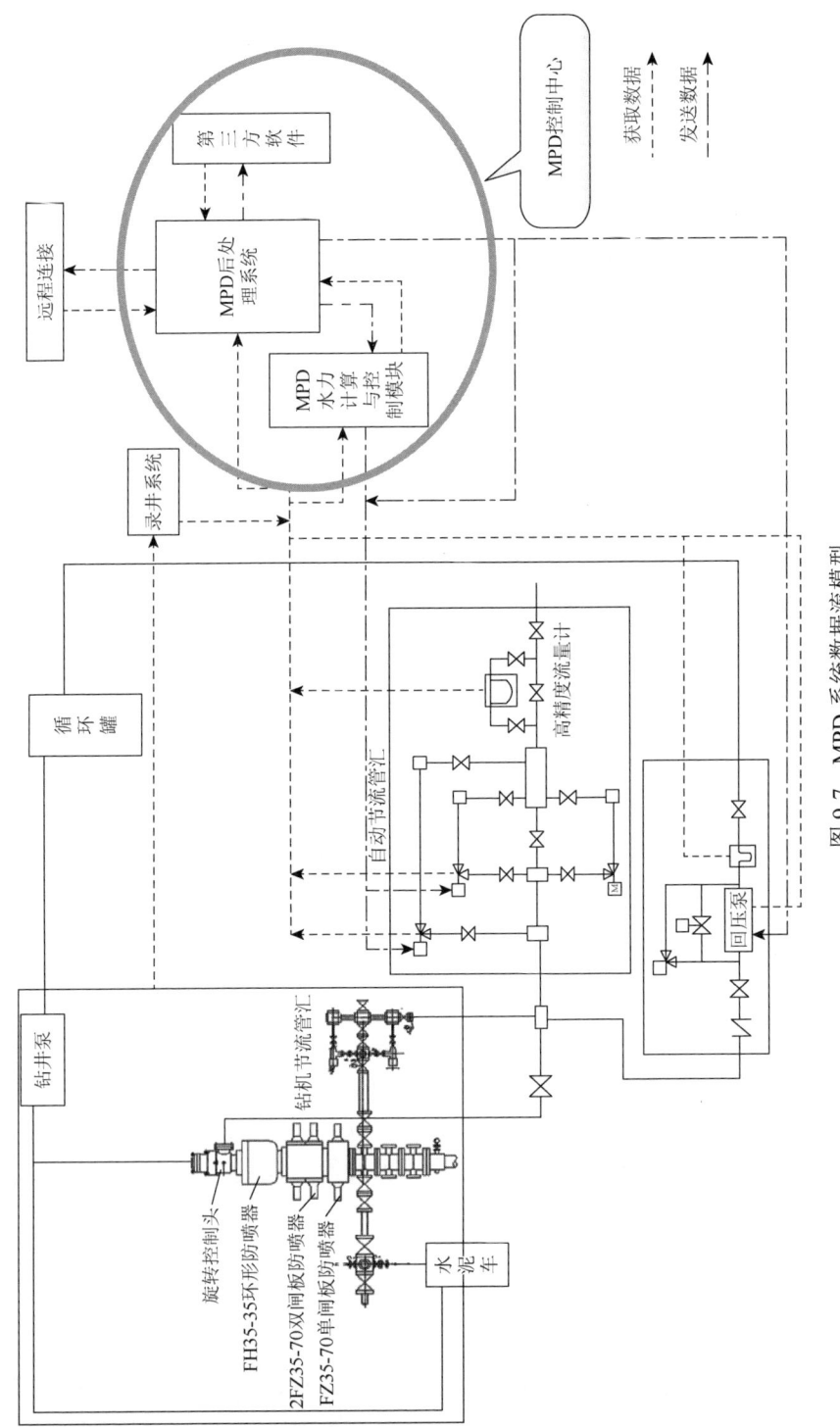

图 9-7 MPD 系统数据流模型

1. 坚持客观、公正的原则

评估人员在评估工作中，要坚持一切从实际出发，采取符合实际的评估标准和方法，得出合理、公正的评估结果。

2. 坚持独立的原则

评估人员应制定科学的工作方案，采用科学的评估程序和方法，按照资产评估准则中的原理指导评估操作，科学、合理地进行资产评定与估算。

(三) 评估流程

本次评估主要流程包括接受委托、现场调研、评定估算、提交报告等全过程。

(1) 接受委托：2016 年 11 月 29 日中国石油天然气股份有限公司西南油气田公司天然气经济研究所委托某单位受理该项技术价值评估业务。在接受评估后，项目负责人先行了解委托评估技术的构成、产权界定、经营状况、评估范围、评估目的，与委托方商定评估基准日、制定评估工作计划并签订"油气勘探开发技术价值评估规范与模型研究"，明确双方各自承担的责任、义务和评估业务基本事项。

(2) 现场调研：在双方沟通交流基础上，设计出 CQMPD-Ⅰ精细控压钻井技术评估各项指标，填写现场勘察记录，检查、核实、验证其技术专利证明文件等资料。

(3) 评定估算：评估人员针对技术类型，依据评估现场勘察等情况，以及委托方评估要求，选择评估方法，收集市场信息，评定估算委托评估技术的评估值。

(4) 提交报告：根据评估人员对委估技术资产的初步评估结果，进行整理、汇总、分析，撰写技术评估报告初稿，并与委托方交换意见，进行必要修改，按照程序经审核后，向委托方提供正式技术评估报告书。

(四) 评估过程与结果

1. 评估过程

1) 成本的确定

根据该项技术系统所具有的集成性特点，通过对川庆钻探工程有限公司的财务报表项目进行分析，能够获得其技术成本。

CQMPD-Ⅰ精细控压钻井技术在 2010～2014 年不断发出成本费用支出，其具体数据见表 9-14。

表 9-14 CQMPD-Ⅰ精细控压钻井技术各年研发成本（万元）

项目分类		2010 年	2011 年	2012 年	2013 年	2014 年	合计
资本化支出	设备购置（样机试制）				126		126
	软件购置				737		737
费用化支出	材料费	16	680	50	106	33	885
	燃料动力费	2		30			32
	科研设备费						
	工程作业费						
	现场处理费						
	条件配套费	193	1325	388	146	138	2190
	技术配套费	6	12	32	25	22	97
	技术服务费		390	445			835
	办公费		2	47			49
	差旅费		60	184	46	33	323
	会议费		31	93	3	3	130
	其他	0					0
	人员费	7					7
	管理费	8					8
共计		232	2500	1269	1189	229	5419

根据以上成本费用数据，最终得出 CQMPD-Ⅰ精细控压钻井技术的产品账面成本为 5419 万元。

2）收益期限的确定

根据技术的可替代性、技术进步和更新趋势及对应产品的市场竞争状况进行综合分析，确定其剩余技术经济寿命为 15 年。

3）折现率的确定

这里采用因素分析的风险累加法，计算公式如下：

资产收益率（折现率）＝无风险报酬率＋风险报酬率（行业风险报酬率＋财务风险报酬率＋经营风险报酬率＋其他风险报酬率）　　　　　　　　　　（9-36）

无风险报酬率的高低主要受社会平均利润率、资金供求状况和政府宏观调控的影响，一般采用国债利率。

风险报酬参考国有资产管理局发行的《资产评估操作规范意见（试行）》的建议取值范围折中可得，近一段时间内，除有可靠凭据表明确实具有高收益水平或高风险以及确有特殊情况之外，折现率取值不超过15%。

风险累加法简单直观，便于操作，使用范围较广，既可用于单项资产评估，也适用于企业整体价值评估。

确定风险报酬率：根据中国证券监督管理委员会各行业净资产收益利润数据信息，按中国石油天然气公司的公司及行业性质，选取石油行业的净资产收益率作为折现率的基本参考，即10.50%（表9-15）。

表 9-15　石油行业净资产收益率表

年份	2009	2010	2011	2012	2013	2014	2015	2016	平均值
石油行业净资产收益率	14.02%	16.29%	14.43%	11.72%	11.96%	8.93%	3.73%	2.88%	10.50%

行业净资产收益率包含了无风险报酬率和该行业的平均投资风险报酬率，企业的财务风险和经营风险通过评估师得到的各种企业资料，综合分析经营财务状况后，依据评估师对本行业评估其他企业的经验，评定公司财务风险和经营风险各为1%；所以风险累加模型估算的折现率为

R = 无风险报酬率 + 行业风险报酬率 + 经营风险报酬率 + 财务风险报酬率

　　= 10.5% + 1% + 1% = 12.5%

4）净利润的预测

通过本技术有关的技术专家、行业主管专家和市场营销专家评定，以产品销售所取得的净利润即所得税后利润作为收益，根据企业前几年财务数据分析，得出后两年继续保持相等利润率增加，中间三年维持不变。

表 9-16　CQMPD-Ⅰ精细控压钻井技术最近几年公司年收益财务报表

项目	2011年	2012年	2013年	2014年	2015年	2016年	合计	年平均值
年销售收入/万元	414	1134	0	661	2015	4337	8561	1427
年增加额/万元	—	720	−1134	661	1354	2322	3923	785
年增长率/%	—	174	−100	—	205	115	394	158
年利润总额/万元	62	125	0	73	222	477	959	160
年净利润/万元	62	125	0	73	222	477	959	160

该技术的预计经济寿命为15年，未来剩余年限内的预期净利润按照未来15年按2016年利润每年增长10%计算，具体情况见表9-17。

表 9-17 2016 年对 CQMPD-Ⅰ精细控压钻井技术未来几年公司年收益预测表

项目	2017 年	2018 年	2019 年	2020 年	合计	年平均值
年销售收入/万元	4 771	5 248	5 773	6 350	22 142	5 536
年增加额/万元	434	477	525	577	2 013	503
年增长率/%	10	10	10	10	40	10
年利润总额/万元	525	577	635	698	2 435	609
年净利润/万元	525	577	635	698	2 435	609

5）技术分成率的确定

油气勘探技术的价格构成及主要影响因素同样受客观经济规律支配，其价格构成包括成本、税金和利润。但油气勘探技术作为技术型无形资产，其价值形成过程的创造性特征、其价值转化过程的风险性特征，使得影响油气勘探技术价格形成的因素更多也更复杂，导致该技术的价值评估工作的复杂性和难度更大。

本评估采用层次分析法确定 CQMPD-Ⅰ精细控压钻井技术的技术分成率（表 9-18）。

表 9-18 技术分成率的确定表

项目	劳动	资本	技术
劳动	1	1/5	1/7
资本	5	1	1/4
技术	7	4	1

根据相关数据，应用 MATLAB 软件计算得到劳动、资本、技术对应的特征向量分别为 0.0945、0.3328、0.9382；就此得到它们的特征值 $\lambda = 3.1237$；为了方便后续计算，进一步得出劳动、资本、技术各自所占的权重，分别为 0.0692、0.2437、0.6871，换算成百分比为 7%、24% 和 69%。

因此，技术最终所占的比重为 69%。

油气勘探开发技术价值评估一级指标判断矩阵、二级指标判断矩阵如表 9-19、表 9-20 所示。下面将从技术一级和二级指标出发，分别计算各项指标所占的权重，从而为之后的评估和打分奠定基础。

表 9-19 油气勘探开发技术价值评估一级指标判断矩阵

项目	技术自身条件	交易主体条件	技术转让条件	外部环境条件
技术自身条件	1	5	7	1
交易主体条件	1/5	1	3	1/4

续表

项目	技术自身条件	交易主体条件	技术转让条件	外部环境条件
技术转让条件	1/7	1/3	1	1/5
外部环境条件	1	4	5	1

同理，对天然气技术一级指标进行计算，得出技术自身条件、交易主体条件、技术转让条件、外部环境条件对应的特征向量分别为-0.7359、-0.1926、-0.0962、-0.6419；它们对应的特征值 $\lambda = 4.0956$；经过进一步计算，得出它们各自所占的权重，分别为0.442、0.115、0.058、0.385，即它们占技术的比例分别为44%、11.5%、6%、38.5%。

因此，技术自身条件、交易主体条件、技术转让条件、外部环境条件占的比重为44%、11.5%、6%、38.5%。

表 9-20　技术自身条件二级指标判断矩阵

项目	专有技术开发成本	专有技术水平	技术预期收益能力	技术成熟度	技术生命周期	受法律保护程度	技术保密与扩散程度
专有技术开发成本	1	1/7	1/5	1	1/7	1/8	1/6
专有技术水平	7	1	1	3	2	4	3
技术预期收益能力	5	1	1	5	1	3	3
技术成熟度	1	1/3	1/5	1	1/2	1/3	1/3
技术生命周期	7	1/2	1	2	1	1/5	1/5
受法律保护程度	8	1/4	1/3	3	5	1	1
技术保密与扩散程度	6	1/3	1/3	3	5	1	1

专有技术开发成本、专有技术水平、技术预期收益能力、技术成熟度、技术生命周期、受法律保护程度、技术保密与扩散程度的特征向量分别为-0.0616、-0.6070、-0.5431、-0.1029、-0.2293、-0.3717、-0.3627；对应的特征值 $\lambda = 8.1114$；进一步计算得出它们各自所占技术自身条件的权重分别为0.027、0.266、0.238、0.045、0.101、0.163、0.159，即3%、26.6%、24%、4.5%、10%、16%、16%。

因此，专有技术开发成本、专有技术水平、技术预期收益能力、技术成熟度、技术生命周期、受法律保护程度、技术保密与扩散程度最终所占的百分比为1%、12%、2%、11%、4%、7%、7%。

根据交易主体条件二级指标判断矩阵（表 9-21）可得，供方技术转让的经历与经验、受方投资回报率与回收周期、技术受方自身消化技术能力、技术受方投资的利润率、技术受方内部利润率的特征向量分别为-0.0755、-0.5962、-0.2055、

-0.5461、-0.5461，对应的特征值 $\lambda = 5.1889$；进一步计算得出它们各自所占交易主体条件的权重分别为 0.038、0.303、0.104、0.277、0.277，即 4%、30%、10%、28%、28%。

表 9-21　交易主体条件二级指标判断矩阵

项目	供方技术转让的经历与经验	受方投资回报率与回收周期	技术受方自身消化技术能力	技术受方投资的利润率	技术受方内部的利润率
供方技术转让的经历与经验	1	1/5	1/5	1/7	1/7
受方投资回报率与回收周期	5	1	5	1	1
技术受方自身消化技术能力	5	1/5	1	1/3	1/3
技术受方投资的利润率	7	1	3	1	1
技术受方内部的利润率	7	1	3	1	1

因此，交易主体条件各二级指标供方技术转让的经历与经验、受方投资回报率与回收周期、技术受方自身消化技术能力、技术受方投资的利润率、技术受方内部的利润率最终所占的百分比为 0%、3%、1%、3%、3%。

根据技术转让条件二级指标判断矩阵（表 9-22）可知，技术转让采用的方式、技术本身已转让的次数、技术已转让的地域范围、转让费用支付方式、转让过程中的其他条件的特征向量分别为 0.7809、0.2557、0.5423、0.1197、0.1282；它们对应的特征值 $\lambda = 5.2259$；经过进一步计算，得出它们各自所占技术转让条件一级指标的权重为 0.427、0.140、0.297、0.066、0.070，即 42.5%、14%、30%、6.5%、7%。

表 9-22　技术转让条件二级指标判断矩阵

项目	技术转让采用的方式	技术本身已转让的次数	技术已转让的地域范围	转让费用支付方式	转让过程中的其他条件
技术转让采用的方式	1	5	1	7	5
技术本身已转让的次数	1/5	1	1/3	3	3
技术已转让的地域范围	1	3	1	3	3
转让费用支付方式	1/7	1/3	1/3	1	1
转让过程中的其他条件	1/5	1/3	1/3	1	1

因此，技术转让条件的各二级指标技术转让采用的方式、技术本身已转让的次数、技术已转让的地域范围、转让费用支付方式、转让过程中的其他条件分别占 3%、1%、2%、0%、0%。

根据外部环境条件二级指标判断矩阵（表 9-23）可得，该技术市场需求程度、技术的适用程度、行业内技术发展水平、同行业同类技术价格水平、技术垄断程度、同行业平均资金利润率、技术与政策的吻合程度的特征向量分别为 –0.5578、–0.0862、–0.0750、–0.1643、–0.7444、–0.2148、–0.2203，对应的特征值 $\lambda = 7.7177$；进一步计算得出它们各自所占外部环境条件的权重分别为 0.270、0.042、0.036、0.080、0.361、0.104、0.107，即 27%、4%、4%、8%、36%、10%、11%。

表 9-23　外部环境条件二级指标判断矩阵

项目	该技术市场需求程度	技术的适用程度	行业内技术发展水平	同行业同类技术价格水平	技术垄断程度	同行业平均资金利润率	技术与政策的吻合程度
该技术市场需求程度	1	7	5	3	1	2	5
技术的适用程度	1/7	1	1	1/3	1/7	1/5	1
行业内技术发展水平	1/5	1	1	1/3	1/7	1/3	1/3
同行业同类技术价格水平	1/3	3	3	1	1/7	1/2	1
技术垄断程度	1	7	7	7	1	7	3
同行业平均资金利润率	1/2	5	3	2	1/7	1	1/3
技术与政策的吻合程度	1/5	1	3	1	1/3	3	1

因此，外部环境条件各二级指标该技术市场需求程度、技术的适用程度、行业内技术发展水平、同行业同类技术价格水平、技术垄断程度、同行业平均资金利润率、技术与政策的吻合程度最终所占百分比为 10%、2%、2%、3%、14%、4%、4%（表 9-24）。

表 9-24　技术型无形资产价值评估指标

目标	一级指标	二级指标	所占比例/%
专有技术转让价值评估	技术自身条件	专有技术开发成本	1
		专有技术水平	12
		技术成熟度	11
		技术预期收益能力	2

续表

目标	一级指标	二级指标	所占比例/%
专有技术转让价值评估	技术自身条件	技术生命周期	4
		受法律保护程度	7
		技术保密与扩散程度	7
	交易主体条件	供方技术转让的经历与经验	0
		受方投资回报率与回收周期	3
		技术受方自身消化技术能力	1
		技术受方投资的利润率	3
		技术受方内部的利润率	3
	技术转让条件	技术转让采用的方式	3
		技术本身已转让的次数	1
		技术已转让的地域范围	2
		转让费用支付方式	0
		转让过程中的其他条件	0
	外部环境条件	该技术市场需求程度	10
		技术的适用程度	2
		行业内技术发展水平	2
		同行业同类技术价格水平	3
		技术垄断程度	14
		同行业平均资金利润率	4
		技术与政策的吻合程度	4

2. 评估结果

1）成本法

（1）CQMPD-Ⅰ精细控压钻井技术的账面成本

根据以上成本费用数据，最终得出CQMPD-Ⅰ精细控压钻井技术的产品账面成本为5419万元。

（2）CQMPD-Ⅰ精细控压钻井技术的重置成本

根据国家统计局资料，选取自2010年至今的商品零售价格指数作为综合物价指数对账面成本进行调整，重置成本为

$$5419 \times \frac{113.09}{103.1} = 5944.08 万元$$

(3) CQMPD-I 精细控压钻井技术的贬值

目前 CQMPD-I 精细控压钻井技术都处于使用状态，因此在此处不考虑其经济性贬值。对于功能性贬值，计算过程如下。

确定技术资产剩余经济寿命一般采用法定（合同）年限法及更新周期法等，经过评估和测算，CQMPD-I 精细控压钻井技术的平均剩余经济寿命为 15 年，预计总使用年限为剩余经济寿命加已使用年限，约 21 年。

所以其功能性贬值为

$$5419 \times \frac{6}{21} = 1548.3 万元$$

(4) CQMPD-I 精细控压钻井技术的成本价值

最终得到技术资产成本价值为

$$5944.08 - 1548.3 = 4395.78 万元$$

2) 收益法

收益法的基本思路是：首先，根据被评估 CQMPD-I 精细控压钻井技术所在行业的发展趋势，预测企业在应用该技术后的未来利润总额，测算企业在技术经济寿命期的净利润；然后，引入技术分成率的概念，以分成率代表许可方享有被许可方应用该技术获得的利润比例；接着，选取适当的折现率，对 CQMPD-I 精细控压钻井技术价值进行折现处理；最后，加总求和测算现实价值。收益法的计算如式（9-8）所示，结合以上分析可知 CQMPD-I 精细控压钻井技术剩余经济寿命取 15 年；折现率为 12.5%。

CQMPD-I 精细控压钻井技术预期寿命未来五年的净利润折现额根据净现值（net present value，NPV）折现公式得

$$净利润现值 = \sum_{i=1}^{n} R_i(1+r)^{-i} = 6753.87 万元$$

$P = 技术分成率 \times 未来预期净利润的折现值 = 6753.87 \times 0.69 = 4660.17$ 万元

该技术剩余年限内未来净利润折现总额为 4660.17 万元。

(五) 评估结论及需要特殊说明的事项

列入本次评估范围的资产经评估价值，采用成本法的评估结果为 4395.78 万元，采用收益法的评估结果为 4660.17 万元。

本次评估结果反映评估对象在特定评估目的范围内，根据公开市场原则确定无形资产的现行公允市价，没有考虑无形资产出现的抵押、担保或有负债及特殊交易方式追加付出的价格等对评估的影响。

六、技术价值评估规范研究总结

随着国际能源合作的深化，国内外市场技术交易活动越来越活跃，在各大石油公司及技术研究院所之间的技术交易、投资、企业并购等资产交易日益频繁，随之而来的是对油气勘探开发技术资产价值评估的需要与日俱增。因此本节首先对国内外主要技术价值评估常用的方法进行优缺点的对比分析，并结合油气勘探开发的特点和实际情况，选取收益法作为本节中油气勘探开发技术价值评估的主要方法，并辅以成本法计算的价值作为最低评估值。然后依照相应评估流程，对所需技术项目进行价值评估，并最终得到一个确定技术价值的评估区间，使交易双方以此价值进行结算交易。以上研究内容构成了一个科学客观的价值评估体系，且能够客观、真实地反映技术资产的公允价值。最后，本节以 CQMPD-Ⅰ精细控压钻井技术为例使用上述价值评估体系，得出了该项技术的价值区间，从而为该项油气勘探技术的转让及出售提供了合理、可靠的依据。以点带面，其所构建的价值评估体系也能为在国际能源合作中所涉及的技术资产评估提供相应的参考和借鉴。

第十章　研究结论与政策建议

第一节　主要研究结论

能源是经济社会发展的重要物质基础，能源利用开发问题事关经济社会发展全局。21世纪以来，我国经济持续高速增长，能源生产和消费不断增加，目前我国已经成为世界上最大的能源生产国和消费国。但在此过程中，传统化石能源的大量开发使用导致资源紧张、环境污染、气候变化等问题日益突出，严重威胁经济社会可持续发展。特别是在能源供给制约较多和能源需求压力增大的情况下，我国能源对外依存度不断提高，能源安全问题也面临十分严峻的形势。抓住全球新一轮能源变革的历史性机遇，积极推动能源生产和消费革命，打造中国能源开发利用的升级版，已经变得十分迫切。本书立足于国内能源供需格局新变化和国际能源发展的新趋势，着重就能源开发与利用、能源结构调整、能源体制改革、价格形成及消费规制、能源并网协调监管、深化国际能源合作、能源技术价值评估等关键性的技术经济与管理问题进行深入研究，所取得的相关研究成果对我国推进能源生产和消费革命，构建清洁低碳、安全高效的能源体系，实现社会经济可持续发展有着重大的现实意义和理论意义。

一、中国能源利用效率分析及环境效率评价研究结论

本部分以环境约束为基础，利用"能源效率—碳排放—环境污染—劳动供给及经济发展"的思路及分析框架，着重对我国能源开发利用升级创新机制的研究机理及内在逻辑进行分析研究。从能源利用效率、碳排放差异、环境污染、劳动供给与经济增长多个层次及角度阐述我国能源开发利用机制升级创新的必要性，为后续我国能源开发利用升级创新机制科学、合理地研究提供了相应的理论依据。

（一）我国能源利用效率研究结论

（1）采用非径向非意愿投入距离函数建立全要素能源效率分析框架，构建了涵盖煤炭、石油和清洁能源等内在关系的全要素能源效率指标。研究得到：从全

要素能源水平来看，整体上中国的全要素能源效率水平普遍较低，存在较大的改善空间；东部地区的全要素能源效率明显大于中、西部地区，且只有东部地区的全要素能源效率在 1998 年至 2013 年有明显改善；东部地区各省份的全要素能源效率排名跻身前列，而中、西部地区各省份的排名则不断落后，但是省级全要素能源效率的排名存在较大的流动性，随着能源结构的不断调整，长期内可缩小省域之间的差距。

（2）从全要素能源非效率的构成来看，全国层面的全要素能源非效率主要来自煤炭非效率，但是煤炭非效率的贡献在样本期内逐渐降低，而清洁能源非效率的贡献不断增加；分地区来看，中部地区的煤炭非效率对全要素能源非效率的贡献远大于东、西部地区，而东部地区的全要素能源非效率更多来源于石油非效率，清洁能源非效率对西部地区全要素能源非效率的影响明显大于东、中部地区，该结果与地区的能源禀赋和经济发展水平密切相关。

（3）从中国全要素能源效率的区域差异来看，全国层面、东部地区和中部地区的区域差距在 1998 年至 2013 年内呈波动变化，而西部地区的区域差距在样本期内有明显下降；从均值来看，全国层面、中部地区和西部地区的区域差距主要来源于煤炭的贡献，而东部地区的省际差距主要来源于石油的贡献；从时间趋势来看，煤炭对全要素能源效率的区域差距的贡献在样本期内波动下降，而清洁能源的影响则明显增加。

（4）对于能源影子价格所对应的能源利用效率来说，无论是从全国考虑，或者从东部、中部、西部考虑，2006 年之后能源的影子价格快速增长，在同一时期，能源效率也有相似的增长趋势。但同时，超过一半的省份的影子价格低于市场价格，这表明中国能源市场存在一定程度的市场失灵。

（5）税收政策的改变可以帮助提高能源的影子价格，使影子价格与市场价格更接近。除了税收政策，出台环境法规也可以提高能源效率。研究结果显示，2006 年之后，政府颁布了更严格的环境法规，在此期间，影子价格大幅提高，而能源效率只是略有增长。这表明环境法规可能比以前认为的更有效。此外，中国东部地区的影子价格和能源效率都有强劲的增长，这可能与中国东部地区服务行业的增长有关。这表明，实现中国经济比重从重工业向消费和服务业的转型可能也会提高能源效率，并使影子价格与能源市场价格更加接近。

（二）我国碳排放影响要素研究结论

（1）GDP 和二氧化碳排放量均能够支持中国不完善的区域经济收敛。然而，中国人均 CO_2 排放"赶超"收敛趋势，导致收敛过程效率低下。从中国省际碳排放差异的角度分析，尽管中国 CO_2 排放总量会持续上升，但以 CO_2 排放强度衡量，即使维持现有的减排政策，中国政府的承诺也基本可以实现。

（2）对中国区域经济增长效率与碳减排技术效率的测度研究得到：就经济增长效率而言，总体上中国的经济增长效率有一定的下降，说明在当前的经济发展过程中并没有实现从粗放型增长到集约型增长的转变，经济增长还主要依赖于资源的投入。就碳减排技术效率而言，在倡导绿色低碳发展的大环境下，中国总体的碳减排技术效率较低，碳减排依然有较大的空间；东部地区的碳减排技术效率最高，中部次之，西部最低；碳减排技术效率相对于经济增长效率有较大的差距，表明我国在经济发展过程中有过于注重经济增长的迹象，但是碳减排技术效率与经济增长技术效率的差距正在不断减小，从而预示着碳减排与经济增长协调发展的美好前景。

（3）对碳减排任务进行合理的区域分配，能够公平有效地以较低的社会经济成本实现减排的目标。同时，要高度重视中国经济地区失衡的治理，这对中国经济再平衡具有重要意义。另外，优化能源结构，逐渐降低煤炭占一次性能源的比例，是中国 CO_2 排放目标实现的重要途径。同时，城市化进程对 CO_2 排放的影响已不容忽视，需要在经济发展过程中，适当控制城市化进程的节奏，结合生态文明建设，走新型城镇化道路。节能减排政策的制定和实施不一定以省级行政单位作为唯一主体，可以适当考虑区域的作用。

（4）中国存在显著的碳减排滞后于经济增长的现象，并且经济发展模式并没有从粗放型增长转向集约型增长，从而为经济-环境协调发展带来了较大的压力。因此，中国应该加大人力资本投资，促使经济发展由粗放型增长向集约型增长转变。同时，提高能源利用效率；加大对产业转移的管理，避免东部地区高污染高耗能产业转向中西部地区，从而实现东中西部地区共同的产业技术升级和产业结构优化。

（三）中国环境效率评价研究结论

（1）中国整体上全要素能源效率水平较低，导致产生非期望产出，造成环境污染等一系列负面影响。

（2）环境污染规模较大时会对劳动生产率有显著的抑制效应。环境污染对劳动生产率的影响包括直接影响和间接影响两部分，环境污染对劳动生产率的直接影响是不确定的，取决于劳动者对闲暇效用和劳动负效用的偏好。环境污染对劳动生产率的间接影响主要取决于环境污染程度和收入水平，当收入水平和环境污染程度较低时，环境污染程度的增加会对劳动生产率有一定的促进作用，而在环境污染水平较高或者收入水平较高时，环境污染程度的增加对劳动生产率则有显著的抑制作用。

(3) 在短期内，环境污染会显著降低劳动供给水平，从长期来看，随着环境污染程度的加剧，劳动供给水平会先升后降，同时能源过度使用和污染排放过多造成环境技术无效率，拖累了城市经济增长效率，同时也影响了生态文明建设。

二、我国电力行业低碳化发展及分布式风电开发利用研究结论

本部分首先以我国现阶段发电侧节能减排现状所存在的问题为基础，对双寡头电力市场减排锦标博弈机制与电力行业发电侧碳排放权交易差价合约机制进行深入研究，以实现低碳电力与低碳经济的协调发展，促进我国电力行业的可持续发展。其次，基于实物期权理论，对分布式风电站投资策略进行研究，以致力于促进我国分布式风电资源的合理开发与利用，在环境保护的约束条件下，促进我国能源结构的转变及能源效率的提升。

（一）电力市场减排锦标博弈机制研究结论

（1）在双寡头电力市场减排锦标博弈中，不论强势发电商数量如何，同一情形下参与者最优的边际获胜概率及均衡的减排量都始终相等，这符合以机会均等为竞争前提条件的原则。但是与两种同质发电商竞争情形相比，作为电网公司对发电商异质性界定的政策响应，强、弱者均会选择降低各自最优的减排水平。

（2）与基本模型相比，在广义模型中不同类型发电商的均衡减排努力程度都会提高，且各自增量均与行为参数值正相关。虽然不同同质竞争情形下的最优减排策略存在差异，但是同一种博弈结构时的均衡减排量保持相等。异质发电商竞争下最优减排水平不再恒相等，且也不一定小于同质情形时的均衡值。

（3）在三人、四人减排锦标赛中，针对不同发电主体构成，增加胜利者奖励数量既不能驱动强者提高也不会迫使弱者降低各自的最优减排量。

（4）无论初始调度禀赋如何，只要实验信息完全公开，所有发电商均存在过度减排投资行为，且在双强者单弱者参与情形下，强势发电商的减排水平与获胜者数量正相关关系与标准理论预测相悖。

（5）对参数的约束条件显著降低行为经济学模型拟合度，其中广义模型均衡预测最契合检验实验的基本特征，而特定嵌套模型验证理论预测的可行性。

（6）在设计多人异质减排锦标奖金结构时，参与发电商的初始调度禀赋及其分配是电网公司需要考虑的重要因素。基于实施减排锦标的特定目的，如最大化发电主体的总减排量、提高弱者减排努力程度等，电网公司可以预测如何增减大奖金数量以影响不同类型发电商的减排水平。

（二）我国电力行业碳排放权交易差价合约机制研究结论

碳排放配额价格、电力市场价格及谈判双方的合约碳量与价格的不确定性共同影响着发电侧碳排放权交易所和发电企业的排放权交易风险。电力结算、排放配额及其合约价格上涨，排放权合约量下跌，均可以增大谈判双方的碳交易风险。通过相关研究分析得到以下内容。

（1）在碳排放配额价格和交易总量不变的情况下，差价合约的实施可以规避价格波动给买卖双方带来的风险，并且有利于增加碳排放权交易所的利润，提高其参与差价合约交易的积极性。

（2）在以碳排放权和电力市场价格为参考的基础上，谈判双方面临的交易利润风险均与初始有效报价区间长度负相关，碳排放权交易所和发电企业需在充分权衡各自的经济效益的基础上提交初始报价策略，有效控制差价合约谈判风险。

（三）我国分布式风电产业开发利用升级创新机制研究

本部分基于分布式发电的优先自用特征及风电站的经济特性，研究得到以下内容。

（1）对投资有时限的分布式风电站而言，贡献毛益临界值、最优投资规模及期望等待时间均与贡献毛益的期望增长率和变动率正相关，而延迟投资的期权价值与此二者相关性存在差异，且影响的显著性也不同。

（2）在贡献毛益波动范围内，决策者推迟投资的期权价值与相应的期望等待时间随风电自用占比或初始贡献毛益的增大而分别增大和减小，但风电自用占比对最优投资规模，以及初始贡献毛益对贡献毛益临界值与最优投资规模都无影响。

（3）在进行投资决策时，决策者的最优投资决策需同时考虑贡献毛益临界值及其最优投资规模。

三、我国新能源汽车入网机制研究结论

本部分首先以 V2G 技术为背景，详细阐述了 V2G 的相关概念及实现方法，并通过对 V2G 相关文献的收集及整理，归纳总结了现阶段 V2G 的相关研究成果。当前关于 V2G 备用的多数研究还停留在实施可能带来的技术、经济与环境的影响或对某些方面的系统优化，而对 V2G 备用市场中如何规制电动汽车用户行为及如何激励电动汽车用户参与备用合约的研究相对较少，因此本部分主要以电网公司从单个电动汽车用户提供 V2G 备用服务的行为动机出发，对参与者的交易意愿与政策响应进行理性化的研究分析，从而有效地制定出协调策略，并得到以下几点结论。

（一）基于 B-S 期权定价模型的 V2G 备用合约协调机制研究结论

（1）电网公司仅简单地实施"保底收购，随行就市"合约价格机制，虽然降低了电动汽车用户面临的市场风险，提高了 V2G 备用合约的履约率，但这样做将使得市场风险完全由电网公司来承担，因此无法防止其在市场行情不好，如销售电价跌幅较大时的机会主义行为，即电网公司存在收购违约的风险。

（2）V2G 备用市场价格的波动使得集中决策模式下的系统最优收益有可能小于分散决策时的系统均衡收益，这与传统的认识不一致。但是在合作博弈下的最优 V2G 备用预留电量大于 Stackelberg 博弈下的均衡电能预留量，且电动汽车用户的最优预留电量提高导致投入的备用供给成本增加。

（3）在分散决策情形下，电网公司选择购买期权以规避 V2G 备用市场价格波动所带来的风险后，保证自身可以获得相对稳定收益的同时，电动汽车用户的收益并不改变。但是，在实施期权进行 V2G 备用套期保值的情形下，分散系统的均衡收益与集中系统最优收益之间还存在一定的改进空间。

（4）预留协作有利于提高均衡预留电量，而交纳保证金也可防范电动汽车用户的道德风险。因此，"B-S 期权定价 + V2G 备用预留协作 + 保证金"联合契约协调机制能让电网公司与电动汽车用户形成一个利益共同体，且在达到合作系统的完美协调时，渠道双方的期望利益均得到改进。

（二）基于 CVaR 风险度量的 V2G 备用合约优化与协调决策研究结论

（1）分散决策模式下，电动汽车用户决定的 V2G 备用最优预留电量与合约电价正相关，而电网公司确定的均衡合约价格为电动汽车用户可接受的最低保留电价。

（2）此时，电动汽车用户选择的均衡预留电量与风险规避程度正相关，且风险规避电动汽车用户的最优电能预留量严格小于风险中性电动汽车用户的均衡电能预留量。

（3）在电网公司未提供任何协调契约的条件下，集成决策时电动汽车用户选择的 V2G 备用最优预留电量大于分散决策下的均衡电能预留量，且与系统单位电量停电损失正相关。

（三）考虑随机需求与收入共享的风险规避型 V2G 备用决策模型

（1）集中决策时渠道整体的风险规避程度，由各成员的风险规避特性共同决定，此时的最优预留因子随着渠道成员的风险规避程度减小而减小，即各决策者越害怕风险，决定的最优预留因子越低。

（2）集中决策下 V2G 备用的均衡销售价格与决策者的风险规避程度之间不是简单的正/负相关关系，还与市场需求的价格弹性系数和市场随机需求变量的分布函数有关。

（3）在分散决策模型中，电动汽车用户的最优 V2G 备用预留因子仅与电网公司的风险规避程度有关，而与电动汽车用户的风险规避程度无关，且购电电价与收入共享系数均不会对预留因子产生影响。

（4）在基于收入共享合约的分散决策下，电动汽车用户制定的购电电价必须不高于其对电网公司供电的边际成本，此时电网公司越害怕风险或电动汽车用户越不害怕风险，后者确定的最优收入共享系数越大。

四、我国天然气产业开发利用研究结论

本部分以我国天然气开发利用为背景，首先，在需求侧对我国天然气消费量及消费区域差异影响因素进行研究。并基于 CGE 模型，对我国天然气价格效应进行分析，得出我国天然气需求量随社会经济发展的变化情况及天然气价格对我国宏观经济的影响。其次，在供给侧，以我国天然气市场三寡头企业结构为背景，分析了我国目前天然气市场结构及我国天然气企业竞争机制。最后，随着我国供给侧改革的不断推行，我国天然气市场机制的升级创新也面临新的机遇与挑战，因此本部分也针对促进天然气开采的单边开放天然气市场机制及考虑政府补贴的天然气市场供给博弈进行研究，得到以下几点结论。

（一）中国天然气消费量预测及消费量区域差异研究结论

（1）依据 BMA 法计算，中国的天然气消费量将会在未来保持快速增长趋势，2017 年至 2020 年每年的消费量将分别为 2795.56 亿 m^3、3103.08 亿 m^3、3413.38 亿 m^3 和 3754.73 亿 m^3。

（2）通过对我国 30 个省份天然气消费现状进行因子分析和聚类分析，其主导影响因子归为消费强度、消费总量和增长速度，累积贡献率达 90.893%。从综合因子来看，我国天然气消费水平的区域差异十分明显，因子得分较高的地区大多集中在气田周围，呈现出以黄河流域为轴线，西起新疆，东到环渤海，向南北两边逐渐递减的趋势，空间格局分布以供给为主导指向。

（3）根据全国及东中西三大地区天然气消费面板模型的估计结果，地区居民收入水平的提高、人口的增长、管网的修建、第三产业比重的提高、季节性温度

降低能够拉动全国天然气的消费,而替代能源价格上涨对天然气消费影响并不显著。其中管道设施建设水平对全国各区域影响都比较大,东部和西部地区富于人口弹性和气候弹性,而中部地区富于价格弹性,此外,西部地区对产业结构和收入最为敏感。

(二) 我国天然气价格效应研究结论

(1) 天然气价格的变动对企业的影响最大,而价格波动对总产出、GDP、进口量、家庭收入和政府收入的影响相对较小。因此,以上相关行业的成本不会增加。而且当天然气价格增幅在40%以内时,消费者价格指数增幅最多为0.18%。虽然影响程度低,但考虑到货币和宏观财政对消费者价格指数也有一定影响,所以决策者应该把政策情况视为一个整体来考虑,以减少天然气价格波动带来的负面影响。

(2) 化工部门受天然气价格影响显著。当天然气价格上升10%时,基础化工原料制造业、化肥制造业、化工产品制造业和其他化工产业的成本增幅分别为3.2%、4.1%、3.5%及2.7%。各行业受天然气价格变化的影响程度不同,因此,政府需要逐渐建立和完善天然气价格机制,来规避其带来的负面影响,并通过实施在行业间差别定价以应对天然气价格变动引起的不同程度的不利效应。

(三) 我国天然气企业竞争机制研究结论

采取自适应预期的天然气企业对市场具有稳定效应,其反馈参数越小,市场越稳定;而有限理性天然气企业的产量调整速率会极大地影响市场的稳定性,过大的产量调整速率会导致市场进入混沌状态,在此状态下经济系统存在蝴蝶效应,即任何一个企业微小的产量调整都会引起自身及其他企业产量的大幅波动,导致企业更难把握未来市场的变化,不利于企业的长期规划和市场的规范。

(四) 我国单边开放天然气市场及考虑补贴的天然气市场研究结论

(1) 单边开放天然气市场机制可以促进天然气市场的稳定供给,优化市场竞争环境,顺应了我国"减煤增气"的能源转型政策导向;而且能够增加行业的供气收益,提高了企业的供气积极性。

(2) 供给侧开放的差异化天然气市场均衡产量存在,且大小与厂商的成本系数及相互替代程度有关。另外,政府补贴有利于总产量的提高,引入补贴乘数模型比较发现,投入补贴乘数大于产量补贴乘数,即投入补贴方式具有更大的产量增产效益。

(3) 为增大非常规对常规天然气的替代性，关键在于降低生产成本，而非常规天然气开采初期，技术瓶颈导致开采成本不可能在短期内大幅降低，因此，政府扶持政策尤显重要。

五、国际能源技术合作与技术价值评估研究结论

本部分首先基于我国"一带一路"倡议下，深化国际能源合作为背景，归纳整理了我国在深化国际能源合作时所面对的机遇与挑战，着重强调了在新的形势下我国深化国际能源合作对于我国能源结构的调整及我国能源开发利用的重要性。其次，除了"一带一路"沿线国家和地区以外，也对中美两个大国之间可再生能源的潜在合作进行研究分析，以致力于促进中美两国在能源开发与利用方面取得新的进展。最后，针对在能源国际合作中所涉及的不同国家和不同跨国企业之间的资源共同开发、项目技术合作与开采技术转让等合作领域提出了相应的价值评估体系，以评价合作项目的可行性及经济效益，并得到以下几点结论。

（一）中美可再生能源潜在合作研究结论

（1）中美可再生能源合作能促进经济发展，减少二氧化碳排放，为鼓励可再生能源投资，两国应根据合作发展需求制定共同的政策。

（2）中国和美国应该寻求与其他国家的可再生能源合作，并鼓励国际银行体系增加对可再生能源的投资；为了制定可持续的经济增长政策，两国需要探索各种类型的可再生能源合作，包括与技术转让直接相关的产业合作。

（二）价值评估体系研究结论

（1）本部分对国内外主要技术价值评估常用的方法进行优缺点的对比分析，并结合油气勘探开发的特点和实际情况，选取收益法作为油气勘探开发技术价值评估的主要方法，并辅以成本法计算的价值作为最低评估值。依照相应评估流程，对所需技术项目进行价值评估，最终得到一个确定技术价值的评估区间，使交易双方以此价值进行结算交易。以上研究内容构成了一个科学客观的价值评估体系，且能够客观、真实地反映技术资产的公允价值。

（2）以CQMPD-Ⅰ精细控压钻井技术为例使用所提出的价值评估体系进行价值评估，得出了该项技术的价值区间，从而为该项油气勘探技术的转让及出售提供了合理、可靠的依据。

第二节 政策建议

一、提高全要素能源效率与低碳经济政策建议

中国的全要素能源效率整体水平较低，存在较大的改善空间，且不同区域的全要素能源非效率的构成差异较大。与此同时，我国尚处于碳排放上升期，这意味着碳排放总量仍会随着经济发展水平的提升而增加。不仅如此，我国碳排放还表现出地域差异大、碳减排滞后于经济增长的特点。针对上述问题，提出政策建议如下。

（一）提高全要素能源效率政策建议

节能减排工作的推进不仅仅有赖于能源利用效率的整体提高，而且应立足于全要素能源效率的地区差异，合理、科学地安排不同地区的节能减排任务，从而促进节能减排工作健康有序进行。

（1）创新驱动经济发展转型。实证结果显示，我国东部地区的全要素能源效率明显大于中、西部地区，清洁能源非效率对西部地区全要素能源非效率的影响明显大于东、中部地区。为减小区域间全要素能源效率差异，必须促进粗放的经济增长方式向质量效率型增长。而在此过程中，技术创新与技术进步对全要素能源效率的提高起着至关重要的作用。经济的全面转型升级需要推进创新型城市发展，淘汰落后产能，促进制造业升级，发展高技术含量产业，促进现代化服务业的发展等。

（2）加强政府在能源环境领域的监督职能。作为公共品的能源与环境不可避免地面临"公共地悲剧"，因此政府需要在能源消费和环境污染领域进行宏观调控，为全要素能源效率的改善提供服务和监管。在污染治理投资上，政府须制定具有激励性的清洁能源利用政策，如对清洁能源的使用进行补贴；在产业发展上，政府应明确具体的产业扶持政策。

（二）碳减排政策建议

低碳经济的实质在于提升能源的高效利用、推行区域的清洁发展、促进产品的低碳开发和维持全球的生态平衡。节能减排是中国可持续发展的内在要求。

（1）提高能源利用效率。影响能源利用效率的一个重要因素是能源影子价格。当能源影子价格低于市场价格时，生产决策单元就会选择投入较多的能源，从而

导致能源利用效率降低，因此我国应构建能够反映能源影子价格的能源市场价格以解决当前能源供求紧张和节能减排压力较大等问题。

（2）优化能源结构。目前，我国一次能源消费仍然以煤炭为主，限于成本、技术等原因清洁能源应用范围仍然较小。然而由于煤炭利用非效率对全要素能源非效率的贡献要小于煤炭消费量占能源消费总量的比重，而石油利用非效率和清洁能源利用非效率对全要素能源利用非效率的贡献逐渐增加，因此在开展节能减排工作时应逐渐减轻煤炭占一次能源的比例，着重于能源和清洁能源的利用。我国应进一步因地制宜地推进新能源发展，并与传统能源结合形成多元的能源结构。

（3）加快产业结构升级。对于目前存在的碳减排滞后于经济增长并且经济发展模式并没有从粗放型转向集约型增长的现象，我国政府应加大对产业转移的管理，避免东部地区高污染高耗能产业转向中西部地区，从而实现东中西部地区共同的产业技术升级和产业结构优化。调整工业内部产业结构，优先发展科技含量高、耗能低、污染低的行业，最终实现产业结构的优化升级。

（4）转变经济发展模式。经济发展方式上，应促使经济发展由粗放型增长向集约型增长转变；城镇化方式上，需要在经济发展过程中适当控制城市化进程的节奏，结合生态文明建设，走新型城镇化道路；行业选择上，应积极发展以促进工业技术进步、提高生产效率为重点的生产性服务业和加快发展以满足居民生活需求、方便群众生活为中心的生活性服务业，以逐渐提高服务业在国民经济的比重，推动产业结构优化升级，实现环境友好型增长。

（5）改善贸易对我国环境的影响。长期来看要加强环境管制，短期应该结合当前国际国内市场新形势采取综合措施协调好贸易、环境和经济增长之间关系。同时，中央政府应该从内在动力层面引导地方政府改善环境资源配置行为。

（三）区域碳排放差异政策建议

区域间经济失衡是我国地区碳排放强度差异形成的原因之一，为缩小区域碳排放差异，首先，应该加大环境规制力度。环境规制政策工具分为四种类型：命令-控制型工具、市场激励型工具、公众参与型工具和自愿行动型工具（张坤民等，2007）。加大环境规制力度意味着更加严格的生产行为相关法律、法规、规章和标准，更为显性的补偿补贴的正向鼓励型工具，更为广泛的公众对于环境治理的参与度及更为常态化的自愿型环境保护行动。

其次，减小区域间碳生产率的差距。针对不同发展水平的地区制定不同的减排政策，尤其应该把环境效率低且改进余地大的中、西部地区作为节能减排重点对象。节能减排政策的制定和实施不一定以省级行政单位作为唯一主体，可以适当考虑区域（如八大经济区域）的作用。中央政府可以通过能源类、电力类中央企业作为依托，以八大经济区域为块，制定、实施能源相关政策。与此同时，加强地区间能源应用技术合作，可促进区域的协调发展，也有助于区域的协调发展，例如，东南部沿海地区先进的节能技术及管理经验向中西部相应地区输出，推进中西部地区能源技术的改进，进而提高能源利用效率。

最后，深化碳交易机制改革。碳交易市场构建的根本目的是充分发挥市场在配置节能减排资源中的作用。从这个标准出发，中国碳交易市场的最终目标将是一个具有强制性、覆盖面广、一二级市场健全、与国际市场接轨的全国性市场。当前中国的碳交易市场还是一个区域性、零星自愿和示范性交易为主的市场。中国碳交易市场要最终发展成为一个能够真正在配置各类减排资源中发挥充分作用的排放权市场，必须逐步实现五个方面的突破，即"从自愿到强制"、"从特定行业到整体经济"、"从区域试点到全国市场"、"从一级现货市场到二级金融市场"和"从国内到国外"。

二、分布式风电开发利用政策建议

我国的分布式风电开发与建设正处于积极探索的初步阶段，分布式风电产业的发展对调整我国能源消费结构、实现节能减排与非化石能源发展目标具有重要的现实意义。通过对分布式风电的研究，从以下几方面提出促进分布式发电发展的政策建议。

（一）完善风电产业链相关规范与标准

近年来，大规模风电机组脱网事故频频出现，而导致这一现象的重要原因为风电机组不具备低电压穿越技术。此前的风电机组产品标准并没有将低电压穿越技术涵盖其中，从而使产品标准的缺失成为事故发生的重大诱因。风电产业链各环节相关的标准和规范建设已经迫在眉睫，我国除加快目前急需的相关设备标准制定外，还要加强风电场建设规范和标准、风电入网技术标准等其他环节的标准制定。更为重要的是，标准和规范的制定需要根据实际情况及时更新，这要结合先进企业、行业协会、国际趋势等进行综合考虑。此外，标准的制定和执行是不可或缺的两面，产业标准需要得到严格的执行才能起到规范、引导行业健康持续发展的作用。

（二）加快关键零部件的研发步伐

目前，国内轴承、控制系统等关键零部件还主要依赖进口。在没有攻克风电机组核心零部件技术的情况下，国内风电机组的生产成本就难以进一步下降，风电也就难以实现平价上网。我国在尚未攻克的技术方面需要加大对关键零部件的研发投入；在风机叶片、齿轮箱和发电机等领域，要不断加快大功率发电机组的配套能力和技术水平。在政策手段上，可将关键零部件的研发纳入重大国家科技攻关项目中，或鼓励企业设立研发中心，并设立单独技术研发基金给予实现技术突破的企业以奖励，加强产学研的技术转化步伐。

（三）打破严格的准入壁垒，放宽对外投资和民营资本进入限制

公平公正的竞争环境、合格的竞争主体、多元化的发展局面有利于提高能源企业的经营效率，用市场机制强化能源企业成本硬约束和推动节能减排，优化资源配置。因此，对于分布式风电的开发利用，应推动竞价上网，形成充分竞争的发电侧市场；落实国家优惠政策，鼓励分布式风电的发展和无歧视入网，有效改善电源结构；优化电力市场结构，逐步建立竞争性电力市场，放开购售电主体，推行大用户直购电，形成多个购售电主体竞争的格局。

（四）投资补贴政策

分布式风电的成本较高，导致其大规模兴起受阻。投资补贴方面，希腊、瑞典对风电项目提供投资额补贴比例分别达到30%~50%和10%~25%，德国政府对风电项目给予25%的投资补贴，欧洲大多数国家还对个人投资或参股的风电项目进行补贴。借鉴国际经验，我国分布式风电的发展可以通过投资补贴，延长贷款年限，在贷款年限内保持利率不变。充分的优惠政策实施才能加大招商引资的力度。

（五）多方面推进风电与电网协调发展

目前，我国存在着风电发展与电网建设之间的技术问题、速度障碍和管理矛盾。因此，首先，应从风电场、电网和管理体制等多方面着手，努力实现风电发展与电网建设的协调发展。

其次，要努力建设电网友好型电厂，国网能源研究院有限公司提出的电网友好型风电场，是由一批电网友好型风电机组或机群组成，利用先进控制、通信和仿真技术优化设计的，满足风电并网准则要求的可测、可控、可调度，响应迅速，控制性能接近常规电厂的现代风电场。同时，提出了电网友好型电厂的性能特征、整体优化设计技术、协调运行和控制技术，以及风电功率预测技术等。针对既有

风电场存在的问题进行电网友好型改造，以及在新建项目中严格按照这一设计要求进行电厂建设，将显著改善目前风电波动性对电网冲击的影响。

最后，针对风电场建设周期与电网建设周期差异较大的问题，我国应该加快电网的规划和建设速度。具体而言，应该在加强风能资源测评的基础上，根据未来区域经济发展的方向，提前进行风能资源丰富区域的电网规划和建设。

（六）构建协调完整的政策推进体系

针对我国风电政策存在的问题，未来应该基于风电企业合理利润的原则，针对不同产业链环节迅速完善政策机制。具体来看，要针对目前风电产业愈加严重的"限电"问题制定合理的解决机制：一是加快电网规划和建设步伐，在合理预测区域可开发风电容量的基础上提前进行电网布局与建设；二是要协调推进太阳能、生物质能等其他产业的发展，加大区域电网平抑风能波动性的功能；三是加快经济趋于平衡发展，尤其是要大力推进风能资源丰裕地区经济的发展，经济合理地提高区域电力负荷水平。

（七）加快风电专业从业人才的培养

近年来我国风电产业迅速发展，但在风电场建设和运营管理过程中仍缺乏专业的设计、施工和管理人员。根据风电产业的发展现状，建议在目前的国民教育系统内设立相应的科学学位和专业学位教育体系，从人才培养和人才吸引两方面加大风电专业人才的储备投入。同时，在人才培养方面，要针对目前我国分布式风电研发、风电场设计与管理等薄弱环节，加强人才培养力度。

（八）完善风电项目全生命周期监管评估工作

加强风电项目的监管，强化项目的全生命周期质量控制，是保障风电产业持续健康发展的利器。风电项目的建设，最终目的是要获取清洁、可持续的电能。必须在目前偏重项目建设事前审批的基础上，进一步加强项目的事中与事后监管，形成风电产业全生命周期监管评估框架。具体而言，应该在项目审批环节严格把关风电场设计规范与经济性评估，审批之后要严格监管风电场建设进程，严防违规建设的出现，事后监管应该将风电场出力、机组运行、安全事故等内容囊括其中。力求通过风电项目全生命周期监管评估体系的建立，强化风电场安全、高效的建设与运营，进而形成对高质量风电机组的引致需求，引导风电机组从价格竞争转向质量竞争。

三、电动汽车接入电网政策建议

电动汽车接入电网技术是包括电动物流车在内的电动汽车与电网之间互联互通的技术手段,核心思想是利用大量电动汽车的存储能源作为电网和可再生能源的缓冲。我国新能源汽车产业起步虽然较晚,但发展迅速,且长远发展潜力巨大。为贯彻落实可持续发展观,我国应加大政府扶持力度,细化各项优惠政策和鼓励机制,为电动汽车的长远发展制定合理的计划。

(一)完善市场标准体系和准入机制

各地区应具备统一的新能源汽车和充电设施国家标准和行业标准,执行全国统一的新能源汽车推广目录,进一步加强新能源汽车市场监管。市场监管应从准入制度着眼,从源头上进行一些制度创新和体制创新,形成一整套促进新能源汽车发展和技术创新的政策体系,改变一些陈旧观念和做法,舍弃一些权力和利益,为中国新能源汽车的健康发展带来强大动力。

(二)制定完善的支持政策

清洁能源的利用往往需要政府的激励性政策,新能源汽车也不例外。在财政政策方面,政府可以给予新能源汽车生产企业优惠贷款,对于购买者给予一次性财政补贴,加大政府对新能源汽车的强制性采购,形成消费示范效应等。在税收政策方面,对新能源汽车及相关零部件的进口给予关税优惠,降低其生产成本,对生产企业给予一定的税收减免优惠,对购买者按其所购车辆的等效节能指标给予一定的购置税减让。在金融政策方面,鼓励、提倡逐步建立以政府信用、投融资实体为平台,以新能源汽车生产企业债券发行为手段的开发性金融信贷政策体系,解决新能源汽车及关键零部件生产企业研发资金来源。

(三)加快相关配套基础设施建设

要完善相关配套设施,单纯依靠政府力量是远远不够的,必须鼓励民间资本的进入,科学规划城市用地,完善相关设施布局,以便给予新能源汽车更高的活动范围,同时对新能源汽车用电实施优惠与补贴,并在增加充电桩设施的安全性与可靠度的基础上提高充电效率。把相关配套设施纳入到新建社区、楼盘、写字楼的规划中,尽可能满足未来新能源汽车发展的需要。

四、我国天然气开发利用政策建议

目前，我国天然气开发利用面临法律法规不健全、缺乏独立的监管机构、行业竞争机制和定价机制不完善等问题，由此，提出以下政策建议。

（一）天然气消费区域差异政策建议

（1）考虑政府补贴的天然气市场。在能源消费结构向清洁能源转型的过程中，管网建设是基础、是载体，对管道网络化及 LNG 和储气库等管道之外的基础设施建设进行财政补贴能够提高天然气市场的灵活性。此外，增大非常规天然气的替代的关键在于降低生产成本，而非常规天然气开采初期技术瓶颈导致开采成本不可能在短期内大幅降低，因此，政府扶持政策尤显重要。一方面，政府补贴可以增大市场供给量，减少进口，保障能源安全；另一方面，鼓励非常规天然气开采厂商降低成本，逐渐形成低成本技术体系和管理体系，进一步加大非常规天然气的供给量。

（2）加快我国天然气市场化进程。能源价格对于能源供需的调节作用不容忽视，应逐步建立和完善现货和期货市场，发挥价格的调节作用以防止价格较低带来的气荒等情况。推进天然气价格改革，促进天然气市场主体多元化竞争需要落实"管住中间、放开两头"的总体思想，着力实施"横向混合、纵向混改"方针，打破天然气市场纵向一体化垄断格局，形成有效的市场竞争机制，充分发挥市场机制在资源配置中的基础性作用，加快能源结构优化速度。

（3）充分借鉴国外非常规天然气发展经验。能源领域的政策优化与市场优化改革的国际经验，对于未来中国能源体系的改革深化具有重要的借鉴意义。为进一步加快国内非常规天然气的发展，我国应抓住全球能源技术革命的历史机遇，实施"追赶"与"跨越"并重的能源技术战略，引进试验国外先进勘探技术，在此基础上加以消化吸收再创造，充分发挥后发优势，在技术引领、政策扶持和效益可期的拉动下，实现经济新常态时期能源变革的成功转型。

（二）单边开放天然气市场机制政策建议

从传统的垄断经营一体化到供气引入竞争模式过渡不仅能够增加天然气产气量，有效缓解当前国内不同区域的天然气供需的紧平衡状态，也符合天然气市场价格中积极推进与循序渐进相结合的原则。政府可从以下几方面考虑构建单边开放的天然气市场。

（1）上游适当放宽新企业准入条件，以便引进国际先进的勘探技术和雄厚的资金。2013年底，我国天然气探明储量为3.3万亿 m³，常规天然气的总资源量为38.4万亿 m³，探明率（探明储量与地质储量之比）仅为8.6%。这主要与我国上游行政壁垒有关，但上游企业勘探技术与资金供应投入不足也是重要原因。因此，建议上游适当放宽新企业准入条件。在放宽准入条件方面，政府应着重从引进技术为主考虑；在资金方面，由于勘探风险大，回收周期长，政府可以适当允许企业在国内资本市场融资；在企业介入方面，积极支持民间资本以多种形式参与天然气勘探开发。

（2）积极修订完善现行法规，为上游企业放宽准入条件破除行政法规壁垒。以与上游准入机制直接相关的《中华人民共和国矿产资源法》为例，自1986年10月1日起施行，最新修订的时间为2009年8月27日。

（3）加快国家天然气战略储备库的建设。目前，我国的天然气储备库建设主要集中在调峰储备方面。截至2013年底，中国石油已经在我国建成了西气东输金坛储气库、刘庄储气库、华北储气库和新疆呼图壁储气库等，基本形成了国家天然气调峰储气库群，有效发挥了天然气季节性调峰和应急供应作用。然而，随着我国天然气对外依存度的不断加大，国家天然气战略储备库对于预防进口气源供应国因政治、恐怖袭击等人为因素和地震、台风、极端气候等自然因素突然中断而造成天然气供应严重短缺具有重要作用。

（4）拆分上中游，打破垄断，真正实现上游准入、中游监管的单边开放市场。纵观世界主要天然气市场的发展历史，可以发现从垄断到竞争是天然气价格形成机制未来发展的必然选择。我国的天然气产业中上游长期由中国石油、中国石化和中国海油垄断，尤其是占据绝大部分市场份额的中国石油，分享了行业内绝大多数的经济剩余。拆分中上游，是保证上游企业实现公平竞争的必要条件，也是我国天然气发展的大方向。

（三）加强天然气国际合作政策建议

我国天然气消费量将实现快速增长。作为清洁能源，天然气可以带来经济效益和社会效益，所以中国应采取措施保障天然气供给的安全。首先，中国应制定相应的法律法规以规范市场，提供良好的市场投资环境。其次，中国应与其他国家进行合作从而分散投资风险。同时，中国应吸引社会人才促进天然气的发展。最后，中国应该建立以市场为导向的天然气价格机制，以利于天然气行业的健康发展。目前，中国对在岸天然气征收13%的税费，对离岸天然气征收5%的税费，然而未来20年中国将主要依赖于陆上天然气。因此，中国应征收统一税，促进天然气行业发展。各行业受天然气价格变化的影响程度不同，因此，政府需要逐渐建立和完善天然气价格机制，来规避其带来的负面影响，并通过实施在行业间差别定价以应对天然气价格变动引起的不同程度的不利效应。

五、深化国际能源技术合作政策建议

国际能源合作有利于推动全球能源绿色转型和提高能源普遍服务水平，有利于打造合作共赢的区域能源共同体，有利于实现区域能源投资贸易便利化和提升产业国际化水平，有利于形成更加包容的全球能源治理体系。为推进国际能源合作，提出以下政策建议。

（一）"一带一路"倡议下的国际能源合作政策建议

1. 开展全方位合作交流，营造良好外部环境

"一带一路"倡议提出后，某些国家和地区对"一带一路"及其相关背景下的国际能源合作存在误解，需要开展更广泛的合作交流，加大宣传力度。具体而言，要充分利用高层外交平台，阐述"一带一路"国际能源合作的宗旨和内涵，宣扬"一带一路"国际能源合作理念（黄日涵和丛培影，2015）。

2. 调动各方资源，制定科学的国际能源合作专项规划

首先，深入开展国际调研与合作，吸引优秀人才和专家团队的加入。其次，实现对"一带一路"下能源国际合作项目的科学分类，制定有针对性且清晰的分期规划，明确阶段性目标。最后，促进"一带一路"国际能源合作规划信息交流平台的建立，在坚持内外有别的原则下，能够及时更新规划信息，并且信息具有透明性。

3. 加快重要的能源互联互通基础设施建设和政策衔接

在较为成熟地区开创合作机会，参与能源基础设施建设与投资。在海外设立专门投资公司，参与重点港口扩建投资，推动中国企业参与建设招投标。增加通关的便利性，简化海关手续，改善通关环境，试点通关"绿色通道"，逐步扩大参与试点企业范围（李楠，2015）。

4. 科学界定能源合作区域，有序推动项目落地

首先，明确有战略引导和示范辐射作用的区域，特别是那些能源合作的难点区域。其次，要明确有基础性作用的区域，包括重要资源区、经济技术合作区等。最后，还要确定关键的节点区域，如能够实现基础设施互联互通的关键港口、管

线、交通运输线等。通过这些区域的能源国际合作，推动以点带面、以线带面的格局产生。

5. 深度参与海外市场，进一步提高企业国际化经营和竞争能力

转变企业走出去理念，逐步放宽货币、外汇、信贷限制，深度参与国际能源合作。完善出口退税政策，适当提高"一带一路"沿线国家和地区出口高技术和绿色环保装备的出口退税率；加强出口信用保险支持，简化出口信用保险程序，合理分担企业出口的信用风险；鼓励金融机构增加出口信贷资金投放，适当降低对沿线各国和地区重要合作项目的融资利率（李月好和杨震，2015）。鼓励民营企业以基金融资平台参与国际能源合作。

6. 加强相关研究机构建设和人才培养

相关研究机构要不断加强能源经济及产业技术的学科建设，在明确各自功能定位的基础上，组建出具有针对性的研究团队，努力提升研究成果的质量和水平，为深化国际能源合作提供学术支持。在国家外派留学生和访问学者计划中增设国际能源合作领域名额，促进研究人员强化其综合能力和国际化视野（高世宪和朱跃中，2016）。同时，大范围展开"一带一路"沿线国家和地区人才互访计划，吸引更多的访问学者来华访问。

（二）中美能源合作政策建议

作为全球两个最大的经济体和能源消耗国，进一步改善可再生能源产品的双边贸易合作至关重要。

1. 继续推动重点领域合作

在清洁能源合作领域中，中美双方可实现有效的优势互补。美国在清洁能源技术和商业运行模式创新及相关管理体制方面具有优势，而中国具有庞大的清洁能源市场。美国通过清洁能源技术、市场运作管理、相关法制建设等方面与中国开展全方位的合作将共同提高能源利用效率、保护环境和应对气候变化，保障经济和社会的持续健康发展。

2. 积极开展交流活动

中美在清洁能源贸易上的摩擦一直存在，针对长期形成的战略互疑及不信任问题，通过积极开展交流活动增进相互理解。双方可通过增加信息沟通渠道，如构建交流论坛以提供更准确翔实的信息，有利于相互形成理性的判断；在人员和

技术交流上，应根据两国清洁能源的特点在更大范围和更深领域进行相互交流，合作培养人才、研发技术。

3. 技术价值评估政策建议

知识经济时代，技术交易、投资、企业并购等资产交易日益频繁，技术资产价值评估的重要性与日俱增。然而，从国内整个资产价值评估市场来看，技术资产价值评估发育不健全、不完善，运作不规范。针对上述问题，提出如下政策建议。

1）加大技术价值评估研究力度

目前我国对无形资产评估的理论研究已落后于实际需要，应加大对无形资产评估相关准则、相关理论的研究力度。以实践为导向，制定一套适用范围广、兼容性较强的技术价值评估规范和准则。

2）规范健全技术价值评估过程

我国资产评估起步较晚，人员素质还有待提高，资产评估制度还不完善，为客观地对技术价值进行评估，不仅要制定一套技术价值评估规范和准则，还应建立一套成熟的、科学的价值评估方法体系。此外，通过第三方机构来进行技术价值评估及设立相关的监管机构能够确保技术价值的客观评估。

3）转变政府在价值评估中的职能和角色

在我国公有制经济仍居主导地位，许多产权交易、技术转让涉及国有资本，政府在价值评估过程中应当避免直接干预评估市场，健全相关法律法规，着力建设价值评估软环境，加强宏观的指导和监管，如制定相关的执业规范指南，推动价值评估理论和技术问题研究，创新我国企业价值评估方法和制度。

参 考 文 献

艾芊，郑志宇. 2013. 分布式发电与智能电网[M]. 上海：上海交通大学出版社.

包群，彭水军. 2006. 经济增长与环境污染：基于面板数据的联立方程估计[J]. 世界经济，(11)：48-58.

财政部. 2016. 关于印发《工业企业结构调整专项奖补资金管理办法》的通知[Z]. 财建[2016]253 号.

财政部. 2017. 资产评估基本准则[J]. 交通财会，(10)：71-73.

蔡昉. 2013. 中国经济增长如何转向全要素生产率驱动型[J]. 中国社会科学，(1)：56-71，206.

蔡昉，王美艳. 2004. 中国城镇劳动参与率的变化及其政策含义[J]. 中国社会科学，(4)：68-79.

曹光辉，汪锋，张宗益，等. 2006. 我国经济增长与环境污染关系研究[J]. 中国人口·资源与环境，(1)：25-29.

陈启鑫，周天睿，康重庆，等. 2009. 节能发电调度的低碳化效益评估模型及其应用[J]. 电力系统自动化，(16)：24-29.

陈诗一. 2011. 中国碳排放强度的波动下降模式及经济解释[J]. 世界经济，(4)：124-143.

陈媛媛. 2011. 行业环境管制对就业影响的经验研究：基于 25 个工业行业的实证分析[J]. 当代经济科学，(3)：67-73.

成金华，刘伦，王小林，等. 2014. 天然气区域市场需求弹性差异性分析及价格规制影响研究[J]. 中国人口·资源与环境，(8)：131-140.

迟正刚. 2002. 单边开放电力市场的稳定性分析及对策[J]. 电力系统自动化，26（11）：5-8.

达摩达兰 A. 2014. 投资估价——评估任何资产价值的工具和技术[M]. 朱武祥，邓海峰，等译. 北京：清华大学出版社.

丁然，康重庆，周天睿，等. 2011. 低碳电网的技术途径分析与展望[J]. 电网技术，(10)：1-8.

付加锋，蔡国田，张雷. 2006. 基于 GM 和 BP 网络的我国能源消费量组合预测模型[J]. 水电能源科学，(2)：1-5.

高世宪. 2016. 一带一路战略和中国能源/电力国际合作[J]. 电气时代，(1)：48，50＋55.

高世宪，朱跃中. 2016. 依托"一带一路"深化国际能源合作[M]. 北京：中国经济出版社.

高彦鹏，曹奇，薛方刚，等. 2013. 我国天然气年产量与年消费量预测模型建立[J]. 辽宁化工，(5)：500-502.

郭海涛，赵玉婷. 2017. 2017 年中国能源政策调整方向及重点研判[J]. 国际石油经济，(2)：9-15.

郭庆方. 2013. 基础设施视角下的中国天然气消费增长模式研究[J]. 中国石油大学学报（社会科学版），(1)：1-5.

国家发展改革委. 2015. 关于贯彻中发[2015] 9 号文件精神加快推进输配电价改革的通知[Z]. 发改价格[2015]742 号.

国家发展改革委. 2016. 关于福建省天然气门站价格政策有关事项的通知[Z]. 发改价格[2016]2387 号.

国家发展改革委. 2016. 关于进一步规范和改善煤炭生产经营秩序的通知[Z]. 发改运行[2016]593号.

国家发展改革委. 2016. 关于进一步完善成品油价格形成机制有关问题的通知[Z]. 发改价格[2016]64号.

国家发展改革委. 2016. 关于明确储气设施相关价格政策的通知[Z]. 发改价格[2016]2176号.

国家发展改革委. 2016. 关于全面推进输配电价改革试点有关事项的通知[Z]. 发改价格[2016]2018号.

国家发展改革委. 2016. 关于推进化肥用气价格市场化改革的通知[Z]. 发改价格[2016]2350号.

国家发展改革委. 2016. 关于印发《省级电网输配电价定价办法（试行）》的通知[Z].发改价格[2016]2711号.

国家发展改革委. 2016. 关于印发《天然气管道运输价格管理办法（试行）》和《天然气管道运输定价成本监审办法（试行）》的通知[Z]. 发改价格规[2016]2142号.

国家发展改革委，国家能源局. 2016. 关于促进我国煤电有序发展的通知[Z]. 发改能源[2016]565号.

国家发展改革委，国家能源局. 2016. 关于印发《电力中长期交易基本规则（暂行）》的通知[Z]. 发改能源[2016]2784号.

国家发展改革委，国家能源局. 2016. 关于印发能源发展"十三五"规划的通知[Z]. 发改能源[2016]2744号.

国家发展改革委，国家能源局，财政部，等. 2016. 关于推进电能替代的指导意见[Z]. 发改能源[2016]1054号.

国家发展改革委，环境保护部，国家能源局. 2015. 关于实行燃煤电厂超低排放电价支持政策有关问题的通知[Z]. 发改价格[2015]2835号.

国家发展改革委办公厅. 2016. 关于完善两部制电价用户基本电价执行方式的通知[Z]. 发改办价格[2016]1583号.

国家能源局. 2016. 关于取消一批不具备核准建设条件煤电项目的通知[Z]. 国能电力[2016]244号.

国家能源局. 2016. 关于在能源领域积极推广政府和社会资本合作模式的通知[Z]. 国能法改[2016]96号.

国家能源局. 2016. 关于做好油气管网设施开放相关信息公开工作的通知[Z]. 国能综监管[2016]540号.

国家能源局. 2017. 关于深化能源行业投融资体制改革的实施意见[Z]. 国能发改[2017]88号.

国家气候变化对策协调小组办公室. 2007. 中国温室气体清单研究[M]. 北京：中国环境科学出版社.

国家统计局能源统计司. 2016. 中国能源统计年鉴（2016）[M]. 北京：中国统计出版社.

国务院. 2016. 关于煤炭行业化解过剩产能实现脱困发展的意见[Z]. 国发[2016]7号.

国务院. 2016. 关于印发"十三五"脱贫攻坚规划的通知[Z]. 国发[2016]64号.

国务院办公厅. 2016. 关于石化产业调结构促转型增效益的指导意见[Z]. 国办发[2016]57号.

国务院发展研究中心，壳牌国际有限公司. 2013. 中国中长期能源发展战略研究[M]. 北京：中国发展出版社.

国务院新闻办公室. 2012. 中国的能源政策（2012）[EB/OL]. http://www.gov.cn/zwgk/2012-10/24/content_2250617.htm.[2019-11-03].

郝宇，张宗勇，廖华. 2016. 中国能源"新常态"："十三五"及2030年能源经济展望[J]. 北京理工大学学报（社会科学版），（2）：1-7.

郝宇，郑少卿，彭辉. 2017. "供给侧改革"背景下中国能源经济形势展望[J]. 北京理工大学学报（社会科学版），（2）：28-34.

何茂春，张冀兵，张雅芃，等. 2015. "一带一路"战略面临的障碍与对策[J]. 新疆师范大学学报（哲学社会科学版），（3）：2, 36-45.

胡泽春，宋永华，徐智威，等. 2012. 电动汽车接入电网的影响与利用[J]. 中国电机工程学报，（4）：1-10, 25.

黄日涵，丛培影. 2015-05-13. "一带一路"的外界误读与理性反思[N]. 中国社会科学报，B02.

黄守军，陈其安，任玉珑. 2015. 低碳技术组合应用下纵向合作减排的随机微分对策模型[J]. 中国管理科学，（12）：94-104.

黄守军，任玉珑，孙睿，等. 2014. 双寡头电力市场垂直合作减排的随机微分对策模型[J]. 中国管理科学，（2）：101-111.

黄守军，任玉珑，俞集辉，等. 2011. 寡头电力市场中 CO_2 排放规制的微分对策模型[J]. 电力系统自动化，（21）：46-51.

黄守军，杨俊. 2017. 考虑发电商异质性的双寡头电力市场减排锦标博弈分析[J]. 中国管理科学，（12）：68-77.

黄守军，杨俊，陈其安. 2016a. 基于 B-S 期权定价模型的 V2G 备用合约协调机制研究[J]. 中国管理科学，（10）：10-21.

黄守军，杨俊，陈其安，等. 2016b. 基于风险效益均衡的发电侧碳排放权交易差价合约谈判模型[J]. 中国管理科学，（1）：124-133.

黄守军，余波，张宗益. 2017. 基于实物期权的分布式风电站投资策略研究[J]. 中国管理科学，（9）：97-106.

吉伟卓，马军海. 2008. 发电市场不同决策规则三寡头博弈模型研究[J]. 系统工程学报，（3）：257-263, 330.

姜子昂，冯勐，张宏，等. 2015. 关于推动中国天然气能源革命的思考[J]. 天然气工业，（3）：120-124.

蒋金荷. 2011. 中国碳排放量测算及影响因素分析[J]. 资源科学，（4）：597-604.

康建国，胡奥林，牟英石. 2012. 全球背景下的中国天然气市场发展策略[J]. 天然气技术与经济，（1）：3-7, 77.

黎灿兵，刘玙，曹一家，等. 2011. 低碳发电调度与节能发电调度的一致性评估[J]. 中国电机工程学报，31（31）：94-101.

李钢，王拓. 2017. "一带一路"经贸合作发展的现状与前景[J]. 开发性金融研究，（3）：47-57.

李光全，聂华林，杨艳丽. 2010. 中国农村生活能源消费的区域差异及影响因素[J]. 山西财经大学学报，（2）：68-73.

李国志，李宗植. 2010. 中国二氧化碳排放的区域差异和影响因素研究[J]. 中国人口·资源与环境，（5）：22-27.

李江. 2009. 中国能源强度分析[D]. 厦门：厦门大学.

李兰兰，诸克军，杨娟. 2012. 天然气需求价格弹性研究综述[J]. 北京理工大学学报（社会科学版），（6）：22-31.

李莉，谭忠富，王建军，等. 2009. 可中断负荷参与备用市场下的可靠性风险电价计算模型[J].

电网技术，（4）：81-87.
李楠. 2015. "一带一路"战略支点——基础设施互联互通探析[J]. 企业经济，（8）：170-174.
李陶，陈林菊，范英. 2010. 基于非线性规划的我国省区碳强度减排配额研究[J]. 管理评论，（6）：54-60.
李晓羽，盛鹏飞，杨俊. 2015. 中国环境污染与人类发展的实证研究[J]. 重庆大学学报（社会科学版），21（1）：51-60.
李秀慧，于汶加. 2012. 我国天然气供需趋势及对策建议[J]. 中国矿业，21（8）：5-8，15.
李玉萍，张小娟，李婷. 2014. 基于组合预测模型的我国天然气需求预测[J]. 河南科学，（10）：2138-2144.
李月好，杨震. 2015. "一带一路"战略对中国经济发展的影响[J]. 合作经济与科技，（13）：31-32.
林伯强，杜克锐. 2014. 理解中国能源强度的变化：一个综合的分解框架[J]. 世界经济，（4）：69-87.
林伯强，蒋竺均. 2009. 中国二氧化碳的环境库兹涅茨曲线预测及影响因素分析[J]. 管理世界，（4）：27-36.
林伯强，刘希颖. 2010. 中国城市化阶段的碳排放：影响因素和减排策略[J]. 经济研究，（8）：66-78.
刘国中，文福拴，薛禹胜. 2009. 计及温室气体排放限制政策不确定性的发电投资决策[J]. 电力系统自动化，33（18）：17-22.
刘华军，赵浩. 2012. 中国二氧化碳排放强度的地区差异分析[J]. 统计研究，（6）：46-50.
刘敏，吴复立. 2009. 基于实物期权理论的风电投资决策[J]. 电力系统自动化，33（21）：19-23.
刘强，王怡. 2017. 中国的能源革命——供给侧改革与结构优化（2017—2050）[J]. 国际石油经济，（8）：1-14.
刘晓飞，张千帆，崔淑梅. 2012. 电动汽车V2G技术综述[J]. 电工技术学报，（2）：121-127.
陆如泉. 2015. 感悟石油：战略·管理·国际化[M]. 北京：企业管理出版社.
陆旸，郭路. 2008. 环境库兹涅茨倒U型曲线和环境支出的S型曲线：一个新古典增长框架下的理论解释[J]. 世界经济，（12）：82-92.
马忠东，吕智浩，叶孔嘉. 2010. 劳动参与率与劳动力增长：1982～2050年[J]. 中国人口科学，（1）：11-27.
茆美琴，孙树娟，苏建徽. 2011. 包含电动汽车的风/光/储微电网经济性分析[J]. 电力系统自动化，（14）：30-35.
孟志青，虞晓芬，蒋敏，等. 2007. 基于动态CVaR模型的房地产组合投资的风险度量与控制策略[J]. 系统工程理论与实践，（9）：69-76.
潘家华，张丽峰. 2011. 我国碳生产率区域差异性研究[J]. 中国工业经济（5）：47-57.
浦小松. 2012. 一类寡头垄断市场产量博弈及混合模型的动力学研究[D]. 天津：天津大学.
屈小娥，袁晓玲. 2009. 中国地区能源强度差异及影响因素分析[J]. 经济学家，（9）：68-74.
曲建升，王琴，陈发虎，等. 2010. 我国二氧化碳排放的区域分析[J]. 第四纪研究，（3）：466-472.
任保平，周志龙. 2015. 新常态下以工业化逻辑开发中国经济增长的潜力[J]. 社会科学研究，（2）：35-41.
盛鹏飞. 2014. 环境污染对中国劳动生产率的影响—理论与实证依据[D]. 重庆：重庆大学.
盛鹏飞，杨俊. 2014. 中国全要素能源效率的结构特征和区域差异[J]. 技术经济，（8）：76-85.

盛鹏飞,杨俊,陈怡.2014.中国区域经济增长效率与碳减排技术效率的测度——兼论其协调性[J].江西财经大学学报,(4):20-29.

盛鹏飞,杨俊,丁志帆.2016.环境污染对中国劳动供给的影响——基于面板误差修正模型的研究[J].技术经济,(1):119-125.

石泽.2014.推进"一带一路"能源资源合作的外交运筹[M].北京:中国国际问题研究院.

石泽,杨晨曦.2014.提升与中亚中东国家能源合作水平[J].中国投资,(9):51-54,7.

史丹,等.2015.新能源产业发展与政策研究[M].北京:中国社会科学出版社.

史丹,吴利学,傅晓霞,等.2008.中国能源效率地区差异及其成因研究——基于随机前沿生产函数的方差分解[J].管理世界(2):35-43.

史乐峰,任玉珑,俞集辉,等.2012.基于逆向供应的V2G市场电价策略研究[J].管理工程学报,(2):113-118.

苏伟,刘景双.2007.吉林省经济增长与环境污染关系研究[J].干旱区资源与环境,(2):37-41.

谭忠富,王绵斌,朱璋,等.2007.发电公司与电网公司的风险效益平衡模型[J].电网技术,(16):6-11.

檀学燕.2008.我国天然气定价机制设计[J].中国软科学,(10):155-160.

涂正革.2008.环境、资源与工业增长的协调性[J].经济研究,(2):93-105.

涂正革,肖耿.2006.中国工业增长模式的转变——大中型企业劳动生产率的非参数生产前沿动态分析[J].管理世界,(10):57-67,81.

汪锋,刘辛.2014.中国天然气价格形成机制改革的经济分析——从"成本加成"定价法到"市场净回值"定价法[J].天然气工业,34(9):135-142.

王丹,龙亮,葛琪,等.2010.基于低谷填入法的插电式混合动力汽车集中充电策略[J].电力需求侧管理,(6):8-11.

王佳,杨俊.2014.中国地区碳排放强度差异成因研究——基于Shapley值分解方法[J].资源科学,36(3):557-566.

王金南,蔡博峰,曹东,等.2011.中国CO_2排放总量控制区域分解方案研究[J].环境科学学报,(4):680-685.

王秀丽,张新松,许小川,等.2005.单边电力市场中价格调控机制及其模拟[J].电力系统自动化,(21):14-18,42.

王义桅.2015."一带一路"机遇与挑战[M].北京:人民出版社.

吴静,王铮,吴兵.2005.石油价格上涨对中国经济的冲击——可计算一般均衡模型分析[J].中国农业大学学报(社会科学版),(2):69-75.

吴晓明,张锵顿,唐燕,等.2013.天然气价格形成机制改革及其影响效应初探[J].软科学,(8):85-87.

吴玉鸣,李建霞.2008.中国省域能源消费的空间计量经济分析[J].中国人口·资源与环境,(3):93-98.

习近平.2017-10-28.决胜全面建成小康社会 夺取新时代中国特色社会主义伟大胜利——在中国共产党第十九次全国代表大会上的报告[N].人民日报.

熊兴.2015.中美清洁能源合作研究:动因、进程与风险[D].武汉:华中师范大学.

徐国政.2016.碳约束下中国能源消费结构优化研究[D].北京:中国矿业大学.

许士春,何正霞.2007.中国经济增长与环境污染关系的实证分析:来自1990~2005年省级面板数据[J]. 经济体制改革，4：22-26.

阳军，孟卫东，熊维勤. 2012. 不确定条件下最优投资时机和最优投资规模决策[J]. 系统工程理论与实践，（4）：752-759.

杨骞，刘华军. 2012. 中国二氧化碳排放的区域差异分解及影响因素——基于1995—2009年省际面板数据的研究[J]. 数量经济技术经济研究，（5）：36-49.

杨健，王媚，张屹，等. 2010. 电动汽车动力电池参与电网调峰的应用[J]. 华东电力，38（11）：1685-1687.

杨晶，高世宪. 2015. 依托"一带一路"深化油气国际合作[J]. 中国能源，（12）：10-14.

杨俊，郝成磊，黄守军. 2015. 单边开放天然气市场机制设计及稳定性分析[J]. 华东经济管理，（10）：93-100.

杨俊，牛迪. 2016. 我国天然气消费的区域差异及影响因素——基于省际面板数据的实证分析[J]. 新疆大学学报（哲学·人文社会科学版），44（2）：1-9.

杨俊，邵汉华. 2009. 环境约束下的中国工业增长状况研究——基于Malmquist-Luenberger指数的实证分析[J]. 数量经济技术经济研究，（9）：64-78.

杨俊，盛鹏飞. 2012. 环境污染对劳动生产率的影响研究[J]. 中国人口科学，（5）：56-65，112.

杨俊，王佳，张宗益. 2012. 中国省际碳排放差异与碳减排目标实现——基于碳洛伦兹曲线的分析[J]. 环境科学学报，32（8）：2016-2023.

杨俊，张亚军，张小漫. 2016. 天然气市场不同预期规则下的三寡头博弈模型研究[J]. 华东经济管理，30（8）：7-15.

杨世旭，段万春，孙永河，等. 2014. 基于混合策略的电信企业竞合博弈分析[J]. 经济问题探索，（8）：179-183.

杨文举，张亚云. 2010. 中国地区工业的劳动生产率差距演变——基于DEA的经验分析[J]. 经济与管理研究，（10）：115-121.

杨志明. 2002. 机器设备评估[M]. 北京：中国人民大学出版社.

叶玉. 2011. 全球能源治理：结构、挑战及走向[J]. 国际石油经济，（8）：44-50，111.

查道炯. 2015-03-31. "一带一路"框架下境外能源投资逻辑[N]. 中国石油报.

张超文. 1992. 国务院颁布《国有资产评估管理办法》[J]. 集团经济研究，（2）：38.

张车伟，吴要武. 2003. 城镇就业、失业和劳动参与：现状、问题和对策[J]. 中国人口科学，（6）：37-44.

张骥骧，达庆利，王延华. 2006. 寡占市场中有限理性博弈模型分析[J]. 中国管理科学，14（5）：109-113.

张金昌. 2002. 中国的劳动生产率：是高还是低？——兼论劳动生产率的计算方法[J]. 中国工业经济，（4）：34-40.

张军，吴桂英，张吉鹏. 2004. 中国省际物质资本存量估计：1952—2000[J]. 经济研究，（10）：35-44.

张坤民，温宗国，彭立颖. 2007. 当代中国的环境政策：形成、特点与评价[J]. 中国人口·资源与环境，17（2）：1-7.

张丽，王媚，杜成刚，等. 2010. 一种V2G充放电控制策略算法应用[J]. 华东电力，38（11）：1675-1677.

张明善，唐小我. 2002. 多个生产商下的动态古诺模型分析[J]. 管理科学学报，5（5）：85-90.

张祺. 2013. 中国石油进口依存度问题研究[D]. 武汉：武汉大学.
张文宝, 王友. 2011. 风电场不同机组技术经济性的分析[J]. 能源技术经济, 23（3）：46-48, 58.
张希栋, 娄峰, 张晓. 2016. 中国天然气价格管制的碳排放及经济影响——基于非完全竞争CGE模型的模拟研究[J]. 中国人口·资源与环境, 26（7）：76-84.
张晓丹, 李志萍, 张丽丽. 2005. 一类基于奇异值分解的Lyapunov指数计算方法[J]. 北京科技大学学报, 27（3）：371-374.
张晓平. 2008. 中国能源消费强度的区域差异及影响因素分析[J]. 资源科学, 30（6）：883-889.
张新华, 赖明勇, 叶泽. 2009. 寡头发电商报价动态模型及其混沌控制[J]. 系统工程理论与实践, 29（5）：83-91.
张新华, 叶泽, 赖明勇. 2012. 考虑价格上限的寡头发电投资阈值与容量选择[J]. 管理科学学报, （9）：1-9.
张兴平, 陈玲, 武润莲. 2008. 加权CVaR下的发电商多时段投标组合模型[J]. 中国电机工程学报, 28（16）：79-83.
张友国. 2010. 经济发展方式变化对中国碳排放强度的影响[J]. 经济研究（4）：120-133.
张占斌, 2014. 新型城镇化进程中的省直管县改革研究[J]. 西南大学学报（社会科学版），（4）：47-54，182.
赵学顺, 戴铁潮, 黄民翔. 2001a. 电力市场中风险规避问题的研究（二）——差价合约分析系统的实现[J]. 电力系统自动化,（8）：16-19.
赵学顺, 黄民翔, 韩祯祥. 2001b. 电力市场中风险规避问题的研究（一）——不同电力市场阶段风险规避模型[J]. 电力系统自动化,（7）：14-20.
郑言. 2012. 我国民用天然气的短期和长期需求弹性研究——以上海市为例[J]. 特区经济,（11）：49-51.
中国国家发展和改革委员会. 2007. 可再生能源电价附加收入调配暂行办法[Z]. 发改价格[2007]44号.
中国国家发展和改革委员会. 2009. 关于完善风力发电上网电价政策的通知[Z]. 发改价格[2009]882号.
中国国家可再生能源中心. 2017. 中国可再生能源展望 2017[R/OL]. http://www.cnrec.org.cn/cbw/zh/2017-10-18-531.html.[2018-09-03].
中国人民银行, 等. 2016. 关于金融支持工业稳增长调结构增效益的若干意见[S/OL]. http://www.gov.cn/xinwen/2016-02/16/content 5041671.htm.[2016-02-14].
钟渝, 刘名武, 马永开. 2010. 基于实物期权的光伏并网发电项目成本补偿策略研究[J]. 中国管理科学,（3）：68-74.
周伟, 米红. 2010. 中国能源消费排放的CO_2测算[J]. 中国环境科学, 30（8）：1142-1148.
周志斌. 2005. 天然气企业发展要素体系的构建[J]. 中国总会计师,（12）：60-62.
朱劲松, 刘传江. 2006. 重新重工业化对我国就业的影响——基于技术中性理论与实证数据的分析[J]. 数量经济技术经济研究,（12）：82-92.
庄宇, 张敏, 郭鹏.2007. 西部地区经济发展与水文环境质量的相关分析[J].环境科学与技术, 30（4）：50-51, 80, 118.
弗登博格 D, 梯若尔 J. 2010. 博弈论[M]. 黄涛译. 北京：中国人民大学出版社.
BP. BP世界能源统计年鉴[R/OL]. 2013. https://www.bp.com/zh cn/china/reports-and-publications/

bp 2013.html. [2017-07-05].

BP. BP 世界能源展望[R/OL]. 2017. https://www.bp.com/zh cn/china/reports-and-publications/bp 2017 html. [2017-06-05].

Aatola P, Ollikainen M, Toppinen A. 2013. Impact of the carbon price on the integrating European electricity market[J]. Energy Policy, 61: 1236-1251.

Abolfazli M, Bahmani M H, Afsharnia S, et al. 2011. A probabilistic method to model PHEV for participation in electricity market[C]. 19th Iranian Conference on, Electrical Engineering, Tehran.

Algieri B, Aquino A, Succurro M.2011.Going "green": trade specialisation dynamics in the solar photo- voltaic sector[J]. EnergyPolicy, 39: 7275-7283.

Amaldoss W, Jain S. 2005a. Conspicuous consumption and sophisticated thinking[J]. Management Science, 51 (10): 1449-1466.

Amaldoss W, Jain S. 2005b. Pricing of conspicuous goods: a competitive analysis of social effects[J]. Journal of Marketing Research, 42 (1): 30-42.

Anand S, Sen A. 2000. Human development and economic sustainability[J]. World Development, 28(12): 2029-2049.

Apcrgis N, Paync J E. 2010. Renewable energy consumption and economic growth: evidence from a panel of OECD countries[J]. Energy Policy, 38 (1): 656-660.

Ardakani F J, Ardehali M M. 2014. Novel effects of demand side management data on accuracy of electrical energy consumption modeling and long-term forecasting[J]. Energy Conversion & Management, 78: 745-752.

Arellano M S, Serra P. 2010. Long-term contract auctions and market power in regulated power industries[J]. Energy Policy, 38 (4): 1759-1763.

Arellano M, Bond S. 1991. Some tests of specification for panel data: Monte Carlo evidence and an application to employment equations[J]. Review of Economic Studies, 58 (2): 277-297.

Arellano M, Bover O. 1995. Another look at the instrumental variable estimation of error-components models [J]. Journal of Econometrics, 68 (1): 29-51.

Ayres R U, van den Bergh J C J M, Lindenberger D, et al. 2013. The underestimated contribution of energy to economic growth[J]. Structural Change & Economic Dynamics, 27: 79-88.

Balestra P, Nerlove M. 1966. Pooling cross section and time series data in the estimation of a dynamic model: the demand for natural gas[J]. Econometrica, 34 (3): 585-612.

Bao Q, Tang L, Zhang Z X, et al. 2013. Impacts of border carbon adjustments on China's sectoral emissions: simulations with a dynamic computable general equilibrium model[J]. China Economic Review, 24: 77-94.

Barro R J. 1992. Convergence[J]. Journal of Political Economy, 100 (2): 223-251.

Barro R J, Lee J. 2001. International data on educational attainment: updates and implications[J]. Oxford Economic Papers, 53 (3): 541-563.

Basar T, Olsder G J. 1995. Dynamic Noncooperative Game Theory[M]. New York: Academic Press.

Bean J C, Higle J L, Smith R L. 1992. Capacity expansion under stochastic demands[J]. Operations Research, 40: 210-216.

Benz E, Trück S. 2009. Modeling the price dynamics of CO_2 emission allowances[J]. Energy Economics, 31 (1): 4-15.

Berndt E R, Watkins G C. 1977. Demand for natural gas: residential and commercial markets in Ontario and British Columbia[J]. Canadian Journal of Economics, 10 (1): 97-111.

Black F, Scholes M. 1973. The pricing options and corporate liabilities[J]. Journal of Political Economy, 81 (3): 637-654.

Bloomberg. 2017. Clean energy investment—3Q 2017 trends[R/OL]. https://about.bnef.com/blog/clean-energy-investment-3q-2017-trends/.[2017-10-05].

Blundell R, Bond S. 1998. Initial conditions and moment restrictions in dynamic panel data models[J]. Journal of Econometrics, 87 (1): 115-143.

Bøckman T, Fleten S E, Juliussen E, et al. 2008. Investment timing and optimal capacity choice for small hydropower projects[J].European Journal of Operational Research, 190 (1): 255-267.

Boomsma T K, Meade N, Fleten S E. 2012. Renewable energy investments under different support schemes: a real options approach[J]. European Journal of Operational Research, 220 (1): 225-237.

Boubakri N, Cosset J C, Debab N, et al. 2013. Privatization and globalization: an empirical analysis[J]. Journal of Banking & Finance, 37 (6): 1898-1914.

Boyreau-Debray G, Wei S J. 2004. Pitfalls of a state-dominated financial system: the case of China[J]. CEPR Discussion Papers.

Brasington D M, Hite D. 2005. Demand for environmental quality: a spatial hedonic analysis[J]. Regional Science and Urban Economics, 35 (1): 57-82.

Bresciani G, Inia D, Lambert P. 2014. Capturing value in global gas: prepare now for an uncertain future[R/OL]. https://www.mckinsey.com/industries/oil-and-gas/our-insights/capturing-value-in-global-gas.[2014-06-10].

Brito D L, Curl R F. 2011. Economics of pricing the cost of carbon dioxide restrictions in the production of electricity[J]. Energy Journal, 32 (4): 1-26.

Caves D W, Christensen L R, Diewert W E. 1982. The economic theory of index numbers and the measurement of input, output, and productivity[J]. Econometrica, 50 (6): 1393-1414.

Chambers R G, Chung Y, Färe R. 1996. Benefit and distance functions[J]. Journal of Economic Theory, 70 (2): 407-419.

Chang J, Hung M, Tsai F. 2005. Valuation of intellectual property[J]. Journal of Intellectual Capital, 6 (3): 339-356.

Chen H, Ham S H, Lim N. 2011. Designing multiperson tournaments with asymmetric contestants: an experimental study[J]. Management Science, 57 (5): 864-883.

Cheng B, Dai H, Wang P, et al. 2016. Impacts of low-carbon power policy on carbon mitigation in Guangdong province, China[J]. Energy Policy, 88: 515-527.

Chevallier J. 2010. Modeling risk premia in CO_2 allowances spot and futures prices[J]. Economic Modelling, 27 (3): 717-729.

Chinese Academy of Social Sciences. 2014. Economic blue book: China economic situation analysis and forecasting in 2015 [R]. Beijing: CASS.

Chung Y H, Färe R, Grosskopf S. 1995. Productivity and undesirable outputs: a directional distance function approach[J]. Journal of Environmental Management, 51 (3): 229-240.

Clarke-Sather A, Qu J, Qin W, et al. 2011. Carbon inequality at the sub-national scale: a case study of provincial-level inequality in CO emissions in China 1997–2007[J]. Energy Policy, 39 (9): 5420-5428.

Clement K, Haesen E, Driesen J. 2009. Coordinated charging of multiple plug-in hybrid electric vehicles in residential distribution grids[C]. IEEE/PES Power Systems Conference and Exposition, Seattle.

Cobb C W, Douglas P H. 1928. A theory of production[J]. American Economic Review, 18: 139-165.

Copeland B R, Taylor M S. 2003. Trade, growth and the environment[J]. NBER Working Papers, 42 (1): 7-71.

Costantini V, Monni S. 2006. Environment, human development and economic growth[J]. Ecological Economics, 64 (4): 867-880.

Dai H, Xie X, Xie Y, et al. 2016. Green growth: the economic impacts of large-scale renewable energy development in China[J]. Applied Energy, 162: 435-449.

Dangl T. 1999. Investment and capacity choice under uncertain demand[J]. European Journal of Operational Research, 117 (3): 415-428.

Davis S J, Haltiwanger J. 2001. Sectoral job creation and destruction responses to oil price changes [J]. Journal of Monetary Economics, 48 (3): 465-512.

de Frutos M Á, Fabra N. 2012. How to allocate forward contracts: the case of electricity markets[J]. European Economic Review, 56 (3): 451-469.

Demirel O F, Zaim S, Caliskan A, et al. 2012. Forecasting natural gas consumption in Istanbul using neural networks and multivariate time series methods[J]. Turkish Journal of Electrical Engineering & Computer Sciences, 20 (5): 695-711.

Ding Z W, Hang Q L, Tian L X. 2009. Analysis of the dynamics of Cournot team-game with heterogeneous players[J]. Applied Mathematics & Computation, 215 (3): 1098-1105.

Dixit A K. 1991. Irreversible investment with price ceilings[J]. Journal of Political Economy, 99 (3): 541-557.

Dixit A K, Pindyck R S. 1994. Investment Under Uncertainty[M]. Princeton: Princeton University Press.

Drukker D M. 2003. Testing for serial correlation in linear panel-data models[J]. Stata Journal, 3 (2): 168-177.

Du Y, Zhou X H, Bai A Z. 2010. Review of non-isolated bi-directional DC-DC converters for plug-in hybrid electric vehicle charge station application at municipal parking decks[C]. Applied Power Electronics Conference and Exposition (APEC).

Dubiel-Teleszynski T. 2011. Nonlinear dynamics in a heterogeneous duopoly game with adjusting players and diseconomies of scale[J]. Communications in Nonlinear Science & Numerical Simulation, 16 (1): 296-308.

Duro J A, Padilla E. 2006. International inequalities in per capita CO_2 emissions: a decomposition methodology by Kaya factors[J]. Energy Economics, 28 (2): 170-187.

Egger H, Egger P, Greenaway D. 2007. Intra-industrytradewithmultinational firms[J]. European Economic Review, 51: 1959-1984.

Elabbasy E M, Elsadany A A, Zhang Y. 2014. Bifurcation analysis and chaos in a discrete reduced Lorenz system[J]. Applied Mathematics & Computation, 228: 184-194.

Eliashberg J. 1986. Arbitrating a dispute: a decision analytic approach[J]. Management Science, 32(8): 963-974.

Ellerman A D, Buchner B K. 2007. The European Union emissions trading scheme: origins, allocation and early results[J]. Review of Environmental Economics and Policy, 1 (1): 66-87.

Eltony M N. 2015. Demand for natural gas in Kuwait: an empirical analysis using two econometric models[J]. International Journal of Energy Research, 20 (11): 957-963.

Essid H, Ouellette P, Vigeant S. 2010. Measuring efficiency of Tunisian schools in the presence of quasi-fixed inputs: a bootstrap data envelopment analysis approach[J]. Economics of Education Review, 29 (4): 589-596.

Esty D C, Levy M, Srebotnjak T, et al. 2005. 2005 Environmental sustainability index: benchmarking national environmental stewardship[C]. Yale Center for Environmental Law & Policy Yale University.

Faere R, Grosskopf S, Lovell C A K, et al. 1989. Multilateral productivity comparisons when some outputs are undesirable: a nonparametric approach[J]. Review of Economics & Statistics, 71(1): 90-98.

Färe R, Grosskopf S, Jr Pasurka C A. 2007. Environmental production functions and environmental directional distance functions[J]. Energy, 32 (7): 1055-1066.

Färe R, Grosskopf S, Lovel C A K, et al. 1989. Multilateral productivity comparison when some outputs are undesirable: a nonparametric approach[J]. The Review of Economics and Statistics, 71 (1): 90-98.

Färe R, Grosskopf S, Norris M, et al. 1997. Productivity growth, technical progress, and efficiency change in industrialized countries: reply[J]. American Economic Review, 84 (1): 66-83.

Farrell M J. 1957. The measurement of productivity efficiency[J]. Journal of the Royal Statistical Society, 120 (3): 377-391.

Farzin Y H, Huisman K J M, Kort P M. 1998. Optimal timing of technology adoption[J]. Journal of Economics Dynamics and Control, 22 (5): 779-799.

Fehr E, Fischbacher U. 2002. Why social preferences matter-the impact of non-selfish motives on competition, cooperation and incentives[J]. Economic Journal, 112 (478): 1-33.

Fleten S E, Maribu K M, Wangensteen I. 2007. Optimal investment strategies in decentralized renewable power generation under uncertainty[J]. Energy, 32 (5): 803-815.

Fukuyama H, Weber W L. 2009. A directional slacks-based measure of technical inefficiency[J]. Socio-Economic Planning Sciences, 43 (4): 274-287.

Galus M D, Andersson G. 2008. Demand management of grid connected plug-in hybrid electric vehicles (PHEV) [C]. IEEE Conference on, Global Sustainable Energy Infrastructure (Energy 2030), Atlanta.

Garcia A, Arbeláez L E. 2002. Market power analysis for the Colombian electricity market[J]. Energy Economics, 24 (3): 217-229.

Gibbons J M, Cox G M, Wood A T A, et al. 2008. Applying Bayesian model averaging to mechanistic models: an example and comparison of methods[J]. Environmental Modelling & Software, 23(8): 973-985.

Gorucu F B. 2010. Evaluation and forecasting of gas consumption by statistical analysis[J]. Energy Sources, 26(3): 267-276.

Green J R, Stokey N L. 1983. A Comparison of tournaments and contracts[J]. Journal of Political Economy, 91(3): 349-364.

Groot L. 2010. Carbon Lorenz curves[J]. Resource & Energy Economics, 32(1): 45-64.

Grossman G M, Krueger A B. 1991. Environmental impacts of a North American Free Trade Agreement[C]. National Bureau of Economic Research Working Paper 3914, Cambridge MA.

Grossman G, Krueger A. 1992. Environmental impacts of a North American Free Trade Agreement[J]. CEPR Discussion Papers, 8(2): 223-250.

Gürlük S. 2009. Economic growth, industrial pollution and human development in the Mediterranean Region[J]. Ecological Economics, 68(8): 2327-2335.

Hall R E, Jones C I. 1999. Why do some countries produce so much more output per worker than others?[J]. Social Science Electronic Publishing, 114(1): 83-116.

Han C, Phillips P C B. 2010. GMM Estimation for dynamic panels with fixed effects and strong instruments at unity[J]. Econometric Theory, 26(1): 119-151.

Han S, Han S, Sezaki K. 2011. Estimation of achievable power capacity from plug-in electric vehicles for V2G frequency regulation: case studies for market participation[J]. IEEE Transactions on Smart Grid, 2(4): 632-641.

Hanna R, Oliva P. 2011. The effect of pollution on labor supply: evidence from a natural experiment in Mexico city[Z]. NBER Working Paper.

Hansen B E. 1999. Threshold effects in non-dynamic panels: estimation, testing, and inference[J]. Journal of Econometrics, 93(2): 345-368.

He Y X, Zhang S L, Yang L Y, et al. 2010. Economic analysis of coal price-electricity price adjustment in China based on the CGE model[J]. Energy Policy, 38(11): 6629-6637.

Hedenus F, Azar C. 2005. Estimates of trends in global income and resource inequalities[J]. Ecological Economics, 55(3): 351-364.

Heil M T, Wodon Q T. 1997. Inequality in CO_2 emissions between poor and rich countries[J]. Journal of Environment & Development, 6(4): 426-452.

Heil M T, Wodon Q T. 2000. Future inequality in CO_2 emissions and the impact of abatement proposals[J]. Environmental & Resource Economics, 17: 163-181.

Hu D S, Xu S Q. 2013. Opportunity, challenges and policy choices for China on the development of shale gas[J]. Energy Policy, 60: 21-26.

Hu J L, Wang S C. 2006. Total-factor energy efficiency of regions in China[J]. Energy Policy, 34: 3206-3217.

Huang B, Meng L. 2013. Convergence of per capita carbon dioxide emissions in urban China: a spatio-temporal perspective[J]. Applied Geography, 40: 21-29.

Hutson C, Venayagamoorthy G K, Corzine K A. 2008. Intelligent scheduling of hybrid and electric vehicle storage capacity in a parking lot for profit maximization in grid power transactions[C]. IEEE Energy 2030 Conference.

Hwang C L, Yoon K. 1981. Multiple Attribute Decision Making[M]. Berlin/Heidelberg: Springer.

Iii R C W. 2003. Health effects and optimal environmental taxes[J]. Journal of Public Economics, 87 (2): 323-335.

Jaganathan S, Gao W. 2009. Battery charging power electronics converter and control for plug-in hybrid electric vehicle[C]. Vehicle Power and Propulsion Conference.

Jalan J, Somanathan E, Chaudhuri S. 2006. Demand for environmental quality: survey evidence on drinking water in Urban India[J]. Working Papers, 14 (6): 665-692.

Jha R, Bhanu M K V. 2003. An inverse global environmental Kuznets curve[J]. Journal of Comparative Economics, 31 (2): 352-368.

Jiang B B, Chen W, Yu Y, et al. 2008. The future of natural gas coal consumption in Beijing, Guangdong and Shanghai: an assessment utilizing MARKAL[J]. Energy Policy, 36 (9): 3286-3299.

Jiang Z J, Tan J J. 2013. How the removal of energy subsidy affects general price in China: a study based on input-output model[J]. Energy Policy, 63: 599-606.

Kadurek P, Loakimidis C, Ferrao P. 2009. Electric vehicles and their impact to the electric grid in isolated systems[C]. International Conference on, Power Engineering Energy and Electrical Drives, Lisbon.

Kahneman D, Tversky A. 1979. Prospect theory: an analysis of decision under risk[J]. Econometrica, 47 (2): 263-291.

Kahrl F, Roland-Holst R. 2007. Carbon inequality[D]. Berkeley: University of Calofornia.

Kaynar O, Yilmaz I, Demirkoparan F. 2010. Forecasting of natural gas consumption with neural network and neuro fuzzy system[C]. EGU General Assembly Conference.

Kempton W, Tomic J. 2005. Vehicle-to-grid power implementation: from stabilizing the grid to supporting large-scale renewable energy [J]. Journal of Power Sources, 144 (1): 280-294.

Kerstens K, Woestyne I V D. 2011. Negative data in DEA: a simple proportional distance function approach[J]. Journal of the Operational Research Society, 62 (7): 1413-1419.

Khademvatani A, Gordon D V. 2013. A marginal measure of energy efficiency: the shadow value[J]. Energy Economics, 38: 153-159.

Khan M A. 2015. Modelling and forecasting the demand for natural gas in Pakistan[J]. Renewable & Sustainable Energy Reviews, 49: 1145-1159.

Khatib S E, Galiana F D. 2007. Negotiating bilateral contracts in electricity markets[J]. IEEE Transactions on Power Systems, 22 (2): 553-562.

Kisacikoglu M C, Ozpineci B, Tolbert L M. 2010. Examination of a PHEV bidirectional charger system for V2G reactive power compensation[C]. Applied Power Electronics Conference and Exposition (APEC).

Kneip A, Simar L, Wilson P W. 2008. Asymptotics and consistent bootstraps for DEA estimators in nonparametric frontier models[J]. Econometric Theory, 24 (6): 1663-1697.

Kramer B, Chakraborty S, Kroposki B. 2008. A review of plug-in vehicles and vehicle-to-grid capability[C]. Annual Conference of the Industrial Electronics Society (IECON): 2278-2283.

Kuijs L. 2009. China through 2020: a macroeconomic scenario [J]. World Bank China Research Working Paper, No. 9.

Kulshrestha P, Wang L, Chow M-Y, et al. 2009. Intelligent energy management system simulator for PHEVs at municipal parking deck in a smart grid environment[C]. Power & Energy Society General Meeting.

Kuran M S, Viana A C, Iannone L, et al. 2015. A smart parking lot management system for scheduling the recharging of electric vehicles[J]. IEEE Transactions on Smart Grid, 6 (6): 2942-2953.

Lazear E P, Rosen S. 1981. Rank-order tournaments as optimum labor contracts[J]. Journal of Political Economy, 89 (5): 841-864.

Lee G H Y, Parasnis J. 2014. Discouraged workers in developed countries and added workers in developing countries? Unemployment rate and labour force participation[J]. Economic Modelling, 41: 90-98.

Lee Y J, Khaligh A, Emadi A. 2009. Advanced integrated bidirectional AC/DC and DC/DC converter for plug-in hybrid electric vehicles [J]. IEEE Transactions on Vehicular Technology, 58 (8): 3970-3980.

Li J, Dong X, Shangguan J, et al. 2011a. Forecasting the growth of China's natural gas consumption[J]. Energy, 36 (3): 1380-1385.

Li Y, Liu X, Chen G, et al. 2011b. A new hyperchaotic Lorenz-type system: generation, analysis, and implementation[J]. International Journal of Circuit Theory & Applications, 39 (8): 865-879.

Lim N. 2010. Social loss aversion and optimal contest design[J]. Journal of Marketing Research, 47 (4): 777-787.

Lin B, Mou D. 2008. The impact of energy price increases on macro-economy: an analyses based on CGE method[J]. Economic Research Journal, (8): 88-101.

Liu Y, Michael J F, Amitabh S R. 2009. Retail price markup commitment in decentralized supply Chain[J]. European Journal of Operational Research, 192 (1): 277-292.

Loewenstein G F, Bazerman M H, Thompson L. 1989. Social utility and decision making in interpersonal contexts[J]. Journal of Personality and Social Psychology, 57 (3): 426-441.

Lofgren H, Robinson S. 2002. Spatial-network, general-equilibrium model with a stylized application[J]. Regional Science and Urban Economics, 32 (5): 651-671.

Lopes J A P, Soares F J, Almeida P M R. 2009. Identifying management procedures to deal with connection of electric vehicles in the grid[C]. IEEE Bucharest Power Tech: Innovative Ideas Toward the Electrical Grid of the Future.

López R. 1994. The environment as a factor of production: the effects of economic growth and trade liberalization[J]. Journal of Environmental Economics & Management, 27 (2): 163-184.

Luenberger D G. 1992. Benefit function and duality[J]. Journal of Mathematical Economics, 21 (5): 461-481.

Madawala U K, Schweizer P, Haerri V V. 2008. "Living and mobility"-a novel multipurpose in-house grid interface with plug in hybrid BlueAngle[C]. 2008 IEEE International Conference on Sustainable Energy Technologies: 531-536.

Madawala U K, Thrimawithana D J. 2011. A bidirectional inductive power interface for electric vehicles in V2G systems[J]. IEEE Transactions on Industrial Electronics, 58 (10): 4789-4796.

Maggio G, Cacciola G. 2009. A variant of the Hubbert curve for world oil production forecasts[J]. Energy Policy, 37 (11): 4761-4770.

Mahmoud E E. 2012. Dynamics and synchronization of new hyperchaotic complex Lorenz system[J]. Mathematical & Computer Modelling, 55 (7-8): 1951-1962.

Mandell S. 2008. Optimal mix of emissions taxes and cap-and-trade[J]. Journal of Environmental Economics and Management, 56 (2): 131-140.

Marckhoff J, Wimschulte J. 2009. Locational price spreads and the pricing of contracts for difference: evidence from the Nordic market[J]. Energy Economics, 31 (2): 257-268.

McDonald R L, Siegel D R. 1986. The value of waiting to invest[J]. Quarterly Journal of Economics, 101 (4): 707-727.

Mestelman S, Feeny D. 1988. Does ideology matter?: Anecdotal experimental evidence on the voluntary provision of public goods[J]. Public Choice, 57 (3): 281-286.

Mezher T, Dawelbait G, Abbas Z. 2012. Renewable energy policy options for Abu Dhabi: drivers and barriers[J]. Energy Policy, 42: 315-328.

Miller S M, Upadhyay M P. 2002. Total factor productivity and the convergence hypothesis[J]. Journal of Macroeconomics, 24 (2): 267-286.

Mittal S, Dai H, Fujimori S, et al. 2016. Bridging greenhouse gas emissions and renewable energy deployment target: comparative assessment of China and India[J]. Applied Energy, 166: 301-313.

Newton M, Raftery A E. 1994. Approximate Bayesian inference with the weighted likelihood bootstrap[J]. Journal of the Royal Statistical Society. Series B (Methodological), 56 (1): 3-48.

Nguyen T, Locke S, Reddy K. 2014. A dynamic estimation of governance structures and financial performance for Singaporean companies[J]. Economic Modelling, 40: 1-11.

Norman G. 1996. Evaluating the impacts of human capital stocks and accumulation on economic growth: some new evidence[J]. Oxford Bulletin of Economics and Statistics, 58 (1): 9-28.

O'Keeffe M W, Viscusi K, Zeckhauser R J. 1984. Economic contests comparative reward schemes[J]. Journal of Labor Economics, 2 (1): 27-56.

Ockwell D G, Watson J, MacKerron G, et al. 2008. Key policy considerations for facilitating low carbon technology transfer to developing countries[J]. Energy Policy, 36 (11): 4104-4115.

Odeck J. 2009. Statistical precision of DEA and Malmquist indices: a bootstrap application to Norwegian grain producers[J]. Omega, 37 (5): 1007-1017.

Okuguchi K. 1976. Expectations and stability in oligopoly models[J]. Lecture Notes in Economics & Mathematical Systems: 138.

Oliveira F S, Ruiz C, Conejo A J. 2013. Contract design and supply chain coordination in the electricity industry[J]. European Journal of Operational Research, 227 (3): 527-537.

Orrison A, Schotter A, Weigelt K. 2004. Multiperson tournaments: an experimental examination[J]. Management Science, 50 (2): 268-279.

Ota Y, Taniguchi H, Nakajima T, et al. 2009. An autonomous distributed vehicle-to-grid control of grid-connected electric vehicle[C]. International Conference on Industrial & Information

Systems (ICIIS): 414-418.

Ouyang X, Lin B. 2014. Impacts of increasing renewable energy subsidies and phasing out fossil fuel subsidies in China [J]. Renewable and Sustainable Energy Reviews, 37: 933-942.

Ouyang X, Sun C. 2015. Energy savings potential in China's industrial sector: from the perspectives of factor price distortion and allocative inefficiency[J]. Energy Economics, 48: 117-126.

Padilla E, Serrano A. 2006. Inequality in CO emissions across countries and its relationship with income inequality: a distributive approach[J]. Energy Policy, 34 (14): 1762-1772.

Paltsev S, Zhang D. 2015. Natural gas pricing reform in China: getting closer to a market system?[J]. Energy Policy, 86: 43-56.

Paolell M S, Taschini L. 2008. An econometric analysis of emission trading allowance prices[J]. Journal of Banking & Finance, 32 (10): 2022-2032.

Pen J. 1971. Income Distribution[M]. Allen Lane: The Penguin Press.

Pesaran M H, Shin Y, Smith R P. 1997. Pooled estimation of long run relationships in dynamic heterogeneous panels[J]. Cambridge Working Papers in Economics, 4 (3): 483-486.

Pesaran M H, Smith R P. 1995. Estimation long-run relationships from dynamic heterogeneous panels [J]. Journal of Econometrics, 68 (1): 79-113.

Pindyck R S. 1988. Irreversibility investment, capacity choice and the value of the firm[J]. American Economic Review, 78 (5): 969-985.

Pindyck R S. 2001. The dynamics of commodity spot and futures markets: a primer[J]. Energy Journal, 22 (3): 1-30.

Pope J, Owen A D. 2009. Emissions trading schemes: potential revenue effects, compliance costs and overall tax policy[J]. Energy Policy, 37 (11): 4595-4603.

Pyragas A K. 1993. Continuous control of chaos by self-controlling feedback: stabilization of unstable periodic and aperiodic orbits[C]. SPIE's 1993 International Symposium on Optics, Imaging, and Instrumentation.

Quigg L. 1993. Empirical testing of real option-pricing models[J]. Journal of Finance, 48 (2): 621-640.

Quinn C, Zimmerle D, Bradley T H. 2010. The effect of communication architecture on the availability, reliability, and economics of plug-in hybrid electric vehicle-to-grid ancillary services[J]. Journal of Power Sources, 195 (5): 1500-1509.

Raiser M. 1998. Subsidising inequality: economic reforms, fiscal transfers and convergence across Chinese provinces[J]. Journal of Development Studies, 34 (3): 1-26.

Rasche R H, Tatom J A. 1977. The effects of the new energy regime on economic capacity, production, and prices[J]. Federal Reserve Bank of St. Louis Review, 59 (4): 2-12.

REN21. 2017. Renewables global status report[R/OL]. http://www.ren21.net/gsr-2017/[2017-06-07].

Reynolds D B, Kolodziej M. 2009. North American natural gas supply forecast: the hubbert method including the effects of institutions[J]. Energies, 2 (2): 269-306.

Rhys H, Song J, Jindrichovska I. 2002. The timing of real option exercise: some recent developments[J]. Engineering Economist, 47 (4): 436-450.

Richardson D B. 2013. Encouraging vehicle-to-grid (V2G) participation through premium tariff rates[J]. Journal of Power Sources, 243: 219-224.

Rockafellar R T, Uryasev S. 2002. Conditional value-at-risk for general loss distributions[J]. Journal of Banking & Finance, 26 (7): 1443-1471.

Saber A Y, Venayagamoorthy G K. 2009a. Optimization of vehicle-to-grid scheduling in constrained parking lots[C]. Power & Energy Society General Meeting.

Saber A Y, Venayagamoorthy G K. 2009b. Unit commitment with vehicle-to-grid using particle swarm optimization[C]. IEEE Bucharest Power Tech: Innovative Ideas Toward the Electrical Grid of the Future.

Sahoo B K, Luptacik M, Mahlberg B. 2011. Alternative measures of environmental technology structure in DEA: an application[J]. European Journal of Operational Research, 215 (3): 750-762.

Sauer D U, Kleimaier M, Glaunsinger W. 2009. Relevance of energy storage in future distribution networks with high penetration of renewable energy sources[C]. 20th International Conference and Exhibition on Electricity Distribution Part 1.

Schwartz E S, Smith J E. 2000. Short-term variations and long-term dynamics in commodity prices[J]. Management Science, 46 (7): 893-911.

Schwartz J, Repetto R. 2000. Nonseparable utility and the double dividend debate: reconsidering the tax-interaction effect[J]. Environmental & Resource Economics, 15 (2): 149-157.

Sekyung H, Soohee H, Sezaki K. 2010. Development of an optimal vehicle-to-grid aggregator for frequency regulation[J]. IEEE Transactions on Smart Grid, 1 (1): 65-72.

Sharp J A, Meng W, Liu W. 2007. A modified slacks-based measure model for data envelopment analysis with "natural" negative outputs and inputs[J]. Journal of the Operational Research Society, 58 (12): 1672-1677.

Sheikhi A, Bahrami S, Ranjbar A M, et al. 2013. Strategic charging method for plugged in hybrid electric vehicles in smart grids: a game theoretic approach[J]. International Journal of Electrical Power & Energy Systems, 53: 499-506.

Sheng P, Yang J, Shackman J D, et al. 2015. Energy's shadow price and energy efficiency in China: a non-parametric input distance function analysis[J]. Energies, 8 (3): 1975-1989.

Shephard R W. 1970. Theory of cost and production functions[J]. Economic Journal, 35(3): 177-188.

Shephard R W. 1970. Theory of Cost and Production Functions[M]. Princeton: Princeton University Press.

Shi L F, Zhang Q, Pu Y J. 2013. The reserve trading model considering V2G reverse[J]. Energy, 59 (15): 50-55.

Shorrocks A F. 1978. The measurement of mobility[J]. Econometrica, 46 (5): 1013-1024.

Siddiqui A S, Marnay C. 2008. Distributed generation investment by a microgrid under uncertainty[J]. Energy, 33 (12): 1729-1737.

Simar L L, Wilson P W. 1998. Sensitivity analysis of efficiency scores: how to bootstrap in nonparametric frontier models[J]. CORE Discussion Papers RP.

Simon E, Buendia L, Miwa K, et al. 2006. 2006 IPCC Guidelines for National Greenhouse Gas Inventories. Vol.5[M]. Hayama: Institute for Global Environmental Strategies.

Singal S K, Saini R P, Raghuvanshi C S. 2010. Analysis for cost estimation of low head run-of-river small hydropower schemes[J]. Energy for Sustainable Development, 14 (2): 117-126.

Smith V L, Suchanek G, Williams A. 1988. Bubbles, crashes and endogenous expectations in experimental spot asset markets[J]. Econometrica, 56 (5): 1119-1151.

Song T, Zheng T G, Tong L J. 2008. An empirical test of the environmental Kuznets curve in China: a panel cointegration approach[J]. China Economic Review, 19: 381-392.

Sortomme E, El-Sharkawi M A. 2012. Optimal combined bidding of vehicle-to-grid ancillary services[J]. IEEE Transactions on Smart Grid, 3 (1): 70-79.

Sovacool B K, Hirsh R F. 2009. Beyond batteries: an examination of the benefits and barriers to plug-in hybrid electric vehicles (PHEVs) and a vehicle-to-grid (V2G) transition[J]. Energy Policy, 37 (3): 1095-1103.

Stern N. 2006. The Stern review on the economics of climate change (executive summary) [R]. London: UK Government Economic Service.

Steven W, Brian R. 2005. Behavioral and welfare effects of tournaments and fixed performance contracts: some experimental evidence[J]. American Journal of Agricultural Economics, 87 (1): 130-146.

Szidarovszky F, Smith V L, Rassenti S. 2009. Cournot models: dynamics, uncertainty and learning[J]. Cubo, 2 (2): 57-88.

Szoplik J. 2015. Forecasting of natural gas consumption with artificial neural networks[J]. Energy, 85: 208-220.

Tang L, Su G J. 2009. A low-cost, digitally-controlled charger for plug-in hybrid electric vehicles[C]. Energy Conversion Congress and Exposition: 3923-3929.

Thanassoulis E, Simpson G. 2004. Negative data in DEA: a directional distance approach applied to bank branches[J]. Journal of the Operational Research Society, 55 (10): 1111-1121.

Tian L, Wang Z, Krupnick A, et al. 2014. Stimulating shale gas development in China: a comparison with the US experience[J]. Energy Policy, 75: 109-116.

Tian X, Geng Y, Dai H, et al. 2016. The effects of household consumption pattern on regional development: a case study of Shanghai[J]. Energy, 103: 49-60.

Tone K. 2001. A slacks-based measure of efficiency in data envelopment analysis[J]. European Journal of Operational Research, 130 (3): 498-509.

Turton H, Moura F. 2008. Vehicle-to-grid systems for sustainable development: an integrated energy analysis[J]. Technological Forecasting and Social Change, 75 (8): 1091-1108.

Tushar W, Saad W, Vincent Poor H, et al. 2012. Economics of electric vehicle charging: a game theoretic approach[J]. IEEE Transactions on Smart Grid, 3 (4): 1767-1778.

Valente S. 2005. Sustainable development, renewable resources and technological progress[J]. Environmental & Resource Economics, 30 (1): 115-125.

Valero A. 2010. Physical geonomics: combining the exergy and Hubbert peak analysis for predicting mineral resources depletion[J]. Resources Conservation & Recycling, 54 (12): 1074-1083.

Villaverde J, Maza A, Ramasamy B. 2010. Provincial disparities in post-reform China[J]. China & World Economy, 18 (2): 73-95.

Vrugt J A, Diks C G H, Clark M P. 2008. Ensemble Bayesian model averaging using Markov chain Monte Carlo sampling[J]. Environmental Fluid Mechanics, 8 (5): 579-595.

Wang J, Mohr S, Feng L, et al. 2016. Analysis of resource potential for China's unconventional gas and forecast for its long-term production growth[J]. Energy Policy, 88: 389-401.

Wang T, Lin B. 2014a. Impacts of unconventional gas development on China's natural gas production and import[J]. Renewable & Sustainable Energy Reviews, 39: 546-554.

Wang T, Lin B. 2014b. China's natural gas consumption and subsidies—from a sector perspective[J]. Energy Policy, 65: 541-551.

Wang Y, Jiang L, Shen Z. 2004. Channel performance under consignment contract with revenue sharing[J]. Management Science, 50 (1): 34-47.

Williams III R C. 2003. Health effects and optimal environmental taxes[J]. Journal of Public Economics, 87 (2): 323-335.

Windmeijer F. 2005. A finite sample correction for the variance of linear efficient two-step GMM estimators[J]. Journal of Econometrics, 126 (1): 25-51.

Wooldridge J M. 2010. Econometric analysis of cross-section and panel data[J]. Mit Press Books, 1 (2): 206-209.

Wu C Y, Mohsenian-Rad H, Huang J Z. 2012. Vehicle-to-aggregator interaction game[J]. IEEE Transactions on Smart Grid, 3 (1): 434-442.

Yang J, Zhang T, Sheng P, et al. 2016. Carbon dioxide emissions and interregional economic convergence in China[J]. Economic Modelling, 52: 672-680.

Yoo S H, Lim H J, Kwak S J. 2009. Estimating the residential demand function for natural gas in Seoul with correction for sample selection bias[J]. Applied Energy, 86 (4): 460-465.

Yoon Y M, Gong C, Li T. 2011. Analysis of the cooperation of new energy industry between Korea and China[J]. Economic Theory & Business Management.

Yoshida Y S. 2013. Intra-industrytrade, fragmentationandexportmargins: an empirical examinationofsub-regionalinternationaltrade. North American Journal of Economics & Finance, 24: 125-138.

Yu Y, Zheng X, Han Y. 2014. On the demand for natural gas in urban China[J]. Energy Policy, 70: 57-63.

Zhang J A, Wu G A, Zhang J. 2004. The estimation of China's provincial capital stock: 1952-2000[J]. Economic Research Journal, 10: 35-44.

Zhang W, Yang J, Zhang Z, et al. 2017. Natural gas price effects in China based on the CGE model[J]. Journal of Cleaner Production, 147: 497-505.

Zhou X H, Wang G Y, Lukic S, et al. 2009. Multi-function bi-directional battery charger for plug-in hybrid electric vehicle application[C]. Energy Conversion Congress and Exposition.

Zhou X, Zhang J, Li J. 2013. Industrial structural transformation and carbon dioxide emissions in China[J]. Energy Policy, 57 (3): 43-51.

Zivin J G, Neidell M. 2012. The impact of pollution on worker productivity [J]. American Economic Review, 102 (7): 3652-3673.

附 录

附表 1 技术资产研制开发成本模板表

技术资产研制开发成本	直接成本	材料及能源动力费用	—
		人工费用	—
		专用设备费	—
		管理费用	—
		折旧费	—
		分摊费用	—
		其他直接费用	—
	间接费用	管理费	—
		通用设备等折旧费	—
		摊销费	—

附表 2 技术资产的交易成本模板表

技术资产交易成本	技术服务费	—
	交易中的差旅费	—
	管理费	—
	有关手续费	—
	交易的税金	—
	广告宣传费	—
	其他费用	—

附表 3 某技术资产的使用年限评估

技术资产类型	使用年限确定方法	某技术资产使用年限
专利技术	国家规定年限	—
非专利技术	技术人员（专家）评估更新换代年限	—

附表4　技术分成率模板表

项目	劳动	资本	技术
劳动			
资本			
技术			

附表5　天然气技术价值评估一级指标判断矩阵

项目	技术自身条件	交易主体条件	技术转让条件	外部环境条件
技术自身条件				
交易主体条件				
技术转让条件				
外部环境条件				

附表6　技术自身条件二级指标判断矩阵

项目	专有技术开发成本	专有技术水平	技术预期收益能力	技术成熟度	技术生命周期	受法律保护程度	技术保密与扩散程度
专有技术开发成本							
专有技术水平							
技术预期收益能力							
技术成熟度							
技术生命周期							
受法律保护程度							
技术保密与扩散程度							

附表7　交易主体条件二级指标判断矩阵

项目	供方技术转让的经历与经验	受方投资回报率与回收周期	技术受方自身消化技术能力	技术受方投资的利润率	技术受方内部的利润率
供方技术转让的经历与经验					
受方投资回报率与回收周期					
技术受方自身消化技术能力					
技术受方投资的利润率					
技术受方内部的利润率					

附表 8　技术转让条件二级指标判断矩阵

项目	技术转让采用的方式	技术本身已转让的次数	技术已转让的地域范围	转让费用支付方式	转让过程中的其他条件
技术转让采用的方式					
技术本身已转让的次数					
技术已转让的地域范围					
转让费用支付方式					
转让过程中的其他条件					

附表 9　外部环境条件二级指标判断矩阵

项目	该技术市场需求程度	技术的适用程度	行业内技术发展水平	同行业同类技术价格水平	技术垄断程度	同行业平均资金利润率	技术与政策的吻合程度
该技术市场需求程度							
技术的适用程度							
行业内技术发展水平							
同行业同类技术价格水平							
技术垄断程度							
同行业平均资金利润率							
技术与政策的吻合程度							

附表 10　油气勘探开发技术价值评估指标模板

目标	一级指标	二级指标	所占比例/%
专有技术转让价值评估	技术自身条件	专有技术开发成本	
		专有技术水平	
		技术成熟度	
		技术预期收益能力	
		技术生命周期	
		受法律保护程度	
		技术保密与扩散程度	

续表

目标	一级指标	二级指标	所占比例/%
专有技术转让价值评估	交易主体条件	供方技术转让的经历与经验	
		受方投资回报率与回收周期	
		技术受方自身消化技术能力	
		技术受方投资的利润率	
		技术受方内部的利润率	
	技术转让条件	技术转让采用的方式	
		技术本身已转让的次数	
		技术已转让的地域范围	
		转让费用支付方式	
		转让过程中的其他条件	
	外部环境条件	该技术市场需求程度	
		技术的适用程度	
		行业内技术发展水平	
		同行业同类技术价格水平	
		技术垄断程度	
		同行业平均资金利润率	
		技术与政策的吻合程度	